토마스 아퀴나스 신학대전 23

덕

이 재 룡 옮김

제2부 제1편
제55문 - 제67문

신학대전 23
덕

2020년 9월 17일 교회인가
2020년 11월 27일 1판 1쇄 발행
2020년 12월 11일 1판 2쇄 발행

간행위원 | 손희송 주교 정의채 몬시뇰 이재룡 신부(위원장)
         안소근 수녀 윤주현 신부 이상섭 교수 정현석 교수
지은이 | 토마스 아퀴나스
옮긴이 | 이재룡
펴낸이 | 이재룡
펴낸곳 | 한국성토마스연구소

25244 강원도 횡성군 우천면 경강로산전7길 28-53
등록 | 제2018-000003호 2018년 6월 19일
전화 | 033) 344-1238

보급 | 기쁜소식
전화 | 02) 762-1194 팩스 | 741-7673
ⓒ 한국성토마스연구소

값 40,000원

ISBN 979-11-969208-7-6 94160
ISBN 979-11-969208-0-7(세트) 94160

Summa Theologiae, vol.23
by St. Thomas Aquinas

Korean translation copyright ⓒ 2020 by St. Thomas Institute in Korea
All rights reserved
Published by St. Thomas Institute in Korea

이 책은 저작권법에 따라 보호를 받는 저작물이므로 무단전제와 복제를
금지하며, 이 책의 내용 전부 또는 일부를 이용하려면 반드시 저작권자와
한국성토마스연구소의 서면 동의를 받아야 합니다.

토마스 아퀴나스 신학대전 23

덕

S. Thomae Aquinatis
SUMMA THEOLOGIAE

이 재 룡 옮김

제2부 제1편
제55문 - 제67문

한국성토마스연구소

차 례

성 요한 바오로 2세 교황의 격려와 축복의 말씀 / vii
교황 레오 13세의 회칙 발췌문 / xii
성 요한 바오로 2세 교황의 회칙 발췌문 / xv
『신학대전』 완간을 꿈꾸며 / xx
『신학대전』 간행계획 / xxiii
일러두기 / xxv
일반 약어표 / xxix
성 토마스 작품 약어표 / xxxi
'덕' 입문 / xxxvi

제55문 덕의 본질에 대하여 / 3
　제1절 인간의 덕은 하나의 습성인가? / 5
　제2절 인간의 덕은 하나의 작용적 습성인가? / 11
　제3절 인간의 덕은 선한 습성인가? / 19
　제4절 덕의 정의에 대하여 / 23

제56문 덕의 주체에 대하여 / 35
　제1절 덕은 영혼의 능력들을 그 주체로 삼고 있는가? / 35
　세2절 하나의 덕이 여러 능력들 안에 있을 수 있는가? / 41
　제3절 지성이 덕의 주체일 수 있는가? / 45
　제4절 분노적 [능력]과 욕정적 [능력]이 덕의 주체인가? / 55

제5절 감각적 파악 능력들이 덕의 주체인가? / 63
제6절 의지가 덕의 주체일 수 있는가? / 69

제57문 지성적 덕의 구별에 대하여 / 77
제1절 사변 지성의 습성은 덕인가? / 79
제2절 사변 지성의 덕에는 세 가지, 즉 지혜, 학문, 이해가 있는가? / 85
제3절 기예라는 지성적 습성은 덕인가? / 95
제4절 현명은 기예와는 구별되는 덕인가? / 101
제5절 현명은 인간에게 필수적인 덕인가? / 109
제6절 심사숙고, 판단력, 분별력은 현명에 부가되는 덕들인가? / 117

제58문 도덕적 덕과 지성적 덕의 구별에 대하여 / 125
제1절 모든 덕이 다 도덕적 덕인가? / 127
제2절 도덕적 덕은 지성적 덕과 구별되는가? / 133
제3절 덕을 도덕적 덕과 지성적 덕으로 구분하는 것은 적절한가? / 141
제4절 도덕적 덕은 지성적 덕 없이도 존재할 수 있는가? / 147
제5절 지성적 덕은 도덕적 덕 없이도 존재할 수 있는가? / 155

제59문 도덕적 덕과 정념의 비교에 대하여 / 163
제1절 도덕적 덕은 정념인가? / 165
제2절 도덕적 덕은 정념과 양립될 수 있는가? / 171
제3절 도덕적 덕은 슬픔과 양립될 수 있는가? / 179
제4절 모든 도덕적 덕은 정념과 관계되는가? / 187
제5절 어떤 도덕적 덕은 정념 없이도 있을 수 있는가? / 191

제60문 도덕적 덕들 상호 간의 구별에 대하여 / 197
  제1절 도덕적 덕은 단 하나뿐인가? / 199
  제2절 작용들에 관한 도덕적 덕들은 정념들에 관한
        도덕적 덕들과 구별되는가? / 205
  제3절 작용들에 관해서는 단 하나의 도덕적 덕만 있는가? / 211
  제4절 다양한 정념들에 대한 다양한 도덕적 덕들이 있는가? / 217
  제5절 도덕적 덕들은 정념의 다양한 대상들에 따라 구별되는가? / 225

제61문 추요덕에 대하여 / 239
  제1절 도덕적 덕들은 추요덕 또는 주요 덕이라고 불려야 하는가? / 239
  제2절 추요덕은 넷인가? / 247
  제3절 이들과는 다른 덕들이 더 주요 덕이라고 불려야 하는가? / 253
  제4절 추요덕들은 서로서로 다른가? / 259
  제5절 추요덕은 적절하게 '정치덕' '정화덕' '완전덕' '모형덕'으로
        구분되는가? / 269

제62문 신학적 덕에 대하여 / 285
  제1절 신학적 덕들이 있는가? / 285
  제2절 신학적 덕은 지성적 덕 및 도덕적 덕과 구별되는가? / 293
  제3절 신앙, 희망, 참사랑을 대신덕으로 확정하는 것은 적절한가? / 299
  제4절 신앙이 희망보다 우월하고, 희망은 참사랑보다 우월한가? / 307

제63문 덕의 원인에 대하여 / 313
  제1절 덕은 본성에 의해서 우리 안에 내재하는가? / 313
  제2절 어떤 덕들은 우리 행위들의 습성화에 의해서 우리 안에
        야기되는가? / 323

제3절 어떤 도덕적 덕들은 주입에 의해서 우리 안에 있는가? / 331
제4절 행위의 습관화에 의해서 획득된 덕과 주입된 덕은 동일한
     종에 속하는가? / 337

제64문 덕의 중용에 대하여 / 345
제1절 도덕적 덕은 중용에서 성립되는가? / 347
제2절 도덕적 덕의 중용은 실재의 중용인가,
     아니면 이성의 중용인가? / 355
제3절 지성적 덕은 중용에서 성립되는가? / 359
제4절 신학적 덕은 중용에서 성립되는가? / 367

제65문 덕들 사이의 상호 연관성에 대하여 / 375
제1절 도덕적 덕들은 상호 연관성을 지니고 있는가? / 377
제2절 도덕적 덕들은 참사랑이 없어도 존재할 수 있는가? / 391
제3절 참사랑은 도덕적 덕들이 없어도 존재할 수 있는가? / 397
제4절 신앙과 희망은 참사랑이 없어도 존재할 수 있는가? / 405
제5절 참사랑은 신앙과 희망이 없어도 존재할 수 있는가? / 413

제66문 덕들의 동등성에 대하여 / 419
제1절 어떤 덕이 다른 덕보다 더 크거나 작을 수 있는가? / 421
제2절 한 사람 안에 동시에 존재하는 모든 덕들은 동등한가? / 429
제3절 도덕적 덕은 지성적 덕보다 더 우월한가? / 437
제4절 정의는 도덕적 덕들 가운데 가장 탁월한 덕인가? / 445
제5절 지혜는 지성적 덕들 가운데 가장 탁월한 덕인가? / 453
제6절 참사랑은 대신덕 가운데 가장 높은 덕인가? / 463

제67문 후세에서의 덕의 지속에 대하여 / 471
  제1절 도덕적 덕은 후세까지도 남아 있는가? / 473
  제2절 지성적 덕은 후세까지도 남아 있는가? / 481
  제3절 신앙은 후세에도 남아 있는가? / 487
  제4절 희망은 후세의 영광의 상태에서도 남아 있는가? / 499
  제5절 영광 중에는 신앙이나 희망에 속하는 그 무엇인가가
         남아 있는가? / 505
  제6절 참사랑은 후세의 영광 중에 남아 있는가? / 517

주제 색인 / 522

인명 색인 / 544

성경 색인 / 546

성 토마스 작품 색인 / 547

고전 작품 색인 / 549

FROM THE VATICAN

April 26, 1994

Dear Father Tjeng,*

His Holiness Pope John Paul II was indeed pleased to learn that a Korean translation of the *Summa Theologiae* of Saint Thomas of Aquinas is being published. He warmly encourages you and your collaborators in this enterprise, which will lead not only to a better knowledge of the teachings and method of the one whom Pope Leo XIII called "inter Scholasticos Doctores, omnium princeps et magister"(Leo XIII, *Aeterni Patris*, No. 22), but also to a most fruitful encounter between Christian philosophy and theology and the intellectual traditions of Korea.

Only recently, His Holiness referred to the unique place of Saint Thomas in the history of thought by stating that "the philosophical and theological synthesis which he elaborated is a solid, lasting possession for the Church and humanity"(*Great Prayer*, 16 March 1994, No. 6). That synthesis flows from the principle that there is a profound and inescapable harmony between the truths of reason and those of faith.(cf. *Address to*

---

* The Reverend Paul Tjeng Eui-Chai

성 요한 바오로 2세 교황의 격려와 축복의 말씀

친애하는 정의채 바오로 신부님,

교황 요한 바오로 2세 성하께서는 성 토마스 아퀴나스의 『신학대전』이 한국어로 번역·출판되고 있다는 소식을 들으시고 매우 기뻐하십니다. 이 작업에 참여하는 이들을 따뜻한 마음으로 격려하십니다. 이 작업은 교황 레오 13세 성하께서 "스콜라 학자들의 수장(首長)이며 스승"(레오 13세, 『영원하신 아버지』 22항)이라고 부르신 성 토마스의 가르침과 방법에 대해 보다 깊은 이해를 하게 할 뿐만 아니라 그리스도교의 철학과 신학이 한국의 전통 사상과 만나 매우 풍요로운 결실을 맺게 할 것입니다.

교황 성하께서는 최근에도 "성 토마스가 집대성한 철학적·신학적 종합은 교회와 온 인류의 건실하고 항구한 자산입니다."(『위대한 기도』 1994년 3월 16일, 6항)라고 하시어, 사상사(思想史)에 있어 성 토마스가 차지하는 독보적인 위치를 확인하셨습니다. 성 토마스가 이룩한 종합은 이성의 진리와 신앙의 진리 사이에는 근본적이고 불가피한 조화가 존재한다는 원리로부터 비롯됩니다.(제8차 국제 토마스 회의에서의 말씀: 1980년 9월 13일, 2항 참조)

Eighth International Thomistic Congress : 13 September 1980, No. 2)

The heart of Saint Thomas' reflection is man's relationship to God, his Creator and Lord. He sees man as proceeding from creative divine wisdom and returning to the Father on the basis of an elevation of the human intellect and will, through the grace of Christ's redemptive love. Indeed, he defines man as "the horizon of creation in which heaven and earth join, like a link between time and eternity, like a synthesis of creation."(Ibid., No. 5)

For Saint Thomas, true philosophy should faithfully mirror the order of things themselves, otherwise it ends by being reduced to an arbitrary subjective opinion. "This realistic and historical method, fundamentally optimistic and open, makes St. Thomas not only the 'Doctor Communis Ecclesiae', as Paul VI calls him in his beautiful Letter *Lumen Ecclesiae,* but the 'Doctor Humanitatis', because he is always ready and disposed to receive the human values of all cultures."(Ibid., No. 4) Is this approach itself not a solid point of contact with the great philosophical systems of the East and a sure promise of a very fruitful dialogue between the intellectual traditions of East and West? Such a dialogue in turn is the obligatory path of the progress of human culture, as well as a requisite for a deeper inculturation of Christianity among the peoples of the vast continent of Asia.

His Holiness values the present translation as an important contribution to these lofty goals. He invokes an abundance

성 토마스 사상의 핵심은 인간이 자신의 창조자이며 주님이신 하느님과 인간이 맺고 있는 관계입니다. 성 토마스는 인간을 하느님의 창조적 지혜에서 출발하여, 인간 자신의 지성과 의지를 고양(高揚)시키는 그리스도의 구원적 사랑의 은총에 힘입어 아버지께로 다시 돌아가는 존재로 봅니다. 바로 그렇기 때문에 성 토마스는 "인간을 하늘과 땅이 만나는 창조의 지평, 시간과 영원의 연결 고리, 또는 창조의 종합"으로 정의합니다.(같은 곳, 5항)

사실 성 토마스가 보기에 참다운 철학이란 실재 자체의 질서를 성실하게 반영하여야 합니다. 만일 그렇지 못하다면 철학이란 한낱 인위적인 주관적 견해로 전락하고 말 것입니다. "근본적으로 낙관적이고 개방적이며, 실재주의적이고 역사적인 이 방법은, 바오로 6세 성하께서 『교회의 빛』이라는 아름다운 서한에서 그를 지칭한 것처럼, 성 토마스를 '교회의 보편적 스승'일 뿐만 아니라 '인류의 스승'이 되게 해 줍니다. 그것은 성 토마스가 언제나 모든 문화 속에 포함되어 있는 인간적 가치들을 받아들일 준비가 되어 있기 때문입니다." (같은 곳, 4항) 이러한 그의 입장이야말로 동양의 위대한 철학 체계들과의 만남을 가능케 하는 건실한 기반이자, 동(東)과 서(西)의 지성적 전통 사이의 창조적 교류를 약속하는 것이 아니고 무엇이겠습니까? 그리고 이와 같은 교류는 인류 문화가 발전해 가야 할 도정(道程)임과 동시에 아시아라는 방대한 대륙에 사는 민족들에게 그리스도교가 더 깊이 토착화되기 위한 필수조건인 것입니다.

교황 성하께서는 현재 진행되고 있는 번역 작업을 그런 숭고한 목적을 달성하는 데 기여하는 중요한 작업으로 평가하고 계십니다. 교

of divine blessings upon the authors, publishers and readers of this masterpiece of Christian philosophy and theology.

With good wishes, I am

Sincerely yours in Christ,

Card. Angelo Sodano

Cardinal Angelo Sodano
Secretary of State

황 성하께서는 그리스도교 철학과 신학에 관한 이 위대한 걸작을 번역하는 이와 출판하는 이와 읽는 이 모두에게 주님의 풍성한 축복이 내리기를 기도드리십니다.

1994년 4월 26일

그리스도 안에서 만사형통하시기를 빌며,
바티칸국 국무성 장관
추기경 안젤로 소다노

교황 레오 13세의 회칙 발췌문

『영원하신 아버지』(Aeterni Patris, 1879)

[1879년 8월 4일에 반포된 이 회칙의 원제목은 『가톨릭 학교들에서 성 토마스 데 아퀴노의 정신에 따라 교육되어야 하는 그리스도교 철학에 관하여』(De philosophia christiana ad mentem sancti Thomae Aquinatis Doctoris Angelici in scholis catholicis instauranda)이다.]

30. 그러므로 더할 나위 없이 타당한 이유를 가지고 상당수의 철학자들이 철학을 쇄신하기 위해서는 토마스 데 아퀴노의 놀라운 가르침을 그 순수한 광채 속에서 회복시켜야 한다고 믿고 헌신적으로 투신하였습니다.

그리고 저에게, 이 '천사적 박사'라는 수원(水源)으로부터 영구히 풍부하게 흘러넘치는 가장 순수한 지혜의 강물을 온 세계 젊은이들에게 넉넉하게 마시게 하는 일보다 더 소중하고 바람직한 일은 없다는 점을 모든 이에게 확실하게 일러두는 바입니다.

32. 그리고 신앙에서 멀어져서 가톨릭교회의 가르침을 미워하는 사람들 가운데 상당수는 오직 이성만을 유일한 스승이며 안내자로 삼는다고 선언하고 있습니다. 가톨릭 신앙으로써 그들을 치유하고 은총으로 돌아오게 하려면, 하느님의 초자연적 도우심 다음으로는 교부들과 스콜라 학자들의 건전한 가르침보다 더 적절한 것은 없습

니다. 이들은 신앙의 튼튼한 토대, 그 신적인 기원, 그 확실한 진리, 그 증명 논거, 인류에게 가능해진 은혜, 그리고 이성과의 완전한 조화 등을 증명하였고, 또 너무도 명료하고 강력했기 때문에, 주저하는 자들과 허풍떠는 자들까지도 회심시키기에 충분했습니다.

타락한 이론들의 해악 때문에 우리가 모두 목격하고 있듯이 매우 심각한 위험에 노출되어 있는 가정과 시민사회조차도, 만일 대학과 학교들에서 교회의 가르침에 가장 일치되는 건전한 교육이 시행되기만 했더라면 분명 훨씬 더 평온하고 확실한 기반 위에 서 있을 수 있었을 것입니다. 우리는 바로 이런 가장 건전한 가르침을 토마스 데 아퀴노의 작품들 속에서 발견합니다. 왜냐하면 오늘날 방종으로 변형되고 있는 자유의 진정한 본성, 법칙과 그 힘, 자명한 원리들의 영역, 더 높은 권위에 대한 마땅한 복종, 인간 상호 간의 사랑 등에 대한 토마스의 가르침들은 사회질서의 평온과 대중의 안녕에 위험하기 짝이 없는 새로운 법의 원리들을 전복시킬 수 있는 대단히 강력하고 꺾일 수 없는 힘을 지니고 있기 때문입니다.

36. 특별히 신중한 분별력을 가지고 그대들[전 세계 주교들]이 뽑은 스승들[신학교와 가톨릭 대학교 교수들]은 자기 제자들의 정신이 성 토마스 데 아퀴노의 가르침으로 관통될 수 있도록 깊은 노력을 기울여야 하며, 그의 가르침이 다른 모든 이론에 견주어 얼마나 튼튼하고 월등한지를 분명히 해야 합니다. 그대들이 설립한 (또는 설립할) 학부들은 그의 가르침을 해설하고 옹호하며 흔한 오류들을 논박하는 데 활용할 수 있어야 합니다.

그리고 그대들은 정통 가르침 대신에 이런저런 허풍떠는 이론들에 말려들거나, 진정한 가르침 대신에 타락한 이론들에 현혹되지 않도록 성 토마스의 지혜가 그 원천으로부터, 또는 적어도 뛰어난 지성들의 확실하고 한결같은 판단에 따르면 그 원천에서 흘러나와 아직도 맑고 투명하게 흐르는 저 강물들로부터 탐구될 수 있도록 조처해야 합니다. 그리고 같은 원천에서 나왔다고들 말하기는 하지만 실제로는 이질적이고 해로운 저 시냇물에서 젊은이들의 정신을 멀리 떼어 놓도록 최선의 노력을 기울여야 합니다.

성 요한 바오로 2세 교황의 회칙 발췌문

『신앙과 이성』(Fides et Ratio, 1998)

43. 이 오랜 발전 과정에서 성 토마스 데 아퀴노(St. Thomas de Aquino)는 특별한 자리를 차지하고 있습니다. 그것은 그가 가르친 내용 때문만이 아니라 당대의 아랍 사상과 유다교 사상과 나눈 대화 때문입니다. 그리스도교 사상가들이 고대 철학, 특히 아리스토텔레스의 보화들을 재발견하고 있던 시대에, 성 토마스는 신앙과 이성 사이의 조화에 영예로운 자리를 배정한 위대한 공로를 가지고 있습니다. 이성의 빛과 신앙의 빛은 둘 다 하느님에게서 오는 것이고, 따라서 양자 사이에는 어떠한 모순도 있을 수 없다고 그는 논증하고 있습니다.

더욱 근본적으로, 토마스는 철학의 일차적 관심사인 자연(natura)이 하느님의 계시를 이해하는 데 적극적으로 기여할 수 있다는 것을 인정합니다. 따라서 신앙은 이성을 두려워할 필요가 없고, 오히려 이성을 추구하고 그것에 대해서 신뢰를 가지고 있습니다. 은총이 자연에 의존하고 자연을 완성시키듯이, 신앙은 이성에 의존하고 이성을 완성합니다. 신앙을 통해서 조명받을 때, 이성은 죄의 불복종 때문에 오는 연약성과 한계로부터 해방되어, 삼위일체 하느님에 대한 지식으로 고양되는 데 요구되는 힘을 얻게 됩니다. 비록 신앙의 초자연적인 성격을 강조하기는 했지만, 이 '천사적 박사'(Doctor Angelicus)

는 신앙이 지니고 있는 합리적 성격의 중요성을 간과하지 않았습니다. 참으로 그는 이 이해 가능성의 깊이를 천착해 들어가 그 의미를 밝혀낼 수 있었습니다. 신앙은 어떤 의미에서 일종의 '사고 훈련'(exercitium cogitationis)입니다. 그리고 인간 이성은, 어쨌든 자유롭게 심사숙고해서 내리는 선택으로 얻어지는 신앙의 내용들에 동의한다고 해서, 무효화되는 것도 아니고 그 품위가 손상되는 것도 아닙니다.

바로 그렇기 때문에 교회는 한결같이 성 토마스를 사고의 스승이며 올바른 신학자의 전형으로 추천해 온 것입니다. 이 점에 관해서 저는 선임자인 하느님의 종 교황 바오로 6세께서 천사적 박사의 서거 700주년[1974년]의 기회에 하신 말씀을 상기하고 싶습니다. "의심할 바 없이, 토마스는 진리에의 용기, 새로운 문제들을 직면할 때의 정신의 자유, 그리고 그리스도교가 세속 철학이나 편견으로 감염되는 것을 허용하지 않는 사람들의 지적 정직성 등을 최고도로 소유하고 있었습니다. 따라서 그는 그리스도교 사상사 속에서 언제나 새로운 철학과 보편적 문화에 이르는 길의 선구자로 남아 있습니다. 그가 찬란한 예언자적 통찰력으로 신앙과 이성 사이의 새로운 만남에서 제시한 요점과 해결의 씨앗은 세계의 세속성(saecularitas)과 복음의 근본성 사이의 화해였고, 따라서 세상과 그 가치들을 부정하려는 자연스럽지 못한 경향을 피하면서도 동시에 초자연적 질서의 숭고하고 준엄한 요구들로써 신앙을 지킬 수 있었습니다."

44. 성 토마스의 또 하나의 위대한 통찰은, 지식이 지혜로 성장해 가게 되는 과정에서 성령의 역할을 깊이 깨닫고 있었다는 사실입니다

다. 그의 『신학대전』(Summa Theologiae)의 앞머리에서 아퀴나스는, 성령의 선물로서 천상의 것들에 대한 지식으로의 통로를 열어 주는 지혜의 우위성을 날카롭게 보여 주고 있습니다. 그의 신학은 우리가 신적인 것들에 대한 신앙과 지식에 밀접하게 연관되어 있는 지혜의 특성을 이해할 수 있게 해 줍니다. 이 지혜는 천성적으로(per connaturalitatem) 알려지게 됩니다. 그것은 신앙을 전제로 하고 있고, 결국 신앙 자체의 진리에 입각한 올바른 판단을 형성해 줍니다. "성령의 선물들 가운데 하나인 지혜는 지성적 덕 가운데서 발견되는 지혜와는 구별됩니다. 이 두 번째 지혜는 연구를 통해서 얻어지지만, 첫 번째 지혜는 야고보 사도가 말하고 있는 것처럼 '높은 데서 옵니다.' 이것은 또한 신앙과도 구별되는데, 그것은 신앙이 신적인 진리를 있는 그대로 받아들이기 때문입니다. 그러나 지혜의 선물은 신적인 진리에 따라서 판단할 수 있게 해 줍니다."

그렇지만 이 시혜에 이올리는 우위성은 천사적 박사가 철학적 지혜와 신학적 지혜라는 지혜의 다른 두 개의 보충적 형태들이 있다는 것을 간과하게 만들지 않습니다. '철학적 지혜'는 자연적인 제약을 가지고 있는 지성의 실재 탐구 역량에 기초를 두고 있고, 신학적 지혜는 계시에 기초를 두고 신앙의 내용들을 탐구하여 하느님의 신비에 접근해 갑니다.

"진리는 누가 발설하든지 간에 모두 성령으로부터 오는 것"(omne verum a quocumque dicatur a Spiritu Sancto est)임을 깊이 확신하고 있던 성 토마스는 그의 진리 사랑에 공평무사했습니다. 그는 어디에서든지 진리를 추구하였고, 진리의 보편성을 입증하는 데 전력을 다했습니다. 교회의 교도권은 그에게서 진리를 향한 열정을 인정하였습니다. 그리고 정확히 그것이 일관되게 보편적이고 객관적이며 초월적인 진리의 지평 속에 머무르기 때문에, 그의 사상은 '인간 지성이 결코 생각해 낼 수 없었을 높은 경지'에 도달했습니다. 그는 정당하게도 '진리의 사도'(apostolus veritatis)라고 불릴 수 있을 것입니다. 확고하게 진리만을 추구하는 토마스의 실재주의(realismus)는 진리의 객관성을 인정하고 '현상'의 철학뿐만 아니라 '존재'의 철학(philosophia essendi) 까지도 제시할 수 있습니다.

57. 그러나 교도권은 철학 이론들의 오류들과 일탈들을 지적하기만 하는 것은 아닙니다. 이에 못지않은 관심을 가지고 교회 교도권은 철학적 탐구의 진정한 쇄신의 기본 원리들을 강조하고 특정 방향을 지시하기도 합니다. 이 점에서 교황 레오 13세께서는 회칙 『영원하신 아버지』(Aeterni Patris)에서 교회 생활을 위해 역사적으로 매우 중요한 일보를 내디디셨습니다. 왜냐하면 그 회칙은 오늘날까지도 온전히 철학만을 위해 작성된 유일한 권위 있는 교황 문헌으로 남아 있기 때문입니다. 이 위대한 교황께서는 신앙과 이성 사이의 관계에 관한 제1차 바티칸공의회의 가르침을 발전시키는 가운데, 철학적 사고가 신앙과 신학에 얼마나 깊이 공헌하는지를 보여 주셨습니다. 한 세기 이상이 지났지만 그 회칙이 담고 있는 실천적이고 교육적인 통찰들은 그 중요성을 조금도 잃어버리지 않았습니다. 특히 성 토마스의 철학이 지니고 있는 그 어느 것에도 비할 수 없는 가치에 관한 강조는 더욱 그렇습니다. '천사적 박사'의 사상에 대한 쇄신된 강조야말로 교황 레오 13세께서는 신앙의 요구들에 부합되는 철학의 활용을 활성화시키는 최선의 길로 비쳐졌습니다. "성 토마스는 이성과 신앙을

날카롭게 구분하였습니다. 그러나 이 양자를 조화시켜 각각 자신의 권리와 품위를 고스란히 간직하게 할 수 있었습니다."

78. 이 성찰들의 빛 속에서, 교도권이 왜 반복적으로 성 토마스 사상의 공로들을 격찬하고 그를 신학 연구의 인도자이며 전형(典型)으로 삼았는지가 명백히 드러납니다. 이것은 순수하게 철학적인 문제들에 대해서 어떤 입장을 취하기 위해서도 아니고, 또 특정 이론들에 대한 호감을 표시하기 위한 것도 아니었습니다. 교도권의 의도는 언제나, 성 토마스가 어떤 의미에서 진리를 추구하는 모든 사람을 위한 진정한 전형인지를 보여 주자는 것이었습니다. 실상 그의 성찰 속에서 이성의 요구들과 신앙의 힘이, 일찍이 인간 사고가 이룩한 가장 고상한 종합을 발견합니다. 왜냐하면 그는 이성에게 고유한 모험을 평가 절하함이 없이, 계시를 통해서 도입된 근본적인 새로움을 옹호할 수 있었기 때문입니다.

『신학대전』 완간을 꿈꾸며

　그리스도교 2000년 역사에서는 물론 인류 문화사에서도 경이로운 불후의 걸작으로 인정받고 있는 방대한 『신학대전』을 대역판으로 간행하는 이 대사업은 정의채(鄭義采) 몬시뇰의 혜안과 용단에서 비롯되었다. 몬시뇰께서는 그리스도교 전래 200주년(1784-1984년)을 기념한 다음해인 1985년에 첫 권을 발간한 이래 꾸준히, 어려운 여건 가운데서도 고군분투하며 전체 3부 60권(보충부까지 포함하면 72권) 가운데 10권을 직접 번역하였고, 2006년 즈음부터는 소장 학자들에게도 번역 지침을 주어 과제를 분담하고 또 탈고 단계에서는 직접 감수를 통해 지도 편달함으로써 5권을 더 출간하였다. 여기에는 강윤희 신부, 김율 교수, 김정국 신부, 김춘오 신부, 윤종국 신부, 이상섭 교수, 이진남 교수, 채이병 박사 등이 참여했고, 막바지에는 이재룡 신부도 가담했다. 그렇게 해서, 제1부를 모두 마치고, 인간의 윤리 문제(제2부 전체)의 궁극 목표인 '행복'에 관해 논하는 첫 다섯 문제(제16권)까지 출간해 내었다.

　이제까지 도서 출판을 통한 복음 전파를 카리스마로 삼고 있는 '바오로딸수도회'가 어려운 출판 여건 속에서도 큰 희생을 기꺼이 감내하며 몬시뇰의 피땀 어린 노력을 묵묵히 뒷받침해 왔다. 몬시뇰과 수도회에 깊은 존경과 감사의 뜻을 전하고 싶다.

　그런 가운데 서울대교구 교구장이신 염수정(廉洙政) 추기경은 2016

년 8월, 15년 뒤에 맞게 될 천주교 조선교구 설정 200주년(1831-2031년)까지는 『신학대전』을 완간해야겠다는 큰 계획을 세우고 이미 번역진에 합류하고 있던 이재룡 신부를 그 전담 책임자로 임명하였다. 계획대로 추진된다면, 그리스도교가 이 땅에 들어온 지 근 반세기 만에 교구가 설정됨으로써 제대로 체제를 갖춘 당당한 지역 교회가 되었듯이, 『신학대전』도 근 반세기 만에 완간될 것이다.

전담 책임을 맡은 이재룡 신부는 우선 '한국성토마스연구소'(St. Thomas Institute in Korea)를 설립하고, 바오로딸출판사와 긴밀히 상의하며 이제까지 몬시뇰께서 추진해 온 출간 사업을 계승하여, 완간된 부분과 진행 중인 작업들을 총점검하고 향후 사업 일정을 확정하여 2017년 12월 《천주교조선교구설정 200주년기념 신학대전간행사업》(2019-2031년)이라는 제목으로 교구장님께 보고드렸다. 간행위원단 구성은 손희송 주교, 정의채 몬시뇰, 이재룡 신부(위원장), 안소근 수녀, 윤주현 신부, 이상섭 교수, 정현석 박사로 단순화하였다. 2019년부터 13년간 매년 분책 4~5권씩을 번역해 낸다는, 다소 무리한 계획이었지만, 최근 완간된 일어 역본(2007년)과 대만에서 발간된 한역본(2009년)도 자극제가 되어 200주년을 넘지 않도록 서두르기로 하였다.

2019년 말, 감사하게도 총 12개년(2000-2031년)에 걸친 《천주교조선교구설정 200주년기념 신학대전간행사업》이 문화체육관광부의 '국고지원사업'으로 선정되었다. 사업의 중심 내용은 당연히 『신학대전』의 나머지 부분인 분책 50권('보충부' 포함)의 간행이지만, 여기에 보조 장치 3권(『입문』, 『총색인』, 『요약』)과 선결 필수 사업으로 판단되는 3권의 사전(『성 토마스 개념사전』, 『교부학사전』, 『라틴어사전』) 간행을 추가하였다.

이제부터 시작이지만, 여기까지 오는 데에도 우여곡절을 거쳐야

했는데, 매일 묵주기도 5단을 바치며 성모님과 토마스 아퀴나스 성인님께 도움을 청했고, 고비 때마다 기묘한 방식으로 도와주시는 주님 섭리의 손길을 느꼈다. 그리고 많은 분들의 도움을 받았다. 존경하는 교구장님과 정진석(鄭鎭奭) 추기경님을 비롯한 교구 주교님들과 다른 주교님들, 동창 신부님들과 선후배 신부님들, 그리고 사업을 하시는 몇몇 지인들의 적극적인 격려와 지원 외에도, 일선 사목 현장에서 동고동락했던 잠실, 오류동, 혜화동 성당의 교우들과 교리신학원의 제자들도 꾸준히 정기적으로 도움을 주고 있다. 그리고 세 차례에 걸친 국고 지원 신청 과정에서 적극적인 행정적 지도와 격려를 아끼지 않은 문화체육관광부의 장우일 종무관과 실무진, 만만찮은 대응자금 문제 때문에 어려움을 겪고 있을 때 길을 열어 주고 적극적인 지지를 보내 준 김영국 신부님과 이경상 신부님을 비롯한 학교법인 가톨릭학원 신부님들의 도움이 컸다. 마지막으로, 지난해에 무리한 계획과 국고 지원 신청 과정 때문에 출판 일정이 겹치고 뒤엉켜 절망적인 국면에 처했을 때 흔쾌히 도움의 손길을 내밀고 끝까지 동행하기로 한 '기쁜소식'의 전갑수 사장님께 감사의 뜻을 전하고 싶다.

이렇게 많은 분들의 기대와 성원을 받으며 전능하신 하느님의 보호와 우리나라의 주보(主保)이신 성모 마리아의 도우심과 '인류의 스승'(Doctor Humanitatis)인 토마스 성인의 전구에 힘입어 벅찬 희망을 안고 대여정의 첫걸음을 내딛는다.

2020년 성모성월에
한국성토마스연구소에서
간행위원장 이재룡 신부

『신학대전』 간행계획

[제1부]

01 (ST I, 1-12) 하느님의 존재, 정의채 옮김. 1985. 3판 2014.
02 (ST I, 13-19) 하느님의 생명, 정의채 옮김. 1993. 2판 2014.
03 (ST I, 20-30) 하느님의 작용과 위격, 정의채 옮김. 1994. 2판 2000.
04 (ST I, 31-38) 위격들의 구별, 정의채 옮김. 1997.
05 (ST I, 39-43) 위격들의 관계, 정의채 옮김. 1998.
06 (ST I, 44-49) 창조, 정의채 옮김. 1999.
07 (ST I, 50-57) 천사, 윤종국 옮김. 2010.
08 (ST I, 58-64) 천사의 활동 [근간]
09 (ST I, 65-74) 우주 창조, 김춘오 옮김. 2010.
10 (ST I, 75-78) 인간, 정의채 옮김. 2003.
11 (ST I, 79-83) 인간 영혼의 능력, 정의채 옮김. 2003.
12 (ST I, 84-89) 인간의 지성, 정의채 옮김. 2013.
13 (ST I, 90-102) 하느님의 모상으로 창조된 인간, 김율 옮김. 2008.
14 (ST I, 103-114) 하느님의 통치, 이상섭 옮김. 2009
15 (ST I, 115-119) 우주의 질서, 김정국 옮김. 2010.

[제2부 제1편]

16 (ST I-II, 1-5) 행복, 정의채 옮김. 2000.
17 (ST I-II, 6-17) 인간적 행위, 이상섭 옮김. 2019.
18 (ST I-II, 18-21) 도덕성의 원리, 이재룡 옮김. 2019.
19 (ST I-II, 22-30) 정념, 김정국 옮김. 2020.
20 (ST I-II, 31-39) 쾌락, 이재룡 옮김. 2020.
21 (ST I-II, 40-48) 두려움과 분노, 채이병 옮김. 2020.
22 (ST I-II, 49-54) 습성, 이재룡 옮김. 2020.
23 (ST I-II, 55-67) 덕, 이재룡 옮김. 2020.
24 (ST I-II, 68-70) 성령의 선물, 채이병 옮김. 2020.
25 (ST I-II, 71-80) 죄 [근간]
26 (ST I-II, 81-85) 원죄
27 (ST I-II, 86-89) 죄의 결과
28 (ST I-II, 90-97) 법, 이진남 옮김. 2020.
29 (ST I-II, 98-105) 옛 법
30 (ST I-II, 106-114) 은총

[제2부 제2편]

31 (ST II-II, 1-7) 믿음
32 (ST II-II, 8-16) 믿음의 결과
33 (ST II-II, 17-22) 희망
34 (ST II-II, 23-33) 사랑
35 (ST II-II, 34-44) 사랑과 결부되는 것

36 (ST II-II, 45-56) 현명
37 (ST II-II, 57-62) 정의
38 (ST II-II, 63-79) 불의
39 (ST II-II, 80-91) 종교와 경신
40 (ST II-II, 92-100) 종교와 결부되는 것
41 (ST II-II, 101-122) 사회적 덕
42 (ST II-II, 123-140) 용기
43 (ST II-II, 141-154) 절제
44 (ST II-II, 155-170) 절제의 부분
45 (ST II-II, 171-178) 예언과 은사
46 (ST II-II, 179-182) 활동과 관상
47 (ST II-II, 183-189) 사목과 수도생활

[제3부]
48 (ST III, 1-6) 육화하신 말씀
49 (ST III, 7-15) 그리스도의 은총
50 (ST III, 16-26) 하느님과 인간 사이의 중재자
51 (ST III, 27-30) 동정녀 마리아
52 (ST III, 31-37) 그리스도의 유년기
53 (ST III, 38-45) 그리스도의 생활
54 (ST III, 46-52) 그리스도의 수난
55 (ST III, 53-59) 예수 부활

56 (ST III, 60-65) 성사
57 (ST III, 66-72) 세례와 견진
58 (ST III, 73-78) 성체성사
59 (ST III, 79-83) 영성체
60 (ST III, 84-90) 고해성사(*절필)

[보충부]
61 (ST Sup, 1-11) 통회
62 (ST Sup, 12-20) 보속과 열쇠
63 (ST Sup, 21-28) 냉담과 대사
64 (ST Sup, 29-33) 병자성사
65 (ST Sup, 34-40) 성품성사
66 (ST Sup, 41-49) 혼인성사
67 (ST Sup, 50-62) 혼인장애
68 (ST Sup, 63-68) 재혼
69 (ST Sup, 69-74) 죽음과 심판
70 (ST Sup, 75-86) 육신의 부활
71 (ST Sup, 87-96) 최후 심판과 성인들
72 (ST Sup, 97-99) 단죄받은 자들
73 (***)   [신학대전 요약]
74 (***)   [신학대전 입문]
75 (***)   [총색인]

일러두기

1. 『신학대전』의 대구조(macro-structura)

1.1. 성 토마스는 불후의 걸작인 이 방대한 작품을 신플라톤주의의 '발원-귀환'이라는 웅장한 구도를 활용하여 구성하고 있다. 그래서 제1부는 만물이 하느님으로부터 나오는 발원(發源, exitus) 과정이고, 제2부는 만물이 하느님께로 되돌아가는 귀환(歸還, reditus) 여정이며, 제3부는 그 귀환의 길 또는 수단이 되어 주신 구세주의 위업(偉業)을 다루고 있다. 보충부는 일찍 찾아온 그의 죽음 때문에 미완으로 남게 된 (제3부의) 공백을 그의 제자, 혹은 제자 그룹이 그의 초창기 작품으로부터 관련 내용을 정리하여 옮겨다 채워 넣은 보완 부분이다.

1.2. 'I'(Prima Pars)은 제1부, 'I-II'(Prima Pars Secundae Partis)는 제2부 제1편, 'II-II'(Secunda Pars Secundae Partis)는 제2부 제2편, 'III'(Tertia Pars)은 제3부, 그리고 'Sup.'(Supplementum)은 보충부의 약식 기호들이다.

1.3. 지금 우리의 기획처럼, 방대한 『신학대전』의 내용을 나누어 출간하는 경우에, 분책(分冊)의 기초가 되는 단위로, 여러 개의 문(quaestio)들이 한데 모여 이루는 공동의 주제인 'tract.'(tractatus)를 '논고'(論考)라고 부른다.

1.4. 'q.'(quaestio)라고 표기되는 단위를 '문'(問)이라고 부른다.

1.5. '문'에서 제기된 문제를 해결하기 위해서는 필요한 만큼의 분절 작업(articulatio)이 요구되는데, 이렇게 세분된, 실질적인 논의의 기본 단위를 이루는 'a.'(articulus)를 '절'(節)이라고 부른다.

2. 절(節)의 세부 구조(micro-structura)

각각의 절에서 본격적으로 논의되는 세부 내용은 규칙적인 형식으로 구성되어 있고, 크게 두 부분으로 대별된다. 먼저, 권위 있는 가르침들이 찬-반(贊反)으로 제시되고, 다음에 저자 자신의 해결책이 제시된다.

2.1. 첫 번째 부분에서는 먼저, 중세 스콜라 학자들의 기본적인 학문 방법인 '권위'(auctoritas), 곧 성경과 교부들, 그리고 때로는 고대 철학자들을 비롯한 사상가들로부터 해당 주제에 대한 가르침들 가운데 (곧 제시될 필자의 입장에 반대되는) '부정적인' 가르침들이 엄선하여 제시된다. 곧 '반론들'(objectiones)로서, 보통 세 개 정도가 제시되는데, '반론 1'(obj.1), '반론 2'(obj.2)라 부른다.

2.2. 다음으로는 (역시 권위들 가운데에서) 그에 대해 반대되는, 곧 저자의 입장을 지지하는 긍정적인 가르침이 (보통은 하나) 제시된다. 곧 '재반론'(sed contra)이다.

2.3. 저자 자신의 독창적 해결책이 제시되는 두 번째 부분도 또다시 두 부분으로 구별되는데, 먼저 '답변'(Respondeo) 부분에서는 그 주제에 대한 저자 자신의 해결책이 제시되며, 가끔은 '본론'(corpus)이

라고 불리기도 한다.

2.4. 그런 다음에 '해답'(solutio) 부분에서는 '답변'에서 확인한 결론들을, 앞머리에 제시되었던 반론들 하나하나에 대해 적용한다. 원문에서 라틴어로 'ad1' 'ad2' 등으로 표시되는 것을 우리는 '제1답' '제2답' 등으로 부른다.

3. 본문과 각주에서의 유의 사항

3.1. 번역 대본은 비판본인 레오판(ed. Leonina)을 주로 따르고 있는 마리에티판이다: S. Thomas Aquinatis, *Summa Theologiae*, cum textu ex recensione Leonina, Taurini-Romae, Marietti, 1952.

3.2. (괄호) 속의 내용은 라틴 원문에 있지만, 길고 복잡한 문장 구조가 조금이나마 시각적으로 간명해지도록 역자가 임의로 괄호로 묶은 것이다.

3.3. [꺾쇠괄호] 안의 단어나 구절은 해당 라틴어 원문에는 없으나, 문맥상 요구된다고 판단되는 내용을 삽입한 것이다.

3.4. 성경은 기본적으로 한국천주교주교회의에서 발행한 『성경』을 따르지만, 내용에서 차이가 있는 경우에는 역자가 라틴 원문에 충실하게 번역하고, 각주에 『성경』 구절을 제시하였다.

3.5. 다양한 종류의 각주에 대해 아라비아 숫자로 일련번호를 매겼다. 단, 마리에티판의 권말에 추가주(adnotationes)로 실려 있는 내용을 번역한 경우에는 일련번호에 이어 '(* 추가주)'라는 별도의 표시를 했다.

4. 약어표에 관하여

4.1. 일반적인 약어들을 '일반 약어표'로 제시하였다.

4.2. 성 토마스의 작품들에 대해서는 약어표를 따로 제시하였다.

4.3. 성경 약어에 대해서는 가톨릭교회에서 통용되는 일반 관례를 따른다.

4.4. 성 아우구스티누스를 비롯한 교부들의 작품들에 대해서는 한국교부학연구회가 펴낸 『교부 문헌 용례집』(수원가톨릭대학교출판부, 2014)을 따른다.

4.5. 아리스토텔레스를 비롯한 고대 사상가들의 작품들에 대한 약어는 한국서양고전철학회 등에서의 일반적인 관례를 준용한다.

일반 약어표

a.	절(articulus). 예) '제1절', '제7절' 등.
aa.	여러 절들(articuli). 예) aa.1-3은 '제1절에서 제3절까지'를 가리킴.
ad1, ad3	제1답, 제3답: 절(articulus)을 시작하면서 제기되었던 반론들(objectiones)에 대해, 일일이 '해답'(solutio) 부분에서 해결책으로 제시하는 답변들.
c.	장(capitulum).
c.	본론(corpus) 곧 '답변'(Respondeo)을 가리킴.
Can.	카논(Canon: 공의회의 장엄 결정문).
Cf.	참조(conferire).
d.	구분(divisio). 특히 『명제집』과 『명제집 주해』에서 기본 틀로 제시될 때, '제1구분', '제2구분'으로 표기. 예) 『명제집 주해』 제1권 제2구분 제1문 제3절. (많이들 'divisio'와 혼용하고 있는 'distinctio'는 '구별'.)
DH	『덴칭거-휘너만』 혹은 『규정-선언 편람』(Denzinger-Hunermann이 1991년부터 편찬).
DS	『덴칭거-쇤메처』 혹은 『규정-선언 편람』(Denzinger-Schoenmetzer가 1963년부터 편찬).
Ibid.	같은 작품 또는 같은 곳(Ibidem).
ID.	같은 저자(Idem).
lect.	강(lectio). 예) '제1강', '제2강' 등. (단, 서술문에서 지칭 시에는 '강독'.)
lib.	권(liber). 예) '제1권', '제2권' 등.
ll.	행(行, lineae).
loc. cit.	인용된 곳(loco citato).

n.	번(numerum) 또는 그대로 'n'. 예) '2번' 또는 'n.2'.
obj.	반론(objectio). 예) '반론1,' '반론2' 등.
op. cit.	이미 인용된 작품(opere citato).
parall.	병행 문헌(paralleli).
PG	미뉴, 『그리스 교부 전집』(Migne, *Patrologia Graeca*).
PL	미뉴, 『라틴 교부 전집』(Migne, *Patrologia Latina*).
Proem.	머리말(Proemium).
Prol.	머리글(Prologus).
q.	문(quaestio). 예) '제1문,' '제89문' 등. (단, 간혹 서술 문장 중 특정 '문'을 가리킬 때에는 '문제'라고 지칭할 수도 있다.) 예문) "창조에 관해 논하는 이 '문제'는…."
qc.	소문제(quaestiuncula). (주로 『명제집 주해』에 나타남.)
qq.	여러 문들(quaestiones). 예) qq.57-59는 '제57문에서 제59문까지'를 가리킴.
Resp.	답변(Respondeo) [=본론].
s.c./sc	재반론(Sed contra) 또는 '그러나 반대로'. (보통은 재반론이 하나이지만, 드물게 번호와 함께 두세 개가 제시되기도 한다. 이때에는 '재반론1,' '재반론3' 등으로 표기한다.)
sol.	해답(solutio). (단, 기본 틀 가운데에서 반론1에 대한 해답[ad1], 반론2에 대한 해답[ad2] 등은 '제1답,' '제2답' 등이라고 지칭.)
tract.	논고(tractatus: 여러 문들이 함께 모여 이루는 논의 주제).

성 토마스 작품 약어표

In Sent., **I, d.3, q.1, a.3, qc.1, ad1**	『명제집 주해』 제1권 제3구분 제1문 제3절 제1소문제 제1답
ScG, **I, II**	『대이교도대전』 제1권, 제2권
ST(* 생략)	『신학대전』
I, q.1, a.1, ad2	『신학대전』 제1부 제1문 제1절 제2답
I-II	『신학대전』 제2부 제1편
II-II	『신학대전』 제2부 제2편
III	『신학대전』 제3부
Sup.	『신학대전』 보충부
Catena Aurea	『황금 사슬』 또는 『4복음서 연속주해』
Compendium Theol.	『신학 요강』
Contra doct. retrah.	『소년의 수도회 입회를 비난하는 전염병과도 같은 가르침 논박』
Contra err. Graec.	『그리스인들의 오류 논박』
Contra impugn.	『전례와 수도회를 거스르는 자들 논박』
De aetern. mundi	『세상 영원성』
De anima	『영혼에 관한 토론문제』 또는 『영혼론』
De articulis fidei	『신앙 요목』
De beatitudine	『참행복』 또는 『진복』
De caritate	『참사랑』 또는 『참사랑에 관한 토론문제』
De correct. Frat.	『형제적 충언』 또는 『형제적 충언에 관한 토론문제』
De demonstratione	『증명론』
De diff. verbi Domini	『하느님의 말씀과 인간의 말의 차이』
De dilex. Dei et prox.	『하느님 사랑과 이웃 사랑』

De dimens. indeterm.	『무한의 크기』
De divinis moribus	『하느님의 습성』
De duo. praecep. char.	『사랑의 이중계명』
De empt. et vend.	『신용거래』 또는 『매매론』
De ente et ess.	『존재자와 본질』 또는 『유(有)와 본질(本質)에 대하여』
De eruditione principis	『군주 교육』
De expos. missae	『미사 해설』
De fallaciis	『오류론』
De fato	『운명론』
De forma absol.	『사죄경 형식』
De humanitate Christi	『그리스도의 인성』
De instantibus	『순간론』
De intellectu et intell.	『지성과 가지상』
De inventione medii	『수단의 발명』
De iudiciis astr.	『점술가의 판단』
De magistro	『교사론』 또는 『교사에 관한 토론문제』
De malo	『악론』 또는 『악에 관한 토론문제』
De mixtione element.	『요소들의 혼합』
De motu cordis	『심장 운동』
De natura accidentis	『우유의 본성』
De natura generis	『유(類)의 본성』
De natura loci	『장소의 본성』
De natura luminis	『빛의 본성』
De natura materiae	『질료의 본성』
De natura syllog.	『삼단논법의 본성』
De natura verbi intell.	『지성의 말의 본성』
De occult. oper. naturae	『자연의 신비로운 작용』
De officio sacerdotis	『사제의 직무』

De perf. vitae spir.	『영성생활의 완성』
De potentia	『권능론』 또는 『권능에 관한 토론문제』
De potentiis animae	『영혼의 능력들』
De principiis naturae	『자연의 원리들』
De principio individ.	『개체화의 원리』
De propos. mod.	『양태명제론』
De purit. consc. et modo conf.	『양심의 순수함과 고백 양식』
De quat. oppositis	『네 대당(對當)』
De quo est et quod est	『'그것에 의해 있는 것(존재)'과 '있는 것(본질)'』
De rationibus fidei	『신앙의 근거들』
De regimine Iudae.	『유다인 통치』
De regimine princ.	『군주통치론』
De secreto	『비밀』
De sensu resp. singul. et intellectu resp. univ.	『감각과 개체, 지성과 보편자』
De sensu respectu singul.	『개별자 감각』
De sortibus	『제비뽑기』
De spe	『희망론』 또는 『희망에 관한 토론문제』
De spir. creat.	『영적 피조물』 또는 『영적 피조물에 관한 토론문제』
De sub. sep.	『분리된 실체』
De tempore	『시간론』
De unione Verbi Incarn.	『육화하신 말씀의 결합』 또는 『육화하신 말씀의 결합에 관한 토론문제』
De unit. vel plurit. formarum	『형상의 단일성 여부』
De unitate Intell.	『지성단일성』
De usuris in communi	『고리대금』
De veritate	『진리론』 또는 『진리에 관한 토론문제』
De virt. card.	『사추덕』 또는 『사추덕에 관한 토론문제』
De virtutibus	『덕론』 또는 『덕에 관한 토론문제』
Ep. ad comitissam	『플랑드르 백작부인 회신』

Ep. ad duciss. Brabant.	『브라방의 백작부인 서신』
Ep. exhort. de modo stud.	『학업 방식에 관한 권고 서한』
Hymn.: Adoro Te	『찬미가: 엎드려 흠숭하나이다』
In Anal. post., I, II	『분석론 후서 주해』 제1권, 제2권
In Cant. Canticor.	『아가 주해』
In De anima, I, II	『영혼론 주해』 제1권, 제2권
In De cael et mond., I, II	『천지론 주해』 제1권, 제2권
In De causis	『원인론 주해』
In De div. nom.	『신명론 주해』
In De gen. et corrupt.	『생성소멸론 주해』
In De hebd.	『주간론 주해』
In De mem. et remin.	『기억과 회상 주해』
In De meteora	『기상학 주해』
In De sensu et sensato	『감각과 감각대상 주해』
In De Trin.	『삼위일체론 주해』
In decem praecept.	『십계명 해설』
In Decretal.	『교령 해설』
In Ep. ad Col.	『콜로새서 주해』
In Ep. ad Ephes.	『에페소서 주해』
In Ep. ad Hebr.	『히브리서 주해』
In Ep. ad Philem	『필레몬서 주해』
In Ep. ad Philipp.	『필리피서 주해』
In Ep. ad Rom.	『로마서 주해』
In Ep. I ad Cor.	『코린토 1서 주해』
In Ep. II ad Cor.	『코린토 2서 주해』
In Ep. I ad Thess.	『테살로니카 1서 주해』
In Ep. Pauli	『바오로 서간 주해』
In Ethic., I, II	『니코마코스 윤리학 주해』 제1권, 제2권
In Hieremiam	『예레미야서 주해』

In Ioan.	『요한복음서 주해』
In Iob	『욥기 주해』
In Isaiam	『이사야서 주해』
In Matth.	『마태오복음서 주해』
In Metaph., I, II	『형이상학 주해』 제1권, 제2권
In orat. dominicam	『주님의 기도 해설』
In Periherm., I, II	『명제론 주해』 제1권, 제2권
In Phys., I, II	『자연학 주해』 제1권, 제2권
In Pol., I, II	『정치학 주해』 제1권, 제2권
In Psalm.	『시편 주해』
In salut. angelicam	『성모송 해설』
In Symbolorum	『사도신경 해설』
In Threnos	『애가 주해』
Officium de fest. Corp. Dom.	『성체축일 성무일도』
Orationes	『기도문』
Primus tract. de univers.	『보편자 제1론』
Principium	『취임 강연』
Quaestiones Disp.	『토론문제집』
Quodlibet., I, II	『자유토론문제집』 제1 자유토론, 제2 자유토론
Resp. ad 108	『108문항 회신』
Resp. ad 30	『30문항 회신』
Resp. ad 36	『36문항 회신』
Resp. ad 42(43)	『42(43)문항 회신』
Resp. ad 6	『6문항 회신』
Resp. ad Abba. Casin.	『몬테카시노 아빠스 회신』
Secundus tract. de univers.	『보편자 제2론』
Sermones	『설교집』
Summa totius logicae	『총논리학 대전』
Tabula Ethicorum	『윤리학 도표』

'덕' 입문

1. **(논고의 자리매김)** 덕(德, virtus) 개념은 성 토마스의 사상 전체에서 중심적 역할을 차지하고 있다.[1] 잘 알려져 있다시피, 성 토마스의 사상과 체계를 종합하고 있는 그의 웅장한 걸작 『신학대전』은 총 3부로 구성되어 있는데, "인생의 궁극 목적과 덕과 악습에 대해 고찰하는"(consideratio ultimi finis humanae vitae et virtutum ac vitiorum)(제3부 머리말) 제2부는 『신학대전』 전체의 절반을 넘는 방대한 부분을 차지하는 도덕 신학(theologia moralis)의 영역으로서, 성 토마스가 차용하고 있는 신플라톤주의의 근본 원리인 발원(發源, exitus)-귀환(歸還, reditus) 도식에서 '귀환' 과정에 해당된다.(제1부 머리말)[2]

성 토마스의 신학 전체에서 덕이 차지하는 위상을 가늠하기 위해 제2부의 이제까지의 논의를 요약해 보자. 하느님의 모상(imago Dei)으로 창조된 인간 존재자의 궁극 목적은 행복, 곧 만물의 궁극 목적인 하느님과 결합되는 것이다. 그런데 행복에는 두 종류가 있다. 이 지상에서 누리는 불완전한 행복(felicitas)과, 내세에서 누리게 될 참행복

---

1. Cf. Jean Porter, "Virtues and Vices", in Brian Davies & Eleonore Stump(eds.), *The Oxford Handbook of Aquinas*, Oxford, Oxford University Press, 2012, p.265.
2. 토마스 오미어러, OP, 『신학자 토마스 아퀴나스』, 이재룡 옮김, 가톨릭출판사, 2002, 130-144쪽. Cf. Marie-Dominique Chenu, OP, *Toward Understanding Saint Thomas*, Chicago, Regnery, 1963, pp.304-310.

(beatitudo)이다.(제16권)³ 지상의 행복을 위해서는 우리가 스스로 획득할 수 있는 덕들이 필요하고, 내세의 참행복을 위해서는 은총으로 주입되는 덕들 또는 선물들이 필요하다. 성 토마스는 먼저 두 가지 덕에 공통되는 토대를 다진(I-II, 49-67) 다음에, 제2부 제1편의 나머지 부분에서 첫째 종류에 속하는 개별적인 덕들과 악습들을 논하고, 둘째 종류의 덕들과 악습들에 대해서는 제2부 제2편 전체에 걸쳐서 상세하게 논한다.⁴

우리는 우리 자신의 다양한 활동들을 통해 지상에서 누리는 행복에 다가갈 수 있다. 영혼과 육체로 합성된 인간의 행위는 이성의 지배를 받는 인간적 행위(actus humani, 제6-21문)와 감각적 욕구에 속하는 정념(passiones)의 세계(제22-48문)로 나뉜다. 성 토마스는 인간적 행위와 그 도덕성에 관해 분책 제17권과 제18권에서 다루고,⁵ 정념의

---

3. 토마스 아퀴나스, 『신학대전 제16권: [행복]』(I-II, 1-5), 정의채 옮김, 바오로딸, 2000.
4. 아리스토텔레스의 『니코마코스 윤리학』에 대한 정밀 주해는 차치하더라도, 토마스가 자기 자신의 설명에 입각해서 덕에 관해 논술하고 있는 분량은 실로 어마어마하다. 한 가지 간단한 사실 확인이 이 점을 잘 보여 줄 것이다. 성 토마스는 자신의 가장 방대하고 가장 영향력 있는 작품인 『신학대전』에서, '다섯 가지 길'(quinque viae)로 알려진 자신의 대단히 유명한 신 존재 증명을 단 하나의 절(articulum)로(I, q.2, a.3) 요약하고 있는 데 반해, 자신의 덕 이론을 체계적으로 펼치기 위해서는 『신학대전』 전체 3,110절(보충부 포함)의 거의 1/3에 해당하는 무려 1,004개의 절을 배당하고 있다.(실상 제2부 제1편 제55문부터 제89문까지 모두 189절과, 제2부 제2편 전체 170문에 걸쳐 815절을 덕 해명에 할당한다) Cf. Andrew Pinsent, *The Second-Person Perspective in Aquinas's Ethics*, New York-London, Routledge, 2012, pp.1 2.
5. 토마스 아퀴나스, 『신학대전 제17권: 인간적 행위』(I-II, 6-17), 이상섭 옮김, 바오로딸, 2019; 『신학대전 제18권: 도덕성의 원리』(I-II, 18-21), 이재룡 옮김, 바오로딸, 2019.

세계에 관해서는 제19권부터 제21권에 걸쳐서 상세히 다루었다.[6]

이어서 성 토마스는 인간적 행위의 원리들(principii)에 대해 내적 원리와 외부 원리의 순서로 검토한다. 먼저 그 내적 원리는 능력과 습성의 두 가지인데, 인간의 능력들에 대해서는 제1부(I, 75-89)에서 이미 다루었기[7] 때문에, 곧바로 덕과 악습으로 세분되는 습성들(I-II, 49-89)에 대해 다룬다.

덕과 악습은 둘 다 습성(習性, habitus)의 일종이기 때문에, 먼저 덕과 악습에 공통적인 습성 일반에 관해서 고찰하고(제22권),[8] 이어서 덕(德, virtus) 일반에 대한 논의(제23권)에 들어간다. 바로 이번 논고, 본 분책의 주제이다. 앞서 제22권으로 출간된 "습성론"은 제2부 제1편과 제2편 전체에 걸쳐서 전개되는 덕과 악습에 대한 방대한 논의의 서설이자 토대 역할을 한다.

2. (약사) 덕에 관한 논고는 아리스토텔레스와 아퀴나스의 윤리학에서 중심을 차지하고 있다. 덕이란 우리로 하여금 지성의 올바른 통찰에 따라 우리의 궁극 목적에 부합하게 행동하도록 촉구하는 우리의 기관들 또는 능력들 안에 있는 지속 가능한 상태(성향)이다. 덕들은 도덕적 행위들의 수행을 용이하게 해 주고 우리에게 특정 쾌

---

6. 토마스 아퀴나스, 『신학대전 제19권: 정념』(I-II, 22-30), 김정국 옮김, 바오로딸, 2020;『신학대전 제20권: 쾌락』(I-II, 31-39), 이재룡 옮김, 바오로딸, 2020;『신학대전 제21권: 두려움과 분노』(I-II, 40-48), 채이병 옮김, 바오로딸, 2020.
7. 토마스 아퀴나스, 『신학대전 제10권: [인간]』(I, 75-78), 정의채 옮김, 바오로딸, 2003;『신학대전 제11권: [인간 영혼의 능력]』, 정의채 옮김, 바오로딸, 2003;『신학대전 제12권: [인간의 지성]』, 정의채 옮김, 바오로딸, 2013.
8. 토마스 아퀴나스, 『신학대전 제22권: 습성』(I-II, 49-54), 이재룡 옮김, 한국성토마스연구소, 2020.

락을 제공한다. 덕에 따른 삶에 의해서 사람은 그가 하느님의 모상(imago Dei)으로 지음을 받았다는 것과 자신의 궁극 목적을 향해 가는 도중에 있다는 것을 보여 준다.[9] 그리스인들에게 있어서 덕의 수련은 교육의 가장 중요한 목적 가운데 하나였고, 아퀴나스의 윤리학도 역시 상당 부분 어떻게 덕에 따라 살 것인가에 대한 연구로 구성된다.

덕(virtus)을 가리키기 위해 플라톤과 아리스토텔레스가 사용한 '아레테'(arete)라는 용어는 긴 역사를 가지고 있다. 본래 그것은 호메로스 시대부터 탁월함과 힘을 의미했다.[10] 플라톤의 대화에서 그 단어의 의미는 무엇을 해야 하는지에 관한 정확한 지식의 의미로부터 도덕적 태도의 의미로 진화하였다. 『고르기아스』(503 D 이하)에서 덕은 어떤 활동이 균형을 잡도록 만드는 관계 또는 질서화로 묘사된다. 플라톤은 상이한 덕들을 언급하고, 신들의 선물인 완전한 덕과 습관화에 의해서 획득할 수 있는 불완전한 덕을 구별한다.[11]

아리스토텔레스는 '아레테'가 육체적 힘의 의미로 사용된다는 것을 알고 있지만,[12] 엄밀한 의미에서 덕이란 '정신의 습성'이라고 말한다.[13] 그는 지성적 덕과 도덕적 덕을 구별한다. 지성적 덕에는 다섯

---

9. 월터 패렐, 『성 토마스 아퀴나스의 신학대전 해설서. II』(『신학대전』 제2부 제1편 제1-114문), 안소근-조규홍 옮김, 수원가톨릭대학교출판부, 2020, 240-305쪽 참조.
10. 소크라테스 이전 고대 그리스에서의 덕 이해에 관해: Cf. Alasdair MacIntyre, *After Virtue*, ch.10, pp.121-130(이진우 옮김, 『덕의 상실』, 문예출판사, 1997, 182-196쪽); Roger Crisp, "Homeric Ethics", in ID.(ed.), *Oxford Handbook of the History of Ethics*, Oxford, Oxford University Press, 2015, pp.1-21
11. 플라톤의 덕 개념에 관해: Cf. MacIntyre, *After Virtue*, ch.11, pp.131-145(이진우 옮김, 197-217쪽); Nicholas White, "Plato's Ethics", in Roger Crisp(ed.), *Oxford Handbook of the History of Ethics*, pp.21-43.
12. *Rhetorica*, I, c.5, 1360b20ff.
13. *Ethica Nic.*, I, c,13, 1102a16.

가지가 있지만, 지혜(sophia)와 현명(phronesis)으로 환원될 수 있다.[14] 그는 도덕적 덕을, 우리로 하여금 숙고하며 행동하도록 만들고 우리의 선택들을 지도하는 상태(성향)라고 정의한다. 그것은 지혜로운 사람이 이것을 결정하는 것처럼 지나침과 모자람 사이의 중도이다.[15] 정확한 중용은 산술적으로 계산될 수는 없지만, 서로 다른 개체들에 적용되어야 한다. 아리스토텔레스는 자연적 자원(선)들의 사용에서도 우리의 정념들과 갈망들의 정확한 중용을 발견하기가 쉽지 않다는 것을 인정한다. 그의 윤리 이론에서 덕들은 인간 활동의 전폭을 다 포용하지 않고, 다만 정념들과 사회적 의무들의 영역만 포용한다.[16] 우리는 도덕적으로 올바른 활동을 수행함으로써 덕들을 획득한다.

---

14. Ibid., VI, c.3, 1139b17.
15. Idid., II, c.6, 1106b36ff.
16. 아리스토텔레스의 덕 개념에 관해: 강상진, 「아리스토텔레스의 덕론」, 『가톨릭철학』 9(2007), 11-39쪽 참조. Cf. MacIntyre, After Virtue, ch.12, pp.146-164(이진우 옮김, 218-244쪽). 아리스토텔레스의 덕 개념에 관한 최근의 연구들을 보기 위해서는: Cf. R. Bosley, R. Shiner, and J. Sisson(eds.), *Aristotle, Virtue and Mean*, Edmonton, Academic, 1999; Gerald J. Hughes, *The Routledge Guide Book to Aristotle's Nicomachean Ethics*, London, Routledge, 2013; D. S. Hutchinson, *The Virtues of Aristotle*, London, Routledge, 1986; Terence Irwin, *The Development of Ethics: A Historical and Critical Study*, vol.1: *From Socrates to the Reformation*, Oxford, Oxford University Press, 2007(ch.8: "Aristotle: Virtue", pp.153-197; ch.9: "Aristotle: Virtue and Morality", pp.198-229); Gavin Lawrence, "Human Exellence in Character and Intellect", in Georgios Anagnostopoulos(ed.), *A Companion to Aristotle*, Oxford, Blackwell, 2013, pp.419-441; Gabriel R. Lear, "Aristotle on Moral Virtue and the Fine", in Richard Kraut(ed.), *The Blackwell Guide to Aristotle's Nicomachean Ethics*, Oxford, Blackwell, 2006, pp.116-136; Michael Pakaluk, *Aristotle's Nicomachean Ethics: An Introduction*, Cambridge, Cambridge University Press, 2005. 아리스토텔레스의 덕 이론을 둘러싼 더 이상의 현대적 연구 실태를 보기 위해서는 파울라 고틀립의 다음 논문 말미에 소개되어 있는 풍부한 참고 문헌들을 참조하라: Cf. Paula Gotlieb, "Aristotle's Ethics", in Roger Crisp(ed.), *The Oxford Handbook of the History of Ethics*, pp.44-72(Bibliography: pp.62-72).

덕에 관한 스토아학파의 가르침은 기원 초세기 동안 그리고 중세기에 이르기까지 상당한 영향을 미쳤다. 스토아학파의 일원주의(一元主義, monism)에서 덕은 어떤 근본적 노력(orme)의 생생한 힘과 형식들이다. 비록 제논이 여러 덕들에 대해 말했지만, 그는 그것들을 영혼의 동일한 근본적 역동성에 대한 표현으로 간주하였다. 이리하여 하나의 덕을 소유하고 있는 사람은 또한 다른 덕들도 가지고 있다.[17] 이것은 지혜로운 사람이 자신의 온 삶이 이성에 의해 지배되기 때문에 소유하고 있는 단 하나의 완전한 덕만 있다는 것을 함축한다. 따라서 그는 자신의 활동에 일관되며, 우주 및 자기 자신의 본성과 완벽한 조화 속에 살고 있다.

아우구스티누스는 자신의 잘 알려져 있는, 참사랑(caritas)에 관한 가르침을 다양한 덕들의 뿌리로 발전시켰다.[18] 아우구스티누스에 의

---

17. 스토아 학파의 덕 개념에 관해: 이창우, 「신을 닮는 것: 스토아 윤리학 및 자연철학에 선해진 폴리톤외 유산」, 『가톨릭철학』 15(2010), 5-33쪽 참조. Cf. M. Spanneut, "Stoicism: Influence on Christian Thought", in *New Catholic Encyclopedia*, 2a ed., Detroit, Tompson-Gale, 2003, vol.13, pp.534-539; Leo Elders, SVD, *Thomas Aquinas and His Predecessors*, Washington, The Catholic University of America Press, 2018, pp.67-83. Terence Irwin, *The Development of Ethics, vol.1, From Socrates to the Reformation*, Oxford, Oxford University Press, 2007, pp.312-359.

18. 아우구스티누스의 덕 개념에 관해: 문시영, 『아우구스티누스와 행복의 윤리학』, 서광사, 1996, 69-112쪽; 에티엔 질송, 『아우구스티누스 사상의 이해』, 김태규 옮김, 성균관대학교출판부, 2010, 250-279쪽 참조. Cf. Alasdair MacIntyre, *Whose Justice? Which Rationality?*, London, Duckworth, 1988, pp.146-163; Leo Elders, SVD, *Thomas Aquinas and His Predecessors*, Washington, Catholic University of America Press, 2018, pp.101-126; Terence Irwin, *The Development of Ethics, vol.1, From Socrates to the Reformation*, pp.397-433; Bonie Kent, "Augustine's Ethics", in E. Stump & N. Kretzmann(eds.), *Cambridge Companion to Augustine*, Cambridge, Cambridge University Press, 2001, pp.205-233; John M. Rist, "Augustine, Aristotelianism, and Aquinas: Three Varieties of Philosophical Adaptation", in Michael Dauphinais, et al.(eds.), *Aquinas the Augustinian*, Washington, The Catholic

지해서 롬바르두스는 덕을 그 사람으로 하여금 올바르게 살도록 만들고 악한 활동들을 위해 사용할 수 없게 만드는 정신의 선한 습성이라고 정의한다. 그것은 하느님으로부터 우리에게 온 것이다.[19] 그러나 그보다 조금 전에 아벨라르두스는 덕들을 인간 자신에 의해 획득된 습성들로 묘사했는데,[20] 이에 반해 후고 생비토르는 덕들을 또 다시 신적 은총과 결부시키며 신학적 맥락 속에 위치시켰다.[21]

자신의 텍스트를 조직화하는 데 있어서 토마스는 물질적인 것들에 대한 이성적 질서화만큼 신학적 원리들을 따르지 않는다. 토마스는 덕과 악습 일반에 관한 텍스트의 보다 많은 부분에서 인간이 스스로 획득할 수 있는 덕들에 관심을 기울인다. 그러나 토마스는 또한 그리스도인들의 초자연적 삶에 본질적인 주입된 덕들도 취급한다. 그는 획득된 자연적 덕들을 인간의 도덕 생활의 본질적 부분으로 간주한다.[22]

University of America Press, 2007, pp.79-99.
19. Petrus Lombardus, Sententiae II, d.27, c.5. 롬바르두스의 사상사적 위치에 관해: 바티스타 몬딘, 『신학사 II: 스콜라학시대』, 이재룡 옮김, 가톨릭출판사, 2017, 329-336쪽 참조. Cf. K. F. Drew, "Lombards", in *New Catholic Encyclopedia*, vol.8, pp.767-770.
20. 아벨라르두스의 윤리학에 대한 요약적 평가를 보기 위해서는: 요한네스 힐쉬베르거, 『서양철학사, 상권: 고대와 중세』, 강성위 옮김, 이문출판사, 1999, 522-531쪽; 아먼드 마우러, 『중세철학사』, 조홍만 옮김, 서광사, 2007, 89-101쪽 참조. Cf. Alasdair MacIntyre, *After Virtue. A Study in Moral Theory*, Notre Dame(IN), University of Notre Dame Press, 3a ed., 2007, pp.168-171(이진우 옮김, 249-254쪽); Mario Dal Pra, "Introduzione", in Abelardo, *Conosci Te Stesso o Etica*, Firenze, La Nuova Italia, 1976, pp.V-LVII.
21. Hugo de St. Victor, *De sacramentis christianae fidei*, I, 6, 17.
22. Cf. Leo Elders, SVD, *The Ethics of St. Thomas Aquinas*, Washington, The Catholic University of America Press, 2018, pp.145-147. 채이병, 「성 토마스 아퀴나스의 덕론」, 『가톨릭철학』 9(2007), 44-75쪽 참조. 획득된 덕들에 관한 논의는 그 본성적 질서에서 획득된 덕과 유사한 주입된 덕의 본성을 규정하는 것을 가능하게 만든다.

3. (덕 윤리의 실종과 최근의 복귀) 그렇지만 토마스 이후의 세기들에서는 법, 의무, 인간의 자유에 관한 고찰들이 지배적이 되었다. 도덕적 신학에 관한 논고들에서 덕들은 거의 다루어지지 않았다.[23] 20세기 중반 이후에 상황은 변했고, 어떤 학자들은 도덕 생활을 위해 덕에 관한 연구의 중요성을 강조하기 시작하였다. 특히 앤스콤(Elisabeth Anscombe),[24] 피퍼(Josef Pieper),[25] 매킨타이어(Alaisdair MacIntyre),[26] 핑케

---

23. Alasdair MacIntyre, *After Virtue*, pp.ix-xv; Dorothea Frede, "The Historic Decline of Virtue Ethics", in Daniel C. Russell(ed.), *The Cambridge Companion to Virtue Ethics*, Cambridge, Cambridge University Press, 2013, pp.124-126; 133-135. 랄랑드는 '덕'(vertu)이라는 용어가 아예 일상언어로부터 사라지고 있다고 지적한다: A. Lanlande, *Vocabulaire tecnique de la philosophie,* Paris, Presses Universitaires de France, 5a ed., 1947, p.1203.
24. 현대 윤리의 카오스적 상황에 대해 통렬히 비판하며 덕 윤리의 회복 운동을 확산시킨 매킨타이어의 선구자는 앤스콤과 피퍼이다. 앤스콤은 「근대 윤리철학」이라는 유명한 논문(1958)에서 현대 윤리학의 결함들을 지적한다. 그녀는 19세기 말과 20세기 초반에 주로 옥스퍼드와 케임브리지에서 벌어졌던 도덕적 논쟁들이 토대를 가지고 있지 않았다는 것을 보여 주려고 한다. 왜냐하면 '도덕적 의무' '의무' '당위'와 같은 핵심 용어들이 도덕적인 의미에서 더 이상 이해되지 않는 윤리학의 초창기 개념들의 단순한 잔재들이기 때문이다. Cf. Elisabeth Anscombe, "Modern Moral Philosophy", *Philosophy* 33(1958), 1-19; Timothy Chappell, "Virtue Ethics in the Twentieth Century", in Daniel Russell(ed.), *The Cambridge Companion to Virtue Ethics*, pp.149-171.
25. 제2차 세계대전을 전후해서 발표된 도덕적 덕들에 관한 피퍼의 논고들은 잘 알려져 있다: Josef Pieper, *The Four Cardinal Virtues*, Notre Dame(IN), University of Notre Dame Press, 1966; *Faith, Hope, Love*, San Francisco, Ignatius, 1986. 최근에 덕에 관한 짧지만 피퍼의 깊은 통찰들을 압축해서 담고 있는 소책자 『그리스도교 인간상』(*The Christian Idea of Man,* 1949)이 김형수 신부의 번역으로 가톨릭대학교출판부에서 출간되었다(2018).
26. Alasdair MacIntyre, *After Virtue. A Study in Moral Theory*, London, 1981; *Whose Justice? Which Rationality*, London, Duckworth, 1988; *Three Rival Versions of Moral Enquiry: Encyclopedia, Geneology and Tradition*, Notre Dame(IN), University of Notre Dame Press, 1990.

어스(Servais Pinckaers),[27] 포터(Jean Porter)[28] 등 가톨릭 학자들은 덕을 윤리학의 중심에 올려놓은 공로를 인정받을 만하다.[29]

호메로스로부터 중세에까지 이르는 인류의 도덕의 역사에 관한 매킨타이어의 재구성은 일관성 있고 전반적인 조화로운 그림을 제시하고 있다. 이 발전의 일관성은 "만족스러운 인생에 관한 공유된 관점"에 기초하고 있는데, 그 삶은 사회적 역할과 그 시대 전반에 걸쳐 문화적 전통을 대변하는 일반적 설화에 의해서 잘 규정된다. 매킨타이어에 따르면 이런 공유된 관점은 호메로스의 영웅으로부터 아테네의 신사를 거쳐 이 지상의 삶에서 천상의 삶으로 넘어가는 중세의 '나그네'에 이르기까지 다양하다. 저 공유된 관점 속에서 덕은 결정적인 역할을 하였다. 왜냐하면 그것은 훌륭한 삶의 본질적 조건을 구성하기 때문이다. 처음에 특수한 사회적 역할들에 대한 단순한 실천으로 출발했던 것이 점차 인생의 의미 깊은 질서라는 설화로 변형되고, 마침내 다가올 여러 세기를 위한 확립된 도덕 전통이 되었다.[30]

---

27. Servais Pinckaers, OP, *Les sources de la morale chretienne,* Fribourg/Paris, 1985. *Passions & Virtue,* Washington, The Catholic University of America Press, 2017.
28. Jean Porter, *Recovery of Virtue: The Relevance of Aquinas for Christian Ethics,* Louisville(KY), Westminster John Knox, 1990; *Nature as Reason: A Thomistic Theory of the Natural Law,* Grand Rapids(MI), Eerdmans, 2005; "Virtue Ethics in the Medieval Period", in Daniel Russell(ed.), *The Cambridge Companion to Virtue Ethics,* pp.70-91; *The Perfection of Desire: Habit, Reason, and Virtue in Aquinas's Summa Theologiae,* Chicago, Marquette University Press, 2018.
29. 덕 연구에 대한 관심의 부흥에 관한 연구: Cf. Romano Cessario, OP, "Virtue Theory and the Present Evolution of Thomism", in D. Hudson and S. Moran(eds.), *The Future of Thomism,* Notre Dame(IN), University of Notre Dame Press, 1992, pp.291-299; Timothy Chappell, "Virtue Ethics in the Twentieth Century", in Daniel Russell(ed.), The Cambridge Companion to Virtue Ethics, pp.149-171.
30. Cf. Dorothea Frede, "The Historic Decline of Virtue Ethics", in Daniel C. Russell(ed.), *The Cambridge Companion to Virtue Ethics,* Cambridge University Press,

매킨타이어에 따르면, 이 한때 일관되었던 체계 가운데 남겨져 있는 모든 것은 그 낡은 전통의 그림자 영상과 그 일관성을 상실한 어휘의 잔재들뿐이다. 그렇다면 저 상황은 왜 현대 윤리적 논쟁들이 공통의 기초가 없고 수용할 만한 결단들이 무엇인지를 말해 주는 척도가 없는 분열적 논쟁의 불협화음들인지를 설명해 준다. 칸트류의 합리주의적 윤리학도 흄을 따르는 감정주의 윤리학도 벤담과 밀 이후의 공리주의적 윤리학도 도덕성의 결실 풍부한 논의를 위한 기초를 제공할 수 없다. 더더욱 도덕적이고 비도덕적인 문제, 질문, 결단들 사이에 어떤 구별이 있는지가 전혀 불분명하다. 이 곤경이 근대 윤리학의 대변자들에게 명백해지지 않았고, 매킨타이어에 의해서 옛 도덕 체계의 일부 잔재들과 그 가치들의 보존에 돌려진다.[31]

근대 이전의 가장 중요하고 영향력 있는 두 명의 철학자인 아리스토텔레스와 아퀴나스의 전망에서 볼 때, 근대와 더불어 시작된 단절은 정확히 자연(본성, natura)으로부터의 도피에서 성립된다.[32] 성 토마스는 이렇게 말한다. 인간의 영혼은 "영적 세계와 물체적 세계의 경계선"에 자리잡고 있다.(I, 77, 2) 인간 인격은 영적인 질서와 물질적 질서 양자의 완전성들이 합류하는, 우주 전체의 소우주(microcosmos)이다. 성 토마스는 인간 존재자를 영-육 합성체로 보는 아리스토텔레스의 설명을 계승한다. 여기서 영혼과 육체의 관계는 형상과 질료의 관계에 해당된다. 질료와 형상으로 합성된 인간 존재자들은 다른 모든 자연적 실체들과 유사하다. 그러나 인간 영혼의 최고의 역량은

2013, p.124.
31. Cf. Dorothea Frede, "The Historic Decline of Virtue Ethics", p.125.
32. 덕 윤리의 역사적 쇠퇴에 관해: Cf. Dorothea Frede, "The Historic Decline of Virtue Ethics", pp.124-148.

비물질적 능력인 지성이기 때문에, 인간 존재자들은 질료-형상 합성의 특수 사례들이다.[33]

아퀴나스에게 있어서 인간 본성에 관한 연구는 핵심적 연구이다.[34] 그것은 핵심적 자기 인식을 제공하고, 우리로 하여금 의식적으로 우리의 본성에 적합한 목적들을 스스로 깨닫고 실현하도록 다그친다. 이리하여 그것은 자연철학으로부터 윤리학과 정치학으로의 전이를 의미한다. 실상 인간 본성에 관한 토론은, 인간 존재자들의 선한 생활에 관한 검토의 테두리 안에서 전개된다.

최근에 인간 존재자가 선한 삶을 영위한다는 것이 무엇을 의미하는지에 대한 고전적 개념에 대한 관심이 주목할 만하게 고조되어 왔다. 비록 고전적 사고로의 전환의 1차적 초점은 덕에 관한 아리스토텔레스의 설명이었지만, 아퀴나스의 윤리학도 상당한 주목을 받았다.[35] 아퀴나스 사상의 통합성에 대한 우리의 이해는 분명 덕 윤리학의 복원에 힘입은 것이다. 그 복원 이전에는 아퀴나스의 윤리학에

---

33. 앤서니 케니, 『아퀴나스의 심리철학』, 이재룡 옮김, 가톨릭대학교출판부, 1999, 205-228쪽; 소피아 로비기, 『인간과 자연: 철학적 인간학 스케치』, 이재룡 옮김, 가톨릭대학교출판부, 2019, 164-171쪽 참조. Cf. Thomas Hibbs, "Introduction: Obstacles to the Recovery of Aquinas's Teaching on the Human Good", in ID., *Virtue's Splendor: Wisdom, Prudence, and the Human Good*, New York, Fordham University Press, 2001, pp.9-16.
34. Cf. Robert Pasnau, OP, *Thomas Aquinas on Human Nature: A Philosophical Study of Summa Theologiae Ia 75-89*, Cambridge, Cambridge University Press, 2002.
35. 최근 어윈은 2,700쪽이 넘는 방대한 윤리학 역사를 편찬하면서 놀랍게도 토마스 아퀴나스에게 2,500년 역사에서 가장 많은 지면(220쪽)을, 아리스토텔레스(120쪽)나 칸트(172쪽)보다도 월등히 많은 지면을 할애하고 있다. Terence Irwin, *The History of Ethics, vol.1, From Socrates to the Reformation*, Oxford, Oxford University Press, 2007, pp.434-652.

관한 거의 모든 작품들이 자연법 위주로 짜여 있었다.[36] 하지만 법에 관한 가르침은 당연히 그의 윤리학의 중요 요소임이 분명하지만, 그것은 실제로 그의 선한 삶에 관한 그의 가르침에서 상대적으로 작은 몫을 구성할 뿐이다. 토마스는 그의 대부분의 주의를 법이 아니라 덕들에 기울였다.[37] 법과 덕 사이의 연결고리의 복원은 하나의 중요한 시작임에 틀림이 없지만, 법과 덕은 둘 다 맥락적으로, 첫째로는 상식의 정치학의 비추어서, 그리고 둘째로는 아퀴나스 윤리학의 전체적 신학적 구조에 비추어서, 이해될 필요가 있다. 로마노 체사리오가 제시하듯이, "결국 아퀴나스는 덕의 실천을, 현세에서의 복음적 영광에 대한 충만한 실현보다 조금도 못하지 않은 것으로 이해한다."[38] 그렇다면 아퀴나스의 윤리적 가르침에 대한 완전한 복원은 신

---

36. 토마스 아퀴나스, 『신학대전 제28권: 법』(I-II, 90-97), 이진남 옮김, 바오로딸, 2020 참조. 최근에 성 토마스의 자연법 이론에 관한 간략한 안내서가 출간되다: 토마스 스칸느몰리오, 『'자연법' 성 토마스 아퀴나스의 자연법 이론』, 한영만 옮김, 가톨릭대학교출판부, 2018.
37. 법으로부터 덕으로 균형추를 옮기려는 최근의 시도는 다음 두 권의 작품에서 발견될 수 있다: Daniel M. Nelson, *The Priority of Prudence*, University Park, Pensylvania State University Press, 1992; Daniel Westberg, *Right Practical Reason*, Oxford, Clarendon, 1994. 비록 이 사상가들은 옳게도 덕들의 우위를 강조하였지만, 그들은 아퀴나스의 윤리학을 위한 계명들의 중요성을 평가절하하려는 경향이 있다. 웨스트버그는 넬슨보다 이 점에 관해 좀 더 신중하다. 계명들과 현명을 결합하는 아퀴나스에 대한 개진을 보기 위해서는: Cf. Ralph McInerny, *Ethica Thomistica*;, Washington, Catholic University of America Press, 1982; Pamela Hall, *Narrative and the Natural Law: An Interpretation of Thomistic Ethics*, Notre Dame(IN), University of Notre Dame Press, 1994; Jean Porter, *Nature as Reason: A Thomistic Theory of the Natural Law*, Grand Rapids(MI), Eerdmans, 2005.
38. Romanus Cessario, OP, *The Moral Virtues and Theological Ethics*, 6. 토마스 오미어러는 "은총을 입은 인간학"의 우위가 덕에 관한 아퀴나스의 성찰의 토대임을 논증하고 있다. Cf. Thomas O'Meara, OP, "Virtues in the Theology of Thomas

학적으로 활성화된 그의 덕에 관한 설명과, 자연이 초자연적인 것에 의해서 복원되고 고양되는 방식을 포함시켜야 한다.[39]

4. (토마스의 종합) 덕(virtus)과 관련하여 성 토마스는 가톨릭 신학이 대립적 입장으로 갈라져 전해지고 있음을 발견하였다. 성 아우구스티누스(Augustinus)의 권위와 함께 덕은 다음과 같은 용어로 정의되었다. "덕이란, 올바로 살아가게 만들어 주고 아무도 그것을 악용할 수 없으며 하느님이 우리 안에서 우리 없이 작용하시는, 우리 정신의 선한 성질이다."[40] 그리고 아우구스티누스는 이교도들이 표방하는 덕에 관해서 매우 완고한 말을 하였다.[41] 균형을 재확립할 필요가 있었다. 천사적 박사는 본질적으로 성 아우구스티누스와 그 제자들의

Aquinas". 토마스 윤리학의 신학적 구조에 대한 이제까지 최선의 작품을 보기 위해서는: Cf. Servais Pinckaers, OP, *The Sources of Christian Ethics*. Edinburgh, T&T Clark, 1995; Jean Porter, *The Recovery of Virtue: The Relevance of Aquinas for Christian Ethics*, Louisville(KY), Westminster John Knox, 1990.
39. Cf. Thomas Hibbs, "Introduction: Obstacles to the Recovery of Aquinas's Teaching on the Human Good", in ID., *Virtues Splendor: Wisdom, Prudence, and the Human Good*, New York, Fordham University Press, 2001, pp.1-25.
40. Cf. I-II, 55, 4: "Virtus est bona qualitas mentis, qua recte vivitur, qua nullus male utitur, quam Deus in nobis sine nobis operatur."
41. "초자연적 질서에 따라 영원한 행복에 이르기 위해서는 대신덕들, 특히 참사랑이 불가결하다. 그러나 토마스는 (아우구스티누스와는 달리) 신앙과 은총의 덕을 받지 못한 사람이 자연적 윤리학에 따라 도덕적 덕들을 실천하며 살아갈 수 있다는 것을 배제하지 않는다. 토마스에게는 그리스도교적 도덕 외에 자연적 윤리학을 위한 자리도 있다. 아퀴나스는, 속세적 윤리학이 불가능하다고 판단하고 이교도들의 덕을 두고 아우구스티누스가 했듯이 '찬란한 악습'이라고 낙인을 찍던 당시 널리 통용되던 반-인도주의적 입장들에 반응해서 『니코마코스 윤리학』의 기획 전체를 자신의 것으로 삼음으로써 아리스토텔레스의 명예를 복권시켰다."(바티스타 몬딘, 『신학사 II: 스콜라학시대』, 이재룡 옮김, 가톨릭출판사, 2017, 736쪽)

입장을, 타당한 것으로 인정하였다. 오늘날 가톨릭 윤리신학자들은 이런 입장으로부터 최대한 거리를 두며 '자연적'인 도덕적 덕에 대해서 말한다.[42] 그러나 천사적 박사는 그것들의 실존을 인정하는 데 매우 신중하였다. 다시 말해 그는 유보 없이는 절대로 그것들을 받아들이지 않는다. 실상 덕 개념을 추상적으로 정의하는 데 있어서 "하느님이 우리 안에서 우리 없이 작용하신다."는 저 마지막 표현을 피상적인 것으로 인정한다면, 주입된 도덕적 덕들에 견주어 볼 때, 획득된 덕들은 덕의 완전한 근거(ratio)에 도달하지 못한다고 명시적으로 지적하고 있다.[43]

순수한 아리스토텔레스주의를 극복하는 복잡한 그의 이론을 제대로 이해하기 위해서는, 성 토마스에게 있어서 오로지 주입된 덕들만이 도덕 영역에서 진정한 덕을 위해 요구되는 조건들을 만족시킨다는 사실에 주목해야 한다. 실상 습성들과 상태들은 '성질'(qualitas) 범주의 첫 송뉴도 분류된다. 습성들은 지속되는 성질이지만, 상태는 지나쳐 가는 성질 또는 태도이다. 그런데 상태는 지속적인 것이 될 수 없을 정도로 온통 일시적인 것만은 아니다. 그것이 그렇게 되는 경우

---

[42] Cf. F. Roberti et P. Palazzini, *Dizionario di Teologia morale*, Roma, 1954, p.1,440.
[43] 아퀴나스는 계속해서 이 정의를, 덕을 '습성'의 일종으로 보는 분석(곧 그 사람을 어느 한 가지로 행동하도록 기울이는 지성, 의미, 정념의 항구한 상태)에 토대를 둔, 단호하게 아리스토텔레스적인 의미로 해석한다.(I-II, 55, 1) 우리가 도대체 활동할 수 있어야 한다면 이런 상태들은 필수적이다. 예컨대 연설을 할 수 있는 어린이의 타고난 역량은 그 아이가 실제로 말할 수 있기 전에 어느 특정 언어의 '습성'(habitus)을 통해 발달되어야 한다.(I-II, 49, 4) 정념들과 의지와 지성을 활동들로 정향되는 한에서 규정하는 저 덕들은 필연적으로 도덕적으로 의미기 있다. 왜냐하면 그것들은 어떤 성격 규정 없이 절대적으로 좋은 그런 활동을 향해 기울기 때문이다.(I-II, 58, 1) Cf. Jean Porter, "Virtue Ethics in the Medieval Period", in Daniel C. Russell(ed.), *The Cambridge Companion to Virtue Ethics*, pp.80-81.

에 내밀하게는 일시적임에도 불구하고, 규정하는 원인들의 변화 가능성이던 상태에서부터 배치된 습성으로 넘어간다. 예컨대 열광이나 고집스러운 완고함 때문에 어떤 견해가 하나의 습성이 될 수 있다. 반면에 다만 결핍된 습성들 또는 형성 중에 있는 습성들인 채로 남아 있는 상태들이 있다. 왜냐하면 변할 수 없는 원인들에 의존하고 있음에도 불구하고 주체들 안에 불충분하게 배치되어 있기 때문이다 그리고 이것이 바로 게으른 학생의 학문의 경우이다. 이 학생에게서 진정한 학문적 전개 과정을 통해 획득된 관념들은 일시적인 상태의 상태에 있다.[44]

이 두 가지 경우에 우리는 아직 완전하고 진정한 덕을 만나 보지 못한다. 완전한 덕은 오직 결함이 없는 원인에 의해서 어떤 잘 준비된 주체 안에 산출된 덕뿐이다. 그런데 아주 엄격하게 말하면 진지한 학자들의 학문적 습성들과 은총 중에 있는 영혼들의 도덕적 습성들, 그리고 특히 주입된 덕들만이 저 범주에 들어간다. 어쩌면 덜 준비된 자만이 우리 결론을 역설적인 것으로 볼 것이다. 그런데 이것이 성 토마스의 사상이라는 사실에는 의심의 여지가 없다. 실상 그에게 자연적 질서 전체는 초자연적 질서에 대한 예비(성향)이다.[45]

주입된 도덕적 습성들을 부정하는 사람들은 문제의 이 일반적인 착수를 고려하지 않았다. 하지만 성 토마스가 결코 위에서 지적한 신학적 도식으로부터 거리를 두려는 생각은 추호도 없었다는 사실은 잘 알려져 있다. 아니, 은총에 관한 논고에서 그는 자신의 사상을

---

44. Cf. Tito S. Centi, OP, "Introduzione", in S. Tommaso d'Aquino, *La Somma Teologica*, vol.10(I-II, 49-70), Bologna, ESD, 1984, pp.13-14.
45. Cf. I-II, 65, 2-3; II-II, 23, 7.

더 잘 간명하게 표명하게 될 것이다.[46] 성 토마스는 직접적으로 거룩한 성경을 활용했다.[47] 『덕에 관한 토론문제』에서 성경 인용들은 순전히 필요한 경우로 한정되는 것이 아니라, 매우 빈번하다. 실상 성 토마스는 거룩한 텍스트에서 주요덕(virtutes cardinales) 목록을 만나는 것 이외에도 그로부터 세 가지 대신덕(v. theologales)과 주입된 도덕적 덕들(v. morales), 성령의 선물들(doni Spiritus)과 열매들, 그리고 마지막으로 참행복(beatitudo)들을 명시적으로 도출하고 있다. 몇몇 최근의 윤리학자들에게는 이 목록이 너무 복잡하게 느껴져, 주입된 도덕적 덕들을 자연적 도덕적 덕들이나 성령의 선물들과 동일시하여 그것들을 제거하려 들지 모른다. 어떤 신학자들은 성 토마스가 부여한 전문적 의미를 지니고 있는 참행복이나 열매들의 실존에 대해 회의적인 태도를 노골적으로 드러낸다. 대단히 많은 사람들이 그것들을 얼마든지 무시할 수 있다고 생각하여, 실제로 그리스도교 도덕의 목

---

46. "신이 사랑하시는 피조물들이 자연적 선을 얻게 되기를 바라시는 마음보다 초자연적 선을 얻게 되기를 바라시는 마음으로 제공하시는 것이 더 적어야 한다고 생각하는 것은 적합하지 않다. 그런데 그분은 자연의 피조물들을, 자연적 활동들로 움직임으로써만 보살피시는 것이 아니라, 또한 그것들 스스로 이런 종류의 움직임으로 기울도록 그것들에게 활동의 원리들의 기원이 되는 형상들과 능력들을 부여함으로써도 보살피신다. 이리하여 그것들이 신에 의해서 움직여지는 그 움직임들은 지혜서의 텍스트에 따르면 그것들에게 자연스럽고 용이하다. '지혜는 만물을 달콤하게 질서 짓는다.'(지혜 7,1) 더욱이 그분은 초자연적 형상들 또는 성질들을, 그분이 영원하고 초자연적인 선을 취득하는 데에로 움직이는 자들에게 주입하는데, 그렇게 되면 그들은 그분에 의해서 달콤하고 즉각적으로 영원한 선을 취득하는 데에로 움직여지게 될 것이다."(I-II, 110, 2)
47. 매우 일반적이고 개론적 성격을 지닌 습성에 관한 논술에서 인용구들은 덜 빈번하다. 그렇지만 특히 습성들의 증가와 감소에 관한 문들에서 거룩한 텍스트와 계시로부터 멀어지지 않으려는 신학자의 한결같은 염려를 알아챌 수 있다. 철학적 언어와 성경적 언어 사이에 비교된 어의학(filologia)의 전형적인 경우를 '도덕'(mos)이라는 용어의 함의를 간명화하는 자리에서(제58문 제1절) 보게 된다.

록으로부터 제거해 버렸다. 심지어는 대신덕들을 단순한 행위들이라고 주장하는 자들까지 생겨났다. 그러나 이런 단순화는 성 토마스와는 이질적인, 아니 정확히는 대립되는 염려들에 기인하는 것이다.

 반대로, 성 토마스는 계시의 모든 내용들을, 선임자들, 곧 거룩한 교부들의 가르침을 충실하게 따르며, 일관된 체계로 작업해 내야 한다고 생각하였다. 따라서 그는 성 아우구스티누스(Augustinus)[48]와 성 그레고리우스(Gregorius)[49]의 성경 주해서들로부터 많은 가르침을 인용하였다. 반면에 우리의 논술에서 키케로(Cicero), 마크로비우스(Macrobius), 심플리치우스(Simplicius) 등은 다만 2차적 중요성을 지닐 뿐이다. 하지만 이 이름들은 우리에게 『대전』의 저자가 어떻게 모든 사상 조류에 문을 활짝 열었는지, 그리고 고전 사상의 발굴 과정을 따르는 데 있어 신중한 주의를 기울였는지를 말해 준다. 실상 그는 중세 사상가들 가운데에서 심플리치우스의 작품들에 대한 번역본을 활용한 첫 번째 사상가였다.[50]

 저 문학적 의존성에도 불구하고 이 천사적 박사(Doctor Angelicus)는 뚜렷한 독창성을 보여 준다. 이미 말한 것처럼, 그의 윤리학(도덕)은 본격적인 신학적 차원 위에서 착수되었다. 그러나 작업 범위는 고대 사상으로부터 당대에 전해진 그 어떤 인간적 가치들도 배제하지 않을 정도로 광범위하다. 철학자들이 제시하는 덕들은, 비록 복음적 완덕에 도달하는 데 투신하는 그리스도인을 충분히 만족시킬 수는 없지만, 그렇다고 경시되지 않는다.

---

48. Cf. Leo, Elders, *Thomas Aquinas and His Predecessors*, pp.101-126.
49. Cf. Ibid., pp.193-219.
50. Cf. M.-D. Chenu, OP, *Toward Understanding St. Thomas*, Chicago, Regnery, 1964, p.215.

후대의 윤리학자들이 그의 덕 이론에 아무것도 덧붙일 줄을 몰랐다. 아니, 그 재료들을 성사적 실천을 위해 정돈하는 데 지나치게 몰두한 나머지, 아퀴나스의 가르침은 오히려 빈곤화되었고, 그래서 결의론(決疑論, casuistica)으로 전락하고 말았다. 그리스도교적 윤리적 종합에 그 찬란한 광채를 돌려주기 위해서는 단순화를 포기해야 한다. 천사적 박사의 모범 위에서 교육학, 곧 영적 양성에 기대를 걸고 거기에 그리스도교적 성화와 완덕을 포함시킬 필요가 있다.

이로써 성 토마스의 덕에 관한 논술이 절대적으로 완전하다고 말하려는 것이 아니라, 다만 아쉬운 공백은 (최근의 논술들과 연결되는 것이 아니라) 오직 천사적 박사의 체계적 구도와 연관되어서만 추구되어야 한다고 말하고 싶은 것이다. 이것은 놀랄 일이 아니다. 왜냐하면 성 토마스는 자신의 논술들을 완벽한 단행본들로 생각한 것이 아니고, 또 자신의 『신학대전』 전체도 부족함이 없는 완벽한 개진으로 이해한 것이 아니라, 하나의 "요약"(summa)으로 이해하였기 때문이다.

『신학대전』에서 발견되는 덕 일반에 관한 논고는 『덕에 관한 토론문제』(Quaestiones Disputatae De virtutibus)와 동시대 작품이다. 따라서 텍스트의 상응은 풍부하게 확인된다. 그러나 모든 것은 이 경우에 토론문제가 그의 주저를 위한 스케치의 역할을 했다고 가정하게 만든다. 그 완벽성 때문에도 『대전』은 그 주제에 관한 저자의 대가적 강독의 결실인 『토론문제』를 능가한다. 그럼에도 불구하고 이어서 개진하도록 유보되고 있는 것을 미리 언급하지 않기 위해서 성 토마스는 덕들의 그리스도론에 대해서는 전혀 언급조차 하시 않는다. 우리 영혼 속에 덕을 주입한 것이 "자신의 은총을 덕, 선물 등과 같은 은총의 모든 결과들로 확장하는 한에서" 그리스도 덕분이라고 명시적으로 말하는 것(제3부 제7문 제9절)을 듣기 위해서는 '제3부'를 기다려야 한다.[51] 이제 덕 일반론에 관한 토마스의 가르침을 요약하기로 하자.

5. (주요 내용 요약)

덕의 본질(제55문): 덕(德, virtus)은 어떤 능력(potentia)을 완전하게 만든다. 능력은 특정 행위를 향해 규정될 때 완전하다. 그런데 바로 이 행위를 향한 규정성이 바로 습성(習性, habitus)이다. 따라서 덕은 하나의 습성이다. 토마스는 덕이 우리의 능력(potentia) 또는 기관(機關, facultas)들을 증진시키고 실현시키는 것임을 강조한다. 생장적 활동들이나 외부 감각 지각들과 같은 자연적 기능들과는 달리, 인간의 이성적 기관들인 지성과 의지는 어느 한 가지 행위로 규정되지 않고 다양한 방향으로 나아갈 수 있다. 그러나 그것들은 다양한 습성들에 의해서 특정 행위들로 질서 지어진다.(제1절) 인간의 덕은 인간 고유의 능력인 이성적 능력들을 완성으로 이끈다. 그러므로 그것은 어떤 존재적 습성이라기보다는 하나의 '작용적 습성'(habitus operativus)이다.(제2절) 그리고 인간의 덕은 선한 작용적 습성이다. 왜냐하면, 만일 선하지 않다면 능력들의 완전성일 수 없을 것이기 때문이다. 코린토 2서(12,9)에서 바오로 사도는 덕이 인간적 나약함에도 불구하고 역경 속에서 올바로 행동할 수 있도록 만들어 준다는 점을 강조한다.(제3절) 요컨대, 토마스는 각각의 덕의 모든 특성들을 수집해서 다음과 같이 규정한다. 덕(德)이란 "정신의 선한 성질로서, 그 때문에 올바르게 살아가게 되고, 아무도 그것을 나쁘게 사용하지 않으며, 주

---

51. Cf. Tito S. Centi, OP, "Introduzione", pp.16-18.

입된 덕의 경우에는 하느님이 우리 안에서 그것을 통해 작용하시는 그런 성질이다."(제4절)

덕의 주체(제56문): 덕이란 활동으로 정향된 상태들이기 때문에, 덕의 주체(主體, subiectum)는 영혼의 능력들 또는 기관들이다. 덕들은 능력들 안에 자리 잡고 그것들을 완성시킴으로써, 우리가 타고난 본성(natura)에 최선인 것, 곧 우리의 참된 목적(目的, finis)으로 인도한다.(제1절) 그러나 동일한 덕이 서로 다른 여러 능력들 속에 있을 수는 없다. 왜냐하면 덕은 하나의 성질(性質, qualitas) 곧 우유(偶有, accidens)인데, 잘 알다시피 우유는 여러 주체에 속할 수 없기 때문이다. 그러나 2차적으로는, 곧 확장이나 사전 준비를 통해서는 다른 능력들 안에도 있을 수 있다.(제2절) 모든 인간적 기관들이 다른 기관들을 움직이는 의지(voluntas)에 의존하고 있기 때문에, 도덕적 덕들은 의지나 또는 의지에 의해서 움직여지는 한에서의 다른 능력들에 자리 잡고 있어야 한다. 따라서 덕은 선한 의지에 의해 움직여지는 한에서 가능 지성(intellectus possibilis) 안에 있을 수 있다. 이처럼 사변적 지성은 신앙(fides)의 덕을 지닐 수 있고, 실천적 지성은 현명(prudentia)의 덕을 가질 수 있다.(제3절) 분노적 욕구(appetitus irascibilis)와 욕정적 욕구(appetitus concupiscibilis) 자체 안에는 덕이 없다. 동물들에 대해서는 덕에 대해 말하지 않기 때문이다. 그러나 인간 존재자들 안에서 이 기관들은 그것들과 협력 관계에 있는 지성과 의지에 복종할 때 덕들의 주체가 될 수 있다. 그러므로 덕은 (이성에 복종하는 한에 있어서의) 분노적 욕구와 욕정석 욕구에도 있을 수 있다.(제4절) 그러나 감각적 인식 기능은 덕의 주체일 수 없다. 왜냐하면 덕은 도덕적일 수도 있고 지성적일 수도 있는데, 외감(外感)들은 오직 지성을 위해서만 좋은 상태에 있도록 정해져 있기 때문이다.(제5절) 의지가 덕의 주체일 수 있다. 본성적으로 정향되어 있는 이성적 선에 대해서가 아니라, 하느님 사랑과 이웃 사랑처럼 본성의 비례를 넘는 선에 대해서 그러하다. 그러므로 의지는 참사랑이라는 초자연적인 덕에 의해 움직여짐으로써 하느님께 나아갈 수 있다.(제6절)

지성적 덕의 구분(제57문): 정의와 같은 의지의 덕들은 우리로 하여금 올바르게 행동하고 학문들을 책임감 있게 사용할 수 있게 해 준다. 누군가가 실제로 어떤 덕을 소유하고 있을 때, 그는 그것과 일치되게 행동한다. 덜 완전한 경향들이나 갈망들과 투쟁을 벌여야 하는 한, 그는 아직도 완전한 덕을 소유하고 있지 못하다. 선을 행하는 것은 바로 의지의 일이기 때문에, 의지는 선을 행하는 기능을 마련하는 한에 있어서 덕을 지니고 있다.(제1절) 사변적 지성의 덕은 셋이다. 곧 제1원리들을 명증적으로 직관하는 이해(intellectus), 다양한 종류의 사물들에 대한 추론적인 체계적 지식인 학문(scientia), 그리고 실재 전체에 걸쳐 그 궁극적 원인에 이르까지 통찰하는 지혜(sapientia)이다.(제2절) 기예(ars)와 제작의 지성적 습성들은 충만한 의미의 덕이 아니라, 불완전한 덕이다. 왜냐하면 잘 작용할 능력을 전해 주고, 행해야 할 것들에 대한 올바른 기준이기는 하지만, 그런 능력의 훌륭한 사용법은 전해 주지 않기 때문이다.(제3절) 그러나 현명(prudentia) 혹은 우리 행위의 올바른 기준은 이런 기능을 마련할 뿐만 아니라 그 기능을 올바로 사용할 수 있게 해 주기도 하기 때문에, 기예와는 구별되는 덕이다.(제4절) 현명은 잘 살아가는 데 필요한 덕이다. 그런데 '잘 산다'는 것은 잘 행동한다는 것이고, 잘 행동한다는 것은 올바른 선택에 달려 있으며, 올바른 선택을 위해서는 현명의 덕이 필요하다. 따라서 인간에게는 현명의 덕이 필요하다.(제5절) 현명의 본분은 잘 명령하는 것이고, 잘 명령하기 위해서는 바른 의견과 판단이 요구된다. 따라서 현명의 덕에는 깊이 숙고하는 '심사숙고'(eubulia), 사리를 꿰뚫어 통찰하는 '판단력'(synesis), 그리고 올바른 결단을 내릴 수 있게 만들어 주는 '분별력'(gnome) 등이 수반된다.(제6절)

도덕적 덕과 지성적 덕의 구별(제58문): 제58문에서는 먼저 모든 덕이 다 도덕적 덕인지를 고찰하고, 이어서 도덕적 덕이 지성적 덕과 다른지, 그리고 이 두 가지 외에 다른 덕들이 있는지를 검토한다. 모든 덕이 다 도덕적 덕은 아니다. 도덕적 덕이란 습관들을 규제하여 욕구 능력들을 올바른 방향으로 흐르도록 만드는 덕이다. 행동하려는 경향은 욕구적 기관들에 가장 적절하게 현존하고 있다. 이 때문에 모든 덕들을 다 도덕적 덕이라 부르는 것이 아니라 욕구적 기관들을 주체로 삼고 있는 것들만 도덕적 덕이라고 부른다.(제1절) 도덕적 덕들도 이성을 원리로 삼고 있기는 하지만, 지성적 덕들과는 구별된다. 왜냐하면 이성에 반대할 수 있음에도 불구하고 이성에 순종하기 때문이다. 그래서 덕들은 자동화나 맹목적인 힘 또는 습관(consuetudo)들이 아니라, 이성의 지식에 참여하고 그 자체로 가지성(可知性)으로 가득 차 있다.(제2절) 인간에게는 지성적 원리들과 의지적 원리들 외에 다른 활동 원리가 없다. 따라서 덕을 지성적 덕과 도덕적 덕으로 구분하는 것으로 충분하다.(제3절) 도덕적 덕은 지혜, 지식, 그리고 기예가 없이도 존재할 수 있지만, 도덕 원리들을 현존시키는 지성의 인식 능력과, 선택을 잘 할 수 있게 해 주는 현명의 덕이 없이는 도덕적 덕이 있을 수 없다.(제4절) 그러나 지성적 덕은, 그 자체로 '행위의 올바른 기준'(recta ratio agibilium)인 현명의 덕을 예외로 친다면, 도덕적 덕들이 없이도 있을 수 있다. 왜냐하면 현명은 도덕적 덕들로부터 오는, 목적을 향한 구체적 경향을 따르는 올바른 상태를 전제하기 때문이다.(제5절)

도덕적 덕과 정념(제59문): 감각적 욕구의 작용 원리이자 선한 습성인 도덕적 덕은, 그 자체로 중립적인 감각적 욕구의 단순한 움직임인 정념(passio)과는 다르다. 왜냐하면 덕은 하나의 습성인데 정념은 하나의 운동이기 때문이고, 덕은 선하지만 정념은 중립적이기 때문이며, 덕은 이성을 원리로 삼고 있는 데 반해 정념은 감각적 욕구를 원리로 삼고 있기 때문이다.(제1절) 운동의 원리인 도덕적 덕은 운동인 정념과 함께 있을 수 있는데, 바로 이 정념이 무질서한 데 따라서가 아니라, 이성에 의해 통제되는 데 따라서 그러하다.(제2절) 도덕적 덕들은 슬픔(tristitia)과 양립할 수 없는 것이 아니다. 왜냐하면 덕을 갖춘 사람은 덕에 반대되는 것들에 대해 개탄(慨歎)하기 때문이다.(제3절) 도덕적 덕이라고 해서 다 정념과 연관되는 것은 아니다. 어떤 것들은 의지의 작용들과 관계되기 때문이다. 도덕적 덕인 정의(iustitia)는 지성적 욕구인 의지를 통솔한다.(제4절) 도덕적 덕은 주로 정념들과 연관된다. 저 무질서한 정념들에 질서를 가져온다. 그러나 정념을 수반하지 않는 도덕적 덕인 정의가 있다. 만일 기쁨의 경우처럼 어떤 것이 정의에 수반하게 된다면 그것은 다만 '흘러넘쳐 들어감'(redundantia) 때문이다.(제5절)

도덕적 덕의 구별(제60문): 올바른 이성이 우리의 모든 행위(actus)들의 도덕성을 규정하는 것은 사실이지만, 욕구적 기관들에 미치는 지성의 영향은 욕구가 향하는 다양한 대상들에 따라 다양하다. 이런 식으로 도덕적 덕들의 다수성이 욕구 속에 생겨난다. 더욱이 이 덕들은 비록 최종 목적은 같더라도, 각기 다른 목표들을 향하고 있다. 따라서 덕도 어느 한 가지가 아니라, 여러 가지이다.(제1절) 도덕적 덕들은 작용들이나 정념들의 연관성에 따라 구별된다. 행동들을 통제하는 도덕적 덕은 정념의 내적 움직임을 통제하는 덕들과는 구별된다. 따라서 예컨대 분노(ira) 때문에 다른 사람에게 행패를 부리려는 사람은 외적으로는 정의(iustitia)를, 내적으로는 온유함(mansuetudo)을 결(缺)하고 있는 것이다.(제2절) 작용들과 연관된 모든 도덕적 덕들은 정의라는 일반적 측면을 공유하고 있다. 왜냐하면 그것들의 종적 특성들에 따라, 어떤 다른 것에게 마땅한 어떤 것의 관념에 적용되기 때문이다. 그러므로 우리의 행동 기준에 따라 종교, 경건, 감사 등을 이해하는 어떤 일반적인 덕이 있다. 이것이 바로 '정의'이다.(제3절) 여러 정념들의 내적 움직임을 규제하기 위해서 '여러 덕들'이 있다. 오직 한 가지 덕이 있을 수는 없는 이유는 여러 가지 정념들이 서로 다른 능력들에 속하기 때문이다.(제4절) 도덕적 덕들은 질료, 정념, 대상 그리고 기능에 따라 구별된다. 아리스토텔레스(Aristoteles)는 열한 가지 도덕적 덕들을 열거한다. 곧 용기, 절제, 아량(liberalitas), 관대(magnificentia), 웅지(magnanimitas), 명예(philotimia), 온유, 우정, 진실함, 재치(eutrapelia) 등이다.(제5절)

사추덕(제61문): 으뜸가는 덕들 또는 사추덕(四樞德, virtutes

cardinales)은 욕구의 올바름을 지니고 있어야 한다. 왜냐하면 덕의 근거가 엄밀하게 잘 작용할 능력뿐만 아니라 그런 능력의 구체적 선용까지도 전해 주는 저 도덕적 습성들 안에 있기 때문이다.(제1절) 얼마나 많은 도덕적 덕들이 있는가? 그 수효는 그것들이 자리 잡고 있는 주체들(기관들)의 관점에서 결정될 수 있다. 이성은 현명(prudentia)에 의해서 완성되고, 의지는 정의(iustitia)에 의해서, 욕정적 욕구는 절제(temperantia)에 의해서, 그리고 분노적 욕구는 용기(fortitudo)에 의해서 완성된다. 그러므로 주요한 또는 추요적인 도덕적 덕들은 네 가지이다.(제2절) 이 네 가지 외에 더 이상의 추요덕은 없다. 왜냐하면 이 네 가지 속에 덕의 주요 형상적 근거들이 다 담겨 있기 때문이다. 이것들이 주요 덕인 이유는 그것들이 다른 덕들에 비해 일반적이고, 그 질료가 주된 것들이기 때문이다. 예컨대 현명은 명령을 내리고, 절제는 촉각의 쾌락을 다룬다.(제3절) 이 사추덕은 대상의 상이함에 따라 서로서로 구별된다.(제4절) 그리고 최종 목적인 하느님을 향한 인간의 처지에 따라, 이 덕들은 (인간 상호 간의) '정치덕'(virtus politica), (하느님을 향한 여정에 있는) '정화덕'(v. purgatoria), (이미 천국에서 영복을 누리는) '완전덕'(v. purgati animi), 그리고 (하느님의 정신 속에 원형으로 존재하는) '모형덕'(v. exemplaris)으로 구별될 수 있다.(제5절)

대신덕(제62문): 자연적 행복에 비례하는 도덕적 덕 외에도 초자연적 행복에 비례하는 다른 덕들이 있다. 초자연적 참행복을 위해서 하느님이 인간에게 베풀어 주시는 원리들이다. 왜냐하면 인간은 신적인 본성에 참여하도록 초자연적인 목적으로 질서 지어져 있기 때문이다. 바로 하느님을 대상으로 삼는 '대신덕'(對神德, virtutes theologiae) 또는 하느님이 주입해 주신다는 의미의 '주입덕'(注入德, virtutes infusae)이다.(제1절) 이 덕들은 하느님을 대상으로 삼고 있기에, 우리의 이성적 인식을 넘는 한에 있어서 (이성이 그 원리인) 지성적 덕이나 도덕적 덕과 다르다.(제2절) 인간의 자연적 능력을 넘는, 그리고 하느님이 당신을 사랑하는 이들을 위해 마련한 '지복직관'(至福直觀, beatitudo sopranaturalis)을 그 대상으로 삼는 대신덕들에는 세 가지, 곧 지성에 '신앙'(fides), 의지에 하느님을 향한 '희망'(spes), 그리고 하느님과 결합시켜 주는 '참사랑'(caritas)이 있다. 이 '셋'이라는 숫자와 구분은 완벽하다.(제3절) 대신덕들은 서로서로 질서 지어져 있다. 이 초자연적 습성들의 생성을 위해서는 동시에 주입되지만, 그 행위들과 관련해서는 신앙은 희망과 참사랑보다 우선한다. 왜냐하면 하느님을 알지 못하고는 사랑할 수도 없을 것이기 때문이다. 그러나 완성을 위해서는 참사랑이 희망이나 믿음보다 더 뛰어나다. 왜냐하면 그것들을 완성시키기 때문이다.(제4절)

덕의 원인(제63문): 고대 그리스에서는 사물들의 영속적 본성이라는 의미의 자연과, 관습과 법의 규범 사이에 어느 것을 따라야 하는지 논쟁을 벌였다. 플라톤은 우리가 반드시 자연(본성)을 따라야 한다고 말하면서도, 아무도 무엇을 해야 할지를 즉각적으로 아무 노력도 없이 알 정도로, 그리고 언제나 최선의 것을 행할 능력과 갈망을 가질 만큼 완전한 본성을 지니고 있지 못하기에, 법에 복종해야 한다고도 말했다.[52] 아리스토텔레스는 사람의 성격과 자연적 상태가 자

---

52. Plato, *Nomoi*, 836 C; 875 A.

신의 행위에 영향을 미친다는 것을 인정하면서도, 덕과 악습들에 대한 책임을 지적하지만, 그럼에도 불구하고 훌륭한 자연적 상태는 덕을 쌓는 데 상당한 도움이 된다는 점을 강조한다.[53] 토마스에 따르면, 개개인의 타고난 성격과 관련해서 어떤 이들은 다른 이들에 비해 특정 덕들에 준비가 더 잘 되어 있거나 덜 되어 있다. 감각 능력들은 그것들이 자리 잡고 있는 기관들의 상태에 따라 그 활동에 도움을 받거나 장애를 받을 수 있다는 것이 명백하다. 이 관계는 감각기관들과 협력 관계에 있는 영적 기관들에 영향을 미치기 때문이다. 그러나 그런 자연적 적합성은 처음부터 그 덕들이 이미 충만하게 발전된 형태로 현존하고 있다는 것을 의미하는 것은 아니다. 우리는 수시로 변하는 상황 속에서 다양한 덕들의 대상들과 합치되게 반복적으로 행동함으로써 그것들을 획득해야 한다.(제1절) 도덕적 덕들은 행위를 자주 반복함으로써 얻을 수 있지만, '대신덕'은 오직 하느님으로부터 주입되는 것이다.(제2절) 대신덕에 비례해서 하느님으로부터 우리 안에 다른 도덕적 덕들도 주입될 수 있다. 왜냐하면 획득된 덕들이 자연적 목적에 관해 자연적 원리들과 연관되는 것처럼, 도덕적 덕들로 대신덕들과 연관되기 때문이다.(제3절) 주입된 덕들은 그에 상응하는 획득된 덕들과 다르다. 왜냐하면 질료는 동일한 데 반해, 덕들의 형상적 동기는 서로 다르기 때문이다. 획득된 도덕적 덕들은 인간적인 목적을 지니지만, 주입된 덕들은 초자연적이고 신적인 목적을 지닌다. 예컨대, 음식을 섭취하는 데 있어서 인간의 이성은 건강을 해쳐서는 안 되고 또 이성의 행위에 방해가 되어서는 안 된다고 명하지만, 신적 이성은 금욕적 자제를 금한다.(제4절)

---

53. Aristoteles, *Ethica Nic.*, III, c.7, 1114b21sq.; 1114b6-12.

덕에 있어서의 중용(제64문): 도덕적 덕은 우리로 하여금 올바른 이성과 일치되게 행동하도록 만드는 데에서 성립된다. 그러나 지나침[過]이나 모자람 때문에 그 기준인 이성으로부터 멀어질 수 있다. 따라서 덕은 두 극단 사이에 중용(中庸)을 지키는 데 있다(in medio stat virtus).(제1절) 이 이성의 중용은 이성의 행위 자체에 있는 것이 아니라 사물이 올바른 이성과 일치되는 데 있다.[54] 즉 정의(正義)에 있어서 중용이란 당사자들의 권리가 공평하게 보장되고 쌍방이 동등해지는 객관적인 기준이다. 하지만 다른 덕들의 경우에는 우리 자신의 정신을 절도 있게 조절하는 데에서 성립되기에 모두에게 동일한 것이 아니다. 왜냐하면 사람들마다 그 필요와 당면 과제들이 다르기 때문이다.(제2절) 지성적 덕은 사물과의 일치에서 성립된다. 지성의 기준이 진리이기 때문이다. 그런데 지성적인 덕에 있어서도 중용이 있다. 그것은 지나침과 모자람 사이에, 즉 거짓된 주장과 거짓된 부징 사이에 있다. 그러나 실천적 덕의 경우에는 그 기준을 측면들에 적용하는 데에서 성립된다.(제3절) 그러나 대신덕에 있어서는 사정이 다르다. 우리가 할 수 있는 모든 것을 능가하는 최고선이신 하느님이 그것들의 척도이기 때문이다. 따라서 중용은 하느님에게 있는 것이 아니라, 우리 인간 조건에서 찾아야 한다. 예컨대 신앙은 서로 극단적인 이단들 사이의 중용이고, 희망은 자만과 절망 사이의 중용이다. 따라서 자기의 처지 속에서 희망할 수 있는 것을 희망하지 않는 자에게는 이 희망의 덕이 모자라는 것이다.(제4절)

---

54. [53.] '덕의 중용'에 관하여: Cf. W. D. Hughes, OP, "Appendix 4. The Mean of Virtue", in St. Thomas Aquinas, *Summa Theologiae, vol.23(IaIIae 55-67): Virtue*, New York, McGraw-Hill, 1969, pp.249-250.

덕 사이의 관계(제65문): 도덕적 덕들이 우리로 하여금 올바른 선택을 하도록 만들어야 하는데, 올바른 선택을 하기 위해서는 현명이 요구된다. 왜냐하면 어떤 선택에서 우리는 고유의 목적을 지향해야 할 뿐만 아니라 그 목적으로 이끌 적절한 수단도 선택해야 하는데, 이것은 바로 현명의 과제이기 때문이다. 그렇지만 현명은 다른 영역에서는 그것들의 도움을 받지 않고서는 그 영향력을 행사할 수 없기 때문이다. 도덕적 덕들은 하나의 덕이 다른 덕들과 함께 있을 때 완전하다. 왜냐하면 현명의 덕 속에 모든 다른 덕들이 뿌리박고 있는데, 이 현명의 덕은 다른 덕들이 없다면 완전할 수 없기 때문이다. 의롭고 강하고 절제적이지 못한 현명은 참다운 현명일 수 없다. 그러므로 도덕적 덕들은 그 완전한 형식에서 서로서로 연결되어 있다.(제1절) 획득된 도덕적 덕들은 참사랑 없이도 있을 수 있지만, 그럴 경우에는 단적으로 완전하지는 못하다. 왜냐하면 그렇게 되면 그것들은 우리를 우리의 궁극목적으로 인도하지 못하고, 자연적 질서 안에 폐쇄되는 것이기 때문이다. 오직 주입된 덕들만이, 선을 행하되 그 진정한 궁극목적인 초자연적인 궁극목적을 바라보고 행하는 만큼, 충만한 의미의 덕이다.(제2절) 그래서 참사랑은 궁극적 목적을 바라보고 행하는 모든 작용들의 원리이기에, 인간이 그 최종 목적에 완전히 질서 지어지도록 도덕적 덕들도 수반한다.(제3절) 신앙과 희망은, 그 기원에 있어서 참사랑에 의존하지 않기 때문에, 그 자체로 참사랑이 없이도 있을 수 있다. 그러나 이 경우에는 완전하지 못하다. 왜냐하면 덕은 완전히 선한 작용으로 향하게 될 때에는 완전하지만, 그렇지 못한 경우에는 참된 덕일 수 없기 때문이다.(제4절) 그러나 참사랑은 신앙과 희망 없이는 있을 수 없다. 왜냐하면 하느님과 일치와 친교를 나눌 수 있다고 믿고 희망하지 않는다면 그분과 우정을 나눌 수 없기 때문이다. 그러므로 참사랑이 시작될 수 있도록 만드는 것은 바로 신앙과 희망이다.(제5절)

덕의 등급(제66문): 덕의 등급은 다양하다. 즉 그 종류에 따라, 또 같은 종(種)에 있어서는 그 주체에 따라, 그리고 같은 주체에 있어서는 시대별로, 덕은 크고 작을 수 있다. 왜냐하면 현명은 덕의 원인인 이성 자체를 완성하고 주체가 더 좋은 상태에 있을 수 있기 때문이다. 그러나 그 자체로는 등급을 허용하지 않는다.(제1절) 동일 주체에서 함께 발견되는 덕들은 일정한 비례의 동일성에 따라 같다. 왜냐하면 동일한 이성이 표시하는 '중용'이 모두에게 똑같기 때문이다. 단, 특별한 경향이나 은총의 선물은 예외다.(제2절) 덕은 그 대상이 탁월할수록 그만큼 더 중요하다. 지성의 대상은 욕구의 대상보다 더 탁월하다. 왜냐하면 그것은 보편적인 데 반해, 욕구는 구체적인 것들로 향하기 때문이다. 이 때문에 지성적 덕들이 도덕적 덕들보다 더 고상하다. 그러나 그 질문을 우리의 활동들의 관점에서 고찰한다면, 도덕적 덕들이 보다 더 높은 등급을 차지한다. 왜냐하면 그것들은 우선 우리로 하여금 잘 행동하게 만들고, 다음으로는 덕이라는 용어에 포함되어 있는 것, 곧 실천 능력을 보다 충만하게 실현하기 때문이다.(제3절) 이성은 사람 안에 있는 선의 원인이자 뿌리(causa et radix humani boni)이기 때문에 이성에 가장 가까운 현명과 같은 덕은 다른 도덕적 덕들보다 더 많은 선성을 지니고 있다. 비슷한 이유로 정의는 용기나 절제보다 더 탁월한 덕이고, 용기는 질제보다 더 탁월하다. 따라서 도덕적 덕들의 으뜸은 '정의'이다.(제4절) 정의가 가장 중요한 도덕적 덕인 것처럼, 지혜(sapientia)도 그 대상인 하느님, 곧 제1원인 때문에 가장 위대한 지성적 덕이다. 어떤 원인을 탐구할 때에는, 그 결과도 고려해야 한다. 이 원인에서부터 이어지는 모든 결과들을 보게 되기 때문에, 지혜는 '웅장한 덕'(virtus architectonica)이라고 불리기도 한다. 그래서 궁극적 원인들에 대한 지혜는 다른 지성적 덕들을 평가하기 위한 표준이다.(제5절) 대신덕의 으뜸은 '참사랑'이다. 신앙의 대상은 보이지 않는 것이고, 희망의 대상은 아직 소유하지 못한 것인 데 반해, 참사랑은 그 대상을 소유하기 때문이다.(제6절)

죽음 이후의 덕의 지속(제67문): 아우구스티누스가 전하는 바에 따르면,[55] 키케로는 죽은 뒤에는 분리된 영혼 안에 덕들이 남아 있지 않다고 보았다. 실상 그 덕들의 질료적 기반인 욕구적 기관들 안에 있는 정념들과 관련된 특정 경향은 죽음으로 사라진다. 거기에는 더 이상 음식이나 음료나 성적 쾌락에 대한 그 어떤 갈망도 없을 것이고, 위험들에 저항하려는 도전도 없을 것이다. 그러나 도덕적 덕들은, 좋은 성품인 한에 있어서, 내세에도, 그 뿌리에 현존하는 채로 남아 있다. 물론 거기에 통제되어야 할 정념은 남아 있지 않다.(제1절) 아비첸나는 영혼이 더 이상 감각적 대상들로 향할 때, 그 어떤 개념도 가능 지성 안에 남아 있지 않을 것이라고 보았지만,[56] 성 토마스는 이 견해를 배격한다. 개념들은 지성 안에 그 영적인 본성에 따라 수용되는 것이기에 불멸적이다. 따라서 내세에는 지성적 덕들도 남는다. 그러나 감각상(phantasma)을 통해서가 작용하는 것이 아

---

55. Augustinus, *De Trin.*, XIV, c.9.
56. Avicenna, *De anima*, pars 5, c.6.

니라 개념들을 통해서 작용하게 된다.(제2절) 내세에는, 보이지 않는 것에 대한 덕인 신앙은 사라진다. 왜냐하면 그때에는 대상을 직접 보고 있기 때문이다. 본성적으로 불완전한 것은 완전한 것이 오게 되면 사라지게 된다.(제3절) 소유하지 못한 것에 대한 희망도 사라진다. 그때에는 참행복을 소유하게 되기 때문이다.(제4절) 영광의 상태에서 신앙과 희망은 완전히 사라진다. 왜냐하면 희망은 그 대상을 소유하게 됨에 따라 배제되고, 신앙은 비록 그 유(類)에 있어서는 직관과 연속선상에 있으면서도 그 직관에 의해서 수적으로도 또 종적으로도 배제되기 때문이다.(제5절) 그러나 참사랑은 내세에서도 남아 있을 것이다. 왜냐하면 그 자체 안에 그 어떤 종적 불완전성도 포함하고 있지 않기 때문이다. 그것은 수적으로 동일한 채로 남아 있을 뿐만 아니라, 완성된다.(제6절)

참고문헌

Abba, Giuseppe, *Lex et virtus: Studi sull'evoluzione della dottrina morale di san Tommaso d'Aquino*, Roma, LAS, 1983.

Austin, Nicholas, SJ, *Aquinas on Virtue: A Causal Reading*, Washington, Georgetown University Press, 2017.

Barzaghi, Giuseppe, OP, "Habitat ecclesiale e 'habitus' teologico", *Divus Thomas* 108(2005), 46-107.

Centi, Tito S., OP, "Introduzione", in S. Tommaso d'Aquino, *La Somma Teologica*, vol.X: *Le Virtu(I-II, qq.49-70)*, Bologna, Edizioni Studio Domenicano, 1970, pp.7-17.

Cessario, Romanus, OP, "Virtue Theory and the Present Evolution of

Thomism", in Deal W. Hudson and Dennis W. Moran(eds.), *The Future of Thomism*, Notre Dame(Indiana), University of Notre Dame Press, 1992, pp.291-299.

Chappell, Timothy, "Virtue Ethics in the Twentieth Century", in Daniel C. Russell(ed.), *The Cambridge Companion to Virtue Ethics*, Cambridge University Press, 2013, pp.149-171.

Elders, Leo, SVD, *The Ethics of St. Thomas Aquinas: Happiness, Natural Law and the Virtues*, Peter Lang, 2005.

Frede, Dorothea, "The Historic Decline of Virtue Ethics", in Daniel C. Russell(ed.), *The Cambridge Companion to Virtue Ethics*, Cambridge University Press, 2013, pp.124-148.

Gilson, E., *Thomism. The Philosophy of Thomas Aquinas*, tr. Lawrence J. Shook & Armand Maurer, Toronto, Pontifical Institute of Mediaeval Studies, 2002("Part III. Moral Science", pp.287-428).

Gilson, Etienne, *Moral Values and the Moral Life: The Ethical Theory of St. Thomas Aquinas*, tr. by Leo Ward, Haden(CT), Shoe String, 1961.

Hain, Raymond F., *Practical Virtues: Instrumental Practical Reason and the Virtues*, University of Notre Dame, PhD. Diss., 2009.

Hoffmann, Tobias, "Aquinas on Moral Progress", in Jeffrey Hause(ed.), *Aquinas's Summa Theologiae: A Critical Guide*, Cambridge, Cambridge University Press, 2018, pp.131-149.

Irwin, Terence, *The Development of Ethics: A Historical and Critical Study, vol.1: From Socrates to the Reformation*, Oxford, Oxford University Press, 2007(ch.20: "Aquinas: Moral Virtue", pp.516-544: ch.24:

"Aquinas: Sin and Grace", pp.628-652)

Kent, Bonnie, "Habits and Virtues(IaIIae, qq.49-70)", in Pope, Stephen(ed.), *The Ethics of Aquinas,* Washington, Georgetown Univ. Press, 2002, pp.116-130.

Knobel, Angela M., The *Infused and Acquired Virtues in Aquinas' Moral Philosophy,* Indiana, University of Notre Dame, PhD. Diss., 2004.

Lottin, Odon, OSB, "Les premieres definitions et classifications des vertus au moyen ages", in ID., *Psychologie et morale aux XIIe a XIIIe siecles,* vol.3, Louvain, Abbaye du Mont Cesar, 1948, pp.100-150.

MacIntyre, Alasdair, *After Virtue,* Notre Dame(IN), University of Notre Dame Press, 3a ed., 2007.

MacIntyre, Alasdair, *Whose Justice? Which Rationality,* London, Duckworth, 1988.

MacIntyre, Alasdair, *Three Rival Versions of Moral Enquiry: Encyclopedia, Geneology and Tradition,* Notre Dame(IN), University of Notre Dame Press, 1990.

McCluskey, Colleen, "Ch.8: Thomism", in Roger Crisp(ed.), *The Oxford Handbook of History of Ethics,* Oxford, Oxford University Press, 2013, pp.147-166.

McInerny, Ralph, "Ethics and Virtue Ethics", *Doctor Communis*(Nova Series) 10/1-2(2007), 177-186.

McInerny, Ralph, *Aquinas on Human Action: A Theory of Practice,* Washington, Catholic University of America Press, 1992.

McKay, Angela, *The Infused and Acquired Virtues in Aquinas' Moral*

Philosophy, Notre Dame(IN), University of Notre Dame Press, 2004.

O'Meara, Thomas, OP, "Virtues in the Theology of Thomas Aquinas", *Theological Studies* 58(1997), 256-287.

Osborne, Thomas M., "Perfect and Imperfect Virtues in Aquinas", *The Thomist* 71/1(2007), 39-64.

Pinckaers, Servais, OP, "The Role of Virtue in Moral Theology(1996)", in John Berkman & Craig Steven Titus(eds.), *The Pinckaers Readers: Renewing Thomistic Moral Theology*, Washington, The Catholic University America Press, 2005, pp.288-303.

Pinckaers, Servais, OP, *The Sources of Christian Ethics*, tr. Mary T. Noble, OP, Edinburgh, T&T Clark, 2001.

Porter, Jean, "Virtue Ethics in the Medieval Period", in Daniel C. Russell(ed.), *The Cambridge Companion to Virtue Ethics*, Cambrdige University Press, 2013, pp.70-91.

Porter, Jean, *The Recovery of the Virtue: The Relevance of Aquinas for Christian Ethics*, Louisville(KY), Westminster John Knox, 1990.

Porter, Jean, *The Perfection of Desire: Habit, Reason, and Virtue in Aquinas's Summa Theologiae*(The Pere Marquette Lecture), Milwaukee, Marquette University Press, 2018.

Schanley, B. J., "Aquinas on Pagan Virtue", *The Thomist* 63(1999), 553-577.

Sherwin, Michael, OP, "Infused Virtue and the Effects of Acquired Vice: A Test Case for the Thomistic Theory of Infused Cardinal Virtues", *The Thomist* 73(2009), 29-52.

Zagzebski, Linda, *Virtues of the Mind: An Inquiry into the Nature of Virtue and the Ethical Foundations of Knowledge,* Cambridge, Cambridge University Press, 1996.

강상진, 「아리스토텔레스의 덕론」, 『가톨릭철학』 9(2007), 11-39쪽.

매킨타이어, 알래스데어, 『덕의 상실』, 이진우 옮김, 문예출판사, 1997.

문시영, 「'덕의 윤리'에서 본 토마스 아퀴나스: A. MacIntyre의 관점을 중심으로」, 『철학』 제64호(2000).

빤또하, 『칠극七克』, 박유리 옮김, 일조각, 1998.

서병창, 「자연적 덕과 초자연적 덕의 연속성: 토마스 아퀴나스를 중심으로」, 『인간연구』 제16호(2009/봄), 131-162쪽.

아리스토텔레스, 『니코마코스 윤리학』, 이창우·김재홍·강상진 옮김, 이제이북스, 2006.

아리스토텔레스, 『니코마코스 윤리학』, 천병희 옮김, 도서출판 숲, 2018.

엄슨, J. O., 『아리스토텔레스의 윤리학』, 장영란 옮김, 서광사, 1996.

이창우, 「신을 닮는 것: 스토아 윤리학 및 자연철학에 전해진 플라톤의 유산」, 『가톨릭철학』 15(2010), 5-33쪽.

장 욱, 「왜 토마스 아퀴나스인가?-윤리학」, 『중세철학』 7(2001), 95-177쪽.

장동익, 『덕윤리: 그 발전과 전망』, 씨아이알, 2017.

채이병, 「성 토마스 아퀴나스의 덕론」, 『가톨릭철학』 9(2007), 44-75쪽.

코트바, 조셉, 『덕윤리의 신학적 기초』, 문시영 옮김, 긍휼, 2012.

패렐, 월터, OP, 『성 토마스 아퀴나스의 신학대전 해설서』(II), 안소근·조규홍 옮김, 수원가톨릭대학교출판부, 2020(제9-11장,

242-305쪽)

폭스, 매튜, 『덕과 악습』, 한성수 옮김, 생태문명연구소, 2016.

피퍼, 안네마리에, 「덕의 의미, 어제와 오늘」, 『신학전망』 178(2012).

피퍼, 요셉, 『그리스도교 인간상: 덕에 대하여』, 김형수 옮김, 가톨릭대학교출판부, 2018.

토마스 아퀴나스 신학대전 23
덕

세2부 제1편
제55문 - 제67문

QUAESTIO LV
DE VIRTUTIBUS, QUANTUM AD SUAS ESSENTIAS
in quatuor articulos divisa

Consequenter considerandum est de habitibus in speciali.[1] Et quia habitus, ut dictum est,[2] distinguuntur per bonum et malum, primo dicendum est de habitibus bonis, qui sunt virtutes et alia eis adiuncta, scilicet dona, beatitudines et fructus;[3] secundo, de habitibus malis, scilicet de vitiis et peccatis.[4] Circa virtutes autem quinque consideranda sunt, primo, de essentia virtutis;[5] secundo, de subiecto eius;[6] tertio, de divisione virtutum;[7] quarto, de causa virtutis;[8] quinto, de quibusdam proprietatibus virtutis.[9]

Circa primum quaeruntur quatuor.

Primo: utrum virtus humana sit habitus.

---

1. Cf. q.49, Introd.
2. q.54, a.3.
3. Cf. q.68sqq.
4. q.71.
5. q.55.
6. q.56.
7. q.57.
8. q.63.

제55문
덕의 본질에 대하여
(전4절)

이어서 특수한 습성들이 고찰되어야 한다.[1] 이미 살펴본 대로,[2] 습성들은 선과 악으로 구별되기 때문에, 우리는 첫째, 선한 습성들인 덕과 그에 결부된 선물들, 참행복들, 결실들에 대해 살펴보고,[3] 둘째, 악한 습성들인 악습과 죄에 대해서 고찰해야 한다.[4]

그런데 덕에 대해서는 다음 다섯 가지 주제가 고찰되어야 한다.

첫째, 덕의 본질에 대하여,[5]

둘째, 덕의 주체에 대하여,[6]

셋째, 덕의 구분에 대하여,[7]

넷째, 덕의 원인에 대하여,[8]

다섯째, 덕의 속성들에 대하여.[9]

그리고 덕의 본질에 대해서는 다음 네 가지 질문이 제기된다.

1. 인간의 덕은 하나의 습성인가?

---

9. q.64. 언제나 그러하듯이 성 토마스는 이 논고에서도 먼저 사물을 그 자체 안에서, 곧 그 원인들 안에서 검토하고 난 연후에 그 결과들을 검토한다. 앞의 세 가지 논거들은 형상(본질), 질료(자리), 대상(구분)을 포함하는 그 복잡한 구조 속에서 바라본다. 그리고 넷째 논거는 능동인을 탐구하고, 다섯째 논거는 덕의 고유한 결과들(중용, 연결, 차이, 그리고 지속)을 연구한다.

Secundo: utrum sit habitus operativus.
Tertio: utrum sit habitus bonus.
Quarto: de definitione virtutis.

Articulus 1
Utrum virtus humana sit habitus

Ad primum sic proceditur. Videtur quod virtus humana non sit habitus.

1. Virtus enim est *ultimum potentiae*, ut dicitur in I *de Caelo*.[1] Sed ultimum uniuscuiusque reducitur ad genus illud cuius est ultimum, sicut punctum ad genus lineae. Ergo virtus reducitur ad genus potentiae, et non ad genus habitus.[2]

2. Praeterea, Augustinus dicit, in II *de Libero Arbit.*,[3] quod *virtus est bonus usus liberi arbitrii*. Sed usus liberi arbitrii est actus. Ergo virtus non est habitus, sed actus.

3. Praeterea, habitibus non meremur, sed actibus, alioquin homo mereretur continue, etiam dormiendo. Sed virtutibus

---

1. Aristoteles, *De caelo*, I, c.3, 281a15.
2. "습성"에 관해 논하는 이전 논고: 토마스 아퀴나스, 『신학대전 제22권(I-II, 49-54): 습성』, 이재룡 옮김, 한국성토마스연구소, 2020 참조. 영혼의 실체와 구별되는 기관들 또는 능력들에 관해: Cf. I, q.77, a.1. 그리고 기관 또는 능력들의 습성 또는 상태들에 관해: Cf. q.49, a.2.

2. 인간의 덕은 작용적 습성인가?
3. 인간의 덕은 선한 습성인가?
4. 덕의 정의에 대하여.

제1절 인간의 덕은 하나의 습성인가?

[**Parall**.: Cf. *In Sent.*, II, d.27, q.1; III, d.23, q.1, a.3, qc.1 & 3; *De virtutibus*, a.1; *In Ethic.*, II, lect.5]

[반론] 첫째에 대해서는 다음과 같이 진행된다. 인간의 덕은 습성이 아닌 것으로 생각된다.

1. 덕은 『천체론』 제1권[1]에서 말하는 것처럼, 어떤 '능력의 최대치'이다. 그런데 이 최대치는 언제나, 점과 선의 유(類)로 환원되듯이, 그것을 최대치로 삼고 있는 것의 유로 환원된다. 그러므로 덕은 습성으로 분류될 것이 아니라 능력으로 분류되어야 한다.[2]

2. 아우구스티누스는 『자유의지론』 제2권[3]에서 덕을 "자유 선택의 선용"(bonus usus liberi arbitrii)이라고 말하고 있다. 그런데 이 자유 선택의 사용은 하나의 행위이다. 그러므로 덕은 하나의 습성이 아니라 하나의 행위이다.

3. 우리의 공로는 습성으로부터 오는 것이 아니라 행위들로부터 오는 것이다. 그렇지 않았더라면 인간은 잠을 자는 동안에도 계속적으로 공로가 있었을 것이다. 그런데 우리는 덕들에 의해서 공로를 지닌

---

3. Augustinus, *De libero arbitrio*, II, c.19: PL 32, 1268. Cf. *Retractationes*, I, c.9, n.6: PL 32, 598.

meremur. Ergo virtutes non sunt habitus, sed actus.

4. Praeterea, Augustinus dicit, in libro de Moribus Eccles.,[4] quod *virtus est ordo amoris.* Et in libro *Octoginta trium Quaest.,*[5] dicit quod *ordinatio quae virtus vocatur, est fruendis frui, et utendis uti.*[6] Ordo autem, seu ordinatio, nominat vel actum, vel relationem. Ergo virtus non est habitus, sed actus vel relatio.

5. Praeterea, sicut inveniuntur virtutes humanae, ita et virtutes naturales. Sed virtutes naturales non sunt habitus, sed potentiae quaedam. Ergo etiam neque virtutes humanae.

SED CONTRA est quod Philosophus, in libro *Praedicament.,*[7] scientiam et virtutem ponit esse habitus.

RESPONDEO dicendum quod virtus nominat quandam potentiae perfectionem.[8] Uniuscuiusque autem perfectio praecipue consideratur in ordine ad suum finem. Finis autem potentiae actus est. Unde potentia dicitur esse perfecta, secundum quod determinatur ad suum actum.

Sunt autem quaedam potentiae quae secundum seipsas sunt determinatae ad suos actus; sicut potentiae naturales activae.[9] Et

---

4. Augustinus, *De moribus Ecclesiae*, I, c.15: PL 32, 1322. Cf. *De civ. Dei*, XV, c.22: PL 41, 467.
5. Augustinus, *Octoginta trium Quaest.*, q.30: PL 40, 19.
6. Cf. qq.11 & 16.

다. 따라서 덕은 습성이 아니라, 행위이다.

4. 아우구스티누스는 『가톨릭교회의 관습』[4]에서 "덕이란 사랑의 질서이다."라고 말하고, 또 『여든세 가지 다양한 문제』[5]에서는 덕이라고 불리는 질서화가 "누릴[향유할] 것은 누리고, 이용할 것은 이용하는 것"(fruendis frui, et utendis uti)이라고 선언하고 있다.[6] 그런데 질서 또는 질서화는 행위라 불리기도 하고 관계라고 불리기도 한다. 그러므로 덕은 습성이 아니라, 행위 또는 관계이다.

5. 마지막으로, 인간적 덕들은 자연적 덕들과 똑같은 조건 속에 있어야 한다. 그런데 자연적 덕은 습성이 아니라 능력이다. 따라서 마찬가지로 인간적 덕들도 습성이 아니라 능력이다.

[재반론] 그러나 반대로 철학자는 『범주론』[7]에서 학문과 덕이 습성이라고 확정짓고 있다.

[답변] 덕은 어떤 능력의 완성을 가리킨다.[8] 그런데 어떤 것의 완성은 특히 그 목적과의 연관 속에서 고찰되는데, 어떤 능력의 목적은 그 행위이다. 그러므로 하나의 능력은 그것이 그 행위로 규정되는 한에서 완전하다고 지칭된다.

그런데 본성적인 활동 능력들과 같이 그 자체에 따라 행위들로 규정되어 있는 능력들이 있다.[9] 따라서 이 자연적 능력들은 그 자체로

---

7. *Categoriae*, c.6, 8b29.
8. 이것은 『형이상학』 제5권 제16장(1021b6)에 대한 주해(lect.18)에서 개진된 자주 반복되는 주제이다. Cf. I, q.6, a.2; *De veritate*, I, q.10; De malo, I, q.4.
9. Cf. q.18, a.2; II-II, q.4, a.1; *In Sent.*, II, d.23, q1, a.3, qc.1; *De potentia*, q.1, a.1. 자연적 능력: 여기서 전문적인 의미로 사용된 '자연적'은 '인공적'이나 '강요된'에 대조되는 것이 아니라, '의식적' 또는 '의도적'과 대조되는 것이다.

q.55, a.1

ideo huiusmodi potentiae naturales secundum seipsas dicuntur virtutes.—Potentiae autem rationales, quae sunt propriae hominis, non sunt determinatae ad unum, sed se habent indeterminate ad multa, determinantur autem ad actus per habitus, sicut ex supradictis[10] patet. Et ideo virtutes humanae habitus sunt.[11]

AD PRIMUM ergo dicendum quod quandoque virtus dicitur id ad quod est virtus, scilicet vel obiectum virtutis, vel actus eius, sicut fides dicitur quandoque id quod creditur, quandoque vero ipsum credere, quandoque autem ipse habitus quo creditur. Unde quando dicitur quod virtus est ultimum potentiae, sumitur virtus pro obiecto virtutis. Id enim in quod ultimo potentia potest, est id ad quod dicitur virtus rei, sicut si aliquis potest ferre centum libras et non plus, virtus eius consideratur secundum centum libras,[12] non autem secundum sexaginta. Obiectio autem procedebat ac si essentialiter virtus esset ultimum potentiae.

---

10. q.49, a.4.
11. 인간의 기관들(facultates) 또는 능력들(potentiae)의 비규정성은 그 힘(virtus)이 무한히 확장될 수 있는 영혼(anima)의 품위에서 기인하는 것이다. 따라서 인간에게는 자연(본성)에 의해서 미리 설정된 경향만으로 충분하지 않다. 인간은 더 나아가 시간, 장소, 인격적인 다양한 조건들에 따라 규정될 필요가 있다. "욕구는 그것[파악된 선]을 향한 자연적 경향을 가지고 있을 수 있고, 인식 능력은 그 선이 어떤 단일한 형상을 취하는 한에서 그것에 관한 자연적 판단을 가질 수 있다. 이것이 비인간적인 짐승들의 경우이다. 다만 몇 가지에만 적용되는 그것들 활동 능력의 약함 때문에 그것들은 다만 몇 가지 작용에만 참여한다. 따라서 동일한 종에 속하는 모든 구성원들에게 선한 것이 단일한 형상을 취한다. 그렇기 때문에 그것들의 인식 능력은 그들에게 (이것을 단일한 형상으로 취하

덕이라 불린다.—그렇지만 인간에게 고유한 이성적 능력들은 어떤 하나의 행위로 규정되어 있는 것이 아니라, 여러 가지 행위에 개방되어 있다. 그것들은, 위에서[10] 살펴본 것처럼, 습성들을 통해서 행위를 향해 규정된다. 그러므로 인간적 덕은 하나의 습성이다.[11]

[해답] 1. 덕의 대상이든 아니면 그 행위이든 덕이 향하고 있는 것이 때로는 덕이라 불리기도 한다. 예컨대 '신앙'은 때로는 믿음의 대상을 가리키기도 하지만, 또 때로는 믿음의 행위 자체를 가리키기도 하고 또 때로는 믿음의 습성을 가리키기도 한다. 따라서 덕을 '어떤 능력의 최대치'라고 말할 때, 덕은 덕의 대상으로 간주되고 있는 것이다. 어떤 능력이 도달할 수 있는 최대치가 그 사물의 덕이라 불릴 수 있다. 예컨대, 만일 어떤 사람이 정확히 100킬로그램[12]까지의 무게를 옮길 수 있고 더 이상은 할 수 없다면, 그의 덕(곧 힘, virtus)은 60킬로그램으로 평가되는 것이 아니라 100킬로그램으로 평가된다. 반론[1]은 마치 덕이 본질적으로 이 최대치이기라도 하듯이 논하고 있다.

는) 고유 선에 관한 자연적 판단을 주고, 그것들의 욕구는 그들에게 그것을 향한 자연적 경향을 준다. 바로 이런 자연적 판단들과 욕구들 때문에 모든 제비는 그들의 둥지를 한 가지 형식으로 짓고, 모든 거미들은 한 가지 형식으로 거미줄을 친다. (그리고 우리는 비인간적인 짐승들에 관한 이런 종류의 관찰을 할 수 있다.) 반면에 인간 존재자들은 (그 능력이 어떤 면에서는 무한한 사물들로 확장될 수 있는) 그들의 활동 원리인 그들 영혼의 탁월성 때문에 여러 가지 다양한 작용들을 수행할 수 있다. 그러므로 선한 것을 향한 욕구나 그것에 대한 자연적 판단만으로는 우리가 올바르게 행동하는 것을 보장하는 데 충분하지 못할 것이다. 그러기 위해서는 욕구와 판단이 그 이상으로 규정되고 완성되어야 할 것이다."(*De virtutibus*, a.6)

12. 당시의 도량형으로 1리브라(libra)는 정확히 453그램이어서, 100리브라는 45.3킬로그램이지만, 서술의 편의상 100리브라를 100킬로그램으로 표기하였다.

q.55, a.2

AD SECUNDUM dicendum quod bonus usus liberi arbitrii dicitur esse virtus, secundum eandem rationem, quia scilicet est id ad quod ordinatur virtus sicut ad proprium actum. Nihil est enim aliud actus virtutis quam bonus usus liberi arbitrii.[13]

AD TERTIUM dicendum quod aliquo dicimur mereri dupliciter. Uno modo, sicut ipso merito, eo modo quo dicimur currere cursu, et hoc modo meremur actibus. Alio modo dicimur mereri aliquo sicut principio merendi, sicut dicimur currere potentia motiva, et sic dicimur mereri virtutibus et habitibus.

AD QUARTUM dicendum quod virtus dicitur ordo vel ordinatio amoris, sicut id ad quod est virtus, per virtutem enim ordinatur amor in nobis.

AD QUINTUM dicendum quod potentiae naturales sunt de se determinatae ad unum, non autem potentiae rationales. Et ideo non est simile, ut dictum est.[14]

Articulus 2

Utrum virtus humana sit habitus operatibus

Ad secundum sic proceditur. Videtur quod non sit de ratione virtutis humanae quod sit habitus operativus.

---

13. (*추가주) 왜냐하면 행위자는 자신의 의지를 사용하는 데 있어서 이성에 따라야만 하고(Cf. q.18, a.5, c et nota), 더군다나 바로 그런 이유로 이 '존재'(esse)가 각각의 인간적 행위들 안에서 의지 자체로부터 유래되기 때문이다. "[실상] 행위

2. 똑같은 이유로 자유 선택의 선용(善用)이 덕이라고 불리기도 한다. 왜냐하면 그것은 덕이 그리로 질서 지어지는 고유의 행위와 같기 때문이다. 참으로 덕의 행위는 자유 선택의 선용 이외에 다른 것이 아니다.[13]

3. 어떤 것을 받을 만한 공로가 있다는 말에는 두 가지 의미가 있다. 첫째는 공로 자체를 가리킨다. 우리는 달리는 동안에 달린다는 말을 듣는다. 우리는 이런 식으로 행위에 의해서 공로를 얻게 된다. 둘째는 공로의 원리를 가리킨다. 이리하여 우리는 움직일 수 있는 능력 때문에 달린다는 말을 듣는다. 이렇게 볼 때, 우리는 덕과 습성에 의해서 공로가 있다는 말을 듣는다.

4. 덕은 사랑의 질서 또는 질서화라고 불려야 한다. 그 의미는 사랑이 덕의 목적이라는 것이다. 따라서 사랑은 우리 안에서 덕을 통해 질서가 잡히게 된다.

5. 자연적 능력들은 그 자체로 어떤 한 가지로 규정되어 있지만, 이성적 능력들의 경우에는 그렇지 않다. 그러므로 그것들은, 이미[14] 말한 것처럼, 서로 비슷한 것이 아니다.

제2절 인간의 덕은 하나의 작용적 습성인가?

[**Parall.**: *In Sent.*, II, d.23, q.1, a.3, qc.1]

자는 의지 안에 행하거나 사용할 힘을 가지고 있지만, '행하거나 사용할 권리'는 (마치 능력으로부터 나오듯이) 의지로부터 나오는 것이 아니라, 이성의 질서를 규정하는 것들, 곧 행위자가 자기 존재 원리들 및 통치 원리들과 맺는 다양한 관계들로부터 받게 된다."(A. M. Horvath, *De voluntate humana*, Romae, 1930, p.51)

14. 본론.

q.55, a.2

1. Dicit enim Tullius, in IV *de Tuscul. Quaest.*,[1] quod sicut est sanitas et pulchritudo corporis, ita est virtus animae. Sed sanitas et pulchritudo non sunt habitus operativi.[2] Ergo neque etiam virtus.

2. Praeterea, in rebus naturalibus invenitur virtus non solum ad agere, sed etiam ad esse, ut patet per philosophum, in I *de Caelo*,[3] quod quaedam habent virtutem ut sint semper, quaedam vero non ad hoc quod sint semper, sed aliquo tempore determinato. Sed sicut se habet virtus naturalis in rebus naturalibus, ita se habet virtus humana in rationalibus. Ergo etiam virtus humana non solum est ad agere, sed etiam ad esse.

3. Praeterea, Philosophus dicit, in VII *Physic.*,[4] quod virtus est *dispositio perfecti ad optimum*.[5] Optimum autem ad quod hominem oportet disponi per virtutem, est ipse Deus, ut probat Augustinus in libro II *de Moribus Eccles*.;[6] ad quem disponitur anima per assimilationem ad ipsum. Ergo videtur quod virtus dicatur qualitas quaedam animae in ordine ad Deum, tanquam assimilativa ad ipsum, non autem in ordine ad operationem. Non igitur est habitus operativus.

---

1. *Tuscul. Quaest.*, IV, c.13, ed. Müller, Lipsiae, 1908, p.402.
2. Cf. q.54, a.1.
3. *De caelo*, I, c.12, 281a28-33; S. Thomas, lect.26, n.2.
4. *Physica*, VII, c.3, 246b23-24; a13-16; S. Thomas, lect.5, n.6.

[반론] 둘째에 대해서는 다음과 같이 전개된다. 작용적 습성이라는 것은 인간적 덕의 근거에 속하는 것이 아닌 것으로 생각된다.

1. 키케로는 『투스쿨룸 대화』 제4권[1]에서 건강과 아름다움이 육체에 속하는 것처럼 덕은 영혼에 속한다고 말하고 있다. 그런데 건강과 아름다움은 작용적 습성들이 아니다.[2] 따라서 덕 역시 [작용적 습성들이] 아니다.

2. 덕은 자연 사물들 속에서 그 행위와만 연관되는 것이 아니라 그 존재와도 연관된다. 실상 철학자가 『천체론』[3] 제1권에서 분명하게 말하고 있는 것처럼, 어떤 사물들은 언제나 존재할 힘(virtus)을 가지고 있는 데 반해, 다른 것들은 오직 한정된 시간 동안만 존재할 힘을 가지고 있다. 이처럼 인간적 덕도 행위와만 연관되는 것이 아니라 존재와도 연관된다.

3. 철학자는 『자연학』 제7권[4]에서 덕이 '어떤 완전한 것이 지니는 최선[의 존재]을 향한 상태'(dispositio perfecti ad optimum)라고 말하고 있다.[5] 그런데 인간이 덕에 의해서 준비를 갖출 필요가 있는 최상의 대상은, 아우구스티누스가 『가톨릭교회의 관습』 제2권[6]에서 입증하고 있듯이, 하느님 자신인데, 영혼은 그분과 동화될 수 있는 상태를 갖추고 있다. 그러므로 덕이란 영혼이 작용과 관련해서가 아니라 신과 유사해지기 위한 어떤 성질인 것으로 보인다. 그러므로 그것은 작용적 습성이 아니다.

---

5. 이 정의에서 '최선'(optimum)은 덕을 종별화하는 대상을 가리키는 것이 아니라, 작용적 습성을 통하여 그 능력이 그 완전성을 온전히 발휘하는 등급 안에 있게 되는 행위 자체를 가리킨다. 그러나 반론을 펴는 데 있어서는 너무 세밀한 데까지 들어가지 않는 것이 좋다. 다의적인 것들에 대해 하나의 격률이 제시되는 것으로 충분하다.

6. Augustinus, *De mor. Eccl.*, II, cc.3-4: PL 32, 1347.

q.55, a.2

SED CONTRA est quod Philosophus dicit, in II *Ethic.*,[7] quod *virtus uniuscuiusque rei est quae opus eius bonum reddit.*

RESPONDEO dicendum quod virtus, ex ipsa ratione nominis, importat quandam perfectionem potentiae, ut supra[8] dictum est. Unde, cum duplex sit potentia, scilicet potentia ad esse et potentia ad agere, utriusque potentiae perfectio virtus vocatur.[9] Sed potentia ad esse se tenet ex parte materiae, quae est ens in potentia, potentia autem ad agere se tenet ex parte formae, quae est principium agendi, eo quod unumquodque agit inquantum est actu.

In constitutione autem hominis, corpus se habet sicut materia, anima vero sicut forma. Et quantum quidem ad corpus, homo communicat cum aliis animalibus; et similiter quantum ad vires quae sunt animae et corpori communes; solae autem illae vires quae sunt propriae animae, scilicet rationales, sunt hominis tantum.[10] Et ideo virtus humana, de qua loquimur, non potest pertinere ad corpus; sed pertinet tantum ad id quod est proprium animae. Unde virtus humana non importat ordinem

---

7. *Ethica Nic.*, II, c.6, 1106a15-23; S. Thomas, lect.6, nn.307-308.
8. a.1.
9. 질료와 형상 개념들은 가능성과 현실성이라는 보다 넓은 관념들의 적용들이다 (Cf. *De spir. creat.*, a.5). 이것은 존재자와 그 행위 또는 육체와 영혼 사이의 관계와 비슷한 관계를 맺고 있다. 비록 질료, 존재자, 육체가 형상, 행위, 영혼과 마찬가지로 동일한 것과는 거리가 멀지만, 그것들 각각 안에서는 가능성과 현실성

[재반론] 그러나 반대로 철학자는 『니코마코스 윤리학』 제2권[7]에서 "어떤 것의 덕이란 자신의 행업을 선하게 만드는 것"이라고 말하고 있다.

[답변] 덕이란, 위에서[8] 말한 것처럼, 그 이름의 뜻에 비추어 볼 때, 어떤 능력의 완성을 함축하고 있다. 따라서 능력이 존재를 향한 능력과 행위를 향한 능력이라는 이중적 의미를 지니고 있으므로, 이 양자와 관련된 완성이 덕이라고 불린다.[9] 그런데 존재를 위한 능력은 가능적으로 존재자인 질료 측에 있는 데 반해, 행위를 위한 능력은 행위의 원리인 형상 측에 있다. 각각의 사물은 그것이 현실태로 있는 한에서 행동하기 때문이다.

인간은 그 구성에 있어서 그의 육체는 질료와 같고 그의 영혼은 형상과 같다. 육체와 관련해서 말하자면, 참으로 인간은 다른 동물들과 공통으로 육체를 소유하고 있고, 영혼과 육체에 공통되는 능력들에 관해서도 마찬가지이다. 오직 영혼에 고유한 능력인 이성적 능력들만이 인간에게만 배타적으로 속하는 능력들이다.[10] 따라서 지금 우리가 논하고 있는 인간적 덕은 육체적인 것에 속할 수 없고, 오로지 영혼에 고유한 것에만 속할 수 있을 뿐이다. 그러므로 인간의 덕

의 관계로 표현될 수 있는 그런 관계를 맺고 있다. 모든 유한한 존재자들이 그 자체 안에 이런 관계를 맺고 있는 것과 마찬가지로, 그것은 그 동일한 방식으로 그 고유의 활동과도 관계된다. 이 가르침에 대한 간결한 표현을 보기 위해서는: Cf. *ScG*, II, c.54; Vernon Bourke, "The Role of Habitus in the Thomistic Metaphysics of Potency and Act", in Robert Brennan, OP(ed.), *Essays on Thomism*, New York, Sheed & Ward, 1942, pp.103-109.

10. Cf. I, q.77, a.5.

ad esse, sed magis ad agere. Et ideo de ratione virtutis humanae est quod sit habitus operativus.

AD PRIMUM ergo dicendum quod modus actionis sequitur dispositionem agentis, unumquodque enim quale est, talia operatur. Et ideo, cum virtus sit principium aliqualis operationis, oportet quod in operante praeexistat secundum virtutem aliqua conformis dispositio. Facit autem virtus operationem ordinatam.[11] Et ideo ipsa virtus est quaedam dispositio ordinata in anima, secundum scilicet quod potentiae animae ordinantur aliqualiter ad invicem, et ad id quod est extra. Et ideo virtus, inquantum est conveniens dispositio animae, assimilatur sanitati et pulchritudini, quae sunt debitae dispositiones corporis.[12] Sed per hoc non excluditur quin virtus etiam sit operationis principium.

AD SECUNDUM dicendum quod virtus quae est ad esse, non est propria hominis, sed solum virtus quae est ad opera rationis, quae sunt propria hominis.

AD TERTIUM dicendum quod, cum Dei substantia sit eius actio, summa assimilatio hominis ad Deum est secundum aliquam operationem. Unde, sicut supra[13] dictum est, felicitas sive beatitudo, per quam homo maxime Deo conformatur, quae est finis humanae vitae, in operatione consistit.[14]

은 존재에의 연관성을 함축하는 것이 아니라, 행동과의 연관성을 함축하고 있다. 그렇다면 작용적 습성이라는 것은 인간적 덕의 근거에 속한다.

[해답] 1. 활동 양식은 행위자의 상태에 상응한다. 왜냐하면 각각의 사물은 존재하는 데 따라 작용하기 때문이다. 그러므로 덕이 어떤 작용의 원리이기에 그 행위자 안에는 그에 상응하는, 그것과 일치하여 행동할 상태가 덕에 따라 미리 존재할 필요가 있다. 그런데 덕은 어떤 질서화된 작용을 일으킨다.[11] 그래서 덕 자체는, 영혼의 능력들이 어떤 식으로든 서로서로 (그리고 바깥에 있는 것에 대하여) 질서 지어져 있는 한에서, 영혼의 질서화된 상태이다. 따라서 덕은, 영혼의 적절한 상태인 한에서, 육체의 마땅한 상태들인 건강이나 아름다움과 흡사하다.[12] 그렇지만 이것은 덕이 또한 작용의 원리이기도 하다는 것을 배제하지 않는다.

2. 존재를 향한 덕이 인간에게 특수한 것이 아니라, 오직 인간에게 고유한 이성의 작용을 향한 덕만이 인간에게 고유하다.

3. 신의 실체는 그분의 활동이기 때문에, 인간이 신을 닮는 최대의 동화(同化)는 어떤 작용에 따른 것이다. 그러므로 위에서[13] 말한 것처럼, 그로써 인간이 최대한 신과 유사하게 되고 또 인간 생명의 목적인 행복 또는 참행복은 작용에서 성립된다.[14]

---

11. Cf. a.2, ad4.
12. Cf. q.71, a,1, ad2-3; II-II, q.145, a.2.
13. q.3, a.2.
14. Cf. I, q.93, a.7.

q.55, a.3

Articulus 3
Utrum virtus humana sit habitus bonus

Ad tertium sic proceditur. Videtur quod non sit de ratione virtutis quod sit habitus bonus.

1. Peccatum enim in malo semper sumitur. Sed etiam peccati est aliqua virtus; secundum illud I *ad Cor.* 15, [56]: *Virtus peccati lex*. Ergo virtus non semper est habitus bonus.

2. Praeterea, virtus potentiae respondet. Sed potentia non solum se habet ad bonum, sed etiam ad malum; secundum illud Isaiae 5, [22]: *Vae, qui potentes estis ad bibendum vinum, et viri fortes ad miscendam ebrietatem*. Ergo etiam virtus se habet et ad bonum et ad malum.

3. Praeterea, secundum apostolum, II *ad Cor.* 12, [9], *virtus in infirmitate perficitur*. Sed infirmitas est quoddam malum. Ergo virtus non solum se habet ad bonum, sed etiam ad malum.

SED CONTRA est quod Augustinus dicit, in libro *de Moribus Eccles.*:[1] *Nemo autem dubitaverit quod virtus animam facit optimam*. Et Philosophus dicit, in II *Ethic.*,[2] quod *virtus est quae bonum facit habentem, et opus eius bonum reddit*.

---

1. Augustinus, *De mor. Eccl.*, I, 6: PL 32, 1314.
2. Aristoteles, *Ethica Nic.*, II, c.6, 1106a15. 아리스토텔레스의 구별은 덕에 대한 관념적 정의에 기초하고 있다. "어떤 사물의 덕은 그 최대의 역량에 의거하여 판단된다." 그런데 어떤 기관의 최대는 그것의 완전한 작용이다. 그러므로 그 작용을 선

제3절 인간의 덕은 선한 습성인가?

[**Parall**.: *In Sent.*, III, d.23, q.1, a.3, qc.1; d.26, q.2, a.1; *In Ethic.* II, lect.6]

[반론] 셋째에 대해서는 다음과 같이 전개된다. 덕이 하나의 선한 습성이어야 한다는 것은 덕의 근거에 속하는 것이 아닌 것으로 생각된다.

1. 죄는 언제나 악한 것으로 간주된다. 그런데 코린토 1서 15장 [56절]에 따르면 심지어 '죄의 덕(힘)'도 있다. "죄의 힘[덕]은 율법이다." 그러므로 덕이 언제나 선한 습성인 것은 아니다.

2. 덕은 능력에 상응한다. 그렇지만 능력은 이사야서 5장 [22절]에 따르면 선을 향하기만 하는 것이 아니라 악을 향하기도 한다. "불행하여라, 술 마시는 데에는 용사들이요 폭음을 일삼는 데에는 대장부인 자들!" 따라서 덕도 선과 악 모두를 위한 것이다.

3. 사도 바오로의 코린토 2서 12장 [9절]에 따르면, "[나의] 힘[덕]은 약한 데에서 완전히 드러난다." 그런데 약함은 악이다. 그러므로 덕은 선뿐만 아니라 악도 가리킨다.

[재반론] 그러나 반대로 아우구스티누스는 『가톨릭교회의 관습』[1]에서 "아무도 덕이 영혼을 최대한 선하게 만든다는 것을 의심할 수 없다."고 말한다. 그리고 철학자도 『니코마코스 윤리학』 제2권[2]에서 "덕이란 그 소유자와 그의 행업을 선하게 만드는 것"이라고 말하고 있다.

하게 만드는 것이 바로 덕의 본분이다. "그러나 왜냐하면 완전한 작용은 이미 완전한 작용 주체로부터 전개되고, 자기의 덕 덕분에 모든 존재자는 그 자체로 그리고 그 작용에 있어서 선하기 때문이다."(*In Ethic.*, II, lect.6, n.308)

q.55, a.3

Respondeo dicendum quod, sicut supra[3] dictum est, virtus importat perfectionem potentiae, unde virtus cuiuslibet rei determinatur ad ultimum in quod res potest, ut dicitur in I *de Caelo*.[4] Ultimum autem in quod unaquaeque potentia potest, oportet quod sit bonum, nam omne malum defectum quendam importat; unde Dionysius dicit, in 4 cap. *de Div. Nom.*,[5] quod omne malum est *infirmum*. Et propter hoc oportet quod virtus cuiuslibet rei dicatur in ordine ad bonum. Unde virtus humana, quae est habitus operativus, est bonus habitus, et boni operativus.

Ad primum ergo dicendum quod sicut perfectum, ita et bonum dicitur metaphorice in malis, dicitur enim et perfectus fur sive latro, et bonus fur sive latro; ut patet per Philosophum, in V *Metaphys.*[6] Secundum hoc ergo, etiam virtus metaphorice in malis dicitur. Et sic *virtus peccati* dicitur lex, inquantum scilicet per legem occasionaliter est peccatum augmentatum, et quasi ad maximum suum posse pervenit.[7]

Ad secundum dicendum quod malum ebrietatis et nimiae potationis, consistit in defectu ordinis rationis. Contingit autem, cum defectu rationis, esse aliquam potentiam inferiorem perfectam ad id quod est sui generis, etiam cum repugnantia vel cum defectu rationis. Perfectio autem talis potentiae, cum sit

---

3. a.1.

[답변] 위에서³ 말한 것처럼, 덕은 어떤 능력의 완성을 함축하고 있다. 이리하여 어떤 사물의 덕은 『천체론』 제1권⁴에서 말하는 것처럼, 그것이 지니고 있는 가능한 최대치에 의해서 규정된다. 어떤 능력의 이 최대치는 필연적으로 선하다. 왜냐하면 모든 악은 어떤 결함을 함축하고 있기 때문이다. 이리하여 디오니시우스는 『신명론』 제4장⁵에서 모든 악이 '약함'(infirmum)이라고 말하고 있다. 이런 이유로 어떤 것의 덕은 어떤 선과 연관 지어 판단되어야 한다. 그러므로 작용적 습성인 인간적 덕은 하나의 선한 습성으로서 선을 산출한다.

[해답] 1. '완전한'과 '선한'이라는 용어는 비유적으로 나쁜 것들에 대해서도 사용된다. 철학자가 『형이상학』 제5권⁶에서 말하고 있는 것을 통해 명백한 것처럼, 우리는 완벽한 도둑 또는 훌륭한 강도에 대해서 말한다. 이렇게 덕은 악한 것들 안에도 비유적으로 적용된다. 이처럼 '죄의 힘'(virtus peccari)이 [율]법이라고 불리는데, 이것은 [율]법을 통해서 죄가 경우에 따라서는 가중되고, 그래서 그것은 거의 그 가능성의 한계에까지 이르기도 하기 때문이다.⁷

2. 숙취(宿醉)와 지나친 음주라는 악은 이성의 질서의 결함에서 성립된다. 그렇지만 이것이 어떤 하급 능력이 (비록 이성과 상충되거나 이성으로부터 떨어져 나갈 때조차도) 그 나름으로 충분히 발전되는 일이 발생할 수 있다. 그때 저 능력의 완전성은 이성의 질서의 결함

---

4. *De caelo*, I, c.11, 281a14-19; S. Thomas, lect.25, n.4. Cf. a.1, obj.1 & ad1.
5. *De div. nom.*, c.4: PG 3, 732C; S. Thomas, lect.22.
6. *Metaphysica*, V, c.16, 1021b17-20; S. Thomas, lect.18, n.1036.
7. Cf. q.98, a.1, ad2; q.99, a.2, ad3.

cum defectu rationis, non posset dici virtus humana.

AD TERTIUM dicendum quod tanto ratio perfectior esse ostenditur, quanto infirmitates corporis et inferiorum partium magis potest vincere seu tolerare. Et ideo virtus humana, quae rationi attribuitur, *in infirmitate perfici* dicitur, non quidem rationis, sed in infirmitate corporis et inferiorum partium.

Articulus 4

Utrum virtus convenienter definiatur

Ad quartum sic proceditur. Videtur quod non sit conveniens definitio virtutis quae solet assignari, scilicet: Virtus est bona qualitas mentis, qua recte vivitur, qua nullus male utitur, quam Deus in nobis sine nobis operatur.[1]

1. Virtus enim est bonitas hominis, ipsa enim est *quae bonum facit habentem.*[2] Sed bonitas non videtur esse bona, sicut nec albedo est alba. Igitur inconvenienter dicitur quod virtus est *bona qualitas.*

2. Praeterea, nulla differentia est communior suo genere, cum

---

1. Cf. Magister[=Lombardus], *Sent.*, II, d.27; Petrus Pictaviensis(+1205), commentator Lombardi, *In Sent.*, III, c.1.(O. Lottin, "Les premieres definitions et classifications des vertus au moyen age", *Revue des sciences phil. et theol.* 18[1929], p.371)

을 수반하기 때문에 인간적 덕이라고 불릴 수 없다.

  3. 이성은 육체와 하급 능력들의 나약함을 극복하거나 견뎌 낼 수 있는 그만큼 더욱 강해지는 것으로 보인다. 이리하여 이성에 돌려지는 인간의 덕은 약함 속에서 완전해진다고 말하게 되는데, 이때의 나약함이란 이성의 나약함이 아니라 육체와 하급 능력들의 나약함이다.

제4절 덕의 정의에 대하여

[**Parall**.: Cf. *In Sent.*, II, d.27, q.2; *De virtutibus*, a.2]

  [반론] 넷째에 대해서는 다음과 같이 전개된다. 흔히 제시되는 덕에 대한 정의, 즉 "덕이란 올바로 살아가게 만들어 주고 아무도 그것을 악용할 수 없으며 신이 우리 안에서 우리 없이 작용하시는, 우리 정신의 선한 성질이다."라는 정의는 적절하지 못한 것으로 생각된다.[1]

  1. 덕은 참으로 인간의 선이다. 왜냐하면 그것은 "그것을 소유하고 있는 자를 선하게 만들기"[2] 때문이다. 그렇지만 마치 하양(albedo)이 어떤 하얀 것이 아니듯이 선성이란 어떤 선한 것이 아닌 것으로 보인다. 그러므로 덕을 하나의 선한 성질이라고 진술하는 것은 적절하지 못하다.

  2. 어떤 차이도 그것의 유보다 더 보편적(communis)일 수는 없다. 왜냐하면 그것은 유를 구분하는 것이기 때문이다. 그렇지만 선은 성

---

2. Cf. a.3, sc.

sit generis divisiva. Sed bonum est communius quam qualitas, convertitur enim cum ente. Ergo bonum non debet poni in definitione virtutis, ut differentia qualitatis.

3. Praeterea, sicut Augustinus dicit, in XII *de Trin.*:³ *Ubi primo occurrit aliquid quod non sit nobis pecoribusque commune, illud ad mentem pertinet.* Sed quaedam virtutes sunt etiam irrationabilium partium; ut Philosophus dicit, in III *Ethic.*⁴ Non ergo omnis virtus est bona qualitas *mentis.*

4. Praeterea, rectitudo videtur ad iustitiam pertinere, unde idem dicuntur recti, et iusti. Sed iustitia est species virtutis. Inconvenienter ergo ponitur rectum in definitione virtutis, cum dicitur, qua recte vivitur.

5. Praeterea, quicumque superbit de aliquo, male utitur eo. Sed multi superbiunt de virtute, dicit enim Augustinus, in *Regula*,⁵ quod *superbia etiam bonis operibus insidiatur, ut pereant.* Falsum est ergo quod *nemo virtute male utatur.*

6. Praeterea, homo per virtutem iustificatur. Sed Augustinus dicit,⁶ super illud Ioan. [14,12], *Maiora horum faciet: Qui creavit te sine te, non iustificabit te sine te.* Inconvenienter ergo dicitur quod virtutem *Deus in nobis sine nobis operatur.*

---

3. Augustinus, *De Trinitate*, XII, c.8: PL 42, 1005.
4. Aristoteles, *Ethica Nic.*, III, c.10, 1117b23. 예를 들면 인간의 정서적 부분 안에 자리 잡고 있는 용기나 절제와 같은 덕들이 그러하다.

질보다 더 보편적이다. 왜냐하면 그것은 존재자와 호환될 수 있기 때문이다. 그러므로 선은, 성질의 한 차이로서, 덕의 정의 속에 포함되어서는 안 된다.

3. 아우구스티누스가 『삼위일체론』 제12권[3]에서 말하고 있는 것처럼, "우리와 짐승들에게 공통적이지 않은 어떤 요소가 있다면, 그것은 정신에 속하는 어떤 것이다." 그런데 철학자가 『니코마코스 윤리학』 제3권[4]에서 말하는 것처럼, 어떤 덕들은 비이성적인 부분들 안에도 있다. 그러므로 모든 덕이 다 "정신의 좋은 성질"인 것은 아니다.

4. 올바름은 정의(正義)에 속하는 것으로 보인다. 그래서 올바른 자는 의롭다고 말하는 것이다. 그런데 정의는 덕의 일종이다. 그러므로 덕을 "올바르게 살기 위한 [수단]"이라고 할 때, 덕의 정의 속에 '올바름'을 포함시키는 것은 적절하지 못한 것으로 보인다.

5. 누군가 어떤 것으로 교만하게 된다면, 그는 그것을 악용하는 것이다. 그런데 많은 사람들은 자신들의 덕으로 교만하게 된다. 아우구스티누스의 『규칙서』[5]에서는 이렇게 말하고 있다. "교만은 선행을 기다려 그것들을 파멸시킨다." 그러므로 '아무도 덕을 악용할 수 없다.'는 것은 거짓이다.

6. 사람은 덕으로 의화(義化)된다. 그런데 아우구스티누스는 요한복음서 [14,12]에 관해 주해하면서 이렇게 말한다.[6] "그는 이보다 더 큰 일도 할 것이다. 그대 없이 그대를 창조한 분이 그대 없이 그대를 의화시키지는 않을 것이다." 그러므로 "하느님이 우리 안에서 우리 없이 작용하신다."고 말하는 것은 부적절하다.

---

5. Augustinus, *Epist.* 211: PL 33, 960.
6. Augustinus, *Serm. ad Popul.*, 169: PL 38, 923. Cf. PL 35, 1823.

q.55, a.4

SED CONTRA est auctoritas Augustini, ex cuius verbis praedicta definitio colligitur, et praecipue in II *de Libero Arbitrio*.[7]

RESPONDEO dicendum quod ista definitio perfecte complectitur totam rationem virtutis. Perfecta enim ratio uniuscuiusque rei colligitur ex omnibus causis eius.[8] Comprehendit autem praedicta definitio omnes causas virtutis. Causa namque formalis virtutis, sicut et cuiuslibet rei, accipitur ex eius genere et differentia, cum dicitur *qualitas bona*: genus enim virtutis *qualitas* est, differentia autem *bonum*. Esset tamen convenientior definitio, si loco qualitatis *habitus*[9] poneretur, qui est genus propinquum.[10]

Virtus autem non habet materiam *ex qua*, sicut nec alia accidentia:[11] sed habet materiam *circa quam*; et materiam in qua, scilicet subiectum. Materia autem *circa quam* est obiectum virtutis; quod non potuit in praedicta definitione poni, eo quod per

---

7. Augustinus, *De libero arbitrio*, II, c.19: PL 32, 1268. 성 토마스의 시대에는 덕에 대한 두 가지 유형의 정의가 통용되고 있었다. 하나는 '철학적'인 것으로서 아벨라르두스("정신의 최상의 습성"[habitus mentis optimus])와 그 제자들에게서 발견되는데, 이것은 키케로("덕은 자연의 방식으로 이성에 합치되는 영혼의 습성이다"[virtus est animi habitus naturae modo atque rationi consentaneus])에게서 영감을 받은 것으로 보인다. 둘째 것은 비토리니(Vittorini)와 페트루스 롬바르두스(Petrus Lombardus)가 즐겨 사용하던 '신학적'인 것으로서 아우구스티누스에게서 영감을 받았고, 신학 학파들에서 주류를 차지하게 된다. 이 정의의 원천은 아우구스티누스의 『자유의지론』이지만, 그 결정판은 페트루스 푸아티에(Petrus de Poitiers)의 덧붙임말("하느님은 인간 안에서 우리 없이 작용하실 수 있다"[quam Deus in homine sine nobis operatur])과 더불어 『명제집』의 스승, 곧 롬바르두스에 의해 널리 보급되었다. 그것의 명성과 모든 신학 학교들에서의 그것에 대한 수용 때문에,

[재반론] 그러나 반대로 아우구스티누스의 작품들, 특히 『자유의지론』 제2권[7]에서 이 정의를 도출하는 아우구스티누스의 권위가 남아 있다.

[답변] 이 정의(定義)는 덕에 본질적인 모든 것을 완전하게 포함하고 있다. 실상 어떤 것에 대한 완전한 관념은 그것의 모든 원인으로부터 수집된다.[8] 그런데 위의 정의는 덕의 모든 원인들을 포함하고 있다. 그리고 여하한 다른 것과 마찬가지로 덕의 형상적 원인이 그것의 유와 종차로부터 취해지기 때문에, '선한 성질'이라는 표현에서 '성질'은 덕의 유이고, '선한'은 그 종차이다. 그럼에도 불구하고 만일 성질의 자리에 근류(近類)에 해당되는 '습성'[9]을 놓았더라면 그 정의는 더 적절했을 것이다.[10]

하지만 다른 여하한 우유들과 마찬가지로 덕은 그 바탕이 되는 질료(materia ex qua)를 가지고 있지 않다.[11] 그것은 오로지 관심을 기울이는 질료(circa quam)[대상]와 그 안에 머무는 질료(in qua), 곧 주체를 가지고 있을 뿐이다. 그런데 관심을 기울이는 소재는 덕의 대상이다. 그리고 위에서 말한 정의 속에서는 그것을 말할 수 없었다. 왜냐하

성 토마스는 그 정의에 대한 철학적 분석(제1절에서 제3절까지)으로부터 신학적 성격의 종합(제4절)으로 주저 없이 넘어갔다.
8. 정의는 네 개의 원인, 곧 형상인, 질료인, 능동인, 목적인에 의해서 설명될 것이다.
9. '습성'(habitus)은 아리스토텔레스의 범주에 따른 '성질'(qualitas)의 일종이다. 토마스 아퀴나스, 『신학대전 제22권(I-II, 49-54): 습성』, 이재룡 옮김, 2020 참조.
10. Cf. a.1.
11. "형상들과 우유들은, 질료를 자신의 바탕[ex qua]으로 가지고 있지는 않지만, 그 안에 머무는 소재[주체, in qua]로서의 질료와 그로부터 능력을 도출하는 소재로서의 질료는 가지고 있다."(*De potentia*, q.5, a.4, ad9)

obiectum determinatur virtus ad speciem; hic autem assignatur definitio virtutis in communi. Unde ponitur subiectum loco causae materialis, cum dicitur quod est bona qualitas *mentis*.

Finis autem virtutis, cum sit habitus operativus,[12] est ipsa operatio. Sed notandum quod habituum operativorum aliqui sunt semper ad malum, sicut habitus vitiosi; aliqui vero quandoque ad bonum, et quandoque ad malum, sicut opinio se habet ad verum et ad falsum; virtus autem est habitus semper se habens ad bonum.[13] Et ideo, ut discernatur virtus ab his quae semper se habent ad malum, dicitur, *qua recte vivitur*: ut autem discernatur ab his quae se habent quandoque ad bonum, quandoque ad malum, dicitur, *qua nullus male utitur*.

Causa autem efficiens virtutis infusae,[14] de qua definitio datur, Deus est. Propter quod dicitur, *quam Deus in nobis sine nobis operatur*. Quae quidem particula si auferatur, reliquum definitionis erit commune omnibus virtutibus, et acquisitis et infusis.[15]

AD PRIMUM ergo dicendum quod id quod primo cadit in intellectu, est ens, unde unicuique apprehenso a nobis attribuimus quod sit ens; et per consequens quod sit unum et bonum, quae convertuntur cum ente.[16] Unde dicimus quod essentia est ens et una et bona; et quod unitas est ens et una et bona; et similiter de

---

12. Cf. a.2.
13. Cf. a.3.

면 그 대상은 덕의 종을 규정하는 데 봉사하는데, 여기서는 덕 일반을 규정하고 있기 때문이다. 따라서 덕이 '정신의' 선한 성질이라는 것이 긍정될 때, 질료인으로서의 주체가 지적되고 있다.

그리고 작용적 습성인 덕의 목적은 그 작용 자체이다.[12] 하지만 작용적 습성들 가운데 어떤 것들은 언제나 악으로 기울고 있는 악한 습성들이고, 다른 것들은 참될 수도 있고 거짓될 수도 있는 견해처럼 선과 악에 대해 무관하지만, 덕은 언제나 선으로 향하고 있다는 것을 알아야 한다.[13] 따라서 덕을 언제나 악한 습성들로부터 구별하기 위해 "덕을 통해 올바르게 산다."고 말하고, 선할 수도 있고 악할 수도 있는 습성들로부터 구별하기 위해서는 "아무도 그것을 악용하지 않는다."고 말한다.

마지막으로, 그 정의가 제시되고 있는 주입된 덕[14]의 작용인은 신이다. 바로 그렇기 때문에 "신은 우리 없이 우리 안에서 작용하신다."고 말하는 것이다. 그러나 이 마지막 부분을 제거한다면 정의의 나머지 부분은 획득된 덕이든 주입된 덕이든 모든 덕에 공통적이다.[15]

[해답] 1. 지성에 가장 먼저 파악되는 관념은 존재자 [관념]이다. 실상 우리가 파악하는 각각의 존재자에 대해서 우리는 존재자라고 말한다. 따라서 우리는 그것이 하나이고 선이라고 말하는데, 이것들은 존재자와 호환되는 관념들이다.[16] 이 때문에 우리는 본질이 존재자

---

14. 여기서 말하는 '주입된 덕'(virtus infusa)은 은총으로 우리에게 주어지는 도덕적 덕에 대한 전문적 용어로서 우리 자신의 노력에 의해서 획득되는 것이 아니다. Cf. q.63, aa.3-4.
15. 아우구스티누스가 그런 축약을 생각하지 않았으리라는 것은 말할 필요도 없다.
16. Cf. I, q.5, a.3; q.11, a.1.

bonitate. Non autem hoc habet locum in specialibus formis, sicut est albedo et sanitas, non enim omne quod apprehendimus, sub ratione albi et sani apprehendimus.—Sed tamen considerandum quod sicut accidentia et formae non subsistentes dicuntur entia, non quia ipsa habeant esse, sed quia eis aliquid est; ita etiam dicuntur bona vel una, non quidem aliqua alia bonitate vel unitate, sed quia eis est aliquid bonum vel unum. Sic igitur et virtus dicitur bona, quia ea aliquid est bonum.[17]

AD SECUNDUM dicendum quod bonum quod ponitur in definitione virtutis, non est bonum commune, quod convertitur cum ente, et est in plus quam qualitas, sed est bonum rationis, secundum quod Dionysius dicit, in 4 cap. de *Div. Nom.*,[18] quod *bonum animae est secundum rationem esse.*

AD TERTIUM dicendum quod virtus non potest esse in irrationali parte animae, nisi inquantum participat rationem, ut dicitur in I *Ethic.*[19] Et ideo ratio, sive mens, est proprium subiectum virtutis humanae.[20]

AD QUARTUM dicendum quod iustitiae est propria rectitudo quae constituitur circa res exteriores quae in usum hominis

---

17. 이것은 이른바 덕의 '사물화'(reificatio) 주장을 말끔히 일소시켜 줄 것이다.
18. Dionysius, *De div. nom.*, c.4, c.32: PG 3, 733 A; S. Thomas. lect.22.
19. *Ethica Nic.*, I, c.13, 1102b13-14; 1103a3; S. Thomas, lect.20, nn.236 & 242.
20. "정신은 인간이 그 주인이 되는 저 행위들의 원리인 저 능력들을 엄격하게 '인간적'이라고 부른다."(*De virtutibus*, q.1, a.2, ad12)

이고 하나이며 선하다고 말하고, 단일성에 대해서도 존재자이고 하나이며 선하다고 말한다. 선함에 대해서도 이와 마찬가지로 말할 수 있다. 그러나 이것은 하양[白色]이나 건강과 같은 특수한 형상들의 경우에는 적용되지 않는다. 실상 우리는 우리가 아는 모든 것을 하얗다거나 건강하다는 측면 아래에서 아는 것이 아니다. 하지만 자립성을 갖추지 못하고 있는 우유들과 형상들에 대해서는 존재를 지니고 있기 때문에 존재자라고 말하지 않고, 어떤 것들이 그것들 덕분에 존재를 가지기 때문에 존재자라고 말한다는 것을 알아야 한다.―마찬가지로 그것들은 다른 어떤 선성이나 단일성 때문에 선하거나 하나라고 일컬어지는 것이 아니라, 그것들이 내속하는 존재자를 선하거나 하나로 만들기 때문에 그렇게 일컬어진다. 그리고 바로 이런 의미에서 덕은 선하다고 말해진다. 왜냐하면 그 덕 덕분에 존재자가 선한 것이기 때문이다.[17]

 2. 덕의 정의 안에 들어 있는 선성은 존재자와 호환되고 성질보다 범위가 넓은 보편적 선이 아니라, 디오니시우스가 『신명론』 제4장[18]에서 "영혼의 선은 이성에 따른 존재"라고 말하고 있는, 이성적 질서의 선이다.

 3. 『니코마코스 윤리학』 제1권[19]에서 말하고 있는 것처럼, 덕은, 이성에 참여하는 한에서가 아니라면, 영혼의 비이성적인 부분들 속에서 발견될 수 없다. 따라서 이성 또는 정신은 인간적 덕의 고유 주체이다.[20]

 4. 정의는 하나의 특수한 덕으로서 그것이 인간이 사용하게 되는 외부 사물들을 올바르게 만들 때, 그 고유의 올바름이 성립된다. 나

veniunt, quae sunt propria materia iustitiae, ut infra[21] patebit. Sed rectitudo quae importat ordinem ad finem debitum et ad legem divinam, quae est regula voluntatis humanae, ut supra[22] dictum est, communis est omni virtuti.

AD QUINTUM dicendum quod virtute potest aliquis male uti tanquam obiecto, puta cum male sentit de virtute, cum odit eam, vel superbit de ea, non autem tanquam principio usus, ita scilicet quod malus sit actus virtutis.

AD SEXTUM dicendum quod virtus infusa causatur in nobis a Deo sine nobis agentibus, non tamen sine nobis consentientibus. Et sic est intelligendum quod dicitur, *quam Deus in nobis sine nobis operatur*. Quae vero per nos aguntur, Deus in nobis causat non sine nobis agentibus, ipse enim operatur in omni voluntate et natura.[23]

---

21. q.60, a.2; II-II, q.58, a.8.

중에[21] 보게 되겠지만, 이 사물들이 바로 정의의 고유 질료이다. 그렇지만 마땅한 목적과 (인간의 의지의 규칙인) 신법(神法)을 향한 질서를 의미하는 올바름은, 이미[22] 말한 것처럼, 모든 덕에 공통적이다.

5. 예컨대 그것에 대한 미움이나 자만과 같은 악한 생각들을 품음으로써, 마치 누군가가 어떤 덕행을 악용할 수 있기라도 하듯이, 혹자가 (사용의 원리로서가 아니라) 하나의 대상으로서 취해진 덕을 악용할 수 있다.

6. 주입된 덕은 하느님에 의해서 우리의 활동 없이 (그러나 우리의 동의조차 없는 것은 아니다.) 우리 안에 산출된다. 그러기에 "하느님께서는 우리 없이 우리 안에서 작용하신다."는 표현은 바로 이런 의미로 이해되어야 한다. 그러나 우리를 통해서 행해지는 것들에 관해서는 하느님은 그것들을 (우리 측의 행위 없이 그리하는 것은 아니지만) 우리 안에 낳으신다. 왜냐하면 그분은 모든 의지와 모든 자연[본성] 안에서 작용하시기 때문이다.[23]

---

22. q.19, a.4.
23. Cf. I, q.105, a5; q.113, aa.3-5 & 8. Cf. Conc. Trid., sess.6, c.5(DS 797[=DH 1525]) et can.4.(DS 814[=DH 1554])

QUAESTIO LVI
DE SUBIECTO VIRTUTIS
in sex articulos divisa

Deinde considerandum est de subiecto virtutis.[1]

Et circa hoc quaeruntur sex.

Primo: utrum virtus sit in potentia animae sicut in subiecto.

Secundo: utrum una virtus possit esse in pluribus potentiis.

Tertio: utrum intellectus possit esse subiectum virtutis.

Quarto: utrum irascibilis et concupiscibilis.

Quinto: utrum vires apprehensivae sensitivae.

Sexto: utrum voluntas.

Articulus 1
Utrum virtus sit in potentia animae sicut in subiecto

Ad primum sic proceditur. Videtur quod virtus non sit in potentia animae[1] sicut in subiecto.

---

1. Cf. q.55, Introd.

제56문
덕의 주체에 대하여
(전6절)

이제는 덕의 주체에 대해 고찰해야 한다.[1] 이 주제에 대해서는 여섯 가지 질문이 제기된다.
1. 덕은 영혼의 능력들을 주체로 삼고 있는가?
2. 하나의 덕이 여러 능력들 안에 자리 잡고 있을 수 있는가?
3. 지성이 덕의 주체일 수 있는가?
4. 분노적 능력과 욕정적 능력이 덕의 주체인가?
5. 감각적 인식 능력들이 덕의 주체인가?
6. 의지가 덕의 주체일 수 있는가?

제1절 덕은 영혼의 능력들을 그 주체로 삼고 있는가?

[**Parall.**: *In Sent.*, III, d.33, q.2, a.4, qc.1; *De virtutibus*, a.3]

[반론] 첫째에 대해서는 다음과 같이 전개된다. 덕은 영혼의 능력들을 주체로 삼고 있지 않은 것으로 생각된다.

---

1. 여기서 말하는 영혼의 능력이란 심리학적 기관(facultas) 또는 역량을 가리킨다. 논리적 서술 주체가 아니라 실재적인 것으로 이해된 주체에 대해서는: Cf. I, q.3, aa.2 & 3; q.27, aa.2 & 3. 직접적으로 성격이 규정되는 것에 관해서는: Cf. q.50, a.2, ad2.

1. Dicit enim Augustinus, in II *de Lib. Arbit.*,[2] quod *virtus est qua recte vivitur*. Vivere autem non est per potentiam animae, sed per eius essentiam. Ergo virtus non est in potentia animae, sed in eius essentia.

2. Praeterea, Philosophus dicit, in II *Ethic.*:[3] *Virtus est quae bonum facit habentem, et opus eius bonum reddit*. Sed sicut opus constituitur per potentiam, ita habens virtutem constituitur per essentiam animae. Ergo virtus non magis pertinet ad potentiam animae, quam ad eius essentiam.

3. Praeterea, potentia est in secunda specie qualitatis. Virtus autem est quaedam qualitas, ut supra[4] dictum est. Qualitatis autem non est qualitas. Ergo virtus non est in potentia animae sicut in subiecto.

SED CONTRA, *virtus est ultimum potentiae*, ut dicitur in I *de Caelo*.[5] Sed ultimum est in eo cuius est ultimum. Ergo virtus est in potentia animae.

RESPONDEO dicendum quod virtutem pertinere ad potentiam animae, ex tribus potest esse manifestum.[6] Primo quidem, ex ipsa ratione virtutis, quae importat perfectionem potentiae,

---

2. Augustinus, *De libero arbitrio*, II, c.19, n.50: PL 32, 1268.
3. Aristoteles, *Ethica Nic.*, II, c.25, 1106a15-24; S. Thomas, lect.6, nn.307-308.
4. q.55, a.4.
5. *De caelo*, I, c.11, 281a14-18; S. Thomas, lect.25, n.4. Cf. q.55, a.1, obj.1 & ad1; a.3. o]

1. 성 아우구스티누스는 『자유의지론』 제2권[2]에서 "덕은 그것을 통해 올바로 살게 되는 하나의 [성질]이다."라고 주장한다. 그러나 영혼의 능력들을 통해서 사는 것이 아니라, 그 본질을 통해서 사는 것이다. 따라서 덕은 영혼의 능력들 안에 자리 잡고 있는 것이 아니라, 그 본질 안에 자리 잡고 있다.

  2. 철학자는 『니코마코스 윤리학』 제2권[3]에서 이렇게 말한다. "덕은 그것을 소유하고 있는 자를 선하게 만들고, 그의 행업을 선하게 만든다." 그런데 행업이 능력을 통해서 구성되는 것처럼, 덕을 소유하고 있는 자도 자기 영혼의 본질을 통해 구성된다. 그러므로 덕은 영혼의 능력에 속한다기보다는 오히려 그 본질에 속한다.

  3. 능력은 성질의 둘째 종이다. 그러나 위에서[4] 말한 것처럼, 덕은 하나의 성질이다. 다른 한편 어떤 성질은 어떤 다른 성질에 속할 수 없다. 그러므로 덕은 영혼의 능력을 주체로 삼고 있지 않다.

  [재반론] 그러나 반대로 『천체론』 제1권[5]에서 말하는 것처럼, "덕은 능력의 최대치이다." 그런데 최대치는 그것이 도달하는 것 속에 있다. 그러므로 덕은 영혼의 능력 안에 자리 잡고 있다.

  [답변] 덕이 영혼의 능력 안에 자리 잡고 있다는 것은 세 가지 방식으로 드러날 수 있다.[6] 첫째는 한 능력의 완성을 함축하고 있는 덕 관

유명한 텍스트는 이 논고에서만도 최소 5회 이상 언급되고 있다.
6. "활동은 존재처럼 합성된 실체에 속한다. 왜냐하면 행위는 존재에 속하기 때문이다. 그런데 그 합성체는 실체적 형상을 통해서 실체석 실존을 누리게 된다. 그리고 그것은 실체적 형상으로부터 결과되는 하나의 능력에 의해서 작용한다." (I, q.77, a.1, ad3)

perfectio autem est in eo cuius est perfectio.—Secundo, ex hoc quod est habitus operativus, ut supra[7] dictum est, omnis autem operatio est ab anima per aliquam potentiam.—Tertio, ex hoc quod disponit ad optimum, optimum autem est finis, qui vel est operatio rei, vel aliquid consecutum per operationem a potentia egredientem.[8] Unde virtus humana est in potentia animae sicut in subiecto.

AD PRIMUM ergo dicendum quod vivere dupliciter sumitur.[9] Quandoque enim dicitur vivere ipsum esse viventis, et sic pertinet ad essentiam animae, quae est viventi essendi principium. Alio modo vivere dicitur operatio viventis,[10] et sic virtute recte vivitur, inquantum per eam aliquis recte operatur.

AD SECUNDUM dicendum quod bonum vel est finis, vel in ordine ad finem dicitur. Et ideo, cum bonum operantis consistat in operatione, hoc etiam ipsum quod virtus facit operantem bonum, refertur ad operationem, et per consequens ad potentiam.

AD TERTIUM dicendum quod unum accidens dicitur esse in alio sicut in subiecto, non quia accidens per seipsum possit sustentare aliud accidens, sed quia unum accidens inhaeret substantiae mediante alio accidente, ut color corpori mediante superficie; unde

---

7. q.55, a.2.
8. Cf. q.49, a.3.
9. 이 구별의 요소들은 아리스토텔레스 안에서 생명의 원리로서의 영혼에 관한 정

념 자체로부터 드러난다. 그리고 완전성은 그것이 완성하는 것 속에 자리 잡고 있다.―둘째는 덕이 위에서[7] 말한 것처럼 작용적 습성이라는 사실로부터 드러난다. 실상 모든 작용은 영혼에 의해서 어떤 능력을 통해 수행된다.―셋째는 그것이 최선을 향해 준비시킨다는 사실로부터 유래된다. 그런데 최선의 것은 그 목적, [곧] 어떤 사물의 작용이거나 또는 어떤 사물의 능력에서 전개되는 작용을 통하여 얻어지는 어떤 것이다.[8] 따라서 인간적 덕들은 영혼의 능력 안에 자리 잡고 있다.

[해답] 1. 산다는 것은 두 가지 의미를 가지고 있다.[9] 어떤 때에는 살아 있음 자체를 두고 생명체의 존재라고 말한다. 이 경우에 그것은 생명체의 존재 원리가 되는 영혼의 본질에 속한다. 또 어떤 때에는 산다는 것이 생명체의 작용을 가리키기도 한다.[10] 이 경우에는 누군가가 덕을 통해 올바르게 작용하는 한에서 덕을 통해 올바로 살게 된다.

2. 선은 그 목적이거나 아니면 목적으로 질서 지어진 것 [곧 수단]이라고 말해진다. 따라서 작용하는 자의 선은 그 작용 안에서 성립되기에, 그 작용자를 선하게 만드는 것 자체도 작용에 돌려지고, 따라서 그 능력에 돌려진다.

3. 어떤 우유는 어떤 다른 것을 그 주체로 삼고 있다고 말해야 한다. 그것은 어떤 우유가 다른 우유를 지탱[담지]할 수 있어서가 아니라, 하나의 우유가 다른 우유를 통해서 실체 안에 내속하기 때문이다. 이리하여 색깔은 그 표면을 통해서 어떤 물체 안에 있고, 그래서

의에서 찾아볼 수 있다. Cf. Aristoteles, *De anima*, II, cc.2 & 4.
10. Cf. I, q.18, a.2.

superficies dicitur esse subiectum coloris. Et eo modo potentia animae dicitur esse subiectum virtutis.[11]

Articulus 2
Utrum una virtus possit in pluribus potentiis

Ad secundum sic proceditur. Videtur quod una virtus possit esse in duabus potentiis.[1]

1. Habitus enim cognoscuntur per actus. Sed unus actus progreditur diversimode a diversis potentiis, sicut ambulatio procedit a ratione ut a dirigente, a voluntate sicut a movente, et a potentia motiva sicut ab exequente. Ergo etiam unus habitus virtutis potest esse in pluribus potentiis.

2. Praeterea, Philosophus dicit, in II *Ethic.*,[2] quod ad virtutem tria requiruntur, scilicet *scire, velle et immobiliter operari*. Sed scire pertinet ad intellectum, velle ad voluntatem. Ergo virtus potest esse in pluribus potentiis.

3. Praeterea, prudentia est in ratione, cum sit *recta ratio agibilium*, ut dicitur in VI *Ethic.*[3] Est etiam in voluntate, quia non potest esse

---

11. Cf. q.50, a.2, ad3.

1. 이 질문을 촉발하는 전문적 이유들을 보기 위해서는: Cf. *In Sent.*, II, d.27, q.1, a.6, qc.1.
2. *Ethica Nic.*, II, c.4, 1105a31-33; S. Thomas, lect.4, n.283.

그 표면은 색깔의 주체라고 말할 수 있다. 이런 식으로 영혼의 능력은 덕의 주체라고 불린다.[11]

제2절 하나의 덕이 여러 능력들 안에 있을 수 있는가?

[**Parall**.: I-II, q.60, a.5; *In Sent.*, IV, d.14, q.1, a.3, qc.1; *De veritate*, q.14, a.4, ad7]

[반론] 첫째에 대해서는 다음과 같이 전개된다. 하나의 덕이 두 개의 능력 안에 있을 수 있는 것으로 생각된다.[1]

1. 습성들은 그 행위들을 통해서 알려진다. 그렇지만 하나의 행위는 다양한 능력들로부터 다양하게 전개된다. 이리하여 걷기는 관리자인 이성에 의해서, 그리고 기동자(起動者)인 의지에 의해서, 그리고 마지막으로 실행자인 장소 이동 능력에 의해서 전개된다. 마찬가지로 덕의 한 가지 습성도 여러 능력들 안에 있을 수 있다.

2. 철학자는 『니코마코스 윤리학』제2권[2]에서 덕을 위해서는 세 가지, 곧 '알고'(scire) '원하며'(velle) '꾸준히 작용함'(immobiliter operari)이 요구된다고 말한다. 안다는 것은 지성에 속하고, 원한다는 것은 의지에 속한다. 그러므로 덕은 여러 능력들 안에 있을 수 있다.

3. 현명함은 이성 안에 있다. 왜냐하면 『니코마코스 윤리학』제6권[3]에 따르면, 그것은 "행할 수 있는 것들에 대한 올바른 이성"(recta ratio agibilium)이기 때문이다. 그리고 그것은 또한 의지 안에도 있다. 왜냐

---

3. *Ethica Nic.*, VI, c.5, 1140b4-6; 20-21; c.13, 1144b27-28; S. Thomas, lect.4, nn.1166 & 1171; lect.11, n.1284.

cum voluntate perversa, ut in eodem libro⁴ dicitur. Ergo una virtus potest esse in duabus potentiis.

Sed contra, virtus est in potentia animae sicut in subiecto. Sed idem accidens non potest esse in pluribus subiectis.⁵ Ergo una virtus non potest esse in pluribus potentiis animae.⁶

Respondeo dicendum quod aliquid esse in duobus, contingit dupliciter. Uno modo, sic quod ex aequo sit in utroque. Et sic impossibile est unam virtutem esse in duabus potentiis, quia diversitas potentiarum attenditur secundum generales conditiones obiectorum, diversitas autem habituum secundum speciales; unde ubicumque est diversitas potentiarum, est diversitas habituum, sed non convertitur.⁷

Alio modo potest esse aliquid in duobus vel pluribus, non ex aequo, sed ordine quodam. Et sic una virtus pertinere potest ad plures potentias;⁸ ita quod in una sit principaliter, et se extendat ad alias per modum diffusionis,⁹ vel per modum dispositionis;¹⁰ secundum quod una potentia movetur ab alia, et secundum quod una potentia accipit ab alia.

---

4. *Ethica Nic.*, II, c.13, 1144a36-b1; S. Thomas, lect.10, n.1284.
5. Cf. I, q.29, a.1: q.39, a.3.
6. 비록 이 논거가 하나의 배격할 수 없는 원리("동일한 우유가 여러 주체들 안에 자리 잡고 있을 수는 없다.") 위에 설정되고 있음에도 불구하고, 그것은 통상적으로 '재반론'(sed contra)의 논거들에서 발생하듯이, 겨우 변증법적 가치만 지니고 있을 뿐이다. 그 경우 그 원리는 지나치게 일반적이고, 그 문제의 복잡성에 완전하게 적용되지 못한다.

하면 같은 책⁴에 따르면 그것은 타락한 의지와는 함께 있을 수 없기 때문이다. 따라서 하나의 덕이 두 가지 능력 속에 있을 수 있다.

[재반론] 그러나 반대로 덕은 영혼의 능력을 주체로 삼고 있다. 그렇지만 동일한 우유가 여러 주체들 안에 있을 수는 없다.⁵ 그러므로 하나의 덕이 영혼의 여러 능력들 안에 있을 수는 없다.⁶

[답변] 어떤 것은 두 가지 방식으로 두 가지 주체 안에 있을 수 있다. 첫째는 두 경우에 모두 동일한 조건으로 있는 것이다. 이런 방식으로 하나의 덕이 두 가지 능력 안에 있을 수는 없다. 왜냐하면 능력의 차이는 대상들의 유적 차이로부터 오는 데 반해, 습성들의 차이는 종적 차이들로부터 오는 것이기 때문이다. 따라서 만일 능력들의 차이가 있다면 습성들의 차이도 있을 것이지만, 그 반대의 경우는 참이 아니다.⁷

둘째, 어떤 것이 동등한 조건 아래에서가 아니라 특정 질서에 따라 둘이나 여러 주체 안에 있을 수 있다. 그렇다면 하나의 덕이 여러 능력들에 속할 수 있는데, 그 가운데 한 가지에서는 주된 방식으로 속하고, 다른 것들 안에서는, 하나의 능력이 다른 것에 의해 움직여지고 하나의 능력이 다른 것으로부터 어떤 것을 수용한다는 사실에 기초해서,⁸ 확장이거나⁹ 상태의 방식으로¹⁰ 속할 수 있다.

---

7. 능력(potentia) 또는 기관(facultas)은 습성(habitus)이나 상태(dispositio)보다 더 근본적으로 실체를 변화시키고, 따라서 그 차이를 위한 보다 일반적인 기초가 요구된다. 정신과 의지는 두 가지 능력이지만, 그 각각은 많은 덕들을 갖출 수 있다. Cf. q.18, a.7; I, q.38, a.8; q.54, a.1; II-II, q.47, a.5.
8. Cf. I, q.18, a.2.
9. Cf. a,4.
10. Cf. a.5.

q.56, a.3

AD PRIMUM ergo dicendum quod idem actus non potest aequaliter, et eodem ordine, pertinere ad diversas potentias, sed secundum diversas rationes, et diverso ordine.

AD SECUNDUM dicendum quod scire praeexigitur ad virtutem moralem, inquantum virtus moralis operatur secundum rationem rectam. Sed essentialiter in appetendo virtus moralis consistit.[11]

AD TERTIUM dicendum quod prudentia realiter est in ratione sicut in subiecto, sed praesupponit rectitudinem voluntatis sicut principium, ut infra[12] dicetur.

Articulus 3

Utrum intellectus possit esse subiectum virtutis[1]

Ad tertium sic proceditur. Videtur quod intellectus non sit subiectum virtutis.

1. Dicit enim Augustinus, in libro *de Moribus Eccles.*,[2] quod

---

11. Cf. q.58, aa.1-2.
12. a.3; q.57, a.4.

1. 이 절은 지성적 덕과 도덕적 덕의 구별을 위한 중심이 된다. 여기서 성 토마스는 인간적 행위의 주지주의적 측면과 주의주의적 측면을 분석함으로써 그 문제를 심화시키고 있다. 대결책의 중요성을 제대로 이해하기 위해서는 인간의 모든 작용적 능력에서 발견되는 두 가지 유형의 운동을 분석하고 있는 앞의 제9문 제1절을 떠올려야 한다. 그 가운데 하나는 지성에 속하면서 그 행위를 종별화하

[해답] 1. 동일한 행위가 동등하게, 그리고 동일한 질서로 다양한 능력들에 속할 수는 없지만, 다른 근거에 따라 그리고 다른 질서에 따라서는 그것들에 속할 수도 있다.

2. 도덕적 덕이 올바른 이성에 따라 작용하는 한에서는, 앎이 도덕적 덕의 선결 요건이다. 그러나 도덕적 덕은 본질적으로는 무언가를 욕구함에서 성립된다.[11]

3. 곧[12] 보게 되겠지만, 실재적으로 현명은 이성을 주체로 삼고 있다. 하지만 의지의 올바름을 자신의 원리로 전제한다.

제3절 지성이 덕의 주체일 수 있는가?[1]

[**Parall**.: *In Sent.*, III, d.23, q.1, a.4, qc.1; *De virtutibus*, a.7]

[반론] 셋째에 대해서는 다음과 같이 전개된다. 지성은 덕의 주체가 아닌 것으로 생각된다.

1. 아우구스티누스는 『가톨릭교회의 관습』[2]에서 모든 덕이 사랑이라고 가르친다. 그런데 사랑은 지성 안에 자리 잡고 있는 것이 아니

는 한에서 '정향적'(orientativa) 성격을 지니고 있고, 다른 하나는 의지에 속하면서 우리 능력들의 사용이나 훈련을 주는 '충동적'(impulsiva) 성격을 지니고 있다. 그런데 덕은 둘째 유형의 운동, 곧 행위 자체의 운동, 다시 말해 자신의 선을 향하는 주체의 효과적인 기울어짐을 완성시키는 요소이기 때문에, 덕의 근거는 지성적 덕들보다는 욕구적 덕들에서 더 완전한 방식으로 만나게 된다. 따라서 엄밀한 의미에서는 지성이 그 작용들을 실행하는 데 있어서 의지에 의존하는 한에서만, 지성 안에 덕이 있다고 말해야 한다.

2. Augustinus, *De mor. Eccl.*, I, c.15: PL 32, 1322.

omnis virtus est amor. Subiectum autem amoris non est intellectus, sed solum vis appetitiva. Ergo nulla virtus est in intellectu.

2. Praeterea, virtus ordinatur ad bonum, sicut ex supradictis[3] patet. Bonum autem non est obiectum intellectus, sed appetitivae virtutis. Ergo subiectum virtutis non est intellectus, sed appetitiva virtus.

3. Praeterea, *virtus est quae bonum facit habentem*, ut Philosophus dicit.[4] Sed habitus perficiens intellectum non facit bonum habentem, non enim propter scientiam vel artem dicitur homo bonus. Ergo intellectus non est subiectum virtutis.

SED CONTRA est quod mens maxime dicitur intellectus.[5] Subiectum autem virtutis est mens; ut patet ex definitione virtutis supra[6] inducta. Ergo intellectus est subiectum virtutis.

RESPONDEO dicendum quod, sicut supra[7] dictum est, virtus est habitus quo quis bene operatur. Dupliciter autem habitus aliquis ordinatur ad bonum actum. Uno modo, inquantum per huiusmodi habitum acquiritur homini facultas ad bonum actum, sicut per habitum grammaticae habet homo facultatem recte loquendi. Non tamen grammatica facit ut homo semper recte

---

3. q.55, a.3.
4. Aristoteles, *Ethica Nic.*, II, c.6, 1106a15-16; S. Thomas, lect.6, nn.307-308.
5. '정신'(mens)은 아우구스티누스의 용어로서, 성 토마스가 자주 사용하는 용어는 아니다. 정신은 기억, 지성, 의지의 세 가지를 포함하고 있다.(I, q.79, aa.6-7) 그리

라, 오직 욕구적 능력들 안에 자리 잡고 있을 뿐이다. 그러므로 어떤 덕도 지성 안에 자리 잡고 있지 않다.

2. 위에서[3] 말한 것들로부터 명백하듯이, 덕은 선을 향해 질서 지어져 있다. 하지만 선은 지성의 대상이 아니라, 욕구적 능력의 대상이다. 그러므로 덕의 주체는 지성이 아니라 욕구적 능력이다.

3. 철학자가 말하는 것처럼, "덕은 그것을 소유한 자를 선하게 만든다."[4] 그런데 지성을 완성하는 습성은 그것을 소유한 자를 선하게 만들지 않는다. 왜냐하면 사람은 그의 지식이나 기예 때문에 선하다는 말을 듣는 것이 아니기 때문이다. 그러므로 지성은 덕의 주체가 아니다.

[재반론] 그러나 반대로 정신이란 무엇보다 지성이라고 말해진다.[5] 그런데 위에서[6] 제시된 정의로부터 명백하듯이, 덕의 적절한 주체는 정신이다. 그러므로 지성은 덕의 주체이다.

[답변] 위에서[7] 말한 것처럼, "덕이란, 누군가가 잘 작용하는 데 도움이 되는 습성이다." 그런데 습성이 잘 작용하는 데에는 두 가지 방식이 있다. 첫째, 그 습성이 어떤 사람에게 행위들을 잘 수행할 능력을 전해 주는 한에서 그러하다. 예컨대 문법의 습성은 사람에게 올바르게 말할 수 있는 능력을 전해 준다. 그러나 문법이 그로 하여금 언제나 정확하게 말하도록 만드는 것은 아니다. 실상 문법학자가 거

고 우리 자신과 하느님에 관한 우리의 비-관념적 자각에 관한 논쟁 속으로 들어간다. Cf. I, qq.87 & 88.
6. q.55, a.4.
7. Ibid., a.3.

q.56, a.3

loquatur, potest enim grammaticus barbarizare aut soloecismum facere. Et eadem ratio est in aliis scientiis et artibus.—Alio modo, aliquis habitus non solum facit facultatem agendi, sed etiam facit quod aliquis recte facultate utatur, sicut iustitia non solum facit quod homo sit promptae voluntatis ad iusta operandum, sed etiam facit ut iuste operetur.

Et quia bonum, sicut et ens, non dicitur simpliciter aliquid secundum id quod est in potentia, sed secundum id quod est in actu;[8] ideo ab huiusmodi habitibus simpliciter dicitur homo bonum operari, et esse bonus, puta quia est iustus vel temperatus; et eadem ratio est de similibus. Et quia virtus est quae bonum facit habentem, et opus eius bonum reddit,[9] huiusmodi habitus simpliciter dicuntur virtutes, quia reddunt bonum opus in actu, et simpliciter faciunt bonum habentem.—Primi vero habitus non simpliciter dicuntur virtutes, quia non reddunt bonum opus nisi in quadam facultate, nec simpliciter faciunt bonum habentem. Non enim dicitur simpliciter aliquis homo bonus, ex hoc quod est sciens vel artifex, sed dicitur bonus solum secundum quid, puta bonus grammaticus, aut bonus faber. Et propter hoc, plerumque scientia et ars contra virtutem dividitur, quandoque autem virtutes dicuntur, ut patet in VI *Ethic.*[10]

---

8. Cf. I, q.5, a.1.
9. Cf. loc. cit., obj.3.
10. *Ethica Nic.*, VI, c.3, 1339b16-18; et b13; S. Thomas, lect.3, nn.1142-1143; lect.2, n.1141. '절대적으로'(simpliciter)와 '상대적으로'(secundum quid)의 구별에 관해서

친 말투나 문법상의 오류를 저지를 수 있다. 그리고 다른 학문과 기예(技藝)의 경우에도 마찬가지이다.―둘째, 습성은 어떤 사람에게 행동할 능력을 전해 줄 뿐만 아니라, 그 능력을 올바로 사용하게 만들기도 한다. 이것은 마치 정의가 정당한 일을 수행할 용의를 갖추도록 만들 뿐만 아니라, 정의롭게 수행하도록 만들기도 하는 것과 같다.

어떤 것이 가능태로 선하거나 존재할 때에는 그것이 단적으로 선하다 존재한다고 일컬어지는 것이 아니라, 현실태로 선하거나 존재할 때에만 그렇다고 일컬어진다.[8] 그러므로 사람은 이런 식으로 [곧 현실태로] 습성을 지니고 있는 데에 따라서, 그가 단적으로 선하게 행동하는 것이며 또 그 자신이 선하다고, 예컨대 정의롭고 자제력이 있다고 말해지는 것이다. 다른 비슷한 덕에 대해서도 같은 말을 할 수 있다. 실상 덕은 그 소유자를 선하게 만들 뿐만 아니라 그의 행업도 마찬가지로 선하게 만든다.[9] 이런 행업을 선하게 만드는 습성들이 단적으로 덕이라고 불린다. 왜냐하면 그것들은 어떤 행업을 현실태로 선하게 만들고 그 소유자를 단적으로 선하게 만들기 때문이다.―한편 첫째 종류의 습성들은 단적으로 덕이라고 불리지 않는다. 왜냐하면 그것들은 어느 특정 기관(facultas) 안에서가 아니라면 행업을 선하게 만들지 못하고, 그 소유자를 단적으로 선하게 만들지도 못하기 때문이다. 그러므로 어떤 사람이 지식이나 기예를 지니고 있다고 해서, 그를 단적으로 선하다고 말하지 않고, 어떤 점에 있어서만 선하다고 말한다. 예컨대, 훌륭한 문법학자나 훌륭한 장인(匠人)이라고 말하는 것이다. 그러므로 『니코마코스 윤리학』 제6권[10]에서 잘 드러나듯이 지식과 기예는 덕과 구별되지만, 어떤 때에는 덕이라고 불리기도 하는

는: Cf. q.6, a.6; II-II, q.58, a.10, ad2.

q.56, a.3

Subiectum igitur habitus qui secundum quid dicitur virtus, potest esse intellectus, non solum practicus, sed etiam intellectus speculativus,[11] absque omni ordine ad voluntatem, sic enim Philosophus, in VI *Ethic.*,[12] scientiam, sapientiam et intellectum, et etiam artem, ponit esse intellectuales virtutes.[13] —Subiectum vero habitus qui simpliciter dicitur virtus, non potest esse nisi voluntas; vel aliqua potentia secundum quod est mota a voluntate. Cuius ratio est, quia voluntas movet omnes alias potentias quae aliqualiter sunt rationales, ad suos actus, ut supra[14] habitum est, et ideo quod homo actu bene agat, contingit ex hoc quod homo habet bonam voluntatem. Unde virtus quae facit bene agere in actu, non solum in facultate, oportet quod vel sit in ipsa voluntate; vel in aliqua potentia secundum quod est a voluntate mota.[15]

Contingit autem intellectum a voluntate moveri, sicut et alias potentias, considerat enim aliquis aliquid actu, eo quod vult. Et ideo intellectus, secundum quod habet ordinem ad voluntatem, potest esse subiectum virtutis simpliciter dictae. Et hoc modo intellectus speculativus, vel ratio, est subiectum fidei, movetur enim intellectus ad assentiendum his quae sunt fidei, ex imperio

---

11. '파악한 것을 작용으로 향하게 만드는 것이 아니라, 진리의 숙고를 향하도록 만드는' 사변적 지성 또는 이론적이거나 명상적인 정신은 어떤 구별되는 능력으로서 다른 것이 아니라, '파악한 것을 작용으로 향하도록 만드는' 실천이성과는 다른 목적을 가지고 있는 것으로서, 다르다.(I, q.79, a.11)

것이다.

그러므로 어떤 의미에서 덕이라고 불리는 습성의 주체는 실천적 지성일 수 있을 뿐만 아니라, 또한 의지와 아무런 연관도 없는 사변적 지성일 수도 있다.[11] 실상 철학자는 『니코마코스 윤리학』 제6권[12]에서 '학문'(scientia) '지혜'(sapientia) '이해'(intellectus) 그리고 '기예'(ars)를 지성적 덕으로 분류하고 있다.[13] — 그러나 절대적으로 덕이라고 불리는 습성의 주체들은 오직 의지 또는 의지에 의해서 움직여지는 한에서의 어떤 다른 능력일 수밖에 없다. 그 까닭은, 이미[14] 설명한 것처럼, 의지가 어떤 식으로든 이성적인 다른 모든 능력들을 활동하도록 움직이기 때문이다. 그러므로 사람이 실제로 올바르게 행동하는 것은 그가 선한 의지를 가지고 있기 때문이다. 따라서 그를 단순히 잘 행동할 수 있도록 만들 뿐만 아니라 실제로도 잘 행동하도록 만드는 덕은 의지 그 자체 안에 있거나 아니면 그 의지에 의해서 움직여지는 어떤 능력 안에 있음이 틀림없다.[15]

그런데 지성도 다른 능력들과 마찬가지로 의지에 의해서 움직여진다. 어떤 사람이 어떤 것을 실제적으로 고찰하는 것은 그가 그러기를 원하기 때문이다. 이리하여 지성은 또한 그것이 의지에 예속되어 있는 한에서 단적으로 덕의 주체일 수 있다. 이런 식으로 사변적 지성 또는 이성은 믿음의 주체이다. 왜냐하면 지성은 의지의 명령에 의해, 믿음에 속하는 것들에 동의하도록 움직여지기 때문이다. 실상

---

12. *Ethica Nic.*, VI, c.3, 1139b16-18; S. Thomas, lect.3, nn.1142-1143.
13. q.9, a.1; q.17, aa.1 & 5; I, q.82, a.4.
14. Cf. q.34, a.4; q.66, a.3, ad2; I, q.5, a.4, ad3; q.48, a.6.
15. Cf. II-II, q.2, aa.1-2.

q.56, a.3

voluntatis; *nullus* enim *credit nisi volens*.[16]—Intellectus vero practicus est subiectum prudentiae.[17] Cum enim prudentia sit recta ratio agibilium, requiritur ad prudentiam quod homo se bene habeat ad principia huius rationis agendorum, quae sunt fines; ad quos bene se habet homo per rectitudinem voluntatis, sicut ad principia speculabilium per naturale lumen intellectus agentis.[18] Et ideo sicut subiectum scientiae, quae est ratio recta speculabilium, est intellectus speculativus in ordine ad intellectum agentem; ita subiectum prudentiae est intellectus practicus in ordine ad voluntatem rectam.[19]

AD PRIMUM ergo dicendum quod verbum Augustini intelligendum est de virtute simpliciter dicta non quod omnis talis virtus sit simpliciter amor; sed quia dependet aliqualiter ab amore, inquantum dependet a voluntate, cuius prima affectio est amor, ut supra[20] dictum est.

AD SECUNDUM dicendum quod bonum uniuscuiusque est finis eius, et ideo, cum verum sit finis intellectus, cognoscere verum est bonus actus intellectus. Unde habitus perficiens intellectum ad verum cognoscendum, vel in speculativis vel in practicis, dicitur virtus.

---

16. Augustinus, *In Ioann.*, tract.26, in 2: PL 35, 1607. Cf. II-II, q.2, a.1, ad3; q.2, a.9; q.4, a.1; a.2, c et ad1; q.5, a.2.
17. 신앙과 현명의 비교를 보기 위해서는: Cf. II-II, q.47, a.13, ad2.

"아무도 원하지 않는 한 믿지 않는다."[16]—반면에 실천적 지성은 현명의 주체이다.[17] 현명은 행할 수 있는 것들의 올바른 이성(recta ratio agibilium)이기 때문에, 현명을 위해서는 어떤 사람이 행해야 할 것들의 올바른 근거, 곧 그것들의 목적에 대하여 올바른 상태에 있을 것이 요구된다. 사람은 자신의 의지의 올바름에 의해서 이 목적들에 대해 올바른 태세를 취하게 된다. 그것은 사변적 진리의 원리들에 대해서 그가 자신의 능동 지성[18]의 자연적 빛에 의해서 올바른 태세를 갖추는 것과 같다. 따라서 '사변적 진리들의 올바른 이성'인 학문적 지식의 자리가 능동 지성에 질서 지어져 있는 사변 지성인 것과 마찬가지로, 현명의 주체는 올바른 의지에 질서 지어져 있는 실천적 지성이다.[19]

[해답] 1. 아우구스티누스의 명제는 이런 단적인 의미의 덕에 대한 것으로 이해되어야 한다. 이것은 이런 모든 덕이 단적으로 사랑이라는 것이 아니라, 그것이 위에서[20] 살펴본 것처럼, 그 원초적 움직임이 사랑인 의지에 의존하고 있는 한, 어떤 식으로든 사랑에 의존한다는 것이다.

2. 각 사물의 선은 그것의 목적이다. 따라서 지성의 목적이 진리인 것과 마찬가지로, 진리 인식은 지성의 선한 행위이다. 그러므로 이론에 있어서나 실천에 있어서나 진리 인식과 관련해서 지성을 완성하

---

18. '능동 지성'(intellectus agens)에 관해서는: Cf. I, q.79, aa.2-3.
19. 지성적 덕이면서 동시에 도덕적 덕인 현명 또는 실천적 지혜의 역할은 나중에 (q.57, aa.4-5) 논의될 것이다. 도덕성의 흐름 안에서 이 덕에 관한 연구를 보기 위해서는: Cf. II-II, q.47, a.6.
20. q.25, a.1, ad2-3; q.27, a.4; I, q.20, a.1.

AD TERTIUM dicendum quod ratio illa procedit de virtute simpliciter dicta.

Articulus 4
Utrum irascibilis et concupiscibilis sint subiectum virtutis

Ad quartum sic proceditur. Videtur quod irascibilis et concupiscibilis non possint esse subiectum virtutis.[1]

1. Huiusmodi enim vires sunt communes nobis et brutis. Sed nunc loquimur de virtute secundum quod est propria homini, sic enim dicitur virtus humana. Non igitur humanae virtutis potest esse subiectum irascibilis et concupiscibilis, quae sunt partes appetitus sensitivi, ut in Primo[2] dictum est.

2. Praeterea, appetitus sensitivus est vis utens organo corporali. Sed bonum virtutis non potest esse in corpore hominis, dicit enim apostolus, *Rom.* 7, [18]: *Scio quod non habitat in carne mea bonum.* Ergo appetitus sensitivus non potest esse subiectum virtutis.

3. Praeterea, Augustinus probat, in libro *de Moribus Eccles.*,[3]

---

1. '분노적'과 '욕정적'은 감각적 욕구의 두 기관(facultas)이다. 이 구별은 아리스토텔레스로부터 빌려 온 것인데, 『신학대전』은 감각 차원에서 작동하는 이 이중적 욕구에 상응하는 11가지 감정들에 관해 길게 논한다. 토마스 아퀴나스, 『신학대전 제19권(I-II, 22-30): 정념』, 김정국 옮김, 2020 참조. '욕정적'은 선을 추구하고 해를 피하지만, '분노적'은 장애물에 맞서고 감각의 선들을 추구하는 데 있어서 입

는 습성이 덕이라고 불린다.

3. 반론3은 단적인 의미에서의 덕으로부터 논의를 전개하고 있다.

제4절 분노적 [능력]과 욕정적 [능력]이 덕의 주체인가?

[**Parall.**: I-II, q.56, a.5, ad1; *In Sent.*, III, d.33, q.2, a.4, qc.2; *De veritate*, q.24, a.4, ad9; *De virtutibus*, a.4]

[반론] 넷째에 대해서는 다음과 같이 전개된다. 분노적 능력도 욕정적 능력도 모두 덕의 주체가 될 수 없는 것으로 생각된다.[1]

1. 이 능력들은 사실상 우리와 짐승들에게 공통적인 능력들이다. 그런데 우리는 지금 인간에게 고유한 것으로서의 덕을 다루고 있기 때문에, 그것들은 인간적 덕이라고 불린다. 그렇다면 인간적 덕이 제1부[2]에서 말한 것처럼, 감각적 능력에 속하는 분노석 능력과 욕성적 능력의 주체일 수 없다.

2. 감각적 욕구는 육체적 기관을 사용하는 능력이다. 하지만 덕의 선은 인간의 육체 속에 있을 수 없다. 왜냐하면 사도는 로마서 7장 [18절]에서 "내 몸 안에 선이 자리 잡고 있지 않다는 것을 나는 압니다."라고 말하고 있기 때문이다. 그러므로 감각적 능력은 덕의 주체일 수 없다.

게 되는 상처들을 공격한다. 둘 다 이성에 의해 조율될 수는 있지만, 지배되지는 않는다. Cf. I, q.81, aa.2-3. Damascenus, *De fide orth.*, II, c.12.

2. I, q.81, a.2.

quod virtus non est in corpore, sed in anima, eo quod per animam corpus regitur, unde quod aliquis corpore bene utatur, totum refertur ad animam; *sicut si mihi auriga obtemperans, equos quibus praeest, recte regit, hoc totum mihi debetur*. Sed sicut anima regit corpus, ita etiam ratio regit appetitum sensitivum. Ergo totum rationali parti debetur, quod irascibilis et concupiscibilis recte regantur. Sed *virtus est qua recte vivitur*, ut supra[4] dictum est. Virtus igitur non est in irascibili et concupiscibili, sed solum in parte rationali.

4. Praeterea, *principalis actus virtutis moralis est electio*, ut dicitur in VIII *Ethic.*[5] Sed electio non est actus irascibilis et concupiscibilis, sed rationis, ut supra[6] dictum est. Ergo virtus moralis non est in irascibili et concupiscibili, sed in ratione.

SED CONTRA est quod fortitudo ponitur esse in irascibili, temperantia autem in concupiscibili.[7] Unde Philosophus dicit, in III *Ethic.*,[8] quod *hae virtutes sunt irrationabilium partium*.

---

3. Augustinus, *De mor. Eccl.*, I, c.5: PL 32, 1314.
4. q.55, a.4.
5. *Ethica Nic.*, VIII, c.15, 1163a22-23; S. Thomas, lect.13, n.1743.
6. q.13, a.2.
7. Cf. q.61, a.2.

3. 아우구스티누스는 『가톨릭교회의 관습』³에서 덕이 육체 안에 있는 것이 아니라 영혼 안에 자리 잡고 있다는 것을 입증하였다. 왜냐하면 육체가 영혼에 의해 규제되기 때문이다. 그러기에 어떤 사람이 자신의 육체를 잘 사용하는 것은 전적으로 그의 영혼에 달려 있는 것이다. "예컨대 만일 나의 마부가 나의 지시에 복종하여 그가 몰고 있는 말을 잘 다루었다면, 그것은 온전히 나의 덕이다." 그렇지만 영혼이 육체를 규제하는 것과 마찬가지로 이성도 감각적 욕구를 규제한다. 그러므로 분노적 능력과 욕정적 능력이 올바르게 다스려지는 것은 온전히 이성적 부분 덕분이다. 위에서⁴ 말한 것처럼, "덕은 어떤 사람이 그것을 통해서 올바르게 살게 되는 그것"이다. 따라서 덕은 분노적 능력이나 욕정적 능력 안에 있는 것이 아니라 배타적으로 이성적 부분 안에 자리 잡고 있다.

4. 『니코마코스 윤리학』 제8권⁵에서 말하고 있는 것처럼, "도덕적의 1차적 행위는 선택이나." 그런데 위에서⁶ 말한 것처럼, 선택은 분노적 능력과 욕정적 능력의 행위가 아니라 이성의 행위이다. 그러므로 도덕적 덕은 분노적 능력이나 욕정적 능력 안에 자리 잡고 있는 것이 아니라, 이성 안에 자리 잡고 있다.

[재반론] 그러나 반대로 용기는 분노적 능력에 속하는 것으로 돌려지고, 절제는 욕정적 능력에 속하는 것으로 돌려진다.⁷ 그러기에 철학자는 『니코마코스 윤리학』 제3권⁸에서 "이 덕들이 영혼의 비이성적 부분에 속한다."고 말하고 있다.

---

8. Aristoteles, *Ethica Nic.*, III, c.13, 1117b23-24; S. Thomas, lect.19, nn.595-597.

Respondeo dicendum quod irascibilis et concupiscibilis dupliciter considerari possunt. Uno modo secundum se, inquantum sunt partes appetitus sensitivi. Et hoc modo, non competit eis quod sint subiectum virtutis.—Alio modo possunt considerari inquantum participant rationem, per hoc quod natae sunt rationi obedire.[9] Et sic irascibilis vel concupiscibilis potest esse subiectum virtutis humanae, sic enim est principium humani actus, inquantum participat rationem.[10] Et in his potentiis necesse est ponere virtutes.

Quod enim in irascibili et concupiscibili sint aliquae virtutes, patet. Actus enim qui progreditur ab una potentia secundum quod est ab alia mota, non potest esse perfectus, nisi utraque potentia sit bene disposita ad actum, sicut actus artificis non potest esse congruus, nisi et artifex sit bene dispositus ad agendum, et etiam ipsum instrumentum. In his igitur circa quae operatur irascibilis et concupiscibilis secundum quod sunt a ratione motae, necesse est ut aliquis habitus perficiens ad bene agendum sit non solum in ratione, sed etiam in irascibili et concupiscibili. Et quia bona dispositio potentiae moventis motae, attenditur secundum conformitatem ad potentiam moventem; ideo virtus quae est in irascibili et concupiscibili, nihil aliud est quam quaedam habitualis conformitas istarum potentiarum ad rationem.[11]

---

9. Cf. I, q.81, a.3.
10. Cf. q.1, a.1.

[답변] 분노적 능력과 욕정적 능력은 두 가지 방식으로 고찰될 수 있다. 첫째는 그 자체로 감각적 욕구의 부분들로서 고찰하는 것이다. 이렇게 볼 때에는 그것들이 덕의 주체라고 규정될 수 없다.—둘째는 이성의 삶에 동참하는 것으로서 고찰하는 것이다. 이때 그것들은 본성상 이성에 복종하도록 되어 있다.[9] 이런 의미에서 분노적 능력이나 욕정적 능력은 인간적 덕의 주체일 수 있다. 왜냐하면 그것들은 각각 이성에 참여하는 한에서 인간적 행위의 한 원리이기 때문이다.[10] 그래서 이 능력들 안에 덕을 설정할 필요가 있는 것이다.

분노적 능력과 욕정적 능력 안에 어떤 덕들이 자리 잡고 있다는 것은 명백하다. 다른 능력에 의해서 움직여진 것으로서 하나의 능력으로부터 발휘되는 행위는 그 두 능력이 그 행위를 위해 잘 준비되어 있지 않는 한 완전할 수 없다. 이것은 예컨대 어떤 기술자의 행위가 그와 그의 도구가 둘 다 그 행위에 아주 적합하지 않은 한 성공적일 수 없는 것과 같다. 그래서 분노적 능력과 욕정적 능력이 이성에 의해서 움직여진 것으로서 작용하는 곳에서는 인간의 이성뿐만 아니라 분노적이고 욕정적인 능력에도 그것이 잘 작용하도록 완성시키는 습성이 있어야 한다. 그리고 그것이 움직여지기 때문에 활동하는 어떤 능력의 준비된 상태는 그것을 움직이는 능력과의 일치성으로부터 오는 것이기 때문에, 분노적이거나 욕정적인 능력 안에 있는 덕은 이 능력들이 이성과 가지는 나름의 습성적 일치성 외에 다른 것이 아니다.[11]

---

11. "왜냐하면 보편적 원리들로부터 특수한 결론들을 도출하는 것은 단순한 지성적 인식이나 추론의 업적이 아니기 때문에, '분노적'과 '욕정적'이 지성보다는 이성에 복종한다고 말하는 것이다."(I, q.81, a.3)

q.56, a.4

AD PRIMUM ergo dicendum quod irascibilis et concupiscibilis secundum se consideratae, prout sunt partes appetitus sensitivi, communes sunt nobis et brutis. Sed secundum quod sunt rationales per participationem, ut obedientes rationi, sic sunt propriae hominis. Et hoc modo possunt esse subiectum virtutis humanae.[12]

AD SECUNDUM dicendum quod, sicut caro hominis ex se quidem non habet bonum virtutis, fit tamen instrumentum virtuosi actus, inquantum, movente ratione, *membra nostra exhibemus ad serviendum iustitiae*,[13] ita etiam irascibilis et concupiscibilis ex se quidem non habent bonum virtutis sed magis infectionem fomitis;[14] inquantum vero conformantur rationi, sic in eis adgeneratur bonum virtutis moralis.[15]

AD TERTIUM dicendum quod alia ratione regitur corpus ab anima, et irascibilis et concupiscibilis a ratione. Corpus enim ad nutum obedit animae absque contradictione, in his in quibus natum est ab anima moveri, unde Philosophus dicit, in I *Polit.*,[16] quod *anima regit corpus despotico principatu*, idest sicut dominus servum. Et ideo totus motus corporis refertur ad animam. Et propter hoc in corpore non est virtus, sed solum in anima.[17]—Sed irascibilis et concupiscibilis non ad nutum obediunt rationi, sed

---

12. Cf. q.74, a.4, ad2.
13. 로마 6,19.
14. '죄의 형상들': 죄가 피어나기 위한 불쏘시개 또는 부싯돌. Cf. q.81, a.3, ad2; III, q.15, a.2; q.27, a.3. 불쏘시개는 원죄의 귀결로서 도덕 생활을 관장하는 네 기관 속에 자리 잡고 있는, 악을 향한 경향이다. 이성은 무지에 의해 상처를 입었고,

[해답] 1. 분노적 능력과 욕정적 능력은 감각적 욕구에 속하는 것으로서 따로 고찰될 때, 우리와 짐승들에 공통적이다. 그렇지만 그것들이 참여에 의해서 이성적인 한에서, 그것들은 이성에 복종함으로써 인간에게 적합한 고유한 것이기에, 이런 식으로 그것들은 인간적 덕의 주체일 수 있다.[12]

2. 인간의 살[肉]이 그 자체로는 덕의 선을 지니고 있지 않고, 이성에 의해서 움직여짐으로써 "우리의 지체들을 정의에 봉사하게 만드는" 한에서[13] 덕스러운 행위의 도구가 되는 것처럼, 또한 분노적 능력과 욕정적 능력도 그 자체로는 덕의 선을 지니고 있지 않지만, 우리로 하여금 죄를 짓도록 부추기는 불쏘시개의 역할(infectio fomitis)은 하고 있다.[14] 그러나 그것들이 이성과 일치될 때에는 도덕적 선이 그것들 안에 생겨난다.[15]

3. 육체는 영혼에 의해서, 그리고 분노적 능력과 욕정적 능력은 이성에 의해서 다스려지지만, 서로 다른 방식으로 그렇게 된다. 육체는 영혼에 의해서 움직여지도록 타고난 곳에서 모순 없이 맹목적으로 복종한다. 이리하여 철학자는 『정치학』 제1권[16]에서 이렇게 말한다. 마치 주인이 자기 종을 규제하듯이 "영혼은 육체를 절대적 권한으로 다스린다." 여기서 육체의 움직임 전체가 영혼에 의한 것으로 지적되고 있다. 이런 이유에서 덕은 육체 안에 있는 것이 아니라, 영혼 안에 있다.[17] ― 그렇지만 분노적 능력과 욕정적 능력은 이성에게 맹목적

의지는 악의에 의해, 분노적 힘은 나약함에 의해, 그리고 욕정적 힘은 욕망에 의해 상처를 입었다. Cf. q.85, a.3.
15. Cf. q.82, a.3; q.91, a.6; q.93, a.3, ad1; III, q.15, a.2; q.27, a.3.
16. Aristoteles, *Politica*, I, c.2, 1254b4-5; S. Thomas, lect.3.
17. Cf. q.17, aa.8-9.

habent proprios motus suos, quibus interdum rationi repugnant, unde in eodem libro[18] Philosophus dicit quod ratio regit irascibilem et concupiscibilem *principatu politico*, quo scilicet reguntur liberi, qui habent in aliquibus propriam voluntatem.[19] Et propter hoc etiam oportet in irascibili et concupiscibili esse aliquas virtutes, quibus bene disponantur ad actum.

AD QUARTUM dicendum quod in electione duo sunt, scilicet intentio finis, quae pertinet ad virtutem moralem; et praeacceptio eius quod est ad finem, quod pertinet ad prudentiam; ut dicitur in *VI Ethic.*[20] Quod autem habeat rectam intentionem finis circa passiones animae, hoc contingit ex bona dispositione irascibilis et concupiscibilis. Et ideo virtutes morales circa passiones, sunt in irascibili et concupiscibili, sed prudentia est in ratione.[21]

Articulus 5
Utrum vires apprehensivae sensitivae sint subiectum virtutis

Ad quintum sic proceditur. Videtur quod in viribus sensitivis apprehensivis interius, possit esse aliqua virtus.[1]

---

18. c.2, 1254b5-6; S. Thomas, lect.3.
19. 이것은 앞의 제17문 제7절과 제8절에 대한 효과적인 요약이다. Cf. q.9, a.2, ad3; q.50, a.3.
20. *Ethica Nic.*, VI, c.12, 1144a6-11; S. Thomas, lect.10, nn.1268-1269. Cf. q.13, a.1.
21. Cf. q.57, a.5.

으로 순종하지 않는다. 오히려 그것들은 각기, 가끔은 이성을 거스르기도 하는 고유의 움직임들을 가지고 있다. 이리하여 철학자는 같은 곳[18]에서 "이성이 분노적이고 욕정적인 능력들을 정치적인 규제로 다스린다."고 말하고 있다. 이것은 어떤 면에서 각기 고유의 의지를 지니고 있는 자유인들이 규제되는 것과 같다.[19] 그렇기 때문에 이 능력들 안에, 그 작용에 잘 적응할 수 있게 해 주는 덕들이 요구되는 것이다.

4. 두 가지 요인이 선택에 들어간다. 곧 『니코마코스 윤리학』 제6권[20]에서 말하는 것처럼, (도덕적인 덕에 속하는) 목적을 향한 지향과 (현명에 속하는) 그런 목적에 적합한 수단의 선택이다. 영혼의 정념 문제에 있어서의 어떤 목적에 대한 올바른 지향은 분노적 능력과 욕정적 능력의 좋은 상태로부터 오고, 그래서 현명은 이성 안에 있음에도 불구하고, 정념들과 관련된 도덕적 덕들은 분노적이고 욕정적인 능력들 안에 있다.[21]

제5절 감각적 파악 능력들이 덕의 주체인가?

[**Parall**.: I-II, q.50, a.3, ad3; *In Sent.*, III, d.33, q.2, a.4, qc.2, ad6; *De virtutibus*, a.4, ad6]

[반론] 다섯째에 대해서는 다음과 같이 전개된다. 어떤 덕이 내면의 감각적이 파악 능력들 안에 있는 것은 가능한 것으로 생각된다.[1]

---

1. 기억과 상상 안에 있는 습성들의 현존과 특수한 평가를 할 수 있는 능력에 관해서는: Cf. I-II, q.50, a.3. 그리고 네 가지 내면적 감각들에 관해서는: Cf. I, q.78, a.4.

1. Appetitus enim sensitivus potest esse subiectum virtutis, inquantum obedit rationi. Sed vires sensitivae apprehensivae interius, rationi obediunt, ad imperium enim rationis operatur et imaginativa et cogitativa et memorativa. Ergo in his viribus potest esse virtus.

2. Praeterea, sicut appetitus rationalis, qui est voluntas, in suo actu potest impediri, vel etiam adiuvari, per appetitum sensitivum; ita etiam intellectus vel ratio potest impediri, vel etiam iuvari, per vires praedictas. Sicut ergo in viribus sensitivis appetitivis potest esse virtus, ita etiam in apprehensivis.

3. Praeterea, prudentia est quaedam virtus, cuius partem ponit Tullius memoriam, in sua *Rhetorica*.[2] Ergo etiam in vi memorativa potest esse aliqua virtus. Et eadem ratione, in aliis interioribus apprehensivis viribus.

SED CONTRA est quod omnes virtutes vel sunt intellectuales, vel morales, ut dicitur in II *Ethic*.[3] Morales autem virtutes omnes sunt in parte appetitiva, intellectuales autem in intellectu vel ratione, sicut patet in VI *Ethic*.[4] Nulla ergo virtus est in viribus sensitivis apprehensivis interius.

---

2. Cicero, *Rhetorica*, II, c.53, ed. Müller, Lipsiae, 1908, p.230, ll.6-8.
3. *Ethica Nic.*, II, c.1, 1103a14-18; S. Thomas, lect.1, n.246. Cf. I, c.13, 1103a4-5; S. Thomas, lect.20, n.243.

1. 실상 감각적 욕구는, 그것이 이성에 복종하는 한, 덕의 주체가 될 수 있다. 그런데 그 내면의 감각적인 파악 능력들, 곧 상상력(imaginativa), 감각적 사고력(cogitativa), 기억력(memorativa)은 이성에 복종하여 그 명령에 따라 활동한다. 따라서 이 능력들 안에 덕이 있을 수 있다.

2. 이성적 욕구인 의지가 감각적 욕구들에 의해서 그 행동에 방해를 받거나 도움을 받는 것과 마찬가지로, 지성 또는 이성도 앞에서 말한 그것의 힘에 의해 방해를 받거나 도움을 받는다. 내면적 욕구 능력들 안에 덕이 있을 수 있다. 또한 내면적 파악 능력들 안에서도 마찬가지이다. 그러므로 내면적 욕구 능력들 안에 덕이 있을 수 있는 것처럼, 내면적 파악 능력들 안에도 덕이 있을 수 있다.

3. 현명은, 키케로가 『수사학』[2]에서 기억이 그 일부를 이루고 있다고 말하고 있는 덕이다. 그러므로 기억의 능력 안에 덕이 있을 수 있고, 또 같은 이유로 다른 내면적인 감각적 파악 능력들 안에서도 마찬가지이다.

[재반론] 그러나 반대로 모든 덕은 지성적이거나 도덕적이라는 것이 『니코마코스 윤리학』 제2권[3]의 가르침이다. 그런데 모든 도덕적 덕은 우리의 욕구적 부분 안에 있지만, 지성적 덕은 지성 또는 이성 안에 있다. 이것은 『니코마코스 윤리학』 제6권[4]에서도 명백하다. 따라서 내면적인 감각적 파악 능력들 안에는 덕이 없다.

---

4. *Ethica Nic.*, VI, c.1, 1138b35-1139a3; S. Thomas, lect.1, n.1113. Cf. q.58, aa.1-3.

q.56, a.5

Respondeo dicendum quod in viribus sensitivis apprehensivis interius,[4] ponuntur aliqui habitus. Quod patet ex hoc praecipue quod Philosophus dicit, in libro *de Memoria*,[5] quod *in memorando unum post aliud, operatur consuetudo, quae est quasi quaedam natura*, nihil autem est aliud habitus consuetudinalis quam habitudo acquisita per consuetudinem, quae est in modum naturae.[6] Unde de virtute dicit Tullius, in sua *Rhetorica*,[7] quod est *habitus in modum naturae, rationi consentaneus*. In homine tamen id quod ex consuetudine acquiritur in memoria, et in aliis viribus sensitivis apprehensivis, non est habitus per se; sed aliquid annexum habitibus intellectivae partis, ut supra[8] dictum est.

Sed tamen si qui sunt habitus in talibus viribus, virtutes dici non possunt. Virtus enim est habitus perfectus, quo non contingit nisi bonum operari,[9] unde oportet quod virtus sit in illa potentia quae est consummativa boni operis. Cognitio autem veri non consummatur in viribus sensitivis apprehensivis; sed huiusmodi vires sunt quasi praeparatoriae ad cognitionem intellectivam. Et ideo in huiusmodi viribus non sunt virtutes, quibus cognoscitur verum; sed magis in intellectu vel ratione.

Ad primum ergo dicendum quod appetitus sensitivus se habet

---

5. Aristoteles, *De mem. et rem.*, c.2, 452a27.
6. 이 대단히 복잡한 용어로부터 그 구조 때문에 진정한 습성의 역량이 없는 기관들에 이르기까지 확장되는, '습성'(habitus)과 '습관'(habitudo) 사이의 구별을 어렵

[답변] 어떤 습성들은 내면적인 감각적 파악 능력들 안에 있다. 이것은 특히 철학자가 『기억과 회상』[5]에서 "한 가지 일 다음에 다른 것을 기억함으로써 습관이 생겨나는데, 이것은 일종의 본성이다."라고 하는 말로부터 명백해진다. 그렇지만 습관에 의한 습성은 반복을 통해 얻어진 습성화에 다름이 아니고, 제2의 본성과 같다.[6] 따라서 키케로는 『수사학』[7]에서 이렇게 말하고 있다. "그것은 이성과 조화를 이루며 본성의 양식으로 있는 습성이다." 그렇지만 사람이 기억이나 다른 감각적 파악 능력에서 반복적인 사용을 통해 얻게 되는 것은 무엇이든지 그 자체로 습성이라기보다는, 위에서[8] 말한 것처럼, [영혼의] 지성적 부분의 습성들에 연결되어 있는 한 [상태]이다.

그렇지만 비록 그런 능력들 안에 습성들이 있다고 하더라도, 그것들은 덕이라고 불릴 수 없다. 덕은 참으로 (오로지 선만을 이루어 내게 되는) 완전한 습성이다.[9] 그래서 그것은 선행을 수행하는 저 능력인에 있어야 한다. 그런데 진리 인식은 감각적 파악 능력들 안에서는 완성되지 못한다. 왜냐하면 그 능력들은, 말하자면, 지성적 인식을 위한 예비 작업이기 때문이다. 그러므로 진리 인식을 위한 덕은 이들 능력들 속에 있는 것이 아니라, 지성 또는 이성 안에 있다.

[해답] 1. 감각적 욕구는 이성적 욕구인 의지와 연관된다. 의지에 의해서 움직여지기 때문이다. 그래서 욕구적 능력의 활동은 감각적 욕

지 않게 이해할 수 있다.
7. Ibid.
8. q.50, a.4, ad3.
9. Cf. q.55, aa.3-4.

ad voluntatem, quae est appetitus rationis, sicut motus ab eo. Et ideo opus appetitivae virtutis consummatur in appetitu sensitivo. Et propter hoc, appetitus sensitivus est subiectum virtutis.[10] — Virtutes autem sensitivae apprehensivae magis se habent ut moventes respectu intellectus, eo quod phantasmata se habent ad animam intellectivam, sicut colores ad visum, ut dicitur in III *de Anima*.[11] Et ideo opus cognitionis in intellectu terminatur. Et propter hoc, virtutes cognoscitivae sunt in ipso intellectu vel ratione.

Et per hoc patet solutio AD SECUNDUM.

AD TERTIUM dicendum quod memoria non ponitur pars prudentiae, sicut species est pars generis, quasi ipsa memoria sit quaedam virtus per se, sed quia unum eorum quae requiruntur ad prudentiam, est bonitas memoriae; ut sic quodammodo se habeat per modum partis integralis.[12]

Articulus 6

Utrum voluntas possit esse subiectum virtutis

Ad sextum sic proceditur. Videtur quod voluntas non sit subiectum alicuius virtutis.

---

10. 의지와 감각 차원의 욕구가 둘 다 서로 영향을 미치기는 하지만, 직접적으로가 아니라 지성을 통해서 그렇게 한다. 의지는 오직 판단 작용을 통해서만 특수한

구 안에서 완성에 이른다. 그리고 이 때문에 감각적 욕구는 덕의 주체이다.[10]—하지만 감각적 파악 능력들은 오히려 그것을 움직이는 지성과 연관된다. 그러므로 『영혼론』 제3권[11]에서 말하고 있듯이, 감각상들과 지성적 영혼 사이의 관계는 색깔과 시각의 관계와 같다. 이리하여 인식 작용은 지성에서 끝나고, 이 때문에 인식의 덕들은 지성 자체 또는 이성 안에 있다.

2. 이것은 둘째 어려움도 해결해 준다.

3. 기억은, 종이 유의 일부이듯이 그렇게 현명의 일부가 아니다. 설령 기억력이 엄밀한 의미에서의 덕이라고 하더라도 말이다. 그러나 현명을 위해 요구되는 조건들 가운데 하나는 좋은 기억력이다. 그래서 어떤 의미에서 그것은 현명의 통전적(統全的, integralis) 일부이다.[12]

제6절 의지가 덕의 주체일 수 있는가?

[**Parall**.: *In Sent*., III, d.23, q.1, a.4, qc.1; d.27, q.2, a.3, ad5; *De veritate*, q.24, a.4, ad9; *De virtutibus*, a.5; a.12, ad10; *De caritate*, a.2]

[반론] 여섯째에 대해서는 다음과 같이 전개된다. 의지는 덕의 주체가 아닌 것으로 생각된다.

선으로 내려오게 된다. Cf. I-II, q.10, a.3; q.17, a.1; q.56, a.4, ad2.
11. *De anima*, III, cc.5 & 7, 430a16-17; 431a14-17; S. Thomas, lect.10, nn./30-731; lect.12, nn,770-772. Cf. I, q.54, a.4, sc.
12. Cf. II-II, q.48, art. unic.

q.56, a.6

1. Ad id enim quod convenit potentiae ex ipsa ratione potentiae, non requiritur aliquis habitus. Sed de ipsa ratione voluntatis, cum sit in ratione, secundum philosophum in III *de Anima*,[1] est quod tendat in id quod est bonum secundum rationem, ad quod ordinatur omnis virtus, quia unumquodque naturaliter appetit proprium bonum, *virtus* enim *est habitus per modum naturae, consentaneus rationi*, ut Tullius dicit in sua *Rhetorica*.[2] Ergo voluntas non est subiectum virtutis.

2. Praeterea, omnis virtus aut est intellectualis, aut moralis, ut dicitur in I[3] et II[4] *Ethic*. Sed virtus intellectualis est, sicut in subiecto, in intellectu et ratione, non autem in voluntate, virtus autem moralis est, sicut in subiecto, in irascibili et concupiscibili, quae sunt rationales per participationem. Ergo nulla virtus est in voluntate sicut in subiecto.

3. Praeterea, omnes actus humani, ad quos virtutes ordinantur, sunt voluntarii. Si igitur respectu aliquorum humanorum actuum sit aliqua virtus in voluntate, pari ratione respectu omnium actuum humanorum erit virtus in voluntate. Aut ergo in nulla alia potentia erit aliqua virtus, aut ad eundem actum ordinabuntur duae virtutes, quod videtur inconveniens. Voluntas ergo non potest esse subiectum virtutis.[5]

---

1. Aristoteles, *De anima*, III, c.9, 432b5.
2. Cicero, *Rhetorica*, II, c.53, ed. Müller, Lipsiae, 1908, p.239.
3. *Ethica Nic.*, I, c.13, 1103a4-5; S. Thomas, lect.20, n243.

1. 바로 그 능력의 근거로부터 어떤 능력에 적절한 것을 위해서는 아무런 습성도 요구되지 않는다. 그런데 철학자의 『영혼론』 제3권[1]에 따르면, 의지는 이성 안에 있기 때문에, 이성에 따라 선인 것으로 기우는 것은 바로 의지의 본성에 속한다. 그런데 모든 것은 그 본성상 자신의 선을 바라므로, 모든 덕은 이 선으로 향하고 있다. 왜냐하면 덕이란, 키케로가 『수사학』[2]에서 말하고 있듯이, "이성과 조화를 이루며 마치 본성과 같은 습성"이기 때문이다. 그러므로 의지는 덕의 주체가 아니다.

2. 『니코마코스 윤리학』 제1권[3]과 제2권[4]에 따르면, 모든 덕은 지성적이거나 도덕적이다. 그런데 지성적 덕의 주체는 의지가 아닌 지성과 이성인 데 반해, 도덕적 덕의 주체는 참여에 의해서 이성적인 분노적 능력과 욕정적 능력이다. 어떤 덕도 의지를 주체로 삼고 있지 않다.

3. 덕들이 지향되어 있는 모든 인간적 행위들은 의도적(voluntarii)이다. 그러므로 만일 어떤 인간적 행위들과 관련해서 의지 안에 어떤 덕이 있었더라면, 같은 이유로 모든 인간적 행위들과 관련해서 의지 안에 덕이 있었을 것이다. 따라서 어떤 다른 능력 안에도 덕이 있지 않거나 아니면 동일한 행위로 두 가지 덕이 정향될 터인데, 이것은 적절하지 못한 것으로 보인다. 그러므로 의지는 덕의 주체일 수 없다.[5]

---

4. *Ethica Nic.*, III, c.1, 1113a14-18; S. Thomas, lect.1, nn.246-247.
5. 이 세 가지 난점들은 이 경우에 단수한 변증법적 논쟁들이 아니다. 영감의 원천이 되고 있는 진지하고도 심오한 동기들은 비록 적은 글귀로 압축되어 있음에도 불구하고 대단히 중요한 대가적 해결책을 준비하고 있다. 그 동기들은 약간의 주석으로 그치는 것이 아니라 깊이 성찰할 필요가 있다.

q.56, a.6

SED CONTRA est quod maior perfectio requiritur in movente quam in moto. Sed voluntas movet irascibilem et concupiscibilem.[6] Multo ergo magis debet esse virtus in voluntate, quam in irascibili et concupiscibili.

RESPONDEO dicendum quod, cum per habitum perficiatur potentia ad agendum, ibi indiget potentia habitu perficiente ad bene agendum, qui quidem habitus est virtus, ubi ad hoc non sufficit propria ratio potentiae.[7] Omnis autem potentiae propria ratio attenditur in ordine ad obiectum. Unde cum, sicut dictum est,[8] obiectum voluntati sit bonum rationis voluntati proportionatum, quantum ad hoc non indiget voluntas virtute perficiente.[9] Sed si quod bonum immineat homini volendum, quod excedat proportionem volentis; sive quantum ad totam speciem humanam, sicut bonum divinum, quod transcendit limites humanae naturae, sive quantum ad individuum, sicut bonum proximi; ibi voluntas indiget virtute.[10] Et ideo huiusmodi

---

6. Cf. q.17, a.7.
7. Cf. q.49, a.4.
8. 본론.
9. 여기서 저자가 호소하고 있는 근거에 어쩌면 다음 사실이 덧붙여질 수 있을 것이다. 즉 인간의 의지는 그 원초적 경향 안에서 지성보다 덜 보편적인 기관이다. 그 이유는 욕구의 원초적 기능이 그 개인을 그 통전성 속에 보존하는 것이기 때문이다. 그러므로 그것은 이 목적에 완전하게 비례화되어 있고, 그것을 실행에 옮기기 위한 습성들이 필요한 것이 아니다. 주체를 초월하고 지성이 제시하는 다른 목적들에 도달하기 위해서는 그렇지 아니하다.

제56문 제6절

[재반론] 그러나 반대로 움직이는[기동] 자에게는 움직여지는 자에게보다 더 큰 완전성이 요구된다. 그런데 의지는 분노적 능력들과 욕정적 능력들을 움직인다.[6] 그러므로 덕은 분노적이고 욕정적인 능력들보다는 훨씬 더 의지 안에 있어야 한다.

[답변] 능력은 습성을 통해서 행동하도록 완성되는데, 그렇다면 능력은, 그 능력의 고유 근거가 그 목적을 위해 충분하지 못할 때, 그것을 행동하도록 완성시키는 습성(덕은 습성의 일종이다.)을 필요로 한다.[7] 그렇지만 어떤 능력의 고유 본성은 그 대상과의 연관관계 속에서 알려진다. 따라서 이미[8] 말한 것처럼, 의지의 대상은 그것에 비례화된 이성의 선이기 때문에, 이 점에서 의지는 그것을 완성하는 어떤 덕을 필요로 하지 않는다.[9] 그렇지만 만일 한 인간의 의지와 마주치는 것이 그것의 역량을 넘는 선이라면, [신적 선과 같이 인간이라는 종의 역량을 넘어시는 것이든, 이웃의 선과 같이 개인의 역량을 넘어서는 것이든] 의지는 덕을 필요로 한다.[10] 그래서 이런 종류의

---

10. (*추가주) "의지는 자기에게 합당한 어떤 선으로 기울게 만드는 어떤 덕의 습성을 필요로 하지 않는다. 왜냐하면 그것은 그 능력의 근거(ratio) 자체로부터 그 선으로 기우는 것이기 때문이다. 그러나 자기 능력의 비례를 넘는 선에 대해서는 덕의 습성을 필요로 한다. 왜냐하면 각 주체의 욕구는 자신의 고유한 선을 향해 기울기 때문이다. 그런데 어떤 선이 의지의 비례를 넘는 데에는 두 가지 방식이 있다. 하나는 종에 근거해서 넘고, 다른 것은 개체에 근거해서 넘는다. 의지가 인간적 선의 한계를 넘는 어떤 선을 향해 고양되는 것은 종에 근거하는 것이다. 나는 인간이 본성의 힘(virtus)을 통해서 이룰 수 있는 것을 '인간적'(humana) [행위]라고 부른다. 그러나 인간적 선을 넘는 곳에 신적인 선이 있는데, [신적] 참사랑(caritas)이 인간의 의지를 그리로 고양하고, 희망도 마찬가지다. 그런데 누가 인간적 선의 한계를 넘어가지 않으면서도 다른 이의 선인 것을 추구하는 것은 개체에 근거해서 그렇게 하는 것이다. 바로 이렇게 해서 정의는

q.56, a.6

virtutes quae ordinant affectum hominis in Deum vel in proximum, sunt in voluntate sicut in subiecto; ut caritas, iustitia et huiusmodi.[11]

AD PRIMUM ergo dicendum quod ratio illa habet locum de virtute quae ordinat ad bonum proprium ipsius volentis, sicut temperantia et fortitudo, quae sunt circa passiones humanas et alia huiusmodi, ut ex dictis[12] patet.

AD SECUNDUM dicendum quod rationale per participationem non solum est irascibilis et concupiscibilis; sed *omnino*, idest universaliter, *appetitivum*, ut dicitur in I *Ethic*.[13] Sub appetitivo autem comprehenditur voluntas. Et ideo, si qua virtus est in voluntate, erit moralis, nisi sit theologica, ut infra[14] patebit.

AD TERTIUM dicendum quod quaedam virtutes ordinantur ad bonum passionis moderatae, quod est proprium huius vel illius hominis, et in talibus non est necessarium quod sit aliqua virtus in voluntate, cum ad hoc sufficiat natura potentiae, ut dictum est.[15] Sed hoc solum necessarium est in illis virtutibus quae ordinantur ad aliquod bonum extrinsecum.

의지를 완성하는데, 다른 것으로 기우는 자유로움과 같은 다른 모든 덕들 역시 마찬가지다. 왜냐하면 철학자가 『니코마코스 윤리학』 제5권 [제1장]에서 말하는 것처럼, 정의는 다른 이의 선이기 때문이다. 그러므로 이처럼 참사랑과 정의라는 두 가지 덕은 의지를 그 주체로 삼고 있다."(*De virtut*., q. un., a.5, c)

덕들, 곧 인간의 애정을 하느님이나 이웃을 향하도록 질서 짓는 참사랑 및 정의와 같은 덕들은 의지를 주체로 삼고 있다.[11]

[해답] 1. 반론의 논거는, 이미[12] 말한 것으로부터 명백해지듯이, 예컨대 인간의 정념 등에 관계되는 절제와 용기처럼, 원하는 사람의 선을 지향하는 덕들에 대해서는 옳다.

2. 분노적 능력과 욕정적 능력만이 참여에 의해 이성적인 것이 아니라, 이미 『니코마코스 윤리학』 제1권[13]에서 말한 것처럼, '욕구 능력' 전체도 온통 그러하다. 그런데 의지는 욕구 능력에 포함된다. 따라서 의지 안에 어떤 덕이 있다면, 곧[14] 보게 될 것처럼, 그것이 신학적인 덕이 아닌 한, 그것 역시 도덕적일 것이다.

3. 어떤 덕들은 이 사람 또는 저 사람의 고유 선인 절제된 정념의 선에 질서 지어져 있는데, 이 경우에는 의지에 어떤 덕이 있을 필요가 없다. 왜냐하면 이미[15] 밝힌 것처럼, 그 능력의 본성만으로 충분하기 때문이다. 그 필요는 오직 어떤 더 이상의 외부적 선으로 질서 지어지는 덕들의 경우에만 존재한다.

---

11. 비록 의지가 자연적으로 그 고유의 선, 곧 그가 바라는 선과 이성에 따른 그의 생명으로 기울기는 하지만, 우리의 경험에서 명백히 확인되듯이, 개별적 원함은 '자연적으로' 이렇게 기울지는 않는다. 참조: 창세 8,4; 갈라 3,17. Cf. q.10, a.3.
12. q.25, a.6, ad3; I, q.21, a.1, ad1; q.59, a.4, ad3.
13. *Ethica Nic.*, I, c.13, 1102b30-33; S. Thomas, lect.20, n.240.
14. q.58, a.3, ad3; q.62, a.3.
15. 본론.

Quaestio LVII
DE DISTINCTIONE VIRTUTUM INTELLECTUALIUM
in sex articulos divisa

Deinde considerandum est de distinctione virtutum.[1] Et Primo, quantum ad virtutes intellectuales; secundo, quantum ad morales;[2] tertio, quantum ad theologicas.[3]

Circa primum quaeruntur sex.

Primo: utrum habitus intellectuales speculativi sint virtutes.

Secundo: utrum sint tres, scilicet sapientia, scientia et intellectus.

Tertio: utrum habitus intellectualis qui est ars, sit virtus.

Quarto: utrum prudentia sit virtus distincta ab arte.

Quinto: utrum prudentia sit virtus necessaria homini.

Sexto: utrum eubulia, synesis et gnome sint virtutes adiunctae prudentiae.[4]

---

1. Cf. q.55, Introd. 덕의 분류에 착수하면서 성 토마스는 지성적 덕들로부터 시작하는데, 그 이유는 어쩌면 그것들이 더 잘 알려져 있기 때문일 것이다. 다시 말해, 역사적으로 이것들이 철학자들의 주의를 끈 최초의 것들이기 때문이다.

제57문
지성적 덕의 구별에 대하여
(전6절)

이제는 덕의 구별에 대해 고찰해야 한다.[1]

    첫째, 지성적 덕들에 관해서,

    둘째, 도덕적 덕들에 관해서,[2]

    셋째, 신학적 덕들에 관해서.[3]

첫째에 관해서는 다음과 같은 여섯 가지 질문이 제기된다.

    1. 사변적인 지성적 습성은 덕인가?

    2. 지성적 덕에는 세 가지, 즉 지혜, 학문, 이해가 있는가?

    3. 기예라는 지성적 습성은 덕인가?

    4. 현명은 기예와는 구별되는 덕인가?

    5. 현명은 인간에게 필수적인 덕인가?

    6. 심사숙고, 판단력, 분별력은 현명에 속하는 덕들인가?[4]

---

2. q.58.

3. q.62.

4. 곧 보게 되겠지만 지성적 덕은 모두 다섯 가지이다: 지혜, 지성, 지식, 현명과 기예.

Articulus 1
Utrum habitus intellectuales speculativi sint virtutes

Ad primum sic proceditur. Videtur quod habitus intellectuales speculativi non sint virtutes.

1. Virtus enim est habitus operativus, ut supra[1] dictum est. Sed habitus speculativi non sunt operativi, distinguitur enim speculativum a practico, idest operativo. Ergo habitus intellectuales speculativi non sunt virtutes.

2. Praeterea, virtus est eorum per quae fit homo felix sive beatus, eo quod *felicitas est virtutis praemium*, ut dicitur in I *Ethic.*[2] Sed habitus intellectuales non considerant actus humanos, aut alia bona humana, per quae homo beatitudinem adipiscitur, sed magis res naturales et divinas. Ergo huiusmodi habitus virtutes dici non possunt.

3. Praeterea, scientia est habitus speculativus. Sed scientia et virtus distinguuntur sicut diversa genera non subalternatim posita; ut patet per philosophum, in IV *Topic.*[3] Ergo habitus speculativi non sunt virtutes.

SED CONTRA, soli habitus speculativi considerant necessaria quae impossibile est aliter se habere. Sed Philosophus ponit, in

---

1. q.55, a.2.
2. Aristoteles, *Ethica Nic.*, I, c.9, 1099b16-18; S. Thomas, lect.14, n.169.

제1절 사변 지성의 습성은 덕인가?

[**Parall**.: Cf. *In Sent.*, III, d.23, q.1, a.4, qc.1; *De virtutibus*, a.7]

[반론] 첫째에 대해서는 다음과 같이 전개된다. 사변적인 지성적 습성들은 덕이 아닌 것으로 생각된다.

1. 위에서[1] 말한 것처럼, 덕은 작용적 습성이다. 그런데 사변적 습성들은 작용적이 아니다. 왜냐하면 사변적인 것은 실천적인 것, 곧 작용적인 것과 구별되기 때문이다. 그러므로 사변적인 지성적 습성들은 덕이 아니다.

2. 덕은 사람으로 하여금 행복이나 참행복을 누리도록 만드는 것들과 관계된다. 왜냐하면 『니코마코스 윤리학』 제1권[2]에서 말하는 것처럼, "행복은 덕의 보상"이기 때문이다. 그런데 지성적 습성들은 인간이 참행복을 획득하게 되는 인간적 행위나 선을 고찰하는 것이 아니라, 자연적이거나 신적인 것들을 고찰한다. 그러므로 그런 습성들은 덕이라 불릴 수 없다.

3. 학문은 사변적 습성이다. 그리고 학문과 덕은, 철학자가 『토피카』 제4권[3]에서 말하는 것처럼, 서로 무관한 부류에 속해서, 어느 하나가 다른 하나에 예속되지 않는다. 그러므로 사변적 습성들은 덕들이 아니다.

[재반론] 그러나 반대로 오직 사변적 습성들만이, 다르게 존재하는

---

3. *Topica*, IV, c.2, 121b34-122a2.

q.57, a.1

VI *Ethic.*,[4] quasdam virtutes intellectuales in parte animae quae considerat necessaria quae non possunt aliter se habere.[5] Ergo habitus intellectuales speculativi sunt virtutes.

RESPONDEO dicendum quod, cum omnis virtus dicatur in ordine ad bonum, sicut supra[6] dictum est, duplici ratione aliquis habitus dicitur virtus, ut supra[7] dictum est, uno modo, quia facit facultatem bene operandi; alio modo, quia cum facultate, facit etiam usum bonum. Et hoc, sicut supra[8] dictum est, pertinet solum ad illos habitus qui respiciunt partem appetitivam, eo quod vis appetitiva animae est quae facit uti omnibus potentiis et habitibus.[9]

Cum igitur habitus intellectuales speculativi non perficiant partem appetitivam, nec aliquo modo ipsam respiciant, sed solam intellectivam; possunt quidem dici virtutes inquantum faciunt facultatem bonae operationis, quae est consideratio veri (hoc enim est bonum opus intellectus), non tamen dicuntur virtutes secundo modo, quasi facientes bene uti potentia seu habitu. Ex hoc enim quod aliquis habet habitum scientiae speculativae, non inclinatur ad utendum, sed fit potens speculari

---

4. *Ethica Nic.*, VI, cc.2 & 6, 1139a7-8; b8-11; 20-24; 1140b31-1141a8; S. Thomas, lect.1, n.1115; lect.2, nn.1138-1139; lect.3, nn.1144-1146; lect.5, nn.1175-1179.
5. Ibid., VI, c.1, 1139a7.
6. q.55, a.3.
7. q.56, a.3.

것이 불가능한 필연적인 것들을 고찰한다. 그리고 철학자는 『니코마코스 윤리학』 제6권[4]에서 이것을 행하는 영혼의 부분 안에 어떤 지성적 덕들을 배정하고 있다.[5] 따라서 그런 습성들은 덕이다.

[답변] 위에서[6] 말한 것처럼, 모든 덕은 어떤 선을 지향하고 있기 때문에, 위에서[7] 말한 것처럼, 습성은 두 가지 이유로 덕이라 불릴 수 있다. 첫째는 그것이 기관(능력)이 잘 작용하도록 만들기 때문이고, 둘째는 이에 덧붙여, 그것이 그 기관(능력)의 선용을 효과적으로 보장하기 때문이다. 그런데 이 둘째 조건은, 위에서[8] 말한 것처럼, 영혼의 욕구적 부분에 관련되는 습성들 안에서만 실현된다. 왜냐하면 모든 능력들과 습성들을 '실행으로 옮기는'[=사용하는][9] 것은 영혼의 욕구적 능력이기 때문이다.

그러므로 사변적인 지성적 습성들은 욕구적 부분을 완성하는 것도 아니고 또 그것을 어떤 식으로든 자극하는 것도 아니며 오로지 지성적 부분에만 직접적인 영향을 미치기 때문에, 그것들은 기관(능력)을 훌륭하게 작용하도록 만드는 한에서, 즉 지성에게 선인 참에 대해 고찰하도록 만들 수 있는 한에서 참으로 덕이라 불릴 수 있을 것이다. 그러나 둘째 방식으로는, 곧 그것들이 어떤 능력이나 습성의 올바른 사용을 보장한다는 의미에서는, 덕이라 불리지 않는다. 어떤 사람은 그가 어떤 사변적 학문의 습성을 소유하고 있다고 해서, 반

---

8. Ibid.
9. Cf. q.16, a.1. '사용'(uti) 지향의 질서에서 실행의 질서로의 움직임을 함축하고 있는 전문용어. 여기서는 이론에서 실천으로의 움직임을 함축하고 있다. '참'으로부터의 '꿰뚫어 봄'(ingoing)과 '선'으로부터의 '퍼져 나감'(outgoing)을 대조해 보라: Cf. I, q.5, aa.1-4; q.16, aa.3 & 4.

verum in his quorum habet scientiam, sed quod utatur scientia habita, hoc est movente voluntate. Et ideo virtus quae perficit voluntatem, ut caritas vel iustitia, facit etiam bene uti huiusmodi speculativis habitibus.[10] Et secundum hoc etiam, in actibus horum habituum potest esse meritum, si ex caritate fiant, sicut Gregorius dicit, in VI *Moral*.,[11] quod *contemplativa est maioris meriti quam activa*.

AD PRIMUM ergo dicendum quod duplex est opus, scilicet exterius, et interius. Practicum ergo, vel operativum, quod dividitur contra speculativum, sumitur ab opere exteriori, ad quod non habet ordinem habitus speculativus.[12] Sed tamen habet ordinem ad interius opus intellectus,[13] quod est speculari verum. Et secundum hoc est habitus operativus.

AD SECUNDUM dicendum quod virtus est aliquorum dupliciter. Uno modo, sicut obiectorum. Et sic huiusmodi virtutes speculativae non sunt eorum per quae homo fit beatus; nisi forte secundum quod ly *per*[14] dicit causam efficientem vel obiectum completae beatitudinis, quod est Deus, quod est summum speculabile.—

---

10. 여러 곳에서 확인되듯이 인간 삶의 맥락 전체 안에서 올바른 적용이 요구된다. 다른 곳에서도 마찬가지이지만, 여기서도 우리 환경에 대한 '전문가적' 접근이 보다 '포괄적인' 지혜와, 이론적인 것이 실천적인 것과, 함축적으로 대조되고 있다.

11. Cf. q.114, a.2; Gregorius, *Moralia*, X, 37: PL 75, 764. 중립적이던 '이론'이 사랑을 통해서 그리스도교의 '관상'의 차원으로 간주되고 있다. 그레고리우스 마뉴스 (540-604)는 성 토마스가 즐겨 호소하는 원천들 가운데 하나이다. 여기에 인용된 『욥기의 도덕적 해설』(*Moralia*)은 대단히 값진 사례집(casistica)과 수덕신학

드시 그것을 잘 사용하게 되어 있는 것은 아니기 때문이다. 그는 자신이 지식을 소유하고 있는 그런 것들 안에서 진리를 숙고할 수 있는 역량을 갖추고 있다. 그것을 사용하는 것은 그의 의지의 움직임에서부터 온다. 따라서 참사랑이나 정의처럼 의지를 완성하는 덕이 이 사변적 습성들의 올바른 적용을 보장한다.[10] 또 그래서 이 습성들의 실행이 참사랑에서 이루어진 것이라면, 그것들 안에 공로가 있을 수 있다. 따라서 그레고리우스는 『욥기의 도덕적 해설』 제6권[11]에서 "관상 생활이 활동생활보다 더 큰 공로를 지닌다."고 말하고 있는 것이다.

[해답] 1. 행업에는 외부적인 것과 내면적인 것의 두 종류가 있다. 사변적 능력과 대조되는 실천적 또는 작용적 능력은 외부적 업적과 관계되는데, 사변적 지성은 이 행업으로 향하지 않는다.[12] 그것은 오히려 지성의 내면적 행업,[13] 곧 진리 탐구로 질서 지어져 있고, 이러한 의미에서 그것은 작용적 습성이다.

2. 덕은 어떤 사물에 대해서 두 가지 관계를 맺는다. 한 가지는 그것을 대상으로 삼는 것이다. 이런 의미에서의 사변적 덕은 [그것을 통해서] 한 사람이 참행복에 이르게 되는 것과는 아무런 관계도 없다. '통해서'(per)라는 단어[14]가 완전한 행복의 작용인 또는 대상, 곧 관상의 최고 대상인 하느님을 가리키는 한에서가 아니라면 말이다.—다른 한 가지는 그것을 행위로 보는 것이다. 이때 지성적 덕은

(ascetica)의 광범위한 보고이다. 욥기의 텍스트는 줄거리를 요약하는 데 도움이 되고 있다.

12. Cf. I, q.79, a.11.
13. Cf. a.3, ad3.
14. 여기에 표기된 '리'(ly)는, 그리스어의 '토'(to) 또는 현대 영어의 정관사 '더'(the)쯤에 해당되는 아랍어 관사를 거의 그대로 음역한 것이다.

Alio modo dicitur virtus esse aliquorum sicut actuum. Et hoc modo virtutes intellectuales sunt eorum per quae homo fit beatus. Tum quia actus harum virtutum possunt esse meritorii, sicut dictum est.[15] Tum etiam quia sunt quaedam inchoatio perfectae beatitudinis, quae in contemplatione veri consistit, sicut supra[16] dictum est.[17]

AD TERTIUM dicendum quod scientia dividitur contra virtutem secundo modo dictam,[18] quae pertinet ad vim appetitivam.

Articulus 2
Utrum sint tantum tres habitus intellectuales speculativi, scilicet sapientia, scientia et intellectus

Ad secundum sic proceditur. Videtur quod inconvenienter distinguantur tres virtutes intellectuales speculativae, scilicet sapientia, scientia et intellectus.[1]

---

15. 본론.
16. q.3, a.7.
17. '객관적' 참행복과 '주관적' 참행복 사이의 구별은 우리를 행복하게 만들어 주는 것과 그것을 붙잡는 활동 사이의 구별이다. Cf. qq.2 & 3. 이 구별은 지성적 습성들의 종적 구분이 아니라, 매우 일반적인 또는 유비적인 구분이다. 왜냐하면 그 인식 양식이 세 경우에 모두 다르기 때문이다. 이해(intellectus)는 직접적인 명증성을 통해 인식하지만, 학문(scientia)과 지혜(sapientia)는 진리에 대한 매개된 명증성을 준다. 그렇지만 인간의 완성을 위해서는 학문과 지혜가 절대적으로 요구된다. 왜냐하면 지성은 매우 불완전하고 혼란스러운 인식으로 제한되기 때문이다. 앎의 여정은 지성으로부터 출발해서, 다양한 지식들을 통해 지혜

그로써 어떤 사람이 행복해지는 것이다. 이는 이 덕의 행위들이 위에서[15] 말한 것처럼 공로가 있을 수 있기 때문이기도 하고, 또 그것들이 이미[16] 지적한 것처럼 진리 관상에서 성립되는 완전한 참행복의 일종의 시작이기 때문이기도 하다.[17]

3. 학문은 위에서[18] 말한 둘째 의미의 덕에 대조된다. 그러한 덕은 욕구적 능력에 속한다.

제2절 사변 지성의 덕에는 세 가지, 즉 지혜, 학문, 이해가 있는가?

[**Parall**.: Cf. *De virtutibus*, a.12]

[반론] 둘째에 대해서는 다음과 같이 전개된다. 세 가지 사변적인 지성적 덕들, 곧 지혜, 학문, 이해는 적절하게 구별되는 것이 아닌 것으로 생각된다.[1]

에 이르는데, 이것은 더 이상의 명증성을 덧붙이지 않은 채, 지성 자체에 합리적 토대를 제공한다. 지혜 또는 형이상학은 하나이고 불가분적인 데 반해, 학문들은 여럿이다. 아리스토텔레스에 따르면 두 가지 유형의 학문이 있다. 하나는 운동과 질료로부터 추상된 양을 탐구하는데, 이것이 바로 수학이다. 다른 것은 운동에 예속되어 있는 존재자를 탐구하는데, 이것이 바로 자연철학이다. 이 자연철학은 무생물을 탐구하는 우주론(cosmologia)과 식물, 동물, 인간이라는 세 가지 등급의 생명체를 탐구하는 심리학(psychologia)이다.

18. 본론.

1. '지혜'(sophia)는 진리를 그 궁극적 원인 안에서 파악하는 지식이다. 판단의 덕인 이 지혜는 성령의 선물인 공감에 의한 지혜와는 구별되어야 한다. Cf. II-II, q.45.

q.57, a.2

1. Species enim non debet condividi generi. Sed sapientia est quaedam scientia, ut dicitur in VI *Ethic.*[2] Ergo sapientia non debet condividi scientiae, in numero virtutum intellectualium.

2. Praeterea, in distinctione potentiarum, habituum et actuum, quae attenditur secundum obiecta, attenditur principaliter distinctio quae est secundum rationem formalem obiectorum, ut ex supradictis[3] patet. Non ergo diversi habitus debent distingui secundum materiale obiectum; sed secundum rationem formalem illius obiecti. Sed principium demonstrationis est ratio sciendi conclusiones. Non ergo intellectus principiorum debet poni habitus alius, aut alia virtus, a scientia conclusionum.

3. Praeterea, virtus intellectualis dicitur quae est in ipso rationali per essentiam. Sed ratio, etiam speculativa, sicut ratiocinatur syllogizando demonstrative; ita etiam ratiocinatur syllogizando dialectice. Ergo sicut scientia, quae causatur ex syllogismo demonstrativo, ponitur virtus intellectualis speculativa; ita etiam et opinio.[4]

SED CONTRA est quod Philosophus, VI *Ethic.*,[5] ponit has solum tres virtutes intellectuales speculativas, scilicet sapientiam, scientiam et intellectum.

───────────

'학문'(episteme)은 증명된 결론의 지식이다. 『신학대전』에서 사용되고 있는 이런 의미로 사용될 때, 그것은 연역적 지식에 유보되고, 따라서 오늘날 일반적으로 널리 사용되고 있는 '과학'[학문]보다는 좀 더 제한된 의미로 사용된다. '이해'(nous)는 원리들에 대한 통찰이다.

1. 좋은 유와 어깨를 나란히 해서는 안 된다. 그런데 『니코마코스 윤리학』 제6권[2]에서 말하고 있는 것처럼, "지혜는 지식의 일종"이고, 따라서 학문과 더불어 지성적 덕에 포함되어서는 안 된다.

2. 능력, 습성, 활동을 그 대상들과 연관 지어 구별하는 데 있어서, 위에서[3] 말한 것처럼, 이 대상들의 형상적 측면들이 주요 고려 사항이다. 상이한 습성들은 물질적 대상에 따라서 구별되어야 하는 것이 아니라, 대상 자체의 형상적 근거[그것들이 연루되는 종적 의미]에 따라서 구별되어야 한다. 그런데 증명에서 원리는 결론을 알기 위한 근거이다. 그래서 '원리들에 대한 이해'는 결론들에 대한 앎과는 구별되는 습성 또는 덕으로 간주되어서는 안 된다.

3. 지성적 덕은 본질적으로 영혼의 이성적 부분 안에 있는 것이다. 그런데 사변적 이성조차도 그 추론에서 증명적 삼단논법과 함께 변증법적 삼단논법을 채용한다. 따라서 증명적 삼단논법의 결실인 학문이 사변적인 시성직 덕으로 간주되는 것과 마찬가지로, 견해[억견]도 그렇게 간주되어야 한다.[4]

[재반론] 그러나 반대로 철학자는 『니코마코스 윤리학』 제6권[5]에서 오로지 지혜, 학문, 이해의 세 가지 덕만을 사변적인 지성적 덕으로 간주하고 있다.

---

2. *Ethica Nic.*, VI, c.7, 1141a19; b2-3; S. Thomas, lect.5, nn.1182-1183; lect.6, n.1190.
3. q.54, a.2, ad1. Cf. I, q.77, a.3.
4. 특수한 것들에 기인하며 견해를 포함하고 있는 변증법에 관해서는: Cf. I, q.79, a.9, ad4; q.80, aa.2 & 3; q.105, a.1; *ScG*, II, c.60.
5. Aristoteles, *Ethica Nic.*, VI, 7, 1141a19; S. Thomas, lect.3, nn.1182-1183.

q.57, a.2

RESPONDEO dicendum quod, sicut iam[6] dictum est, virtus intellectualis speculativa est per quam intellectus speculativus perficitur ad considerandum verum, hoc enim est bonum opus eius. Verum autem est dupliciter considerabile, uno modo, sicut per se notum; alio modo, sicut per aliud notum.[7] Quod autem est per se notum, se habet ut principium; et percipitur statim ab intellectu. Et ideo habitus perficiens intellectum ad huiusmodi veri considerationem, vocatur intellectus, qui est habitus principiorum.

Verum autem quod est per aliud notum, non statim percipitur ab intellectu, sed per inquisitionem rationis, et se habet in ratione termini.[8] Quod quidem potest esse dupliciter, uno modo, ut sit ultimum in aliquo genere; alio modo, ut sit ultimum respectu totius cognitionis humanae. Et quia *ea quae sunt posterius nota quoad nos, sunt priora et magis nota secundum naturam*, ut dicitur in I *Physic*.;[9] ideo id quod est ultimum respectu totius cognitionis humanae, est id quod est primum et maxime cognoscibile secundum naturam. Et circa huiusmodi est sapientia, quae considerat altissimas causas, ut dicitur in I *Metaphys*.[10] Unde convenienter iudicat et ordinat de omnibus, quia iudicium perfectum et universale haberi non potest nisi per resolutionem ad primas causas.[11]—Ad id vero quod est ultimum in hoc vel

---

6. a.1.
7. Cf. I, q.2, a.1.

[답변] 위에서[6] 말한 것처럼, 사변적인 지성적 덕은 진리 숙고를 위해 사변적 지성을 완성할 수 있게 해 주는 덕이다. 진리 숙고는 사변적 지성의 선한 업적이다. 그런데 진리는 두 가지 방식으로 고찰될 수 있다. 한 가지는 그 자체로 알려지는 것으로 보는 것이고, 다른 한 가지는 다른 것을 통해 알려지는 것으로 보는 것이다.[7] 그 자체로 알려지는 것은 원리와 같고, 정신에 의해서 즉각적으로 지각된다. 그래서 그런 진리를 숙고하는 데 있어서 지성을 완성하는 습성은 '이해'(intellectus)라고 불리는데, 이것은 원리들에 대한 습성이다.

그렇지만 다른 것을 통해 알려지는 진리는 지성에 의해서 직접적으로 지각되는 것이 아니라, 이성의 탐구를 통해서 그 최종 결과로서 지각된다.[8] 그런데 여기에는 두 가지가 있을 수 있다. 하나는 어떤 특정 종류의 최종 결과이고, 다른 것은 모든 인간 인식과 관련된 최종 결과이다. 그리고 철학자가 『자연학』 제1권[9]에서 말하고 있듯이 "우리에게 더 나중에 알려지는 것들은 그 본성에 따라서는 더 먼저 그리고 더 잘 알려지기" 때문에, 인간 인식 전체와 관련해서 최종적인 것은 본성에 따라서는 더 잘 알려질 수 있는 대상으로서 첫자리에 온다. 철학자가 『형이상학』 제1권[10]에서 말하는 것처럼, 최고의 원인들을 고찰하는 지혜는 바로 이것에 대해 관심을 기울인다. 그러므로 그것은 모든 것들을 적절하게 판단하고 질서 짓는다. 왜냐하면 제1원인들로 되돌아가지 않고서는 완전하고 보편적인 판단에 이를 수 없기 때문이다.[11]—이런저런 종류의 알 수 있는 진리들 안에서 최종

---

8. Cf. I, q.79, a.8.
9. *Physica*, I, c.1, 184a18-23; S. Thomas, lect.1, n.7.
10. *Metaphysica*, I, c.2, 981b28-29; 982b9-10; S. Thomas, lect.1, n.35; lect.2, n.51.
11. Cf. I-II, q.66, a.5; II-II, q.45, a.1.

in illo genere cognoscibilium, perficit intellectum scientia.[12] Et ideo secundum diversa genera scibilium, sunt diversi habitus scientiarum, cum tamen sapientia non sit nisi una.

AD PRIMUM ergo dicendum quod sapientia est quaedam scientia, inquantum habet id quod est commune omnibus scientiis, ut scilicet ex principiis conclusiones demonstret. Sed quia habet aliquid proprium supra alias scientias, inquantum scilicet de omnibus iudicat; et non solum quantum ad conclusiones, sed etiam quantum ad prima principia, ideo habet rationem perfectioris virtutis quam scientia.

AD SECUNDUM dicendum quod quando ratio obiecti sub uno actu refertur ad potentiam vel habitum, tunc non distinguuntur habitus vel potentiae penes rationem obiecti et obiectum materiale,[13] sicut ad eandem potentiam visivam pertinet videre colorem, et lumen, quod est ratio videndi colorem et simul cum ipso videtur. Principia vero demonstrationis possunt seorsum considerari, absque hoc quod considerentur conclusiones. Possunt etiam considerari simul cum conclusionibus, prout principia in conclusiones deducuntur. Considerare ergo hoc secundo modo principia, pertinet ad scientiam, quae considerat etiam conclusiones, sed considerare principia secundum seipsa, pertinet ad intellectum.

---

12. Cf. II-II, q.9, a.2.

적인 것에 대해서는 학문이 이해를 완성한다.[12] 그러므로 다양한 부류의 알 수 있는 것들에 대해서는 다양한 학문들의 습성이 있지만, 지혜는 오직 하나뿐이다.

[해답] 1. 지혜는, 원리들로부터 결론들을 증명하는 것과 같이 모든 학문에 공통적인 것을 가지고 있는 한에서, 학문의 일종이다. 그러나 그것은 다른 학문들 모두에 대해 그 결론들뿐만 아니라 그 제1원리들까지도 판단한다는 점에서 다른 학문들을 능가하는 고유한 어떤 것을 지니고 있고, 따라서 학문보다 더 완전하게 덕의 근거를 지니고 있다.

2. 어떤 대상의 근거가 하나의 행위에 의해서 능력과 습성에 연결될 때, 그 습성과 능력들은 형상적 대상과 질료적 대상 사이의 구별에 기초해서 구별될 수 없다.[13] 예컨대 색깔과 (색깔을 보게 해 주는 근거이면서, 색깔과 동시에 보이게 되는) 빛을 둘 다 보는 것은 동일한 시각 능력에 속한다. 그렇지만 증명의 원리들은 결론을 전혀 고려하지 않은 채 별도로 고찰될 수도 있고, 또 (결론들이 그것들로부터 나오는 한에서) 결론들과 함께 고찰될 수도 있다. 그런데 원리들을 이 둘째 방식으로 고찰하는 것은 결론들로 확장되는 '학문'에 속하지만, 원리들을 그 자체로 고찰하는 것은 '이해'에 속한다.

---

13. 이 텍스트에는 어떤 결함이 있을 공산이 크다. 이어지는 예는 논거들에 대한 한 조명으로 남겨질 수 있다. 성 토마스의 동시대인들은 광학에 깊은 관심을 기울였고, 특히 아우구스티누스주의자들은 즐겨 초-광학(meta-optica)을 신학 속에 도입하였다.

q.57, a.2

Unde, si quis recte consideret, istae tres virtutes non ex aequo distinguuntur ab invicem, sed ordine quodam; sicut accidit in totis potentialibus, quorum una pars est perfectior altera,[14] sicut anima rationalis est perfectior quam sensibilis, et sensibilis quam vegetabilis. Hoc enim modo, scientia dependet ab intellectu sicut a principaliori. Et utrumque dependet a sapientia sicut a principalissimo, quae sub se continet et intellectum et scientiam, ut de conclusionibus scientiarum diiudicans, et de principiis earundem.[15]

AD TERTIUM dicendum quod, sicut supra[16] dictum est, habitus virtutis determinate se habet ad bonum, nullo autem modo ad malum. Bonum autem intellectus est verum, malum autem eius est falsum. Unde soli illi habitus virtutes intellectuales dicuntur, quibus semper dicitur verum, et nunquam falsum. Opinio vero et suspicio possunt esse veri et falsi. Et ideo non sunt intellectuales virtutes, ut dicitur in VI *Ethic.*[17]

---

14. '잠재적 전체'(totum potentiale)는 다양한 차원에서 다양한 능력들을 펼치는 한 단위인데, 여기서는 다양한 잠재적 부분들을 가지고 있는 한 부류의 덕에 유비적으로 적용되고 있다. 이리하여 쾌활함과 정숙함은 절제에, '관대'(magnificentia)와 인내는 용기에, 그리고 복종과 평등은 정의 아래 온다. Cf. I, q.76, a.8; II-II, qq.48, 80, 128 & 143.
15. Cf. q.66, a.5, ad6. 따라서 아리스토텔레스는 다음과 같이 결론짓는다(*Ethica Nic.*, VII, c.7, 1141a): "지혜는 원리들에 관한 진리들을 선언하는 데 있어서 '이해'이다. 그러나 그 원리들로부터 추론되는 것들을 인식하는 데 있어서는 '지식'(학문)이다. 그렇지만 지혜는 그것이 다른 학문들 가운데에서 지니고 있는 탁월성 때문에 통상적인 의미의 학문과는 구별된다. 그것은 모든 학문들에 대한 일종의 완성이다."(*In Ethic.*, VI, lect.5, n.1183) 이것은 인식의 비판적 정초 문제에 대한 토

따라서 올바로 숙고하고자 한다면, 이 세 가지 덕은 동등성의 척도에 따라서는 서로 구별되지 않고, 오직 어떤 질서에 따라서만 구별된다. 동일한 것이 한 부분이 다른 부분보다 더 완전한 '잠재적 전체'[14] 안에서도 관찰된다. 이것은 이성혼이 감각혼보다 더 완전하고, 감각혼이 생장혼보다 더 완전한 것과 마찬가지이다. 왜냐하면 학문은 그와 같이 한 등급 높은 이해에 의존하기 때문이다. 더욱이 이것들은 둘 다, 최고의 자리를 차지하고 학문과 이해를 자기 밑에 포함하고 있으며 학문들의 결론들과 원리들을 모두 판단하는 지혜에 의존한다.[15]

3. 위에서[16] 말한 것처럼, 덕의 습성은 단호히 선으로 향하고, 결코 악으로 향하지 않는다. 그런데 지성의 선은 진리이고, 그것의 악은 거짓이다. 따라서 오직 그것으로써 거짓이 아니라 언제나 진리를 말하는 저 습성들만을 지성적 덕이라고 말할 수 있다. 그런데 견해나 추정은 진리일 수도 있고 거짓일 수도 있다. 그러므로 철학자가 『니코마코스 윤리학』 제6권[17]에서 말하는 것처럼, 그것들은 지성적 덕이 아니다.

마스의 착수를 위해 매우 값진 지표를 제공한다. 지혜로운 자는 이성의 제일원리들이 그 자체로 알려짐에도 불구하고 그것들의 가치를 확인할 권리와 의무를 지니고 있다.

16. q.55, aa.3-4.
17. *Ethica Nic.*, VI, c.3, 1139b16; c.7, 1141a19; S. Thomas, lect.3, n.1143. Cf. q.55, a.4. "그러므로 지성의 행위는 참을 고찰한다는 사실 때문에 선하기 때문에, 오로지 지성 안에 실존하는 습성이 무류적으로 참이라고 말해지는 것일 때에만 덕일 수 있어야 한다. 바로 그렇기 때문에 견해는 지성적 덕이 아닌 데 반해, 학문과 직관은 덕인 것이다."(*De veritate*, q.14, a.8) - "참이 지성의 선인 것과 마찬가지로 거짓은 지성의 악이다. 왜냐하면 견해적 습성은 지성적 덕이 아닌데, 그것은 거짓을 말할 수 있는 가능성이 바탕에 깔려 있기 때문이다."(*De veritate*, q.18, a,6)

Articulus 3
Utrum habitus intellectualis qui est ars, sit virtus

Ad tertium sic proceditur. Videtur quod ars non sit virtus intellectualis.[1]

1. Dicit enim Augustinus, in libro *de Libero Arbitrio*,[2] quod *virtute nullus male utitur*. Sed arte aliquis male utitur, potest enim aliquis artifex, secundum scientiam artis suae, male operari. Ergo ars non est virtus.

2. Praeterea, virtutis non est virtus. *Artis* autem *est aliqua virtus*, ut dicitur in VI *Ethic*.[3] Ergo ars non est virtus.

3. Praeterea, artes liberales sunt excellentiores quam artes mechanicae. Sed sicut artes mechanicae sunt practicae, ita artes liberales sunt speculativae. Ergo si ars esset virtus intellectualis, deberet virtutibus speculativis annumerari.

Sed contra est quod Philosophus, in VI *Ethic*.,[4] ponit artem esse virtutem; nec tamen connumerat eam virtutibus speculativis, quarum subiectum ponit scientificam partem animae.[5]

---

1. 이 절과 다음 절에 대해서는: Cf. Jacques Maritain, *Art and Scholasticism*, London, New York, 1962. 또한 작고한 예수회의 김태관 신부가 오래전에 번역한 마리탱의 다음 작품도 참조하라: 『詩와 美와 創造的 直觀』, 성바오로출판사, 1982.
2. Augustinus, *De libero arbitrio*, II, 18, PL 32, 1267; 19, PL 32, 1268.
3. *Ethica Nic.*, VI, c.5, 1140b22-23; S. Thomas, lect.4, n.1172.
4. *Ethica Nic.*, VI, c.3 & 7, 1139b16-18; 1141a19; S. Thomas, lect.3, nn.1142-1143; lect.5,

제3절 기예라는 지성적 습성은 덕인가?

[**Parall.**: *In Ethic.*, VI, lect.3; *De virtutibus*, a.7]

[반론] 셋째에 대해서는 다음과 같이 전개된다. 기예(技藝)는 지성적 덕이 아닌 것으로 생각된다.[1]

1. 아우구스티누스는 『자유의지론』[2]에서 "아무도 덕을 악용하지 않는다."고 말한다. 그런데 혹자는 기예를 악용할 수 있다. 왜냐하면 어떤 장인은 자기 기예의 지식에 따라서 잘못된 방향으로 작업할 수 있기 때문이다. 그러므로 기예는 덕이 아니다.

2. 덕의 덕이란 없다. 그런데 『니코마코스 윤리학』 제6권[3]에서는 기예에 속하는 덕이 있다고 말한다. 따라서 기예는 덕이 아니다.

3. 자유 학예가 기계 기술보다 더 탁월하다. 그런데 기계적 기예가 실천적인 것과 마찬가지로 자유 학예는 사변적이다. 그러므로 만일 기예가 지성적 덕이라면, 그것은 사변적 덕으로 분류되었어야 할 것이다.

[재반론] 그러나 반대로 철학자는 『니코마코스 윤리학』 제6권[4]에서 기예가 바로 덕이라고 말하고 있다. 그런데 그는 그것을, 그에 따르면 영혼의 학문적 능력 속에 있는 사변적 덕 가운데 거명하지 않는다.[5]

---

nn.1182-1183. Cf. cc.2 & 6, 1139a11-15; 1140b31-1141a8; S. Thomas, lect.1, nn.1118-1123; lect.5, nn.1175-1179.

5. 여기서 영혼의 '학문적 능력'(scientificam partem)이란 인간 지성이 제일원리들로부터 출발해서 증명적 또는 지혜적 결론들에 이를 수 있는 역량을 가리킨다. Cf. Aristoteles, *Ethica Nic.*, VI, cc.3 & 7, 1139b16-18; 1141a19; S. Thomas, lect.3, nn.1142-1143; lect.5, nn.1182-1183. Cf. cc.2 & 6, 1139a11-15; 1140b31-1141a8; S. Thomas, lect.1, nn.1118-1123; lect.5, nn.1175-1179.

q.57, a.3

Respondeo dicendum quod ars nihil aliud est quam ratio recta aliquorum operum faciendorum. Quorum tamen bonum non consistit in eo quod appetitus humanus aliquo modo se habet, sed in eo quod ipsum opus quod fit, in se bonum est. Non enim pertinet ad laudem artificis, inquantum artifex est, qua voluntate opus faciat; sed quale sit opus quod facit.

Sic igitur ars, proprie loquendo, habitus operativus est.[6] Et tamen in aliquo convenit cum habitibus speculativis, quia etiam ad ipsos habitus speculativos pertinet qualiter se habeat res quam considerant, non autem qualiter se habeat appetitus humanus ad illas. Dummodo enim verum geometra demonstret, non refert qualiter se habeat secundum appetitivam partem, utrum sit laetus vel iratus, sicut nec in artifice refert, ut dictum est.[7] Et ideo eo modo ars habet rationem virtutis, sicut et habitus speculativi, inquantum scilicet nec ars, nec habitus speculativus, faciunt bonum opus quantum ad usum, quod est proprium virtutis perficientis appetitum; sed solum quantum ad facultatem bene agendi.[8]

Ad primum ergo dicendum quod, cum aliquis habens artem operatur malum artificium, hoc non est opus artis, immo est contra artem, sicut etiam cum aliquis sciens verum mentitur, hoc

---

6. 텍스트에는 '작용적 습성'(habitus operativus)이라고 적혀 있는데, '실천적 습성'을 의미한다.
7. a.2, ad3.

[답변] 기예란 제작해야 하는 것들에 대한 올바른 이성이다. 그런데 이것들의 선은 제작자의 인간적 욕구가 특정 방식으로 관련된다는 점에 달려 있는 것이 아니라, 이루어지는 그 작품 자체의 선에 달려 있다. 기예가는 그가 그 일을 하는 의지 때문에 칭찬할 만한 것이 아니라, 행하는 작품의 성격 때문에 칭찬할 만하다.

그러므로 기예는 엄밀히 말해 작용적 습성이다.[6] 그러나 그것은 어떤 면에서는 사변적 습성들과 공통점을 지니고 있다. 왜냐하면 사변적 습성들이 고려하는 사물들은 그 습성들과 질적으로 연관되지만, 인간적 욕구가 그 사물들에 대해 어떤 관계에 있는지는 그 습성들과 질적으로 연관되지 않기 때문이다. 실상 기하학자가 진리를 증명하는 한에서, 그가 그것에 관해 어떤 느낌을 가지고 있는지, 기쁜지 아니면 화가 나는지는 문제가 되지 않는다. 또한 이미[7] 살펴본 것처럼, 그것은 기술자와도 상관이 없다. 그래서 기예는 사변적 습성이 지니고 있는 것과 같은 방식으로 덕의 근거를 지니고 있다. 다시 말해, 기예도 사변적 덕도 욕구를 완성하는 덕에 고유한 특징대로, 습성의 사용과 관련해서 그 작품을 선하게 만드는 것이 아니다. 기예는 사변적 습성들과 마찬가지로 잘 수행할 수 있는 능력을 전해 줄 뿐이다.[8]

[해답] 1. 기예를 갖추고 있는 사람이 나쁜 일을 산출해 냈을 때, 이것은 그의 기예의 업적이 아니라, 기예에 반대되는 업적이다. 이것은

---

8. 성 토마스가 여기서 말하는 '기예'(ars)는 삶에 유익한 도구 구성을 도모하는 수공업과 모든 기술직 활동이다. 하지만 예술이 배제되는 것은 아니다. 성 토마스는 작용적 기관과 그것의 올바른 사용 사이의 구별을 재확인하면서, 기술이 그 기술적 완전성에 있어서 도덕으로부터 형상적으로 독립적임을 입증한다. 이 점은 이어지는 절에서 좀 더 명료하게 설명될 것이다.

quod dicit non est secundum scientiam, sed contra scientiam. Unde sicut scientia se habet semper ad bonum, ut dictum est,[9] ita et ars, et secundum hoc dicitur virtus. In hoc tamen deficit a perfecta ratione virtutis, quia non facit ipsum bonum usum, sed ad hoc aliquid aliud requiritur, quamvis bonus usus sine arte esse non possit.[10]

AD SECUNDUM dicendum quod, quia ad hoc ut homo bene utatur arte quam habet, requiritur bona voluntas, quae perficitur per virtutem moralem; ideo Philosophus dicit quod artis est virtus, scilicet moralis, inquantum ad bonum usum eius aliqua virtus moralis requiritur. Manifestum est enim quod artifex per iustitiam, quae facit voluntatem rectam, inclinatur ut opus fidele faciat.

AD TERTIUM dicendum quod etiam in ipsis speculabilibus est aliquid per modum cuiusdam operis, puta constructio syllogismi aut orationis congruae aut opus numerandi vel mensurandi.[11] Et ideo quicumque ad huiusmodi opera rationis habitus speculativi ordinantur, dicuntur per quandam similitudinem artes, sed liberales; ad differentiam illarum artium quae ordinantur ad opera per corpus exercita, quae sunt quodammodo serviles,[12] inquantum corpus serviliter subditur animae, et homo

---

9. a.2, ad3.
10. Cf. q.21, a.2 ad2; q.55, a.5, ad5.

마치 어떤 사람이 진실을 알면서도 거짓말을 할 때, 그의 말들이 그의 지식과 일치되는 것이 아니라 그것에 반대되는 것과 같다. 따라서 위에서 말한 것처럼,[9] 학문이 언제나 선과 연관되는 것처럼, 기예 역시 그러하다. 그리고 바로 그렇기 때문에 그것은 덕이라고 불린다. 그런데 그것에는 완전한 덕의 근거가 결핍되어 있다. 왜냐하면 훌륭한 기예가 없이는 훌륭한 선용이 있을 수 없음에도 불구하고, 기예는 그것이 산출하는 것에 대한 선한 사용을 보장하지는 않기 때문이다. 그 선용을 위해서는 또 다른 어떤 것이 요구된다.[10]

2. 어떤 사람이 자신이 지니고 있는 기예를 선용하기 위해서는, 선의지(善意志)가 요구되는데, 그것은 도덕적 덕을 통해서 완성된다. 이 때문에 철학자는 기예의 선용이 도덕적 덕을 요구하는 한에서, 기예를 위한 덕, 즉 도덕적 덕이 있다고 말하고 있다. 분명 기술자가 자신의 일을 충실히 수행하는 데에로 이끌리는 것은 그에게 올바른 의지를 주는 정의를 통해서이다.

3. 심지어는 사변적인 것들 안에도 예컨대 삼단논법을 구성하거나 한 줄의 산문을 짓거나 계산하고 측량하는 것과 같은 작업 방식을 통한 어떤 것이 있다.[11] 사변적 이성의 그와 같은 작업으로 질서 지어진 습성들은 모두 비유적으로 기예 중에서도 "자유" 학예라고 불린다. 이는 육체가 영혼에 예속되고 인간은 그의 영혼에 있어 자유로운 한에서, 자유 학예를, 육체를 통해 수행되는 작업들을 지향하는, 말하자면 예속적인 기예들과 구별하기 위한 것이다.[12] 다른 한편 그런

---

11. Cf. II-II, q.47, a.2, ad3.
12. Cf. II-II, q.122, a.4, ad3.

secundum animam est liber. Illae vero scientiae quae ad nullum huiusmodi opus ordinantur, simpliciter scientiae dicuntur, non autem artes. Nec oportet, si liberales artes sunt nobiliores, quod magis eis conveniat ratio artis.

Articulus 4
Utrum prudentia sit virtus distincta ab arte

Ad quartum sic proceditur. Videtur quod prudentia non sit alia virtus ab arte.[1]

1. Ars enim est ratio recta aliquorum operum. Sed diversa genera operum non faciunt ut aliquid amittat rationem artis, sunt enim diversae artes circa opera valde diversa. Cum igitur etiam prudentia sit quaedam ratio recta operum, videtur quod etiam ipsa debeat dici ars.

2. Praeterea, prudentia magis convenit cum arte quam habitus speculativi, utrumque enim eorum est *circa contingens aliter se habere*, ut dicitur in VI *Ethic.*[2] Sed quidam habitus speculativi dicuntur artes. Ergo multo magis prudentia debet dici ars.

---

1. 실천적 지혜인 '현명'(phronesis)은 활동을 펼치는 데 있어서의 '올바른 이성'(orthos logos)이고, '기술'(techne)은 작품들을 만드는 데 있어서의 '올바른 이성'(recta ratio factibilium)이다.

작업으로 질서 지어져 있지 않은 학문들은 순수하게 단적으로 학문이라고 불리지, 기예라고 불리지 않는다. 설령 자유 학예가 보다 고상한 것이라고 하더라도 기예의 근거가 그것들에 좀 더 적용된다는 귀결이 나오는 것도 아니다.

제4절 현명은 기예와는 구별되는 덕인가?

[**Parall**.: Cf. II-II, q.47, a.4, ad2; a.5; *In Ethic.*, VI, lect.4; *De virtutibus*, a.12]

[반론] 넷째에 대해서는 다음과 같이 전개된다. 현명은 기예와 구별되는 덕이 아닌 것으로 생각된다.[1]

1. 기예는 특정 행업(opus)에 적용된 올바른 이성이다. 그렇지만 행업의 종류가 여럿이라고 해서 습성이 기예이기를 그치는 것은 아니다. 왜냐하면 광범위하게 다른 작업에 따라 다양한 기예들이 있기 때문이다. 그러므로 현명 역시 '작업에 대한 올바른 이성'이기 때문에, 그것 역시 하나의 기예로 간주되어야 하는 것으로 보인다.

2. 현명은, 사변적 습성들보다 더 기예와 공통점이 많다. 왜냐하면 그것들은 둘 다 『니코마코스 윤리학』 제6권[2]에서 말하는 것처럼, "우연적인 것들을 대상으로 삼고 있기" 때문이다. 그런데 어떤 사변적 습성들은 기예라고 불린다. 따라서 현명은 더더욱 기예라고 불려야 한다.

---

2. *Ethica Nic.*, VI, c.6, 1140b35-1141a8; S. Thomas, lect.5, nn.1175-1179. Cf. cc.2 & 5, 1139b20-24; 1140b25-30; S. Thomas, lect.3, nn.1144-1146; lect.4, n.1174.

3. Praeterea, *ad prudentiam pertinet bene consiliari*, ut dicitur in VI *Ethic.*³ Sed etiam in quibusdam artibus consiliari contingit, ut dicitur in III *Ethic.*,⁴ sicut in arte militari, et gubernativa, et medicinali. Ergo prudentia ab arte non distinguitur.

SED CONTRA est quod Philosophus distinguit prudentiam ab arte, in VI *Ethic.*⁵

RESPONDEO dicendum quod ubi invenitur diversa ratio virtutis, ibi oportet virtutes distingui. Dictum est autem supra⁶ quod aliquis habitus habet rationem virtutis ex hoc solum quod facit facultatem boni operis, aliquis autem ex hoc quod facit non solum facultatem boni operis, sed etiam usum. Ars autem facit solum facultatem boni operis, quia non respicit appetitum. Prudentia autem non solum facit boni operis facultatem, sed etiam usum, respicit enim appetitum, tanquam praesupponens rectitudinem⁷ appetitus.⁸

Cuius differentiae ratio est, quia ars est *recta ratio factibilium*; prudentia vero est *recta ratio agibilium*. Differt autem facere et agere quia, ut dicitur in IX *Metaphys.*,⁹ factio est actus transiens

---

3. *Ethica Nic.*, VI, c.5, 1140a25-28; S. Thomas, lect.4, n.1162.
4. *Ethica Nic.*, III, c.5, 1112b3-6; S. Thomas, lect.7, n.468.
5. Aristoteles, *Ethica Nic.*, VI, c.3, 1139b16-18; 1140b2-4; 21-22; S. Thomas, lect.3, nn.1142-1143; lect.4, nn.1164-1165, & 1172.

3. 『니코마코스 윤리학』 제6권[3]에서 말하는 것처럼, "훌륭한 숙고는 현명의 본령이다." 그런데 또다시 『니코마코스 윤리학』 제3권[4]에서 말하는 것처럼, 숙고는 군사 기술이나 통치 기술이나 의료 기술에서처럼 어떤 기예 안에서도 발생한다. 그러므로 현명은 기예와 구별되지 않는다.

[재반론] 그러나 반대로 철학자는 『니코마코스 윤리학』 제6권[5]에서 현명과 기예를 구별하고 있다.

[답변] 덕의 근거가 다양한 곳에서는 덕들을 구별해야 한다. 위에서[6] 말한 것처럼, 어떤 습성들은 단지 어떤 일을 잘할 수 있는 능력을 전해 주는 것으로 덕의 의미를 채우는데, 다른 덕들은 그 일을 행할 뿐만 아니라 또한 그 능력의 사용도 보장한다. 기예는 단지 그 능력만을 전해 준다. 왜냐하면 그것은 욕구와 무관하기 때문이다. 그러나 현명은 일을 잘할 능력을 전해 줄 뿐만 아니라 또한 그 사용도 함께 전해 준다. 왜냐하면 그것은 욕구의 올바름[7]을 전제하는 만큼 욕구 자체도 포함하고 있기 때문이다.[8]

차이의 이유는, 기예가 '제작할 수 있는 것들에 관한 올바른 이성'인 데 반해, 현명은 '수행할 수 있는 것들에 대한 올바른 이성'이기 때문이다. '제작'과 '행함'은 다르다. 왜냐하면 『형이상학』 제9권[9]에서 말하고 있듯이, '제작'은 외부적 물질(질료)로 전이되는 행위인 데 반

---

6. a.1; q.56, a.3.
7. 즉 인간적 행위나 도덕적 행위에 있어서의 올바른 사랑.
8. 기예와 도덕 사이에 존재하는 관계가 이토록 명료하게 다루어진다.
9. *Metaphysica*, VIII, c.8, 1050a30-b2; S. Thomas, lect.8, nn.1862-1865.

q.57, a.4

in exteriorem materiam, sicut aedificare, secare, et huiusmodi; agere[10] autem est actus permanens in ipso agente, sicut videre, velle, et huiusmodi. Sic igitur hoc modo se habet prudentia ad huiusmodi actus humanos, qui sunt usus potentiarum et habituum, sicut se habet ars ad exteriores factiones, quia utraque est perfecta ratio respectu illorum ad quae comparatur. Perfectio autem et rectitudo rationis in speculativis, dependet ex principiis, ex quibus ratio syllogizat, sicut dictum est[11] quod scientia dependet ab intellectu, qui est habitus principiorum, et praesupponit ipsum. In humanis autem actibus se habent fines sicut principia in speculativis, ut dicitur in VII *Ethic.*[12] Et ideo ad prudentiam, quae est recta ratio agibilium, requiritur quod homo sit bene dispositus circa fines,[13] quod quidem est per appetitum rectum. Et ideo ad prudentiam requiritur moralis virtus, per quam fit appetitus rectus.[14] Bonum autem artificialium non est bonum appetitus humani, sed bonum ipsorum operum artificialium, et ideo ars non praesupponit appetitum rectum. Et inde est quod magis laudatur artifex qui volens peccat, quam qui peccat nolens; magis autem contra prudentiam est quod aliquis peccet volens, quam nolens, quia rectitudo voluntatis est de ratione prudentiae, non autem de ratione artis.—Sic igitur patet quod prudentia est virtus distincta ab arte.

---

10. Cf. q.3, a.2, ad3; I, q.14, aa.2 & 4; q.183, a.1; *ScG*, I, cc.45, 53 & 73; II, c.1; *De veritate*, q.8, a.6.
11. a.2, ad2.

해, '행함'[10]은 예컨대 보고 원하는 것과 같이 행위자 자체 안에 머무는 [내재적] 행위이기 때문이다. 따라서 현명은 기예가 외부 제작물과 맺고 있는 것과 똑같은 관계를, (능력과 습성의 사용인) 인간적 행위들과 맺고 있다. 왜냐하면 그것들[현명과 기예]은 각각 연관되는 것들에 대한 완전한 이성이기 때문이다. 그런데 사변적인 영역에서 활동의 완전함과 올바름은 위에서[11] 말한 것처럼, (이성이 그로부터 삼단논법을 전개하는) 원리들에 달려 있다. 실상 우리는 학문이, 원리들의 습성인 이해에 의존하고 그것을 전제한다는 것을 지적한 바 있다. 그렇지만 『니코마코스 윤리학』 제7권[12]에서 말하는 것처럼, 인간적 행위에서 목적은 사변적 행위에서 원리와 같은 역할을 한다. 따라서 행할 수 있는 것들에 대한 올바른 이성인 현명은 사람이 목적[13]에 대해서 올바르게 준비되어 있을 것을 요구한다. 그리고 이것은 그의 욕구의 올바름을 통해서 이루어진다. 따라서 욕구를 올바르게 만드는 도덕적 덕이 현명의 선결 조건이다.[14] 그렇지만 제작품들의 선은 인간 욕구의 선이 아니라, 제작품들 자체의 선이다. 이리하여 기예는 욕구의 올바름을 전제하지 않는다. 따라서 자기 기술의 규칙들을 의도적으로 어기는 기술자가 마지못해 그렇게 하는 자보다 더 칭송받지만, 의도적인 실수가 의도하지 않은 실수보다 더 현명에 위배된다. 왜냐하면 의지의 올바름은 현명의 근거이지만, 기예의 근거는 아니기 때문이다.—따라서 현명이 기예와 구별되는 덕이라는 것이 명백하다.

---

12. *Ethica Nic.*, VII, c.9, 1151a16-20; S. Thomas, lect.8, n.1430-1432.
13. 즉 인생의 목적들이다.
14. Cf. q.65, a.1; II-II, q.47, aa.6-7.

q.57, a.4

AD PRIMUM ergo dicendum quod diversa genera artificialium omnia sunt extra hominem, et ideo non diversificatur ratio virtutis. Sed prudentia est recta ratio ipsorum actuum humanorum, unde diversificatur ratio virtutis, ut dictum est.[15]

AD SECUNDUM dicendum quod prudentia magis convenit cum arte quam habitus speculativi, quantum ad subiectum et materiam, utrumque enim est in opinativa parte[16] animae, et circa contingens aliter se habere. Sed ars magis convenit cum habitibus speculativis in ratione virtutis, quam cum prudentia, ut ex dictis[17] patet.

AD TERTIUM dicendum quod prudentia est bene consiliativa de his quae pertinent ad totam vitam hominis, et ad ultimum finem vitae humanae. Sed in artibus aliquibus est consilium de his quae pertinent ad fines proprios illarum artium. Unde aliqui, inquantum sunt bene consiliativi in rebus bellicis vel nauticis, dicuntur prudentes duces vel gubernatores, non autem prudentes simpliciter, sed illi solum qui bene consiliantur de his quae conferunt ad totam vitam.[18]

---

15. 본론.
16. 영혼의 능력들 가운데 '억견(臆見)에 관련된'(opinativa) 부분은 제1원리들로부터 기껏 개연적이기만 할 뿐인 결론들을 전개할 수 있는 한에서의 인간의 지성적 인식이다. 그리고 이것은 '학문적 능력'의 차이에 따른 것이다. Cf. supra a.3.
17. c et ad3. 단 하나의 정신이 지속적인 실재와 지나가는 실재를 둘 다 지각한다. 그러나 그 기능을 조정하는 그 차이들은 습성의 유형들을 다양화하기에 충분하다. 어떤 덕들은 이론을 요구하지만, 다른 것들은 실천을 요구한다. Cf. I, q.79, a.9, ad3; De veritate, q.15, a.2, ad3.

[해답] 1. 다양한 종류의 제작물들은 온통 사람에 대해 외부적이고, 따라서 덕의 의미가 달라지지 않는다. 그렇지만 현명은 인간 행위들 자체에 있어서의 올바른 이성이고, 따라서 이미[15] 설명한 것처럼, 뚜렷이 구별되는 덕이다.

2. 현명은 주체 및 질료와 관련해서, 사변적 습성보다는 기예에 더 어울린다. 왜냐하면 그것들은 둘 다 '억견'에 관련된 영혼의 부분에 자리 잡고 있고,[16] 실상 우연적인 것과 서로 다른 관계를 맺고 있기 때문이다. 그러나 덕의 근거와 관련해서는, 이미 말한 것으로부터 분명하듯이,[17] 기예는 현명보다는 사변적 습성들에 더 가깝다.

3. 현명은 어떤 사람의 삶 전체에 관계되는 것과 인생의 궁극 목적에 관해 잘 숙고하는 것이다. 반면에 다른 어떤 기예들에서는 그런 기예의 특수 목적들에 관계되는 것들에 대해서 잘 숙고하는 것이다. 실상 어떤 이들은 이미 절대적인 의미에서 현명한 것이 아니라, 전쟁이나 항해와 관련된 일들을 잘 숙고하는 데 적합한 한에서 장수나 선장으로서 현명하다는 말을 듣는다. 하지만 오로지 삶 전체에 관련된 것들을 잘 숙고하기에 적합한 사람들만이 절대적인 의미에서 현명하다는 말을 듣는다.[18]

---

18. 다시 말해, 참으로 현명한 자는 (마치 지혜 또는 제일 철학이 존재 전체를 포용하듯이· Cf. I, q.1, a.6) 그 덕이 인간의 삶 전체를 포괄하는 '성인들'이다. 훌륭한 기예라고 해서 반드시 도덕적으로도 훌륭할 필요는 없지만, 어떤 작품을 만드는 데 있어서는 모자람이 없는 통전성(integritas)을 요구한다. Cf. Aristoteles, *Metaphysica*, VIII, c.5, 1047b31-48a10.

Articulus 5
Utrum prudentia sit virtus necessaria homini

Ad quintum sic proceditur. Videtur quod prudentia[1] non sit virtus necessaria ad bene vivendum.

1. Sicut enim se habet ars ad factibilia, quorum est ratio recta; ita se habet prudentia ad agibilia, secundum quae vita hominis consideratur, est enim eorum recta ratio prudentia, ut dicitur in VI *Ethic*.[2] Sed ars non est necessaria in rebus factibilibus nisi ad hoc quod fiant, non autem postquam sunt factae. Ergo nec prudentia est necessaria homini ad bene vivendum, postquam est virtuosus, sed forte solum quantum ad hoc quod virtuosus fiat.

2. Praeterea, *prudentia est per quam recte consiliamur*, ut dicitur in VI *Ethic*.[3] Sed homo potest ex bono consilio agere non solum proprio, sed etiam alieno. Ergo non est necessarium ad bene vivendum quod ipse homo habeat prudentiam; sed sufficit quod prudentum consilia sequatur.

3. Praeterea, virtus intellectualis est secundum quam contingit semper dicere verum, et nunquam falsum. Sed hoc non videtur contingere secundum prudentiam, non enim est humanum quod in consiliando de agendis nunquam erretur;

---

1. '현명'(prudentia)이라는 용어는 키케로의 말을 빌리자면 'pro-videns'(앞을-내다보다)의 축약형으로부터 유래되는 것(Cf. *Respublica*, VI)이지만, 성 토마스는 이시도루스를 따라 'porro-videns'(멀리-보다)를 그 어원으로 제시하고 있다.(Cf. II-II, q.47, a.1)

제5절 현명은 인간에게 필수적인 덕인가?

[Cf. II-II, q.51, a.3, ad3; *De virtutibus*, a.6]

[반론] 다섯째에 대해서는 다음과 같이 전개된다. 현명[1]은 인간이 잘 사는 데 꼭 필요한 덕이 아닌 것으로 생각된다.

1. 기예가 만들 수 있는 것들(기예는 실상 이것에 대한 올바른 이성이다.)과 관계되듯이 현명은 '행할 수 있는 것들'(이것에 의해서 인생은 평가된다.)과 관계된다. 왜냐하면 『니코마코스 윤리학』제6권[2]에서 말하고 있는 것처럼, 현명은 저 행위들에 대한 올바른 이성이기 때문이다. 그러나 기예는 '제작할 수 있는 것들'에 대해서 오직 그것들이 완성되기까지만 필요하다. 그러므로 현명도 어떤 사람이 이미 유덕한 경우에는 잘 사는 데 필요하지 않고, 오직 유덕해지는 데 있어서만 필요할 뿐이다.

2. 『니코마코스 윤리학』제6권[3]에서 말하고 있듯이, "현명은 그것을 통해서 우리가 잘 숙고하게 되는 덕이다." 그런데 인간은 자신의 숙고뿐만 아니라 다른 사람의 훌륭한 숙고에 따라서도 행동할 수 있다. 그러므로 어떤 사람이 잘 살기 위해서 그 자신이 현명을 갖추고 있을 필요는 없고, 현명한 사람들의 숙고들을 따르는 것으로 충분하다.

3. 지성적 덕이란, 그것에 따라 결코 거짓이 아니라 언제나 진실을 말하게 되는 덕이다. 그런데 현명의 경우는 이에 해당되지 않는 것으로 보인다. 인간이 행할 수 있는 것들은 현재의 모습과 달라질 수도

---

2. *Ethica Nic.*, VI, c.5, 1140b3-4; S. Thomas, lect.4, nn.1164-1165.
3. *Ethica Nic.*, VI, cc.5, 8, & 10, 1140a25-28; 1142b9-14; 1142b31-33; S. Thomas, lect.4, n.1162; lect.6, nn.1191-1193; lect.8, nn.1233-1234.

q.57, a.5

cum humana agibilia sint contingentia aliter se habere. Unde dicitur *Sap.* 9, [14]: *Cogitationes mortalium timidae, et incertae providentiae nostrae.* Ergo videtur quod prudentia non debeat poni intellectualis virtus.

Sed contra est quod *Sap.* 8, [7], connumeratur aliis virtutibus necessariis ad vitam humanam, cum dicitur de divina sapientia: *Sobrietatem et prudentiam docet, iustitiam et virtutem,*[4] *quibus utilius nihil est in vita hominibus.*

Respondeo dicendum quod prudentia est virtus maxime necessaria ad vitam humanam. Bene enim vivere consistit in bene operari.[5] Ad hoc autem quod aliquis bene operetur, non solum requiritur quid faciat, sed etiam quomodo faciat; ut scilicet secundum electionem rectam operetur, non solum ex impetu aut passione. Cum autem electio sit eorum quae sunt ad finem,[6] rectitudo electionis duo requirit, scilicet debitum finem; et id quod convenienter ordinatur ad debitum finem. Ad debitum autem finem homo convenienter disponitur per virtutem quae perficit partem animae appetitivam, cuius obiectum est bonum et finis. Ad id autem quod convenienter in finem debitum ordinatur, oportet quod homo directe disponatur per habitum

---

4. 성경 텍스트에는 분명 하느님의 지혜가 "맑은 정신과 현명, 정의와 덕"을 가르친다고 되어 있어, 우리도 그렇게 번역했지만, 대다수의 현대어 번역본들은 한결같

제57문 제5절

있는 우연적인 것들이니 말이다. 따라서 지혜서 9장 [14절]에서는 이렇게 말하고 있다. "죽어야 할 인간의 생각은 두려움에 가득 차 있고, 우리의 배려라고 하는 것은 불확실하옵니다." 그러므로 현명은 지성적 덕으로 간주되어서는 안 되는 것으로 보인다.

[재반론] 그러나 반대로 지혜서 8장 [7절]은 인간의 삶에 필요한 다른 덕목들을 열거하고 있다. 거기에서는 신적 지혜에 대해서 이렇게 말하고 있다. "정녕 지혜는 맑은 정신(sobrietas)과 현명, 정의와 덕을 가르쳐 준다.[4] 사람이 사는 데에 이것들보다 더 유익한 것은 없다."

[답변] 현명은 인간의 삶에 가장 필수적인 덕이다. 왜냐하면 잘 산다는 것은 잘 행동하는 데에서 성립되기 때문이다.[5] 그러나 잘 살기 위해서는 단지 무엇을 행하는지에 대해서뿐만 아니라 그것을 어떻게 수행해야 할지에 대해서도 숙고해야 한다. 곧 그는 단순한 충동이나 정념에서만이 아니라 올바른 선택에 따라서도 행동해야 하는 것이다. 그렇지만 선택은 목적에 이르는 수단과 연관되기[6] 때문에, 선택의 올바름은 필시 두 가지 요인, 곧 마땅한 목적과 그 마땅한 목적에 적절하게 질서 지어진 것[수단]을 포함하고 있다. 인간은 선과 목적을 대상으로 삼는 욕구적 부분에서 영혼을 완성시키는 덕을 통해서 마땅한 목적을 향해 적절하게 준비를 갖추게 된다. 그렇지만 인간이 자신의 마땅한 목적에 올바르게 질서 지어지기 위해서는 인간이

이 사추덕, 곧 "절제와 현명, 정의와 용기"를 가르친다고 옮기고 있다
5. Cf. q.5, a.7; q.56, a.1, ad2.
6. Cf. q.13, a.3; q.14, a.2.

q.57, a.5

rationis, quia consiliari et eligere, quae sunt eorum quae sunt ad finem, sunt actus rationis.⁷ Et ideo necesse est in ratione esse aliquam virtutem intellectualem, per quam perficiatur ratio ad hoc quod convenienter se habeat ad ea quae sunt ad finem. Et haec virtus est prudentia.⁸ Unde prudentia est virtus necessaria ad bene vivendum.⁹

AD PRIMUM ergo dicendum quod bonum artis consideratur non in ipso artifice, sed magis in ipso artificiato, cum ars sit ratio recta factibilium, factio enim, in exteriorem materiam transiens, non est perfectio facientis, sed facti, sicut motus est actus mobilis;¹⁰ ars autem circa factibilia est. Sed prudentiae bonum attenditur in ipso agente, cuius perfectio est ipsum agere, est enim prudentia recta ratio agibilium, ut dictum est.¹¹ Et ideo ad artem non requiritur quod artifex bene operetur, sed quod bonum opus faciat. Requireretur autem magis quod ipsum artificiatum bene operaretur, sicut quod cultellus bene incideret, vel serra bene secaret; si proprie horum esset agere, et non magis agi, quia non habent dominium sui actus. Et ideo ars non est necessaria ad bene vivendum ipsi artificis; sed solum

---

7. Cf. q.13, a.1; q.14, a.1.
8. Cf. q.56, a.4, ad4; q.58, a.4; II-II, q.47, a.1, ad2; q.54, a.2.
9. 여기서 논거의 설득력 전체가 인간의 행위가 이성의 자유 선택에 예속되어 있음을 명시하는 데 있음을 놓치지 말아야 한다. 현명이라는 덕의 절대적 중요성은 (비록 그 선택 행위가 직접적으로 그리고 형상적으로 의지에 속한다고 하더라도) 현명에 의해 규제되는 이성이 선택의 최초의 뿌리라는 사실에 있다. 앎과 덕

이성의 습성을 통해 직접적으로 태세를 갖출 필요가 있다. 왜냐하면 어떤 목적으로 질서 지어져 있는 것[수단]에 관계되는 숙고와 선택은 이성의 행위들이기 때문이다.[7] 따라서 그것을 보완하고 그것을 이 일들에 잘 적응하도록 만드는 데는 어떤 지성적 덕이 필요하다. 이 덕이 바로 현명이다.[8] 그러므로 현명은 훌륭한 삶을 사는 데 필요한 덕이다.[9]

[해답] 1. 기예의 선은 장인(기술자)보다는 제작된 것[업적] 안에 있다. 왜냐하면 기예는 제작할 수 있는 것들에 대한 올바른 이성(ratio recta factibilium)이기 때문이다. 외부 재료로 넘어가는 만듦은 만드는 자의 완전성이 아니라 만들어진 사물의 완전성이다. 이것은 운동이 움직여질 수 있는 것의 현실인 것과 같다.[10] 그런데 기예는 제작할 수 있는 것들과 관계된다. 반면에 현명의 선은 행위자 자신에 속하고, 그의 완전성은 바로 그 행위 자체이다. 왜냐하면 이미[11] 말한 것처럼, 현명이란 행할 수 있는 것들에 관한 올바른 이성이기 때문이다. 따라서 기예는 한 장인에 대해서 그의 활동이 선할 것을 요구하는 것이 아니라, 그의 작품이 훌륭할 것을 요구한다. 잘 작용해야 하는 것은 오히려 제작된 그것에게 요구된다. 예컨대 칼은 잘 자르고, 톱은 잘 써는 것이 요구된다. (만일 어떤 일을 당하는 것보다 어떤 일을 하는 것이 이것들에 더 고유하다면 말이다. 그들에게는 자기 활동들

행 사이의 소크라테스적 혼란을 배격함에도 불구하고, 인간의 행위가 그 이름에 걸맞기 위해서는 이성에 의해 규제되어야 한다는 사실을 잊어서는 안 된다. 한편 모든 도덕적 무질서는 언제나 구체적 가치평가의 실천적 오류들 수반한다.
10. Cf. I, q.18, a.3, ad1.
11. a.4.

q.57, a.5

ad faciendum artificiatum bonum, et ad conservandum ipsum. Prudentia autem est necessaria homini ad bene vivendum, non solum ad hoc quod fiat bonus.

AD SECUNDUM dicendum quod, cum homo bonum operatur non secundum propriam rationem, sed motus ex consilio alterius; nondum est omnino perfecta operatio ipsius, quantum ad rationem dirigentem, et quantum ad appetitum moventem. Unde si bonum operetur, non tamen simpliciter bene; quod est bene vivere.[12]

AD TERTIUM dicendum quod verum intellectus practici aliter accipitur quam verum intellectus speculativi, ut dicitur in VI *Ethic*.[13] Nam verum intellectus speculativi accipitur per conformitatem intellectus ad rem. Et quia intellectus non potest infallibiliter conformari rebus in contingentibus, sed solum in necessariis; ideo nullus habitus speculativus contingentium est intellectualis virtus, sed solum est circa necessaria.[14]—Verum autem intellectus practici accipitur per conformitatem ad appetitum rectum.[15] Quae quidem conformitas in necessariis locum non habet, quae voluntate humana non fiunt, sed solum in contingentibus quae possunt a nobis fieri, sive sint agibilia interiora, sive factibilia exteriora.[16] Et ideo circa sola contingentia

---

12. 현명은 온전히 모든 일에서 자기 자신의 판단에 따르는 성숙한 사람에게 고유한 덕이다. 하지만 그것은 경험이 많고 확신에 가득 찬 사람들의 지시나 권고를 유순하게 따르는 모든 사람들에게도 성찰적으로(per riflesso) 속한다.

에 대한 지배력이 없기 때문이다.) 그러므로 기예는 장인 자신에게 잘 살기 위해서 필요한 것이 아니라, 다만 어떤 훌륭한 산물을 만들어 내거나 보존하기 위해서 필요하다. 반면에 현명은 비단 사람이 선하게 되기 위해서뿐만 아니라, 잘 살기 위해서도 필요하다.

2. 어떤 사람이 자신의 생각에서가 아니라 다른 사람의 충고를 듣고 선을 행한다면, 그의 작용은 그것을 지도하는 이성과 그것을 움직이는 욕구에 있어서 온통 완전한 것이 아니다. 설령 어떤 선행이 이루어진다고 하더라도, 그것은 훌륭한 삶을 사는 데 요구되는 절대적인 방식으로 선인 것은 아니다.[12]

3. 『니코마코스 윤리학』 제6권[13]에서 말하는 것처럼, 실천적 지성의 진리는 사변적 지성의 진리와 다르다. 실상 사변적 지성의 진리는 지성과 실재의 일치로 간주된다. 그리고 지성은 우연적인 사물들 안에서는 실재와 정확하게 일치될 수 없고, 오직 필연적인 실재들 안에서만 일치될 수 있기 때문에, 우연적인 것에 연루되어 있는 어떤 사변적인 습성도 지성적 덕일 수 없고, 오로지 필연적인 것과 연관된 것들만 지성적 덕일 수 있다.[14]—하지만 실천적 지성의 진리는 올바른 욕구와의 일치에서 성립된다.[15] 이 일치는 인간의 의지에 달려 있는 것이 아닌 필연적인 것의 영역 안에 존재하는 것이 아니라, 오직 내적으로 행할 수 있는 것이든, 아니면 외적으로 만들 수 있는 것이든 우리에 의해서 이루어지는 우연적인 것의 영역 안에만 존재한다.[16] 바로 그렇기 때문에 실천적 지성의 덕은 오직 우연적인 것들만

---

13. *Ethica Nic.*, VI, c.9, 1142b16-17; S. Thomas, lect.8, n.1227.
14. Cf. a.2, ad3.
15. Cf. q.64, a.3.
16. 그러나 이론과 실천 사이의 분열은 없다. Cf. I, q.79, a.11, ad2.

q.57, a.6

ponitur virtus intellectus practici, circa factibilia quidem, ars; circa agibilia vero prudentia.[17]

Articulus 6
Utrum eubulia, synesis et gnome sint virtutes adiuntae prudentiae

Ad sextum sic proceditur. Videtur quod inconvenienter adiungantur prudentiae eubulia, synesis et gnome.[1]

1. Eubulia enim est habitus quo bene consiliamur, ut dicitur in VI *Ethic*.[2] Sed *bene consiliari pertinet ad prudentiam*, ut in eodem libro[3] dicitur. Ergo eubulia non est virtus adiuncta prudentiae, sed magis est ipsa prudentia.

2. Praeterea, ad superiorem pertinet de inferioribus iudicare. Illa ergo virtus videtur suprema, cuius est actus iudicium. Sed

---

17. (*추가주) "사변적 지성의 진리는 인식에서 성립되고, 실천적 지성의 진리는 관리(dirigere)에서 성립된다. 따라서 사변적 지성의 진리는 인식이 인식되는 사물과 일치됨에서 성립되고, 실천적 지성의 진리는 관리가 관리 원리들과 일치됨에서 성립된다.『형이상학』제9권[1048 a10sq.; S. Thomas, lect.4, n.1820]에서도 지적하는 것처럼, 이 관리[원리]를 통한 기술의 규정적 원리는 욕구이다. 그러므로 모든 사물은 무엇이나 진리에 대해 존재에 대한 것과 같은 관계를 맺고 있기 때문에, 실천적 지성에 고유한 관리 행위는 존재에 대해서든 진리에 대해서든 욕구로부터 평가된다."(Cajetanus, in h. a., n.II)

1. 아리스토텔레스의 윤리학에서 가르치고 있는 '분별력'(gnome)에 해당하는 라틴어 용어는 존재하지 않는다. 우리나라 말로도 적절한 단어를 찾기가 쉽지 않다. '심사숙고'(eubulia) = '좋은'(eu) + '의견'(boulia): 곧 좋은 의견을 형성할 수 있는 능력이다.(II-II, q.51, a.1) 나머지 둘은 올바른 명제나 판단을 형성할 수 있는 능력인

대상으로 삼는다. 기예는 만들 수 있는 것들을 다루고, 현명은 행할 수 있는 것들을 다룬다.[17]

제6절 심사숙고, 판단력, 분별력은 현명에 부가되는 덕들인가?

[**Parall**.: Cf. II-II, qq.48 & 51; *In Sent.*, III, d.33, q.3, a.1, ad1, qc.1 & 4; *In Ethic.*, VI, lect.8-9; *De virtutibus*, a.12, ad26; *De virt. card.*, a.1]

[반론] 여섯째에 대해서는 다음과 같이 전개된다. '심사숙고'(eubulia), '판단력'(synesis), '분별력'(gnome) 등은 현명에 적절하게 부가되는 것으로 생각되지 않는다.[1]

1. 『니코마코스 윤리학』 제6권[2]에서 말하는 것처럼, 심사숙고(eubulia)는 "그로써 우리가 잘 숙고하게 되는 습성"이나. 그러나 같은 책[3]에서는 또한 "잘 숙고하는 것은 현명에 속한다."고도 말하고 있다. 그러므로 '심사숙고'는 부가되는 덕이라기보다는 현명 자체라고 보아야 한다.

2. 부하를 판단하는 것은 상급자에게 속하는 일이다. 따라서 판단 행위를 하는 덕이 최고의 덕으로 보인다. 그런데 '판단력'(synesis)은

데, '판단력'(synesis)은 법 규범에 따른 훌륭한 판단을 형성하는 것이고(II-II, q.51, a.3) '분별력'(gnome)은 예외적인 경우들에 대한 훌륭한 판단을 의미하는 '에우뇨모시네'(eugnomosyne)와 동의어이다.(II-II, q.51, a.4) 현명의 부분들에 관해서는: Cf. II-II, q.48. 의견의 심리학에 관해서는: Cf. I-II, q.14.
2. *Ethica Nic.*, VI, c.9, 1112b3-6; S. Thomas, lect.7, n.468.
3. Cf. a.5, obj.2.

synesis est bene iudicativa. Ergo synesis non est virtus adiuncta prudentiae, sed magis ipsa est principalis.

3. Praeterea, sicut diversa sunt ea de quibus est iudicandum, ita etiam diversa sunt ea de quibus est consiliandum. Sed circa omnia consiliabilia ponitur una virtus, scilicet eubulia. Ergo ad bene iudicandum de agendis, non oportet ponere, praeter synesim, aliam virtutem, scilicet gnomen.

4. Praeterea, Tullius ponit, in sua *Rhetorica*,[4] tres alias partes prudentiae, scilicet *memoriam praeteritorum, intelligentiam praesentium*, et *providentiam futurorum*. Macrobius etiam ponit, *super Somnium Scipionis*,[5] quasdam alias partes prudentiae, scilicet *cautionem, docilitatem*, et alia huiusmodi. Non videntur igitur solae huiusmodi virtutes prudentiae adiungi.

Sed contra est auctoritas[6] philosophi, in VI *Ethic.*,[7] qui has tres virtutes ponit prudentiae adiunctas.

Respondeo dicendum quod in omnibus potentiis ordinatis illa est principalior, quae ad principaliorem actum ordinatur. Circa agibilia autem humana tres actus rationis inveniuntur,

---

4. Cicero, *De inventione rhetor.*, II, c.53.
5. Macrobius, *Super somn. Scip.*, I, c.8.
6. 중세의 '권위'(auctoritas)는 전통에 기초를 두고 있는 현대의 논거보다 훨씬 더 유연하고, 동일한 과학적 목표를 채울 것이 요구되지 않는다. 이리하여 우리는 (분명 신학적 고증에 활용될 수 있는) 틀림없이 실증적인 참조와 나란히 그 성격에

잘 판단하기 위한 것이다. 그러므로 '판단력'은 현명에 부가되는 덕이 아니라, 주된 덕 자체라고 보아야 한다.

3. 판단되어야 하는 것들이 다양하듯이, 숙고되어야 할 것들도 다양하다. 그러나 숙고할 수 있는 모든 것들에 대해서 단 하나의 덕인 '심사숙고'만 지적되고 있다. 따라서 수행할 행위에 대해 잘 판단하기 위해서는 '판단력' 이외의 어떤 다른 덕, 곧 '분별력'을 설정할 필요가 없다.

4. 키케로는 『수사학』[4]에서 현명의 세 가지 다른 부분, 곧 "과거에 대한 기억, 현재에 대한 이해, 그리고 미래에 대한 예견"을 열거하고 있다. 마크로비우스도 『스키피오의 꿈에 관하여』[5]에서 현명에 다른 부분들, 곧 "신중함과 유순함" 등을 덧붙이고 있다. 그러므로 [앞에서] 거론된 덕들만이 유독 현명에 부가되는 것이 아니다.

[재반론] 그러나 반대로 『니코마코스 윤리학』 제6권[7]에서는 철학자의 권위[6]가 위의 세 가지 덕이 현명에 부가된다고 말하고 있다.

[답변] 상호 연관되어 있는 모든 능력들 가운데 가장 중요한 것은, 가장 중요한 행위에 질서 지어져 있는 능력이다. 그런데 인간적 행위에 대해서는 이성의 세 가지 행위가 있다. 그 가운데 첫째는 숙고이

있어서 순전히 변증적인 권위에의 호소와 단순히 장식적인 다른 인용구들을 확인할 수 있다. Cf. Marie-Dominique Chenu, OP, *Toward Understanding St. Thomas*, tr. A. Landry & D. Hughes, Chicago, 1965, p.134.

7. Aristoteles, *Ethica Nic.*, VI, cc.10 & 12, 1142b31-33; 1143a25-29; S. Thomas, lect.8, 1233-1234; lect.9, n.1245.

quorum primus est consiliari,[8] secundus iudicare,[9] tertius est praecipere.[10] Primi autem duo respondent actibus intellectus speculativi qui sunt inquirere et iudicare, nam consilium inquisitio quaedam est. Sed tertius actus proprius est practici intellectus, inquantum est operativus, non enim ratio habet praecipere ea quae per hominem fieri non possunt. Manifestum est autem quod in his quae per hominem fiunt, principalis actus est praecipere, ad quem alii ordinantur.[11] Et ideo virtuti quae est bene praeceptiva, scilicet prudentiae, tanquam principaliori, adiunguntur tanquam secundariae, eubulia, quae est bene consiliativa, et synesis et gnome, quae sunt partes iudicativae; de quarum distinctione dicetur.[12]

AD PRIMUM ergo dicendum quod prudentia est bene consiliativa, non quasi bene consiliari sit immediate actus eius, sed quia hunc actum perficit mediante virtute sibi subiecta, quae est eubulia.

AD SECUNDUM dicendum quod iudicium in agendis ad aliquid ulterius ordinatur, contingit enim aliquem bene iudicare de aliquo agendo, et tamen non recte exequi. Sed ultimum complementum est, quando ratio iam bene praecipit de agendis.

AD TERTIUM dicendum quod iudicium de unaquaque re fit per propria principia eius. Inquisitio autem nondum est per

---

8. Cf. q.14, a.1.
9. Cf. q.13, a.1, ad2.
10. Cf. q.17, a.1.

고,⁸ 둘째는 판단이며,⁹ 셋째는 명령이다.¹⁰ 그런데 앞의 두 가지는 탐색하고 판단하는 사변적 지성의 행위들에 상응한다. 실상 숙고는 일종의 검토이다. 반면에 셋째의 고유 행위는 작용적인 한에서 실천적 지성의 행위이다. 왜냐하면 이성은 할 수 없는 것들을 명령할 과제를 지니고 있지 않기 때문이다. 그런데 사람이 수행하는 모든 것 가운데 (다른 행위들이 그것에 예속되는) 으뜸 행위가 명령하는 것이라는 점은 명백하다.¹¹ 따라서 잘 명령할 과제를 지니고 있는 덕인 현명에는 잘 숙고하는 과제를 지니고 있는 '심사숙고'뿐만 아니라 판단할 과제를 지니고 있는 '판단력'과 '분별력'도 부가되어야 한다. 이 마지막 두 가지의 구별에 대해서는 아래에서¹² 말할 것이다.

[해답] 1. 현명은 잘 숙고하는 데에로 기울지만, 이것은 훌륭한 숙고가 현명의 일이라는 의미가 아니라, 그 행위를 '심사숙고'라는 종속된 덕을 통해서 완성하기 때문이다.

2. 행해야 할 것들에 대한 판단은 어떤 다른 것에 질서 지어져 있다. 실상 수행해야 할 행위에 대해서 잘 판단하기는 하지만, 실제 수행은 엉터리로 할 수 있다. 반면에 궁극적 완성은 이성이 수행해야 할 행위에 대해 잘 명령하게 될 때 달성된다.

3. 어떤 것에 대한 판단은 그것의 고유 원리들을 통해서 이루어진다. 대신에 검토는 아직은 저 고유 원리들을 통해 이루어지고 있지 않다. 왜냐하면 만일 이 습성들을 지니고 있었더라면, 더 이상 탐색

---

11. '명령'(imperium)은 인간적 행위에서 선택에 뒤따르는 단계인데, 여기서 '외도(지향)'는 '실행'으로 바뀐다. Cf. qq.16-17.
12. ad3.

propria principia, quia his habitis, non esset opus inquisitione, sed iam res esset inventa. Et ideo una sola virtus ordinatur ad bene consiliandum, duae autem virtutes ad bene iudicandum, quia distinctio non est in communibus principiis, sed in propriis. Unde et in speculativis una est dialectica inquisitiva de omnibus, scientiae autem demonstrativae, quae sunt iudicativae, sunt diversae de diversis.[13]—Distinguuntur autem synesis et gnome secundum diversas regulas quibus iudicatur, nam synesis est iudicativa de agendis secundum communem legem; gnome autem secundum ipsam rationem naturalem, in his in quibus deficit lex communis; sicut plenius infra[14] patebit.

AD QUARTUM dicendum quod memoria, intelligentia et providentia, similiter etiam cautio et docilitas, et alia huiusmodi, non sunt virtutes diversae a prudentia, sed quodammodo comparantur ad ipsam sicut partes integrales, inquantum omnia ista requiruntur ad perfectionem prudentiae. Sunt etiam et quaedam partes subiectivae, seu species prudentiae, sicut oeconomica, regnativa, et huiusmodi. Sed praedicta tria sunt quasi partes potentiales prudentiae, quia ordinantur sicut secundarium ad principale.[15] Et de his infra[16] dicetur.[17]

---

13. Cf. II-II, q.51, a.4, ad2. 성 토마스는 학문들에 대한 기본적 구분을 『삼위일체론 주해』(제5문 제1절과 제3절)에서 제시하고 있다. Cf. James Weisheipl, OP, "Classification of the Sciences in Medieval Thought", *Mediaeval Studies* 27(1965), pp.54-90.
14. II-II, q.51, a.4.

할 필요가 없고 실재는 이미 발견되었을 것이기 때문이다.

이리하여 잘 숙고하기 위해서는 단 하나의 덕이 요구되고, 잘 판단하기 위해서는 두 개의 덕이 요구될 것이다. 왜냐하면 그 구별이 어떤 공통의 원리들 사이에서 수행되는 것이 아니라, 고유한 원리들 사이에서 이루어지기 때문이다. 실상 사변적 영역에서는 단 하나의 사변적 변증법(dialectica)이 모든 영역에서의 탐구에 도움이 된다. 반면에 판단할 과제를 지니고 있는 증명적 학문들은 사물들의 다양성에 따라 다양하다.[13]—그런데 '판단력'과 '분별력'은 판단의 [기초가 되는] 규칙들의 다름에 기초해서 구별된다. 실상 '판단력'은 수행할 행위들을 공통의 법에 기초해서 판단하는 과제를 안고 있다. 반면에 '분별력'은, 아래에서[14] 좀 더 자세히 살펴보겠지만, 자연적 이성에 기초해서 공통의 법이 도달하지 못하는 것들을 판단하는 데에로 나아간다.

4. 기억, 이해, 그리고 예견은 물론 신중함, 유순함 등도 현명과 차이가 나는 덕이 아니다. 그러나 그것들이 모두 현명의 완성을 위해 요구되는 한에서, 어떤 면에서는 현명의 통전적 부분들 또는 종들이라고 말할 수 있다. 또한 경제적 현명, 정치적 현명 등 현명의 '종속적' 부분들이 있다. 그러나 위에서 지적한 세 가지 덕은 거의 현명의 '잠재적' 부분들과 같다. 왜냐하면 그것들은 2차적인 요소들로서 중요한 요소인 현명으로 질서 지어져 있기 때문이다.[15] 이것에 대해서도 나중에[16] 말할 기회가 있을 것이다.[17]

---

15. Cf. q.54, a.4, ad2.
16. II-II, q.48.
17. Cf. I, q.76, a.8; q.77, a.1.

QUAESTIO LVIII
DE DISTINCTIONE VIRTUTUM MORALIUM AB INTELLECTUALIBUS
in quinque articulos divisa

Deinde considerandum est de virtutibus moralibus. Et primo, de distinctione earum a virtutibus intellectualibus;[1] secundo, de distinctione earum ab invicem, secundum propriam materiam;[2] tertio, de distinctione principalium, vel cardinalium, ab aliis.[3]

Circa primum quaeruntur quinque.

Primo: utrum omnis virtus sit virtus moralis.

Secundo: utrum virtus moralis distinguatur ab intellectuali.

Tertio: utrum sufficienter dividatur virtus per intellectualem et moralem.

Quarto: utrum moralis virtus possit esse sine intellectuali.

Quinto: utrum e converso, intellectualis virtus possit esse sine morali.

제58문
도덕적 덕과 지성적 덕의 구별에 대하여
(전5절)

이제는 도덕적 덕에 대해 고찰해야 한다.

첫째, 도덕적 덕과 지성적 덕의 구별에 대하여,[1]

둘째, 그 고유 질료에 따른, 도덕적 덕들 상호 간의 구별에 대하여,[2]

셋째, 주요 덕 또는 추요덕들과 다른 덕들 사이의 구별에 대하여,[3]

첫째 주제에 대해서는 다음과 같은 다섯 가지 질문이 제기된다.

1. 모든 덕은 다 도덕적 덕인가?
2. 도덕적 덕은 지성적 덕과 다른가?
3. 덕이 지성적 덕과 도덕적 덕으로 구분되는 것은 적절한가?
4. 도덕적 덕은 지성적 덕 없이 존재할 수 있는가?
5. 역으로 지성적 덕은 도덕적 덕 없이 존재할 수 있는가?

---

1. Cf. q.57, Introd.
2. q.59.
3. q.61.

Articulus 1
Utrum omnis virtus sit moralis

Ad primum sic proceditur. Videtur quod omnis virtus sit moralis.

1. Virtus enim moralis dicitur a *more*, idest consuetudine. Sed omnium virtutum actus consuescere possumus. Ergo omnis virtus est moralis.

2. Praeterea, Philosophus dicit, in II *Ethic.*,[1] quod *virtus moralis est habitus electivus in medietate rationis consistens*. Sed omnis virtus videtur esse habitus electivus, quia actus cuiuslibet virtutis possumus ex electione facere. Omnis etiam virtus aliqualiter in medio rationis consistit, ut infra[2] patebit. Ergo omnis virtus est moralis.

3. Praeterea, Tullius dicit, in sua *Rhetorica*,[3] quod *virtus est habitus in modum naturae, rationi consentaneus*. Sed cum omnis virtus humana ordinetur ad bonum hominis, oportet quod sit consentanea rationi, cum bonum hominis sit secundum rationem esse, ut Dionysius dicit.[4] Ergo omnis virtus est moralis.

SED CONTRA est quod Philosophus dicit, in I *Ethic.*:[5] *Dicentes*

---

1. *Ethica Nic.*, II, c.6, 1106b36-1107a2; S. Thomas, lect.7, nn.322-323.
2. q.64, aa.1-3.
3. Cicero, *Rhetorica*, II, c.53, ed. Müller, Lipsiae, 1908, p.230, ll.2-3.

제1절 모든 덕이 다 도덕적 덕인가?

[**Parall**.: Cf. *In Sent.*, III, d.23, q.1, a.4, qc.2; *In Ethic.*, I, lect.20; II, lect.1]

[반론] 첫째에 대해서는 다음과 같이 전개된다. 모든 덕은 다 도덕적인 것으로 생각된다.

1. 도덕적 덕은 '모스'(mos), 곧 관습에서 그 이름을 받았다. 그러나 우리는 모든 덕의 행위들에 대해 습관화될 수 있다. 그러므로 모든 덕은 다 도덕적이다.

2. 철학자는 『니코마코스 윤리학』 제2권[1]에서 '도덕적 덕이란 이성의 중용에서 성립되는 선택적 습성'이라고 말하고 있다. 그러나 모든 덕은 선택적 습성인 것으로 보인다. 왜냐하면 우리는 선택을 통해서 그 어떠한 덕의 행위도 수행할 수 있기 때문이다. 또한 아래에서[2] 살펴보겠지만 모든 덕은 어떤 식으로든 이성의 중용에서 성립된다. 그러므로 모든 덕은 다 도덕적 덕이다.

3. 키케로는 『수사학』[3]에서 이렇게 말하고 있다. "덕은 이성에 부합되는 마치 본성과 같은 습성이다." 그런데 인간적 덕들은 인간의 선으로 질서 지어져 있으므로, 모두 이성에 부합되어야 한다. 왜냐하면 디오니시우스가 가르치는 것처럼, 인간의 선은 "이성과 부합하는" 데에서 성립되기 때문이다.[4] 그러므로 모든 덕은 다 도덕적 덕이다.

[재반론] 그러나 반대로 철학자는 『니코마코스 윤리학』 제1권[5]에서

---

4. Dionysius, *De div. nom.*, c.4: PG 3, 733; S. Thomas, lect.22.
5. *Ethica Nic.*, I, c.13, 1103a7-8; S. Thomas, lect.20, n.244.

de moribus, non dicimus quoniam sapiens vel intelligens; sed quoniam mitis vel sobrius. Sic igitur sapientia et intellectus non sunt morales. Quae tamen sunt virtutes, sicut supra[6] dictum est. Non ergo omnis virtus est moralis.

Respondeo dicendum quod ad huius evidentiam, considerare oportet quid sit *mos*, sic enim scire poterimus quid sit moralis virtus. Mos autem duo significat. Quandoque enim significat consuetudinem, sicut dicitur *Act.* 15, [1]: *Nisi circumcidamini secundum morem Moysi, non poteritis salvi fieri.* Quandoque vero significat inclinationem quandam naturalem, vel quasi naturalem, ad aliquid agendum, unde etiam et brutorum animalium dicuntur aliqui mores;[7] unde dicitur II *Machab.* 11, [11], quod *leonum more irruentes in hostes, prostraverunt eos.* Et sic accipitur mos in Psalmo 67, [7], ubi dicitur: *Qui habitare facit unius moris in domo.*[8] — Et hae quidem duae significationes in nullo distinguuntur, apud Latinos, quantum ad vocem. In Graeco autem distinguuntur, nam *ethos*, quod apud nos morem significat, quandoque habet primam longam, et scribitur per η, Graecam litteram; quandoque habet primam correptam, et scribitur per ε.[9]

---

6. q.57, a.2, ad2.
7. Cf. q.24, a.4, ad3.
8. 오늘날의 성경에는 들어 있지 않은 구절. 이 여러 성경 구절들로 미루어 볼 때, 성 토마스는 아마도 자기 동료인 도미니코회 수사들이 1250년경 편찬해 사용하

이렇게 말한다. "도덕에 대해서 말할 때, 우리는 그가 현명하거나 지성적인지를 판단하는 것이 아니라 온화하거나 단정한지를 판단한다." 따라서 지혜와 지성적 인식은 도덕적인 [특질]이 아니다. 그런데 이미 위에서[6] 말한 것처럼, 그것들은 덕들이다. 그러므로 모든 덕이 다 도덕적인 것은 아니다.

[답변] 이 문제를 밝히기 위해서는 '모스'(mos)가 무엇인지를 고찰할 필요가 있다. 그때 비로소 우리는 도덕적인 덕이 무엇인지를 알 수 있을 것이다. '모스'는 두 가지 의미를 가지고 있다. 실상 그것은 자주 습관을 가리킨다. 사도행전에서는 이렇게 말하고 있다. "만일 모세의 관습[mos]에 따라 할례를 받지 않는다면, 여러분은 구원을 받을 수 없습니다."(15,1) 하지만 다른 때에는 어떤 것을 행하려는 자연적 또는 준자연적 경향을 의미한다. 그래서 심지어 동물들에 대해서도 관습을 말하기까지 하는 것이다.[7] 이런 의미에서 마카베오기 하권 11장 [11절]에서는 이렇게 말하고 있다. "사자처럼[사자의 관습으로] 적들을 넘쳐, 그들을 쓰러뜨렸다." 역시 이런 의미에서 시편 68[67]편 [7절]에서는 이렇게 말한다. "[하느님께서는] 한 가지 방식으로 거주하는 자에게 거처를 주신다."[8] — 그런데 이 두 가지 의미를 라틴인들은 음성학적으로는 전혀 구별하지 못한다. 반면에 그리스어에서는 구별된다. 실상 우리가 '모스'(mos)로 번역하는 '에토스'(ethos)는 가끔 첫 음절을 길게 발음하여 그리스어 '에η'로 쓰기도 하고[ἦθος], 다른 경우에는 첫 음절을 짧게 하여 'εη'로 쓰기도[ἔθος] 한다.[9]

던 '콩코르단스'를 활용했을 것으로 추정된다. Cf. P. C. Spicq, OP, *Fsquisse d'une histoire de l'exegese latine au Moyen-Age*, Paris, 1944, p.174.
9. 성 토마스가 여기서 제시하고 있는 어원은 본질적으로 고전학자들에 의해서 인

q.58, a.1

Dicitur autem virtus moralis a more, secundum quod mos significat quandam inclinationem naturalem, vel quasi naturalem, ad aliquid agendum. Et huic significationi moris propinqua est alia significatio, qua significat consuetudinem, nam consuetudo quodammodo vertitur in naturam, et facit inclinationem similem naturali. Manifestum est autem quod inclinatio ad actum proprie convenit appetitivae virtuti, cuius est movere omnes potentias ad agendum, ut ex supradictis[10] patet. Et ideo non omnis virtus dicitur moralis, sed solum illa quae est in vi appetitiva.

AD PRIMUM ergo dicendum quod obiectio illa procedit de more, secundum quod significat consuetudinem.

AD SECUNDUM dicendum quod omnis actus virtutis potest ex electione agi, sed electionem rectam agit sola virtus quae est in appetitiva parte animae, dictum est enim supra[11] quod eligere est actus appetitivae partis. Unde habitus electivus, qui scilicet est electionis principium, est solum ille qui perficit vim appetitivam, quamvis etiam aliorum habituum actus sub electione cadere possint.

AD TERTIUM dicendum quod *natura est principium motus*, sicut dicitur in II *Physic.*[12] Movere autem ad agendum proprium

---

정받고 있다. Cf. J. Ramirez, OP, *De hominis beatitudine*, Salamanca, 1942, vol.1, pp.37sq. 반면에 그가 두 그리스어 사이에 강조하고 있는 구별은 그만큼 확실한 것이 못 되고, 그가 쓸 수 있던 순전히 기능적인 한 방편에 지나지 않는다. 실상

그런데 덕은 '모스'(mos)라는 용어가 행해야 할 어떤 것을 향한 어떤 자연적 또는 준-자연적 경향을 가리키기 위해 사용되는 한에서 그 용어에 의해서 도덕적이라고 불린다. 그리고 관습을 가리키고자 하는 다른 어법도 이 의미에 근접해 있다. 실상 관습은 어떤 면에서는 본성으로 전환되고, 자연적인 것과 비슷한 경향을 준다. 하지만 행위를 향한 경향이, 다른 모든 능력들을 행동하도록 움직일 과제를 안고 있는 저 욕구적 능력에 고유하게 속한다는 것이 앞의[10] 설명으로부터 분명해진다. 따라서 모든 덕이 다 도덕적인 덕이라고 불려서는 안 되고, 오직 욕구적 능력 안에 있는 덕들만 도덕적 덕이라고 불려야 한다.

[해답] 1. '모스'를 관습의 의미로 이해한다면, 저 반론1은 타당하다.
2. 모든 덕의 행위는 선택을 통해서 수행될 수 있다. 그러나 올바른 선택은 오로지 영혼의 욕구적 부분에 자리 잡고 있는 덕들에 의해서만 수행된다. 실상 우리는 이미[11] 선택이 욕구적 부분의 행위라는 것을 입증하였다. 따라서 선택의 원리인 선택적 습성만이 욕구적 능력을 완성한다. 비록 다른 습성들의 행위들도 선택의 대상이 될 수는 있지만 말이다.
3. 『자연학』 제2권[12]에서 말하고 있는 것처럼, "본성이 운동의 원

이런 언어학적 다양성에 대해 무어라 말하든지 간에, 그의 관찰만큼은 반박의 여지가 없다. "관습은 어떤 모양으로든 본성으로 바뀌고 본성적인 것과 비슷한 경향을 주게 된다."
10. q.9, a.1.
11. q.13, a.1.
12. *Physica* II, c.1, 192b21-22; S. Thomas, lect.1, n.5.

est appetitivae partis. Et ideo assimilari naturae in consentiendo rationi,[13] est proprium virtutum quae sunt in vi appetitiva.

Articulus 2
Utrum virtus moralis distinguatur ab intellectuali

Ad secundum sic proceditur. Videtur quod virtus moralis ab intellectuali non distinguatur.

1. Dicit enim Augustinus, in libro *de Civ. Dei*,[1] quod *virtus est ars recte vivendi*. Sed ars est virtus intellectualis. Ergo virtus moralis ab intellectuali non differt.

2. Praeterea, plerique in definitione virtutum moralium ponunt scientiam, sicut quidam[2] definiunt quod perseverantia est *scientia vel habitus eorum quibus est immanendum vel non immanendum*; et sanctitas est *scientia faciens fideles et servantes quae ad Deum iusta*.[3] Scientia autem est virtus intellectualis. Ergo virtus moralis non debet distingui ab intellectuali.

3. Praeterea, Augustinus dicit, in I *Soliloq.*,[4] quod *virtus est recta*

---

13. 인간적 행위의 심리학 내의 한 구절로서의 '동의'(consensus)에 관하여: Cf. q.15.

1. Augustinus, *De civ. Dei*, IV, c.21: PL 41, 128.
2. Andronicus Rhodius, *De affectibus*; I. Ab Arnim, *Stoicorum Veterum fragmenta*, Lipsiae, 1921-1924. vol.III, p.66, l.29. Cf. II-II, q.137, a.1, sc.

리이다." 그런데 행하도록 움직이는 것은 욕구적 부분에 고유한 일이다. 따라서 이성에 동의함으로써[13] 본성과 유사해지는 것은 욕구적 능력 안에 자리 잡고 있는 덕들에 고유한 일이다.

제2절 도덕적 덕은 지성적 덕과 구별되는가?

[**Parall**.: *In Sent*., III, d.23, q.1, a.4, qc.2; *In Ethic*., I, lect.20; *De virtutibus*, a.12]

[반론] 둘째에 대해서는 다음과 같이 전개된다. 도덕적 덕은 지성적 덕과 구별되는 것으로 생각되지 않는다.

1. 아우구스티누스는 『신국론』[1]에서 이렇게 말하고 있기 때문이다. "덕은 바르게 사는 기술이다." 그런데 기술은 지성적인 덕이다. 그러므로 도덕적 덕은 지성적 덕과 구별되지 않는다.

2. 많은 사람들이 도덕적 덕을 정의하는 데에 '학문'을 포함시키고 있다. 예컨대 어떤 이들[2]은 항구함이 "우리가 견지하거나 견지하지 말아야 하는 것들과 관련된 학문 또는 습성"이고, 또 성덕(聖德)이 "의로운 하느님의 법규들에 대하여 충실하게 [준수]하도록 만들어 주는 학문"이라고 말하고 있다.[3] 그런데 학문은 지성적 덕이다. 따라서 도덕적 덕은 지성적 덕과 구별되어서는 안 된다.

3. 아우구스티누스는 『독백록』 제3권[4]에서 이렇게 말한다. "덕이란

---

3. 캐나다 판 편집자들에 따르면 텍스트는 안드로니코스 로데스나 디오게네스 라에르티우스, 그리고 클레멘스 알렉산드리누스를 암시하고 있다고 한다.(*Summa Canad*., II, p.1212) Cf. e.g. Andronicus, *De affectibus*. Cf. II-II, q.137, a.1, sc.
4. Augustinus, *Soliloquiae*, I, c.6: PL 32, 876.

et perfecta ratio. Sed hoc pertinet ad virtutem intellectualem, ut patet in VI *Ethic.*[5] ergo virtus moralis non est distincta ab intellectuali.

4. Praeterea, nihil distinguitur ab eo quod in eius definitione ponitur. Sed virtus intellectualis ponitur in definitione virtutis moralis, dicit enim Philosophus, in II *Ethic.*,[6] quod *virtus moralis est habitus electivus existens in medietate determinata ratione, prout sapiens determinabit.* Huiusmodi autem recta ratio determinans medium virtutis moralis, pertinet ad virtutem intellectualem, ut dicitur in VI *Ethic.*[7] Ergo virtus moralis non distinguitur ab intellectuali.

SED CONTRA est quod dicitur in I *Ethic.*:[8] *Determinatur virtus secundum differentiam hanc, dicimus enim harum has quidem intellectuales, has vero morales.*[9]

RESPONDEO dicendum quod omnium humanorum operum principium primum ratio est, et quaecumque alia principia humanorum operum inveniantur, quodammodo rationi obediunt; diversimode tamen.[10] Nam quaedam rationi obediunt

---

5. *Ethica Nic.*, VI, c.13, 1144b21-24; S. Thomas, lect.11, n.1283.
6. *Ethica Nic.*, II, c.6, 1106b36-1107a2; S. Thomas, lect.7, nn.322-323.
7. *Ethica Nic.*, VI, c.13, 1144b21-24; S. Thomas, lect.11, n.1283.
8. *Ethica Nic.*, I, c.13, 1103a5; S. Thomas, lect.20, n.243.
9. 지성적 덕과 도덕적 덕 사이의 구별은 덕을 두드러지게 인식적인 행위로 환원하

올바르고 완전한 이성이다." 그런데 이것[올바르고 완전한 이성]은 『니코마코스 윤리학』 제6권[5]에서 명백해지는 것처럼, 지성적 덕에 속한다. 따라서 도덕적 덕은 지성적 덕과 구별되지 않는다.

4. 그 어떤 것도 그 정의 속에 포함되어 있는 것으로부터 구별되지 않는다. 그런데 지성적 덕은 도덕적 덕의 정의 속에 포함된다. 왜냐하면 철학자는 『니코마코스 윤리학』 제2권[6]에서 다음과 같이 말하고 있기 때문이다. "도덕적 덕이란 현명한 사람이 그것을 규정함에 따라 이성에 의해서 규정되는 올바른 중용 안에 실존하는 습성이다." 이처럼 도덕적 덕의 중용을 규정하는 올바른 이성은 『니코마코스 윤리학』 제6권[7]에서 말하는 것처럼 지성적 덕에 속한다. 그러므로 도덕적 덕은 지성적 덕과 구별되지 않는다.

[재반론] 그러나 반대로 『니코마코스 윤리학』 제1권[8]에서는 이렇게 말한다. "덕은 다음과 같은 차이에 의해서 구분된다. 우리는 이것들 가운데 어떤 것들에 대해 지성적 덕이라고 부르고, 다른 것들을 두고는 도덕적 덕이라 부른다."[9]

[답변] 모든 인간적 행업의 제1원리는 이성이다. 그리고 다른 모든 인간적 행업의 원리는 어떤 식으로든 이성에 복종해야 한다. 하지만 각기 다른 양식으로 그렇게 해야 한다.[10] 실상 어떤 능력들은, 아무 모

던 플라톤주의자들의 구실을 거슬러 자기 길을 개척한 아리스토텔레스의 업적이다. Cf. A. Carlini, "Virtu", in *Encicl. Fil.*, col.1605: "키케로는 그리스어 '에티코스'를 라틴어 'moralis'로 번역한 첫 사람이거나 아니면 적어도 첫 사람들 가운데 하나이며, 이와 관련하여 '철학' 자체를 '도덕'이라고 이름 지었다."
10. Cf. q.90, a.2; q.100, a.1.

q.58, a.2

omnino ad nutum, absque omni contradictione, sicut corporis membra, si fuerint in sua natura consistentia; statim enim ad imperium rationis, manus aut pes movetur ad opus.[11] Unde Philosophus dicit, in I *Polit.*,[12] quod *anima regit corpus despotico principatu*, idest sicut dominus servum, qui ius contradicendi non habet. Posuerunt igitur quidam quod omnia principia activa quae sunt in homine, hoc modo se habent ad rationem. Quod quidem si verum esset, sufficeret quod ratio esset perfecta, ad bene agendum. Unde, cum virtus sit habitus quo perficimur ad bene agendum, sequeretur quod in sola ratione esset, et sic nulla virtus esset nisi intellectualis. Et haec fuit opinio Socratis, qui dixit *omnes virtutes esse prudentias*, ut dicitur in VI *Ethic.*[13] Unde ponebat quod homo, scientia in eo existente, peccare non poterat; sed quicumque peccabat, peccabat propter ignorantiam.[14]

Hoc autem procedit ex suppositione falsi. Pars enim appetitiva obedit rationi non omnino ad nutum, sed cum aliqua contradictione, unde Philosophus dicit, in I *Polit.*,[15] quod *ratio imperat appetitivae principatu politico*, quo scilicet aliquis praeest liberis, qui habent ius in aliquo contradicendi. Unde Augustinus dicit, *super Psalm.*,[16] quod *interdum praecedit intellectus, et sequitur tardus aut nullus affectus*, intantum quod quandoque

---

11. Cf. q.17, a.9. 여기서 'ratio'는 의지를 포함하고 있는 것으로 이해되고 있다. Cf. I, q.29, a.2, ad4; *In Sent.*, I, d.25, q.1, a.1, qc.4; III, d.2, q.3, a.2.
12. *Politica*, I, c.2, 1254b4-5; S. Thomas, lect.3.
13. *Ethica Nic.*, VI, c.13, 1144b10-20; S. Thomas, lect.11, n.1282.

순됨이 없이, 충만히 이성에 복종한다. 육체의 지체들의 경우도, 그 자연적 조건 속에 있을 경우에는 역시 그러하다. 손과 발은 이성의 명령에 즉시 움직여 따른다.[11] 이 때문에 철학자는 『정치학』 제1권[12]에서 "영혼은 육체를 전제적 지배권으로 다스린다."고 말하고 있다. 곧 주인에게 반항할 권리를 가지고 있지 않은 종처럼 다룬다는 것이다. 그런데 어떤 이들은 인간의 모든 작용 원리들이 이성에 대해 이런 조건에 놓여 있다고 주장했다. 만일 이것이 사실이라면, 잘 행동하기 위해서는 이성이 온전(완전)하기만 하면 되었을 것이다. 이렇게 되면, 덕이란 그로써 우리가 잘 행하도록 완전하게 되는 습성이기에, 덕은 오직 이성 안에만 자리 잡고 있게 될 것이고, 지성적 덕 이외에 다른 덕은 없을 것이다. 이것이 바로 『니코마코스 윤리학』 제6권[13]에서 말하고 있는 것처럼 "모든 덕은 일종의 현명"이라고 가르치는 소크라테스의 견해였다. 그래서 그는, 사람이 자기 안에 지식을 가지고 있는 한 죄를 지을 수 없기 때문에, 죄를 짓는 자는 누구나 몰라서 짓는 것이라고 주장하였던 것이다.[14]

그런데 이것은 잘못된 가정에 기초를 두고 있다. 왜냐하면 욕구적 부분은 이성에게 온전히 복종하는 것이 아니라, 가끔은 저항하기도 하기 때문이다. 그래서 철학자는 『정치학』 제1권[15]에서 "이성은 욕구에게 정치적 주권으로 명령한다."고 말한다. 곧, 반대할 권리를 지니고 있는 자유로운 수하들을 다스리는 통치자처럼 대한다는 것이다. 그러므로 아우구스티누스는 『시편 주해』[16]에서 이렇게 말한다. "가끔

---

14. Plato, *Protagoras*, 352b; 355a; 357b.
15. *Politica*, I, c.2, 1254b4-5; S. Thomas, lect.3.
16. Augustinus, *Enarr. in Psalm*. serm.8(in *Psalm* 118,20): PL 37, 1522.

q.58, a.2

passionibus vel habitibus appetitivae partis hoc agitur, ut usus rationis in particulari impediatur. Et secundum hoc, aliqualiter verum est quod Socrates dixit, quod scientia praesente, non peccatur, si tamen hoc extendatur usque ad usum rationis in particulari eligibili.[17]

Sic igitur ad hoc quod homo bene agat, requiritur quod non solum ratio sit bene disposita per habitum virtutis intellectualis; sed etiam quod vis appetitiva sit bene disposita per habitum virtutis moralis. Sicut igitur appetitus distinguitur a ratione, ita virtus moralis distinguitur ab intellectuali. Unde sicut appetitus est principium humani actus secundum quod participat aliqualiter rationem, ita habitus moralis habet rationem virtutis humanae, inquantum rationi conformatur.[18]

AD PRIMUM ergo dicendum quod Augustinus communiter accipit artem, pro qualibet recta ratione. Et sic sub arte includitur etiam prudentia, quae ita est recta ratio agibilium, sicut ars est recta ratio factibilium. Et secundum hoc, quod dicit quod virtus est ars recte vivendi, essentialiter convenit prudentiae, participative autem aliis virtutibus, prout secundum prudentiam diriguntur.[19]

AD SECUNDUM dicendum quod tales definitiones, a quibuscumque

---

[17] 이런 앎이 모든 훌륭한 선택에 수반된다. 성 토마스가 나중에(제77문 제2절) 충분히 설명하겠지만, 모든 죄 속에 자리 잡고 있는 것은 바로 그것의 부재, "도덕적 선택의 무지"(ignorantia moralis electionis: 제6문 제8절)이다.

지성은 앞서가지만, 정감은 지체하거나 전혀 따르지 않는다." 그래서 가끔은 정념과 욕구적 부분들의 습관들이 이성의 사용을 어떤 특수한 활동에서 저지하기도 하는 것이다. 이런 경우에, 알고 있다면 죄를 짓지 않을 것이라던 소크라테스의 말이 어느 면에서는 옳다. 그 지식이 어떤 특수한 선을 선택하는 데 있어서 이성의 사용으로까지 확장되기만 한다면 말이다.[17]

그러므로 잘 행할 수 있기 위해서는 이성이 지성적 덕의 습성들을 잘 갖추고 있을 뿐만 아니라 욕구적 능력이 도덕적 덕의 습성을 잘 갖추고 있기도 해야 하는 것이다. 그러므로 욕구가 이성으로부터 구별되는 것과 마찬가지로 도덕적 덕은 지성적 덕으로부터 구별된다. 따라서 욕구가 어떤 식으로든 이성에 참여하는 한에서 인간적 행위의 원리이듯이, 도덕적 덕은 이성에 부합되는 한에서 인간적 덕의 근거를 지니고 있다.[18]

[해답] 1. 아우구스티누스는 기예를 모든 형태의 올바른 이성이라는 광의로 이해하고 있다. 그렇다면 기예가 만들 수 있는 것들의 올바른 이성인 것과 마찬가지로 행할 수 있는 것들의 올바른 이성인 현명도 기예에 포함된다. 그리고 이런 의미에서 "덕이란 바르게 사는 기술"이라는 주장은 본질적으로 현명에 적용된다. 그러나 이것은 현명에 따라 규제되는 한에서는 다른 모든 덕들로 확대 적용될 수 있다.[19]

2. 저 정의들은, 누가 사용하든지 간에, 소크라테스의 견해로부터

---

18. Cf. q.17, a.7; q.74, a.3; q.77, a.2.
19. '참여'(participatio)에 관해서: Cf. I, q.49, a.3, ad4.

inveniantur datae, processerunt ex opinione Socratica, et sunt exponendae eo modo quo de arte praedictum est.[20]

Et similiter dicendum est AD TERTIUM.

AD QUARTUM dicendum quod recta ratio, quae est secundum prudentiam, ponitur in definitione virtutis moralis, non tanquam pars essentiae eius, sed sicut quiddam participatum in omnibus virtutibus moralibus, inquantum prudentia dirigit omnes virtutes morales.[21]

Articulus 3
Utrum sufficienter virtus dividatur per moralem et intellectualem

Ad tertium sic proceditur. Videtur quod virtus humana non sufficienter dividatur per virtutem moralem et intellectualem.[1]

1. Prudentia enim videtur esse aliquid medium inter virtutem moralem et intellectualem, connumeratur enim virtutibus intellectualibus in VI *Ethic.*;[2] et etiam ab omnibus communiter connumeratur inter quatuor virtutes cardinales, quae sunt morales, ut infra[3] patebit. Non ergo sufficienter dividitur virtus

---

20. ad1.
21. Cf. II-II, q.47, a.7.

1. 이 구분은, 하나는 이성을 결하고 있고 다른 하나는 이성을 갖추고 있는 영혼

전개되는 것이고, 따라서 우리가 방금[20] 기예에 대해서 설명했듯이 그렇게 설명되어야 한다.

3. 똑같은 논거가 반론3에 대해서도 적용된다.

4. 현명에 따르는 것인 올바른 이성이 도덕적 덕의 정의 속에 들어가는 것은 그 본질적인 부분으로 들어가는 것이 아니라, 현명이 모든 도덕적 덕들을 규제하는 한에서 그것들의 통전적 요소로서 들어가는 것이다.[21]

제3절 덕을 도덕적 덕과 지성적 덕으로 구분하는 것은 적절한가?

[**Parall**.: Cf. *In Ethic*., II, lect.1]

[반론] 셋째에 대해서는 다음과 같이 전개된다. 인간적 덕을 도덕적 덕과 지성적 덕으로 구분하는 것은 적절하지 못한 것으로 생각된다.[1]

1. 현명은 도덕적인 덕과 지성적인 덕 사이의 중간인 것으로 보인다. 실상 『니코마코스 윤리학』 제6권[2]에서는 그것이 지성적 덕들 가운데 거명되고 있다. 또한 나중에[3] 좀 더 명백해지겠지만, 모든 이들이 그것을 도덕적 덕인 사추덕 가운데 하나로 들고 있다. 그러므로

의 두 부분에 상응하여 '도덕적'(ethiche) 덕과 '지성적'(dianoetiche) 덕을 구별하는 아리스토텔레스에게 뿌리를 두고 있다. Cf. A. Carlini, "Virtu", in *Encicl. Fil*, coll.1605s.

2. *Ethica Nic*., VI, c.5, 1112b3-6; S. Thomas, lect.7, n.468.
3. q.61, a.1.

per intellectualem et moralem, sicut per immediata.

2. Praeterea, continentia et perseverantia, et etiam patientia, non computantur inter virtutes intellectuales. Nec etiam sunt virtutes morales, quia non tenent medium in passionibus, sed abundant in eis passiones. Non ergo sufficienter dividitur virtus per intellectuales et morales.

3. Praeterea, fides, spes et caritas quaedam virtutes sunt. Non tamen sunt virtutes intellectuales, hae enim solum sunt quinque, scilicet scientia, sapientia, intellectus, prudentia et ars, ut dictum est.[4] Nec etiam sunt virtutes morales, quia non sunt circa passiones, circa quas maxime est moralis virtus. Ergo virtus non sufficienter dividitur per intellectuales et morales.

SED CONTRA est quod Philosophus dicit, in II *Ethic.*,[5] *duplicem esse virtutem, hanc quidem intellectualem, illam autem moralem.*

RESPONDEO dicendum quod virtus humana est quidam habitus perficiens hominem ad bene operandum.[6] Principium autem humanorum actuum in homine non est nisi duplex, scilicet intellectus sive ratio, et appetitus, haec enim sunt duo moventia in homine,[8] ut dicitur in III *de Anima.*[7] Unde omnis virtus humana oportet quod sit perfectiva alicuius istorum

---

4. q.57, aa.2-3 & 5.
5. *Ethica Nic.*, II, c.1, 1103a13-14; S. Thomas, lect.1, n.246.

덕을 마치 직접적 구분인 듯이 지성적 덕과 도덕적 덕으로 나누는 것은 적절하지 못한 것으로 보인다.

  2. 자제와 끈기와 인내는 지성적 덕들로 분류되지 않는다. 그렇다고 도덕적 덕들도 아니다. 왜냐하면 그것들은 각각의 정념들의 중용을 유지하는 것이 아니라, 정념의 과도함이 남아 있기 때문이다. 그러므로 덕을 지성적 덕과 도덕적 덕으로 나누는 것은 적절하지 못하다.

  3. 신앙, 희망, 참사랑은 덕들이다. 하지만 지성적 덕들이 아니다. 지성적 덕은, 이미[4] 말한 것처럼, 오직 학문, 지혜, 이해, 현명, 그리고 기예의 다섯뿐이기 때문이다. 그렇다고 도덕적 덕도 아니다. 왜냐하면 그것들은 도덕적 덕의 최대 관심사인 정념들과 관련되는 것이 아니기 때문이다. 그러므로 덕을 지성적 덕과 도덕적 덕으로 구분하는 것은 적절하지 못하다.

[재반론] 그러나 반내로 철학자는 『니코마코스 윤리학』 제2권[5]에서 "덕은 이중적이다. 하나는 지성적 덕이고, 다른 것은 도덕적 덕"이라고 말하고 있다.

[답변] 인간적 덕은 사람으로 하여금 잘 작용하도록 완전하게 준비시켜 주는 덕이다.[6] 그런데 그에게는 인간적 행위의 두 가지 원리, 곧 지성 또는 이성과 욕구밖에 없다. 실상 『영혼론』 제3권[7]에서 말하고 있듯이, 이것들은 인간의 두 가지 동인이다.[8] 따라서 모든 인간적 행위

---

6. Cf. q.55.
7. *De anima*, III, c.10, 433a9-13; 21-26; S. Thomas, lect.15, nn.818-819, 820-825.
8. Cf. q.1, aa.1-2; q.6, aa.1-2; q.9, a.6; q.17, aa.1-2.

principiorum. Si quidem igitur sit perfectiva intellectus speculativi vel practici ad bonum hominis actum, erit virtus intellectualis, si autem sit perfectiva appetitivae partis, erit virtus moralis. Unde relinquitur quod omnis virtus humana vel est intellectualis vel moralis.

AD PRIMUM ergo dicendum quod prudentia, secundum essentiam suam, est intellectualis virtus. Sed secundum materiam, convenit cum virtutibus moralibus, est enim recta ratio agibilium, ut supra[9] dictum est. Et secundum hoc, virtutibus moralibus connumeratur.

AD SECUNDUM dicendum quod continentia et perseverantia non sunt perfectiones appetitivae virtutis sensitivae. Quod ex hoc patet, quod in continente et perseverante superabundant inordinatae passiones,[10] quod non esset, si appetitus sensitivus esset perfectus aliquo habitu conformante ipsum rationi. Est autem continentia, seu perseverantia, perfectio rationalis partis, quae se tenet contra passiones ne deducatur. Deficit tamen a ratione virtutis, quia virtus intellectiva quae facit rationem se bene habere circa moralia, praesupponit appetitum rectum finis, ut recte se habeat circa principia, idest fines, ex quibus ratiocinatur;[11] quod continenti et perseveranti deest.[12]—Neque

---

9. q.57, a.4.
10. Cf. II-II, q.137, a.1, ad1; q.155, a.3.

는 이 두 원리 가운데 어느 것의 완성이다. 그러므로 만일 사변적이든 실천적이든 지성을 완성한다면 그것은 지성적 덕일 것이고, 반면에 욕구적 부분을 완성한다면 도덕적 덕일 것이다. 따라서 모든 인간적 덕은 지성적 덕이거나 아니면 도덕적 덕이라는 결론이 나온다.

[해답] 1. 현명은 본질적으로 지성적 덕이다. 그러나 그것이 취급하는 질료 때문에 도덕적 덕을 닮았다. 실상 위에서[9] 말한 것처럼, 그것은 수행해야 할 행위들에 대한 올바른 이성[규범]이다. 이런 면에서 그것은 도덕적 덕들 가운데 거명되는 것이다.

2. 자제와 끈기는 감각적-욕구적 덕의 완성이 아니다. 그것은 자제하는 이와 참는 이 안에 무질서한 정념들이 차고 넘친다는 사실로부터 명백하다.[10] 만일 감각적 욕구가 그것을 이성과 조화시키는 어떤 습성을 통하여 완전성에 도달하였더라면, 그런 일은 일어나지 않았을 것이다. 반면에 지제나 끈기는, 정념들에 끌려다니지 않기 위하여 정념들과 맞서는 이성적 부분의 완성이다. 그러나 이들은 넉이 되기에는 무언가 부족하다. 왜냐하면 도덕적 행위들과 관련해서 이성을 잘 준비시키는 과제를 안고 있는 지성적 덕은, 추론이 시작된 원리들인 목적들에 대한 욕구의 올바름을 전제로 하고 있기 때문이다.[11] 그런데 자제와 끈기의 경우에는 그것이 부족하다.[12]—다른 한편 두 가지 능력으로부터 전개되는 작용은, 만일 그 두 능력이 마땅히

---

11. Cf. a.5.
12. 마찬가지로 continentia(자제)와 perseverantia(끈기)도 나중에는 덕으로 간주되고 있다. 왜냐하면 비록 그것들이 완전하게 적응된 인격성을 표현하지는 않지만, 상황을 지배하기 때문이다. Cf. II-II, q.137, a.1; q.155, a.3.

etiam potest esse perfecta operatio quae a duabus potentiis procedit, nisi utraque potentia perficiatur per debitum habitum, sicut non sequitur perfecta actio alicuius agentis per instrumentum, si instrumentum non sit bene dispositum, quantumcumque principale agens sit perfectum. Unde si appetitus sensitivus, quem movet rationalis pars, non sit perfectus; quantumcumque rationalis pars sit perfecta, actio consequens non erit perfecta. Unde nec principium actionis erit virtus.—Et propter hoc, continentia a delectationibus, et perseverantia a tristitiis, non sunt virtutes, sed aliquid minus virtute, ut Philosophus dicit, in VII *Ethic*.[13]

AD TERTIUM dicendum quod fides, spes et caritas sunt supra virtutes humanas, sunt enim virtutes hominis prout est factus particeps divinae gratiae.[14]

Articulus 4
Utrum moralis virtus possit esse sine intellectuali[1]

Ad quartum sic proceditur. Videtur quod virtus moralis possit

---

13. *Ethica Nic.*, VII, cc.1 & 11, 1145b1-2; 1151b32; S. Thomas, lect.1, n.1304; lect.9, nn.1449-1450. Cf. IV, c.15, 1128b33-35; S. Thomas, lect.17, n.883.
14. 성 토마스는 여기서 초자연적 질서로부터 추상하고 있다. 왜냐하면 그것에 대해서는 제60문에서 말하도록 유보하고 있기 때문이다.

요구되는 습성을 통해 완성되지 않는다면, 완전할 수 없다. 이것은 도구를 사용하는 자의 행위가, 아무리 그 주된 행위자가 완전하다고 하더라도, 만일 그 도구가 적절하지 않다면, 완전할 수 없는 것과 같다. 따라서 만일 이성적 부분으로부터 움직여진 감각적 욕구가 완전하지 않다면, 설사 이성적 부분이 완전하다고 하더라도, 거기서부터 파생되는 행위는 완전할 수 없다. 그러므로 그런 활동의 원리는 하나의 덕이 아닐 것이다.—바로 그렇기 때문에, 철학자가 『니코마코스 윤리학』 제7권[13]에서 말하고 있는 것처럼, 쾌락으로부터의 자제와 슬픔 속에서의 끈기는 덕이 아니라, 덕에 조금 못 미치는 어떤 것이다.

3. 신앙, 희망, 참사랑은 인간적 덕들을 넘어서는 것들이다. 왜냐하면 그것들은 인간이 신적 은총에 참여하는 한에서 인간에게 속하기 때문이다.[14]

제4절 도덕적 덕은 지성적 덕 없이도 존재할 수 있는가?[1]

[**Parall**.: Cf. I-II, q.65, a.1; *In Ethic.*, VI, lect.10-11; *De virt. card.*, a.2; *Quodlib.* XII, q.15, a.1]

[반론] 넷째에 대해서는 다음과 같이 전개된다. 도덕적 덕은 지성적

---

1. (*추가주) 이 절의 제목에서는, 이어지는 절의 제목에서와 마찬가지로 다음 사실에 주의해야 한다. "이 문제들은 두 가지 이유로 움직여질 수 있다. 첫째는 연결의 이유이다. 이렇게 해서 제65문에서 더 낮게 여기는 덕의 연결에 관한 논술을 향하게 된다. 둘째는 봉쇄의 이유이다. 이렇게 해서 도덕적 덕과 지성적 덕 사이의 구별에 관한 이 논술로 향하게 된다. 왜냐하면 그것들 사이에는 순수한 연결 관계가 있는 것이 아니라, 하나가 다른 것 안에 포함됨이 있기 때문이다. 그리

q.58, a.4

esse sine intellectuali.

1. Virtus enim moralis, ut dicit Tullius,[2] *est habitus in modum naturae, rationi consentaneus.* Sed natura etsi consentiat alicui superiori rationi moventi, non tamen oportet quod illa ratio naturae coniungatur in eodem, sicut patet in rebus naturalibus cognitione carentibus. Ergo potest esse in homine virtus moralis in modum naturae, inclinans ad consentiendum rationi, quamvis illius hominis ratio non sit perfecta per virtutem intellectualem.

2. Praeterea, per virtutem intellectualem homo consequitur rationis usum perfectum. Sed quandoque contingit quod aliqui in quibus non multum viget usus rationis, sunt virtuosi et Deo accepti. Ergo videtur quod virtus moralis possit esse sine virtute intellectuali.

3. Praeterea, virtus moralis facit inclinationem ad bene operandum. Sed quidam habent naturalem inclinationem ad bene operandum, etiam absque rationis iudicio. Ergo virtutes morales possunt esse sine intellectuali.

SED CONTRA est quod Gregorius dicit, in XXII *Moral.*,[3] quod *ceterae virtutes, nisi ea quae appetunt, prudenter agant, virtutes esse nequaquam possunt.* Sed prudentia est virtus intellectualis, ut supra[4] dictum est. Ergo virtutes morales non possunt esse sine

고 그렇기 때문에 이 논의는 이미 앞에서 그것들의 구별의 양식을 바라본 것인 데[검토], 그것들 사이의 연결에 대해 조금도 의심의 자리가 남아 있지 않을 것이 덕 없이도 존재할 수 있는 것으로 생각된다.

1. 키케로가 말하고 있듯이,[2] 도덕적 덕은 "거의 본성처럼 된, 이성에 부합하는 습성"이다. 그러나 의식이 없는 자연적 존재자들이 그것을 입증하는 것처럼, 본성은 그것을 움직이는 어떤 상급 이성에 부합함에도 불구하고, 그 이성이 그것과 함께 동일한 주체 안에 존재할 것을 요구하지 않는다. 그러므로 사람 안에서 도덕적 덕은, 비록 그의 이성이 지성적 덕들을 통해서 완성되지 않는다고 하더라도, 이성에 부합하려는 경향을 지닌 채, 본성의 양식으로 존재할 수 있다.

2. 사람은 지성적 덕을 통해 이성을 완전하게 사용할 수 있게 된다. 그러나 가끔은 어떤 이들이 이성을 사용하는 데 있어서 완벽하지 못한데도 불구하고 덕스럽고 또 하느님으로부터 받아들여지는 일이 발생한다. 그러므로 도덕적 덕은 지성적 덕 없이도 존재할 수 있는 것으로 보인다.

3. 도덕적 덕은 잘 작용하는 데에로 이끌리게 만들어 준다. 그러나 어떤 이들은 이성의 판단이 없으면서도 잘 행동하려는 자연적 경향을 지니고 있다. 그러므로 도덕적 덕은 지성적 덕 없이도 존재할 수 있다.

[재반론] 그러나 반대로 그레고리우스는 『가톨릭교회의 관습』[3]에서 이렇게 말한다. "다른 덕들은 욕구하는 것들을 현명하게 수행하지 않는 한, 덕일 수 없다." 그런데 현명은, 위에서[4] 말한 것처럼, 지성적

다."(Cajetanus in h. art.)
2. Cicero, *Rhetorica*, II, c.53, ed. Muller, Lipsiae, 1908, p.230, ll.2-3.
3. Gregorius, *De moral. Eccl.*, I, 22, c.1: PL 76, 212 CD.
4. a.3, ad1.

intellectualibus.

Respondeo dicendum quod virtus moralis potest quidem esse sine quibusdam intellectualibus virtutibus, sicut sine sapientia, scientia et arte, non autem potest esse sine intellectu et prudentia.[5] Sine prudentia quidem esse non potest moralis virtus, quia moralis virtus est habitus electivus, idest faciens bonam electionem. Ad hoc autem quod electio sit bona, duo requiruntur. Primo, ut sit debita intentio finis, et hoc fit per virtutem moralem, quae vim appetitivam inclinat ad bonum conveniens rationi, quod est finis debitus. Secundo, ut homo recte accipiat ea quae sunt ad finem, et hoc non potest esse nisi per rationem recte consiliantem, iudicantem et praecipientem; quod pertinet ad prudentiam et ad virtutes sibi annexas, ut supra[6] dictum est. Unde virtus moralis sine prudentia esse non potest.

Et per consequens nec sine intellectu. Per intellectum enim cognoscuntur principia naturaliter nota, tam in speculativis quam in operativis.[7] Unde sicut recta ratio in speculativis, inquantum procedit ex principiis naturaliter cognitis, praesupponit intellectum principiorum; ita etiam prudentia, quae est recta ratio agibilium.[8]

---

5. Cf. q.56, a.3.
6. q.57, aa.5-6.
7. '이해'와 '양지'(良知, synderesis)에 대해서는: Cf. I, q.79, a.12; *De veritate*, q.16, a.1.

덕이다. 그러므로 도덕적 덕은 지성적 덕 없이는 존재할 수 없다.

[답변] 도덕적 덕은 지혜, 학문, 기예 등과 같은 몇몇 지성적 덕 없이도 존재할 수 있지만, 이해와 현명 없이는 존재할 수 없다.[5] 도덕적 덕은 현명 없이 존재할 수 없다. 왜냐하면 도덕적 덕은 한 선택의 습성, 곧 훌륭한 선택을 초래하는 것이기 때문이다. 그런데 어떤 선택이 훌륭하기 위해서는 두 가지 요인이 요구된다. 첫째, 목적을 향한 올바른 지향이 요구된다. 그리고 이것은 욕구적 능력들을 이성과 합치되는 선, 곧 마땅한 목적으로 기울게 만드는 도덕적 덕을 통해 얻어진다. 둘째, 목적에 도움이 되는 것들을 옳게 선택하는 것이 요구된다. 그리고 이것은 오로지 옳게 숙고하고 판단하고 명령하는 이성을 통해서만 얻어질 수 있는데, 이것은 위에서[6] 말한 것처럼, 현명과 그것에 연결되어 있는 덕들에 고유한 일이다. 그러므로 현명 없이는 다른 도덕적 덕들이 있을 수 없다.

그리고 따라서 이해(intellectus) 없이도 있을 수 없다. 실상 우리는 이해를 통해서, 사변적 영역에서든 작용의 영역에서든, 그 자체로 알려지는 제1원리들을 인식한다.[7] 따라서 사변 영역에서 자연적으로 인식되는 원리들로부터 논거를 펼치는 올바른 이성(recta ratio)이 '원리들에 대한 이해'(intellectus principiorum)를 전제하는 것처럼, 행할 수 있는 것들에 대한 올바른 이성인 현명 역시 [그것을 전제한다.][8]

---

8. 성 토마스에게는 제1원리들에 대한 두 가지 습성이 존재한다. 하나는 사변적 원리들의 습성(intellectus principiorum)이고, 다른 것은 그가 '양지'라고 부르는(Cf. I, q.79, a.12) 실천적 원리들에 대한 습성이다. 실천적 제1원리들의 위계질서에 관해서는: Cf. I-II, q.94, a.2.

q.58, a.4

AD PRIMUM ergo dicendum quod inclinatio naturae in rebus carentibus ratione, est absque electione, et ideo talis inclinatio non requirit ex necessitate rationem. Sed inclinatio virtutis moralis est cum electione, et ideo ad suam perfectionem indiget quod sit ratio perfecta per virtutem intellectualem.

AD SECUNDUM dicendum quod in virtuoso non oportet quod vigeat usus rationis quantum ad omnia, sed solum quantum ad ea quae sunt agenda secundum virtutem. Et sic usus rationis viget in omnibus virtuosis.[9] Unde etiam qui videntur simplices, eo quod carent mundana astutia, possunt esse prudentes; secundum illud Matth. 10, [16]: *Estote prudentes sicut serpentes, et simplices sicut columbae.*

AD TERTIUM dicendum quod naturalis inclinatio ad bonum virtutis, est quaedam inchoatio virtutis, non autem est virtus perfecta. Huiusmodi enim inclinatio, quanto est fortior, tanto potest esse periculosior, nisi recta ratio adiungatur, per quam fiat recta electio eorum quae conveniunt ad debitum finem, sicut equus currens, si sit caecus, tanto fortius impingit et laeditur, quanto fortius currit. Et ideo, etsi virtus moralis non sit ratio recta, ut Socrates dicebat;[10] non tamen solum est *secundum rationem rectam*, inquantum inclinat ad id quod est secundum rationem rectam, ut Platonici posuerunt;[11] sed etiam oportet quod sit *cum ratione recta*, ut Aristoteles dicit, in VI *Ethic.*[12]

---

9. Cf. II-II, q.8, a.4; q.9, a.1, ad2; q.45, a.5; q.52, a.1, ad2; a.2, ad3(사랑으로부터의 앎

[해답] 1. 이성이 없는 사물들 안에서 자연의 경향에는 선택도 없다. 따라서 저 경향은 필연적으로 이성을 요구하지 않는다. 반면에 도덕적 덕의 경향은 선택을 수반한다. 따라서 그 완성을 위해서는 이성이 지성적 덕에 의해서 완성될 필요가 있다.

2. 덕스러운 사람 안에서 모든 것에 대해 이성의 사용이 왕성해야 하는 것은 아니며, 다만 덕에 따라 행해야 할 것들에 대해서만 왕성한 것으로 족하다. 따라서 세속적인 교활함을 갖추고 있지 않은, 단순하다고 판단되는 사람들도 복음적 판단에 따라서는 현명할 수 있는 것이다.[9] "그러므로 너희는 뱀처럼 슬기롭고[현명하고] 비둘기처럼 순박하게 되어라."(마태 10,16)

3. 덕의 선을 향한 자연적인 경향은 덕의 실마리이지, 완전한 덕이 아니다. 실상 저 경향은, 마땅한 목적에 적합한 수단들에 대한 올바른 선택을 선하게 만드는 올바른 이성의 개입이 없다면, 강하면 강할수록 더 위험할 수 있다. 예컨대 달리는 말은, 만일 눈이 멀었다면, 걸려 넘어지게 되고, 빨리 달리면 달릴수록 그만큼 더 크게 다치게 된다. 따라서 소크라테스가 말하듯이,[10] 도덕적 덕들이 올바른 이성인 것은 아니지만, 플라톤주의자들이 주장했듯이 올바른 이성에 따르는 것으로 기우는 한에서 "올바른 이성에 따를" 뿐만 아니라,[11] 아리스토텔레스가 말하는 것처럼, "올바른 이성이 수반되는" 것이 요구되기도 한다.[12]

에 관해).
10. Aristoteles, *Ethica Nic.*, VI, c.13, 1144b19.
11. Cf. S. Thomas, *In Ethic.*, VI, lect. 11, n.1283.
12. Ibid., 1144b21; S. Thomas, lect.11. 도덕적으로 높은 수준의 삶을 살기 위해서 어떤 대단한 학문이 요구되는 것은 아니다. 왜냐하면 도덕 생활이 원리는 이성이 아니라 올바른 의지이기 때문이다. 인식과 사랑 사이의 차이를 그 각각의 대상과 연관시켜 확인하는 것으로 충분하다. Cf. q.27, a.2, ad2.

Articulus 5
Utrum intellectualis virtus possit esse sine morali

Ad quintum sic proceditur. Videtur quod virtus intellectualis possit esse sine virtute morali.

1. Perfectio enim prioris non dependet a perfectione posterioris. Sed ratio est prior appetitu sensitivo, et movens ipsum. Ergo virtus intellectualis quae est perfectio rationis, non dependet a virtute morali, quae est perfectio appetitivae partis. Potest ergo esse sine ea.

2. Praeterea, moralia sunt materia prudentiae, sicut factibilia sunt materia artis. Sed ars potest esse sine propria materia, sicut faber sine ferro. Ergo et prudentia potest esse sine virtutibus moralibus, quae tamen inter omnes intellectuales virtutes, maxime moralibus coniuncta videtur.

3. Praeterea, *prudentia est virtus bene consiliativa*, ut dicitur in VI *Ethic.*[1] Sed multi bene consiliantur, quibus tamen virtutes morales desunt. Ergo prudentia potest esse sine virtute morali.

Sed contra, velle malum facere opponitur directe virtuti morali; non autem opponitur alicui quod sine virtute morali esse potest. Opponitur autem prudentiae quod volens peccet, ut dicitur in VI *Ethic.*[2] Non ergo prudentia potest esse sine virtute morali.

---

1. *Ethica Nic.*, VI, cc.5, 8 & 10, 1140a25-28; 1141b10; 1142b31-32; S. Thomas, lect.4, n.1162; lect.6, n.1193; lect.8, n.1233.

제5절 지성적 덕은 도덕적 덕 없이도 존재할 수 있는가?

[**Parall**.: Cf. I-II, q.65, a.1; *In Ethic.*, VI, lect.10; *De virt. card.*, a.2; *Quodl.* XII, q.15, a.1]

[반론] 다섯째에 대해서는 다음과 같이 전개된다. 지성적 덕은 도덕적 덕 없이도 존재할 수 있는 것으로 생각된다.

1. 선행하는 것의 완전성은 뒤따르는 것의 완전성에 의존하지 않는다. 그런데 이성은 감각적 욕구에 앞서고 또 그것을 움직인다. 그러므로 이성의 완전성인 지성적 덕은 욕구적 부분의 완전성인 도덕적 덕에 의존하지 않는다. 그러므로 욕구적 부분 없이도 존재할 수 있다.

2. 만들 수 있는 것들이 기예의 질료이듯이, 도덕적인 것들은 현명의 질료이다. 그런데 기예는 자기 고유의 질료 없이도 존재할 수 있다. 그것은 장인이 쇠[鐵] 없이도 있을 수 있는 것과 같다. 그러므로 모든 시성적 덕들 가운데 가장 도덕적인 것들과 연결되어 있는 것으로 보이는 현명도 도덕적 덕들 없이도 있을 수 있다.

3. 『니코마코스 윤리학』 제6권[1]에서 말하고 있는 것처럼 "현명은 잘 숙고하도록 준비시켜 주는 덕이다." 그런데 많은 사람들이 도덕적 덕을 가지고 있지 않으면서도 잘 숙고한다. 따라서 현명은 도덕적 덕 없이도 존재할 수 있다.

[재반론] 그러나 반대로 악을 행하기를 원하는 것은, 도덕적 덕 없이도 존재할 수 있는 어떤 것에 반대되는 것이 아니라, 직접적으로 도덕적 덕에 반대된다. 그런데 『니코마코스 윤리학』 제6권[2]에서 말하는

---

2. *Ethica Nic.*, VI, c.5, 1140b22-25; S. Thomas, lect.4, n.1173.

q.58, a.5

Respondeo dicendum quod aliae virtutes intellectuales sine virtute morali esse possunt, sed prudentia sine virtute morali esse non potest. Cuius ratio est, quia prudentia est recta ratio agibilium; non autem solum in universali, sed etiam in particulari, in quibus sunt actiones. Recta autem ratio praeexigit principia ex quibus ratio procedit. Oportet autem rationem circa particularia procedere non solum ex principiis universalibus, sed etiam ex principiis particularibus. Circa principia quidem universalia agibilium, homo recte se habet per naturalem intellectum principiorum, per quem homo cognoscit quod nullum malum est agendum; vel etiam per aliquam scientiam practicam.[3] Sed hoc non sufficit ad recte ratiocinandum circa particularia. Contingit enim quandoque quod huiusmodi universale principium cognitum per intellectum vel scientiam, corrumpitur in particulari per aliquam passionem, sicut concupiscenti, quando concupiscentia vincit, videtur hoc esse bonum quod concupiscit, licet sit contra universale iudicium rationis.[4] Et ideo, sicut homo disponitur ad recte se habendum circa principia universalia, per intellectum naturalem vel per habitum scientiae; ita ad hoc quod recte se habeat circa principia

---

3. Cf. q.94, a.4. 여기서 말하는 실천적 학문이란, 그 본성상 가장 보편적으로 잘 알려져 있는 원리들과 구체적인 경우들에 대한 특수한 적용(이것이 바로 현명의 소임이다) 사이의 중간에 있는, 도덕이 아닐 수 없다.

것처럼 "[죄 짓기를] 원해서 죄를 짓는다"는 것은 현명[의 덕]에 어긋난다. 그러므로 현명은 도덕적 덕들 없이는 있을 수 없다.

[답변] 다른 지성적 덕들은 도덕적 덕들 없이도 있을 수 있지만, 현명의 경우에는 도덕적 덕들 없이는 존재할 수 없다. 그 이유는 현명이 행할 수 있는 것들에 대한 올바른 이성이기 때문이다. 보편적으로만 그러한 것이 아니라, 특수하게도, 즉 활동들이 펼쳐지는 영역에서 그러하다. 그런데 올바른 이성은 무엇보다 먼저 연역의 출발점이 되는 원리들을 요구한다. 하지만 특수한 것들이 다루어질 때 이성은 보편적 원리들로부터뿐만 아니라 특수한 원리들로부터도 연역할 수밖에 없게 된다. 사람은 행할 수 있는 것들의 보편적 원리들에 대해서는 (어떤 악도 행해서는 안 된다는 것을 알게 해 주는) '원리들의 이해'라는 자연적 습성을 통해서나 혹은 어떤 실천적 학문을 통해서 잘 순비되어 있다.³ 그러나 이것만으로는 특수한 것에 관하여 올바른 추론을 수행하기에는 충분하지 못하다. 왜냐하면 지성 또는 학문을 통하여 알려지는 저 보편적 원리들은 특수한 경우들에 있어서 어떤 정념에 의해서 일거에 말소되는 수가 있기 때문이다. 이것은 마치 욕망의 지배를 받는 자에게는 그 욕망의 대상이, 이성의 보편적 판단에 위배됨에도 불구하고, 마냥 좋게만 보이는 것과 같다.⁴ 따라서 어떤 사람이 자연적 이해나 학문의 습성을 통해 보편적 원리들에 대해 올바르게 채비를 갖추게 되는 것처럼, 행할 수 있는 것들의 특수한 원리들인 목적들에 관하여 채비를 잘 갖추려면, (그 덕분에 그

---

4. Cf. q.9, a.2; q.76, a.1; q.77, aa.1-2.

q.58, a.5

particularia agibilium, quae sunt fines, oportet quod perficiatur per aliquos habitus secundum quos fiat quodammodo homini connaturale recte iudicare de fine. Et hoc fit per virtutem moralem, virtuosus enim recte iudicat de fine virtutis, *quia qualis unusquisque est, talis finis videtur ei*, ut dicitur in III *Ethic.*[5] Et ideo ad rectam rationem agibilium, quae est prudentia, requiritur quod homo habeat virtutem moralem.[6]

AD PRIMUM ergo dicendum quod ratio, secundum quod est apprehensiva finis, praecedit appetitum finis,[7] sed appetitus finis praecedit rationem ratiocinantem ad eligendum ea quae sunt ad finem, quod pertinet ad prudentiam. Sicut etiam in speculativis, intellectus principiorum est principium rationis syllogizantis.

AD SECUNDUM dicendum quod principia artificialium non diiudicantur a nobis bene vel male secundum dispositionem appetitus nostri, sicut fines, qui sunt moralium principia, sed solum per considerationem rationis. Et ideo ars non requirit virtutem perficientem appetitum, sicut requirit prudentia.

---

5. *Ethica Nic.*, III, c.7, 1114a32-b1; S. Thomas, lect.13, nn.515-516. Cf. q.9, a.2; I, q.83, a.1, ad5.
6. 그러므로 카예타누스가 지적하는 것처럼, 현명은 '특수한 목적에 대한 올바른 욕구로 이루어지고 견고해진'(appetitu recto particularis finis facta et firmata) 행위를 위한 올바른 이성이다. 이것은 현명의 고유 행위가 행위들과 관련해서 올바르게 가르치는 것임을 고려한다면, 명백해진다. 그러므로 "현명은 절대적으로 말해 이성 안에 있는 것이 아니라, 욕구를 향한 질서 안에 있다. 그리고 본질적으로, [현

목적에 대해서 판단하는 것이 그에게 천성적인 것과 마찬가지가 되는) 어떤 습성을 통해 완성될 필요가 있다. 그런데 이것은 바로 도덕적 덕들을 통해 이루어진다. 실상 유덕한 사람은 그 덕의 목적에 대해서 올바르게 판단한다. 왜냐하면『니코마코스 윤리학』제3권[5]에서 말하는 것처럼, "각자가 어떤 사람이냐에 따라 목적 또한 각자에게 그렇게 드러나는 것"이기에 유덕한 사람은 덕의 목적에 관하여 올바르게 판단하기 때문이다. 그러므로 행할 수 있는 것들의 올바른 이성인 현명을 가지기 위해서는 도덕적 덕들을 소유할 필요가 있다.[6]

[해답] 1. 이성은 목적을 파악하기 때문에 목적의 욕구보다 우선한다.[7] 그러나 목적을 위하여 있는 것들[수단]을 선택하기 위한 추론(이것은 현명에 속한다)에서는 목적의 욕구가 이 이성에 우선한다. 사변적 영역에서도 '원리들에 대한 이해'가 추론하는 이성의 원리이다.

2. 우리는 도덕적 원리인 목적의 경우에 발생하는 것처럼, 인위적인 것들의 원리들을 우리 욕구의 상태에 따라 선하거나 악하다고 판단하는 것이 아니라, 오로지 이성의 고찰을 통하여 그렇게 판단한다. 따라서 기예는 현명이 요구하는 것처럼, 욕구를 완성시키는 어떤 덕을 요구하지 않는다.

명은] 그의 행위의 계명이 그리로 기우는 욕구에 의존하고 있고, 그 원리인 목적의 외양에 따라 다양하다."
7. Cf. q.12, a.1, ad1 & ad3; q.14, a.1, ad1. 먼저 정신이 어떤 선을 지각하면, 다음에 의지가 그것을 의도하고, 그런 다음에 정신, 곧 이어지는 의지가 획득을 위해 숙고히는 데로 진행된다. 선택이 만들어지지만, 아직은 말하자면 아무 일도 일어나지 않았다. 이것은 정신의 효과적인 명령(imperium)(q.171, a.1)과 수중에 있는 소재에로의 의지의 실행적 적용(usus)을 위한 것이다. 현명의 종적 행위는 올바른 '명령'을 보장하는 것이다.

q.58, a.5

AD TERTIUM dicendum quod prudentia non solum est bene consiliativa, sed etiam bene iudicativa et bene praeceptiva. Quod esse non potest, nisi removeatur impedimentum passionum corrumpentium iudicium et praeceptum prudentiae; et hòc per virtutem moralem.

3. 현명은 단지 잘 숙고하도록 준비시켜 줄 뿐만 아니라, 또한 잘 판단하고 또 잘 명령하도록 준비시켜 주기도 한다. 그런데 이것들은 현명의 판단과 명령을 무력화시키는 정념들의 장애를 제거하지 않고서는 이루어질 수 없는데, 바로 도덕적 덕들을 통해서 그 장애가 제거된다.

QUAESTIO LIX
DE COMPARATIONE VIRTUTIS MORALIS AD PASSIONEM
in quinque articulos divisa

Deinde considerandum est de distinctione moralium virtutum ad invicem.[1] Et quia virtutes morales quae sunt circa passiones, distinguuntur secundum diversitatem passionum, oportet primo considerare comparationem virtutis ad passionem; secundo, distinctionem moralium virtutum secundum passiones.[2]

Circa primum quaeruntur quinque.

Primo: utrum virtus moralis sit passio.

Secundo: utrum virtus moralis possit esse cum passione.

Tertio: utrum possit esse cum tristitia.

Quarto: utrum omnis virtus moralis sit circa passionem.

Quinto: utrum aliqua virtus moralis possit esse sine passione.

---

1. Cf. q.58, Introd.
2. q.60.

제59문
도덕적 덕과 정념의 비교에 대하여
(전5절)

이제는 도덕적 덕들 상호 간의 구별에 대해서 숙고해야 한다.[1] 그리고 정념들과 연관되어 있는 도덕적 덕들은 정념들의 다양성에 따라 구별되기 때문에,

    첫째, 덕과 정념의 비교에 대해 숙고하고,

    둘째, 정념들에 따른 도덕적 덕들의 구별에 대해 고찰해야 한다.[2]

첫째 주제에 대해서는 다섯 가지 질문이 제기된다.
1. 도덕적 덕은 정념인가?
2. 도덕적 덕은 정념과 양립될 수 있는가?
3. 도덕적 덕은 슬픔과 양립될 수 있는가?
4. 모든 도덕적 덕이 다 정념과 관계되는가?
5. 어떤 도덕적 덕은 정념 없이도 있을 수 있는가?

Articulus 1
Utrum virtus moralis sit passio

Ad primum sic proceditur. Videtur quod virtus moralis sit passio.¹

1. Medium enim est eiusdem generis cum extremis. Sed virtus moralis est medium inter passiones. Ergo virtus moralis est passio.

2. Praeterea, virtus et vitium, cum sint contraria, sunt in eodem genere.² Sed quaedam passiones vitia esse dicuntur, ut invidia et ira. Ergo etiam quaedam passiones sunt virtutes.

3. Praeterea, misericordia quaedam passio est, est enim tristitia de alienis malis, ut supra³ dictum est. *Hanc autem Cicero, locutor egregius, non dubitavit appellare virtutem*; ut Augustinus dicit, in IX *de Civ. Dei*.⁴ Ergo passio potest esse virtus moralis.

SED CONTRA est quod dicitur in II *Ethic.*,⁵ quod *passiones neque virtutes sunt neque malitiae*.

---

1. 정념들은 토마스 안에서 아무런 거부감도 일으키지 않는다. 그것은 정념들이 도덕적 질서에서 본질적으로 중립적인 움직임이기 때문이다. 그럼에도 불구하고 그는 서둘러 그것들을 덕들로부터 구별한다. 왜냐하면 그것들을 실제로 혼동할 위험이 있기 때문이다. 실상 도덕적 덕들이란 정념들이 분출하는 것을 규제하는 기능을 담당하고 있다. 이 절의 결론부에서 호소하고 있는 근거들의 견고성에 주목할 필요가 있다.

제1절 도덕적 덕은 정념인가?

[**Parall**.: In Sent., III, d.23, q.1, a.3, qc.2; *In Ethic.*, II, lect.5]

[반론] 첫째에 대해서는 다음과 같이 전개된다. 도덕적 덕은 정념[1]인 것으로 생각된다.

1. 중용은 그 극단들과 같은 유에 속한다. 그런데 도덕적 덕은 정념들 사이의 중용이다. 그러므로 도덕적 덕은 정념이다.

2. 덕과 악습은 서로 반대되기 때문에, 같은 유에 속한다.[2] 그런데 질투나 분노와 같은 어떤 정념들은 악습들이라고 명명된다. 그러므로 어떤 정념들은 덕들이다.

3. 자비는 하나의 정념이다. 실상 위에서[3] 말한 것처럼, 그것은 타인이 겪는 악에 대한 슬픔이다. 아우구스티누스는 『신국론』 제9권[4]에서 "저명한 여설가 키케로는 그것을 덕이라 부르기를 주저하지 않았다."고 말하고 있다. 그러므로 도덕적 덕은 하나의 정념일 수 있다.

[재반론] 그러나 반대로 『니코마코스 윤리학』 제2권[5]에서는 "정념은 덕도 아니고 악습도 아니다."라고 말하고 있다.

---

2. "동일한 유 아래에서 멀든 가깝든 최대로 떨어져 있고 또 동일한 주체에 의해서 서로 배격하는 것들은 서로 반대되는 대립 관계에 있는 것이다."(J. Gredt, OSB, *Elementa phil. arist.-thomist.*, vol.1, Freiburg, i. Br., 51929, n.18, p.18)
3. q.35, a.8.
4. Augustinus, *De civ. Dei*, IX, c.5: PL 41, 261.
5. *Ethica Nic.*, II, c.4, 1105b28-31; S. Thomas, lect.5, n.299.

q.59, a.1

Respondeo dicendum quod virtus moralis non potest esse passio. Et hoc patet triplici ratione. Primo quidem, quia passio est motus quidam appetitus sensitivi, ut supra[6] dictum est. Virtus autem moralis non est motus aliquis, sed magis principium appetitivi motus, habitus quidam existens.[7] — Secundo quia passiones ex seipsis non habent rationem boni vel mali. Bonum enim vel malum hominis est secundum rationem, unde passiones, secundum se consideratae, se habent et ad bonum et ad malum, secundum quod possunt convenire rationi vel non convenire.[8] Nihil autem tale potest esse virtus, cum virtus solum ad bonum se habeat, ut supra[9] dictum est. — Tertio quia, dato quod aliqua passio se habeat solum ad bonum, vel solum ad malum, secundum aliquem modum; tamen motus passionis, inquantum passio est, principium habet in ipso appetitu, et terminum in ratione, in cuius conformitatem appetitus tendit.[10] Motus autem virtutis est e converso, principium habens in ratione et terminum in appetitu, secundum quod a ratione movetur.[11] Unde in definitione virtutis moralis dicitur, in II *Ethic.*,[12] quod est *habitus electivus in medietate consistens determinata ratione, prout sapiens determinabit.*

---

6. q.22, a.3.
7. Cf. q.55, a.1.
8. Cf. q.24.

[답변] 도덕적 덕은 하나의 정념일 수 없다. 이것은 세 가지 근거로 입증될 수 있다. 첫째, 위에서[6] 말한 것처럼, 정념은 감각적 욕구의 움직임이기 때문이다. 반면에 도덕적 덕은 어떤 움직임이 아니라, 하나의 실존하는 습성이기 때문에, 오히려 욕구적 움직임의 원리이다.[7]—둘째, 정념은 그 자체로 선한 근거나 악한 근거를 가지지 않기 때문이다. 실상 인간 안에서 선과 악은 이성에 달려 있다. 따라서 정념들은, 그 자체로 놓고 볼 때, 이성과 합치할 수 있는지 여부에 따라 선할 수도 있고 악할 수도 있다.[8] 반면에 덕은, 위에서[9] 말한 것처럼, 오로지 선으로만 향하기 때문에, 그런 무관함을 누릴 수 없다.—셋째, 설령 어떤 정념이 어떤 면에서 오로지 선 또는 악으로 향한다고 하더라도, 정념의 움직임은, 하나의 정념인 한에서, 그 욕구 자체를 자신의 원리로 삼고, 이성을 그 종점으로 삼는다. 왜냐하면 욕구는 이성과 합치되려는 경향을 지니고 있기 때문이다.[10] 반면에 덕의 움직임은 반대로, 이성을 원리로 삼고, 이성으로부터 움직여지는 데 따라서, 욕구를 그 종점으로 삼고 있다.[11] 따라서 『니코마코스 윤리학』 제2권[12]에서는 도덕적 덕을 이렇게 정의하고 있다. 그것은 "지혜로운 사람이 규정하는 것처럼, 이성에 의해서 규정되는 중용을 선택할 임무를 띠고 있는 습성이다."

---

9. q.55, a.3.
10. Cf. I, q.81, a.3.
11. Cf. q.17, a.7.
12. *Ethica Nic.*, II, c.6, 1106b36-1107a2; S. Thomas, lect.7, nn.322-323.

q.59, a.1

AD PRIMUM ergo dicendum quod virtus, secundum suam essentiam, non est medium inter passiones, sed secundum suum effectum, quia scilicet inter passiones medium constituit.[13]

AD SECUNDUM dicendum quod, si vitium dicatur habitus secundum quem quis male operatur, manifestum est quod nulla passio est vitium. Si vero dicatur vitium peccatum, quod est actus vitiosus, sic nihil prohibet passionem esse vitium, et e contrario concurrere ad actum virtutis; secundum quod passio vel contrariatur rationi, vel sequitur actum rationis.

AD TERTIUM dicendum quod misericordia dicitur esse virtus, idest virtutis actus, secundum quod *motus ille animi rationi servit, quando scilicet ita praebetur misericordia, ut iustitia conservetur, sive cum indigenti tribuitur, sive cum ignoscitur poenitenti*, ut Augustinus dicit ibidem.[14] Si tamen misericordia dicatur aliquis habitus quo homo perficitur ad rationabiliter miserendum, nihil prohibet misericordiam sic dictam esse virtutem.[15] Et eadem est ratio de similibus passionibus.

---

13. Cf. q.64, aa.1-2.
14. Augustinus, *De civ. Dei*, IX, c.5: PL 41, 261.

[해답] 1. 덕은 그 본질에 따라서가 아니라 그 결과에 따라서 정념들 사이의 중용이다. 왜냐하면 그것은 정념들 사이의 중용을 확립하기 때문이다.[13]

2. 만일 악습이 누가 어떤 일을 나쁘게 행하는 습성이라고 부른다면, 어떤 정념도 악습이 아니라는 것이 명백하다. 그러나 만일 그것이 악습에 젖은 행위인 죄라고 말한다면, 정념을 하나의 악습으로 알아듣는다거나, 혹은 반대로 그 정념이 이성의 행위에 반대되거나 따르는 데 따라 덕스러운 행위와 합류하는 것을 막는 것은 아무것도 없다.

3. 실상 아우구스티누스가 같은 곳[14]에서 말하고 있는 것처럼, 자비는 하나의 덕, 곧 유덕한 행위이다. "가난한 사람이 구제되거나 회개하는 사람이 용서를 받을 때처럼, 자비가 정의를 파괴하지 않은 채 주어진다면, 저 정신의 움직임은 이성에 봉사"하는 것이기 때문이다. 그리고 만일 자비가 합리적인 방식으로 자비심을 가지도록 미리 준비시키는 습성이라고 말한다면, 그 자비가 하나의 덕이라고 주장하는 것을 막는 것은 아무것도 없다.[15] 그리고 이와 비슷한 정념들에 대해서도 같은 말을 할 수 있다.

---

15. Cf. II-II, q.30, a.3; q.36, a.3, ad3.

Articulus 2
Utrum virtus moralis possit esse cum passione

Ad secundum sic proceditur. Videtur quod virtus moralis cum passione esse non possit.[1]

1. Dicit enim Philosophus, in IV *Topic.*,[2] quod *mitis est qui non patitur, patiens autem qui patitur et non deducitur.* Et eadem ratio est de omnibus virtutibus moralibus. Ergo omnis virtus moralis est sine passione.

2. Praeterea, virtus est quaedam recta habitudo animae, sicut sanitas corporis, ut dicitur in VII *Physic.*:[3] unde virtus quaedam sanitas animae esse videtur, ut Tullius dicit, in IV *de Tuscul. Quaest.*[4] Passiones autem animae dicuntur *morbi quidam animae,* ut in eodem libro[5] Tullius dicit. Sanitas autem non compatitur secum morbum. Ergo neque virtus compatitur animae passionem.

3. Praeterea, virtus moralis requirit perfectum usum rationis etiam in particularibus. Sed hoc impeditur per passiones, dicit

---

1. 이 주제와 관련해서는 고대 사상사에서 두 개의 유명한 입장이 두드러진다. 하나는 아리스토텔레스의 입장이고, 다른 하나는 스토아학파의 입장이다. 스토아 사상가들에게 있어서 격정은 도덕적 질서에서 부정적인 요소였다. 왜냐하면 그 안에서 우연적인 실재, 곧 지나가는 세상을 향한 인간의 비합리적인 부분의 경향과, 따라서 실재의 절대적 질서에 대한 조화의 부재, '아파테스'(apathes) 곧 냉정함에서 실현되는 '로고스'(Logos)에 대한 평온한 관상에 대한 심각한 혼란 등을

제2절 도덕적 덕은 정념과 양립될 수 있는가?

[**Parall**.: Cf. *In Ethic*., II, lect.3]

[반론] 둘째에 대해서는 다음과 같이 전개된다. 도덕적 덕은 정념들과 양립될 수 없는 것으로 생각된다.[1]

1. 철학자는 『토피카』[2]에서 이렇게 말한다. "정념에 좌우되지 않는 사람은 온후한[침착한] 사람이고, 감정[정념]을 겪기는 하지만 그것에 져버리지 않는 사람은 인내하는 사람이다." 이것은 다른 모든 도덕적 덕들의 경우에도 해당된다. 그러므로 모든 도덕적 덕은 정념을 배제한다.

2. 덕은, 『자연학』 제7권[3]에서 말하는 것처럼, 육체의 건강과 같은, 영혼의 어떤 올바른 습성이다. 그러므로 키케로가 『투스쿨룸 대화』에서 말하는 것처럼, "덕은 영혼의 건강"인 것으로 보인다.[4] 또한 키케로는 같은 책에서 영혼의 정념들을 "영혼의 어떤 질병들"이라고 말하고 있다.[5] 그런데 건강은 질병과 양립될 수 없다. 따라서 덕도 영혼의 정념들과 양립될 수 없다.

3. 도덕적 덕은 특수한 경우들에서도 이성의 완전한 사용을 요구한다. 그런데 이것은 정념들을 통해서 방해를 받는다. 왜냐하면 철학

보았기 때문이다. 성 토마스는 이런 입장의 오류를 인정하면서도 그것을 일종의 오해라고 보아 호의적인 태도를 보이고 있다.
2. *Topica*, IV, c.5, 125b22-24.
3. *Physica*, VII, c.3, 246b2-5; 247a2-4; S. Thomas, lect.5, n.6, lect.6, n.2.
4. Cicero, *Tuscul. Quaest*., IV, c.13.
5. Ibid., IV, c.10.

enim Philosophus, in VI *Ethic.*,⁶ quod *delectationes corrumpunt existimationem prudentiae*; et Sallustius dicit, in *Catilinario*,⁷ quod *non facile verum perspicit animus, ubi illa officiunt*, scilicet animi passiones. Virtus ergo moralis non potest esse cum passione.

SED CONTRA est quod Augustinus dicit, in XIV *de Civ. Dei*:⁸ *Si perversa est voluntas, perversos habebit hos motus*, scilicet passionum, *si autem recta est, non solum inculpabiles, verum etiam laudabiles erunt*. Sed nullum laudabile excluditur per virtutem moralem. Virtus ergo moralis non excludit passiones, sed potest esse cum ipsis.

RESPONDEO dicendum quod circa hoc fuit discordia inter Stoicos et Peripateticos, sicut Augustinus dicit, IX *de Civ. Dei*.⁹ Stoici enim posuerunt quod passiones animae non possunt esse in sapiente, sive virtuoso, Peripatetici vero, quorum sectam Aristoteles instituit, ut Augustinus dicit in IX *de Civ. Dei*,¹⁰ posuerunt quod passiones simul cum virtute morali esse possunt, sed ad medium reductae.¹¹

Haec autem diversitas, sicut Augustinus ibidem dicit, magis

---

6. *Ethica Nic.*, VI, c.5, 1140b12-21; S. Thomas, lect.4, n.1169-1171.
7. Sallustius, *In conjuratione Catilinae*, 51.
8. Augustinus, *De civ. Dei*, XIV, c.6: PL 41, 407.

자는 『니코마코스 윤리학』 제6권[6]에서 "쾌락이 현명의 평가를 망친다."고 말하고 있고, 살루스티우스(Sallustius)는 『카틸리나의 전쟁』에서 "정신은 저 감정들[즉 영혼의 정념들]이 개입하는 곳에서 참[진리]을 쉽게 꿰뚫어 보지 못한다."고 덧붙이고 있다.[7] 그러므로 도덕적 덕들은 정념들과 양립될 수 없다.

[재반론] 그러나 반대로 성 아우구스티누스는 『신국론』 제14권[8]에서 이렇게 말하고 있다. "만일 의지가 악하다면, 이 움직임들[즉 정념들의 움직임들]도 악할 것이다. 그러나 만일 선하다면, 단지 무죄할 뿐만 아니라 칭찬할 만하기까지 할 것이다." 그런데 어떤 칭찬할 만한 행위도 도덕적 덕들과 양립 불가능하지 않다. 그러므로 도덕적 덕들은 정념들을 배제하지 않고, 그것들과 공존할 수 있다.

[답변] 이 주제에 관해서는 성 아우구스티누스가 『신국론』 제9권[9]에서 스토아학파와 소요학파의 견해가 일치하지 않는다는 점을 지적하고 있다. 실상 스토아학파에서는 정념들이 지혜로운 사람 또는 유덕한 사람 안에 있을 수 없다고 주장하였지만, 아우구스티누스가 『신국론』 제9권[10]에서 전해 주는 것처럼, 아리스토텔레스에 뿌리를 두고 있는 소요학파에서는 도덕적 덕들이 중용으로 조정된 정념들과 양립될 수 있다는 것을 인정하였다.[11]
하지만 이런 대조는, 동일한 성 아우구스티누스가 지적하는 것처

---

9. Ibid.
10. Augustinus, *De civ. Dei*, IX, c.4: PL 41, 258.
11. Cf. q.24, a.2.

erat secundum verba, quam secundum eorum sententias.[12] Quia enim Stoici non distinguebant inter appetitum intellectivum, qui est voluntas, et inter appetitum sensitivum, qui per irascibilem et concupiscibilem dividitur; non distinguebant in hoc passiones animae ab aliis affectionibus humanis, quod passiones animae sint motus appetitus sensitivi, aliae vero affectiones, quae non sunt passiones animae, sunt motus appetitus intellectivi, qui dicitur voluntas, sicut Peripatetici distinxerunt,[13] sed solum quantum ad hoc quod passiones esse dicebant quascumque affectiones rationi repugnantes. Quae si ex deliberatione oriantur, in sapiente, seu in virtuoso, esse non possunt. Si autem subito oriantur, hoc in virtuoso potest accidere, eo quod *animi visa quae appellant phantasias, non est in potestate nostra utrum aliquando incidant animo; et cum veniunt ex terribilibus rebus, necesse est ut sapientis animum moveant, ita ut paulisper vel pavescat metu, vel tristitia contrahatur, tanquam his passionibus praevenientibus rationis officium; nec tamen approbant ista, eisque consentiunt*; ut Augustinus narrat in IX *de Civ. Dei*,[14] ab Agellio[15] dictum.

Sic igitur, si passiones dicantur inordinatae affectiones, non possunt esse in virtuoso, ita quod post deliberationem eis consentiatur; ut Stoici posuerunt.[16] Si vero passiones dicantur

---

12. Augustinus, *De civ. Dei*, IX, c.4: PL 41, 258.
13. Cf. I, q.80, a.2; q.81, a.2.
14. Augustinus, *De civ. Dei* IX, 4: PL 41, 259.
15. Aulus Gellius(130~180년경), *Noctes Atticae*, XIX, 1. 아울루스 겔리우스는 2세기

럼, 그 내용에 따른 것이라기보다는 오히려 표현상의 차이라고 보아야 하겠다.[12] 실상 스토아학파에서는 지성적 욕구인 의지를 (분노적인 것과 욕정적인 것으로 나눌 수 있는) 감각적 욕구와 구별하지 않는다. 따라서 인간의 정념들과 정념이 아닌 다른 감정들을, 소요학파에서처럼 감각적 욕구와 지성적 욕구인 의지 사이의 구별에 기초해서 구별할 수 없었고,[13] 다만 이성에 대립되는 감정들을 정념들이라 부른다는 사실에 기초해서 구별하였다. 그리고 이 이성에 반하는 감정들은 숙고에 기초하고 있는 한에서 지혜롭거나 유덕한 사람 안에 있을 수 없다. 그러나 갑자기 생겨나는 한에서 덕스러운 사람 안에도 있을 수 있다. 왜냐하면 아우구스티누스가 『신국론』 제9권[14]에서 인용하는 아울루스 겔리우스(Aulus Gellius)[15]의 말처럼, "흔히 환상이라 불리는 정신의 현상들이 영혼을 어지럽히지 못하게 하는 것은 우리의 권한에 속하지 않는다. 그리고 그것들이 가공할 만한 사건들로부터 올 때, 지혜로운 사람의 정신이라고 하더라도 (이런 일에 대한 그의 승인이나 동조함 없이, 어떤 면에서는 이성의 직분에 선행하는) 정념들의 자극 아래에서 얼마간 공포에 질리거나 슬픔에 짓눌릴 정도로 혼란스러워지는 것은 필연적이다."

따라서 만일 정념들을 무질서한 정감으로 간주한다면, 그것들은 심사숙고해서 그것들에 동조하는 것과 같은 방식으로 유덕한 사람 안에 있는 것이 아니다. 이것이 바로 스토아학파 사람들의 입장이었다.[16] 그렇지만 정념들이 감각적 욕구의 어떤 움직임들로 간주된다면, 그것

로마의 유명한 학자로, 그리스와 로마 세계를 여행하면서 수집한 기문야담(奇聞野談)인 그의 작품 『아티카의 밤』(Noctes Atticae)은 소실로 인한 여러 군데의 공백에도 불구하고 고대 철학에 관한 매우 귀중한 여러 정보들을 담고 있다.

16. 제2부 제1편 제24문에 들어 있는 정념 또는 감정의 관점으로부터의 가르침에 대한 덕의 관점으로부터의 재확인: q.24, a.4; q.34, a.1.

quicumque motus appetitus sensitivi, sic possunt esse in virtuoso, secundum quod sunt a ratione ordinati. Unde Aristoteles dicit, in II *Ethic.*,[17] quod *non bene quidam determinant virtutes impassibilitates quasdam et quietes, quoniam simpliciter dicunt,* sed deberent dicere quod sunt quietes a passionibus quae sunt ut non oportet, et quando non oportet.

AD PRIMUM ergo dicendum quod Philosophus exemplum illud inducit, sicut et multa alia in libris logicalibus, non secundum opinionem propriam, sed secundum opinionem aliorum. Haec autem fuit opinio Stoicorum,[18] quod virtutes essent sine passionibus animae. Quam opinionem Philosophus excludit in II *Ethic.*,[19] dicens virtutes non esse impassibilitates.—Potest tamen dici quod, cum dicitur quod mitis non patitur, intelligendum est secundum passionem inordinatam.

AD SECUNDUM dicendum quod ratio illa, et omnes similes quas Tullius ad hoc inducit in IV libro *de Tuscul. Quaest.*,[20] procedit de passionibus secundum quod significant inordinatas affectiones.

AD TERTIUM dicendum quod passio praeveniens iudicium rationis, si in animo praevaleat ut ei consentiatur, impedit consilium et iudicium rationis. Si vero sequatur, quasi ex ratione imperata, adiuvat ad exequendum imperium rationis.[21]

---

17. Aristoteles, *Ethica Nic.*, II, c.3, 1104b24.
18. Cf. Cicero, *Tuscul. Quaest.*, III, c.4, ed. Müller, Lipsiae, 1908, pp.358sq.

들은 이성에 복종하는 한에서 덕스러운 사람 안에 있을 수 있다. 따라서 아리스토텔레스는『니코마코스 윤리학』제2권[17]에서 이렇게 말한다. "어떤 이들은 부당하게 덕을, 무감정 상태(impassibilitas)와 평온의 상태처럼 정의한다. 왜냐하면 그들은 지나치게 단순화하기 때문이다." 그들은 오히려 "해서는 안 되는 때에, 해서는 안 되는 방식으로" 태어나는 정념들로부터 평온의 상태에 있다고 말했어야 했다.

[해답] 1. 철학자는 그의 논리학 작품들 속에서, 자기 자신의 견해가 아니라 다른 이들의 견해를 조명하기 위해서 이 예는 물론 다른 많은 예도 들고 있다. 영혼의 정념들이 덕과 양립될 수 없다는 것은 스토아학파의 견해였다.[18] 그런데 철학자는『니코마코스 윤리학』제2권[19]에서 덕들이 무감동의 상태가 아니라고 말할 때, 바로 이것을 거절한 것이다.—그렇지만 온유한 사람은 무질서한 정념이라는 의미에서 정념들을 느끼지 않는다고 대답할 수도 있을 것이다.

2. 제시된 논거와, 키케로가『투스쿨룸 대화』제3권[20]에서 추론하는 다른 모든 논거들은 무질서한 정감들을 가리키는 한에서만 정념들에 타당하다.

3. 만일 정신 안에서 동의를 요구할 정도로 어떤 정념이 이성의 판단을 앞지른다면, 그것은 이성의 충고와 판단을 방해할 것이다. 반면에 만일 그 정념이 뒤따르고 거의 이성의 명령을 듣는다면, 이성이 명령하는 것을 실행하는 데에로 나아간다.[21]

---

19. Ibid. 성 토마스는 철학의 역사적 전개에 대한 뚜렷한 관념을 가지고 있지 못했다. 그래서 그는 예컨대 스토아학파가 아리스토텔레스보다 역사적으로 우선하거나, 아니면 적어도 그와 동시대라고 생각하였다.
20. Cicero, *Tuscul. Quaest.*, III, c.7, ed. Müller, Lipsiae, 1908, p.361, ll.17-20.
21. Cf. q.24, a.3; II-II, q.2, a.10.

Articulus 3
Utrum virtus moralis possit esse cum tristitia

Ad tertium sic proceditur. Videtur quod virtus cum tristitia esse non possit.[1]

1. Virtutes enim sunt sapientiae effectus, secundum illud *Sap.* 8, [7]: *Sobrietatem et iustitiam docet,* scilicet divina sapientia, prudentiam et virtutem. Sed *sapientiae convictus non habet amaritudinem,* ut postea [v. 16] subditur. Ergo nec virtutes cum tristitia esse possunt.

2. Praeterea, tristitia est impedimentum operationis; ut patet per philosophum, in VII[2] et X[3] *Ethic.* Sed impedimentum bonae operationis repugnat virtuti. Ergo tristitia repugnat virtuti.

3. Praeterea, tristitia est quaedam animi aegritudo; ut Tullius eam vocat, in III *de Tuscul. Quaest.*[4] Sed aegritudo animae contrariatur virtuti, quae est bona animae habitudo. Ergo tristitia contrariatur virtuti, nec potest simul esse cum ea.

SED CONTRA est quod Christus fuit perfectus virtute. Sed in eo fuit tristitia,[5] dicit enim, ut habetur Matth. 26, [38]: *Tristis est anima mea usque ad mortem.* Ergo tristitia potest esse cum virtute.[6]

---

1. 정념 또는 감정으로서의 슬픔(tristitia)과 고통(dolor)에 관해서는: Cf. q.35.
2. *Ethica Nic.*, VII, c.14, 1153b2-4; S. Thomas, lect.13, nn.1498-1499.
3. Ibid., X, c.5, 1175b17-24; S. Thomas, lect.7, nn.2048-2049.

제3절 도덕적 덕은 슬픔과 양립될 수 있는가?

[**Parall**.: *In Ethic.*, II, lect.3]

[반론] 셋째에 대해서는 다음과 같이 전개된다. 슬픔은 덕과 양립될 수 없는 것으로 생각된다.[1]

1. 지혜서 8장 [7절]에 따르면, 덕들은 참으로 지혜의 결과들이다. "정녕 [신적] 지혜는 맑은 정신과 정의, 현명과 덕(능력)을 가르친다." 그리고 뒤이어 [16절에서] 말하는 것처럼, "지혜와 함께 사는 데 괴로울 일 없다." 그러므로 슬픔은 덕과 양립될 수 없다.

2. 슬픔은, 『니코마코스 윤리학』 제7권[2]과 제10권[3]에서 철학자를 통해서 드러나듯이, 작용을 저지한다. 그렇지만 선한 작용들에 대한 방해는 덕과 양립될 수 없다. 따라서 슬픔은 덕을 배제한다.

3. 키케로는 『투스쿨룸 대화』 제3권[4]에서 슬픔을 "영혼의 질병"이라고 불렀다. 그런데 이것은 영혼의 선한 상태인 덕에 반대된다. 그러므로 슬픔은 덕에 반대되고, 덕과 양립될 수 없다.

[재반론] 그러나 반대로 그리스도는 덕에 있어서 완전하다. 하지만 그분 안에는 슬픔이 있었다.[5] 왜냐하면 마태오복음서 26장 [38절]에서 보듯이, 그분은 "내 마음이 너무 슬퍼 죽을 지경이다."라고 말하기 때문이다. 그러므로 슬픔은 덕과 양립될 수 있다.[6]

---

4. Cicero, *Tuscul. Quaest.*, III, c.7, ed. Müller, Lipsiae, 1908, p.361, ll.17-20.
5. Cf. III, q.15, a.6.
6. *In Ioann.*, c.12 (v.27), lect.5, n.1(ed. Marietti, p.334); c.13 (v.21), lect.4, n.1(ed. cit., pp.362-363)

q.59, a.3

RESPONDEO dicendum quod sicut dicit Augustinus, XIV de Civ. Dei,[7] *Stoici voluerunt, pro tribus perturbationibus, in animo sapientis esse tres eupathias,*[8] idest tres bonas passiones: pro cupiditate scilicet voluntatem; *pro laetitia, gaudium; pro metu, cautionem. Pro tristitia vero, negaverunt posse aliquid esse in animo sapientis,* duplici ratione. Primo quidem, quia tristitia est de malo quod iam accidit. Nullum autem malum aestimant posse accidere sapienti, crediderunt enim quod, sicut solum hominis bonum est virtus, bona autem corporalia nulla bona hominis sunt; ita solum inhonestum est hominis malum, quod in virtuoso esse non potest.[9]

Sed hoc irrationabiliter dicitur. Cum enim homo sit ex anima et corpore compositus, id quod confert ad vitam corporis conservandam, aliquod bonum hominis est, non tamen maximum,[7] quia eo potest homo male uti.[10] Unde et malum huic bono contrarium in sapiente esse potest, et tristitiam moderatam inducere.—Praeterea, etsi virtuosus sine gravi peccato esse possit, nullus tamen invenitur qui absque levibus peccatis vitam ducat, secundum illud I Ioan. 1, [8]: *Si dixerimus quia peccatum non habemus, nos ipsos seducimus.*[11]—Tertio, quia

---

7. *De civ. Dei*, XIV, c.8: PL 41, 411.
8. '좋은 정념들'(bonae passiones)에 해당하는 그리스어: 'eupatheias'.
9. "사물들이 그대가 바라는 대로 일어나기를 요구하지 말고, 사물들이 일어나야 하는 대로 일어나기를 바라라."(훌륭한 삶을 살기 위한 스토아학파의 한 금언)

[답변] 아우구스티누스가 『신국론』 제14권[7]에서 말하는 것처럼, "스토아학파들은 현자의 정신 속에 있는 세 가지 혼란"을 "세 가지 '선한 정념'(eupatheias)[8]과 바꾸려 하였다." "탐욕(cupiditas) 자리에 정욕(boulesis/voluptas)을, 즐거움 자리에 기쁨(chara)을, 그리고 두려움 자리에 신중함(eulabeia)을 제시하였다. 그러나 현자의 정신 속에서 슬픔의 자리에는 아무것도 대체될 수가 없었다." 그 이유는 두 가지다. 첫째, 슬픔은 이미 일어난 어떤 악을 그 대상으로 삼고 있다. 그런데 그들은 현명한 사람에게는 어떠한 악도 발생할 수 없다고 생각하였다. 실상 그들은 인간의 유일한 선은 덕이기 때문에, 육체의 선은 인간을 위한 선이 아니라고 믿었으며, 인간의 유일한 악은 덕스러운 사람에게서 찾아볼 수 없는 부정직(inhonestum)이라고 보았다.[9]

그러나 이것은 합리적이지 못하다. 실상 인간은 영혼과 육체로 합성되어 있기 때문에, 물리적 생명의 보존에 도움이 되는 것들은 모두 인간을 위한 선이 된다. 하지만 그의 최고선은 아니다. 왜냐하면 인간이 그것을 악하게 사용할 수 있기 때문이다.[10] 그러므로 저 선에 반대되는 악이 지혜로운 사람 안에서도 발견될 수 있기 때문에, 그 안에서는 어떤 조절된 슬픔이 있을 수 있다.―또한 비록 덕스러운 사람이 중죄 없이 있을 수는 있지만, 그렇다고 사도 요한에 따르면, 아무도 가벼운 죄[輕罪]조차 없이 살아갈 수는 없다. 요한 1서 1장 [8절]에 따르면, "만일 우리가 죄가 없다고 말한다면, 우리는 자신을 속이는 것입니다."[11]―셋째, 그렇다면 덕스러운 사람은 실제로 죄의 상태에 있지는 않다고 하더라도 과거에는 죄의 상태에 있었을 수 있다.

---

10. Cf. q.39, a.4.
11. (Vulgata): "Si dixerimus quoniam peccatum non habemus, ipsi nos seducimus."

virtuosus, etsi peccatum non habeat, forte quandoque habuit. Et de hoc laudabiliter dolet; secundum illud II *ad Cor.* 7, [10]: *Quae secundum Deum est tristitia, poenitentiam in salutem stabilem operatur.*—Quarto, quia potest etiam dolere laudabiliter de peccato alterius.—Unde eo modo quo virtus moralis compatitur alias passiones ratione moderatas, compatitur etiam tristitiam.

Secundo, movebantur ex hoc, quod tristitia est de praesenti malo, timor autem de malo futuro, sicut delectatio de bono praesenti, desiderium vero de bono futuro.[12] Potest autem hoc ad virtutem pertinere, quod aliquis bono habito fruatur, vel non habitum habere desideret, vel quod etiam malum futurum caveat. Sed quod malo praesenti animus hominis substernatur, quod fit per tristitiam, omnino videtur contrarium rationi, unde cum virtute esse non potest.

Sed hoc irrationabiliter dicitur.[13] Est enim aliquod malum quod potest esse virtuoso praesens, ut dictum est.[14] Quod quidem malum ratio detestatur. Unde appetitus sensitivus in hoc sequitur detestationem rationis, quod de huiusmodi malo tristatur, moderate tamen, secundum rationis iudicium. Hoc autem pertinet ad virtutem, ut appetitus sensitivus rationi conformetur, ut dictum est.[15] Unde ad virtutem pertinet quod tristetur

---

12. Cf. q.25, a.4; q.26, a.2.
13. 스토아학파에서 말하는 '육화되지 않은 도덕'이란 결국 비인간적이고 비합리적인 도덕으로 귀결된다. 만일 어떻게든 불교의 도덕을 알 수 있었더라면, 그것은 더더욱 성 토마스에게 비인간적인 것으로 나타났을 것이다. 절대적인 평정심이

그리고 이것에 대해서는, 코린토 2서 7장 [10절]에 따르면, 마땅히 괴로워할 수 있다. "하느님의 뜻에 맞는 슬픔은 회개를 자아내어 구원에 이르게 합니다."—넷째, 왜냐하면 마땅히 남들의 죄에 대해서 고통스러워 할 수 있는데, 그것은 칭찬할 만한 일이기 때문이다.—따라서 도덕적 덕은 이성에 의해서 조절되는 다른 정념들과 양립될 수 있는 것처럼, 슬픔과도 양립될 수 있다.

둘째, 스토아 학자들은 슬픔이 어떤 현존하는 악을 대상으로 삼지만, 공포는 어떤 미래의 악을 대상으로 삼는다는 사실과, 마찬가지로 어떤 현존하는 선을 대상으로 삼는 쾌락과, 어떤 미래의 선과 연관되는 갈망을 강조하였다.[12] 그런데 덕이 소유하고 있는 어떤 선을 향유하거나 결핍된 어떤 선을 갈망하거나 어떤 미래의 악을 피하는 데에로 이끈다는 것이 인정될 수 있다. 그러나 인간의 정신이 슬픔을 수반하는 어떤 현존하는 악에 의해 지배되도록 내맡기는 것은 이성에 반대되는 것으로 보인다. 따라서 슬픔은 덕과 양립될 수 없다.

그러나 이 논거는 합리적이지 못하다.[13] 실상 이미[14] 말한 것처럼, 어떤 악들은 실제로 덕스러운 사람 안에도 있을 수 있다. 그리고 이성이 그것들을 싫어한다. 그러므로 감각적 욕구가 그것[악]에 대해 슬퍼할 때, 그저 이성의 충동을 따르게 할 뿐이다. 왜냐하면 슬픔이 이성의 판단에 따라 조절되었기 때문이다. 그런데 위에서[15] 말한 것처럼, 감각적 욕구가 이성에 부합하는 것은 덕에 속한다. 그러므로 철

란 현세에서는 가능하지 않다. 성인들의 평정심은 저급한 부분들의 고생과 자기 자신과 남들의 악행을 지켜보는 슬픔을 전혀 배제하지 않는다.
14. 본론.
15. a.1, ad2.

moderate in quibus tristandum est, sicut etiam Philosophus dicit in II *Ethic.*[16]—Et hoc etiam utile est ad fugiendum mala. Sicut enim bona propter delectationem promptius quaeruntur, ita mala propter tristitiam fortius fugiuntur.[17]

Sic igitur dicendum est quod tristitia de his quae conveniunt virtuti, non potest simul esse cum virtute, quia virtus in propriis delectatur. Sed de his quae quocumque modo repugnant virtuti, virtus moderate tristatur.

AD PRIMUM ergo dicendum quod ex illa auctoritate habetur quod de sapientia sapiens non tristetur.[18] Tristatur tamen de his quae sunt impeditiva sapientiae. Et ideo in beatis, in quibus nullum impedimentum sapientiae esse potest, tristitia locum non habet.

AD SECUNDUM dicendum quod tristitia impedit operationem de qua tristamur, sed adiuvat ad ea promptius exequenda per quae tristitia fugitur.[19]

AD TERTIUM dicendum quod tristitia immoderata est animae aegritudo, tristitia autem moderata ad bonam habitudinem animae pertinet, secundum statum praesentis vitae.

---

16. *Ethica Nic.*, II, c.5, 1106b20-28; S. Thomas, lect.6, nn.317-318.
17. Cf. q.39, a.3; III, q.46, a.6, ad2.

학자가 『니코마코스 윤리학』 제2권에서 말하는 것처럼, 슬프게 만드는 일에 대해 조절적으로 슬퍼하게 되는 것은 덕에 속한다.[16]—아니 이것은 악을 피하는 데에도 도움이 된다. 실상 쾌락을 위해서 매우 신속히 선이 추구되는 것처럼, 고통 때문에도 더더욱 힘써 악을 피하게 된다.[17]

따라서 덕에 부합하는 것에 대하여 슬퍼하는 것은 덕과 양립될 수 없다고 결론지어야 한다. 왜냐하면 덕은 자기 고유의 것들을 기뻐하기 때문이다. 그러나 덕은 어떤 방식으로든지 자기에게 반대되는 것들에 대해서는 절제 있게 슬퍼해야 한다.

[해답] 1. 이 권위 있는 텍스트는 지혜로운 자는 지혜에 대해서 슬퍼해서는 안 된다는 것을 보여 준다.[18] 그러나 그는 지혜에 장애가 되는 것을 두고 슬퍼한다. 따라서 (그들에게는 지혜의 어떤 장애도 있을 수 없는) 복된 이들에게 슬픔이란 있을 수 없다.

2. 슬픔은 우리가 그것에 대해 마음 아파하는 작용에는 장애가 되지만, 그것을 피하고자 하는 데 도움이 되는 것들은 얼마든지 신속히 수행하는 데 도움이 된다.[19]

3. 절제되지 않은 슬픔은 영혼의 질병이지만, 절제된 슬픔은 우리의 현재 상태의 삶에서 영혼의 훌륭한 습성에 속한다.

---

18. Cf. III, q.46, a.8: 그리스도의 수난에 관해.
19. Cf. q.37, a.3.

Articulus 4
Utrum omnis virtus moralis sit circa passiones

Ad quartum sic proceditur. Videtur quod omnis virtus moralis sit circa passiones.

1. Dicit enim Philosophus, in II *Ethic.*,[1] quod *circa voluptates et tristitias est moralis virtus*. Sed delectatio et tristitia sunt passiones, ut supra[2] dictum est. Ergo omnis virtus moralis est circa passiones.

2. Praeterea, rationale per participationem est subiectum moralium virtutum, ut dicitur in I *Ethic.*[3] Sed huiusmodi pars animae est in qua sunt passiones, ut supra[4] dictum est. Ergo omnis virtus moralis est circa passiones.[5]

3. Praeterea, in omni virtute morali est invenire aliquam passionem. Aut ergo omnes sunt circa passiones, aut nulla. Sed aliquae sunt circa passiones, ut fortitudo et temperantia, ut dicitur in III *Ethic.*[6] Ergo omnes virtutes morales sunt circa passiones.

SED CONTRA est quod iustitia, quae est virtus moralis, non est circa passiones, ut dicitur in V *Ethic.*[7]

---

1. *Ethica Nic.*, II, c.53, 1104b8-9; S. Thomas, lect.3, nn.266-267.
2. q.23, a.4; q.31, a.1; q.35, aa.1-2.
3. *Ethica Nic.*, I, c.13, 1103a1-3; S. Thomas, lect.20, n.242.
4. q.22, a.3.

제4절 모든 도덕적 덕은 정념과 관계되는가?

[**Parall**.: Cf. *In Ethic*., V, lect.1]

[반론] 넷째에 대해서는 다음과 같이 전개된다. 모든 도덕적 덕들은 다 정념들과 연관된 것으로 생각된다.

1. 철학자가 『니코마코스 윤리학』 제2권[1]에서 말하는 것처럼, "도덕적 덕은 정욕과 슬픔에 관한 것"이다. 그리고 이것들은, 위에서[2] 말한 것처럼, 정념들이다. 그러므로 모든 도덕적 덕들은 다 정념과 관계된다.

2. 도덕적 덕의 주체는, 『니코마코스 윤리학』 제1권[3]에서 말하는 것처럼, 참여에 의해 이성적인 것이다. 그런데 위에서[4] 말한 것처럼, 정념들은 영혼의 이 부분 안에 있다. 그러므로 모든 도덕적 덕들은 정념들에 관한 것이다.[5]

3. 어떤 정념들은 모든 도덕적 덕 안에서 발견되어야 한다. 따라서 모든 것이 다 정념들에 관계되는 것이거나, 아니면 어떤 덕도 정념과 무관하다. 그러나 『니코마코스 윤리학』 제3권[6]에서 말하는 것처럼, 용기와 절제와 같은 덕들은 정념들과 관계가 있다. 그러므로 모든 도덕적 덕들은 정념들과 관계가 있다.

[재반론] 그러나 반대로 『니코마코스 윤리학』 제5권[7]에서 말하는 것처럼, "정의는 도덕적 덕으로서 정념들에 관련된 덕이 아니다."

---

5. Cf. I-II, q.37, a.3
6. *Ethica Nic*., III, cc.9 & 13, 1115a6-7; 1117b25-27; S. Thomas, lect.14, n.529; lect.19, n.598. Cf. II, c.7, 1107a33-b8; S. Thomas, lect.8, nn.335-342.
7. *Ethica Nic*., V, cc.1-6, 1129a4-1131a29; S. Thomas, lect.1-4.

q.59, a.4

RESPONDEO dicendum quod virtus moralis perficit appetitivam partem animae ordinando ipsam in bonum rationis.[8] Est autem rationis bonum id quod est secundum rationem moderatum seu ordinatum. Unde circa omne id quod contingit ratione ordinari et moderari, contingit esse virtutem moralem. Ratio autem ordinat non solum passiones appetitus sensitivi; sed etiam ordinat operationes appetitus intellectivi, qui est voluntas, quae non est subiectum passionis, ut supra[9] dictum est. Et ideo non omnis virtus moralis est circa passiones; sed quaedam circa passiones, quaedam circa operationes.[10]

AD PRIMUM ergo dicendum quod non omnis virtus moralis est circa delectationes et tristitias sicut circa propriam materiam, sed sicut circa aliquid consequens proprium actum.[11] Omnis enim virtuosus delectatur in actu virtutis, et tristatur in contrario. Unde Philosophus post praemissa verba subdit[12] quod, *si virtutes sunt circa actus et passiones; omni autem passioni et omni actui sequitur delectatio et tristitia; propter hoc virtus erit circa delectationes et tristitias*, scilicet sicut circa aliquid consequens.

AD SECUNDUM dicendum quod rationale per participationem non solum est appetitus sensitivus, qui est subiectum passionum;

---

8. Cf. q.58, aa.1-2.
9. q.22, a.3.
10. 첫째 계열(용기와 절제)의 도덕적 덕들의 도움을 받는, 격정들의 올바른 표출은

[답변] 도덕적 덕은 영혼을 이성의 선으로 인도함으로써 영혼의 욕구적 부분을 완성한다.[8] 그런데 이성의 선은 이성에 따라 조절되거나 질서 지어지는 선이다. 따라서 도덕적 덕은 이성이 어떤 것을 지도하거나 조절할 것이 있는 곳에 존재한다. 하지만 이성은 감각적 욕구들의 정념들만이 아니라 지성적 욕구들의 작용들, 즉 위에서[9] 말한 것처럼 정념들의 주체가 아닌 의지의 작용들도 지도한다. 그러므로 모든 도덕적 덕들이 다 정념들에 관련되는 것이 아니고, 어떤 것들은 [의지의] 작용들에 관여한다.[10]

[해답] 1. 모든 도덕적 덕들은 고유한 질료로서가 아니라 고유한 행위의 어떤 귀결들로서 쾌락과 슬픔에 연관된다.[11] 실상 모든 덕스러운 사람은 덕행에서 기쁨을 느끼고, 그렇지 못한 경우에 슬픔을 느낀다. 바로 그렇기 때문에 철학자는 인용된 구절에 이어 이렇게 덧붙이고 있는 것이다.[12] "만일 덕들이 행위들과 정념들에 연관되는 것이라면, 모든 정념과 모든 행위로부터 쾌락과 슬픔이 나올 것이고, 이 때문에 덕은 (그것들에 뒤따르는 귀결들로서) 기쁨들과 슬픔들에 연관되어야 할 것이다."

주로 우리가 우리 자신에 대해 가지고 있는 의무들을 포괄한다. 반면에 정의에 의해 실현되는 의도적 행위들의 올바른 표출은 우리가 남들(신, 상사, 동료, 수하)에 대해 지니고 있는 의무들을 포괄한다. 오로지 지성만이 다른 사람들이나 법인들 안에서 그것[의무]을 볼 수 있고, 따라서 오로지 이성적 욕구만이 정의에 관심을 가지고 있다.

11. 아래의 제5절 참조. Cf. q.60, a.2; II-II, q.58, a.9, ad1.
12. *Ethica Nic.*, II, c.53, 11a4b13-16; S. Thomas, lect.3, n.269.

sed etiam voluntas, in qua non sunt passiones, ut dictum est.[13]

AD TERTIUM dicendum quod in quibusdam virtutibus sunt passiones sicut propria materia, in quibusdam autem non. Unde non est eadem ratio de omnibus, ut infra[14] ostendetur.

Articulus 5
Utrum aliqua virtus moralis possit esse absque passione

Ad quintum sic proceditur. Videtur quod virtus moralis possit esse absque passione.

1. Quanto enim virtus moralis est perfectior, tanto magis superat passiones. Ergo in suo perfectissimo esse, est omnino absque passionibus.

2. Praeterea, tunc unumquodque est perfectum, quando est remotum a suo contrario, et ab his quae ad contrarium inclinant. Sed passiones inclinant ad peccatum, quod virtuti contrariatur, unde *Rom.* 7, [5], nominantur *passiones peccatorum*. Ergo perfecta virtus est omnino absque passione.

3. Praeterea, secundum virtutem Deo conformamur; ut patet per Augustinum, in libro *de Moribus Eccles.*[1] Sed Deus omnia operatur sine passione. Ergo virtus perfectissima est absque omni passione.

---

13. 본론. Cf. q.56, a.6, ad2.
14. q.60, a.2.

2. 정념들의 주체인 감각적 욕구만이 아니라 이미[13] 말한 것처럼 정념들과 무관한 의지도 참여를 통해 이성적이다.

3. 어떤 덕들 안에서는 정념들이 고유한 질료를 구성하지만, 다른 덕들에서는 그렇지 않다. 따라서 그 논거는, 곧[14] 살펴보겠지만, 모든 덕에 다 타당한 것이 아니다.

제5절 어떤 도덕적 덕은 정념 없이도 있을 수 있는가?

[**Parall**.: Cf. I-II, q.60, a.2]

[반론] 다섯째에 대해서는 다음과 같이 전개된다. 도덕적 덕은 정념 없이도 존재할 수 있는 것으로 생각된다.

1. 완전하면 할수록 도덕적 덕은 정념들을 더 잘 극복한다. 따라서 완성에 이르렀을 때에는 전혀 정념들을 결하고 있어야 한다.

2. 어떤 것은 그 반대로부터 멀리 있고 또 그것을 향해 기우는 것을 결하고 있을수록 완전하다. 그런데 정념들은 덕의 반대인 죄로 기운다. 실상 로마서 7장 [5절]에서는 그것들을 "죄의 정념들"이라고 부르고 있다. 그러므로 완전한 덕들은 온전히 정념들을 배제한다.

3. 아우구스티누스의 『가톨릭교회의 관습』[1]을 통해 명백해지는 것처럼, 우리는 덕을 통해 하느님을 닮게 된다. 그런데 하느님은 모든 것을 정념 없이 실행한다. 그러므로 가장 완전한 덕은 그 어떤 정념 없이도 있다.

---

1. Augustinus, *De mor. Eccl.*, c.6, n.10; c.11, n.18; c.13: PL 32, 1315, 1319, 1321.

Sed contra est quod *nullus iustus est qui non gaudet iusta operatione*, ut dicitur in I *Ethic.*[2] Sed gaudium est passio. Ergo iustitia non potest esse sine passione. Et multo minus aliae virtutes.

Respondeo dicendum quod, si passiones dicamus inordinatas affectiones, sicut Stoici posuerunt;[3] sic manifestum est quod virtus perfecta est sine passionibus.—Si vero passiones dicamus omnes motus appetitus sensitivi, sic planum est quod virtutes morales quae sunt circa passiones sicut circa propriam materiam, sine passionibus esse non possunt. Cuius ratio est, quia secundum hoc, sequeretur quod virtus moralis faceret appetitum sensitivum omnino otiosum. Non autem ad virtutem pertinet quod ea quae sunt subiecta rationi, a propriis actibus vacent, sed quod exequantur imperium rationis, proprios actus agendo. Unde sicut virtus membra corporis ordinat ad actus exteriores debitos, ita appetitum sensitivum ad motus proprios ordinatos.

Virtutes vero morales quae non sunt circa passiones, sed circa operationes, possunt esse sine passionibus (et huiusmodi virtus est iustitia), quia per eas applicatur voluntas ad proprium actum, qui non est passio.[4] Sed tamen ad actum iustitiae sequitur gaudium, ad minus in voluntate, quod non est passio. Et si hoc

---

2. *Ethica Nic.*, I, c.8, 1099a17-18; S. Thomas, lect.13, n.158.

[재반론] 그러나 반대로 『니코마코스 윤리학』 제1권[2]에서 말하는 것처럼, "의로운 작용을 즐기지 않는 의인은 없다." 그런데 즐거움은 하나의 정념이다. 따라서 정의는 어떤 정념 없이는 있을 수 없다. 그리고 다른 덕들은 훨씬 더 그러하다.

[답변] 만일 스토아 학자들이 그렇게 한 것처럼,[3] 정념들을 무질서한 정감들이라 부른다면, 그때 완전한 덕에는 정념이 없다는 것이 분명하다.─그러나 만일 모든 감각적 욕구들의 움직임들을 다 정념들이라 부른다면, 그때 그 질료를 정념들 안에 가지고 있는 도덕적 덕들이 그것들 없이 존재할 수 없다는 것은 명백하다. 그리고 그 이유는 그렇지 않으면 도덕적 덕이 감각적 욕구를 온통 무기력하게 만들 것이기 때문이다. 그런데 이성에 예속되어 있는 능력들로부터 그들의 행위들을 빼앗는 것이 덕의 과제는 아니다. 오히려 그것들은 이성의 명령을 수행하기 위해 그 실행을 촉진하는 것을 과제로 삼고 있다. 따라서 덕이 육체의 지체들을 마땅한 외부 행위들로 질서 짓는 것처럼, 감각적 욕구도 잘 질서 잡힌 각각의 움직임에 질서 짓는다.

반면에 정념들에 관련되는 것이 아니라 [의지의] 작용들에 관련되는 도덕적 덕들은 정념들 없이도 있을 수 있다. (예컨대 정의의 덕이 그러하다). 왜냐하면 그것들은 의지를 정념이 아닌 고유한 행위에 적용하기 때문이다.[4] 그럼에도 불구하고 정의의 행위에는 적어도 [정념이 아닌] 의지 속에 즐거움이 뒤따른다. 그러나 만일 이 즐거움이 정

---

3. Cf. a.2.
4. Cf. a.4.

q.59, a.5

gaudium multiplicetur per iustitiae perfectionem, fiet gaudii redundantia usque ad appetitum sensitivum; secundum quod vires inferiores sequuntur motum superiorum, ut supra[5] dictum est. Et sic per redundantiam huiusmodi, quanto virtus fuerit perfectior, tanto magis passionem causat.[6]

AD PRIMUM ergo dicendum quod virtus passiones inordinatas superat, moderatas autem producit.

AD SECUNDUM dicendum quod passiones inordinatae inducunt ad peccandum, non autem si sunt moderatae.

AD TERTIUM dicendum quod bonum in unoquoque consideratur secundum conditionem suae naturae. In Deo autem et Angelis non est appetitus sensitivus, sicut est in homine. Et ideo bona operatio Dei et Angeli est omnino sine passione, sicut et sine corpore,[7] bona autem operatio hominis est cum passione, sicut et cum corporis ministerio.

---

5. q.17, a.7; q.24, a.3.
6. 이 구별은 육체의 형상이면서 동시에 그 자체로 자립적인 형상인 인간 영혼의 심리적 구조에 기초를 두고 있다. 따라서 그것에 합성체의 작용들(감각들과 정념들) 및 고유하고 양도될 수 없는 작용들(지성작용과 원욕)이 맡겨져 있다. 인간에 관한 이 통전적 개념은 플라톤주의, 스토아학파, 그리고 아베로에스주의의 이원주의의 극복이다. 우리의 경우에 인간 합성체의 고유한 덕들은 정념들의 감각적-정서적 요소 없이는 따로 존립할 수 없다. 한편 이성적인 부분에 배타적인 방

의의 완성 때문에 증대된다면, 감각적 욕구에 이르기까지 즐거움의 흘러넘침을 가지게 될 것이다. 그것은 위에서⁵ 말한 것처럼, 하위 기관들의 운동이 상위 기관들의 운동에 의존함에 기초해 볼 때, 그러하다. 그리고 이 흘러넘침을 통해서 하나의 덕이 완전하면 할수록, 그만큼 더 정념을 많이 낳는다.⁶

[해답] 1. 덕은 무질서한 정념들은 퇴치하지만, 잘 규제된 정념들은 오히려 산출한다.

2. 정념들은 무질서할 때 죄로 이끌리지만, 잘 조절되었을 때에는 그렇지 아니하다.

3. 모든 존재자에서 선은 자기 본성의 조건에 따라 고찰되어야 한다. 그런데 하느님과 천사들에게는, 사람에게 있는 것과 같은, 감각적 욕구가 존재하지 않는다. 따라서 하느님과 천사들은 육체의 수반 없이⁷ 존재하는 것처럼 또한 온전히 정념 없이 잘 작용하지만, 인간은 육체의 도움을 받듯이 선한 작용을 할 때에도 정념들을 수반한다.

식으로 속하는 덕들은 정념들을 넘어 실현된다. 하지만 이 마지막에 거론한 덕들 안에서도 영혼과 육체의 실체적 결합은 감각적 부분 안에서 저 움직임들의 흘러넘침 안에서 드러난다. 따라서 토마스의 도덕 안에서 생명의 여러 부분들인 정념들은 무시하고 비난할 수 있는 요소가 아니라 덕의 일상적 훈련장이자, 성령의 초자연적 지도를 받으며 이성 및 계시와의 안전한 일치에 이르기까지 해방되어야 할 정복의 영역을 구성한다.

7. Cf. I, q.59, a.4, ad3; *ScG*, I, c.92.

Qu. 60

QUAESTIO LX
DE DISTINCTIONE VIRTUTUM MORALIUM AD INVICEM

in quinque articulos divisa

Deinde considerandum est de distinctione virtutum moralium ad invicem.[1]

Et circa hoc quaeruntur quinque.

Primo: utrum sit tantum una virtus moralis.

Secundo: utrum distinguantur virtutes morales quae sunt circa operationes, ab his quae sunt circa passiones.

Tertio: utrum circa operationes sit una tantum moralis virtus.

Quarto: utrum circa diversas passiones sint diversae morales virtutes.

Quinto: utrum virtutes morales distinguantur secundum diversa obiecta passionum.[2]

---

1. Cf. q.59, Introd.
2. 제58문부터 제61문까지는 도덕적 덕을 다루는데, 도덕적 덕을 이렇게 다섯으로 나누는 구분이 『신학대전』과 같은 체계적인 대작 안에서는 우연일 수 없다는 점은 강조할 필요도 없을 것이다. 하지만 저자가 영감을 받은 동기가 과연 무엇이었는지까지도 그처럼 확실한 것이 아니다. 우리가 보기에 그 동기는 그리스도가 다섯 주랑이 딸린 벳자타 연못가에서 행한 기적(요한 5,1 이하)에 대해 아우구스티누스가 해설한 저 유명하고 독창적인 해석일 가능성이 높다. "저 물, 즉 저 백

제60문
도덕적 덕들 상호 간의 구별에 대하여
(전5절)

이제는 도덕적 덕들 상호 간의 구별에 대해 고찰해야 한다.[1] 이 주제에 관해서는 다음과 같은 다섯 가지 질문이 탐구되어야 한다.

1. 단 하나의 도덕적 덕만 있는가?
2. 작용들에 관계되는 도덕적 덕들은 정념들에 관한 덕들과 구별되는가?
3. 작용들에 관계되는 도덕적 덕은 단 하나뿐인가?
4. 여러 정념들에 관한 여러 도덕적 덕들이 있는가?
5. 도덕적 덕들은 정념들의 다양한 대상들에 따라 구별되는가?[2]

성은 다섯 채의 주랑처럼 모세의 다섯 권의 책으로 둘러싸여 있었다. 그러나 저 책들의 목적은 환자들을 치유하려는 것이 아니라 그 나약함을 드러내려는 것이다."(Augustinus, *In Joan. Evang.*, tr.XVII, 2) 모세의 다섯 권의 책들은 도덕을 포함하고 있다. 왜냐하면 그 계명들은 덕행들을 명령하는 것과 다르지 않기 때문이다.(Cf. q.100, aa.2-3) 성 토마스는 다양한 덕들에 대한 논술들을 그에 상응하는 계명들로 마무리하는 것을 잊지 않는다.

그보다 설득력이 크게 떨어지는 것이 아닌 다른 가설 역시 한 복음 구절 및 그에 관한 교부들의 주해와 연결된다. 그것은 바로 "다섯은 어리석고 다섯은 슬기로운" 열 처녀의 비유(마태 25,1 이하)이다. 이에 대해 그레고리우스 마뉴스는 이렇게 말한다. "육체의 다섯 가지 감각에서 각각은 중복되어 나타나고, 다섯 개의 온전도 두 배로 완성된다."(Cf. *Catena Aurea*, Matt. 25,2; *Comm. in Matt.* 25,2)

스콜라학자들의 논쟁은 그 가르침 속에서 성 토마스의 사상이 접근해가는 이 '성경적이고 교부적인 짜임(구성)'을 잊어버리게 만들었다. 그러나 그것은 그것을 교본을 통해서가 아니라 원전을 통해서 알려고 하는 사람들에게는 지극히 명백하다.

Articulus 1
Utrum sit una tantum virtus moralis

Ad primum sic proceditur. Videtur quod sit una tantum moralis virtus.

1. Sicut enim in actibus moralibus directio pertinet ad rationem, quae est subiectum intellectualium virtutum; ita inclinatio pertinet ad vim appetitivam, quae est subiectum moralium virtutum. Sed una est intellectualis virtus dirigens in omnibus moralibus actibus, scilicet prudentia. Ergo etiam una tantum est moralis virtus inclinans in omnibus moralibus actibus.

2. Praeterea, habitus non distinguuntur secundum materialia obiecta, sed secundum formales rationes obiectorum. Formalis autem ratio boni ad quod ordinatur virtus moralis, est unum, scilicet modus rationis. Ergo videtur quod sit una tantum moralis virtus.

3. Praeterea, moralia recipiunt speciem a fine, ut supra[1] dictum est. Sed finis omnium virtutum moralium communis est unus, scilicet felicitas; proprii autem et propinqui sunt infiniti. Non sunt autem infinitae virtutes morales. Ergo videtur quod sit una tantum.

제1절 도덕적 덕은 단 하나뿐인가?

[**Parall**.: *In Sent*., III, d.23, q.1, a.1, qc.1]

[반론] 첫째에 대해서는 다음과 같이 전개된다. 도덕적 덕은 단 하나뿐인 것으로 생각된다.

1. 도덕적 행위들에서는 지도하는 역할이 지성적 덕들의 주체인 이성에 속하는 것처럼, 경향을 주는 것은 도덕적 덕들의 주체인 욕구적 부분에 속한다. 그런데 모든 도덕적 덕들 안에서 지도하는 지성적 덕은 단 하나, 곧 현명뿐이다. 따라서 모든 도덕적 행위들 안에 경향을 주는 도덕적 덕도 단 하나뿐이어야 한다.

2. 습성들은 질료적 대상에 따라 구별되는 것이 아니라, 대상의 형상적 근거에 따라 구별된다. 그런데 도덕적 덕이 그리로 기우는 선의 형상적 근거는 단 하나, 곧 이성이라는 기준이다. 그러므로 도덕적 덕은 오직 하나뿐인 것으로 보인다.

3. 위에서[1] 말한 것처럼, 도덕적 질서에 속하는 것들(moralia)은 자신의 종을 그 목적으로부터 얻는다. 그렇지만 모든 도덕적 덕들에게는 단 하나의 공동 목적, 곧 행복이 있을 뿐이다. 반면에 고유하고 가장 가까운 목적들은 그 수가 무한하다. 그런데 도덕적 덕들은 수에 있어서 무한하지 않다. 그러므로 단 하나의 도덕적 덕만 있는 것으로 보인다.

---

1. q.1, a.3.

q.60, a.1

Sed contra est quod unus habitus non potest esse in diversis potentiis, ut supra[2] dictum est. Sed subiectum virtutum moralium est pars appetitiva animae, quae per diversas potentias distinguitur, ut in Primo[3] dictum est. Ergo non potest esse una tantum virtus moralis.

Respondeo dicendum quod, sicut supra[4] dictum est, virtutes morales sunt habitus quidam appetitivae partis. Habitus autem specie differunt secundum speciales differentias obiectorum, ut supra[5] dictum est. Species autem obiecti appetibilis, sicut et cuiuslibet rei, attenditur secundum formam specificam, quae est ab agente. Est autem considerandum quod materia patientis se habet ad agens dupliciter. Quandoque enim recipit formam agentis secundum eandem rationem, prout est in agente, sicut est in omnibus agentibus univocis.[6] Et sic necesse est quod, si agens est unum specie, quod materia recipiat formam unius speciei, sicut ab igne non generatur univoce nisi aliquid existens in specie ignis.— Aliquando vero materia recipit formam ab agente non secundum eandem rationem, prout est in agente, sicut patet in generantibus non univocis, ut animal generatur a sole.[7] Et tunc formae

---

2. q.56, a.2.
3. I, q.80, a.2; q.81, a.2.
4. q.58, aa. 1-3.
5. q.54, a.2.
6. Cf. II-II, q.123, a.3; q.141, a.3.

[재반론] 그러나 반대로 위에서² 말한 것처럼, 하나의 습성은 여러 능력들 속에 자리 잡고 있을 수 없다. 그런데 도덕적 덕들의 주체는, 제1부³에서 말한 것처럼, 여러 능력들로 세분되는 영혼의 욕구적 부분이다. 그러므로 도덕적 덕들은 단 한 가지만 있을 수 없다.

[답변] 위에서⁴ 말한 것처럼, 도덕적 덕들은 욕구적 부분의 습성들이다. 그런데 위에서⁵ 말한 것처럼, 습성들은 그들 대상의 종차들에 따라 종적으로 달라진다. 그리고 욕구적 대상의 종은, 다른 여하한 것들의 종과 마찬가지로, 행위자로부터 오는 종적 형상에 의해서 좌우된다. 이 형상을 받는 주체는 두 가지 방식으로 원인에 연관될 수 있다는 것을 잊지 말아야 한다. 때때로 행위자의 형상은, 모든 일의적 행위자들의 경우와 같이 행위자 안에 있는 것과 동일한 형상에 따라 수용한다.⁶ 이리하여 만일 그 행위자가 같은 종에 속하는 것이라면, 그 질료는 같은 종에 속하는 형상을 수용해야 한다. 이리하여 불로부터는 불의 종 안에 실존하는 어떤 것만이 일의적으로 산출된다.—하지만 때로는 어떤 동물이 태양에 의해 생성되는 것처럼, 일의적이지 않은 생성에서 명백히 드러나듯이, 질료가 행위자로부터 동일한 근거에 따라서가 아닌 [방식으로] 형상을 받기도 한다.⁷ 이때 동

---

7. 일의적 원인이란 그 결과들의 종적 본성이 동일할 경우에 성립된다. 예컨대 인간은 인간을 낳고, 말은 말을 낳는다. 그리고 중세 물리학에 따르면, 불은 불을 낳는다. 그 원인은 종의 보편적 원리일 수 없다. 만일 그 원인이 종의 보편적 원리였다면, 성 토마스가 관찰하고 있듯이(I, q.13, a.5, ad1) 자기 자신을 낳을 수도 있었을 터인데, 그것은 부조리하다. 따라서 (그들의 산물들의 본성을 능가하고 따라서 그 영향을 다른 종의 결과들로 확장하는) 유비적 원인들(중세인들에 따르면 태양과 천상 물체들도 저 원인들 목록 속에 들어 있었다.)의 존재를 인정해야 한

receptae in materia ab eodem agente, non sunt unius speciei sed diversificantur secundum diversam proportionem materiae ad recipiendum influxum agentis,[8] sicut videmus quod ab una actione solis generantur per putrefactionem animalia diversarum specierum secundum diversam proportionem materiae.

Manifestum est autem quod in moralibus ratio est sicut imperans et movens;[9] vis autem appetitiva est sicut imperata et mota. Non autem appetitus recipit impressionem rationis quasi univoce, quia non fit rationale per essentiam, sed per participationem, ut dicitur in I *Ethic.*[10] Unde appetibilia secundum motionem rationis constituuntur in diversis speciebus, secundum quod diversimode se habent ad rationem. Et ita sequitur quod virtutes morales sint diversae secundum speciem, et non una tantum.

AD PRIMUM ergo dicendum quod obiectum rationis est verum. Est autem eadem ratio veri in omnibus moralibus, quae sunt contingentia agibilia. Unde est una sola virtus in eis dirigens, scilicet prudentia.[11] — Obiectum autem appetitivae virtutis est

---

다. 그런데 이성은 감각적 욕구들에 견주어 이 조건들 속에서 발견된다. 그러므로 현명은 사실상 (하느님 자신이 우주 통치 속에서 수행하는 각종 영향과 흡사한) 유비적 인과성을 수행한다. 만일 거대한 다양성과 (인간 삶이 매 순간 이성의 실천적 판단에 제시하는) 그 결과 및 정황들의 구체성을 고려한다면, 이 비교는 전혀 아무 생각 없이 소개된 것이 아니다.

8. 고대에는, 즉 19세기 생물학의 발견이 있기까지는, 하등 동물들의 자발적 출산이 통념이었다. 따라서 이 하등 동물들에 대해 태양은 유비적 원인으로 간주되었다. 비록 예가 시대에 맞지 않는다고 해도, 이 절의 결론의 타당성에는 아무런 영향을 미치지 못한다.

일한 행위자로부터 질료 안에 수용된 형상들은 한 가지 종이 아니라, 행위자의 영향을 받기 위한 질료의 다양한 비율에 따라 차이가 난다.[8] 예를 들어 태양의 한 가지 행위로부터 질료의 다양한 비율에 따라 부패를 통하여 다양한 종류의 동물들이 생겨난다.

그런데 도덕적 문제들에 있어서 인간의 이성적 부분이 명령자요 기동자[9]의 위치를 차지하는 데 반해, 그의 욕구적 능력은 명령받고 움직여진다는 것이 명백하다. 그런데 욕구는 이성의 활동을 마치 일의적인 것처럼 수용하지 않는다. 왜냐하면 『니코마코스 윤리학』 제1권[10]에서 말하는 것처럼, 그것은 본질적으로 이성적인 것이 아니라, 참여에 의해 이성적이기 때문이다. 따라서 이성의 지도에 따라 욕구할 만한 것들은 이성과 다양한 관계를 맺음으로써 다양한 종들로 확립된다. 그 결과는 덕이 단 하나가 아니라, 다양한 종류가 있다는 것이다.

[해답] 1. 이성의 대상은 참(진리)이다. 이것은 행할 수 있는 우연적인 일들인 모든 도덕적 소재에 있어서 똑같은 성격을 지닌다. 따라서 이런 모든 소재들을 지도하는 단 하나의 덕이 있는데, 그것이 바로 현명이다.[11] — 다른 한편 욕구적 능력의 대상은 지도하는 이성과 맺

능동인들의 구분에 조명을 던지는 일을 미룰 필요는 없다. 어떤 것들은 자기 자신과 종류에 있어서 똑같은 결과들을 산출한다. 다른 이들은 다소 그들과 같은 결과들을 산출하려고 한다. 첫째의 일의적 원인들은 그리 멀리까지 나아가지 못한다. 둘째의 유비적 원인들은 『신학대전』의 철학적 신학이 주로 관심을 기울이는 충만한 원인들이다. Cf. I, q.4, a.3; q.13, a.5.
9. 의지를 포함하는 합리적인 부분을 가리킨다. Cf. q.18, a.5; q.19, a.3.
10. Ethica Nic., I, c 13, 1102b13-14; 26-28; S. Thomas, lect.20, nn.236 & 239.
11. 현명의 단일성과 도덕 생활은 인간 활동의 무수한 다양성 한가운데에서 이 대상의 단일성에 의존하고 있다. Cf. I-II, q.65, a.1; De virtutibus, a.12, ad21.

bonum appetibile. Cuius est diversa ratio, secundum diversam habitudinem ad rationem dirigentem.[12]

AD SECUNDUM dicendum quod illud formale est unum genere, propter unitatem agentis. Sed diversificatur specie, propter diversas habitudines recipientium, ut supra[13] dictum est.

AD TERTIUM dicendum quod moralia non habent speciem a fine ultimo sed a finibus proximis,[14] qui quidem, etsi infiniti sint numero, non tamen infiniti sunt specie.

Articulus 2
Utrum virtutes morales quae sunt circa operationes, distinguantur ab his quae sunt circa passiones

Ad secundum sic proceditur.[1] Videtur quod virtutes morales non distinguantur ab invicem per hoc quod quaedam sunt circa operationes, quaedam circa passiones.

---

12. *De virtutibus*, a.12, ad21. 도덕 생활에서의 이성의 역할은 충동이 아니라 지침을 제공하는 것이다. 그러나 의지에 그 대상, 곧 가치 있는 것들을 제시함에 있어서 이성은 의지에 작용할 기회를 제공한다. 이성이 지각된 실재를 하나의 가치요 행하기 적절한 대상이라고 결정하지 않는 한, 의지는 움직이지 않은 채로 남아 있을 것이다. Cf. q.9, a.1; q.19, aa.1-3.
13. 본론.
14. Cf. q.18, aa.2 & 5-7.

는 다양한 종류의 관계에 따라 달라지는 욕구할 만한 선이다.[12]

2. 위에서[13] 말한 것처럼, 저 형상적 요소는 행위자의 단일성 때문에 하나의 부류 속에 들지만, 수용하는 질료 안에 있는 다양한 관계 때문에 그 종이 달라진다.

3. 도덕적 문제들은 그 종을 자기들의 궁극적 목적이 아니라, 가까운 목적들로부터 받는다.[14] 이것들은 비록 수적으로는 무한하지만 종에 있어서는 무한하지 않다.

제2절 작용들에 관한 도덕적 덕들은 정념들에 관한 도덕적 덕들과 구별되는가?

[**Parall**.: *In Ethic*., II, lect.8; V, lect.1]

[반론] 둘째에 대해서는 다음과 같이 전개된다.[1] 도덕적 덕들은 어떤 것들은 작용들과 연관되고 다른 것들은 정념들과 연관된다는 사실 때문에 구별되는 것이 아닌 것으로 생각된다.

---

1. 이 절을 올바로 읽기 위해서는 성 토마스가 덕의 자리로서의 의지에 관해 말한 것을 상기할 필요가 있다. "그것에 비례화되어 있는 이성적 질서의 선과 관련하여", 즉 개인의 자연적 한계 안에 한정되어 있는 선과 관련하여 "의지는 어떤 덕을 미리 갖추고 있을 필요가 없다."(q.56, a.6) 이런 간명화 덕분에, 의지에 직접적으로 그리고 형상적으로 관여하는 유일한 도덕적 덕은 정의이다. 그러므로 여기서 우리가 말하고 있는 작용들은 정확히 "하느님 및 이웃과의 관계"이다. 여기서 검토하고 있는 문제는 이 모든 관계들 안에서 격정적 요소를 결코 결하는 법이 없다는 사실로부터 생겨난다. 그렇다면 그것이 의지의 고유한 활동과 또 그것에 명령을 내리는 덕과 어느 정도까지 구별되는지를 물어야 할 것이다.

1. Dicit enim Philosophus, in II *Ethic.*,² quod virtus moralis est *circa delectationes et tristitias optimorum operativa*. Sed voluptates et tristitiae sunt passiones quaedam, ut supra³ dictum est. Ergo eadem virtus quae est circa passiones, est etiam circa operationes, utpote operativa existens.

2. Praeterea, passiones sunt principia exteriorum operationum. Si ergo aliquae virtutes rectificant passiones, oportet quod etiam per consequens rectificent operationes. Eaedem ergo virtutes morales sunt circa passiones et operationes.

3. Praeterea, ad omnem operationem exteriorem movetur appetitus sensitivus bene vel male. Sed motus appetitus sensitivi sunt passiones. Ergo eaedem virtutes quae sunt circa operationes, sunt circa passiones.

SED CONTRA est quod Philosophus⁴ ponit iustitiam circa operationes; temperantiam autem et fortitudinem et mansuetudinem, circa passiones quasdam.

RESPONDEO dicendum quod operatio et passio dupliciter potest comparari ad virtutem. Uno modo, sicut effectus. Et hoc modo, omnis moralis virtus habet aliquas operationes bonas, quarum est productiva; et delectationem aliquam vel tristitiam, quae sunt passiones, ut supra⁵ dictum est.

---

2. *Ethica Nic.*, II, c.2, 1104b27-28; S. Thomas, lect.3, n.272.

1. 철학자는 『니코마코스 윤리학』 제2권[2]에서 "도덕적 덕은 쾌락과 슬픔의 자리에서 최선의 것을 작업하는 것을 과업으로 삼고 있다."고 말한다. 그런데 위에서[3] 말한 것처럼, 쾌락과 슬픔은 정념들이다. 따라서 정념들에 관여하고 있는 동일한 덕이 작용들에도 관여한다. 작용하기 위해 만들어졌기 때문이다.

2. 정념들은 외부 작용들의 원리들이다. 따라서 만일 정념들을 올바르게 만드는 덕들이 있다면, 필시 작용들도 바로 세워야 할 것이다. 그러므로 동일한 도덕적 덕들이 정념들과 작용들에 관여한다.

3. 여하한 외부적 행위도 감각적 욕구의 선하거나 악한 움직임에 달려 있다. 그런데 감각적 욕구의 운동들이 바로 정념들이다. 그러므로 작용들에 관여하는 동일한 덕들이 정념들에도 관여한다.

[재반론] 그러나 반대로 철학자는[4] 작용들에 관련해서는 정의를 부과하지만, 정념들과 관련해서는 절제와 용기와 친절을 돌리고 있다.

[답변] 작용과 정념은 두 가지 방식으로 덕과 비교될 수 있다. 첫째는 결과로서이다. 그리고 이런 의미에서는 여하한 도덕적 덕도 그것이 산출할 과제로 삼고 있는 선한 작용들을 제시하고, 위에서[5] 말한 것처럼, 정념들인 쾌감이나 슬픔을 제시한다.

---

3. q.31, a.1; q.35, a.1.
4. *Ethica Nic.*, II, c.7, 1107a33-b8; S. Thomas, lect.8, nn.335-342; IV, c.11, 1125b26-29; S. Thomas, lect.13, n.800; V, cc.1 & 9, 1129a4-5; 1133b32-34; S. Thomas, lect.1, n.886; lect.10, n.993.
5. q.59, a.4, ad1.

Alio modo potest comparari operatio ad virtutem moralem, sicut materia circa quam est. Et secundum hoc, oportet alias esse virtutes morales circa operationes, et alias circa passiones. Cuius ratio est, quia bonum et malum in quibusdam operationibus attenditur secundum seipsas, qualitercumque homo afficiatur ad eas, inquantum scilicet bonum in eis et malum accipitur secundum rationem commensurationis ad alterum.[6] Et in talibus oportet quod sit aliqua virtus directiva operationum secundum seipsas, sicut sunt emptio et venditio, et omnes huiusmodi operationes in quibus attenditur ratio debiti vel indebiti ad alterum. Et propter hoc, iustitia et partes eius proprie sunt circa operationes sicut circa propriam materiam.[7]—In quibusdam vero operationibus bonum et malum attenditur solum secundum commensurationem ad operantem. Et ideo oportet in his bonum et malum considerari, secundum quod homo bene vel male afficitur circa huiusmodi. Et propter hoc, oportet quod virtutes in talibus sint principaliter circa interiores affectiones, quae dicuntur animae passiones, sicut patet de temperantia, fortitudine et aliis huiusmodi.[8]

Contingit autem quod in operationibus quae sunt ad alterum, praetermittatur bonum virtutis propter inordinatam animi passionem. Et tunc, inquantum corrumpitur commensuratio exterioris operationis, est corruptio iustitiae, inquantum autem corrumpitur commensuratio interiorum passionum, est corruptio

둘째, 작용은 도덕적 덕에 대해 그 소재로서 비교될 수 있다. 그리고 이런 의미에서 그 작용들에 관련된 도덕적 덕들이 정념들에 관련된 것들로부터 구별될 필요가 있다. 그리고 그 근거는 특정 작용들의 선 혹은 악이 그 수행자의 기분과는 상관없이 그 각각의 본성으로부터 도출된다는 데 있다. 왜냐하면 그들의 선 혹은 악은 다른 것들과의 비교에 기초해서 평가되기 때문이다.[6] 그러한 작용들을 위해서는 그것들을 그 자체로 지도(통제)하기에 적합한 어떤 덕이 요구된다. 사고파는 행위나 (그 안에서 다른 것에 마땅하거나 그렇지 않은 것에 대해 주의를 기울이게 되는) 이와 비슷한 모든 작용들이 바로 이런 경우이다. 이 때문에 정의와 그 부분들은 엄밀하게 그것들의 질료로서 작용들과 관계된다.[7]—반면에 다른 작용들에 대해서는 선과 악이 그것을 수행하는 자에 대한 그것들의 적합성으로부터 도출된다. 따라서 이 경우에 그 선과 악은 그것들과 관련된 주체의 선하거나 악한 성품에 기초해서 판단되고 고찰되어야 한다. 그러므로 이 경우에 덕들은 주로 내면적 정감들, 곧 영혼의 정념들과 관계되는 것이어야 할 것이다. 절제와 용기, 그리고 이와 비슷한 다른 덕들의 경우에 명백하다.[8]

하지만 남들과의 관계로부터 측정되는 작용에서는 덕의 선이 정신의 무질서한 정념 때문에 희생되는 일이 발생할 수도 있다. 그리고 이때 그 외부적 작용의 척도가 무너지게 되는 한에서, 정의에 대한 위반이 발생한다. 그러나 내면적 정념들의 균형이 부서지는 한에서

---

6. Cf. II-II, q.58, a.2.
7. Cf. II-II, q.80.
8. Cf. II-II, q.123, a.3; q.141, a.3.

alicuius alterius virtutis. Sicut cum propter iram aliquis alium percutit, in ipsa percussione indebita corrumpitur iustitia, in immoderantia vero irae corrumpitur mansuetudo. Et idem patet in aliis.

Et per hoc patet responsio ad obiecta. Nam prima ratio procedit de operatione, secundum quod est effectus virtutis.—Aliae vero duae rationes procedunt ex hoc, quod ad idem concurrunt operatio et passio. Sed in quibusdam virtus est principaliter circa operationem, in quibusdam circa passionem, ratione praedicta.[9]

Articulus 3
Utrum circa operationes sit tantum una virtus moralis

Ad tertium sic proceditur. Videtur quod sit una tantum virtus moralis circa operationes.

1. Rectitudo enim omnium operationum exteriorum videtur ad iustitiam pertinere. Sed iustitia est una virtus. Ergo una sola virtus est circa operationes.

2. Praeterea, operationes maxime differentes esse videntur quae ordinantur ad bonum unius, et quae ordinantur ad bonum multitudinis. Sed ista diversitas non diversificat virtutes morales, dicit enim Philosophus, in V *Ethic.*,[1] quod iustitia legalis,[2] quae

---
9. 본론.

는 어떤 다른 덕에 대한 위반이 발생한다. 혹자가 예컨대 화가 나서 남을 때린다면, 부당한 저 주먹질은 정의를 파괴한다. 대신에 과도한 분노는 온순함을 파괴한다. 그리고 다른 덕들에 대해서도 같은 말을 할 수 있다.

[해답] 1-3. 이것은 반론들에 대한 해답으로 충분하다. 왜냐하면 반론1은 작용들을 덕의 결과에 따라 고찰하고, 다른 두 가지는 작용과 정념이 동일한 결과에 이르게 된다는 사실로부터 논거를 전개하기 때문이다. 그러나 이미⁹ 말한 이유 때문에, 어떤 경우에는 덕은 주로 작용에 연관되고, 다른 경우에는 주로 정념들에 관계된다.

제3절 작용들에 관해서는 단 하나의 도덕적 덕만 있는가?

[반론] 셋째에 대해서는 다음과 같이 전개된다. 작용들에 관해서는 단 하나의 도덕적 덕만 있는 것으로 생각된다.

1. 모든 외부 작용들의 올바름은 정의에 속하는 것으로 보인다. 그런데 정의는 하나의 특수한 덕이다. 그러므로 작용들에 관련된 덕은 단 하나뿐이다.

2. 서로 가장 많이 다른 작용들은, 한 사람의 선을 향한 작용들과 한 집단의 선을 향한 덕들인 것으로 보인다. 그러나 이 다름은 도덕적 덕들을 다르게 만들지 않는다. 왜냐하면 철학자가 『니코마코스 윤리학』 제5권¹에서 말하는 것처럼, "많은 사람들의 행위들을 공동선으로

---

1. *Ethica Nic.*, V, c.3, 1130a12-13; S. Thomas, lect.2, n.912.

q.60, a.3

ordinat actus hominum ad commune bonum, non est aliud a virtute quae ordinat actus hominis ad unum tantum, nisi secundum rationem. Ergo diversitas operationum non causat diversitatem virtutum moralium.

3. Praeterea, si sunt diversae virtutes morales circa diversas operationes, oporteret quod secundum diversitatem operationum, esset diversitas virtutum moralium. Sed hoc patet esse falsum, nam ad iustitiam pertinet in diversis generibus commutationum rectitudinem statuere, et etiam in distributionibus, ut patet in V *Ethic*.[3] Non ergo diversae virtutes sunt diversarum operationum.

SED CONTRA est quod religio est alia virtus a pietate, quarum tamen utraque est circa operationes quasdam.[4]

RESPONDEO dicendum quod omnes virtutes morales quae sunt circa operationes, conveniunt in quadam generali ratione iustitiae, quae attenditur secundum debitum ad alterum:[5] distinguuntur autem secundum diversas speciales rationes. Cuius ratio est quia in operationibus exterioribus ordo rationis instituitur sicut dictum est,[6] non secundum proportionem ad affectionem hominis, sed secundum ipsam convenientiam rei

---

2. 공동선을 위한 법적 정의 또는 일반적 정의와 개개인을 위한 특수 정의의 구별에 관해서는: Cf. II-II, q.58, aa.5 & 7.
3. *Ethica Nic.*, V, c.5, 1130b30-33; S. Thomas, lect.4, n.927.

질서 짓는 법적 정의²는 어떤 사람의 행위들을 어느 한 개인의 선으로 질서 짓는 덕과 오직 이성의 구별을 통해서만 구별되기 때문이다." 그러므로 작용들의 다양성은 도덕적 덕의 다름을 만들지 않는다.

3. 만일 다양한 작용들에 대하여 다양한 도덕적 덕들이 있었더라면, 작용들의 다양성에 따라 도덕적 덕들의 다양성이 있었을 것이다. 그런데 이것은 거짓이다. 실상 『니코마코스 윤리학』 제5권³에서 명백히 드러나는 것처럼, 올바른 규범을 다양한 종류의 교환과 분배에 적용하는 것은 [오직] 정의에[만] 속한다. 따라서 다양한 작용들을 위한 다양한 덕들이 있는 것이 아니다.

[재반론] 그러나 반대로 종교는 신심과는 구별되는 덕이다. 그러나 그것들은 둘 다 작용들에 연관된다.⁴

[답변] 작용들에 관련된 모든 도덕적 덕들은 "각자에게 마땅한 것을 돌려주는" 정의의 일반적 성격을 공유하고 있다.⁵ 그렇지만 그것들은 그것들의 종적 근거들에 따라 구별된다. 그 이유는, 위에서⁶ 말한 것처럼, 외부 활동들 안에서 이성의 질서가 주체의 정감들과의 관계에 기초해서 확립되는 것이 아니라, 사물 그 자체의 적합성 여부에 기초해서 확립되기 때문이다. 그리고 이 적합성에 기초해서 마땅한 것의 관념이 규정되고, 여기서부터 정의 관념이 설정된다. 실상

---

4. 특수한 덕으로서의 종교에 관해서는: Cf. II-II, q.81, a.4. 그리고 자녀다운 효성에 관해서는: Cf. II-II, q.101, a.3.
5. Cf. II-II, q.58, aa.1-2 & 8.
6. a.2.

in seipsa; secundum quam convenientiam accipitur ratio debiti, ex quo constituitur ratio iustitiae, ad iustitiam enim pertinere videtur ut quis debitum reddat. Unde omnes huiusmodi virtutes quae sunt circa operationes, habent aliquo modo rationem iustitiae.[7] —Sed debitum non est unius rationis in omnibus, aliter enim debetur aliquid aequali, aliter superiori, aliter minori; et aliter ex pacto, vel ex promisso, vel ex beneficio suscepto. Et secundum has diversas rationes debiti, sumuntur diversae virtutes, puta religio est per quam redditur debitum Deo; pietas est per quam redditur debitum parentibus vel patriae; gratia est per quam redditur debitum benefactoribus; et sic de aliis.[8]

AD PRIMUM ergo dicendum quod iustitia proprie dicta est una specialis virtus, quae attendit perfectam rationem debiti, quod secundum aequivalentiam potest restitui.[9] Dicitur tamen et ampliato nomine iustitia, secundum quamcumque debiti redditionem. Et sic non est una specialis virtus.

AD SECUNDUM dicendum quod iustitia quae intendit bonum commune, est alia virtus a iustitia quae ordinatur ad bonum privatum alicuius:[10] unde et ius commune distinguitur a iure

---

7. Cf. II-II, q.80, a.1.
8. 제2부 제2편의 제57문부터 제120문까지 성 토마스는 정의의 모든 세분화 작업을 정밀하게 진행할 것이다: 유비적 정의들('일반적' 또는 법적 정의와 '특수' 정의)과 일의적 정의들(여기서는 특수 정의를 다시 세분화한다). 이 일의적 정의 안에서 우리는 '분배 정의'와 (이웃의 신체와 명예와 소유에 대한 마땅한 존중과 관련해서 다시 여러 종류로 세분되는) '교환 정의'가 들어 있다. 이 주관적 부분들

각자에게 마땅한 것을 돌려준다는 것은 명백히 정의에 속한다. 따라서 작용들에 관련된 모든 도덕적 덕들은 어떤 모양으로든 정의의 측면을 지니고 있다.[7]—그러나 마땅한 것은 모든 경우에 유일한 성격을 가지고 있는 것이 아니다. 실상 동등한 이들에게 마땅한 것이 다르고, 장상(長上)들에게 마땅한 것이 다르며, 수하들에게 마땅한 것이 다르다. 또한 어떤 계약에 대해 마땅한 것이 다르고, 약속에 대해 마땅한 것이 다르며, 받은 은혜에 대해 마땅한 것이 다르다. 그리고 마땅한 것의 이 다양한 측면들에 기초해서 다양한 덕들이 있다. 예컨대 종교는 우리로 하여금 하느님에 대해 그분께 마땅한 것을 드리도록 한다, 효성은 부모와 조국에 대해 우리가 마땅히 해야 할 바를 행하게 만들고, 감사는 은인들에 대해 마땅히 해야 할 바를 행하게 만든다, 등등.[8]

[해답] 1. 정의는 엄밀히 말하자면 하나의 특수한 덕이다. 그것은 같은 값으로 보상되기에 마땅한 것을 대상으로 삼고 있다.[9] 그러나 성의라는 일반적 이름으로는 마땅한 보수라면 무엇에나 다 적용될 수 있다. 그리고 이런 의미에서 그것은 특수한 덕이 아니다.

2. 공동선을 지향하는 정의는 누군가의 사적인 선으로 질서 지어진 정의와는 구별되는 덕이다.[10] 그래서 공법(公法)은 사적인 법과 다

로부터 성 토마스는 가능적 부분들을 구별하는데, 이 부분들 안에서는 완전한 보상의 가능성(종교, 부모나 조국을 위한 충효, 준수, 상사에 대한 순명)이 결핍되거나, 아니면 엄밀한 의미에서의 법적 의무(감사, 진실성, 친절함[affabilitas], 아량[관대함, liberalitas])가 부족하다. Cf. Jean Porter, *Justice as a Virtue: A Thomistic Perspective*, Grand Rapid(Michigan), Eerdmanns, 2016.
9. Cf. II-II, q.58, a.11.
10. Cf. II-II, q.58, a.7

privato; et Tullius[11] ponit unam specialem virtutem, pietatem, quae ordinat ad bonum patriae.—Sed iustitia ordinans hominem ad bonum commune, est generalis per imperium, quia omnes actus virtutum ordinat ad finem suum, scilicet ad bonum commune. Virtus autem secundum quod a tali iustitia imperatur, etiam iustitiae nomen accipit. Et sic virtus a iustitia legali non differt nisi ratione, sicut sola ratione differt virtus operans secundum seipsam, et virtus operans ad imperium alterius.[12]

AD TERTIUM dicendum quod in omnibus operationibus ad iustitiam specialem pertinentibus, est eadem ratio debiti. Et ideo est eadem virtus iustitiae, praecipue quantum ad commutationes. Forte enim distributiva est alterius speciei a commutativa, sed de hoc infra[13] quaeretur.

Articulus 4
Utrum circa diversas passiones diversae sint virtutes morales

Ad quartum sic proceditur. Videtur quod circa diversas passiones non sint diversae virtutes morales.

1. Eorum enim quae conveniunt in principio et fine, unus est

---

11. Cicero, *Rhetorica*, II, c.53, ed. Müller, Lipsiae, 1908, p.230, ll.22-24.
12. Cf. II-II, q.61, a.1.

르다. 키케로는[11] 하나의 특수한 덕, 곧 경건함을 인정하는데, 그것은 조국의 선을 도모하게 만드는 것을 과제로 삼고 있다.—그러나 한 사람을 공동선으로 질서 짓는 정의는 [그것을 구별 짓는] 명령 때문에 하나의 일반적 덕이다. 왜냐하면 모든 덕행들을 그 고유한 목적인 공동선으로 질서 짓기 때문이다. 그리고 여하한 덕도 이 정의로부터 명령되는 한에서는 정의라고 불릴 수 있다. 그리고 이 경우에 저 덕은 오직 이성의 차이 때문에만, 곧 그 자체를 통하여 작용하는 덕과 다른 것의 명령에 의해 작용하는 덕으로서만 법적[또는 일반적] 정의와는 구별될 뿐이다.[12]

3. 정의라는 특수한 덕에 속하는 모든 작용들 안에서 마땅한 것은 어떤 동일한 근거를 지니고 있다. 따라서 그것은 동일한 정의이고, 특히 교환에 관련될 경우가 그러하다. 어쩌면 분배 정의가 교환 정의와는 구별되는 하나의 종일 수도 있다. 그러나 이 점에 관해서는 나중에[13] 살펴보게 될 것이다.

제4절 다양한 정념들에 대한 다양한 도덕적 덕들이 있는가?

[반론] 넷째에 대해서는 다음과 같이 전개된다. 다양한 정념들에 대해 다양한 도덕적 덕들이 있는 것으로는 생각되지 않는다.

1. 원리와 목적을 공유하고 있는 것들은, 학문들의 경우에 명백하듯이, 어떤 유일한 습성을 가지고 있어야 한다. 그런데 모든 정념들

---

13. q.61, a.1.

q.60, a.4

habitus, sicut patet maxime in scientiis. Sed omnium passionum unum est principium, scilicet amor; et omnes ad eundem finem terminantur, scilicet ad delectationem vel tristitiam; ut supra[1] habitum est. Ergo circa omnes passiones est una tantum moralis virtus.

2. Praeterea, si circa diversas passiones essent diversae virtutes morales, sequeretur quod tot essent virtutes morales quot passiones. Sed hoc patet esse falsum, quia circa oppositas passiones est una et eadem virtus moralis, sicut fortitudo circa timores et audacias, temperantia circa delectationes et tristitias. Non ergo oportet quod circa diversas passiones sint diversae virtutes morales.

3. Praeterea, amor, concupiscentia et delectatio sunt passiones specie differentes, ut supra[2] habitum est. Sed circa omnes has est una virtus, scilicet temperantia. Ergo virtutes morales non sunt diversae circa diversas passiones.

SED CONTRA est quod fortitudo est circa timores et audacias; temperantia circa concupiscentias; mansuetudo circa iras; ut dicitur in III[3] et IV[4] *Ethic.*

RESPONDEO dicendum quod non potest dici quod circa omnes passiones sit una sola virtus moralis, sunt enim quaedam passiones ad diversas potentias pertinentes;[5] aliae namque pertinent ad

---
1. q.25, aa.1-2 & 4; q.29, a.4.
2. q.23, a.4.

은 하나의 유일한 원리, 곧 사랑을 가지고 있고, 위에서[1] 말한 것처럼, 모두 쾌락이나 슬픔을 하나의 동일한 목적으로 가지고 있다. 그러므로 모든 정념들에 대해서 단 하나의 도덕적 덕밖에 없다.

2. 만일 다양한 정념들에 대해 다양한 도덕적 덕들이 있었더라면 도덕적 덕들은 정념들의 수만큼 있었어야 할 것이다. 그러나 이것은 명백히 거짓이다. 왜냐하면 반대되는 정념들이 하나의 유일하고 동일한 도덕적 덕을 가지고 있기 때문이다. 예컨대 용기는 공포와 용맹함을 포괄하고 있고, 절제는 쾌락과 슬픔을 포괄하고 있다. 따라서 다양한 정념들에 대해 다양한 도덕적 덕들이 있어야 할 필요가 없다.

3. 위에서[2] 살펴본 것처럼, 사랑, 욕망, 쾌락은 종적으로 구별되는 정념들이다. 그런데 이 모든 것들에 대해서는 단 하나의 덕, 곧 절제가 있을 뿐이다. 그러므로 도덕적 덕들이 다양한 정념들에 따라 다양한 것이 아니다.

[재반론] 그러나 반대로 『니코마코스 윤리학』 제3권[3]과 제4권[4]에서 말하는 것처럼, 용기는 두려움과 용맹함을 대상으로 삼고 있고, 절제는 욕망을, 그리고 온유함은 분노를 대상으로 삼고 있다.

[답변] 모든 정념들에 대해 단 하나의 도덕적 덕이 있다고 말할 수는 없다. 실상 그것들은 다양한 능력들에 속하는 정념들이다.[5] 그리고

---

3. *Ethica Nic.*, III, cc.9 & 13, 1115a6-7; 1117b25-27; S. Thomas, lect.14, n.529; lect.19, n.598.
4. *Ethica Nic.*, IV, c.11, 1125b26-29; S. Thomas, lect.13, n.800; Cf. II, c.7, 1107a33-b8; 1108a6-9; S. Thomas, lect.8, nn.335-342; lect.9, n.349.
5. 이 논증의 설득력에 관해서는: Cf. I-II, q.54, aa.1-2.

q.60, a.4

irascibilem, aliae ad concupiscibilem, ut supra[6] dictum est.[7]

Nec tamen oportet quod omnis diversitas passionum sufficiat ad virtutes morales diversificandas. Primo quidem, quia quaedam passiones sunt quae sibi opponuntur secundum contrarietatem, sicut gaudium et tristitia, timor et audacia, et alia huiusmodi.[8] Et circa huiusmodi passiones sic oppositas, oportet esse unam et eandem virtutem. Cum enim virtus moralis in quadam medietate consistat,[9] medium in contrariis passionibus secundum eandem rationem instituitur, sicut et in naturalibus idem est medium inter contraria, ut inter album et nigrum.

Secundo, quia diversae passiones inveniuntur secundum eundem modum rationi repugnantes, puta secundum impulsum ad id quod est contra rationem; vel secundum retractionem ab eo quod est secundum rationem.[10] Et ideo diversae passiones concupiscibilis non pertinent ad diversas virtutes morales, quia earum motus secundum quendam ordinem se invicem consequuntur, utpote ad idem ordinati, scilicet ad consequendum bonum, vel ad fugiendum malum; sicut ex amore procedit concupiscentia, et ex concupiscentia pervenitur ad delectationem.[11] Et eadem ratio est de oppositis, quia ex

---

6. q.23, a.1.
7. '분노적' 부분은 다툼과 위급과 같은 감정들(정념들)의 자리이고, '욕정적' 부분은 무언가를 바라는 감정들의 자리이다. Cf. I, q.81, a.2.
8. Cf. q.23, a.4.
9. Cf. q.64, a.1.

위에서도[6] 말한 것처럼, 어떤 것들은 분노적 [욕구]에 속하고, 다른 것들은 욕정적 [욕구]에 속한다.[7]

그럼에도 불구하고 정념들 사이의 상이성만으로 도덕적 덕들 사이의 상이성이 반드시 생겨나야 하는 것은 아니다. 그 이유는 첫째로 어떤 정념들은 서로 반대로 대립되기 때문이다. 기쁨과 슬픔이 그렇고, 두려움과 용기나, 이와 비슷한 것들이 그러하다.[8] 그리고 이 대립되는 정념들 때문에 어떤 유일한 덕이 있을 필요가 있다. 실상 도덕적 덕은 중용에서 성립되기 때문에,[9] 자연적인 것들에서도 검정과 하양처럼 반대되는 것들 사이에서도 하나의 중용이 있듯이, 저 모순되는 정념들 사이의 중용은 어떤 공통의 척도에 기초해서 규정된다.

둘째, 같은 방식에 따라 이성에 상충되는 다양한 정념들이 있기 때문이다. 예컨대 이성에 모순되는 것을 향한 충동에 내몰리거나, 이성에 합치되는 것들로부터 물러난다.[10] 그러므로 다양한 욕망의 정념들은 [따로] 구별되는 도덕적 덕에 속하지 않는다. 왜냐하면 그것들의 충동들은 하나의 유일한 대상으로 질서 지어져 있기 때문에, 즉 어떤 선을 행하거나 어떤 악을 피하는 것이어서, 유일한 방향으로 서로 이어지기 때문이다. 예를 들면, 사랑으로부터 욕망이 펼쳐지고, 욕망으로부터 쾌락에 이르게 된다.[11] 그리고 대립되는 정념들에 대해서도 같은 말을 할 수 있다. 왜냐하면 미움으로부터 회피나 거절이

---

10. 논의가 매우 일반적이어서, 난해하게 느껴질 수 있다. 그러나 정작 무엇을 다루고 있는지를 이해하기 위해서는 저자가 들고 있는 예를 주의 깊게 따르는 것으로 충분하다. '욕정적' 부분의 정념들은 그들 대상의 질료성에 기초해서 구별되는 것이 아니라, 그것이 촉발할 수 있는 주관적 반응에 기초해서 구별된다는 점을 놓치지 말아야 한다. 그러므로 저 다양한 반응들은 그것들을 규제해야 할 덕들의 수와 상충되지 않는다.
11. Cf. q.23, a.4; q.25, a.2.

odio sequitur fuga vel abominatio, quae perducit ad tristitiam.— Sed passiones irascibilis non sunt unius ordinis, sed ad diversa ordinantur, nam audacia et timor ordinantur ad aliquod magnum periculum; spes et desperatio ad aliquod bonum arduum; ira autem ad superandum aliquod contrarium quod nocumentum intulit.[12] Et ideo circa has passiones diversae virtutes ordinantur, utpote temperantia circa passiones concupiscibilis;[13] fortitudo circa timores et audacias;[14] magnanimitas circa spem et desperationem;[15] mansuetudo circa iras.[16]

AD PRIMUM ergo dicendum quod omnes passiones conveniunt in uno principio et fine communi,[17] non autem in uno proprio principio seu fine. Unde hoc non sufficit ad unitatem virtutis moralis.

AD SECUNDUM dicendum quod, sicut in naturalibus idem est principium quo receditur ab uno principio, et acceditur ad aliud; et in rationalibus est eadem ratio contrariorum, ita etiam virtus moralis, quae in modum naturae rationi consentit, est eadem contrariarum passionum.

---

12. 분노적 부분의 대상은 힘에 부치는 선과 악이라는 사실을 상기하기로 하자. 그런데 저 힘겨움은 주체를 두 가지 반대되는 방향으로 내몬다. 한편으로는 매력을 발산하고 다른 편에서는 거부감을 느끼게 하는 것이다. 그러므로 저런 종류의 모든 대상은 뚜렷이 구별되고 반대되는 두 정념을 낳게 된다. 어떤 경우에는 각각의 정념이 어떤 특수한 덕에 상응한다.
13. Cf. II-II, q.141, a.4.

나오고, 이것은 슬픔으로 인도하기 때문이다.— 반면에 분노적 욕구의 정념들은 단 하나의 연쇄를 형성하는 것이 아니라, 다양한 대상들로 향하고 있다. 실상 대담함과 공포는 어떤 심각한 위험을 대상으로 삼고 있고, 희망과 절망은 힘겨운 선을 대상으로 삼고 있다. 그리고 분노는 그로부터 해를 입는 반대되는 존재와 직면할 것을 촉구한다.[12] 따라서 저 정념들에 따라 다양한 덕들이 요구된다. 즉 욕정적 정념들에 대한 절제,[13] 두려움과 용맹함에 대한 용기,[14] 희망과 절망에 대한 웅지(대범함, magnanimitas),[15] 분노에 대한 온순함[16] 등이다.

[해답] 1. 모든 정념들은 하나의 유일한 원리와 공동의 목적을 공유하고 있다.[17] 그런데 그것은 고유한 원리와 목적이 아니다. 따라서 이것만으로는 도덕적 덕의 단일성을 위해 충분하지 못하다.

2. 자연적 사물들 안에서는 하나의 원리에서 물러나게 만드는 원리와, 다른 원리에 접근하게 만드는 원리가 동일하다. 그리고 이성 영역에서는 반대되는 것들의 근거가 동일하다. 따라서 본성의 양식으로 이성에 동의하는 도덕적 덕도 서로 반대되는 정념들의 경우에 유일하다.

---

14. Cf. II-II, q.123, a.3.
15. Cf. II-II, q.134, a.4, ad1.
16. Cf. II-II, q.157, aa.1-2. 제2부 제2편에서 절제에 관해서는 제141문부터 제169문까지, 용기에 관해서는 제123문부터 제140문까지, 웅지(magnanimitas)에 관해서는 제128문부터 제133문까지, 그리고 온순함에 관해서는 제157문부터 제159문까지에서 집중적으로 논의되고 있다.
17. Cf. q.25, a.2; q.14, a.2.

AD TERTIUM dicendum quod illae tres passiones ad idem obiectum ordinantur secundum quendam ordinem, ut dictum est.[18] Et ideo ad eandem virtutem moralem pertinent.

Articulus 5
Utrum virtutes morales distinguantur secundum diversa obiecta passionum

Ad quintum sic proceditur. Videtur quod virtutes morales non distinguantur secundum obiecta passionum.

1. Sicut enim sunt obiecta passionum, ita sunt obiecta operationum. Sed virtutes morales quae sunt circa operationes, non distinguuntur secundum obiecta operationum, ad eandem enim virtutem iustitiae pertinet emere vel vendere domum, et equum. Ergo etiam nec virtutes morales quae sunt circa passiones, diversificantur per obiecta passionum.

2. Praeterea, passiones sunt quidam actus vel motus appetitus sensitivi. Sed maior diversitas requiritur ad diversitatem habituum, quam ad diversitatem actuum. Diversa igitur obiecta quae non diversificant speciem passionis, non diversificabunt speciem virtutis moralis. Ita scilicet quod de omnibus delectabilibus erit una virtus moralis, et similiter est de aliis.

---

18. 본론.

3. 지적된 세 가지 정념들은, 이미[18] 말한 것처럼, 어떤 동일한 대상에 어떤 특정한 순서로 인도된다. 따라서 모두 하나의 유일한 도덕적 덕에 속한다.

제5절 도덕적 덕들은 정념의 다양한 대상들에 따라 구별되는가?

[**Parall**.: *In Ethic*., II, lect.8-9]

[반론] 다섯째에 대해서는 다음과 같이 전개된다. 도덕적 덕들은 정념의 대상들에 따라 서로 구별되지 않는 것으로 생각된다.
 1. 정념들의 대상들이 있듯이, 작용들의 대상들도 있다. 그런데 작용들과 연관된 도덕적 덕들은 작용들의 대상들에 따라 구별되지 않는다. 실상 집이나 말 등의 매매가 정의라는 동일한 덕에 속한다. 따라서 정념과 관련된 도덕적 덕들도 정념들의 여러 대상들에 따라 구별되지 않는다.
 2. 정념들은 감각적 욕구의 활동들 또는 운동들이다. 그런데 습성들의 구별을 정초하기 위해서는 행위들의 구별보다 더 큰 차이가 요구된다. 따라서 정념들에 종적 다양성을 줄 수 없는 다양한 대상들은 도덕적 덕들에 종적 다양성을 줄 수 없을 것이다. 그래서 모든 쾌락들에 대해서 단 하나의 도덕적 덕이 있을 것이고, 나머지 정념들에 대해서도 마찬가지다.

q.60, a.5

3. Praeterea, magis et minus non diversificant speciem. Sed diversa delectabilia non differunt nisi secundum magis et minus. Ergo omnia delectabilia pertinent ad unam speciem virtutis. Et eadem ratione, omnia terribilia, et similiter de aliis. Non ergo virtus moralis distinguitur secundum obiecta passionum.

4. Praeterea, sicut virtus est operativa boni, ita est impeditiva mali. Sed circa concupiscentias bonorum sunt diversae virtutes, sicut temperantia circa concupiscentias delectationum tactus, et eutrapelia[1] circa delectationes ludi. Ergo etiam circa timores malorum debent esse diversae virtutes.

Sed contra est quod castitas est circa delectabilia venereorum;[2] abstinentia vero est circa delectabilia ciborum;[3] et eutrapelia circa delectabilia ludorum.[4]

Respondeo dicendum quod perfectio virtutis ex ratione dependet, perfectio autem passionis, ex ipso appetitu sensitivo.[5] Unde oportet quod virtutes diversificentur secundum ordinem ad rationem, passiones autem, secundum ordinem ad appetitum. Obiecta igitur passionum, secundum quod diversimode comparantur ad appetitum sensitivum, causant

---

1. 아리스토텔레스는 우리가 '재치' 또는 '영적 기지'(奇智)라 부름직한 것을 '에우트라펠리아'(eutrapelia)라고 부르고 있다. '에우트라펠리아'에 대해: Cf. II-II, q.168, a.2. Cf. Servais Pinckaers, OP, *Passions & Virtue*, Washington, Catholic University of America Press, 2017, p.59.

3. '더'나 '덜'은 종의 차이를 내지 못한다. 그런데 쾌락의 어떤 대상들은 오로지 어떤 '더'나 '덜'의 등급에 따라서만 서로서로 다르다. 그러므로 저 모든 쾌락의 대상들은 어떤 유일한 덕의 종에 속한다. 모든 무서워해야 할 것들에 대해서도 마찬가지이고, 그렇게 계속된다. 그러므로 도덕적 덕들은 정념들의 대상들에 따라 구별될 수 없다.

4. 덕은, 선을 위해 작용해야 하는 것처럼, 또한 악을 저지할 과제도 안고 있다. 그런데 선한 것들에 대한 욕망에 대해서는 여러 덕들이 있다. 접촉의 쾌락에 대한 욕망에 대한 절제와, 놀이의 쾌락에 대한 '재치'(에우트라펠리아, eutrapelia)[1] 등이다. 그리고 악한 것들을 두려워함에 대해서도 다양한 덕들이 있어야 한다.

[재반론] 그러나 반대로 '정결'은 육체적 쾌락의 대상들과 상관되고,[2] '단식'은 음식에 있어서 쾌락의 대상과 관계되며,[3] '재치'는 놀이 가운데 유쾌한 것들과 관계된다.[4]

[답변] 덕의 완전성은 이성에 달려 있다. 반면에 정념의 완전성은 감각적 욕구 자체에 달려 있다.[5] 바로 그렇기 때문에 덕들은 이성을 향한 질서에 따라 달라지는 데 반해, 정념들은 욕구를 향한 질서에 따라 달라진다. 따라서 정념들의 대상들은, 감각적 욕구와 맺고 있는 관계의 다양성에 기초해서 다양한 종류의 정념들을 산출하고, 이성

---

2. Cf. II-II, q.151.
3. Cf. II-II, q.146.
4. Cf. II-II, q.160, a.2.
5. Cf. q.59, a.1.

diversas passionum species, secundum vero quod comparantur ad rationem, causant diversas species virtutum. Non est autem idem motus rationis, et appetitus sensitivi. Unde nihil prohibet aliquam differentiam obiectorum causare diversitatem passionum, quae non causat diversitatem virtutum, sicut quando una virtus est circa multas passiones, ut dictum est,[6] et aliquam etiam differentiam obiectorum causare diversitatem virtutum, quae non causat diversitatem passionum, cum circa unam passionem, puta delectationem, diversae virtutes ordinentur.

Et quia diversae passiones ad diversas potentias pertinentes, semper pertinent ad diversas virtutes, ut dictum est;[7] ideo diversitas obiectorum quae respicit diversitatem potentiarum, semper diversificat species virtutum; puta quod aliquid sit bonum absolute, et aliquid bonum cum aliqua arduitate.[8] — Et quia ordine quodam ratio inferiores hominis partes regit, et etiam se ad exteriora extendit;[9] ideo etiam secundum quod unum obiectum passionis apprehenditur sensu vel imaginatione, aut etiam ratione; et secundum etiam quod pertinet ad animam, corpus, vel exteriores res; diversam habitudinem habet ad rationem; et per consequens natum est diversificare virtutes. Bonum igitur hominis, quod est obiectum amoris, concupiscentiae et delectationis, potest accipi vel ad sensum corporis pertinens; vel ad interiorem animae apprehensionem. Et hoc, sive ordinetur ad

---

6. a.4.

과 맺고 있는 관계에 따라서는 다른 종류의 덕들을 낳는다. 사실 이성의 움직임과 감각적 욕구의 움직임은 동일하지 않다. 그러므로 대상들의 어떤 차이가 덕의 다름을 낳지 않으면서도 정념들의 다름을 낳는 것을 막는 것은 아무것도 없다. 이미[6] 고찰한 경우들에서 단 하나의 정념이 여러 정념들과 관련될 때가 바로 그러하다. 반면에 대상들의 한 차이가 정념들의 다름을 낳지 않으면서도 덕의 다름을 낳는 것을 막을 것은 아무것도 없다. 예컨대 쾌락과 같은 단 하나의 정념이 여러 덕들과 관계되는 경우가 그러하다.

그리고 이미[7] 말한 것처럼, 서로 다른 능력들에 속하는 정념들은 언제나 상이한 덕들에 속하기 때문에, 능력들의 다름에 상응하는 대상들의 다름은 언제나 예컨대 절대적인 선과 힘겨운 선 사이의 차이와 같은, 덕들 사이의 종적 차이를 낳는다.[8]—그리고 이성이 인간의 저급한 기관들을 외부 [부분들]로 확장되기까지 일정한 등급에 따라 다스리기 때문에,[9] 정념들의 대상은, 감각과 상상력에 의해 파악되느냐, 아니면 이성에 의해 파악되느냐에 따라, 또는 그것이 영혼에 속하느냐, 육체에 속하느냐, 아니면 외부 사물들에 속하느냐에 따라, 이성과 상이한 관계를 맺게 되고, 따라서 덕의 차이를 낳는 성격을 띠게 된다. 따라서 사랑, 욕망, 그리고 쾌락의 대상인 인간적 선은 감각의 고찰 아래 떨어질 수 있거나, 또는 영혼의 내면적 고찰 아래 떨어지거나 할 수 있다. 그리고 이것은 주체 자체의 복지(bene esse)를 위한 것이거나, 영혼이나 육체를 위한 것이거나, 또 아니면 다른 이들을

---

7. a.4.
8. Cf. q.23, a.1.
9. Cf. a,1.

bonum hominis in seipso, vel quantum ad corpus vel quantum ad animam; sive ordinetur ad bonum hominis in ordine ad alios. Et omnis talis diversitas, propter diversum ordinem ad rationem, diversificat virtutem.[10]

Sic igitur si consideretur aliquod bonum, si quidem sit per sensum tactus apprehensum, et ad consistentiam humanae vitae pertinens in individuo vel in specie, sicut sunt delectabilia ciborum et venereorum; erit pertinens ad virtutem *temperantiae*.[11] Delectationes autem aliorum sensuum, cum non sint vehementes, non praestant aliquam difficultatem rationi, et ideo circa eas non ponitur aliqua virtus, quae *est circa difficile, sicut et ars*, ut dicitur in II *Ethic.*[12]

Bonum autem non sensu, sed interiori virtute apprehensum, ad ipsum hominem pertinens secundum seipsum, est sicut pecunia et honor; quorum pecunia ordinabilis est de se ad bonum corporis; honor autem consistit in apprehensione animae. Et haec quidem bona considerari possunt vel absolute, secundum quod pertinent ad concupiscibilem; vel cum arduitate quadam, secundum quod pertinent ad irascibilem. Quae quidem distinctio non habet locum in bonis quae delectant tactum, quia huiusmodi sunt quaedam infima, et competunt homini secundum quod convenit cum brutis.[13] Circa bonum igitur

---

10. 객관적인 도덕적 가치는 사물들 자체에 의해서 구성되는 것이 아니라, 그것들이 인간의 이성과 맺고 있는 관계에 의해서 구성된다. Cf. q.18, aa.4-5.
11. Cf. II-II, q.141.

위한 선이거나 상관없이 타당하다. 그리고 이 모든 다름들은 그것들이 이성과 맺는 관계의 다름 덕분에 덕의 구별을 낳게 된다.[10]

따라서 만일 우리가 촉감에 의해 파악되는 어떤 선을 택했는데, 그것이 식욕과 성욕의 쾌락들을 구성하는 선들처럼 개인이나 종의 생명 보존에 협력하는 선들이라면, 그 선은 마땅히 '절제'(temperantia)의 덕에 속해야 할 것이다.[11] 반면에 다른 감각들의 쾌감들은, 그렇게 강렬하지가 않기 때문에, 이성에 어려움을 야기하지 않는다. 따라서 그것들과 연관된 어떤 덕도 존재하지 않는다. 왜냐하면 『니코마코스 윤리학』 제2권[12]에서 말하는 것처럼, 덕은 "기예와 마찬가지로 노력을 요구"하기 때문이다.

한편 감각들에 의해서가 아니라 어떤 내면적 기관에 의해서 파악된 선은, 인간인 한에서의 인간에게 속하는데, 돈이나 명예와 같을 것이다. 그 가운데 돈은 육체의 선을 향해 질서 지어질 수 있고, 명예는 영혼의 파악(인식)에서 성립된다. 그리고 저 선들은 욕정적 부분의 대상처럼 절대적으로 고찰될 수도 있고, 아니면 분노적 부분의 대상처럼 힘겨운 한에서 고찰되는 것일 수도 있다. 하지만 이 구별은 촉각이 선호하는 선들에 관한 것이 아니다. 이것들은 다른 동물들과 유사한 한에서의 인간에 속하는 저급한 것들이기 때문이다.[13] 따

---

12. *Ethica Nic.*, II, c.2, 1105a9-13; S. Thomas, lect.3, n.278.
13. 성 토마스는 여기서 인간적 가치로서의 성(sex)을 폄훼하는 것이 아니라, 그 생물학적 기초를 지적하고 있는 것이다. Cf. Thomas Gilby, OP, "Introduction" & "Appendix 2", in St. Thomas Aquinas, *Summa Theologiae*, vol.43: *Temperance(IIaIIae, 141-154)*, London, Eyre & Spottiswoode, 1969, pp.xxi-xxiii; 252-253. 인간의 성에 관한 아퀴나스의 입장에 대한 짧은 개관을 보기 위해서는: 티모시 레닉, 『안락의자용 토마스 아퀴나스』, 이재룡 옮김, 한국성토마스연구소, 2020, 97-114쪽; 박승찬, 「신의 모상으로 창조된 여성의 진정한 가치: 토마스 아퀴나스의 여성 이해에 대한 비판적 성찰」, 『가톨릭철학』 7(2005), 148-190쪽 참조.

pecuniae absolute sumptum, secundum quod est obiectum concupiscentiae vel delectationis aut amoris, est *liberalitas*.[14] Circa bonum autem huiusmodi cum arduitate sumptum, secundum quod est obiectum spei, est *magnificentia*.[15] Circa bonum vero quod est honor, si quidem sit absolute sumptum, secundum quod est obiectum amoris, sic est quaedam virtus quae vocatur *philotimia*,[16] idest amor honoris. Si vero cum arduitate consideretur, secundum quod est obiectum spei, sic est *magnanimitas*.[17] Unde liberalitas et philotimia videntur esse in concupiscibili, magnificentia vero et magnanimitas in irascibili.

Bonum vero hominis in ordine ad alium, non videtur arduitatem habere:[18] sed accipitur ut absolute sumptum, prout est obiectum passionum concupiscibilis. Quod quidem bonum potest esse alicui delectabile secundum quod praebet se alteri vel in his quae serio fiunt, idest in actionibus per rationem ordinatis ad debitum finem; vel in his quae fiunt ludo, idest in actionibus ordinatis ad delectationem tantum, quae non eodem modo se habent ad rationem sicut prima. In seriis autem se exhibet aliquis alteri dupliciter. Uno modo, ut delectabilem decentibus verbis et factis, et hoc pertinet ad quandam virtutem quam Aristoteles[19] nominat *amicitiam*; et potest dici *affabilitas*.[20] Alio modo praebet

---

14. Cf. II-II, q.117.
15. Cf. II-II, q.134.
16. Cf. II-II, q.129, a.2.
17. Cf. II-II, q.129.

라서 욕망, 쾌락, 또는 사랑의 대상인 한에 있어서 돈으로 환원될 수 있는 선들과 관련해서는, '아량'(liberalitas)이 있다.[14] 그러나 만일 희망의 대상인 힘겨운 선들의 측면을 지니고 있다면, '관대'(magnificentia)를 만나게 된다.[15] 명예로 환원될 수 있는 선들에 관해서는, 만일 사랑의 대상인 한에서 절대적인 의미로 받아들인다면, 자신의 품위에 대한 사랑이어서 '명예'(philotimia)라고 불리는 덕을 만나게 된다.[16] 한편 만일 희망의 대상이 힘겨운 선들로서 고찰된다면, '웅지'(雄志, magnanimitas)와 마주치게 된다.[17] 따라서 관대와 명예는 욕정적인 부분에 있는 것으로 보이지만, 관대와 웅지는 분노적인 부분에 있는 것으로 보인다.

그리고 다른 이들의 선익을 향해 질서 지어진 인간의 선은 힘겨운 선의 측면을 지니고 있지 않다.[18] 그것은 욕정적인 부분의 대상으로서 절대적인 의미의 선이다. 그리고 이 선은, 그것을 수행하는 자가 남들을 진지하게(즉 이성에 의해서 마땅한 목적으로 인도되는 행위들을 보여 주며) 대하거나, 아니면 놀이로(즉 오직 쾌락으로만 질서 지어져 있고 이성과는 위에서 말한 관계를 맺고 있지 않은 행위들을 드러내며) 대하는 한에서 그 사람에게 유쾌한 것일 수 있다. 그런데 사람이 남들을 진지하게 대하는 방식에는 두 가지가 있다. 첫째, 어떤 사람이 적절한 말과 행위로 유쾌한 사람임을 드러낼 때가 그러한데, 이것은 아리스토텔레스가[19] '우정'(amicitia)이라고 부르는 덕에 속한다. 우리는 이것을 '친절'(affabilitas)이라고 지칭할 수 있을 것이다.[20]

---

18. 인간이 그 본성상 사회적이고 정치적인 동물이라는 원리에 대해서는: Cf. *Ethica Nic.*, IX, c.9, 1169b18; S. Thomas, lect.10.
19. *Ethica Nic.*, II, c.7, 1107b32-1108a4; S. Thomas, lect.9, nn.346-348.
20. Cf. II-II, q.114.

se aliquis alteri ut manifestum, per dicta et facta, et hoc pertinet ad aliam virtutem, quam nominat *veritatem*.[21] Manifestatio enim propinquius accedit ad rationem quam delectatio; et seria quam iocosa. Unde et circa delectationes ludorum est alia virtus, quam Philosophus[22] *eutrapeliam* nominat.

Sic igitur patet quod, secundum Aristotelem,[23] sunt decem virtutes morales circa passiones:[24] scilicet fortitudo, temperantia, liberalitas, magnificentia, magnanimitas, philotimia, mansuetudo, amicitia, veritas et eutrapelia. Et distinguuntur secundum diversas materias vel secundum diversas passiones; vel secundum diversa obiecta. Si igitur addatur iustitia, quae est circa operationes,[25] erunt omnes undecim.[26]

AD PRIMUM ergo dicendum quod omnia obiecta eiusdem operationis secundum speciem, eandem habitudinem habent ad rationem; non autem omnia obiecta eiusdem passionis secundum

---

21. Cf. II-II, q.109.
22. *Ethica Nic.*, II, c.7, 1107a32.
23. *Ethica Nic.*, II, c.7, 1107a32sqq; S. Thomas, lect. 8-9.
24. 제4절의 본론 끄트머리 참조.
25. Cf. a.3.
26. 덕들에 대한 이 구분은 질료에 따라, 즉 그것들이 규제해야 하는 주체에 따라 주어진다. 추요덕들에 관한 한 이 구분은 그 모든 경우들에 있어서, '주체로서의 질료'(materia in qua)와 '대상으로서의 질료'(materia circa quam)의 완전한 일치 때문에, 타당하고 논박될 수 없는 것으로 받아들여져야 한다.(q.61, a.2) 반면에 2차적 덕들(가능적 부분들)에 대해서는 이 일치가 존재하지 않는다. 그렇다면 그것들의 질서화를 위해 여러 척도들이 주어지고 있다. 이 절에서는 질료의

둘째, 말과 행위로 남들에게 자신의 개방성과 진지함을 드러내 보일 수 있다. 이것이 바로 아리스토텔레스가 '진실함'(veritas)이라고 부른 덕이다.[21] 이것은 왜냐하면 장난스러운 태도보다는 진지한 태도가, 그리고 즐김보다는 진지함이 이성에 더욱 근접하기 때문이다. 따라서 놀이(장난)의 쾌락과 관련해서는 다른 덕이 있는데, 철학자는[22] 이것을 '재치'(eutrapelia)라고 부른다.

따라서 아리스토텔레스[23]에 따르면, 정념들과 관련된 도덕적 덕들은 다음과 같은 열 가지임이 명백하다.[24] 용기, 절제, 아량, 관대, 웅지, 명예(philotimia), 온순함(mansuetudo), 우정, 진실함, 재치. 이것들은 혹은 소재에 따라, 혹은 정념들의 다름에 따라, 혹은 대상들의 다름에 따라 구별된다. 여기에 작용들을 대상으로 삼고 있는 '정의'(justitia)를 덧붙인다면,[25] 정념과 관련된 도덕적 덕들은 모두 합쳐 열한 개다.[26]

[해답] 1. 같은 종에 속하는 작용의 모든 대상들은 이성을 향한 동

척도를 따르고 있지만, 제2부 제2편에서는 채용된 척도가 각 덕에 고유한 양식, 즉 자신의 질료에 대한 그 덕의 처신으로부터 온다. 예컨대 용기의 양식은 저항에서 성립되고, 절제의 덕은 억제에서 성립된다. 따라서 하위 덕들은 그 소재(질료) 때문에 어떤 특정 욕구에 속함에도 불구하고 덕인 한에서 그것들에게 형상적으로 속하는 양식 때문에 어떤 다른 욕구에 자리 잡고 있는 특정 주요 덕에 접근한다. 따라서 이 절에서 거명된 정념들에 관한 열 가지 도덕적 덕들 가운데 관대함(liberalitas)은 의지 속에 자리 잡고 있는 정의의 부분으로 다시 만나게 될 것이고(II-II, q.117, a.5, ad2), 우정(II-II, q.114, a.2, ad2)과 진실함(II-II, q.109, a.3)의 경우에도 미찬가지이다. 온유함(mansuetudo)은 분노의 억제임에도 불구하고 욕망을 제어하는 절제의 가능적 부분으로 다시 만나게 될 것이다.(II-II, q.157, a.3) 반대로 의지 속에 자리 잡고 있는 억제는 절제의 가능적 부분이다.(II-II, q.155, a.3) speciem, quia operationes non repugnant rationi, sicut passiones.

AD SECUNDUM dicendum quod alia ratione diversificantur passiones, et alia virtutes, sicut dictum est.[27]

AD TERTIUM dicendum quod magis et minus non diversificant speciem, nisi propter diversam habitudinem ad rationem.

AD QUARTUM dicendum quod bonum fortius est ad movendum quam malum quia malum non agit nisi virtute boni, ut Dionysius dicit, 4 cap. *de Div. Nom.*[28] Unde malum non facit difficultatem rationi quae requirat virtutem, nisi sit excellens, quod videtur esse unum in uno genere passionis. Unde circa iras non ponitur nisi una virtus, scilicet mansuetudo:[29] et similiter circa audacias una sola, scilicet fortitudo.[30] — Sed bonum ingerit difficultatem, quae requirit virtutem, etiam si non sit excellens in genere talis passionis. Et ideo circa concupiscentias ponuntur diversae virtutes morales, ut dictum[31] est.[32]

---

27. 본론.
28. Dionysius, *De div. nom.*, c.4: PG 3, 717 C; S. Thomas, lect.16.
29. II-II, q.157, aa.1-2.
30. Cf. II-II, q.123.
31. 본론.

일한 관계를 맺고 있다. 그러나 같은 종에 속하는 정념의 모든 대상들이 그러한 것은 아니다. 왜냐하면 작용들은 정념들처럼 이 이성에 반대되지 않기 때문이다.

2. 이미[27] 말한 것처럼, 정념들과 다른 덕들은 다른 근거들에 의해서 서로 구별된다.

3. 이성에 대해 [가지는] 다른 습성(관계) 때문이 아니라면, '더'와 '덜'은 종의 다름을 초래하지 않는다.

4. 선은 악보다 움직임에 더 강한 영향을 미친다. 왜냐하면 디오니시우스가 『신명론』 제4장[28]에서 말하는 것처럼, 악은 선의 능력에 의하지 않고서는 행동하지 못하기 때문이다. 따라서 악은 비범한 것이 아닌 경우에는 어떤 덕을 요청할 정도로 이성에 특별한 어려움을 초래하지 않는다. 그리고 그 비범한 악은 각종 정념들에 대해 유일한 것으로 보인다. 바로 그렇기 때문에 분노의 움직임들에 대해 단 하나의 덕인 온순함(masuetudo)이 있는 것이다.[29] 그리고 용감함의 움직임들에 대해서는 단 하나의 덕, 곧 용기가 있다.[30] ─ 그렇지만 선은 그것이 저 특수한 정념 영역에서 어떤 위대한 선이 아닐 때조차도 덕을 요구하는 어려움을 포함하고 있다. 따라서 이미[31] 말한 것처럼, 욕망의 움직임들에 대해 다양한 도덕적 덕들이 요구된다.[32]

---

32. 이 절에서 제시된 덕들의 소묘는 불완전하다. 초자연적 질서 전체를 전혀 나누지 않고 있고, 특수 윤리를 다루는 제2부 제2편에서 분석될 다른 특수한 덕들도 마찬가지다.

QUAESTIO LXI
DE VIRTUTIBUS CARDINALIBUS
in quinque articulos divisa

Deinde considerandum est de virtutibus cardinalibus.[1]

Et circa hoc quaeruntur quinque.

Primo: utrum virtutes morales debeant dici cardinales, vel principales.

Secundo: de numero earum.

Tertio: quae sint.

Quarto: utrum differant ab invicem.

Quinto: utrum dividantur convenienter in virtutes politicas, et purgatorias, et purgati animi, et exemplares.

Articulus 1
Utrum virtutes morales debeant dici cardinales, vel principales

Ad primum sic proceditur. Videtur quod virtutes morales non

---

1. Cf. q.58, Introd.

제61문
추요덕에 대하여
(전5절)

이제는 추요덕들에 대해서 고찰해야 한다.[1] 이 주제에 관해서는 다음과 같은 다섯 가지 질문이 탐구된다.

1. 도덕적 덕들은 추요덕 또는 주요 덕들이라고 불려야 하는가?
2. 이 덕들의 수효에 대하여.
3. 추요덕에는 어떤 것들이 있는가?
4. 추요덕들은 서로 다른가?
5. 이 덕들이 '정치덕' '성화덕' '완전덕' '모형덕'으로 구분되는 것은 적절한가?

제1절 도덕적 덕들은 추요덕 또는 주요 덕이라고 불려야 하는가?

[**Parall.**: Cf. I-II, q.66, a.4; *In Sent.*, III, d.23, q.2, a.1, qc.2; *De virtutibus*, a.12, ad24; *De virt. card.*, a.1]

[반론] 첫째에 대해서는 다음과 같이 전개된다. 도덕적 덕들은 추요

q.61, a.1

debeant dici cardinales, seu principales.¹

1. *Quae* enim *ex opposito dividuntur, sunt simul natura*, ut dicitur in *Praedicamentis*,² et sic unum non est altero principalius.³ Sed omnes virtutes ex opposito dividunt genus virtutis. Ergo nullae earum debent dici principales.

2. Praeterea, finis principalior est his quae sunt ad finem. Sed virtutes theologicae sunt circa finem, virtutes autem morales circa ea quae sunt ad finem. Ergo virtutes morales non debent dici principales, seu cardinales; sed magis theologicae.

3. Praeterea, principalius est quod est per essentiam, quam quod est per participationem. Sed virtutes intellectuales pertinent ad rationale per essentiam, virtutes autem morales ad rationale

---

1. '중추적'(cardinale, '돌쩌귀'[축, cardo]에서 나왔다.)은 학문적 신학을 위한 은유이며(Cf. *Analytica Posteriora*, II, 13, 97b38), 조절하는 단어 '주된'(principale)을 요구한다. 논증은 계속해서 나아간다. 온전히 덕스러운 생활을 하기 위해서는 특정 상황 속에서 대단히 중요한 다른 것들이 아니라, 어떤 덕들이 기본적 구조로서 더 필요하다. 추요덕에 관한 토마스의 동시대인들의 가르침을 보기 위해서는: Cf. O. Lottin, OSB, "La théorie des vertus cardinales de 1230 à 1250", in *Mélanges Mandonnet*, II(1930), Paris, pp.233-259.
2. *Categoriae*, c.10, 14b33-34.
3. (*추가주) "어떤 것이 유비에 따라 말해지는 데에는 세 가지 방식이 있다. 첫째는 존재(esse)에 따라서가 아니라 오로지 지향(intentio)에 따라서만 유비적으로 말해질 때이다. 하나의 지향이 선후 관계에 따라 여럿에게 말해지지만 오직 하나 안에서만 존재를 가지는 때가 바로 그런 경우이다. 예컨대 건강(sanitas)의 지향은 선후 관계에 따라 동물과 오줌과 섭생을 각기 다른 방식으로 가리킨다. 단지 다른 존재에 따라서만이 아닌 것이다. 왜냐하면 건강의 존재는 오로지 동물 안에만 있는 것이기 때문이다. 둘째는 지향에 따라서가 아니라 존재에 따라서 유비적으로 말해지는 경우이다. 이것은 여럿[多]이 어떤 공통점의 지향 안에서 동등해지지만, 그 공통점은, 모든 물체가 물체성의 지향 아래에서 동등해지는 것처럼, 모

덕 또는 주요 덕이라고 말해서는 안 되는 것으로 생각된다.[1]

1. 『범주론』[2]에서 말하는 것처럼, "대립을 통해 구분되는 것들은 그 본성상 동등하다." 그러므로 어느 한 가지가 다른 한 가지보다 더 중요한 것이 아니다.[3] 그런데 모든 도덕적 덕들은 대립을 통해 덕의 유를 구분한다. 따라서 그것들 가운데 어떤 것도 주요 덕이라고 불려서는 안 된다.

2. 목적이 목적을 위해 있는 것들[수단]보다 더 중요하다. 그런데 신학적 덕들은 목적을 대상으로 삼고 있는 데 반해, 도덕적 덕들은 목적을 위해 있는 것들이다. 그러므로 도덕적 덕들은 주요 덕 또는 추요덕이라고 불려서는 안 되고, 대신 덕들이 그렇게 불려야 한다.

3. 어떤 본질상의 속성을 지니고 있는 자는 참여를 통해 그것을 가지고 있는 자보다 우선한다. 그런데 지성적 덕들은 본질상 이성적

든 것 안에서 한 가지 근기(ratio)의 존재를 가지지 않을 때, 발생한다. 그러므로 오로지 지향만을 고려하는 논리학은 이 '물체'라는 이름을, 모든 물체들에 대해 일의적으로 서술되는 것으로 말한다: 그러나 이 본성의 존재는 사멸할 물체들과 불멸의 [물체들] 안에서 같은 근거를 가지는 것이 아니다. 그러므로 사물들을 그 존재에 따라 고찰하는 형이상학자와 자연학자에게는 물체라는 이 이름뿐만 아니라 다른 어떤 것도, 『형이상학』 제10권 [text. 5]에서 철학자와 주해자가 명시하는 것처럼, 사멸할 것들과 불멸의 것들에 대해 일의적으로 말해지지 않는다. 셋째는 지향에 따라 그리고 존재에 따라 유비적으로 말해질 때이다. 이것은 존재자가 실체와 우유에 대해서 [공히] 말해지는 것처럼, 공통점의 지향에 있어서는 물론 존재에 있어서도 동등해지지 않는 경우이다. 그리고 이런 것들에 대해서는 공통의 본성이 서술되는 각각 안에 어떤 존재를 가지지만, 그 완전성의 대소의 근거에 따라서는 달라야 한다. 그리고 마찬가지로 나는 진리와 선, 그리고 이와 비슷한 모든 것들이 하느님과 피조물에 유비적으로 말해진다고 말한다. 그러므로 이 모든 것은 각각 자기 존재에 따라 하느님 안에 있고 완전성의 대소의 근거에 따라서는 피조물 안에 있어야 한다. 따라서 두 경우에 모두 하나의 존재에 따르는 것일 수 없기 때문에, 다양한 진리들이 있다는 결론이 도출된다."(*In Sent.*, I, d.19, q.5, a.2, ad1. Cf. *Ibid.*, I, d.23, q.1, a.4; d.35, q.1, a.4; *ST*, I, q.13, a.5, ad1)

q.61, a.1

per participationem, ut supra⁴ dictum est. Ergo virtutes morales non sunt principales, sed magis virtutes intellectuales.

SED CONTRA est quod Ambrosius dicit, *super Lucam*,⁵ exponens illud, *beati pauperes spiritu*:⁶ *Scimus virtutes esse quatuor cardinales, scilicet temperantiam, iustitiam, prudentiam, fortitudinem.* Hae autem sunt virtutes morales. Ergo virtutes morales sunt cardinales.⁷

RESPONDEO dicendum quod, cum simpliciter de virtute loquimur, intelligimur loqui de virtute humana.⁸ Virtus autem humana, ut supra⁹ dictum est, secundum perfectam rationem virtutis dicitur, quae requirit rectitudinem appetitus, huiusmodi enim virtus non solum facit facultatem bene agendi, sed ipsum etiam usum boni operis causat. Sed secundum imperfectam rationem virtutis dicitur virtus quae non requirit rectitudinem appetitus, quia solum facit facultatem bene agendi, non autem causat boni operis usum. Constat autem quod perfectum est principalius imperfecto. Et ideo virtutes quae continent rectitudinem appetitus, dicuntur principales. Huiusmodi autem

---

4. q.56, a.6, ad2; q.58, a.3; q.59, a.4, obj.2.
5. Ambrosius, *Super Lucam*, V: PL 15, 1653 C.
6. 6,20.
7. 인용구로부터도 잘 드러나듯이, 그리스도교 윤리는 예부터 일련의 사추덕을 받아들였다. 지혜서 8장 7절에서 저 덕들은 이미 명시적으로 기억되고 있다. 그러나 그 원초적 원천을 우리는 고전 철학, 즉 플라톤(『국가론』 제4권 427E 이하), 스토아학

인 주체에 속하지만, 이미[4] 말한 것처럼, 도덕적 덕들은 참여를 통한 이성적 기관에 속한다. 그러므로 도덕적 덕들은 주요 덕이 아니라 오히려 지성적 덕들이다.

[재반론] 그러나 반대로 암브로시우스는 『루카복음서 강해』[5]에서 "마음이 가난한 이들은 복되다."라는 복음 구절[6]을 주해하면서 이렇게 말하고 있다. "우리는 절제, 정의, 현명, 그리고 용기라는 사추덕이 있음을 알고 있다." 그런데 이것들은 도덕적 덕들이다. 그러므로 도덕적 덕들은 중추적이다.[7]

[답변] 덕에 대해서 단적으로 말할 때 우리는 인간적 덕들에 대해 말하고자 하는 것이다.[8] 그런데 위에서[9] 말한 것처럼, 인간적 덕은, 그 관념의 충만한 의미에서 볼 때, 욕구의 올바름을 요구하는 덕이다. 실상 그 덕은 기관(능력)을 잘 실행하게 만들 뿐만 아니라, 그 선한 행위의 사용의[곧, 그 행위가 실행에 옮겨지도록 만드는] 원인이 되기도 한다. 반면에 욕구의 올바름이 요구되지 않는 덕은 덕에 대한 부적절한 관념에 상응한다. 왜냐하면 그것은 그 기관을 잘 작동하도록 만들기만 할 뿐이고, 선한 행위가 실행에 옮겨지도록 만들지는 못하기 때문이다. 그런데 어떤 완전한 것이 불완전한 것에 비해 더 주요하다는 것은 분명하다. 따라서 욕구의 올바름을 함축하고 있는 덕들이 주요한 것들이라고 말해야 한다. 그것들은 도덕적 덕들이고,

---

파, 그리고 키케로 등의 작품들에서 발견한다. 저 덕들을 '중추적'(cardinales) 또는 '주요한'(principales)이라고 명명한 것은 암브로시우스(*De Sacramentis*, III, c.2)이다.
8. Cf. aa.2-3, & 5, c et ad1 & ad4.
9. q.56, a.3.

q.61, a.1

sunt virtutes morales; et inter intellectuales, sola prudentia, quae etiam quodammodo moralis est, secundum materiam, ut ex supradictis[10] patet, unde convenienter inter virtutes morales ponuntur illae quae dicuntur principales, seu cardinales.[11]

AD PRIMUM ergo dicendum quod, quando genus univocum dividitur in suas species, tunc partes divisionis ex aequo se habent secundum rationem generis; licet secundum naturam rei, una species sit principalior et perfectior alia, sicut homo aliis animalibus. Sed quando est divisio alicuius analogi, quod dicitur de pluribus secundum prius et posterius; tunc nihil prohibet unum esse principalius altero, etiam secundum communem rationem; sicut substantia principalius dicitur ens quam accidens. Et talis est divisio virtutum in diversa genera virtutum,[12] eo quod bonum rationis non secundum eundem ordinem invenitur in omnibus.[13]

---

10. q.57, a.3; q.58, a.3, ad1.
11. 주요 덕으로서의 추요덕에 대한 이런 심리학적 정당화는 성 토마스에게서 처음으로 나타난다. 그는 그것을 '능력'(facultas)과 '사용'(usus) 사이의 유명한 구별 위에 요약하고 있다. "'중추적'(cardinalis)은 문짝이 그것을 중심으로 돌아가게 되는 'cardo'(돌쩌귀)에서 유래되었다. 잠언 26장 27절에서는 이렇게 말한다: '문짝이 돌쩌귀에 달려 돌아가듯, 게으름뱅이는 잠자리에서만 뒹군다.' 그래서 우리는 인간적 삶의 기초 역할을 하는 저 덕들을 '중추적'이라고 부른다. 왜냐하면 삶이란 우리가 그것을 통해 들어가는 문(門)의 역할을 하기 때문이나. 인간적 삶이란 인간 존재자에게 적합한 삶이다. 인간 안에서 우리는 1) 우리가 인간이 아닌 짐승들과 닮은 감각적인 본성(natura sensitiva)과, 2) 우리가 차지하고 있

위에서[10] 말한 것처럼, 지성적 덕들 가운데에서 어떤 면에서(곧 다루는 질료 때문에) 도덕적 덕이라 할 수 있는 것은 오직 현명함뿐이다. 그러므로 주요 덕 또는 추요덕이라고 불리는 덕들을 도덕적 덕들로 분류하는 것은 적절하다.[11]

[해답] 1. 어떤 일의적인 유가 종들로 구분될 때, 비록 실제에 있어서는 예컨대 인간과 다른 동물들의 경우처럼, 어떤 종이 사물의 본성에 따라서는 다른 것보다 더 중요하고 더 완전하다고 하더라도, 그 부분들은 유의 근거에 따라서는, 동등하다. 그러나 단계적으로 여러 사물들에 대해 앞서거나 뒤지는 데 따라 말하는 어떤 유비적인 것의 구분인 경우에는, 공유하고 있는 관념에 따르더라도 하나가 다른 것보다 더 비중이 큰 것을 막는 것은 아무것도 없다. 이것은 예컨대 실체가 우유들보다 더 비중 있게 존재자라고 불리는 것과 같다. 덕을 다양한 종류로 나누는 구분이 바로 이러하다.[12] 왜냐하면 이성의 선은 모든 것 안에 동일하게 들어 있지 않기 때문이다.[13]

는 차원을 유지하는 데에서 뚜렷한 특징을 드러내는 실천이성(ratio practica), 그리고 3) 우리 안에서는 천사들이 지니고 있는 것과 같은 완전한 방식으로는 발견되지 않고 단편적으로만 발견되는 사변적 지성(intellectus speculativus)을 발견한다. 그렇기 때문에 관상생활은 엄밀히 말하자면 인간적인 것이 아니라 초인간적인 것이다. 반면에 감각적 선들을 끌어안는 관능적 쾌락의 삶은 인간적인 것이 아니라 동물적이다. 그래서 인간적 삶은 엄밀히 말하면, 도덕적 덕들을 실행하는 데에서 성립되는 활동생활이다. 그렇기 때문에 저 덕들은 우리의 도덕 생활 전체가 어떤 면에서 그것을 중심으로 돌아가고 이런 종류의 삶을 위한 토대 역할을 하는 '추요덕'(virtutes cardinales)이라 불린다."(De virt. card., a.1, c)

12. Cf. Armand Maurer, "The Analogy of Genus", *The New Scholasticism* (1955), 127-144.
13. Cf. q.60, a.1.

q.61, a.2

AD SECUNDUM dicendum quod virtutes theologicae sunt supra hominem, ut supra[14] dictum est. Unde non proprie dicuntur virtutes humanae, sed *superhumanae*, vel divinae.

AD TERTIUM dicendum, quod aliae virtutes intellectuales a prudentia, etsi sint principaliores quam morales quantum ad subiectum; non tamen sunt principaliores quantum ad rationem virtutis, quae respicit bonum, quod est obiectum appetitus.[15]

Articulus 2
Utrum sint quatuor virtutes cardinales

Ad secundum sic proceditur.[1] Videtur quod non sint quatuor virtutes cardinales.

1. Prudentia enim est directiva aliarum virtutum moralium, ut ex supradictis[2] patet. Sed id quod est directivum aliorum,

---

14. q.58, a.3, ad3.
15. 제2답과 제3답의 논거들과 관련해서: Cf. *De virtutibus*, q.1, a.12, ad24: "우리는 어떤 덕을, 근본적이라는 의미에서 '중추적'(cardinalis)이라고 부른다. 왜냐하면 그것은 돌쩌귀가 문(門)을 지지하듯이 다른 덕들을 지지하기 때문이다. 문이란 우리가 집으로 들어가는 통로이기 때문에, 추요덕의 근거는 궁극 목적과 관계되는 신학적 덕들에는 해당되지 않는다. 궁극 목적으로부터는 그 너머로의 진입이나 전진이 있을 수 없기 때문이다. 신학적 덕을 구별 짓는 것은 다른 덕들이 그것에 기초를 두고 있다는 점이다. 그렇기 때문에 코린토 1서 3장 11절에서는 신앙이 '기초'(fundamentum)라고 불리는 것이다: '아무도 이미 놓인 기초 외에 다른 기초를 놓을 수 없기 때문입니다.' 히브리서 6장 19절에서 희망은 '닻'이다: '이 희망은 우리에게 영혼의 닻과 같습니다.' 그리고 에페소서 3장 17절에서 참 사랑은 '뿌리'(radix)이다: '사랑에 뿌리를 내리도록….' 마찬가지로 지성적 덕들

2. 위에서[14] 말한 것처럼, 신학적 덕들은 인간을 능가한다. 따라서 그것들은 '초인간적', 곧 신적이기 때문에 인간적 덕들이라고 불릴 수 없다.

3. 비록 현명 이외의 지성적 덕들이 그 주체에 관한 한, 도덕적 덕들보다 우위를 차지하기는 하지만, 그렇다고 욕구의 대상인 선과 관계되는 덕의 근거에 따라 그들보다 우선하는 것은 아니다.[15]

제2절 추요덕은 넷인가?

[**Parall.**: I-II, q.66, a.4; *In Sent.*, III, d.23, q.2, a.1, qc.3; *In Ethic.*, II, lect.8; *De virtutibus*, a.12, ad25; *De virt. card.*, a.1]

[반론] 둘째에 대해서는 다음과 같이 전개된다.[1] 추요덕들의 숫자는 넷이 아닌 것으로 생각된다.

1. 위에서[2] 말한 것처럼, 현명은 다른 도덕적 덕들을 지도하는 과제

은 '중추적'이라고 불리지 않는다. 그것은 그것들 가운데 어떤 것들(지혜, 지식, 이해)이 우리를 우리의 관상생활에서 완성시켜 주기 때문이다. 그런데 그 삶은 하나의 목적이고, 그래서 어떤 문의 성격을 지니고 있지 않다. 다른 한편, 도덕적 덕이 우리를 활성화하는 활동생활(vita activa)은 관상생활(vita contemplativa)을 위한 문의 역할을 한다. 기예(ars)가 그와 연결된 [중추적이라고 불릴 만한] 어떤 덕을 가지고 있지 않은 데 반해, 활동생활에서 우리를 지도하는 현명(prudentia)은 추요덕 가운데 들어 있다."

1. 추요덕들의 수는 전통적인 것이지만, 13세기의 신학자들은 그 정당화를 발견하기 위해서 심층석으로 탐구해 들어갔다. 그들의 노력들은 서로 일치되지 않았지만, 엄밀한 의미의 논쟁에까지 이르지는 않았다. Cf. O. Lottin, OSB, "La théorie des vertus cardinales de 1230 à 1250", in *Mélanges Mandonnet*, II(1930), Paris, pp.233-259.
2. q.58, a.4.

q.61, a.2

principalius est. Ergo prudentia sola est virtus principalis.

2. Praeterea, virtutes principales sunt aliquo modo morales. Sed ad operationes morales ordinamur per rationem practicam, et appetitum rectum, ut dicitur in VI *Ethic.*[3] Ergo solae duae virtutes cardinales sunt.

3. Praeterea, inter alias etiam virtutes una est principalior altera. Sed ad hoc quod virtus dicatur principalis, non requiritur quod sit principalis respectu omnium, sed respectu quarundam. Ergo videtur quod sint multo plures principales virtutes.

SED CONTRA est quod Gregorius dicit, in II *Moral.*:[4] *In quatuor virtutibus tota boni operis structura consurgit.*

RESPONDEO dicendum quod numerus aliquorum accipi potest aut secundum principia formalia aut secundum subiecta,[5] et utroque modo inveniuntur quatuor cardinales virtutes. Principium enim formale virtutis de qua nunc loquimur,[6] est rationis bonum. Quod quidem dupliciter potest considerari. Uno modo, secundum quod in ipsa consideratione rationis consistit. Et sic erit una virtus principalis, quae dicitur prudentia.[7]—Alio

---

3. *Ethica Nic.*, VI, c.2, 1139a24-27; S. Thomas, lect.2, n,1129.
4. *Moralia*, II, c.49, al.27, in vet. 36: PL 75, 592B,
5. Cf. q.56, a.1. 수를 비-질료적 사물들에 적용함에 관해서는: Cf. I, q.11, a.2; q.30, a.3.

를 담당하고 있다. 그런데 지도할 과제를 담당하고 있는 자는 중요하다. 그러므로 오직 현명만이 주요 덕이다.

2. 주요 덕들은 어떤 방식으로는 도덕적이다. 그런데 『니코마코스 윤리학』 제6권[3]에서 말하는 것처럼, 우리는 실천이성과 올바른 욕구를 통해 도덕적 작용들을 수행하도록 요구받는다. 따라서 추요덕들은 오직 두 가지뿐이다.

3. 다른 덕들 가운데서도 어느 하나는 다른 것들보다 더 중요하다. 그러나 하나의 덕이 주요 덕이라고 불리기 위해서 반드시 다른 모든 덕들 가운데 가장 중요한 덕이 되어야 하는 것이 아니라, 어떤 것들보다 더 중요한 것만으로도 충분하다. 그러므로 주요 덕들은 네 가지보다 더 많을 것이다.

[재반론] 그러나 반대로 그레고리우스는 『욥기의 도덕적 해설』 제2권[4]에서 다음과 같이 말한다. "모든 선행의 구조 전체가 사추덕 위에 세워진다."

[답변] 어떤 것들의 수는 형상적 원리들이나 주체에 따라 헤아려질 수 있다.[5] 그리고 그 두 가지 방식 모두에서 우리는 사추덕이 있음을 발견할 수 있다. 우리가 지금 말하고 있는 덕[6]의 형상적 원리는 이성의 선이다. 이것은 두 가지 방식으로 고찰될 수 있다. 첫째, 이성의 고찰 자체 안에 있는 것으로 받아들여질 수 있다. 이렇게 할 때 '현명'이라 불리는 단 하나의 중심적 덕이 있다.[7]—둘째로는 이성이 자

---

6. 인간적 덕들을 가리킨다. 앞 절의 앞머리와 거기에서 지시된 부분들 참조.
7. Cf. II-II, q.47, aa.1 & 3-4.

modo, secundum quod circa aliquid ponitur rationis ordo. Et hoc vel circa operationes, et sic est *iustitia*,[8] vel circa passiones, et sic necesse est esse duas virtutes. Ordinem enim rationis necesse est ponere circa passiones, considerata repugnantia ipsarum ad rationem. Quae quidem potest esse dupliciter.[9] Uno modo secundum quod passio impellit ad aliquid contrarium rationi, et sic necesse est quod passio reprimatur, et ab hoc denominatur *temperantia*.[10] Alio modo, secundum quod passio retrahit ab eo quod ratio dictat, sicut timor periculorum vel laborum, et sic necesse est quod homo firmetur in eo quod est rationis, ne recedat; et ab hoc denominatur *fortitudo*.[11]

Similiter secundum subiecta, idem numerus invenitur. Quadruplex enim invenitur subiectum huius virtutis de qua nunc loquimur,[12] scilicet rationale per essentiam, quod *prudentia* perficit; et rationale per participationem, quod dividitur in tria; idest in voluntatem, quae est subiectum *iustitiae*;[13] et in concupiscibilem, quae est subiectum *temperantiae*; et in irascibilem, quae est subiectum *fortitudinis*.[14]

AD PRIMUM ergo dicendum quod prudentia est simpliciter

---

8. Cf. II-II, q.58, a.3.
9. Cf. q.23, a.1.
10. Cf. II-II, q.141, a.2.
11. Cf. II-II, q.123, a.2.
12. Cf. q.66, a.1; q.85, a.3.

기 질서를 어떤 다른 것에 부과함에 따라 받아들여질 수 있다. 그리고 이때 이것은 작용들과 연관될 수 있는데, 그렇다면 '정의'를 가지게 될 것이다.[8] 아니면 정념(passiones)들과 연관될 수 있는데, 이때 우리는 두 가지 덕이 필요하다. 왜냐하면 이성의 규칙을 우리의 정념들에 부과할 필요는 그것들이 이성에 저항하는 데에서 오기 때문이다. 그런데 그 저항은 이중적이다.[9] 첫째, 그 정념이 이성에 반대되는 것들을 향해 추동하는 한에서 그러하다. 이때에는 그것을 억압할 필요가 있는데, 이것은 '절제'라고 불린다.[10] 둘째로는 그 정념이 예컨대 위험이나 노고에 대한 두려움이 그러하듯이, 이성이 명령하는 것을 실행하지 못하게 막는 것이다. 이때에는 이성의 질서의 선으로부터 물러서지 않도록 용감해질 필요가 있다. 이것은 '용기'라고 불린다.[11]

주체에 기초해서 보더라도 같은 수의 덕을 발견할 수 있다. 실상 우리가 말하고 있는 덕의 주체는 4중적이다.[12] 본질적으로 이성적인 주체의 완성은 '현명'에 달려 있다. 그리고 참여를 통한 이성적 주체는 세 가지 기관으로 세분된다. 곧 '정의'의 주체인 의지[13]와, '절제'의 주체인 '욕망적 부분'과, '용기'의 주체인 '분노적 부분'이다.[14]

[해답] 1. 모든 도덕적 덕들 가운데 현명이 단적으로 말해 주요 덕

---

13. 성 토마스는 정의의 이 속성을 의지에 돌림으로써 개별 덕들의 심리학적 토대 문제를 결정적으로 해결한다. 왜냐하면 그의 선배들은 절제를 분명하게 욕정적 부분에, 용기는 분노적 부분에, 그리고 현명은 이성에 돌림에도 불구하고, 정의에 관하여 의견 일치에 도달하지 못했기 때문이다. "그러므로 성 토마스는 그것을 의지 속에 설정함으로써 그보다 앞선 모든 선배들과는 반대의 길을 갈 것이다."(O. Lottin, OSB, op. cit., p.258)
14. Cf. q.56, a.4.

principalior omnibus.¹⁵ Sed aliae ponuntur principales unaquaeque in suo genere.

AD SECUNDUM dicendum quod rationale per participationem dividitur in tria, ut dictum est.¹⁶

AD TERTIUM dicendum quod omnes aliae virtutes, quarum una est principalior alia, reducuntur ad praedictas quatuor, et quantum ad subiectum, et quantum ad rationes formales.¹⁷

Articulus 3
Utrum aliae virtutes magis debeant dici principales quam istae

Ad tertium sic proceditur. Videtur quod aliae virtutes debeant dici magis principales quam istae.

1. Id enim quod est maximum in unoquoque genere, videtur esse principalius. Sed *magnanimitas operatur magnum in omnibus virtutibus*, ut dicitur in IV *Ethic.*¹ Ergo magnanimitas maxime debet dici principalis virtus.

2. Praeterea, illud per quod aliae virtutes firmantur, videtur esse maxime principalis virtus. Sed humilitas est huiusmodi, dicit enim Gregorius² quod *qui ceteras virtutes sine humilitate*

---

15. Cf. q.66, a.1, c(in princ.).
16. 본론.
17. Cf. II-II, q.48, a.1.

이다.[15] 다른 세 가지는 자기들 고유의 유 안에서 중심적이다.

2. 참여에 의해 이성적 주체는 이미[16] 지적한 것처럼, 3중적이다.

3. 다른 덕들에 비해 어떤 우위를 점하는 모든 덕들은 그 주체 때문이든, 아니면 그 형상적 근거 때문이든, 지적된 사추덕으로 환원된다.[17]

제3절 이들과는 다른 덕들이 더 주요 덕이라고 불려야 하는가?

[**Parall**.: Cf. *In Sent*., III, d.33, q.2, a.1, qc.4; *In Ethic*., II, lect.8; *De virtutibus*, a.12, ad26; *De virt. card*., a.1]

[반론] 셋째에 대해서는 다음과 같이 전개된다. 다른 덕들이 오히려 이 덕들보다 더 주요 덕이라고 불려야 하는 것으로 생각된다.

1. 그 어떤 종류의 사물들 안에서도 그 안에 있는 최대의 것이 주요한 것으로 보인다. 그런데 『니코마코스 윤리학』[1]에서 말하는 것처럼, "웅지는 모든 덕에 있어서 큰일을 한다." 그러므로 특히 웅지(magnanimitas)는 주요 덕이라고 불려야 한다.

2. 주요 덕은 특히 다른 것들에 안정성(항구성)을 주는 것이어야 한다. 그런데 겸손이 바로 그러하다. 실상 그레고리우스는 이렇게 말한다.[2] "겸손 없이 다른 덕들을 모으려고 하는 자는 바람 부는 날 지

---

1. *Ethica Nic*., IV, c.7, 1123b30; S. Thomas, lect.8, n.746.
2. Gregorius, *Homil.7 in Evang*., 4: PL 76, 1103 A.

congregat, quasi paleas in ventum portat. Ergo humilitas videtur esse maxime principalis.

3. Praeterea, illud videtur esse principale, quod est perfectissimum. Sed hoc pertinet ad patientiam; secundum illud Iacobi 1, [4]: Patientia opus perfectum habet. Ergo patientia debet poni principalis.³

SED CONTRA est quod Tullius, in sua *Rhetorica*,⁴ ad has quatuor omnes alias reducit.

RESPONDEO dicendum quod sicut supra⁵ dictum est, huiusmodi quatuor virtutes cardinales accipiuntur secundum quatuor formales rationes virtutis de qua loquimur.⁶ Quae quidem in aliquibus actibus vel passionibus principaliter inveniuntur. Sicut bonum consistens in consideratione rationis, principaliter invenitur in ipso rationis imperio; non autem in consilio, neque in iudicio, ut supra⁷ dictum est. Similiter autem bonum rationis prout ponitur in operationibus secundum rationem recti et debiti, principaliter invenitur in commutationibus vel distributionibus quae sunt ad alterum cum aequalitate.⁸ Bonum autem refraenandi passiones principaliter invenitur in passionibus quas maxime

---

3. 여기서 거론된 세 가지 난점들은 고전적인 문제 제기를 위해서도(반론1) 그리스도교적 문제 제기를 위해서도(반론2와 반론3) 강력하다. 성 토마스는 저 덕의 두드러짐을 부정하지 않도록 조심하며, 잘 정해진 관점에 따라 추요덕들의 우월성을 입증한다는 것을 강조할 것이다.

푸라기를 나르는 자와 같다." 그러므로 겸손이야말로 모든 덕들 가운데 가장 주요한 덕인 것으로 보인다.

3. 가장 완전한 것은 무엇이나 주요한 것으로 보인다. 그런데 이것은 야고보서 1장 [4절]에 따르면, 인내에 적용된다. "인내는 완전한 효력을 냅니다." 따라서 인내는 주요 덕에 포함되어야 한다.[3]

[재반론] 그러나 반대로 키케로는 『수사학』[4]에서 다른 모든 덕들을 이 네 가지 덕으로 환원시키고 있다.

[답변] 위에서[5] 말한 것처럼, 이 네 가지 덕들은, 우리가 그 용어를 현재 이해하고 있는 것처럼[6] 덕에 있어서의 네 가지 형상적 근거들에 따라 추요덕으로 간주된다. 이것은 주로 어떤 행위들이나 정념들에서 만나게 된다. 이리하여 이성의 숙고에서 성립되는 도덕적 선은, 위에서[7] 말한 것처럼, 이성의 춛고나 판단이 아니라 주로 명령 자체 속에 놓여 있다. 또한 올바르고 마땅한 이성에 따라 우리의 작용들에 현존하게 되는 이성적 선도 주로 우리와 다른 사람들 사이의 동등성에 기초를 두고 있는 교환이나 분배에서 발견된다.[8] 반면에, 정념의 억제에서 성립되는 선은 주로 그 정념이 제어되기에 가장 어려운 곳,

---

4. *Rhetorica*, II, c.53, ed. Müller, Lipsiae, 1908, p.230, ll.5sqq.
5. a.2.
6. 오늘날 우리는 그것을 흔히 '도덕적 덕' 또는 '인간적 덕'으로 이해한다. '덕' 개념은 나중에 좀 더 자세히 다뤄질 것이다. 참조: 아래의 제5절과 제62문 전체.
7. q.57, a.6.
8. Cf. II-II, q.80, a.1. 이 점은 나중에 제2부 제2편에서 덕들이 상세하게 논의될 때, 다시 다뤄지게 될 것이다.

difficile est reprimere, scilicet in delectationibus tactus.[9] Bonum autem firmitatis ad standum in bono rationis contra impetum passionum, praecipue invenitur in periculis mortis, contra quae difficillimum est stare.[10]

Sic igitur praedictas quatuor virtutes dupliciter considerare possumus. Uno modo, secundum communes rationes formales. Et secundum hoc, dicuntur principales, quasi generales ad omnes virtutes, utputa quod omnis virtus quae facit bonum in consideratione rationis, dicatur prudentia;[11] et quod omnis virtus quae facit bonum debiti et recti in operationibus, dicatur iustitia; et omnis virtus quae cohibet passiones et deprimit, dicatur temperantia; et omnis virtus quae facit firmitatem animi contra quascumque passiones, dicatur fortitudo.[12] Et sic multi loquuntur de istis virtutibus, tam sacri doctores[13] quam etiam philosophi.[14] Et sic aliae virtutes sub ipsis continentur.[15]—Unde cessant omnes obiectiones.

Alio vero modo possunt accipi, secundum quod istae virtutes denominantur ab eo quod est praecipuum in unaquaque materia. Et sic sunt speciales virtutes, contra alias divisae. Dicuntur tamen principales respectu aliarum, propter principalitatem materiae, puta quod prudentia dicatur quae praeceptiva est; iustitia, quae est

---

9. Cf. II-II, q.141, a.4.
10. Cf. II-II, q.123, a.4.

즉 촉각의 쾌락 안에서 발견된다.[9] 정념의 충동을 거스르는 이성의 선을 향한 항구함의 선은 주로 견디기 가장 어려운 죽음의 위험들 한가운데에서 발견된다.[10]

따라서 위의 네 가지 덕들은 두 가지 방식으로 고찰될 수 있다. 첫째, 그것들 모두가 공유하고 있는 형상적 근거들에 따라 고찰될 수 있다. 이리하여 그것들은 모든 덕들에 일반적이기 때문에 주요하다고 불린다. 예컨대, 이성의 좋은 판단의 원인이 되는 어떤 덕은 '현명'이라고 불릴 수 있을 것이다.[11] 작용들 안에서 올바르고 마땅한 선을 채우도록 만드는 모든 덕은 '정의'라고 불릴 수 있을 것이다. 그리고 정념들을 억제하고 길들이는 모든 덕은 '절제'라고 불릴 수 있을 것이다. 그리고 정념의 충동을 거슬러 정신을 강화하는 모든 덕은 '용기'라고 불릴 수 있을 것이다.[12] 거룩한 박사들[13]과 철학자들[14] 가운데 많은 이들이 이 덕들을 이런 의미로 다루고 있다.[15]—바로 이런 식으로 다른 덕들은 사추덕 아래 포함된다.—따라서 [위에 제시된 모든] 반론들은 무효화된다.

둘째, 사추덕은 그 각각의 영역에서 두드러진 것으로부터 그 이름을 얻음에 따라 고찰될 수도 있다. 그때 각각은 다른 덕들과 대조되는 특수한 덕이 된다. 그러나 그것들은 그 질료의 중요성 때문에 다

---

11. Cf. II-II, q.47, a.5, sol.; q.53, a.2.
12. Cf. a.4.
13. Cf. Ambrosius, *De off. ministr.*, I, c.36: PL 16, 76 B; Augustinus, *De mor. Eccl.*, I, 15: PL 32, 1322; Gregorius, *Moralia*, XXII, c.1: PL 76, 212.
14. Cf. Seneca, *Ad Lucilium*, VII, epist. V(67), ed. Hense, Lipsiae, 1898, p.214, ll.11-22.
15. 이어지는 절에서 성 토마스는 이 논증으로 다시 돌아올 것이고, 그러면 우리도 그것이 시사하고 있는 저자들이 과연 누구인지를 알게 될 것이다.

circa actiones debitas inter aequales;[16] temperantia, quae reprimit concupiscentias delectationum tactus; fortitudo, quae firmat contra pericula mortis.[17] –[18] Et sic etiam cessant obiectiones, quia aliae virtutes[19] possunt habere aliquas alias principalitates, sed istae dicuntur principales ratione materiae, ut supra[20] dictum est.

Articulus 4
Utrum quatuor virtutes cardinales different ab invicem

Ad quartum sic proceditur. Videtur quod quatuor praedictae virtutes non sint diversae virtutes, et ab invicem distinctae.

1. Dicit enim Gregorius, in XXII *Moral.*:[1] *Prudentia vera non est, quae iusta, temperans et fortis non est; nec perfecta temperantia, quae fortis, iusta et prudens non est; nec fortitudo integra, quae prudens, temperans et iusta non est; nec vera iustitia, quae prudens, fortis et temperans non est.* Hoc autem non contingeret, si

---

16. 이것이 바로 은총의 차원으로 받아들여져야 하는 『니코마코스 윤리학』의 정의이다. 그러나 그럴지라도 사도 바오로의 '정의', 곧 로마서 6장에서 강조하는 올바름과 '정의'(dikaiosune)보다는 훨씬 제한적이다.
17. Cf. a.4.
18. 마리에티(Marietti)판에서는 '반론들'에 대한 '해답'(solutiones) 부분이 통상적으로, 형식상 '답변'(Respondeo) 부분으로부터 뚜렷이 구별되던, 규칙적인 일반 관행을 깨고, 마치 '답변' 가운데 한 단락인 양 '답변' 끄트머리에 편입되어 있는 것을, 우리는 여기에서 분리시켜 일반 규칙대로 환원시켰다.

른 덕들에 비해 중요하다고 불린다. 이리하여 현명은 명령하는 덕이고, 정의는 대등한 것들 사이에 마땅한 활동들에 관한 덕이며,[16] 절제는 촉각의 쾌락을 향한 욕망들을 억제하는 덕이고, 용기는 죽음의 위험에 직면해서 정신을 강화하는 덕이다.[17]

[해답][18] 1-3. 이 관점으로부터도 반론에서 제시된 모든 대안들은 그 효력을 잃게 된다. 다른 덕들이 어떤 다른 방식으로 중심적이 되기도 하지만,[19] 위에서[20] 말한 것처럼, 이 사추덕이 그들의 질료 때문에 중요하다고 불린다.

제4절 추요덕들은 서로서로 다른가?

[**Parall.**: Cf. *In Sent.*, III, d 33, q.1, a.1, qc.3; *In Ethic.*, II, lect.8; *De virtutibus*, a.12, ad23; *De virt. card.*, a.1, ad1]

[반론] 넷째에 대해서는 다음과 같이 전개된다. 앞에서 말한 네 가지 덕은 서로 구별되는 다른 덕들이 아닌 것으로 생각된다.
  1. 그레고리우스는 『욥기의 도덕적 해설』 제22권[1]에서 이렇게 말한다. "만일 현명이 의롭고 절제하며 용감하지 않다면, 그것은 진정한

---

19. 그것이 가장 중요한지 여부를 묻고 그에 대한 긍정적인 대답과 명확한 의미 규정을 제시하는 것은 제2부 제2편에서 특수한 덕에 관해 탐구하는 동안에 자주 만나게 되는 관행이다
20. 본론.

1. Gregorius, *Moralia*, I, XXII,, c.1: PL 76, 212 CD.

praedictae quatuor virtutes essent ab invicem distinctae, diversae enim species eiusdem generis non denominant se invicem. Ergo praedictae virtutes non sunt ab invicem distinctae.

2. Praeterea, eorum quae ab invicem sunt distincta, quod est unius, non attribuitur alteri. Sed illud quod est temperantiae, attribuitur fortitudini, dicit enim Ambrosius, in I libro *de Offic.*:[2] *Iure ea fortitudo vocatur, quando unusquisque seipsum vincit, nullis illecebris emollitur atque inflectitur.* De temperantia etiam dicit[3] quod *modum vel ordinem servat omnium quae vel agenda vel dicenda arbitramur.* Ergo videtur quod huiusmodi virtutes non sunt ab invicem distinctae.

3. Praeterea, Philosophus dicit, in II *Ethic.*,[4] quod ad virtutem haec requiruntur, *primum quidem, si sciens; deinde, si eligens, et eligens propter hoc; tertium autem, si firme et immobiliter habeat et operetur.* Sed horum primum videtur ad prudentiam pertinere, quae est recta ratio agibilium; secundum, scilicet eligere, ad temperantiam, ut aliquis non ex passione, sed ex electione agat, passionibus refraenatis; tertium, ut aliquis propter debitum finem operetur, rectitudinem quandam continet, quae videtur ad iustitiam pertinere aliud, scilicet firmitas et immobilitas, pertinet ad fortitudinem. Ergo quaelibet harum virtutum est generalis ad

---

2. Ambrosius, *De off. minist.,*, I, c.36, n.180: PL 16, 76 B.
3. Ibid., c.24, n.115: PL 16, 58 B.
4. *Ethica Nic.*, II, c.3, 1105a31-34; S. Thomas, lect.4, nn,282-284.

현명이 아니다. 또한 절제가 용감하고 의롭고 현명하지 않다면, 진정한 절제가 아니다. 또한 용기가 현명하고 절제하며 의롭지 않다면, 그것은 완전한 용기가 아니다. 그리고 마지막으로 정의가 현명하고 용감하고 절제하지 않는다면, 참다운 정의가 아닌 것이다." 그렇지만 만일 위의 네 가지 덕들이 서로서로 구별되는 것이었더라면, 그렇지 못했을 것이다. 왜냐하면 하나의 유에 속하는 상이한 종들은 어느 하나가 다른 것의 이름으로 불리지 않기 때문이다. 그러므로 위에서 말한 덕들은 서로 구별되는 덕들이 아니다.

2. 사물들이 서로 잘 구별될 때, 어느 하나의 속성은 다른 것에게는 적용되지 않는다. 그런데 절제에 고유한 것이 용기에게도 적용된다. 실상 암브로시우스는 『성직자의 의무』 제1권[2]에서 이렇게 말하고 있다. "누군가 자기 자신을 이기고 그 어떠한 유혹에도 약해지거나 흔들리지 않을 때, 당연히 그것을 용기라고 말해야 한다." 그리고 절제에 대해서는 이렇게 주장하고 있다.[3] "그것은 우리가 행해야 하고 말해야 한다고 생각하는 모든 것의 기준과 질서를 수호한다." 그러므로 이 덕들은 서로서로 구별되지 않는 것으로 보인다.

3. 철학자는 『니코마코스 윤리학』 제2권[4]에서 덕을 위해서는 다음과 같은 것들, 곧 "첫째, 알고 있는지, 둘째, 특정 목적을 바라보며 선택하는지, 셋째, 그 습성과 작용에서 확고부동한지" 등을 확인하는 것이 필요하다고 말하고 있다. 그런데 이것들 가운데 첫째는 행할 수 있는 것들에 대한 올바른 이성인 현명에 돌아가는 것으로 보인다. 그리고 둘째의 선택은, 정념을 통해서가 아니라 정념을 제어하는 선택을 통해서 행하기 때문에, 절제에 돌아가고, 셋째의 미망한 목적을 향해 작용한다는 사실은 정의에 속하는 것으로 보이는 어떤 올바

q.61, a.4

omnes virtutes. Ergo non distinguuntur ad invicem.

SED CONTRA est quod Augustinus dicit, in libro *de Moribus Eccles.*,[5] quod *quadripartita dicitur virtus, ex ipsius amoris vario affectu*,[6] et subiungit de praedictis quatuor virtutibus. Praedictae ergo quatuor virtutes sunt ab invicem distinctae.

RESPONDEO dicendum quod, sicut supra[7] dictum est, praedictae quatuor virtutes dupliciter a diversis accipiuntur. Quidam[8] enim accipiunt eas, prout significant quasdam generales conditiones humani animi, quae inveniuntur in omnibus virtutibus, ita scilicet quod prudentia nihil sit aliud quam quaedam rectitudo discretionis in quibuscumque actibus vel materiis; iustitia vero sit quaedam rectitudo animi, per quam homo operatur quod debet in quacumque materia; temperantia vero sit quaedam dispositio animi quae modum quibuscumque passionibus vel operationibus imponit, ne ultra debitum efferantur; fortitudo vero sit quaedam dispositio animae per quam firmetur in eo quod est secundum rationem, contra quoscumque impetus passionum vel operationum labores. Haec autem quatuor sic distincta, non important diversitatem habituum virtuosorum quantum ad

---

5. Augustinus, *De mor. Eccl.*, I, c.15: PL 32, 1322.
6. 아우구스티누스로부터 도출된 권위에 대해서는: Cf. q.55, a.1, obj.4.
7. a.3.

름을 포함하고 있다. 그리고 나머지, 곧 확고부동성은 용기에 고유한 것이다. 그러므로 그것들 각각은 모든 덕에 대해 일반적이다. 그러므로 그것들은 서로서로 구별되지 않는다.

[재반론] 그러나 반대로 아우구스티누스는 『가톨릭교회의 관습』[5]에서 이렇게 말한다. "덕은 사랑 자체의 다양한 정감들에 상응하여 네 가지로 나누어진다."[6] 그리고 이것을 위에서 언급한 네 가지 덕에 적용한다. 그렇다면 그것들은 서로 구별된다.

[답변] 위에서[7] 말한 것처럼, 이 네 가지 덕들은 여러 저자들에 의해서 두 가지 방식으로 이해된다. 왜냐하면 어떤 이들[8]은 그것들을 모든 덕 안에 현존하고 있는 인간적 정신의 성격의 일반적 조건들을 의미하는 것으로 간주한다. 이것은 현명함이 그것이 무엇이든 어떤 활동이나 질료를(문제들) 안에서의 어떤 건전한 분별력 외에 다른 것이 아니라는 것을 의미할 것이다. 정의는 그 덕분에 어떤 사람이 어떤 영역에서건 행해야 것을 실행에 옮기게 되는 정신의 어떤 올바름이다. 그리고 절제는 모든 정념들과 활동들에 분수를 넘지 않도록 기준(modum)을 부과하는 정신의 상태이다. 그리고 용기는 정념의 여하한 충동이나 작용의 난관들을 거슬러 이성과 합치되는 데에 확고하게 서 있는 정신의 상태이다. 그런데 이런 식으로 구별되는 네 가

---

8. 예를 들면 필리푸스 총장(Philipus Cancellarius †1236)이 이 경우에 해당된다. Cf. O. Lottin, OSB, "La théorie des vertus cardinales de 1230 à 1250", in *Mélanges Mandonnet*, t.II, Paris, 1930(Bibliotheque thom.. XIV), p.252; ID., "La connexion des vertus avant saint Thomas d'Aquin", *Recherches de théologie ancienne et médiévale*, II(1930), p.42.

iustitiam, temperantiam et fortitudinem. Cuilibet enim virtuti morali, ex hoc quod est habitus, convenit quaedam firmitas, ut a contrario non moveatur,⁹ quod dictum est ad fortitudinem pertinere. Ex hoc vero quod est virtus, habet quod ordinetur ad bonum, in quo importatur ratio recti vel debiti:¹⁰ quod dicebatur ad iustitiam pertinere. In hoc vero quod est virtus moralis rationem participans, habet quod modum rationis in omnibus servet, et ultra se non extendat:¹¹ quod dicebatur pertinere ad temperantiam. Solum autem hoc quod est discretionem habere, quod attribuebatur prudentiae, videtur distingui ab aliis tribus,¹² inquantum hoc est ipsius rationis per essentiam; alia vero tria important quandam participationem rationis, per modum applicationis cuiusdam ad passiones vel operationes. Sic igitur, secundum praedicta, prudentia quidem esset virtus distincta ab aliis tribus, sed aliae tres non essent virtutes distinctae ab invicem; manifestum est enim quod una et eadem virtus et est habitus, et est virtus, et est moralis.¹³

Alii¹⁴ vero, et melius, accipiunt has quatuor virtutes secundum quod determinantur ad materias speciales; unaquaeque quidem illarum ad unam materiam, in qua principaliter laudatur illa generalis conditio a qua nomen virtutis accipitur, ut supra¹⁵ dictum est. Et secundum hoc, manifestum est quod praedictae¹⁶ virtutes

---

9. Cf. q.49, aa.1-2.
10. Cf. q.55, a.3.
11. Cf, q.58, aa.1-2.

지는 정의, 절제, 용기를 위한 유덕한 습성들의 다름을 함축하고 있지 않다. 실상 여하한 도덕적 덕도, 하나의 습성인 한에서, 그 반대에 의해서 제거되지 않기 위한 어떤 확고함을 지니고 있어야 한다.[9] 그리고 이미 말한 것처럼, 이것은 용기에 고유한 것이다. 그리고 하나의 덕인 한에서 그것은 선을 향해 질서 지어져 있어야 한다. 그것은 옳거나 마땅한 것의 관념을 함축하고 있다.[10] 그리고 우리는 이것이 정의에 속한다고 말했다. 그리고 도덕적인 덕인 한에 있어서, 그리고 따라서 참여에 의해 이성적인 한에서, 그것은 언제나 이성에 의해 설정되는 기준을 지켜야 하고, 그 경계를 넘지 말아야 한다.[11] 이것은 절제에 속한다고 말했다. 오직 현명에 속하는 분별력만이 이처럼 다른 세 가지 측면들로부터 구별되는 것으로 드러난다.[12] 왜냐하면 그것은, 그것이 정념들이나 작용들에 적용될 때처럼, 본질적으로 이성 자체에 속하기 때문이다. 따라서 이렇게 설명을 하고 난 다음에는, 현명은 다른 것들과는 구별되는 덕이지만, 이 세 가지는 서로 구별되지 않는 것처럼 여겨질 것이다. 왜냐하면 그것들은 모두 하나의 습성이고 덕이며 도덕적 덕임이 분명하기 때문이다.[13]

한편 다른 사람들[14]은 이 네 가지 덕을 그것들이 특수한 질료에 의해서 규정되는 것으로 간주한다. 그 각각은, 위에서도[15] 말한 것처럼, 그 덕의 이름을 취하게 된 일반적인 속성이 주로 평가받게 되는 저 유일한 질료로 제한된다. 이렇게 해서 앞에서[16] 말한 덕들이 다양한

---

12. Cf. a.2, ad1.
13. 이것이 바로 플라톤적 경향을 지니고 있던 교부들이 추종하던 플라톤과 그의 학파들에 특징적인 입장이나.
14. Cf. Aristoteles, *Ethica Nic.*, II, c.7, 1107a33; S. Thomas, lect.8-9.
15. a.3.
16. a.3.

sunt diversi habitus, secundum diversitatem obiectorum distincti.[17]

AD PRIMUM ergo dicendum quod Gregorius loquitur de praedictis quatuor virtutibus secundum primam acceptionem.—Vel potest dici quod istae quatuor virtutes denominantur ab invicem per redundantiam quandam. Id enim quod est prudentiae, redundat in alias virtutes, inquantum a prudentia diriguntur. Unaquaeque vero aliarum redundat in alias ea ratione, quod qui potest quod est difficilius, potest et id quod minus est difficile. Unde qui potest refraenare concupiscentias delectabilium secundum tactum, ne modum excedant, quod est difficillimum; ex hoc ipso redditur habilior ut refraenet audaciam in periculis mortis, ne ultra modum procedat, quod est longe facilius; et secundum hoc, fortitudo dicitur temperata. Temperantia etiam dicitur fortis, ex redundantia fortitudinis in temperantiam, inquantum scilicet ille qui per fortitudinem habet animum firmum contra pericula mortis, quod est difficillimum, est habilior ut retineat animi firmitatem contra impetus delectationum; quia, ut dicit Tullius in I de *Offic.*,[18] *non est consentaneum ut qui metu non frangitur, cupiditate frangatur; nec qui invictum se a labore praestiterit, vinci a voluptate.*

Et per hoc etiam patet responsio AD SECUNDUM. Sic enim temperantia in omnibus modum servat, et fortitudo contra illecebras voluptatum animum servat inflexum, vel inquantum istae virtutes denominant quasdam generales conditiones

대상들에 기초해서 구별되는 습성들이라는 것이 분명하다.[17]

[해답] 1. 그레고리우스는 위에서 말한 첫째 의미로 네 가지 덕에 대해서 말하고 있다.—혹은 이 네 가지 덕이 어떤 일종의 흘러넘침 때문에 서로의 이름으로 지칭될 수 있다고 말할 수도 있다. 다른 덕들이 현명의 지도를 받는 한에서, 현명의 구성적 성격이 다른 덕들 속으로 흘러넘쳐 들어간다. 그리고 다른 덕들도 각각 서로 다른 덕들 속으로 흘러넘쳐 들어간다. 그 이유는 더 큰 것을 할 수 있는 자는 더 작은 일도 행할 수 있기 때문이다. 그러므로 가장 어려운 일인 촉각의 쾌락의 욕망을 마땅한 한계 안에서 제어할 수 있는 자는, 이로써 죽음의 위협 앞에서도 쉽게 담대함의 한도를 넘지 않을 수 있을 것이다. 그리고 이런 의미에서 용기는 절제적이라고 말할 수 있다. 그리고 절제는, 용기가 그 안에 흘러넘치기 때문에, 용감하다고 말할 수 있을 것이다. 다시 말해, 용기 때문에 가장 어려운 일인 죽음의 위험을 거슬러 확고한 정신을 지니고 있는 사람이 쾌락의 충동들을 거슬러 정신의 확고함을 더 잘 보존할 수 있다. 왜냐하면 키케로가 말하는 것처럼,[18] "공포에 무너지지 않는 자가 탐욕에 무너질 개연성은 적으며, 노고에 무너지지 않음을 입증한 자가 육욕에 무너질 개연성도 적기 때문이다."

2. 이렇게 해서 반론2도 해결되었다. 실상 절제는 모든 것 안에서 절도를 유지하고, 용기는 쾌락의 유혹을 거슬러 확고한 정신을 보존한다. 그것은 이 덕들이 덕의 일반적 조건들을 가리키기 때문이거나

---

17. 덕은 그 특별한 이름을, 확실한 실현으로부터 호환 가능한 것으로 받았다. Cf. II-II, q.141, a.2.
18. Cicero, *De officiis*, I, c.20.

virtutum; vel per redundantiam praedictam.

AD TERTIUM dicendum quod illae quatuor generales virtutum conditiones quas ponit Philosophus, non sunt propriae praedictis virtutibus. Sed possunt eis appropriari, secundum modum iam[19] dictum.

Articulus 5
Utrum virtutes cardinales convenienter dividantur in virtutes politicas, purgatorias, purgati animi, et exemplares

Ad quintum sic proceditur.[1] Videtur quod inconvenienter huiusmodi quatuor virtutes dividantur in virtutes exemplares, purgati animi, purgatorias, et politicas.[2]

---

19. 본론.

1. 도덕적 덕에 관한 이 짧은 산책의 끄트머리에서 성 토마스는 그 일반적 개진을 인간적 완전성의 저 요소들의 내밀한 발전들에 관한 일별로 마무리하기를 원했다. 이 심리학적 발전들을 개진하기 위해서 그는 덕에 관한 (엄밀히 말해 아리스토텔레스의 이론들과 대조적으로 생겨난) 신플라톤주의적 분류법을 활용하였다. 하지만 '천사적 박사'는 역사보다는 체계에 더 관심이 있었다. 그러므로 플라톤의 몇 가지 시사에 따라 플로티누스에 의해서 노작되고(*Enneades*, I, 1, 2) 마크로비우스와 교부들에 의해서 후세에 전해지게 된 신플라톤주의적 도식은 성 토마스의 손에서 본래적 체계의 이론적 특성들의 실마리들을 위해서가 아니라, 신플라톤주의 학파와 초세기 그리스도교의 금욕적 제안들을 동질적인 방식으로 도식화하는 데 도움이 된다. 이 점에 관한 철저하고도 풍부한 문헌적 근거를 보기 위해서는: Cf. H. van Lieshout, *La théorie Plotinienne de la vertu: Essai sur la genèse d'un article de la Somme Théologique de Saint Thomas*, Fribourg, i. Br., 1926, pp.1-203.

아니면, 앞에서 시사한 것과 같은 흘러넘침 때문이다.

3. 철학자에 의해서 설정된 덕의 이 네 가지 일반적 조건들은 언급된 덕들에 고유한 것이 아니다. 그렇지만 그것들은 우리가 이미[19] 설명한 것과 같은 방식으로 그것들에 적용될 수 있을 것이다.

제5절 추요덕은 적절하게 '정치덕' '정화덕' '완전덕' '모형덕'으로 구분되는가?

[**Parall**. Cf. *In Sent.*, III, d.33, q.1, a.4, ad2; d.34, q.1, a.1, arg.6; *De veritate*, q.26, a.8, ad2]

[반론] 다섯째에 대해서는 다음과 같이 전개된다.[1] 이 네 가지 덕들은 부적절하게 모형덕, 완전덕, 정화덕, 그리고 정치덕으로 구분되는 것으로 생각된다.[2]

---

2. 이 절은 『니코마코스 윤리학』의 기본 틀을 따르고 있으면서, '이 세상 바깥'에 있는 것으로 나아가는 대신에, 덕을 다루는 제62문에 대한 서론 역할까지 하고 있다. 마크로비우스와 암브로시우스 그리고 테오도시우스는 중세에 두 권으로 되어 있는 키케로의 『스키피오의 꿈』(Somnium Scipionis)에 대한 주해서로 잘 알려져 있었다. 이 책은 다소 단순화된 신플라톤주의의 주제들에 대한 개진으로, 5세기 초의 비그리스도교적인 종교적 감정에 관한 대표적 관점을 제공해 준다.
정치적 덕들은 훌륭한 시민이 갖추어야 할 모든 도덕적 덕들이고, 정화덕은 글자 그대로 '정화하는 덕'들이다. 완전덕은 정신이 정화된 이들의 덕이다. 글자 그대로 정화하는 덕과 정화된 영들이 갖춘 덕들이고, 플라톤주의자들의 신비 전통에 호소하는 '물질의 찌꺼기'로부터 빠져나오려는 움직임이다. 『신학대전』에서 이 덕들에 배정하고 있는 자리는, 그것들이 그 논의를 위한 핵심 요점들이라는 것을 보장하지 않으면서도 그것들에 대한 현대의 관심을 다소 충실하게 증언하고 있다. 그러나 자비(사랑)와 완전성의 '단계들'에 관해서는: Cf. II-II, q.24, a.8; q.184, a.2.

q.61, a.5

1. Ut enim Macrobius dicit, in I *super Somnium Scipionis*,[3] *virtutes exemplares sunt quae in ipsa divina mente consistunt*. Sed Philosophus, in X *Ethic.*,[4] dicit quod *ridiculum est Deo iustitiam, fortitudinem, temperantiam et prudentiam attribuere*. Ergo virtutes huiusmodi non possunt esse exemplares.

2. Praeterea, virtutes purgati animi dicuntur quae sunt absque passionibus, dicit enim ibidem Macrobius[5] quod *temperantiae purgati animi est terrenas cupiditates non reprimere, sed penitus oblivisci; fortitudinis autem passiones ignorare, non vincere*. Dictum est autem supra[6] quod huiusmodi virtutes sine passionibus esse non possunt. Ergo huiusmodi virtutes purgati animi esse non possunt.

3. Praeterea, virtutes purgatorias dicit[7] esse eorum *qui quadam humanorum fuga solis se inserunt divinis*. Sed hoc videtur esse vitiosum, dicit enim Tullius, in I *de Offic.*,[8] *quod qui despicere se dicunt ea quae plerique mirantur imperia et magistratus, his non modo non laudi, verum etiam vitio dandum puto*. Ergo non sunt aliquae virtutes purgatoriae.

4. Praeterea, virtutes politicas esse dicit[9] *quibus boni viri reipublicae consulunt, urbesque tuentur*. Sed ad bonum commune

---

3. *Super Somn. Scip.*, I, c.8, ed. Eyssenhardt, Lipsiae, 1893, p.519, l.19. Cf. Porphyrius, *Sententiae*, Sent,34, ed. Duebner, Parisiis, 1896, p.XXXIX, ll.18-19; Plotinus, *Enneades*, I, 2, 7, ed. Creuzer et Moser, Parisiis, 1896, p.12, ll.14-16.
4. *Ethica Nic.*, X, c.8, 1178b10-23; S. Thomas, lect.12, nn.2121-2123.

1. 마크로비우스는 『스키피오의 꿈에 관하여』 제1권[3]에서 이렇게 말하고 있다. "하느님의 정신 자체 안에 자리 잡고 있는 덕들은 모형적이다." 하지만 철학자는 『니코마코스 윤리학』 제10권[4]에서 이렇게 말하고 있다. "정의, 용기, 절제, 그리고 현명을 신에게 돌리는 것은 부조리하다." 따라서 이 덕들은 모형적일 수 없다.

2. 어떤 정화된 정신의 덕들은 정념이 없는 것들이라고 말해진다. 실상 마크로비우스는 이렇게 덧붙이고 있다.[5] "지상의 탐욕들을 억압하는 것이 아니라 완전히 잊어버리는 것은 어떤 정화된 정신의 절제에 속하고, 정념들을 극복하는 것이 아니라 무시하는 것은 용기에 속한다." 그런데 위에서[6] 말한 것처럼, 저 덕들은 정념들 없이는 있을 수 없다. 그러므로 어떤 정화된 정신에게 고유한 덕은 있을 수 없다.

3. 마크로비우스에게 있어서 정화덕들은 "인간적인 것들을 피해 신적인 일들에 침잠하는" 이들에게 속한다.[7] 그러나 이것은 악습적인 것으로 보인다. 실상 키케로는 『의무론』 제1권[8]에서 이렇게 말한다. "나는 어떤 사람이 대다수의 사람들이 찬양하는 것, 곧 권한과 관직을 자신은 경멸한다고 말하는 것은 찬양할 가치가 없을 뿐만 아니라 사악하기까지 하다고 생각한다." 따라서 정화덕이란 없다.

4. 마크로비우스에게 있어서 정치덕[9]이란 "정직한 사람들이 그것으로 국가의 선익에 기여하고 도시를 방호하는 덕"이다. 그런데 철학

---

5. *Super Somn. Scip.*, loc. cit., p.519, ll.14-16. Cf. Porphyrius, loc. cit., p.XXXIX, ll.15-16; Plotinus, *Enneades.*, I, 2, 6, p.12, ll.10-11.
6. q.59, a.5.
7. Ibid.
8. Cicero, *De officiis*, I, c.21, ed. Müller, Lipsiae, 1910, p.25, ll.24-27.
9. Macrobius, loc. cit., p.518, ll.4-5. Cf. Porphyrius, loc. cit., p.XXXVIII, ll.11-17; Plotinus, *Enneades*, I, 2, 2, p.9, ll.26-33.

sola iustitia legalis ordinatur; ut Philosophus dicit, in V *Ethic.*[10] Ergo aliae virtutes non debent dici politicae.

Sed contra est quod Macrobius ibidem[11] dicit, *Plotinus, inter philosophiae professores cum Platone princeps, "Quatuor sunt", inquit, "quaternarum genera virtutum. Ex his primae politicae vocantur; secundae, purgatoriae; tertiae autem, iam purgati animi; quartae, exemplares".*[12]

Respondeo dicendum quod, sicut Augustinus dicit in libro *de Moribus Eccles.*,[13] *oportet quod anima aliquid sequatur, ad hoc quod ei possit virtus innasci, et hoc Deus est, quem si sequimur, bene vivimus.* Oportet igitur quod exemplar humanae virtutis in Deo praeexistat, sicut et in eo praeexistunt omnium rerum rationes. Sic igitur virtus potest considerari vel prout est exemplariter in Deo, et sic dicuntur virtutes exemplares. Ita scilicet quod ipsa divina mens in Deo dicatur prudentia; temperantia vero, conversio divinae intentionis ad seipsum, sicut in nobis temperantia dicitur per hoc quod concupiscibilis conformatur rationi; fortitudo autem Dei est eius immutabilitas; iustitia vero Dei est observatio legis aeternae in suis operibus, sicut Plotinus

---

10. *Ethica Nic.*, V, c.3, 1129b15-19; S. Thomas, lect.2, nn.902-903.
11. Macrobius, loc. cit., p.517, l.28-p.518, l.3. Cf. Porphyrius, loc. cit., p.XXXIX, ll.26-34; Plotinus, *Enneades*, I, 2, 7, p.12, ll.19-24.

자가 『니코마코스 윤리학』 제5권[10]에서 말하는 것처럼, 공동선에 봉사하는 것은 오로지 법적 정의뿐이다. 그러므로 다른 덕들은 정치적 덕이라고 불려서는 안 된다.

[재반론] 그러나 반대로 마크로비우스는 같은 곳[11]에서 이렇게 말한다. "플라톤을 철학자들 가운데 으뜸으로 여기고 있는 플로티누스는 다음과 같이 말하곤 하였다. '덕의 종류는 넷이다. 그 가운데 첫째는 정치적 덕이고, 둘째는 정화적 덕이며, 셋째는 이미 정화된 정신의 덕이고, 넷째는 모형적[12] 덕'이다."

[답변] 아우구스티누스가 『가톨릭교회의 관습』[13]에서 말하는 것처럼, "영혼에 하나의 덕이 탄생하기 위해서 따라야 할 모델을 가지는 것이 필요하다. 그리고 이것이 바로 하느님이다. 하느님을 따를 때, 우리는 잘 살게 된다." 따라서 하느님 안에는, 모든 사물들의 근거들(씨앗 이성들: rationes)이 선재하는 것처럼, 인간적 덕들의 모형도 선재할 필요가 있다. 따라서 덕들은 하느님 안에 "모형적으로" 존재하는 한에서 고찰될 수 있다. 그때 그것들은 "모형들"(exemplares)이라고 불린다. 이런 의미에서 하느님 안에 있는 현명함은 하느님의 정신 그 자체가 될 것이고, 절제는 하느님의 지향이 당신 자신에게로 향함이 될 것이며(이것은 절제가 우리 안에서 탐욕적인 것이 이성을 닮게 됨이라 불리는 것과 같다.), 하느님의 용기는 그분의 불변성이고, 정의는 플로티누스가 말하는 것처럼 당신 업적들을 수행하는 데 있어

---

12. '모형적 완전성'에 관해서는: Cf. I, q.6, a.4; q.15, a.3; q.26, a.4.
13. Augustinus, De mor. Eccl., c.6, nn.9-10: PL 32, 1314-1315.

dixit.[14]

Et quia homo secundum suam naturam est animal politicum,[15] virtutes huiusmodi, prout in homine existunt secundum conditionem suae naturae, politicae vocantur, prout scilicet homo secundum has virtutes recte se habet in rebus humanis gerendis. Secundum quem modum hactenus de his virtutibus locuti sumus.[16]

Sed quia ad hominem pertinet ut etiam ad divina se trahat quantum potest, ut etiam Philosophus dicit, in X *Ethic.*;[17] et hoc nobis in sacra Scriptura multipliciter commendatur, ut est illud Matth. 5, [48]: *Estote perfecti, sicut et pater vester caelestis perfectus est*, necesse est ponere quasdam virtutes medias inter politicas, quae sunt virtutes humanae, et exemplares, quae sunt virtutes divinae. Quae quidem virtutes distinguuntur secundum diversitatem motus et termini. Ita scilicet quod quaedam sunt virtutes transeuntium et in divinam similitudinem tendentium, et hae vocantur virtutes purgatoriae. Ita scilicet quod prudentia omnia mundana divinorum contemplatione despiciat, omnemque animae cogitationem in divina sola dirigat; temperantia vero relinquat, inquantum natura patitur, quae

---

14. Macrobius, loc. cit,, p.519, ll.23-27; Porphyrius, loc. cit., p.XXXIX, ll.21-26; Plotinus, *Enneades*, I, 2, 7, p.12, ll.16-19.
15. '정치적 동물'(zoon politikon). 이미 13세기에 인간의 사회생활과 정치생활 사이, 그리고 공동체 안에 살기와 국가 아래 살기 사이에 구별을 하기 시작하였다. 다른 곳에서 성 토마스는 그리스어 '폴리티콘'(politikon)을 라틴어의 '사회-정치적'(sociale et politicum)으로 번역하고 있다.

서 스스로 영원법을 준수함이 될 것이다.[14]

그리고 인간은 그 본성상 정치적 동물[15]이기 때문에, 저 덕들은, 인간 안에서 자신의 저 본성의 조건에 따라 실존하는 것으로 발견되는 한에서, '정치덕'이라고 불린다. 왜냐하면 인간은 그것들 덕분에 인간사들을 처리하는 데 있어서 올바른 태도를 취하게 되기 때문이다. 이제껏 우리는 이 차원에서 이 덕들에 대해서만 말하도록 한정했었다.[16]

하지만 철학자도 『니코마코스 윤리학』 제10권[17]에서 말하는 것처럼, 인간은 신적인 것들에 대해 가능한 한 일치되어야 할 과제를 지니고 있다. 그리고 이것은 마태오복음서 5장 [48절]에서 우리에게 권고되고 있다. "하늘의 너희 아버지께서 완전하신 것처럼, 너희도 완전한 사람이 되어야 한다." 그러므로 인간적 덕인 정치적 덕들과 신적인 덕이 모형덕들 사이의 중간 덕들을 인정할 필요가 있다. 그리고 이 덕들은 운동과 그 끝 사이에 존재하는 구별에 기초해서 구분된다. 즉 한편의 덕들은 신과 닮아지려고 노력하는 이들에게 고유한 덕들로서, "정화덕"이라고 불린다. 그리고 그때 현명은 하느님의 일들에 대해 관상하기 위해 세속의 모든 것들을 경멸하고 영혼의 모든 생각들을 오로지 하느님의 일들로 이끌어 가야 할 과제를 맡고 있다. 절제는 그 본성상 가능한 한 육체가 요구하는 것을 포기할 과제를 떠맡고 있다. 용기는 영혼이 육체로부터의 이탈 때문이라든가 아니면

---

16. 여기가 바로 이 신플라톤적 가르침을 아리스토텔레스적 기초 위에서 논술 전체 속에 편입시키는 지점이다. 그러니 이미 암시한 것처럼, 우리의 저자는 플로티누스의 사상을 정확하게 정의하는 데 관심을 기울이는 것이 아니라, 덕 일반에 대한 금욕적이고 신비적인 발전을 강조하려는 것이다.
17. *Ethica Nic.*, X, c.7, 1177b25.

q.61, a.5

corporis usus requirit; fortitudinis autem est ut anima non terreatur propter excessum a corpore, et accessum ad superna; iustitia vero est ut tota anima consentiat ad huius propositi viam.[18]—Quaedam vero sunt virtutes iam assequentium divinam similitudinem, quae vocantur virtutes iam purgati animi. Ita scilicet quod prudentia sola divina intueatur; temperantia terrenas cupiditates nesciat; fortitudo passiones ignoret; iustitia cum divina mente perpetuo foedere societur, eam scilicet imitando.[19] Quas quidem virtutes dicimus esse beatorum,[20] vel aliquorum[21] in hac vita perfectissimorum.[22]

---

18. Cf. Macrobius, loc. cit., p.517, ll.15-25; Porphyrius, loc. cit., p.XXXVIII, ll.30-37; Plotinus, *Enneades*, I, 2, 6, p.11, l.48-p.12, l.13.
19. Cf. Macrobius, loc. cit., p.519, ll.12-18; Porphyrius, loc. cit., p.XXXIX, ll.12-17; Plotinus, *Enneades*, I, 2, 6, p.11, l.48-p.12, l.13.
20. Cf. q.67, a.1.
21. 그리고 예수 그리스도 자신의 초창기 시절도: III, q.7, a.2, ad2.
22. (*추가주) 성 토마스는 마크로비우스(Macrobius)의 『스키피오의 꿈 주해』(Commentariorum in somnium Scipionis)를 염두에 두고 있다. 마크로비우스는 자신이 참조하고자 하는 플로티누스의 가르침을, 오로지 포르피리우스(Porphyrius)가 그것을 요약해서 전해 주는 데 따라 언급하고 있을 뿐이다.(Cf. H. Van Lieshout, O.S.Cr., *La théorie Plotinienne de la vertu: Essai sur la genèse d'un article de la Somme Théologique de Saint Thomas*, Fribourg, 1926, pp.66, 93, & 114)
성 토마스가 이 절에서 인용하고 있는 권위자들로부터 명백히 드러나는 것처럼, 신플라톤주의 철학자들은 애써 만든 덕의 위계에 관한 가르침을 전해 준다. 이 탐구 과제는 양자를 넘어 성 토마스의 종합으로 이어져 온통 고스란히 보존되면서도 새로운 의미를 취득하게 되어, 물리적으로는 동일하지만 형상적으로는 달라지게 된다.
아우구스티누스가 언급하고 있는 것처럼, 포르피리우스는 「이집트의 아네보네스에게 보낸 서한」과 『영혼의 회귀』라는 책에서 삶의 당면한 악으로부터 '영혼을 해방시키고 선을 전해 주는 보편적 길'을 발견하려 한다.(*De civ. Dei*, X, c.32)

고등한 선들에 대한 접근에 겁먹지 않도록 해 준다. 정의는 마침내 영혼 전체가 저 제언된 길을 충실히 따르는 데 동의하게 만들어 준다.[18]—반면에 다른 덕들은 하느님과의 유사함에 이미 도달한 이들에게 고유한 덕들로서, "이미 정화된 정신에 고유한" 덕들[완전덕]이라고 불린다. 그때 현명은 오로지 신적인 것들에 대한 관상으로만 환원되고, 절제는 지상적 탐욕에 대한 불인정으로만 환원되며, 용기는 정념들에 직면한 흔들림 없음으로 환원되고, 정의는 하느님의 뜻을 모방함으로써 그 뜻과의 영속적인 동맹으로 계약을 맺는 것으로 환원된다.[19] 그리고 이 덕들을 우리는 복된 이들[20]과 현세에서는 극소수의 지극히 완전한 이들[21]에게 돌릴 수 있다.[22]

따라서 포르피리우스는 "점술을 통해 마치 영혼에 모종의 정화를 약속하는 듯한 말을 한 바 있다. 그러나 그의 주장은 상당히 망설이고 쑥스럽다는 어투로 전개된다. 왜냐하면 이 술수가 하느님께로 복귀하는 수단을 제공할 수 있다는 점은 부인하기 때문이다."(Ibid., X, c.9[= 성염 옮김, 1019쪽]) 왜냐하면 "당신은 (…) 영성혼이 그 주술이 없이도, 그리고 봉축 의식이 없이도, 절제의 덕을 통해 '정화'될 수 있다."고 고백하고 있기 때문이다.(Ibid., X, c.28[= 성염 옮김, 1987쪽]) 그러므로 "그는 이 주술의 봉축으로 지성혼이 자기 하느님을 뵙고 참으로 존재하는 사물들을 관조하기에 적합해질 만큼 [그리고 그래서 불멸성과 영원성에 이를 만큼] 무슨 정화를 입는 것이 결코 아님을 인정한다."(Ibid., X, c.9[= 성염 옮김, 1019쪽]) 그리고 "무지나 그 때문에 생기는 많은 악덕들은… 오로지 '파트리코스 누스' 곧 아버지의 정신 또는 지성을 통해서" 정화될 수 있다.(Ibid., X, c.28[= 성염 옮김, 1087쪽]) 그러므로 포르피리우스[그리고 그 스승인 플로티누스]에 따르면 인간의 영혼을 정화하고 지복으로 인도할 수 있는 것은 철학이다. 이로부터 즉시 철학이 영혼을 해방할 '보편적'인 길일 수 없다는 사실이 드러난다. 이 점은 포르피리우스 자신도 어느 정도 인정하고 있다.
그러므로 주술은 철학자들에게도 일반 대중에게도 명백한 길이다. 그래서 포르피리우스의 세자인 얌블리쿠스(Iamblicus)는 이렇게 가르친다. "인간은 두 가지 영혼을 가지고 있다. 하나는 제일 지성으로부터(apo tou protou noetoi) 온 것으로서 데미우르고스의 능력에도(tes tou demiourgou dynameos) 참여한다. 다른 하나는 신을 명상하는 영혼(he theoptike psyche)이 관심을 기울이는 천상 물체들(우

q.61, a.5

AD PRIMUM ergo dicendum quod Philosophus loquitur de his virtutibus secundum quod sunt circa res humanas, puta iustitia circa emptiones et venditiones, fortitudo circa timores, temperantia circa concupiscentias. Sic enim ridiculum est eas

주)의 순환으로부터 우리에게 주어진다. 이 입장들에 비추어 볼 때, 세상들로부터 우리에게 오는 영혼은 세상들의 움직임들에도 복종한다. 가지계로부터 유래되고 가지적으로 참여하는 저것은 부모의 한계를 넘어서고, 이에 따라 우리는 운명의(tes eimarmenes) 사슬에서부터 벗어나며, 이 길을 따라, 하느님을 향해 상승하는 가지상들과 산출되지 않은 것을 향해 인도하는(theourgia te, hose pros to agenneton anagetai) 모든 접술이 완성된다."(Iamblicus, De mysteriis, VIII, 6, ed. Gale, p.162, a, 1-15) "영혼은 건전하게 자기 고유의 원리(archen oikeian he psyche)를 가지며, 그것들 통해 자기 자신을 가지계를 향해 복원할 수 있고, 일반적인 것들로부터 벗어나 자기 자신을 존재하는 것, 곧 어떤 신적인 것과 연결시킬 수 있다."(Ibid, VIII, 7, p.162, a, 18-22)(중략)
이 모든 것들로부터 설령 해방되어야 하는 영혼을 위해서 철학과 주술의 동일한 부분을 제공하지는 않는다고 하더라도, 포르피리우스와 얌블리쿠스는 영혼이 자기 자신 안에 자기 구속의 원리를 지니고 있는 자로서 자기 자신을 통하여 스스로를 해방할 수 있다고 인정하고 있음이 명백해진다.
아우구스티누스는 포르피리우스에게 그가 자기 확신에 눈이 멀어 참된 지혜인 그리스도를 알아보지 못한다고 거칠게 비난하고 있다. "당신은 아주 분명한 오류에 사람들을 몰아넣고 있다. 덕성과 지혜를 애호하는 사람이라고 자처하면서도 그렇게 많은 해악을 끼친 사실을 부끄러워하지 않는다. 당신이 진실로 성실하게 지혜를 사랑했더라면 '하느님의 능력이며 하느님의 지혜인 그리스도'(1코린 1,23)를 알았더라면, 허망한 지식으로 우쭐대면서 구원에 유익한, 그리스도의 겸손을 등지는 일이 없었으리라. (…) 우리는 이 존재[즉 '파트리코스 누스', 곧 아버지의 정신 혹은 지성]가 바로 (당신은 믿지 않는) 그리스도라고 믿는다. 당신은 그가 여자로부터 취한 육체 때문에, 십자가의 치욕 때문에, 그를 경멸하고 있다. 당신은 아주 비천한 것들을 멸시하고 배척한 덕분에 자기가 상위의 존재자들로부터 고귀한 지혜를 받기에 합당한 인간이 되었다고 믿는 것으로 보인다."(De civ. Dei, X, c.28[= 성염 옮김, 1087-88쪽]) 사실 "은총과 진리는 예수 그리스도를 통하여 왔고"(요한 1,17) 또 성 토마스가 말하는 것처럼(III, 'Proemium') "우리 주 예수 그리스도께서는… 부활을 통하여 불멸의 삶이라는 행복에 이를 수 있는 '진리의 길'을 '당신 자신 안에서' 우리에게 보여 주셨다."
이처럼 성 토마스는 아우구스티누스나 다른 교부들과 마찬가지로, 포르피리우

[해답] 1. 철학자는 이 덕들에 관해서, 예컨대 상거래에 관한 정의나, 공포에 관한 용기, 욕망들에 관한 절제 등 인간적인 것들로 한정된 한에서만 말하고 있다. 이런 의미에서 이런 덕들을 하느님께 돌린

> 스와 얌블리쿠스가 제시하는 '자력 구원의 원리'(principium autoredemptionis)와 [자신이 내세우는] '그리스도를 통한 구원의 원리'(principium redemptionis per Christum)를 대립시키고 있다. 그러므로 철학이나 점술은 영혼을 해방시키는 보편적인 길이 아니다. 하느님께서 친히 그것이 '신학을 통한', 곧 거룩한 성경을 통한(Cf. I, q.1, a.1) 구원의 길이라고 우리를 가르치신다. 하느님께서 친히 당신의 수난을 통하여 우리의 구원을 성취하신 '그리스도를 통하여' 우리 안에 초자연적 삶의 원인이 되시는데, "그분[곧, 그리스도]의 덕은 어쨌든 우리가 '성사를 받음으로써' 우리에게 결합된다."(III, q.62, a.5)
> 그러므로 철학이나 주술이 아니라 예수 그리스도를 통해 가능해진 진리와 은총이 영혼을 해방하는 보편적 길이기 때문에, 덕의 위계에 대한 가르침이 저 철학자들에게 가지는 의미와 성 토마스에게 가지는 의미는 서로 다르다는 것이 분명하다.
> 왜냐하면 포르피리우스는 (이 점에서 그는 플로티누스를 따르고 있다.) 인간이 '자신의 힘으로'(virtute propria) 명상을 추구할 수 있고, '스스로의 힘으로' 자기 자신을 진정한 존재자로 고양할 수 있으며, '스스로의 힘으로' 하느님을 명상하고 하느님께 달려듦으로써 '정화될' 수 있는 것으로 간주하기 때문이다.(Cf. Augustinus, De Trinitate, IV, c.15, n.20: PL 42, 901) 그래서 정화하는 힘과 평가되어야 하는 영혼의 정화되는 힘이 있기 위해서는 우리 안에 선재(先在)하는 어떤 자연적 원리들로부터 전개되어야 한다.(Cf. q.63, a.3) 이 점에서 얌블리쿠스는 포르피리우스와 의견이 다르지 않다. 다만 그가 말하는 힘은 신성한(종교적) 힘에 종속된다.(Cf. Ueberweg-Praechter, *Grundriss der Geschichte der Philosophie*, I, p.617) 그렇게 그들은 주술의 우위를 가르치는 것이다.
> 그러나 성 토마스에 따르면, 영혼의 정화하는 힘과 정화되는 힘은, 신적 움직임 아래에서 '초월하여' 가능한 한 신적인 것을 향해 움직여 감으로써 신적 유사상으로 기울거나 아니면 (본 절에서 말하는 것처럼) 이미 그것에 도달함에 따라, 다시 말해 초자연적 목적으로 질서 지워짐에 따라, 사람을 완성하기 때문에, 신학적 덕들에 비례적으로 응답해야 하고 하느님의 힘에 의해서 우리 안에 생겨나야 한다.(Cf. q.63, a.3) 왜냐하면 하느님께서 몸소 특별한 사랑으로 "이성적 피조물을 자연적 조건을 넘어 신적 선에 참여하도록 이끌어 가시기" 때문이다.(q.110, a.1) 그러므로 영혼의 정화하는 힘과 정화되는 힘을 구별해 주는 '움직임'(motus)과 '끝'(termini)의 다름은 비례적으로 초기적 사랑과 성숙한 사랑과 완성된 사랑을 구별해 주는 영적 사랑의 성장에 응답한다.(II-II, q.24, a.9)

q.61, a.5

Deo attribuere.

AD SECUNDUM dicendum quod virtutes humanae sunt circa passiones, scilicet virtutes hominum in hoc mundo conversantium. Sed virtutes eorum qui plenam beatitudinem assequuntur, sunt absque passionibus. Unde Plotinus dicit[23] quod *passiones politicae virtutes molliunt,* idest ad medium reducunt; secundae, scilicet purgatoriae, *auferunt; tertiae,* quae sunt purgati animi, *obliviscuntur; in quartis,* scilicet exemplaribus, *nefas est nominari.*[24] —Quamvis dici possit quod loquitur hic de passionibus secundum quod significant aliquos inordinatos motus.[25]

AD TERTIUM dicendum quod deserere res humanas ubi necessitas imponitur, vitiosum est, alias est virtuosum. Unde parum supra[26] Tullius praemittit: *His forsitan concedendum est rempublicam non capessentibus, qui excellenti ingenio doctrinae se dederunt; et his qui aut valetudinis imbecillitate, aut aliqua graviori causa impediti, a republica recesserunt; cum eius administrandae potestatem aliis laudemque concederent.* Quod consonat ei quod Augustinus dicit, XIX *de Civ. Dei:*[27] *Otium sanctum quaerit caritas veritatis; negotium iustum suscipit necessitas*

---

23. Cf. Macrobius, loc. cit., p.519, l.20-p.520, l.3; Porphyrius, loc. cit., p.XXXIX, ll.40-45; Plotinus, *Enneades,* I, 2, 7, p.12, ll.24-42.
24. Macrobius, loc. cit.
25. Cf. q.24, a.4.
26. Cicero, *De officiis,* I, c.21, Müller, Lipsiae, 1910, p.25, ll.18-23.
27. Augustinus, *De Trinitate,* XIX, c.19: PL 41, 647. 이 두 개의 아름다운 인용구를 통해 성 토마스는 진정한 만족을 느꼈을 것으로 보인다. 이것들은 놀랍게도 그의

다는 것은 우스꽝스러운 일이 될 것이다.

2. 인간적인 덕들, 곧 이승에 존재하는 사람들의 덕들은 언제나 정념들과 상관된다. 그러나 완전한 참행복에 도달한 이들의 덕들은 정념들 없이 존재한다. 실상 플로티누스는 이렇게 관찰하고 있다.[23] "정치덕들은 정념들을 가라앉힌다." 다시 말해, 그 덕들을 중용으로 환원하고 있는 것이다. 반면에 둘째 덕, 곧 "정화덕"은 "정념들을 제거하고", 셋째 덕, 곧 정화된 정신의 품위에 맞는 덕들은 "정념들을 잊어버린다." 마지막으로 넷째 덕, 곧 모형적 덕들에 관해서는 "정념들을 언급하는 것이 불가하다."[24] — 그러나 마크로비우스가 무질서한 운동들이라는 의미에서 정념들에 대해 말하고 있다고 대답할 수도 있을 것이다.[25]

3. 필요한 경우에 인간적인 것들과 그 정당한 주장들을 포기하는 것은 악습적인 일이지만, 그렇지 않을 경우에 그것은 유덕하다. 이리하여 키케로는 위에서[26] 말했다 "어쩌면 우리는 탁월한 재능을 가지고도 연구에 투신한 자들이 정치적 책임을 맡지 않은 것을 잘했다고 인정해야 할지 모른다. 그리고 비록 그 책무를 받아들이는 자들을 존중하면서도, 건강상의 이유나 어떤 다른 중대한 이유로 공직 생활에서 물러나 남들에게 권력과 영예를 넘겨준 자들에게도 같은 말을 해야 할지 모른다." 이것은 아우구스티누스가 『신국론』 제19권[27]에

처신, 곧 수도회 안팎에서의 책무를 맡으라는 요구에 대한 지속적인 그의 거절을 정당화할 수도 있을 것이다. 전기 작가들이 말해 주는 것처럼, 그는 여러 차례 고위 성직의 제의, 특히 나폴리 대주교직 제의를 거절하였는데, 그것은 단지 겸손 때문에만이 아니라, 또한 배타적으로 "진리에 대한 명상"으로 부름을 받았다고 확신하고 있었기 때문이기도 하다. Cf. P. Calo, *Vita St. Thomae Aquinatis*,, in *Fontes Vitae S. Thomae Aquinatis*, curis et labore D. Pruemmer, Tolosae, fasc.I, p.42.

caritatis. Quam sarcinam si nullus imponit, percipiendae atque intuendae vacandum est veritati, si autem imponitur, suscipienda est, propter caritatis necessitatem.[28]

AD QUARTUM dicendum quod sola iustitia legalis directe respicit bonum commune, sed per imperium omnes alias virtutes ad bonum commune trahit, ut in V *Ethic.*[29] dicit Philosophus. Est enim considerandum quod ad politicas virtutes, secundum quod hic dicuntur, pertinet non solum bene operari ad commune, sed etiam bene operari ad partes communis, scilicet ad domum, vel aliquam singularem personam.

---

28. Cf. II-II, q.182, a.1, ad3.

서 말하는 것과도 일치한다. "진리에 대한 참사랑은 거룩한 여유를 요구한다. 그리고 참사랑의 의무는 우리로 하여금 마땅한 책무를 지게 한다. 만일 아무도 이 무게를 우리에게 부과하지 않는다면, 진리 직관을 기다려야 한다. 반면에 만일 그것이 우리에게 부과된다면, 우리는 참사랑의 의무 때문에 그것을 받아들이지 않으면 안 된다."[28]

4. 오직 법적 정의만이 직접적으로 공동선에 관계된다. 그러나 철학자가 『니코마코스 윤리학』 제5권[29]에서 말하는 것처럼, 그것은 다른 덕들에게 명령함으로써 그것들을 모두 공동선에 봉사하도록 이끈다. 공동체를 향해서뿐만 아니라 그 부분들, 곧 가정들과 개인들을 향해서도 잘하는 것이 여기서 우리가 의도하고 있는 것과 같은 정치덕의 본분임을 잊지 말아야 한다.

---

29. *Ethica Nic.*, V, c.3, 1129b31-1130a8; S. Thomas, lect.2, nn.908-910. Cf. II-II, q.58, a.5.

q.62, a.1

QUAESTIO LXII
DE VIRTUTIBUS THEOLOGICIS
in quatuor articulos divisa

Deinde considerandum est de virtutibus theologicis.[1]

Et circa hoc quaeruntur quatuor.

Primo: utrum sint aliquae virtutes theologicae.

Secundo: utrum virtutes theologicae distinguantur ab intellectualibus et moralibus.

Tertio: quot, et quae sint.

Quarto: de ordine earum.

Articulus 1
Utrum sint aliqae virtutes theologicae

Ad primum sic proceditur. Videtur quod non sint aliquae

---

1. Cf. q.57, Introd. 성 토마스는 지성적 덕과 도덕적 덕들에 대해서 말한 다음, 귀납적 순서를 따라, 여기서 신학적 덕들을 논하는 데로 넘어간다. 그러나 제2부 제2편에서는 정반대 순서, 곧 연역적 순서를 따른다. 따라서 우리는 저 추요덕들에 앞서 신학적(theologale) 덕들을 만나게 된다. 보다 정확하게 말하자면, 바로 성 토마스가 사용한 용어대로 '신학적'(theologicae) 덕이라고 번역했어야 할 것이다. 그러나 현대어의 사용법 자체가 이미 우리에게 theologale라는 용어를 부과하고 있다.

제62문
신학적 덕에 대하여
(전4절)

이제는 신학적 덕 또는 대신덕(對神德)에 대하여 고찰해야 한다.[1] 이 주제에 관해서는 다음과 같은 네 가지 질문이 제기된다.

1. 대신덕이라는 덕이 있는가?
2. 대신덕은 지성적 덕이나 도덕적 덕과 구별되는가?
3. 대신덕의 수효는 몇이며, 어떤 덕들이 대신덕인가?
4. 대신덕들 사이의 질서에 대하여.

제1절 신학적 덕들이 있는가?

[**Parall**.: Cf. *In Sent.*, III, q.23, a.1, ad4, qc.3; *De virtutibus*, aa..10 & 12; Doct. Eccl.: "인간은 하느님의 은총에 의해 고무되고 도움을 받아 들음에서 오는 신앙을 받아들임으로써(로마 10,17 참조), 그리고 하느님께서 계시하고 약속하신 것이 참되다는 것과 무엇보다도 죄인이 하느님에 의해 그분의 은총으로 '그리스도 예수님 안에서 이루어진 속량을 통하여'(로마 3,24) 의롭게 된다는 것을 믿으며 하느님께 자유롭게 나아감으로써 준비하게 된다. 게다가 자신이 죄인임을 인식하고, 자신에게 구원에 유익한 동요를 일으키는 하느님의 정의에 대한 두려움으로부터 빗이니 하느님의 자비를 생각하는 쪽으로 돌아서게 될 때, 인간은 하느님께서 그리스도로 말미암아 그들에게 인자하신 분이 되어 주실 것이라는 것을 신뢰하며 희망을 둠으로써, 그분을 모든 정의의 원천으로서 사랑하기 시작한다."(트리엔트공의회, 제6회기, 제6장: DS 798[=DH 1526]) "인

virtutes theologicae.

1. Ut enim dicitur in VII *Physic.*,[1] *virtus est dispositio perfecti ad optimum, dico autem perfectum, quod est dispositum secundum naturam.* Sed id quod est divinum, est supra naturam hominis. Ergo virtutes theologicae non sunt virtutes hominis.

2. Praeterea, virtutes theologicae dicuntur quasi virtutes divinae. Sed virtutes divinae sunt exemplares, ut dictum est:[2] quae quidem non sunt in nobis, sed in Deo. Ergo virtutes theologicae non sunt virtutes hominis.

3. Praeterea, virtutes theologicae dicuntur quibus ordinamur in Deum, qui est primum principium et ultimus finis rerum. Sed homo ex ipsa natura rationis et voluntatis, habet ordinem ad primum principium et ultimum finem. Non ergo requiruntur aliqui habitus virtutum theologicarum, quibus ratio et voluntas ordinetur in Deum.

SED CONTRA est quod praecepta legis sunt de actibus virtutum. Sed de actibus fidei, spei et caritatis dantur praecepta in lege divina, dicitur enim *Eccli.* 2, [8 sqq.]: *Qui timetis Deum, credite illi*; item, *sperate in illum*; item, *diligite illum.* Ergo fides, spes et

---

1. *Physica*, VII, c.3, 246b23-24; S. Thomas, lect.5, n.6.
2. q.61, a.5.

간은 의화 자체 안에서 죄의 용서와 더불어 자신이 결합되어 있는 예수 그리스도를 통하여 동시에 이 모든 것, 곧 신앙과 희망과 참사랑을 부여받게 된다. 사실 신앙에 희망과 참사랑이 보태어지지 않으면 인간은 그리스도와 완전한 일치를 이루지 못할 뿐만 아니라, 그분 몸에 살아 있는 지체가 될 수도 없다. 이런 연유에서 실천이 없는 신앙은 죽은 것이요 무용지물(야고 2,17-20)이라는 것과 '그리스도 예수님 안에서는 할례를 받았느냐 받지 않았느냐가 중요하지 않습니다. 사랑으로 행동하는 믿음만이 중요할 따름입니다.'(갈라 5,6; 6,15 참조)라고 주장하는 것은 절대적으로 옳다. 예비 신자들이 '영원한 생명을 보장해 주는 믿음'을 청한다면, 사도의 전승에 따라 세례성사 전에 이 믿음을 교회로부터 청하는 것이다. 희망과 참사랑이 없는 신앙은 그 영원한 생명을 보장해 줄 수 없다."(같은 곳, 제8장: DS 800[= DH 1530-1531]) "우리는 신앙을 통하여 의화된다. 왜냐하면 '믿음은 인간 구원의 시작이고', 온갖 의화의 기초요 뿌리이며, '믿음이 없이는 하느님의 마음에 들 수 없기 때문'(히브 11,6)이고, 그분의 자녀로서 그분과의 친교를 이룰 수가 없기 때문이다."(같은 곳, 제8장: DS 801[= DH 1532])

[반론] 첫째에 대해서는 다음과 같이 전개된다. 신학적 덕들은 없는 것으로 생각된다.

1. 『자연학』 제7권[1]에서 말하는 것처럼, "덕은 어떤 완전한 존재자의 최상을 향한 상태이다. 그리고 우리는 그 본성에 따라 [잘] 매치되어 있는 존재자를 완전하다고 부른다." 그런데 신적인 것은 인간 본성보다 더 우위를 차지한다. 그러므로 신학적 덕들은 인간의 덕들이 아니다.

2. 신학적 덕이라고 말하는 것은 거의 신적인 덕이라고 말하는 것과 같다. 그런데 위에서[2] 말한 것처럼, 신적인 덕들은 모형적이며, 우리 안에 있는 것이 아니라 신 안에 있다. 그러므로 신학적 덕들은 인간의 덕들이 아니다.

3. 그것으로 우리가 사물들의 제1원리요 궁극 목적인 신께로 향하는 덕들을 신학적 덕이라고 부른다. 그런데 인간은 이성과 의지의 본

caritas sunt virtutes in Deum ordinantes. Sunt ergo theologicae.[3]

RESPONDEO dicendum quod per virtutem perficitur homo ad actus quibus in beatitudinem ordinatur, ut ex supradictis[4] patet. Est autem duplex hominis beatitudo sive felicitas, ut supra[5] dictum est.[6] Una quidem proportionata humanae naturae, ad quam scilicet homo pervenire potest per principia suae naturae. Alia autem est beatitudo naturam hominis excedens, ad quam homo sola divina virtute pervenire potest, secundum quandam divinitatis participationem; secundum quod dicitur II *Petr.* 1, [4], quod per Christum facti sumus *consortes divinae naturae*. Et quia huiusmodi beatitudo proportionem humanae naturae excedit, principia naturalia hominis, ex quibus procedit ad bene agendum secundum suam proportionem, non sufficiunt ad ordinandum hominem in beatitudinem praedictam. Unde oportet quod superaddantur homini divinitus aliqua principia,

---

3. 트리엔트공의회(19번째 보편 공의회: 1545-1563)는 성경 구절들과 교부들의 가르침을 수집하고 해석하면서 이에 대해 혼동의 여지없는 방식으로 표현하고 있다. "따라서 인간은 의화(義化) 자체 안에서 죄의 용서와 더불어, 자신이 결합되어 있는 예수 그리스도를 통하여 동시에 이 모든 것, 곧 신앙과 희망과 [참]사랑을 부여받게 된다."(DS 800[=DH 1530])

4. q.5, a.7.

5. q.5, a.5.

6. 레오판 편집자들의 언급들이 군더더기 없이 적절해 보이지는 않는다. 이 텍스트들 안에서 성 토마스는 참행복을 추상적이고 형식적인 방식으로 분석하고 있다. 그리고 이 분석으로부터 우리는 두 가지가 아니라 네 가지 유형을 도출할 수 있다. 첫째는 '자연적' 행복인데, 이는 (내세에서의) 완전한 참행복과 (현세에서의)

성 자체의 힘으로 제1원리와 궁극 목적으로 질서 지어진다. 따라서 이성과 의지를 신계로 질서 짓기 위해 신학적 덕들의 습성들이 요구되지 않는다.

[재반론] 그러나 반대로 법의 계명들은 덕의 행위들에 관계된다. 그리고 하느님의 법은 신앙과 희망과 참사랑의 행위들에 관한 계명들을 포함하고 있다. 왜냐하면 집회서 2장 [8-10]에서는 이렇게 말하기 때문이다. "주님을 경외하는 자들아, 주님을 믿어라." 그리고 "그분께 바라라." 그리고 "그분을 사랑하라." 그러므로 신앙, 희망, 참사랑은 하느님을 향해 질서 짓는 덕들이고, 따라서 신학적 덕들이다.[3]

[답변] 위에서[4] 말한 것들로부터 명백히 드러나듯이, 덕은 사람을 참행복으로 인도하는 저 행위들에 미리 준비시켜 준다. 그런데 위에서[5] 말한 것처럼, 인간에게는 두 가지 유형의 행복이 있다.[6] 첫째는 인간 본성에 비례하는 것으로서, 인간이 자기 본성의 원리들을 통해서 거기에 도달할 수 있다. 둘째는 인간의 본성을 능가하는 참행복으로서, 인간은 거기에 오직 하느님의 권능에 힘입어서만 신성에의 참여를 통해서 도달할 수 있다. 왜냐하면 베드로 2서 1장 [4절]에서 말하는 것처럼, 그리스도를 통해 우리는 "신적 본성에 참여하도록"만 들어졌기 때문이다. 그리고 이 마지막의 참행복은 인간 본성의 비례를 능가하기 때문에, 그 역량에 따라 잘 작용하는 데 인간이 활용하는 자연적 원리들은 인간을 이미 말한 참행복으로 인도하는 데 충

불완전한 행복으로 세분될 수 있다. 둘째는 '초자연적' 행복인데, 이것 역시 같은 방식으로 세분될 수 있다.

q.62, a.1

per quae ita ordinetur ad beatitudinem supernaturalem, sicut per principia naturalia ordinatur ad finem connaturalem, non tamen absque adiutorio divino.[7] Et huiusmodi principia virtutes dicuntur theologicae,[8] tum quia habent Deum pro obiecto, inquantum per eas recte ordinamur in Deum; tum quia a solo Deo nobis infunduntur;[9] tum quia sola divina revelatione, in sacra Scriptura, huiusmodi virtutes traduntur.[10]

AD PRIMUM ergo dicendum quod aliqua natura potest attribui alicui rei dupliciter. Uno modo, essentialiter, et sic huiusmodi virtutes theologicae excedunt hominis naturam. Alio modo, participative, sicut lignum ignitum participat naturam ignis,[11] et sic quodammodo fit homo particeps divinae naturae, ut dictum est.[12] Et sic istae virtutes conveniunt homini secundum naturam participatam.[13]

AD SECUNDUM dicendum quod istae virtutes non dicuntur

---

7. Cf. q.109, a.2.
8. '신학적 덕' 또는 '대신덕'(對神德, virtus theologalis)이라는 용어는 12세기부터 차츰 사용되기 시작한다. Cf. O. Lottin, "Les premières définitions et classifications des vertus au Moyen Age", in *Revue des sciences philosophiques et théologiques*, 1929, p.375.
9. Cf. Conc. Vat. I, sess.III, c.4. '주입된 덕'은 이후에도 자주 만나게 되는 전문용어인데, 하느님의 자유로운 은총 수여에 따른 덕이다. 우리 자신의 활동을 통해 습득되는 '획득된 덕'과 대조된다. 그러나 이 대조가 필연적으로 이른바 '초자연적 덕'과 '자연적 덕' 사이의 대조가 되는 것은 아니다.
하느님이 대신덕(對神德)의 대상이다. 이 사상은 나중에 특히 제2부 제2편에서 신앙, 희망, 참사랑이 상론되는 자리에서 충분히 전개될 것이다. 요컨대, 도덕분하지 못하다. 따라서 자연적 원리들로부터 (물론 하느님의 도우심이 없는 것은 아니지만)[7] 본성에 부합하는 목적으로 인도되는 것과 마찬가지로, 하느님 측으로부터 인간에게 초자연적 참행복으로 이끌어 줄 다른 원리들이 주입되는 것이 필요하다. 그리고 이 원리들을 '신학적' 덕이라고 부른다.[8] 그것은 우리가 그것들을 통해 하느님께 인도되기에 하느님을 대상으로 삼기 때문이기도 하고, 또 오직 하느님으로부터만 우리 안에 주입되었기 때문이기도 하며,[9] 또 우리가 그것들을 오로지 성경에 의한 신적 계시를 통해서만 알 수 있기 때문이기도 하다.[10]

[해답] 1. 어떤 존재에 어떤 본성이 돌려지는 데에는 두 가지 방식이 있다. 첫째는 본질적인 방식이다. 이런 의미에서 위에서 말한 신학적 덕은 인간의 본성을 능가한다. 둘째는 참여를 통한 방식이다. 이것은 불타는 나무가 불의 본성에 참여하는 것과 같다.[11] 그리고 이런 의미에서, 이미[12] 말한 것처럼, 인간은 신의 본성에 참여하게 된다. 그러므로 이 덕들은 인간이 참여한 본성에 따라 인간에게 적절하다.[13]

2. 이 덕들은 신을 유덕하게 만들기 때문에 '신적'이라고 불리는 것

적 덕들은 사물들에 대한 신적인 구도의 테두리 안에서 우리가 올바로 처신하도록 만들어 주지만, 직접적으로 그 궁극적 완성에 이르도록 해 주지는 않는다. 훌륭한 도덕성이란 인간으로서는 최선이지만, 궁극적 완성의 관점에서는 '전-최종적'(pen-ultima)이다. 반면에 대신덕은 피조물적인 모든 한계를 넘어 우리를 하느님 자신의 생명에로 인도한다.

10. 참조: 에컨대 1코린 13,13.
11. Cf. q.110, a.2, ad2.
12. 본론.
13. q.110, a.3.

divinae, sicut quibus Deus sit virtuosus, sed sicut quibus nos efficimur virtuosi a Deo, et in ordine ad Deum.[14] Unde non sunt exemplares, sed exemplatae.[15]

AD TERTIUM dicendum quod ad Deum naturaliter ratio et voluntas ordinatur prout est naturae principium et finis, secundum tamen proportionem naturae. Sed ad ipsum secundum quod est obiectum beatitudinis supernaturalis, ratio et voluntas secundum suam naturam non ordinantur sufficienter.[16]

Articulus 2
Utrum virtutes theologicae distinguantur ab intellectualibus et moralibus[1]

Ad secundum sic proceditur. Videtur quod virtutes theologicae non distinguantur a moralibus et intellectualibus.

1. Virtutes enim theologicae, si sunt in anima humana, oportet quod perficiant ipsam vel secundum partem intellectivam vel secundum partem appetitivam. Sed virtutes quae perficiunt

---

14. 주입된 덕들의 목적은 "하느님의 영광과 그리스도의 영광과 영원한 생명"이다. Cf. Conc. Trent, session VI, c.7, DS 1529[=DH 2629].
15. Cf. q.61, a.5.
16. 효과적으로 질서 지어져 있지 못하고, 다만 모든 인간 안에 하느님을 이해하고 사랑하기 위한 '자연적 적합성'(aptitudo naturalis)이 있는 것처럼, 근본적으로만 질서 지어져 있다.(q.56, aa.3 & 6; I, q.93, a.4) Cf. III, q.3, a.3; *De veritate*, q.8, a.12, ad4.

이 아니라, 그것들을 수단으로 삼아 우리가 하느님에 의해서 덕스러워지기 때문에 그렇게 불리는 것이다.[14] 따라서 그것들은 모형덕들이 아니라, 모형덕들로부터 복제된 것들이다.[15]

3. 이성과 의지는 자연적으로 자연(본성)의 원리요 목적인 한에서 하느님을 향해 질서 지어져 있다. 그러나 자기 역량껏 그러하다. 그러나 이성과 의지는 그들의 본성을 통해서 초자연적 참행복의 대상인 한에 있어서 그분께 효과적으로 질서 지어져 있지 못하다.[16]

제2절 신학적 덕은 지성적 덕 및 도덕적 덕과 구별되는가?[1]

[**Parall**.: Cf. *In Sent.*, III, d.23, q.1, a.4, qc.3, ad4; *De veritate*, q.24, a.3, ad9; *De virtutibus*, a,12]

[반론] 둘째에 대해서는 다음과 같이 전개된다.

1. 신학적 덕들은 도덕적 덕들이나 지성적 덕들로부터 구별되지 않는 것으로 보인다. 실상 만일 영혼 속에 신학적 덕들이 존재한다면, 지성적 부분이든 욕구적 부분이든 영혼을 완성할 필요가 있다. 그런데 지성적 부분을 완성시키는 덕들을 지성적 덕들이라고 부르고, 욕

---

1. 자신의 덕에 관한 논술을 일반적인 것이 되게 하려고 성 토마스는 은총에 관한 논의 이전에 '대신덕'(對神德)에 관해 논할 수밖에 없었다. 하지만 은총이 바로 대신덕의 토대이다. 그는 은총을, 우리의 영적 완성에 대한 하느님의 직접적인 도움으로 이해하고 있다. 실상 그는 이렇게 말한다. "하느님께서는 우리를 법으로 가르치시고 은총으로 도와주신다."(q.90) 한편 이 점에 있어서 은총은 우리의 영적 완성의 한 요소, 곧 형상적 질서의 한 구성 요소로 소개되는 것일 수 있다.

partem intellectivam, dicuntur intellectuales, virtutes autem quae perficiunt partem appetitivam, sunt morales. Ergo virtutes theologicae non distinguuntur a virtutibus moralibus et intellectualibus.

2. Praeterea, virtutes theologicae dicuntur quae ordinant nos ad Deum. Sed inter intellectuales virtutes est aliqua quae ordinat nos ad Deum, scilicet sapientia, quae est de divinis, utpote causam altissimam considerans. Ergo virtutes theologicae ab intellectualibus virtutibus non distinguuntur.

3. Praeterea, Augustinus, in libro *de Moribus Eccles.*,[2] manifestat in quatuor virtutibus cardinalibus quod sunt *ordo amoris*. Sed amor est caritas, quae ponitur virtus theologica. Ergo virtutes morales non distinguuntur a theologicis.

SED CONTRA, id quod est supra naturam hominis, distinguitur ab eo quod est secundum naturam hominis. Sed virtutes theologicae sunt super naturam hominis, cui secundum naturam conveniunt virtutes intellectuales et morales, ut ex supradictis[3] patet. Ergo distinguuntur ab invicem.

RESPONDEO dicendum quod, sicut supra[4] dictum est, habitus specie distinguuntur secundum formalem differentiam obiectorum.[5]

---

2. Augustinus, *De mor. Eccl.*, c.15: PL 32, 1322.
3. q.58, a.3.

구적 부분을 완성시키는 덕들은 도덕적 덕들이라고 부른다. 그러므로 신학적 덕들은 도덕적 덕들이나 지성적 덕들로부터 구별되지 않는다.

2. 우리를 하느님께로 인도하는 것들을 신학적 덕들이라고 부른다. 그런데 지성적 덕들 가운데에는 우리를 하느님께로 인도하는 덕이 하나 있다. 그것은 바로 최고의 원인을 숙고하는 한에서 신적인 것들을 대상으로 삼고 있는 지혜이다. 그러므로 신학적 덕들은 지성적 덕들로부터 구별될 수 없다.

3. 아우구스티누스는 『가톨릭교회의 관습』[2]에서 어떻게 저 네 가지 중추적 덕들이 "사랑의 질서"인지를 보여 준다. 그런데 사랑은 하나의 신학적 덕인 참사랑이다. 그렇다면 도덕적 덕들은 신학적 덕들로부터 구별되지 않는다.

[재반론] 그러나 반대로 인간 본성을 능가하는 것은 그것에 적합한 것으로부터 구별된다. 그런데 신학적 덕들은 인간의 본성을 능가한다. 위에서[3] 말한 것들로부터 명백히 드러나는 것처럼, 지성적 덕들과 도덕적 덕들은 그 본성 덕분에 인간에게 속한다. 그러므로 저 덕들은 서로 구별된다.

[답변] 위에서[4] 말한 것처럼, 습성들은 그 대상들의 형상적 차이에 따라 종적으로 구별된다.[5] 그런데 신학적 덕들의 대상은, 우리 이성의

---

4. q.54, a.2, ad1.
5. 이것은 토마스 철학의 근본 원리들 가운데 하나이다. "수동적 능력들은 (본질적으로 그리로 질서 지어져 있는) 활동들과 대상들에 의해서 종별화된다." Cf. J. Gredt, OSB, *Elementa phil. arist.-thomist.*, vol.1, Freiburg i. Br., 1960, n.432.

q.62, a.2

Obiectum autem theologicarum virtutum est ipse Deus, qui est ultimus rerum finis,⁶ prout nostrae rationis cognitionem excedit. Obiectum autem virtutum intellectualium et moralium est aliquid quod humana ratione comprehendi potest. Unde virtutes theologicae specie distinguuntur a moralibus et intellectualibus.⁷

AD PRIMUM ergo dicendum quod virtutes intellectuales et morales perficiunt intellectum et appetitum hominis secundum proportionem naturae humanae, sed theologicae supernaturaliter.⁸

AD SECUNDUM dicendum quod sapientia quae a Philosopho⁹ ponitur intellectualis virtus, considerat divina secundum quod sunt investigabilia ratione humana. Sed theologica virtus est circa ea secundum quod rationem humanam excedunt.¹⁰

AD TERTIUM dicendum quod, licet caritas sit amor, non tamen omnis amor est caritas. Cum ergo dicitur quod omnis virtus est ordo amoris, potest intelligi vel de amore communiter dicto; vel

---

6. Cf. q.107, a.1, ad1; II-II, q.4, aa.1 & 7; q.17, aa.5-6; q.23, a.6. 우리가 하느님을 어떻게 인식하는지에 관하여: Cf. I, qq.12 & 13.
7. "지성적인 부분들과 욕구적인 부분들은 이중의 선, 곧 궁극적 목적인 선과 그 목적을 이루는 데 도움이 되는 선을 대상으로 삼고 있다. 이 두 가지는 동일한 성격을 지니고 있는 것이 아니다. 그래서 앞에서 말한, 목적에 도움을 주는 선을 추구하는 모든 덕들에 덧붙여서, 우리로 하여금 궁극적 목적인 하느님을 향할 수 있도록 잘 준비시켜 주는 추가적 덕들이 있어야 하는데, 이것들을 '신학적'이라고 부른다. 왜냐하면 그것들은 하느님을 그 목적으로만 삼고 있는 것이 아니라 그 대상으로도 삼고 있기 때문이다."(*De virtutibus*, q.1, a.12)

인식을 능가하는 한에서, 사물들의 궁극 목적인 하느님 자신이다.[6] 한편 지성적 덕들과 도덕적 덕들의 대상은 인간 이성을 통해서 이해할 수 있는 어떤 것이다. 따라서 신학적 덕들은 도덕적 덕들 및 지성적 덕들과 종적으로 구별된다.[7]

[해답] 1. 지성적 덕들과 도덕적 덕들은 인간의 지성과 욕구를 인간 본성에 비례하는 방식으로 완성하는 데 반해, 신학적 덕들은 그것들을 초자연적 방식으로 완성한다.[8]

2. 철학자가[9] 지성적 덕들 가운데 분류하고 있는 지혜는 신적인 것들을 인간 이성을 통해서 인식할 수 있는 한에서 고찰한다. 반면에 신학적 덕들은 인간 이성을 능가하는 한에서 그것들을 고찰한다.[10]

3. 참사랑은 모두 사랑이지만, 모든 사랑이 다 참사랑인 것은 아니다. 따라서 모든 덕이 다 사랑의 질서를 구성한다고 말할 때, 우리는

---

8. 대신덕의 대상인 하느님의 이 절대적 초월성 때문에, 그분에 대한 초자연적 인식은 현세에 있는 우리 안에서는 아주 기초적인 상태로 남아 있다. 성 토마스는 이 점에 대해 이렇게 설명하고 있다. "어떤 대상이 어떤 행위자에 의해서 그 행위자에게 고유한 것을 향해 움직여질 적마다, 원칙적으로 가변적인 대상이 (자기 자신이 아닌 바로) 그 행위자의 영향에 불완전한 방식으로 복속되는 것이 필요하다. 그러나 그 운동의 끝에 가서 그것에 고유해지기까지는 다소 낯설고 부적절한 채로 남아 있다. 그래서 목재는 처음부터 가열되지만…, 마침내… 그 열은 그에게 고유해지고 타고난 것이 되기에 이른다. 마찬가지로 어떤 사람이 스승으로부터 가르침을 받을 때, 처음부터 스승의 사상은… 마치 자신의 역량을 넘기라도 하듯이 신뢰의 방식으로 수용할 필요가 있다. 그러나 심층적으로는… 그것들을 스스로 깨칠 수 있게 될 것이다. 그러므로 이런 결론에 이르기 전에 인간의 지성이 (신적 은총의 업적인) 신앙의 방식으로 하느님께 복속할 필요가 있다."(*ScG*, III, c.152)
9. *Ethica Nic.*, VI, c3, 1139b17; S. Thomas, lect.3, n.1143.
10. 학문으로서의 그리스도교 신학을 형성하는 (신앙의 빛 아래에서 '은혜로울' 수 있는) 지성적 덕으로서의 지혜(I, q.1, a.6)와, 성령의 한 선물로서 참사랑에서 기인하는 지혜(II-II, q.45, aa.1-2)가 구별되고 있다.

de amore caritatis. Si de amore communiter dicto, sic dicitur quaelibet virtus esse ordo amoris, inquantum ad quamlibet cardinalium virtutum requiritur ordinata affectio,[11] omnis autem affectionis radix et principium est amor, ut supra[12] dictum est.—Si autem intelligatur de amore caritatis, non datur per hoc intelligi quod quaelibet alia virtus essentialiter sit caritas, sed quod omnes aliae virtutes aliqualiter a caritate dependeant, ut infra[13] patebit.

Articulus 3
Utrum convenienter fides, spes et caritas ponantur virtutes theologicae

Ad tertium sic proceditur. Videtur quod inconvenienter ponantur tres virtutes theologicae, fides, spes et caritas.

1. Virtutes enim theologicae se habent in ordine ad beatitudinem divinam, sicut inclinatio naturae ad finem connaturalem. Sed inter virtutes ordinatas ad finem connaturalem, ponitur una sola virtus naturalis, scilicet intellectus principiorum.[1] Ergo debet poni una sola virtus theologica.

---

11. Cf. q55, a.1, ad4.
12. q.27, a.4; q.28, a.6, ad2; q.41, a.2, ad1.
13. q.65, a.2, ad4; II-II, q.23, a.7.

1. Cf. I, q.79, a.12.

사랑 일반으로 이해할 수도 있고, 아니면 참사랑으로서의 사랑으로 이해할 수도 있다. 만일 사랑 일반으로 이해한다면, 그 표현은 여하한 추요덕을 위해서도 잘 질서 지어진 애정(affectio)[11]이 요구된다는 것을 의미한다. 다른 한편, 위에서[12] 말한 것처럼, 사랑은 모든 정서의 뿌리이다.―반면에 만일 참사랑으로서의 사랑으로 이해한다면, 그것은 모든 다른 덕이 다 본질적으로 참사랑이라는 것을 의미하는 것이 아니라, 아래에서[13] 드러날 것이지만, 다른 모든 덕이 다 어떤 방식으로든 참사랑에 의존하고 있다는 것을 의미한다.

제3절 신앙, 희망, 참사랑을 대신덕으로 설정하는 것이 적절한가?

[**Parall.**: II-II, q.17, a.6; *In Sent*, III, d.23, q.1, a.5; d.26, q.2, a.3, qc.1; *In I Cor.*, c.13, lect.2 & 4; *De virtutibus*, aa.10 & 12]

[반론] 셋째에 대해서는 다음과 같이 전개된다. 신앙, 희망, 참사랑의 세 가지 덕을 신학적 덕으로 간주하는 것은 정당하지 못한 것으로 생각된다.

1. 자연의 경향이 본성에 부합하는 목적으로 질서 지어져 있는 것과 마찬가지로, 신학적 덕들은 신적 참행복으로 질서 지어져 있다. 그런데 본성에 부합하는 목적으로 질서 지어진 모든 덕들 가운데에서 우리는 단 하나의 자연적인 덕, 곧 '원리들에 대한 이해'를 발견한다.[1] 그러므로 하나의 신학적 덕만 있어야 한다.

2. Praeterea, theologicae virtutes sunt perfectiores virtutibus intellectualibus et moralibus. Sed inter intellectuales virtutes fides non ponitur, sed est aliquid minus virtute, cum sit cognitio imperfecta. Similiter etiam inter virtutes morales non ponitur spes, sed est aliquid minus virtute, cum sit passio. Ergo multo minus debent poni virtutes theologicae.

3. Praeterea, virtutes theologicae ordinant animam hominis ad Deum. Sed ad Deum non potest anima hominis ordinari nisi per intellectivam partem, in qua est intellectus et voluntas. Ergo non debent esse nisi duae virtutes theologicae, una quae perficiat intellectum, alia quae perficiat voluntatem.

SED CONTRA est quod apostolus dicit, I *ad Cor.* 13, [13]: *Nunc autem manent fides, spes, caritas, tria haec.*[2]

RESPONDEO dicendum quod, sicut supra[3] dictum est, virtutes theologicae hoc modo ordinant hominem ad beatitudinem supernaturalem, sicut per naturalem inclinationem ordinatur homo in finem sibi connaturalem. Hoc autem contingit secundum duo.[4]

---

2. 중세 신학자들은 대신덕의 수를 정당화하는 데 적지 않은 노력을 기울였다. 예컨대 프란치스코 회원인 요한 들라 로셰(Joannes de la Rochelle)는 이성(신앙), 분노적 욕구(희망), 욕정적 욕구(참사랑)라는 고등 영혼의 세 가지 동력적 기관 속에서 대신덕의 토대를 찾아낼 수 있다고 생각하였다. 분명 성 토마스는 이런 설명을 받아들일 수 없었다. 그는 이 문제를 원욕적 [의지]활동을 이중화함으로써, 곧 목적에 대한 지향과 목적과의 일치 사이의 구별을 강조함으로써 해결하였다.

3. a.1.

2. 신학적 덕들은 지성적 덕들과 도덕적 덕들보다 더 완전하다. 그런데 지성적 덕들 가운데에는 신앙이 거명되지 않는다. 하지만 신앙은 불완전한 인식이기 때문에 덕보다 못하다. 또한 도덕적 덕들 가운데에는 희망이 들어 있지 않다. 그런데 희망은, 하나의 정념이기에 덕보다 아래에 있다고 보아야 한다. 따라서 더더욱 그것들은 신학적 덕들 사이에 들어서는 안 된다.

3. 신학적 덕들은 인간의 영혼을 하느님께로 인도한다. 그런데 인간의 영혼은 오로지 지성과 의지를 포괄하는 지성적 부분을 통해서만 하느님께로 인도될 수 있다. 그러므로 하나는 지성을 완성하고, 다른 하나는 의지를 완성하는 두 개의 신학적 덕밖에 없다.

[재반론] 그러나 반대로 사도는 코린토 1서 13장 [13절]에서 이렇게 말한다. "이제 신앙과 희망과 [참]사랑 이 세 가지는 남습니다."[2]

[답변] 위에서[3] 말한 것처럼, 한 사람의 자연적 경향이 그로 하여금 본성에 부합하는 자연적 목적을 향하도록 형성하는 것과 마찬가지로, 신학적 덕들도 그로 하여금 초자연적 목적을 향하도록 형성하는데, 이것은 이중 경로로 이루어진다.[4] 그 첫째는 이성 또는 지성을 따

---

4. (*추가주) "사물은 무엇이나 다 어떤 작용을 통하여 목적으로 질서 지어져 있고, 또 목적을 향하고 있는 것들은 어떻게든 그 목적에 비례화되어 있어야 하기 때문에, 인간의 자연적 원리들의 기관(facultas)을 능가하는, 초자연적 목적으로 질서 지어진, 사람의 어떤 완전성들이 있을 필요가 있다. 그리고 이것은 하느님께서 인간에게 자연적 원리늘을 넘는 어떤 초자연적 작용들의 원리를 주입하지 않았더라면 존재할 수 없었다. 그런데 작용들의 자연적 원리들은 영혼의 본질과 그 능력들(potentiae), 곧 인간인 한에 있어서의 인간의 작용들의 원리인 지성(intellectus)과 의지(voluntas)이다. 그렇다고 지성이 다른 것들을 인식할 수

Primo quidem, secundum rationem vel intellectum, inquantum continet prima principia universalia cognita nobis per naturale lumen intellectus, ex quibus procedit ratio tam in speculandis quam in agendis. Secundo, per rectitudinem voluntatis naturaliter tendentis in bonum rationis.[5]

Sed haec duo deficiunt ab ordine beatitudinis supernaturalis; secundum illud I *ad Cor.* 2, [9]: *Oculus non vidit, et auris non audivit, et in cor hominis non ascendit, quae praeparavit Deus diligentibus se.*[6] Unde oportuit quod quantum ad utrumque, aliquid homini supernaturaliter adderetur, ad ordinandum ipsum in finem supernaturalem. Et primo quidem, quantum ad intellectum, adduntur homini quaedam principia supernaturalia, quae divino lumine capiuntur, et haec sunt credibilia, de quibus est fides.—Secundo vero, voluntas ordinatur in illum finem et quantum ad motum intentionis, in ipsum tendentem sicut in id quod est possibile consequi, quod pertinet ad spem, et quantum ad unionem quandam spiritualem, per quam quodammodo transformatur in illum finem, quod fit per caritatem. Appetitus enim uniuscuiusque rei naturaliter movetur et tendit in

---

게 해 주는 원리들에 대한 인식을 가지고 있지 않았거나 의지가 자기에게 적합한 자연의 선으로 향하는 자연적 경향을 가지고 있지 않았더라면, 그것은 가능하지 않았을 것이다. (…) 그러므로 하느님에 의해서 사람에게 영생의 목적으로 정향된 행위들을 실행하기 위해 먼저 영혼에 영적 존재를 가지게 해 주는 어떤 은총

르는 길로서, 사변 영역에서나 실천 영역에서 지성의 본성적 빛을 통해 우리에게 알려지는 최초의 보편적인 제1원리들을 통해 이루어진다. 둘째는 본성상 이성의 선으로 기우는 의지의 올바름을 따르는 길이다.[5]

그렇지만 이 두 가지는 초자연적 참행복의 수준에는 이르지 못한다. 코린토 1서 2장 [9절]에 따르면, "어떠한 눈도 본 적이 없고, 어떠한 귀도 들은 적이 없으며, 사람의 마음에도 떠오른 적이 없는 것들을 하느님께서는 당신을 사랑하는 이들을 위하여 마련해 두셨다."[6] 따라서 각각의 기관에 인간이 그를 초자연적 목적으로 인도할 어떤 것을 초자연적으로 수용하는 것이 필요하다. 첫째, 지성적 인식과 관련해서 인간은 신의 빛을 통해서 알려지는 어떤 초자연적 원리들을 수용한다. 이것들이 바로 신앙의 대상이 되는 '믿을 만한 것들'(credibilia)이다.―둘째, 의지는 저 목적을 향해 질서 지어지는데, 그것을 운동의 지향점으로 향할 경우 그것은 희망의 대상이 되는 것이고, 일종의 영적 결합을 통해 의지가 어떤 식으로든 그 대상으로 변모될 경우 그것은 참사랑을 통하여 이루어지는 것이다. 실상 여하한 존재의 욕구도 자연적으로 그의 본성에 부합하는 목적을 향해

이, 그런 다음에는 신앙과 희망과 참사랑이 주입되었다. 신앙을 통해서는 지성이 인식해야 하는 (타고난 작용들의 질서에서 자연적으로 알려지는 원리들과 같은 질서 안에서 가지게 되는) 어떤 초자연적 내용들이 조명된다. 그리고 희망과 참사랑을 통해서 의지는, 인간의 의지가 자연적 경향을 통해서는 충분하지 못하게 질서 지어져 있던 저 초자연적 선을 향한 경향을 획득하게 된다."(*De virtutibus*, q. un., a.10, c)

5. 의지의 자연적 경향에 대해서는: Cf. q.109, a.3; I, q.60, a.5.
6. Vulgata: "Oculus non vidit nec auris audivit, nec in cor hominis ascendit quae praeparavit Deus iis quidiligunt illum." Cf. I. q.1, a.1,

finem sibi connaturalem,[7] et iste motus provenit ex quadam conformitate rei ad suum finem.

AD PRIMUM ergo dicendum quod intellectus indiget speciebus intelligibilibus,[8] per quas intelligat, et ideo oportet quod in eo ponatur aliquis habitus naturalis superadditus potentiae. Sed ipsa natura voluntatis sufficit ad naturalem ordinem in finem, sive quantum ad intentionem finis, sive quantum ad conformitatem ad ipsum.[9] Sed in ordine ad ea quae supra naturam sunt, ad nihil horum sufficit natura potentiae. Et ideo oportet fieri superadditionem habitus supernaturalis quantum ad utrumque.

AD SECUNDUM dicendum quod fides et spes imperfectionem quandam important, quia fides est de his quae non videntur, et spes de his quae non habentur. Unde habere fidem et spem de his quae subduntur humanae potestati, deficit a ratione virtutis.[10] Sed habere fidem et spem de his quae sunt supra facultatem naturae humanae, excedit omnem virtutem homini proportionatam; secundum illud I ad Cor. 1, [25]: *Quod infirmum est Dei, fortius est hominibus.*

AD TERTIUM dicendum quod ad appetitum duo pertinent, scilicet motus in finem; et conformatio ad finem per amorem.[11] Et sic oportet quod in appetitu humano duae virtutes theologicae ponantur, scilicet spes et caritas.

---

7. 갈망과 사랑 사이의 변증법이 명목상으로는 정념들과 연관되어 논의되고 있지만, 실질적으로는 사랑의 대상의 현존을 확인하는 데 있어서 인식과 욕구의 역할과 연관 지어 논의되고 있다. Cf. q.28.

움직여지고 기운다.[7] 그리고 이 움직임은 모든 존재자가 자신의 목적과 일정 부분 닮음에 의존하고 있다.

[해답] 1. 지성은 인식하기 위해서 가지상(可知像)들[8]을 필요로 한다. 따라서 그 능력을 보충해 줄 어떤 자연적 습성이 요구된다. 의지의 본성 자체는, 목적의 지향과 관련해서든, 아니면 그 목적과의 합치성에 비해서든, 목적을 향한 자연적 질서를 확립하는 데 넉넉하다.[9] 반대로 초자연적인 것들의 질서에서는 능력의 본성이 온전히 부적절하다. 따라서 양측 능력에 대한 초자연적 습성들의 보충이 요구된다.

2. 신앙과 희망은 어떤 분명한 불완전성을 함축하고 있다. 왜냐하면 신앙은 보이지 않는 것들을 대상으로 삼고 있고, 희망은 소유하고 있지 않은 것들을 대상으로 삼고 있기 때문이다. 따라서 인간의 능력 아래에 떨어지는 것들에 대해 신앙과 희망을 가진다는 것은 덕의 등급에 이르지 못한다.[10] 그러나 인간 본성의 역량을 능가하는 것들에 대해 신앙과 희망을 가진다는 것은 인간적으로 한정된 여하한 덕도 능가한다. 코린토 1서 1장 [25절]에 따르면, "하느님의 약함이 사람보다 더 강하다."

3. 욕구는 두 가지, 곧 목적을 향해 움직일 것과 그 욕구가 사랑을 통해 그 목적과 하나가 될 것을 요구한다.[11] 바로 그렇기 때문에 인간적 욕구 안에는 희망과 참사랑이라는 두 개의 신학적 덕이 있을 필요가 있는 것이다.

---

8. '가지상'(species intelligibilis) 또는 개념(conceptus)은 지성이라는 기관 또는 능력이 지니고 있는 습성들과 같다. Cf. I, q.75, aa 1-2.
9. Cf. a.1, ad3.
10. Cf. III, q.7, aa.3-4.
11. Cf. q.23, a.4.

Articulus 4
Utrum fides sit prior spe, et spes caritate

Ad quartum sic proceditur. Videtur quod non sit hic ordo theologicarum virtutum, quod fides sit prior spe, et spes prior caritate.

1. Radix enim est prior eo quod est ex radice. Sed caritas est radix omnium virtutum; secundum illud *ad Ephes.* 3, [17]: *In caritate radicati et fundati.* Ergo caritas est prior aliis.

2. Praeterea, Augustinus dicit, in I *de Doct. Christ.*:[1] *Non potest aliquis diligere quod esse non crediderit. Porro si credit et diligit, bene agendo efficit ut etiam speret.* Ergo videtur quod fides praecedat caritatem, et caritas spem.

3. Praeterea, amor est principium omnis affectionis, ut supra dictum est.[2] Sed spes nominat quandam affectionem; est enim quaedam passio, ut supra[3] dictum est. Ergo caritas, quae est amor, est prior spe.

SED CONTRA est ordo quo apostolus ista enumerat, dicens: *Nunc autem manent fides, spes, caritas.*[4]

---

1. Augustinus, *De doctr. Christ.*, I, c.37: PL 34, 35.
2. q.40, a.7.
3. q.23, a.4.
4. 코린토 1서 13장 13절. 바오로 사도는 이것이 지나가는 상황임을 깨닫게 해 준다. 왜냐하면 마침내 본향(本鄕)에서는 '봄'과 '포옹'과 '참사랑'을 가지게 될 것이기

제4절 신앙이 희망보다 우월하고, 희망은 참사랑보다 우월한가?

[**Parall**.: II-II, q.4, a.7; q.7, aa.7-8; *In Sent*., III, d.23, q.2, a.5; d.26, q.2, a.3, qc.2; *De spe*, a.3]

[반론] 넷째에 대해서는 다음과 같이 전개된다. 신학적 덕들의 질서는 희망에 대한 신앙의 우선성과, 참사랑에 대한 희망의 우선성을 요구하지 않는 것으로 생각된다.

1. 뿌리는 그것으로부터 파생되는 것보다 우선한다. 그런데 참사랑은 모든 덕들의 뿌리이다. 에페소서 3장 [17절]에 따르면, [모든 덕들은] "참사랑에 뿌리를 두고 그것을 기초로 삼고" 있다. 그러므로 참사랑은 다른 것들에 우선한다.

2. 아우구스티누스의 『그리스도교 교양』 제1권[1]에 따르면, "사람은 자기가 존재한다고 믿지 않는 것을 사랑할 수는 없다. 그러나 믿길 그가 믿고 사랑한다면, 선을 행함으로써 희망한다." 따라서 신앙이 참사랑에 우선하고, 참사랑이 희망에 우선한다.

3. 위에서[2] 말한 것처럼, 참사랑은 모든 애정(affectio)의 원리이다. 그런데 희망은 어떤 애정을 가리키고 있다. 실상 우리는 위에서[3] 그것이 하나의 정념임을 보았다. 그러므로 사랑인 참사랑은 희망보다 우선한다.

[재반론] 그러나 반대로 사도는 위에서 말한 덕들을 이런 순서로 거명하고 있다. "이제 신앙과 희망과 참사랑, 이 세 가지는 계속됩니다."[4]

때문이다. 따라서 이 세 가지 가운데 오직 참사랑만이 남을 것이다.(Cf. q.67, aa.3-6) 참사랑은 이승에서도 다른 대신덕들과는 달리 언제나 은총을 전제하고 있다.

q.62, a.4

RESPONDEO dicendum quod duplex est ordo, scilicet generationis, et perfectionis.[5] Ordine quidem generationis, quo materia est prior forma, et imperfectum perfecto, in uno et eodem; fides praecedit spem, et spes caritatem, secundum actus (nam habitus simul infunduntur).[6] Non enim potest in aliquid motus appetitivus tendere vel sperando vel amando, nisi quod est apprehensum sensu aut intellectu. Per fidem autem apprehendit intellectus ea quae sperat et amat. Unde oportet quod, ordine generationis, fides praecedat spem et caritatem.—Similiter autem ex hoc homo aliquid amat, quod apprehendit illud ut bonum suum. Per hoc autem quod homo ab aliquo sperat se bonum consequi posse, reputat ipsum in quo spem habet, quoddam bonum suum. Unde ex hoc ipso quod homo sperat de aliquo, procedit ad amandum ipsum.[7] Et sic, ordine generationis, secundum actus, spes praecedit caritatem.

Ordine vero perfectionis, caritas praecedit fidem et spem:[8] eo quod tam fides quam spes per caritatem formatur,[9] et perfectionem virtutis acquirit.[10] Sic enim caritas est mater omnium virtutum et radix, inquantum est omnium virtutum forma, ut infra[11] dicetur.

그러므로 참사랑은 모든 초자연적인 작용적 습성들의 능동인이자 모형인이자 목적인이다. 참사랑과 그것들 사이의 관계는 어떤 면에서는 실체와 우유들 사이의 관계와 같다고 할 수 있다.
5. Cf. I, q.77, a.4.
6. Cf. q.65, a.4.
7. 이 사랑(amor)은 처음에는 서로 깊이 연루시키지만, 차츰 우정의 사랑으로 완성

[답변] 두 가지 유형의 순서가 있다. 곧 발생의 순서와 완전성의 순서이다.[5] 발생의 순서에서는 어느 특정 주체 안에 있는 질료가 형상보다 우선하고, 불완전한 것이 완전한 것보다 우선한다. 어느 특정 사람 안에서 그 행위와 관련해서 신앙이 희망보다 먼저 오고, 희망이 참사랑보다 먼저 온다. (습성들로서 그것들은 모두 함께 주입되기 때문이다.)[6] 어떤 욕구의 움직임도 먼저 감각이나 정신에 의해 포착되지 않는다면, 희망함으로써든 사랑함으로써든 결코 어떤 것을 향하여 기울 수 없다. 그런데 지성은 신앙을 통해 희망하고 사랑하는 사물들을 인식한다. 따라서 발생의 질서에서는 신앙이 희망이나 참사랑보다 우선한다.—마찬가지로 인간은 어떤 사물을 자신의 선으로 인식한다는 사실 때문에 그것을 사랑한다. 그런데 그는 다른 사람으로부터 어떤 선을 얻을 수 있기를 희망하기 때문에, 그 사람을 자신을 위한 선으로 생각한다. 따라서 인간은 어떤 사람에게서 무언가를 바라기 때문에 그를 사랑하는 데에로 나아간다.[7] 그러므로 행위에 따른 발생의 질서에서는 희망이 참사랑보다 우선한다.

반면에 완전성의 질서에서는 참사랑이 신앙과 희망보다 우위를 차지한다.[8] 왜냐하면 신앙과 희망도 참사랑으로부터 형성되고,[9] 참사랑으로부터 덕으로서의 완전성을 받기 때문이다.[10] 이런 의미에서 실상 참사랑은 모든 덕의 어머니요 뿌리다. 왜냐하면, 아래에서[11] 말하겠지만, 사랑은 모든 덕의 형상이기 때문이다.

　　되어 간다. 참사랑(caritas)은 본질적으로 연루되지 않은 사랑, 곧 우정이다. 따라서 욕망의 불완전한 움직임은 희망 속에서 소진된다.(Cf. II-II, q.17, a.8)
8. Cf. q.66, a.6.
9. '죽은' 신앙과 희망에 관해: Cf. II-II, q.4, a.4; q.17, a.8, ad3.
10. Cf. q.65, a.4; II-II, q.4, a.3.
11. II-II, q.23, a.8.

q.62, a.4

Et per hoc patet responsio AD PRIMUM.

AD SECUNDUM dicendum quod Augustinus loquitur de spe qua quis sperat ex meritis iam habitis se ad beatitudinem perventurum, quod est spei formatae, quae sequitur caritatem. Potest autem aliquis sperare antequam habeat caritatem, non ex meritis quae iam habet, sed quae sperat se habiturum.[12]

AD TERTIUM dicendum quod, sicut supra[13] dictum est, cum de passionibus ageretur, spes respicit duo. Unum quidem sicut principale obiectum, scilicet bonum quod speratur. Et respectu huius, semper amor praecedit spem, nunquam enim speratur aliquod bonum nisi desideratum et amatum.—Respicit etiam spes illum a quo se sperat posse consequi bonum. Et respectu huius, primo quidem spes praecedit amorem; quamvis postea ex ipso amore spes augeatur. Per hoc enim quod aliquis reputat per aliquem se posse consequi aliquod bonum, incipit amare ipsum, et ex hoc ipso quod ipsum amat, postea fortius de eo sperat.

[해답] 1. 이것은 반론1에 대한 해답으로 충분하다.

2. 아우구스티누스는 이미 소유하고 있는 공로들을 통해서 참행복에 이르기를 바라는 희망에 대해 말한다. 그리고 이것은 바로 참사랑을 뒤따르고 그것에 의해서 형성된 희망이다. 그러나 참사랑을 소유하기도 전에 희망할 수가 있다. 이미 소유하고 있는 공로들 덕분에가 아니라, 뒤따르기를 바라는 공로들 덕분에 그러하다.[12]

3. 우리는 위에서[13] 이미 정념들에 대해 논하면서 희망이 두 가지와 연관된다고 말했다. 첫째는 주요 대상으로서인데, 그것은 희망하는 선이다. 그에 비해 사랑은 언제나 희망보다 우선한다. 실상 어떤 선이 갈망과 사랑의 대상이 아니라면, 그것을 희망할 수 없다.—그러나 희망은 그로부터 그 선을 따르기를 희망하는 그 사람과도 연관된다. 그리고 이와 관련해서 먼저 희망이 사랑에 선행한다. 비록 이어서 그 사랑 자체로부터 희망이 성장하기는 하지만 말이다. 실상 사람은 어떤 사람을 통해서 어떤 선을 따를 생각을 하기 때문에, 그를 사랑하기 시작한다. 그리고 그를 사랑한다는 사실 때문에, 나중에 그에게 더 많은 희망을 두게 된다.

---

12. Cf. q.114, a.4.
13. q.40, a.7.

QUAESTIO LXIII
DE CAUSA VIRTUTUM
in quatuor articulos divisa

Deinde considerandum est de causa virtutum.[1]

Et circa hoc quaeruntur quatuor.

Primo: utrum virtus sit in nobis a natura.

Secundo: utrum aliqua virtus causetur in nobis ex assuetudine operum.

Tertio: utrum aliquae virtutes morales sint in nobis per infusionem.

Quarto, utrum virtus quam acquirimus ex assuetudine operum, sit eiusdem speciei cum virtute infusa.

Articulus 1
Utrum virtus insit nobis a natura

Ad primum sic proceditur. Videtur quod virtus sit in nobis a natura.

제63문
덕의 원인에 대하여
(전4절)

이제는 덕의 원인에 대하여 고찰해야 한다.[1] 이 주제에 대해서는 다음과 같은 네 가지 질문이 제기된다.
 1. 덕은 우리 안에서 타고나는 것인가?
 2. 어떤 덕은 행위들의 습관화를 통해 우리 안에 생겨나는가?
 3. 어떤 도덕적 덕들은 주입을 통해 우리 안에 생겨나는가?
 4. 행위들의 습관화에 의해 획득된 덕과 주입된 덕은 종적으로 동일한가?

제1절 덕은 본성에 의해서 우리 안에 내재하는가?

[**Parall**.: I-II, q.55, a.1; *In Sent.*, I, d.17, q.1, a.3; II, d.39, q.2, a.1; III, d.33, q.1, a.2, qc.1; *De veritate*, q.11, a.1; *In Ethic.*, II., lect.1; *De virtutibus*, a.8]

[반론] 첫째에 대해서는 다음과 같이 전개된다. 덕은 본성적으로 우리 안에 자리 잡고 있는 것으로 생각된다.

---
1. Cf. q.55, Introd.

q.63, a.1

1. Dicit enim Damascenus, in III *libro:*[1] *Naturales sunt virtutes, et aequaliter insunt omnibus.* Et Antonius dicit, in sermone ad Monachos:[2] *Si naturam voluntas mutaverit, perversitas est; conditio servetur, et virtus est.* Et Matth. 4, [23], super illud, Circuibat Iesus etc., dicit Glossa:[3] *Docet naturales iustitias, scilicet castitatem, iustitiam, humilitatem, quas naturaliter habet homo.*

2. Praeterea, bonum virtutis est secundum rationem esse, ut ex dictis[4] patet. Sed id quod est secundum rationem, est homini naturale, cum ratio sit hominis natura. Ergo virtus inest homini a natura.

3. Praeterea, illud dicitur esse nobis naturale, quod nobis a nativitate inest. Sed virtutes quibusdam a nativitate insunt, dicitur enim *Iob* 31, [18]: *Ab infantia crevit mecum miseratio, et de utero egressa est mecum.*[5] Ergo virtus inest homini a natura.

SED CONTRA, id quod inest homini a natura, est omnibus hominibus commune, et non tollitur per peccatum, quia etiam in Daemonibus bona naturalia manent, ut Dionysius dicit, in IV

---

1. Damascenus, *De fide orthodoxa*, III, c.14: PG 94, 1045 A.
2. Cf. Athanasius, *Vita S. Antonii*, n.29: PG 26, 873. 은수자 성 안토니우스(250-356)는 이집트 중부에 있는 교회에서부터 수도 생활을 시작하였다. 성 아타나시우스는 그의 생애를 기록하며, 그의 한 연설을 전해 주고 있는데, 이것은 이 은수자의 영적 가르침 전체를 요약하는 것으로 보인다. Cf. F. Cayre, *Patrologie et histoire de la théologie*, vol.I, p.522.
3. *Glossa ordinaria*, on *Matth.* 4, 23: PL 114, 88 B.
4. q.55, a.4, ad2.

1. 다마세누스는 『정통신앙론』 제3권[1]에서 이렇게 말하고 있다. "덕들은 자연적이고, 모든 이들 안에 공평하게 내재하고 있다." 그리고 안토니우스는 수도사들에게 행한 설교[2]에서 이렇게 말한다. "만일 의지가 본성(자연)에 위배된다면 잘못된 것이고, 본성을 따른다면 그것은 유덕한 것이다." 더욱이 마태오복음서 4장 [23절]에 대한 『주석』(Glossa)[3]에서는 이렇게 말하고 있다. "그분께서는 그들에게 자연적 덕들, 곧 인간이 본성적으로 소유하고 있는 정결, 정의, 참사랑, 겸손을 가르치셨다."

2. 이미[4] 살펴본 것처럼, 덕의 선은 이성에 따라 존재하는 것이다. 그런데 이성에 따라 존재하는 것은 인간에게 자연적이다. 왜냐하면 이성은 인간의 본성이기 때문이다. 그러므로 덕은 본성적으로 인간 안에 내재하고 있다.

3. 출생에 의해서 우리 안에 내재하고 있는 것은 무엇이나 다 우리에게 자연스럽다고 말해긴다. 그런데 어떤 사람들은 태어날 때부터 덕들을 지니고 있다. 실상 욥기 31장 [18절]에서 욥은 이렇게 말하고 있다. "내 어릴 때부터 동정심은 내가 아버지인 양 내 곁에서 자랐고, 내 어머니 배 속에서부터 그것은 나와 함께 태어났다네."[5] 그러므로 덕은 본성적으로 인간 안에 내재하고 있다.

[재반론] 그러나 반대로 본성에 의해서 인간 안에 내재하는 것은 모든 사람들에게 공통적이고, 죄를 통해서도 박탈당하지 않는다. 왜냐

---

5. Vulgata: "Ab infantia mea creavit mecum miseratio et de utero matris meae egressa est mecum."

cap. *de Div. Nom.*⁶ Sed virtus non inest omnibus hominibus; et abiicitur per peccatum. Ergo non inest homini a natura.

Respondeo dicendum quod circa formas corporales, aliqui⁷ dixerunt quod sunt totaliter ab intrinseco, sicut ponentes latitationem formarum.—Aliqui⁸ vero, quod totaliter sint ab extrinseco, sicut ponentes formas corporales esse ab aliqua causa separata.⁹—Aliqui vero, quod partim sint ab intrinseco, inquantum scilicet praeexistunt in materia in potentia; et partim ab extrinseco, inquantum scilicet reducuntur ad actum per agens.¹⁰

Ita etiam circa scientias et virtutes, aliqui quidem posuerunt eas totaliter esse ab intrinseco, ita scilicet quod omnes virtutes et scientiae naturaliter praeexistunt in anima; sed per disciplinam et exercitium impedimenta scientiae et virtutis tolluntur, quae adveniunt animae ex corporis gravitate; sicut cum ferrum clarificatur per limationem. Et haec fuit opinio Platonicorum.¹¹— Alii vero dixerunt quod sunt totaliter ab extrinseco, idest ex influentia intelligentiae agentis, ut ponit Avicenna.¹²—Alii vero

---

6. Dionysius, *De div. nom.*, c.4, PG 3, 725.
7. 아리스토텔레스의 『자연학』(제1권 제4장 187a29)에 따르면 아낙사고라스가, 그리고 성 토마스의 『권능론』(제3문 제8절)에 따르면 스토아학파 학자들이 그러하다. Cf. I, q.45, a.8; q.65, a.4. Cf. F. Copleston, SJ, *A History of Philosophy*, Westminster(Maryland), The Newman Press, 1960, vol.1, pp.66-71.
8. 아베로에스에 따르면 플라톤이 그러하다: Averroes, *In Metaphysicorum* VII(8, 180K). Cf. F. Copleston, SJ, op. cit., pp.163-206.

하면 디오니시우스가 『신명론』⁶에서 말하는 것처럼, 심지어 "악령들 안에조차도 자연적인 선들이 남아 있기" 때문이다. 그렇지만 덕은 모든 사람 안에 내재하고 있는 것이 아니고, 또 죄를 통해 제거된다. 그러므로 그것은 본성에 의해서 인간 안에 내재하는 것이 아니다.

[답변] 물체적 형상들과 관련해서 예컨대 "숨어 있는 형상"(latitatio formarum) 이론을 주장하는 사람들은⁷ 그것들이 전적으로 내부로부터 오는 것이라고 주장하였다.—그리고 물체적 형상들이 어떤 분리된 원인으로부터 기인하는 것이라고 생각하는 다른 사람들은⁸ 그 형상들이 전적으로 외부로부터 오는 것이라고 주장하였다.⁹—그렇지만 다른 사람들은 그것들이 부분적으로는 잠재적으로 질료 안에 선재하는 한에서 내부로부터 오고, 또 부분적으로는 어떤 행위자에 의해서 현실화되는 한에서 외부로부터 오는 것으로 간주하였다.¹⁰

비슷한 방식으로 학문과 덕에 관련해서도 어떤 이들은 그것들이 온전히 내부로부터 오기 때문에 모든 덕과 학문은 영혼 속에 본성적으로 선재한다고 주장하였다. 하지만 육체의 무게 때문에 영혼에 닥치는 학문과 덕의 장애는, 마치 쇠[鐵]가 문지름을 통해 빛나게 되듯이, 탐구와 실천을 통해 제거된다. 이것이 바로 플라톤주의자들의 견해였다.¹¹—다른 이들은, 아비첸나가 주장하였듯이,¹² 학문과 덕들이 능동 지성의 활동 때문에 전적으로 외부로부터 오는 것이라고 주

---

9. Cf. I, q.45, a.8.
10. Cf. I, q.45, a.8. 이것은 아리스토텔레스와 그의 여러 학파의 입장이다.
11. Cf. I, q.45, a.8; q.84, a.3.
12. Avicenna, *De anima*, V, 5. 아비첸나(이븐 시나: 980-1037)에 관해서는: Cf. Herbert A. Davidson, *Alfarabi, Avicenna & Averroes on Intellect*, New York, Oxford University Press, 1992, ch.4, pp.74-126.

dixerunt quod secundum aptitudinem scientiae et virtutes sunt in nobis a natura, non autem secundum perfectionem, ut Philosophus dicit, in II *Ethic.*[13] Et hoc verius est.[14]

Ad cuius manifestationem, oportet considerare quod aliquid dicitur alicui homini naturale dupliciter, uno modo, ex natura speciei; alio modo, ex natura individui.[15] Et quia unumquodque habet speciem secundum suam formam, individuatur vero secundum materiam; forma vero hominis est anima rationalis, materia vero corpus, id quod convenit homini secundum animam rationalem, est ei naturale secundum rationem speciei; id vero quod est ei naturale secundum determinatam corporis complexionem, est ei naturale secundum naturam individui. Quod enim est naturale homini ex parte corporis secundum speciem, quodammodo refertur ad animam, inquantum scilicet tale corpus est tali animae proportionatum.

Utroque autem modo virtus est homini naturalis secundum quandam inchoationem. Secundum quidem naturam speciei, inquantum in ratione homini insunt naturaliter quaedam principia naturaliter cognita tam scibilium quam agendorum,[16] quae sunt quaedam seminalia intellectualium virtutum et moralium; et inquantum in voluntate inest quidam naturalis appetitus boni quod est secundum rationem.[17] Secundum

---

13. *Ethica Nic.*, II, c.1, 1103a25-26; S. Thomas, lect.1, nn.248-249. Cf. I, q.117, a.1.
14. Cf. I, q.117, a.1.

장하였다. 다른 이들은, 철학자가 『니코마코스 윤리학』 제2권[13]에서 말한 것처럼, 학문과 덕이, 우리가 그것들을 (비록 완전하게는 아니더라도) 획득할 수 있는 적합성을 갖추고 있는 한에서, 우리 안에 있는 것이라고 주장하였다. 이 마지막 견해가 진리에 가깝다.[14]

  이 점을 분명히 하기 위해서는 어떤 것이 인간에게 본성적(자연적)이라는 데에는 두 가지가 있다는 점을 고찰해야 한다. 하나는 그 종적 본성에 관련되고, 다른 하나는 그의 개인적 본성과 관련된다.[15] 자기 형상에 따라 종을 가지고 있는 것은 무엇이나 다 질료에 따라 개체화된다. 그런데 인간의 형상은 이성혼이지만, 그 질료는 육체이다. 이성혼에 따라 인간에게 적합한 것은 종적 근거에 따라 그에게 자연스럽다. 그러나 육체의 특정 체질에 따라 그에게 자연적인 것은 개인의 본성에 따라 그에게 자연스럽다. 종에 따라 육체 측으로부터 인간에게 자연스러운 것은, 그런 육체가 그런 영혼에게 비례관계에 있는 한에서, 어떤 식으로든[어떤 면에서는] 영혼과 연관된다.

  이 두 가지 길에서 덕의 초기 단계들은 인간에게 자연적이다. 그의 종적 본성에 따라서 인간 이성 안에 (이론과 실천 모두의) 몇몇 자연적으로 알려지는 원리들(이것들은 지성적 덕들과 도덕적 덕들의 씨앗들이다.)이 자연적으로 현존하고 있는 한에서 그러하고,[16] 또 이성에 합치되는 선을 향한 자연적 욕구가 내재하고 있는 한에서 그러하다.[17] 그런데 덕은 인간의 개인적 본성에 따라서 그에게 자연적인

---

15. Cf. q.51, a.1.
16. Cf. q.94, a.1; I, q.79, a.12.
17. Cf. q.50, a.5, ad1; q.62, a.3, ad1. 이것은 성 도마스의 독창적인 사상이다. 그의 원리들에 기초해서 그는 인간 영혼의 (종적 다름과의 혼동을 피하기 위해서) 실체적 다름을 주장한다.

vero naturam individui, inquantum ex corporis dispositione aliqui sunt dispositi vel melius vel peius ad quasdam virtutes, prout scilicet vires quaedam sensitivae actus sunt quarundam partium corporis, ex quarum dispositione adiuvantur vel impediuntur huiusmodi vires in suis actibus, et per consequens vires rationales, quibus huiusmodi sensitivae vires deserviunt. Et secundum hoc, unus homo habet naturalem aptitudinem ad scientiam, alius ad fortitudinem, alius ad temperantiam. Et his modis tam virtutes intellectuales quam morales, secundum quandam aptitudinis inchoationem, sunt in nobis a natura.— Non autem consummatio earum. Quia natura determinatur ad unum, consummatio autem huiusmodi virtutum non est secundum unum modum actionis, sed diversimode, secundum diversas materias in quibus virtutes operantur, et secundum diversas circumstantias.[18]

Sic ergo patet quod virtutes in nobis sunt a natura secundum aptitudinem et inchoationem, non autem secundum perfectionem, praeter virtutes theologicas, quae sunt totaliter ab extrinseco.[19]

Et per hoc patet responsio ad obiecta. Nam primae duae rationes procedunt secundum quod seminalia virtutum insunt nobis a natura, inquantum rationales sumus.—Tertia vero ratio

---

18. 이 절은 제51문 제3절과 함께 읽어야 한다. 습성들과 덕들은 일종의 유연성을

데, 따라서 그는 육체적 상태에 따라 특정 덕에 잘 준비되어 있거나 잘 준비되어 있지 못하거나 한다. 이것이 일어나는 이유는 감각적 능력들은 육체의 부분들의 활동인데, 그 상태가 이 능력들을 돕거나 방해하고, 따라서 감각적 능력들이 봉사하는 이성적 능력들을 돕거나 방해하기 때문이다. 그래서 어떤 사람은 학문에 대한 자연적 적성(aptitudo)을 지니고 있고, 다른 이는 용기에, 또 다른 이는 절제에 대한 적성을 지니고 있는 것이다.—이러한 것들이 지성적 덕과 도덕적 덕이 그 적성의 초기 단계에서 우리 안에 자연적으로 자리 잡고 있는 방식들이다. 그러나 그 완성은 자연적으로 현존하고 있지 않다. 왜냐하면 본성은 한 방향으로 결정되어 있는 데 반해, 이 능력들의 완성은 어느 한 가지 활동을 따르는 것이 아니라 덕이 발휘되는 다양한 영역에 따라, 그리고 다양한 상황에 따라 달라지기 때문이다.[18]

그러므로 덕들이 우리 안에 본성적으로 있는 것은 그 완성에 따라서가 아니라 그 적성과 초기 단계에서만이라는 것이 명백하다. 그러나 온전히 외부로부터 오는 신학적 덕의 경우는 여기에 해당되지 않는다.[19]

[해답] 1-3. 이것으로 앞에 제기된 반론들에 대해 충분히 응답할 수 있다. 앞의 두 반론은 우리가 이성적 존재자들인 한에서 우리 안에 본성상 내재하고 있는 덕의 씨앗들에 관해 논하고 있다.—반론3

지니고 있는, 다시 말해, 이것 또는 저것으로의 타고난 규정성의 부재를 지니고 있는, 능력들을 지니고 있다. 특히 도덕적 덕들은 아리스토텔레스와 성 토마스가 강조하는 것처럼, 선택의 습성들이다.
19. 제62문 제1-3절에서부터 명료하게 전제되고 있는 내용이다.

q.63, a.2

procedit secundum quod ex naturali dispositione corporis, quam habet ex nativitate, unus habet aptitudinem ad miserendum, alius ad temperate vivendum, alius ad aliam virtutem.

Articulus 2
Utrum aliqua virtus causetur in nobis ex assuetudine operum

Ad secundum sic proceditur. Videtur quod virtutes in nobis causari non possint ex assuetudine operum.

1. Quia super illud *Rom.* 14, [23]: *Omne quod non est ex fide, peccatum est,* dicit Glossa Augustini:[1] *Omnis infidelium vita peccatum est; et nihil est bonum sine summo bono. Ubi deest cognitio veritatis, falsa est virtus etiam in optimis moribus.* Sed fides non potest acquiri ex operibus, sed causatur in nobis a Deo; secundum illud *Ephes.* 2, [8]: *Gratia estis salvati per fidem.* Ergo nulla virtus potest in nobis acquiri ex assuetudine operum.

---

1. *Glossa ordinaria*: PL 114, 516 C; Glossa Lombardi: PL 191, 1520 A; Prosperus Aq., *Sent.*, Sent.106: PL 51, 441 C. 성 아우구스티누스의 이 구절은 프로스페루스 아퀴타내우스(Prosperus Aquitanaeus)로부터의 인용구이다. 이 인용구는 우리가 아무리 성 토마스처럼 선의를 가지고 그 함의를 한정하려고 애를 써도, 매우 딱딱하게 들린다. 성 토마스는 바오로 서간에 대한 자신의 주해에서 이렇게 설명하고 있다. "신앙인과 선의 관계와 비신앙인과 악의 관계는 서로 다르다. 실상 참사랑으로 활성화된 신앙을 가지고 있는 사람에게서는 모든 것이 구원에 도움이 된다. 하지만 불신자에게서는 그 자연적 선과 불신앙을 구별할 필요가 있다." 그러므로

은 탄생 시부터의 육체의 자연적 상태 때문에 어떤 사람은 자비심의 적성을 지니고, 다른 사람은 절제 있는 생활의 적성을 지니며, 또 다른 사람은 또 다른 덕에의 적성을 지니고 있다는 것을 논하고 있다.

제2절 어떤 덕들은 우리 행위들의 습성화에 의해서 우리 안에 야기되는가?

[**Parall**.: I-II, q.51, a.2; *In Sent.*, II, d.44, q.1, a.1, ad6; III, d.33, q.1, a.2, qc.2; *In Ethic.*, II, lect.1; *De virtutibus*, a.9]

[반론] 둘째에 대해서는 다음과 같이 전개된다. 덕은 우리가 그것의 활동에 습성화됨으로써 우리 안에 생겨날 수 없는 것으로 생각된다.

1. "믿음에서 우러나오지 않는 모든 것은 죄이다."라는 로마서 14장 [23절]에 대한 아우구스티누스의 『주석』¹은 이렇게 말하고 있다. "한 불신자의 생애 전체가 죄이고, 최고선이 없이는 어떠한 선도 없다. 진리 인식이 결핍된 곳에서는 덕은 그 가장 탁월한 행위 속에서도 거짓에 지나지 않는다." 그렇지만 신앙은 행업들을 통해서는 얻어질 수 없고, 하느님이 우리 안에 주입하시는 것이다. 에페소서 2장 [8절]에 따르면, "여러분은 믿음에 의하여 은총으로 구원을 받았습

---

¹ 불신자가 불신자로서 처신할 때에는 죄를 짓는 것이지만, "악한 지향이 없이 양심의 소리에 따르며 선을 행할 때에는, 비록 은총으로 활성화되지 않은 그의 행위가 아무런 공로가 없다고 하더라도, 죄를 저지른 것이 아니다."(*In Ep. ad Rom.*, 14,24, lect.3) 오히려 이 경우에 그의 행위는, 비록 불충분한 방식으로이기는 하지만, 은총을 예비시켜 주는 효과가 있다.

2. Praeterea, peccatum, cum contrarietur virtuti, non compatitur secum virtutem. Sed homo non potest vitare peccatum nisi per gratiam Dei; secundum illud *Sap.* 8, [21]: *Didici quod non possum esse aliter continens, nisi Deus det.*[2] Ergo nec virtutes aliquae possunt in nobis causari ex assuetudine operum; sed solum dono Dei.

3. Praeterea, actus qui sunt in virtutem, deficiunt a perfectione virtutis. Sed effectus non potest esse perfectior causa. Ergo virtus non potest causari ex actibus praecedentibus virtutem.

SED CONTRA est quod Dionysius dicit, 4 cap. *de Div. Nom.*,[3] quod bonum est virtuosius quam malum. Sed ex malis actibus causantur habitus vitiorum. Ergo multo magis ex bonis actibus possunt causari habitus virtutum.

RESPONDEO dicendum quod de generatione habituum ex actibus, supra[4] in generali dictum est. Nunc autem specialiter quantum ad virtutem, considerandum est quod sicut supra[5] dictum est, virtus hominis perficit ipsum ad bonum.[6] Cum autem ratio boni consistat in *modo, specie et ordine,* ut Augustinus dicit in libro *de Natura Boni*;[7] sive in *numero, pondere et mensura,* ut

---

2. Vulgata: "Et ut scivi quoniam aliter non possum esse continens, nisi Deus det..."
3. Dionysius, *De div. nom.*, c.4: PG 3, 717 C; S. Thomas, lect.16.
4. q.51, aa.2-3.

니다." 그러므로 어떤 덕도 우리가 그 행위에 습성화됨으로써 우리 자신에 의해서 취득될 수는 없다.

2. 죄는 서로 양립될 수 없는 방식으로 덕에 반대된다. 그렇지만 인간은 하느님의 은총에 의하지 않고서는 죄를 피할 수 없다. 지혜서 8장 [21절]에서는 이렇게 말한다. "나는 지혜가 하느님께서 주지 않으시면 달리 얻을 수 없음을 깨달았다."[2] 따라서 덕은 우리가 그 실천에 익숙해졌다고 해서 우리 안에 생겨날 수 없고, 오직 하느님의 선물에 의해서만 생겨날 수 있을 뿐이다.

3. 덕으로 이끄는 행위들은 덕의 완전성을 결하고 있다. 그런데 결과는 그 원인보다 더 완전할 수 없다. 따라서 덕은 그것에 앞선 행위들에 의해서 생겨날 수 없다.

[재반론] 그러나 반대로 디오니시우스는 『신명론』 제4장[3]에서 선이 악보다 더 강력하다고 말한다. 그런데 악습은 악한 행위들로부터 생기게 된다. 그렇다면 유덕한 습성들은 훨씬 더, 선한 행위들에 의해서 생겨날 수 있다.

[답변] 행위들로부터 '습성'들이 발전한다는 점에 대해서는 위에서[4] 이미 일반적으로 말했다. 그런데 이제 앞에서[5] 언급된 것처럼 선과 관련하여 인간을 완성시키는 덕과 특별히 연관 지어서 다시 언급될 필요가 있다.[6] 그러나 아우구스티누스가 『선의 본성』[7]에서 말하듯이, 선

---

5. q.55, aa.3-4.
6. 응답이 매우 압축되어 있다. 왜냐하면 문제의 일반적 해결책을 이미 전제하고 있기 때문이다.
7. Augustinus, *De natura boni*, c.3: PL 42, 553.

dicitur *Sap.* 11, [21]:[8] oportet quod bonum hominis secundum aliquam regulam consideretur. Quae quidem est duplex, ut supra[9] dictum est, scilicet ratio humana, et lex divina. Et quia lex divina est superior regula, ideo ad plura se extendit, ita quod quidquid regulatur ratione humana, regulatur etiam lege divina, sed non convertitur.

Virtus igitur hominis ordinata ad bonum quod modificatur secundum regulam rationis humanae, potest ex actibus humanis causari, inquantum huiusmodi actus procedunt a ratione, sub cuius potestate et regula tale bonum consistit.—Virtus vero ordinans hominem ad bonum secundum quod modificatur per legem divinam, et non per rationem humanam, non potest causari per actus humanos, quorum principium est ratio, sed causatur solum in nobis per operationem divinam. Et ideo, huiusmodi virtutem definiens, Augustinus[10] posuit in definitione virtutis: *quam Deus in nobis sine nobis operatur.*[11]

Et de huiusmodi etiam virtutibus PRIMA RATIO procedit.

AD SECUNDUM dicendum quod virtus divinitus infusa, maxime si in sua perfectione consideretur, non compatitur secum aliquod peccatum mortale.[12] Sed virtus humanitus

---

8. Cf. I, q.5, a.5.
9. q.19, aa.3-4.
10. Cf. q.55, a.4, obj.1, nota 1.
11. 아우구스티누스 자신의 말은 아니지만, 그의 텍스트들에서 영감을 받은 이 정

의 근거는 "기준, 종, 질서"에서 성립되거나, 지혜서 11장 [20절]에서 말하고 있듯이 "수와 무게와 크기"에서 성립되기 때문에,[8] 인간의 선은 필시 어떤 규칙에 따라 고찰되어야 한다. 이 규칙은, 위에서[9] 말한 것처럼, 인간 이성과 신법(神法)으로 이중적이다. 신법이 더 높은 법이기 때문에, 그것은 더 많은 사물들에게로 확장된다. 인간 이성에 의해서 규제되는 것은 무엇이나 다 신법에 의해서도 규제되지만, 그 역은 성립되지 않는다.

그러므로 인간 이성의 규칙에 의해서 측량되는 선으로 질서 지어진 인간적 덕은 인간적 행위들로부터 생겨날 수 있다. 그것들이 (그 능력과 규제 아래에서 선이 구성되는) 이성으로부터 전개되는 한에서 그러하다.—반면에 인간의 이성이 아니라 신법에 의해서 측량되는 인간의 선으로 질서 지어진 덕은 이성에 기원을 둔 인간적 행위들을 통해서는 생겨날 수 없고, 오로지 신적 작용에 의해서만 우리 안에 산출될 수 있을 뿐이다. 그러기에 이 덕에 대한 아우구스티누스의 정의가[10] "우리 없이 우리 안에서 작업하시는"이라는 구절을 포함하고 있는 것이다.[11]

[해답] 1. 첫째 반론이 논하는 것은 바로 이런 종류의 덕에 관해서이다.

2. 신에 의해 주입된 덕은, 특히 그 완전성의 관점에서 볼 때, 사죄(死罪)와 양립될 수 없다.[12] 그러나 인간적으로 획득된 덕은 어떤 죄

의는, 이미 위에서(제55문 제4절의 각주) 지적한 것처럼 주입된 덕을 상기시켜 주고 있다.

12. Cf. q.71, a.4; q.73, a.1, ad2. 이 점은 만일 우리가 주입된 덕들을 영혼 안에 은총이 실존하기 위한 조건으로 간주한다면, 어렵지 않게 알아들을 수 있다. 하느

acquisita potest secum compati aliquem actum peccati, etiam mortalis, quia usus habitus in nobis est nostrae voluntati subiectus, ut supra[13] dictum est; non autem per unum actum peccati corrumpitur habitus virtutis acquisitae; habitui enim non contrariatur directe actus, sed habitus. Et ideo, licet sine gratia homo non possit peccatum mortale vitare, ita quod nunquam peccet mortaliter; non tamen impeditur quin possit habitum virtutis acquirere, per quam a malis operibus abstineat ut in pluribus, et praecipue ab his quae sunt valde rationi contraria.— Sunt etiam quaedam peccata mortalia quae homo sine gratia nullo modo potest vitare, quae scilicet directe opponuntur virtutibus theologicis, quae ex dono gratiae sunt in nobis. Hoc tamen infra[14] manifestius fiet.

AD TERTIUM dicendum quod, sicut dictum est,[15] virtutum acquisitarum praeexistunt in nobis quaedam semina sive principia, secundum naturam. Quae quidem principia sunt nobiliora virtutibus eorum virtute acquisitis, sicut intellectus principiorum speculabilium est nobilior scientia conclusionum;[16] et naturalis rectitudo rationis est nobilior rectificatione appetitus quae fit per participationem rationis, quae quidem rectificatio pertinet ad virtutem moralem. Sic igitur actus humani, inquantum procedunt ex altioribus principiis, possunt causare virtutes acquisitas humanas.[17]

님은 당신의 우정을 거절한 자 안에서는 당신의 너그러운 은총의 주입을 계속

의 행위와, 심지어 그것이 사죄라고 하더라도 그것과 양립될 수 있다. 왜냐하면 위에서[13] 말한 것처럼 습성들의 사용이 우리 의지의 통제 아래 있기 때문이다. 획득된 덕의 한 습성은 어떤 한 번의 죄스런 행위로 파괴되지 않는다. 왜냐하면 어떤 습성에 직접적으로 반대되는 것은 행위가 아니라 어떤 다른 습성이기 때문이다. 따라서 인간이 비록 은총 없이는 사죄를 피할 수 없지만, 그렇다고 해서 (대다수의 경우에, 주로는 이성에 가장 반대되는 것들에서, 그것을 통해 악을 피할 수 있는) 어떤 덕의 습성을 획득하지 못하게 되는 것은 아니다.―또한 인간이 은총 없이는 결코 피할 수 없는 특정 사죄들도 있다. 그것은 은총의 선물을 통해 우리에게 주어지는 신학적 덕들에 직접적으로 반대되는 죄들이다. 그렇지만 이 점은 나중에[14] 좀 더 충분하게 설명될 것이다.

3. 이미[15] 말한 것처럼, 획득된 덕의 씨앗 또는 원리들은 본성상 우리 안에 선재하고 있다. 이 원리들은 그것들을 통해 획득된 덕들보다 더 고상하다. 이리하여 사변적 원리들에 대한 이해는 결론들의 학문보다 더 고상하고,[16] 이성의 자연적 올바름이 이성의 참여에 적합한 욕구의 교정보다 더 고상하다. 이 올바름은 도덕적 덕에 속한다. 그러므로 인간적 행위들은, 보다 상위의 원리들로부터 전개되는 한에서, 획득된 인간적 덕들의 원인이 될 수 있다.[17]

하실 수가 없다. 하느님은 은총과 주입되는 덕의 단지 생산자이기만 한 것이 아니라, 그것들의 총체적 원인이시기도 하다는 사실을 상기하는 것이 좋을 것이다.(Cf. II-II, q.24, a.12)
13. q.49, a.3.
14. q.109, a.4.
15. a.1; q.51, a.1.
16. Cf. q.68, a.7.
17. 성 토마스는 여기서, 우리가 위에서(제51문 제2절 제3답) 강조한 바 있는 한 개

Articulus 3
Utrum aliquae virtutes morales sint in nobis per infusionem

Ad tertium sic proceditur. Videtur quod praeter virtutes theologicas, non sint aliae virtutes nobis infusae a Deo.[1]

1. Ea enim quae possunt fieri a causis secundis, non fiunt immediate a Deo, nisi forte aliquando miraculose, quia, ut Dionysius dicit,[2] *lex divinitatis est ultima per media adducere.* Sed virtutes intellectuales et morales possunt in nobis causari per nostros actus, ut dictum est.[3] Non ergo convenienter causantur in nobis per infusionem.

2. Praeterea, in operibus Dei multo minus est aliquid superfluum quam in operibus naturae. Sed ad ordinandum nos in bonum supernaturale, sufficiunt virtutes theologicae. Ergo

---

념, 곧 지혜 및 인간적 덕들의 자연적 원리들이 그 추후의 발전에 대해 가지는 우위성을 강조하고 있다. 이 강조는, 인과율의 절대적 타당성이라는 하나의 근본적 원리를 구체적으로 주장하는 것을 다루고 있기 때문에, 충분히 정당화된다. 훌륭한 철학자는 존재와 생명의 실제적 발전들을 존재하지도 않는 사물들에 대해 생성 중에 있는 주체 자체의 잠재력이라고 적용할 수 없다. 왜냐하면 그런 주체는 현실태와 가능태라는 동일한 관점 아래에 놓여 있어야 하기 때문이다. 인과적 영향을 미치기 위해서는 현실태에 있어야 하고, 그것을 활용하기 위해서는 가능태에 있어야 할 것이다. 그러므로 발전 도상에 있는 주체 안에서 우리는 이어지는 발전을 형상적으로가 아니라 잠재적으로 미리 포함하고 있는 현실태의 한 요소를 가려내야 한다. 우리의 지성적이고 도덕적인 발전에 대해 논한다면, 이 현실태의 요소는 우리의 인간 본성과 그 능력들과 역량들일 수밖에 없다. 이것들이 바로 직접적 효과로서 유덕한 행위들을, 그리고 먼 효과들로서 덕스러운 습성들과 상태들을 산출하는 "가장 높은 원리들 또는 원인들"이다.

제3절 어떤 도덕적 덕들은 주입에 의해서 우리 안에 있는가?

[**Parall**.: I-II, q.51, a.4; *In Sent.*, III, d.33, q.1, a.2, qc.3; *De virtutibus*, a.10]

[반론] 셋째에 대해서는 다음과 같이 전개된다. 신학적 덕 이외에는 그 어떠한 덕도 하느님에 의해서 우리 안에 주입되지 않는 것으로 생각된다.[1]

1. 제2원인들에 의해서 이루어질 수 있는 것들은, 가끔 기적적인 경우들을 예외로 친다면, 하느님에 의해서 직접적으로 이루어지지 않기 때문이다. 왜냐하면 디오니시우스가 말하는 것처럼,[2] "중용[중간 매체]을 통하여 극단적인 것들을 초래하는 것이 신성의 법칙이기" 때문이다. 이미[3] 말한 것처럼, 지성적 덕과 도덕적 덕은 우리 자신의 행위들에 의해서 우리 안에 생겨날 수 있다. 그러므로 그것들이 주입에 의해서 우리 안에 생겨날 하등의 이유가 없다.

2. 자연의 업적들 안에서보다는 하느님의 업적들 안에서 불필요한 잉여가 훨씬 덜 발견된다. 그런데 우리로 하여금 초자연적 선으로 나아가게 하는 데에는 신학적 덕만으로도 충분하다. 따라서 하느님

---

1. Cf. W. D. Hughes, OP, "Appendix 3: The Infusion of Virtues", in St. Thomas Aquinas, *Summa Theologiae, vol.23(I-II, 55-67)*, London, Eyre & Spottiswoode, 1969, pp.247-248. 주입된 도덕적 덕들의 실존은 1312년 교황 클레멘스 5세가 소집한 비엔 공의회(DS 903[=DH 1686-1688]) 이래의 일반적인 신학적 가르침이다. 하지만 획득된 도덕적 덕들과 구별되는 그것들의 성격에 관한 논란이 없었던 것은 아니다. 아래의 제4절 참조.
2. Dionysius, *De caelesti hierarchia*, c.4: PG 3, 181.
3. a.2.

non sunt aliae virtutes supernaturales, quas oporteat in nobis causari a Deo.

3. Praeterea, natura non facit per duo, quod potest facere per unum, et multo minus Deus. Sed Deus inseruit animae nostrae semina virtutum, ut dicit Glossa *Heb.* 1.[4] Ergo non oportet quod alias virtutes in nobis per infusionem causet.

SED CONTRA est quod dicitur *Sap.* 8, [7]: *Sobrietatem et iustitiam docet, prudentiam et virtutem.*[5]

RESPONDEO dicendum quod oportet effectus esse suis causis et principiis proportionatos. Omnes autem virtutes tam intellectuales quam morales, quae ex nostris actibus acquiruntur, procedunt ex quibusdam naturalibus principiis in nobis praeexistentibus, ut supra[6] dictum est. Loco quorum naturalium principiorum, conferuntur nobis a Deo virtutes theologicae, quibus ordinamur ad finem supernaturalem, sicut supra[7] dictum est. Unde oportet quod his etiam virtutibus theologicis proportionaliter respondeant alii habitus divinitus causati in nobis, qui sic se habeant ad virtutes theologicas sicut se habent

---

4. *Glossa ordinaria*, Hieronymus, in *Galat.* 1,15-16: PL 26, 326 D.
5. 이렇게 단편적인 인용구는 앞뒤 문맥과 잘 조화를 이루지 못하는 것처럼 보인다. 그러나 성경 저자는 독자들이 그것을 머릿속으로 온전하게 재구성할 수 있는 것으로 전제하고 있다. "그의[즉 신적 지혜의] 산출물들이 바로 덕들이다. 왜냐하면 지혜는 절제를 가르치기 때문이다…." 가르침이 아닌 '산출'은 어떤 식으로든

에 의해서 우리 안에 생겨날 필요가 있는 또 다른 초자연적 덕이란 없다.

3. 자연은 어느 하나로 충분한 것에 둘을 쓰는 일이 없다. 하느님은 훨씬 더 그러하다. 그런데 히브리서 1장 [15-16절]에 대한 『주석』에 따르면,[4] 하느님은 우리 영혼 안에 덕의 씨앗들을 뿌려 놓으셨다. 그래서 그가 우리 안에 주입을 통해 다른 덕들을 생겨나게 해야 한다는 것은 적절하지 못하다.

[재반론] 그러나 반대로 지혜서 8장 [7절]에서는 신적 지혜에 대해서 "정녕 지혜는 절제와 현명을, 정의와 용기를 가르쳐 준다."고 가르치고 있다.[5]

[답변] 결과는 그 원인과 원리에 비례해야 한다. 그런데 지성적이건 윤리적이건 우리의 행위들에 의해서 획득된 모든 덕은, 위에서[6] 말한 것처럼, 우리 안에 선재하는 특정 자연적 원리들로부터 발생한다. 이 자연적 원리들에 병행해서 하느님은 우리에게 (위에서[7] 말한 것처럼, 그것에 의해서 우리가 초자연적 목적으로 인도되는) 신학적 덕들을 부여하신다. 그러기에 우리 안에 신에게서 기인되는 (신학적인 덕들에 마땅한 비례로 상응하는) 다른 습성들이 있어야 한다. 이 덕과 습성의 관계는 도덕적 덕과 지성적 덕이 그 덕들의 자연적 원리들과

'주입'을 암시하고 있다. Vulgata: "Sobrietatem enim et prudentiam docet et iustitiam et virtutem."

6. a.1; q.51, a.1.
7. q.62, a.1.

virtutes morales et intellectuales ad principia naturalia virtutum.[8]

AD PRIMUM ergo dicendum quod aliquae quidem virtutes morales et intellectuales possunt causari in nobis ex nostris actibus, tamen illae non sunt proportionatae virtutibus theologicis. Et ideo oportet alias, eis proportionatas, immediate a Deo causari.

AD SECUNDUM dicendum quod virtutes theologicae sufficienter nos ordinant in finem supernaturalem, secundum quandam inchoationem, quantum scilicet ad ipsum Deum immediate. Sed oportet quod per alias virtutes infusas perficiatur anima circa alias res, in ordine tamen ad Deum.

AD TERTIUM dicendum quod virtus illorum principiorum naturaliter inditorum, non se extendit ultra proportionem naturae. Et ideo in ordine ad finem supernaturalem, indiget homo perfici per alia principia superaddita.

---

8. "인간 존재자들이 자기들의 본성에 적합한 방식으로 자기들을 완성하기 위해서 그들의 자연적 원리들을[영혼의 본질과 그 능력들, 곧 지성과 의지]뿐만 아니라, 그에 덧붙여 유덕한 습성들을 필요로 하는 것과 마찬가지로, 하느님으로부터의 주입을 통해서 사람들은 이미 언급한 초자연적 원리들[은총, 신앙, 희망, 참사랑] 외에 그들의 작용들을 영생의 목적으로 행하도록 지도하는 것을 완성시키는 주입된 덕들을 획득한다."(*De virtutibus*, q.1, a.10, c)
"계시, 교부 전통, 그리고 교회 교도권에 토대를 두고 있는 공통적이고 확실한 신학적 덕을 다루고 있다. 비록 정의되지는 않았다고 하더라도, 두 가지 교의적 결단들이 지지받고 있는 것으로 드러난다. 인노첸시오 3세가 아를의 훔베르투스 대주교에게 한 선언(DS 410[=DH 780])과 페트루스 올리비에 대한 비엔 공의회의 선언(DS 483[=DH 904])은 세례, 은총, 덕들을 받는 자들 안에서 주입을 가

맺고 있는 관계와 같다.[8]

[해답] 1. 일부 도덕적 덕과 지성적인 덕이 우리 행위들에 의해서 우리 안에 생겨날 수 있다. 그러나 그것들은 신학적인 덕들에 해당되는 것이 아니다. 그래서 직접 신에 의해서 생겨나게 된, 좀 더 신학적 덕들에 비례화된 또 다른 것들이 있어야 한다.

2. 신학적 덕들은 시작으로서는 우리 자신을 초자연적 목적을 향해, 다시 말해 다른 무엇이 아니라 직접적으로 하느님 자신을 향해 정위되도록 만들기에 충분하다. 그런데 영혼은 또한 (비록 예속되어 있기는 하지만) 피조된 사물들과 관련해서 주입된 덕들을 갖추고 있을 필요가 있다.

3. 저 타고난 원리들의 덕은 자연의 비례를 넘지 않는다. 따라서 자신의 초자연적 목적으로 정향되기 위해서는 사람이 추가적인 다른 원리들을 통해 보완될 필요가 있다.

르치는 견해를, '매우 그럴싸하고 또 성인들 및 근대의 신학자들의 가르침과 조화를 이루는 것'으로 승인하고 있다."(T. Hurdanoz, *Suma Espan.*, vol.V, p.340) 역사적으로 우리는 그 명제가 이미 아우구스티누스에게서 덕에 대한 유명한 정의로 착수되었다는 사실을 지적할 수 있다: "(…) 하느님은 우리 안에서 우리 없이도 작업하신다"(quam Deus in nobis sine nobis operatur). 초기 스콜라학에서는 주입된 도덕적 덕들을 인정하는 데 있어서 대체적으로, 후고 드 생빅토르 및 페트루스 롬바르두스의 노선과 충만히 일치하였다. 유일한 반대자들은 아벨라르두스와 질베르투스 데 포레타노를 추종하는 알라누스 데 인술리스, 시몬 데 투르내, 페트루스 드 칸토르 등이었다. 13세기의 스콜라학 전성기 역시 획득되고 주입된 도덕적 덕들의 두 질서를 인정하는 데에 우호적이었다. 하지만 스코투스는 주입된 도덕적 덕들의 존재에 의문을 표명하며 다시 문제를 제기하였고, 헨리쿠스 드 강, 곤프루아 드 퐁테느, 두란두스, 오캄 등은 노골적으로 부정하였다. 14세기부터는 다시 그것들이 존재한다는 논거에 대해 동의하였다. 오늘날은 직어도 루뱅 학파를 비롯한 소수의 신학자들이 다른 목소리를 내고 있는 실정이다.(Cf. *Suma Espan.*, op. cit., p.340)

Articulus 4
Utrum virtus quam acquirimus ex operum assuetudine, sit eiusdem speciei cum virtute infusa[1]

Ad quartum sic proceditur. Videtur quod virtutes infusae non sint alterius speciei a virtutibus acquisitis.

1. Virtus enim acquisita et virtus infusa, secundum praedicta,[2] non videntur differre nisi secundum ordinem ad ultimum finem. Sed habitus et actus humani non recipiunt speciem ab ultimo fine, sed a proximo. Non ergo virtutes morales vel intellectuales infusae differunt specie ab acquisitis.

2. Praeterea, habitus per actus cognoscuntur. Sed idem est actus temperantiae infusae, et acquisitae, scilicet moderari concupiscentias tactus. Ergo non differunt specie.

3. Praeterea, virtus acquisita et infusa differunt secundum illud quod est immediate a Deo factum, et a creatura. Sed idem est specie homo quem Deus formavit, et quem generat natura; et oculus quem caeco nato dedit, et quem virtus formativa causat.

---

1. 이 논거에 대해서도 신학자들은 논쟁을 벌였다. 성 토마스의 사상에 대한 최초의 반대 목소리들은 스코투스주의자들과 오컴의 유명주의로부터 왔다. 그 뒤 일부 토마스주의자들은, 멜키오르 카노(Melchior Cano)가 성 토마스의 입장으로 충만히 돌아오며 적대적 학파들에 대해 강력한 논박을 가하기 전까지는 저런 반대들을 제멋대로 내버려 두었다. 예수회 신학자들의 화해적이고 절충적인 경향이 이 주제를 다시 토론의 주제로 삼았다. 특히 몰리나는 한편으로는 도덕적 덕들의 신적인 주입을 주장하면서도 다른 한편으로는 그것들이 자연적 덕들로부터

제4절 행위의 습관화에 의해서 획득된 덕과 주입된 덕은 동일한 종에 속하는가?[1]

[**Parall**.: *In Sent.*, III, d.33, q.1, a.2, qc.4; *De virtutibus*, a.10, ad7-9; *De virt. card.*, a.4]

[반론] 넷째에 대해서는 다음과 같이 전개된다. 주입된 덕과 획득된 덕은 그 종이 서로 다른 것으로 생각된다.

1. 위에서[2] 말한 것에 따르면, 궁극적인 목적과의 연관성을 뺀다면 이들은 아무런 차이도 없는 것으로 보인다. 그런데 인간의 습성들과 행위들은 궁극적 목적으로부터가 아니라 가까운 목적들로부터 그들의 종적 특성을 얻게 된다. 그러므로 주입된 도덕적 덕이나 지성적 덕은 획득된 덕과 종적으로 다른 것이 아니다.

2. 습성들은 그 행위들을 통해 알려진다. 그런데 주입된 절제의 행위와 획득된 절제의 행위는 동일하다 곧 촉각의 욕망들을 조정하기 위한 것이다. 따라서 그것들은 종적으로 다른 것이 아니다.

3. 획득된 덕과 주입된 덕은, 하나는 신에 의해서 직접적으로 산출되고 다른 것은 피조물에 의해서 산출된다는 사실에 의해서 차이가 난다. 그런데 신에 의해서 창조된 인간과 자연적인 방식을 통해 출산된 사람은 종적으로 차이가 나지 않는다. 이것은 그가 태생 소경에게 준 눈과 형성 능력에 의해서 산출된 눈이 다르지 않은 것과 마찬

구별된다는 것을 부정함으로써 대립적인 명제들을 화해시키려고 시도하였다.(T. Hurdanoz, *op. cit.*, pp.343-346)

2. a.3.

q.63, a.4

Ergo videtur quod est eadem specie virtus acquisita, et infusa.

SED CONTRA, quaelibet differentia in definitione posita, mutata diversificat speciem. Sed in definitione virtutis infusae ponitur: *quam Deus in nobis sine nobis operatur*, ut supra[3] dictum est. Ergo virtus acquisita, cui hoc non convenit, non est eiusdem speciei cum infusa.[4]

RESPONDEO dicendum quod dupliciter habitus distinguuntur specie. Uno modo, sicut praedictum est,[5] secundum speciales et formales rationes obiectorum. Obiectum autem virtutis cuiuslibet est bonum consideratum in materia propria, sicut temperantiae obiectum est bonum delectabilium in concupiscentiis tactus. Cuius quidem obiecti formalis ratio est a ratione, quae instituit modum in his concupiscentiis, materiale autem est id quod est ex parte concupiscentiarum. Manifestum est autem quod alterius rationis est modus qui imponitur in huiusmodi concupiscentiis secundum regulam rationis humanae, et secundum regulam divinam. Puta in sumptione ciborum, ratione humana modus statuitur ut non noceat valetudini corporis, nec impediat rationis actum, secundum autem regulam legis divinae, requiritur quod homo *castiget corpus suum, et in servitutem redigat*,[6] per abstinentiam cibi et potus, et aliorum huiusmodi. Unde manifestum est quod temperantia infusa et

가지이다. 따라서 획득된 덕과 주입된 덕은 그 종류가 같다.

[재반론] 그러나 반대로 정의에서 발견되는 차이는 무엇이든지, 그것이 제거되게 되면, 거기에 종적 차이를 낳는다. 그런데 우리가 위에서[3] 살펴본 것처럼, 주입된 덕의 정의에는 "하느님이 우리 안에 우리 없이 산출하신"이라는 구절이 들어 있다. 그러므로 이 말들이 적용될 수 없는 획득된 덕은 주입된 덕과 같은 종류의 덕이 아니다.[4]

[답변] 습성들이 종적으로 구별되는 방식에는 두 가지가 있다. 첫째는 이미[5] 살펴본 것처럼 그 대상들의 형상적 근거와 종적 근거에 기초한 구별이다. 하지만 덕의 대상은 그 덕의 고유 질료에 관련되는 선이다. 그래서 절제의 대상은 촉각의 욕망들이 목표로 삼는 쾌락과 연결된 선이다. 그 대상의 형상적 동기는 이 욕망들에 기준을 설정하는 이성에 달려 있다. 반면에 질료적 대상은 욕망 그 자체이다. 그런데 인간 이성에 의해서 그 욕망에 부과된 규칙이 신법(神法)에 의해서 부과된 규칙과 다르다는 것은 명백하다. 예컨대, 음식을 먹는 데 있어서 인간 이성은 몸의 건강을 해치지 말고 이성이 하는 일에 방해가 되지 않도록 하라고 명령한다. 반면에 신법의 규칙들에 따르면, 사람이 "자기 몸을 험하게 다루고" 음식이나 음료나 그밖에 필요한 것들로부터 절제함으로써 그것을 "종으로 만들" 것이 요구된다.[6] 따라서 주입된 절제가 획득된 절제와 종적으로 다르다는 것이 명백

---

3. a.2, q.55, a.4.
4. Cf. q.109, aa.1-2.
5. q.54, a.2; q.56, a.2; q.60, a.1.
6. 1코린 9,27.

q.63, a.4

acquisita differunt specie, et eadem ratio est de aliis virtutibus.

Alio modo habitus distinguuntur specie secundum ea ad quae ordinantur, non enim est eadem specie sanitas hominis et equi, propter diversas naturas ad quas ordinantur. Et eodem modo dicit Philosophus, in III *Polit.*,[7] quod diversae sunt virtutes civium, secundum quod bene se habent ad diversas politias. Et per hunc etiam modum differunt specie virtutes morales infusae, per quas homines bene se habent in ordine ad hoc quod sint *cives sanctorum et domestici Dei*;[8] et aliae virtutes acquisitae, secundum quas homo se bene habet in ordine ad res humanas.

AD PRIMUM ergo dicendum quod virtus infusa et acquisita non solum differunt secundum ordinem ad ultimum finem; sed etiam secundum ordinem ad propria obiecta, ut dictum est.[9]

AD SECUNDUM dicendum quod alia ratione modificat concupiscentias delectabilium tactus temperantia acquisita, et temperantia infusa, ut dictum est.[10] Unde non habent eundem actum.

AD TERTIUM dicendum quod oculum caeci nati Deus fecit ad eundem actum ad quem formantur alii oculi secundum naturam, et ideo fuit eiusdem speciei. Et eadem ratio esset, si Deus vellet

---

7. *Politica*, III, c.4, 1276b31-34; S. Thomas, lect.3.
8. 에페 2,19.

하다. 그리고 다른 덕들에 대해서도 마찬가지이다.

둘째, 습성들은 그것들이 질서 지어져 있는 다양한 목적들에 기초해서 종적으로 구별된다. 실상 인간의 건강 회복과 말[馬]의 건강 회복은, 그것들이 질서 지어져 있는 본성의 차이 때문에 그 종이 다르다. 이런 의미에서 철학자는 『정치학』[7]에서 시민들의 덕들은, 다양한 통치 체제에 어떤 관계를 맺느냐에 따라 다르다고 말한다. 그리고 이런 방식으로 주입된 도덕적 덕들도, (사람들이 "성인들의 동료 시민이자 하느님의 가족"으로서 준비를 잘 갖추도록 만들어 주는)[8] 획득된 덕(이 덕들을 통해서 사람은 인간적인 일들에 대해서 잘 처신하게 된다.)과 종적으로 다르다.

[해답] 1. 주입된 덕과 획득된 덕은 그것들이 최종 목적과 맺고 있는 관계 때문에만이 아니라, 또한 이미 설명한 대로 자기들의 고유 대상과의 관계 때문에도 차이가 난다.[9]

2. 촉각의 쾌감들과 관련된 욕망들에 대한 규제 원리는, 이미[10] 말한 것처럼, 획득된 절제와 주입된 절제에서 서로 다르다. 따라서 그것들의 행위는 동일시되지 않는다.

3. 신은 자연이 다른 눈들을 형성한 것과 동일한 행위를 통해서 타고난 소경의 눈을 만들어 냈다. 따라서 그 눈은 같은 종류의 것이었다. 설령 신이 인간 안에 기적으로 행위들[의 반복]을 통해서 획득되는 그 동일한 덕을 산출하기를 원한다고 하더라도, 마찬가지

---

9. 본론.
10. 본론.

miraculose causare in homine virtutes quales acquiruntur ex actibus. Sed ita non est in proposito, ut dictum[11] est.[12]

---

11. 본론.
12. 비요 신부는 여기서 마주친 차이들(형상적 대상, 종점) 외에 주체의 다양성도 인정할 필요가 있다고 생각하였다. 실상 그는 주입된 습성과 같은 초자연적 질서의 성질이 욕정적 욕구나 분노적 욕구와 같은 감각적 질서의 주체 안에 자리 잡을 수 있다는 것은 상상할 수 없는 일이라고 주장하였다.(Cf. L. Billot, SJ, *De virtutibus infusis*, Roma, 1901, pp.125-128) 그러나 성 토마스는 "주입된 절제는 욕정적 욕구 안에 자리 잡는다."고 주장하기를 조금도 주저하지 않는다.(*De virtutibus*, a.10, ad1) 이에 대해 당혹스러워하지 않기 위해서는 인간 전체가, 즉

였을 것이다. 그러나 위에서[11] 말한 것처럼, 우리의 경우는 이것이 아니다.[12]

우리의 육체까지도 초자연적 질서로 고양되었다는 사실을 기억할 필요가 있다. 또한 성 토마스가 지적하듯이, 인간의 분노적 기관과 욕정적 기관은 참여를 통해 합리적이며(따라서 동물들의 것들과 종적으로 다르다.), 그것들의 활동들도 공로적이어서, 당연히 그것들에게 탓을 돌려서는 안 된다. 그것들이 직접적으로 감각 질서의 기관들에서 산출됨에도 불구하고 초자연적 질서에서는 왜 그럴 수 없는 것인지가 잘 보이지 않는다. 특히 혹시라도 주입된 도덕적 덕들과 획득된 덕들 사이에 어떤 주체의 차이가 있었더라면, 단지 종의 차이를 넘어 유의 차이에 이르렀을 것이다.

QUAESTIO LXIV
DE MEDIO VIRTUTUM
in quatuor articulos divisa

Deinde considerandum est de proprietatibus virtutum.[1] Et primo quidem, de medio virtutum; secundo, de connexione virtutum;[2] tertio, de aequalitate earum; quarto, de ipsarum duratione.[4]

Circa primum quaeruntur quatuor.

Primo: utrum virtutes morales sint in medio.

Secundo: utrum medium virtutis moralis sit medium rei, vel rationis.

Tertio: utrum intellectuales virtutes consistant in medio.

Quarto: utrum virtutes theologicae.

---

1. Cf. q.55, Introd.
2. q.65.

제64문
덕의 중용에 대하여
(전4절)

이제는 덕의 속성들에 대해 고찰해야 한다.[1]

첫째, 덕의 중용에 대하여,

둘째, 덕의 상호 연관성에 대하여,[2]

셋째, 덕들의 동등성에 대하여,[3]

넷째, 덕들의 지속에 대하여 고찰해야 한다.[4]

첫째 주제에 대해서는 다음과 같은 네 가지 질문이 제기된다.

1. 도덕적 덕은 중용에서 성립되는가?
2. 도덕적 덕의 중용은 실재의 중용인가, 아니면 이성의 중용인가?
3. 지성적 덕은 중용에서 성립되는가?
4. 신학적 덕은 중용에서 성립되는가?

---

3. q.66.
4. q.67.

Articulus 1
Utrum virtutes morales sint in medio[1]

Ad primum sic proceditur. Videtur quod virtus moralis non consistat in medio.

1. Ultimum enim repugnat rationi medii. Sed de ratione virtutis est ultimum, dicitur enim in I *de Caelo*,[2] quod *virtus est ultimum potentiae*. Ergo virtus moralis non consistit in medio.

2. Praeterea, illud quod est maximum, non est medium. Sed quaedam virtutes morales tendunt in aliquod maximum, sicut magnanimitas est circa maximos honores, et magnificentia circa maximos sumptus, ut dicitur in IV *Ethic*.[3] Ergo non omnis virtus moralis est in medio.

3. Praeterea, si de ratione virtutis moralis sit in medio esse, oportet quod virtus moralis non perficiatur, sed magis corrumpatur, per hoc quod tendit ad extremum. Sed quaedam virtutes morales perficiuntur per hoc quod tendunt ad extremum, sicut virginitas, quae abstinet ab omni delectabili

---

1. 중용 이론은 그것이 인식론 영역이건 도덕 영역이건 상관없이 아리스토텔레스 사상의 특성이다. 중용은 뜨거운 물체와 차가운 물체 사이의 미지근한 물체처럼, 동일한 유의 극단들 사이의 중간 매체쯤으로 이해되어서는 안 된다. 그것은 숙고되고 있는 성질들의 전폭을 지배하는 고등한 가치로 이해되어야 한다. 예컨대 촉감은 하나의 '메소테스'(mesotes), 곧 '중앙'이다. 왜냐하면 다양한 온도를 판정할 수 있기 때문이다. 마찬가지로 도덕적 질서에서 중용은 모든 특수한 상황들을 수행해야 할 행위의 정확한 기준을 결정하는 실천적 척도에서 성립된다. 그러므로 이것은 아리스토텔레스 사상에 대해 적지 않은 성급하고 피상적인 비판가들

제1절 도덕적 덕은 중용에서 성립되는가?[1]

[**Parall**. Cf. II-II, q.17, a.5, ad2; *In Sent.*, III, d.33, q.1, a.3, qc.1; *In Ethic.*, II, lect.6-7; *De virtutibus*, a.13; *De spe*, a.1, ad7]

[반론] 첫째에 대해서는 다음과 같이 전개된다. 도덕적 덕은 중용에서 성립되지 않는 것으로 생각된다.

1. 중용의 개념 자체가 어떤 극단과 양립되지 않는다. 그런데 덕의 개념은 극한의 관념을 포함하고 있다. 왜냐하면 『천체론』 제1권[2]에서는 "덕이 능력의 극단"이라고 말하기 때문이다. 그러므로 도덕적 덕은 중용에서 성립되는 것이 아니다.

2. 최대인 것은 중간(중용)이 아니다. 그런데 어떤 도덕적 덕들은 어떤 최대를 향해 기울고 있다. 예컨대 『니코마코스 윤리학』 제4권[3]에서 말하는 것처럼, 웅시(magnanimitas)는 최고의 영예와 연관되어 있고, 관대(magnificentia)는 최대의 낭비와 연관되어 있다. 그러므로 모든 도덕적 덕이 다 중용에서 성립되는 것은 아니다.

3. 만일 중용을 지키는 것이 도덕적 덕 개념에 포함된다면, 도덕적 덕은 필시 완성에 이르는 것이 아니라, 어느 한 극단에 근접함으로써 훼손된다. 반면에 어떤 도덕적 덕들은 특정 극단들로 치닫는 것을

---

1. (예컨대, 칸트: 『도덕형이상학』 "서론")이 오해했던 것처럼 도덕적 평범함을 정당화하는 것이 아니라, 인간을 극단적인 입장으로 몰아가는 정념들의 혼란 한가운데에서 인간적 행위의 규범을 확립하려는 것이다. 하지만 합리적 질서의 선에 비해 악습의 두 극단(과잉과 결핍)이 하나의 유일한 극단, 곧 (또 다른 극단인 이성의 질서의 반대편에 있는) 무질서라는 것을 깨닫게 된다.(Cf. infra a.1, ad1)
2. *De caelo*, I, c.11, 281a11-12; 18-19; S. Thomas, lect.25, nn.4 & 6.
3. *Ethica Nic.*, IV, cc.4 & 7, 1122a18-19; 1123a34-b1; S. Thomas, lect.6, n.707; lect.8, n.735.

venereo, et sic tenet extremum, et est perfectissima castitas. Et dare omnia pauperibus est perfectissima misericordia vel liberalitas. Ergo videtur quod non sit de ratione virtutis moralis esse in medio.

SED CONTRA est quod Philosophus dicit, in II *Ethic.*,[4] quod *virtus moralis est habitus electivus in medietate existens.*

RESPONDEO dicendum quod, sicut ex supradictis[5] patet, virtus de sui ratione ordinat hominem ad bonum. Moralis autem virtus proprie est perfectiva appetitivae partis[6] animae circa aliquam determinatam materiam. Mensura autem et regula appetitivi motus circa appetibilia, est ipsa ratio. Bonum autem cuiuslibet mensurati et regulati consistit in hoc quod conformetur suae regulae, sicut bonum in artificiatis est ut consequantur regulam artis. Malum autem per consequens in huiusmodi est per hoc quod aliquid discordat a sua regula vel mensura. Quod quidem contingit vel per hoc quod superexcedit mensuram, vel per hoc quod deficit ab ea, sicut manifeste apparet in omnibus regulatis et mensuratis. Et ideo patet quod bonum virtutis moralis consistit in adaequatione ad mensuram rationis.[7] — Manifestum est autem quod inter excessum et defectum medium est

---

4. *Ethica Nic.*, II, c.6, 1106b36-1107a2; S. Thomas, lect.7, nn.322-323.
5. q.55, a.3.
6. Cf. q.58, a.1.

통해서 완성된다. 예컨대 동정성은 온갖 해로운 쾌락들로부터 절제함으로써 극에 다다르게 되는데, 이것이 가장 완전한 정결이다. 그리고 모든 것을 가난한 이들에게 주는 것은 가장 완전한 자비심 또는 아량(liberalitas)이다. 그러므로 중용을 지킨다는 것은 도덕적 덕 개념에 속하지 않는다.

[재반론] 그러나 반대로 철학자는 『니코마코스 윤리학』 제2권[4]에서 "도덕적 덕은 중용에 자리 잡고 있는 선택적 습성이다."라고 말하고 있다.

[답변] 위에서[5] 말한 것들로부터 명백해지듯이, 덕은 인간을 선으로 질서 짓는 특별한 과제를 지니고 있다. 그리고 특히 도덕적 덕은 영혼의 욕구적 부분을, 어떤 규정된 질료에 대해 잘 준비시키는 과제를 안고 있다.[6] 그런데 욕구할 만한 대상을 향한 욕구적 운동(동력)의 척도와 규칙은 바로 이성이다. 모든 측량되고 규제된 사물에 대한 선은 자신의 규칙에 순응(일치)하는 데에서 성립된다. 예컨대, 기예의 산물들을 위한 선은 기예의 규제 아래 있음에서 성립된다. 따라서 저 사물들 안에서 악은 규칙 또는 척도와 불일치하는 데에서 성립된다. 그리고 이것이 발생하는 이유는 어떤 사물이 자신의 척도 또는 규칙을 넘어가거나 그 아래에 있기 때문이다. 이것은 어떤 규칙 또는 척도 아래 놓여 있는 모든 것 안에서 명백하다. 따라서 도덕적 덕들의 선이 이성의 척도와 일치하는 데에서 성립된다는 것은 명백하다.[7]—또한 지나침과 모자람 사이에 중간점이 동능성 또는 일치성

---

7. Cf. q.18, a.5.

aequalitas sive conformitas. Unde manifeste apparet quod virtus moralis in medio consistit.

AD PRIMUM ergo dicendum quod virtus moralis bonitatem habet ex regula rationis, pro materia autem habet passiones vel operationes.[8] Si ergo comparetur virtus moralis ad rationem, sic, secundum id quod rationis est, habet rationem extremi unius, quod est conformitas, excessus vero et defectus habet rationem alterius extremi, quod est difformitas. Si vero consideretur virtus moralis secundum suam materiam, sic habet rationem medii, inquantum passionem reducit ad regulam rationis.[9] Unde Philosophus dicit, in II *Ethic.*,[10] quod *virtus secundum substantiam medietas est,* inquantum regula virtutis ponitur circa propriam materiam: *secundum optimum autem et bene, est extremitas,* scilicet secundum conformitatem rationis.

AD SECUNDUM dicendum quod medium et extrema considerantur in actionibus et passionibus secundum diversas circumstantias,[11] unde nihil prohibet in aliqua virtute esse extremum secundum unam circumstantiam, quod tamen est medium secundum alias circumstantias, per conformitatem ad rationem. Et sic est in magnificentia et magnanimitate.

---

8. Cf. q.58, a.4.
9. Cf. W. D. Hughes, OP, "Appendix 4: The Mean of Virtue", in Thomas Aquinas, *Summa Theologiae*, vol.23(IaIIae, 55-67): *Virtue,* London, Eyre & Spottiswoode, 1969, pp.249-250.

을 표시한다는 것은 명백하다. 따라서 도덕적 덕은 중용에서 성립된다는 것이 명백하다.

[해답] 1. 도덕적 덕은 자신의 선을 이성의 규칙으로부터 받는다. 그 대신에 정념 또는 작용들을 질료로 삼고 있다.[8] 따라서 만일 도덕적 덕을 이성과 비교해 본다면, 그것은 그 이성적 요소에 의해서 한 극단, 곧 합치(conformitas)로 나타나는 것을 알 수 있다. 그러나 지나침과 모자람은 다른 극단, 곧 불합치(difformitas)로 나타난다. 그러나 도덕적 덕을 그 질료에 따라 고찰한다면, 그때 [이성과의 조화 때문에] 덕이 정념을 이성의 규제로 환원시키는 한에서, 중용으로 나타난다.[9] 그래서 철학자는 『니코마코스 윤리학』 제2권[10]에서 이렇게 말한다. 덕의 척도를 자기 고유의 질료에 적용하는 한에서 "덕은 본질적으로 중용에 있다." 반면에 "최상의 것과 선에 따라서는", 곧 이성과의 합치 면에서 볼 때에는, 하나의 "극단이다."

2. 활동과 정념들에서 중용과 극단은 여러 상황[11]에 따라 고찰된다. 그러므로 어떤 덕 안에, 어떤 상황에서는 이성과의 일치에 따라 중용을 이루는 것이 다른 상황에 따라 극단인 것이 존재하는 것을 막는 것은 아무것도 없다. 그리고 관대(magnificentia)와 웅지(magnanimitas) 안에서도 이러하다. 왜냐하면 만일 관대한 사람(magnificus)과 웅지를 품은 사람(magnanimus)이 지향하는 것의 크기만을 고려한다면, 극단적이고 최대의 것에 대해 말하게 되기 때문이다. 그러나 만일 이것을 다른 상황들과 연관시켜 고려한다면, 그때

---

10. *Ethica Nic.*, II, c.6, 1107a7-8; S. Thomas, lect.7, nn.326-327.
11. '상황'에 대해서는: Cf. q.7.

Nam si consideretur quantitas absoluta eius in quod tendit magnificus et magnanimus, dicetur extremum et maximum, sed si consideretur hoc ipsum per comparationem ad alias circumstantias, sic habet rationem medii; quia in hoc tendunt huiusmodi virtutes secundum regulam rationis, idest ubi oportet, et quando oportet, et propter quod oportet. Excessus autem, si in hoc maximum tendatur quando non oportet, vel ubi non oportet, vel propter quod non oportet; defectus autem est, si non tendatur in hoc maximum ubi oportet, et quando oportet. Et hoc est quod Philosophus dicit, in IV *Ethic.*,[12] quod *magnanimus est quidem magnitudine extremus; eo autem quod ut oportet, medius.*[13]

AD TERTIUM dicendum quod eadem ratio est de virginitate et paupertate, quae est de magnanimitate. Abstinet enim virginitas ab omnibus venereis, et paupertas ab omnibus divitiis, propter quod oportet, et secundum quod oportet; idest secundum mandatum Dei, et propter vitam aeternam. Si autem hoc fiat secundum quod non oportet,[14] idest secundum aliquam superstitionem illicitam, vel etiam propter inanem gloriam; erit superfluum. Si autem non fiat quando oportet, vel secundum quod oportet, est vitium per defectum, ut patet in transgredientibus votum virginitatis vel paupertatis.[15]

중용의 근거를 가지게 된다. 왜냐하면 위에서 말한 덕들은 이성의 규칙(곧 언제, 어디서, 왜 그러해야 하는지)에 따라 이것으로 기우는 것이기 때문이다. 그런데 만일 요구되지 않는 때와 장소에서 요구되지도 않는 이유 때문에 저 최대로 기울게 된다면, 지나침이 있게 되고, 요구되는 때와 장소에서 그리고 기울지 않는다면 모자람이 있게 된다. 그래서 철학자는 『니코마코스 윤리학』 제4권[12]에서 이렇게 말한다. "웅지를 품은 사람은 크기의 최대치이다. 그러나 요구되는 곳에 있기 때문에 중용을 갖추고 있다."[13]

3. 웅지에 적용된 것과 똑같은 근거가 동정성과 청빈에 대해서도 적용된다. 실상 올바른 동기와 요구되는 적합한 방식으로, 다시 말해 하느님의 명령에 따라, 그리고 영원한 생명을 위하여, 동정은 모든 육감적 쾌락을 끊어 버리고, 청빈은 모든 풍요로움을 멀리한다.[14] 반면에 만일 누가 그것을 행하기는 하되, 마땅한 방식으로 행하는 것이 아니라, 부당한 미신을 따르거나 허영 때문에 하는 것이라면, 지나침이 있을 것이다. 그리고 만일 요구될 때에 그것을 행하지 않는다면, 동정 서약과 청빈 서약을 어기는 자의 경우에 명백하듯이, 결함의 악습에 떨어지는 것이다.[15]

---

12. *Ethica Nic.*, IV, c.7, 1123b23-24; S. Thomas, lect.81, n.741.[이창우 외 역: "포부가 큰 사람은 크기 면에서는 극단이지만, 마땅히 그래야 할 방식이라는 면에서는 중간이다."]
13. Cf. II-II, q.129, a.3, ad1; q.134, a.1, ad2.
14. Cf. II-II, q.152, a.2, ad2; q.186, a.3, ad3. Cf. etiam I-II, q.61, a.5, ad3.
15. 이 점에 대해서는 제2부 제2편 제152문 제2절과 제3절에서 보다 광범위하게 다룰 것이다.

Articulus 2
Utrum medium virtutis moralis sit medium rei, vel rationis

Ad secundum sic proceditur. Videtur quod medium virtutis moralis non sit medium rationis, sed medium rei.

1. Bonum enim virtutis moralis consistit in hoc quod est in medio. Bonum autem, ut dicitur in VI *Metaphys.*,[1] est in rebus ipsis. Ergo medium virtutis moralis est medium rei.

2. Praeterea, ratio est vis apprehensiva. Sed virtus moralis non consistit in medio apprehensionum; sed magis in medio operationum et passionum. Ergo medium virtutis moralis non est medium rationis, sed medium rei.

3. Praeterea, medium quod accipitur secundum proportionem arithmeticam vel geometricam, est medium rei. Sed tale est medium iustitiae, ut dicitur in V *Ethic.*[2] Ergo medium virtutis moralis non est medium rationis, sed rei.

SED CONTRA est quod Philosophus dicit, in II *Ethic.*,[3] quod *virtus moralis in medio consistit quoad nos, determinata ratione.*

---

1. *Metaphysica*, VI, c.3, 1027b26-29; S. Thomas, lect.4, nn.1230-1231.
2. *Ethica Nic.*, II, c.7, 1232 a2-7; S. Thomas, lect.6, nn.950-951. Cf. Ibid., 1131b13-15; S. Thomas, lect.5, n.944; II, c.5, 1106 a28-29; S. Thomas, lect.6, n.310.
3. *Ethica Nic.*, II, c.6, 1106b36-1107a2[*이창우 외 역: "탁월성은 합리적 선택과 결부된 품성 상태로, 우리와의 관계에서 성립하는 중용에 의존한다."]; S. Thomas, lect.7, nn.322-323.

제2절 도덕적 덕의 중용은 실재의 중용인가, 아니면 이성의 중용인가?

[**Parall**.: II-II, q.58, a.10; *In Sent.*, III, d.33, q.1, a.3, qc.2; *In Ethic.*, II, lect.6; *De virtutibus*, a.13]

[반론] 둘째에 대해서는 다음과 같이 전개된다. 도덕적 덕의 중용은 이성의 중용이 아니라, 실재의 중용인 것으로 생각된다.

1. 도덕적 덕의 선은 중용을 지키는 데 있다. 『형이상학』 제6권[1]에서 말하는 것처럼 선은 사물들 자체 안에 있다. 그러므로 도덕적 덕의 중용은 실재의 중용이다.

2. 이성은 파악하는 힘이다. 그런데 도덕적 덕은 인식 활동들의 중용에서 성립되지 않고, 작용들 및 정념들과 관련된 중용에서 성립된다. 그러므로 도덕적 덕의 중용은 이성의 중용이 아니라, 실재의 중용이다.

3. 산술이나 기하학의 비례에 따라 수용되는 중용은 실재의 중용이다. 그런데 『니코마코스 윤리학』 제5권[2]에서 말하는 것처럼, 정의의 중용이 바로 그러하다. 그러므로 도덕적 덕의 중용은 이성의 중용이 아니라, 실재의 중용이다.

[재반론] 그러나 반대로 철학자는 『니코마코스 윤리학』 제2권[3]에서 이렇게 말하고 있다. "도덕적 덕은, 우리에게 있어서는 중용에서 성립되고, 이성에 의해 규정된다."

Respondeo dicendum quod medium rationis dupliciter potest intelligi. Uno modo, secundum quod medium in ipso actu rationis existit, quasi ipse actus rationis ad medium reducatur. Et sic, quia virtus moralis non perficit actum rationis, sed actum virtutis appetitivae; medium virtutis moralis non est medium rationis.—Alio modo potest dici medium rationis id quod a ratione ponitur in aliqua materia. Et sic omne medium virtutis moralis est medium rationis, quia, sicut dictum est,[4] virtus moralis dicitur consistere in medio, per conformitatem ad rationem rectam.

Sed quandoque contingit quod medium rationis est etiam medium rei, et tunc oportet quod virtutis moralis medium sit medium rei; sicut est in iustitia. Quandoque autem medium rationis non est medium rei, sed accipitur per comparationem ad nos, et sic est medium in omnibus aliis virtutibus moralibus. Cuius ratio est quia iustitia est circa operationes, quae consistunt in rebus exterioribus, in quibus rectum institui debet simpliciter et secundum se, ut supra[5] dictum est, et ideo medium rationis in iustitia est idem cum medio rei, inquantum scilicet iustitia dat unicuique quod debet, et non plus nec minus. Aliae vero virtutes morales consistunt circa passiones interiores, in quibus non potest rectum constitui eodem modo, propter hoc quod homines diversimode se habent ad passiones, et ideo oportet

---

4. a.1.

[답변] 이성의 중용은 이중으로 이해할 수 있다. 첫째는 중용이 이성의 행위 자체 안에 있다는 의미로 [이해할 수 있다.] 이것은 마치 이성의 행위 자체를 중용으로 환원시키는 셈이다. 이런 의미에서 도덕적 덕의 중용은 이성의 중용일 수 없다. 왜냐하면 도덕적 덕은 이성의 행위를 완성시키는 것이 아니라, 욕구적 덕의 행위를 완성시키는 것이기 때문이다.―둘째, 이성에 의해서 어느 특정 질료 안에 규정되는 것을 이성의 중용이라고 말할 수 있다. 그리고 이런 의미에서 도덕적 덕의 중용은 언제나 이성의 중용이다. 왜냐하면 앞의⁴ 설명들에 따라 도덕적 덕은 올바른 이성과 합치되는 중용에서 성립되기 때문이다.

하지만 어떤 경우에는 이성의 중용이 사물의 실재에 의해서 부과되는 중용과 일치되는 수도 있다. 이때 도덕적 덕의 중용은, 정의의 경우에 일어나듯이, 사물들의 중용이어야 한다. 반면 다른 때에는 이성의 중용이 실재의 중용이 아니라, 우리와의 비교를 통해 받아들여진다. 다른 모든 도덕적 덕 안에서의 중용이 바로 이러하다. 이것은 정의가 (위에서⁵ 지적한 것처럼, 그 안에서 옳음이 단적으로 그리고 그 자체로 규정되어야 하는) 외부 사물들 안에 자리 잡고 있는 작용들에 연관된다는 사실에 기인한다. 그러므로 정의 안에서 이성의 중용은, 정의가 더도 덜도 아니고 각자에게 마땅한 것을 주는 한에서, 사물들의 중용과 동일하다. 반면에 다른 도덕적 덕들은, (사람들이 정념들에 대해 다른 성향을 지니기 때문에, 옳은 것이 언제나 똑같은 방식으로 확립될 수 없는) 내면적 정념들과 관계된다. 그렇다

---

5. q.60, a.2.

q.64, a.3

quod rectitudo rationis in passionibus instituatur per respectum ad nos, qui afficimur secundum passiones.⁶

Et per hoc patet responsio ad obiecta. Nam, primae duae rationes procedunt de medio rationis quod scilicet invenitur in ipso actu rationis.—Tertia vero ratio procedit de medio iustitiae.

Articulus 3
Utrum virtutes intellectuales consistant in medio

Ad tertium sic proceditur. Videtur quod virtutes intellectuales non consistant in medio.

1. Virtutes enim morales consistunt in medio, inquantum conformantur regulae rationis. Sed virtutes intellectuales sunt in ipsa ratione; et sic non videntur habere superiorem regulam. Ergo virtutes intellectuales non consistunt in medio.¹

2. Praeterea, medium virtutis moralis determinatur a virtute

---

6. 이성의 중용이 이성 속에 자리 잡고 있는 것으로 이해되어서는 안 된다. 그것은 이성에 의해서 작용들과 정념들 속에 놓이게 된다. 따라서 정의 속에서 중용은 사물들 속에, 곧 실재 속에 있다고 말할 때, 이 규정 속에 이성의 개입을 부정하려 들어서는 안 된다. 그것은 오히려 이성에 의해서 규정된 중용과 객관적이고 실재적인 세계 속에 실존하는 중용의 일치를 강조하려는 것이다. 한편 주체의 정념들과 연관되는 다른 덕들 속에서는 중용이 필시 주체적인 어떤 것이다.

면 정념들 안에 있는 이성의 옳음이 정념들의 영향에 시달리는 우리와 관련해서 어떠한지를 규정할 필요가 있다.[6]

[해답] 1-3. 그렇기 때문에 난점들에 대한 해답은 명백하다. 실상 앞의 두 가지 반론은 이성의 행위 자체 안에서 만나게 되는 이성의 중용을 강조한다.— 셋째는 정의에 고유한 중용에 기초하고 있다.

제3절 지성적 덕은 중용에서 성립되는가?

[**Parall.**: *In Sent.*, III, d.33, q.1, a.3, qc.3; *De virtutibus*, a.13; *De spe*, a.1, ad7]

[반론] 셋째에 대해서는 다음과 같이 전개된다. 지성적 덕은 중용에서 성립되는 것으로 보이지 않는다.

1. 도덕적 덕은 이성의 규칙에 합치되는 한 중용에서 성립된다. 그러나 지성적 덕은 이성 자체 안에 있고, 이처럼 더 이상의 규칙을 가지고 있는 것으로 보이지 않는다. 그러므로 지성적 덕은 중용에서 성립되는 것이 아니다.[1]

2. 도덕적 덕의 중용은 지성적 덕에 의해서 규정된다. 왜냐하면

---

1. 이런 측면에서 볼 때, 문제의 어려움은 부인하기 어렵다. 그러나 성 토마스는 인간적 덕이 주체적 규칙들에 대한 불명확한 탐구 속에 소진되지 않는다는 사실을 규명하는 일에 착수한다. 우리 행위들의 도덕성의 최초의 공동작용인(coefficiens)인 이성은 자기 자신 앞에 하나의 객관적 척도를 가지고 있다. 아니, 그 적도는 단적으로 대상이다. 왜냐하면 지성의 선은 진리인데, "진리는 인간 지성이 사물들과 일치하는 것"이기 때문이다.

intellectuali, dicitur enim in II *Ethic.*,² quod *virtus consistit in medietate determinata ratione, prout sapiens determinabit*. Si igitur virtus intellectualis iterum consistat in medio, oportet quod determinetur sibi medium per aliquam aliam virtutem. Et sic procedetur in infinitum in virtutibus.

3. Praeterea, medium proprie est inter contraria; ut patet per philosophum, in X *Metaphys*.³ Sed in intellectu non videtur esse aliqua contrarietas, cum etiam ipsa contraria, secundum quod sunt in intellectu, non sint contraria, sed simul intelligantur, ut album et nigrum, sanum et aegrum. Ergo in intellectualibus virtutibus non est medium.

SED CONTRA est quod ars est virtus intellectualis, ut dicitur in VI *Ethic.*;⁴ et tamen artis est aliquod medium, ut dicitur in II *Ethic.*⁵ Ergo etiam virtus intellectualis consistit in medio.

RESPONDEO dicendum quod bonum alicuius rei consistit in medio, secundum quod conformatur regulae vel mensurae quam contingit transcendere et ab ea deficere, sicut dictum est.⁶ Virtus autem intellectualis ordinatur ad bonum, sicut et moralis, ut supra⁷ dictum est. Unde secundum quod bonum

---

2. *Ethica Nic.*, II, c.6, 1106b36-1107a2; S. Thomas, lect.7, nn.322-323.
3. *Metaphysica*, X, c.7, 1057a30-31; S. Thomas, lect.9, n.2101.
4. *Ethica Nic.*, VI, c.3, 1139b16; S. Thomas, lect.3, n.1143. Cf. q.57, a.3.

『니코마코스 윤리학』제2권[2]에서 말하는 것처럼, "덕은 현자가 규정하듯이 그렇게 이성에 의해 규정되는 중용에서 성립되"기 때문이다. 따라서 만일 지성적 덕이 중용에서 성립되어야 한다면, 저 중용을 어떤 다른 덕을 통해 규정할 필요가 있을 것이다. 그리고 이렇게 무한히 덕의 계열로 이어질 것이다.

3. 철학자가 『형이상학』제10권[3]에서 입증하듯이, 중용은 엄밀히 말해 두 가지 반대되는 것 사이에 있다. 그러나 지성 안에는 어떠한 모순도 없다. 왜냐하면 그 반대되는 것들은 지성 안에 있는 한, 반대되는 것들이 아니라, 하얀 것과 검은 것, 건강한 것과 병든 것처럼 동시에 인식되는 것들이기 때문이다. 그러므로 지성적 덕에는 중용이 존재하지 않는다.

[재반론] 그러나 반대로 『니코마코스 윤리학』제6권[4]에서 말하고 있듯이, "기예는 지성적 덕이다." 그러나 『니코마코스 윤리학』제2권[5]에서 말하는 것처럼, 기예에는 중용이 존재한다. 따라서 지성적 덕도 중용에서 성립된다.

[답변] 어떤 사물의 선은 중용[중용을 지키는 데]에서 성립된다. 이 것은 이미[6] 말한 것처럼, 지나치거나 모자랄 수도 있는 규칙 또는 척도에 합치된다는 의미이다. 그런데 지성적 덕은, 위에서[7] 말한 것처럼, 도덕적 덕과 마찬가지로, 선으로 질서 지어져 있다. 그러므로 지성적

---

5. *Ethica Nic.*, II, c.5, 1106b13-16; S. Thomas, lect.6, nn.315-316.
6. a.1.
7. q.56, a.3.

q.64, a.3

virtutis intellectualis se habet ad mensuram, sic se habet ad rationem medii. Bonum autem virtutis intellectualis est verum:[8] speculativae quidem virtutis, verum absolute, ut in VI *Ethic.*[9] dicitur; practicae autem virtutis, verum secundum conformitatem ad appetitum rectum.[10]

Verum autem intellectus nostri absolute consideratum, est sicut mensuratum a re, res enim est mensura intellectus nostri, ut dicitur in X *Metaphys.*;[11] ex eo enim quod res est vel non est, veritas est in opinione et in oratione.[12] Sic igitur bonum virtutis intellectualis speculativae consistit in quodam medio, per conformitatem ad ipsam rem, secundum quod dicit esse quod est, vel non esse quod non est; in quo ratio veri consistit. Excessus autem est secundum affirmationem falsam, per quam dicitur esse quod non est, defectus autem accipitur secundum negationem falsam, per quam dicitur non esse quod est.

Verum autem virtutis intellectualis practicae, comparatum quidem ad rem, habet rationem mensurati. Et sic eodem modo accipitur medium per conformitatem ad rem, in virtutibus intellectualibus practicis, sicut in speculativis.—Sed respectu appetitus, habet rationem regulae et mensurae. Unde idem medium, quod est virtutis moralis, etiam est ipsius prudentiae, scilicet rectitudo rationis, sed prudentiae quidem est istud medium ut regulantis et mensurantis; virtutis autem moralis, ut

---

8. Cf. q.57, a.1.

덕의 선이 척도 안에서 성립되는 것과 마찬가지로, 중용의 근거 안에서도 성립된다. 그런데 지성적 덕의 선은 참[진리]이고,[8] 사변적 덕의 경우에는, 『니코마코스 윤리학』 제6권[9]에서 말하는 것처럼, 절대적인 의미의 진리이며, 실천적 덕의 경우에는 올바른 욕구와의 일치에 따른 진리이다.[10]

우리 지성의 진리는, 절대적인 의미에서 볼 때, 사물에 의해서 측정된다. 왜냐하면 『형이상학』 제10권[11]에서 말하는 것처럼, 사물이 우리 지성의 척도이기 때문이다. 왜냐하면 우리의 견해와 언명 안에 진리가 있는지 여부는 사물이 존재하거나 존재하지 않는 데에 달려 있기 때문이다.[12] 그러므로 사변적 지성적 덕의 선은, 사물 자체와의 일치를 통해서, 다시 말해, 존재하는 것에 대한 긍정과 존재하지 않는 것에 대한 부정을 통해서, 중용에서 성립된다. 이것이 진리의 본질을 구성한다. 반면에 존재하지 않는 것에 대한 잘못된 긍정에는 지나침이 있고, 존재하는 것에 대한 잘못된 부정에는 결함(부족함)이 있다.

그러나 실천적 지성적 덕에서는 참[진리]이 사물에 비해 측정되는 근거를 가지고 있다. 이런 측면에서 이런 덕 안에서는 중용이 사변적 덕의 경우에서처럼 실재와의 일치에 의해서 생겨난다.―반면에 욕구와 관련해서는 [중용이] 규칙 또는 척도의 기능을 한다. 그래서 도덕적 덕의 중용은 현명의 중용과 같이, 올바른 이성이다. 그러나 저 중용이 현명에 속하는 것은 규제하고 척도가 되는 요소에게 속하듯이 속하는 것이지만, 도덕적 덕에게는 규제되고 좌우되는 것들에 속하

---

9. *Ethica Nic.*, VI, c.2, 1139a29-31; S. Thomas, lect.2, nn.1130-1132.
10. Cf. q.57, a.5, ad3.
11. *Metaphysica*, X, c.1, 1153a33-b3; S. Thomas, lect.2, nn.1956-1959.
12. Cf. I, q.16, aa.1 & 3.

mensuratae et regulatae.¹³ Similiter excessus et defectus accipitur diversimode utrobique.

AD PRIMUM ergo dicendum quod etiam virtus intellectualis habet suam mensuram, ut dictum est,¹⁴ et per conformitatem ad ipsam, accipitur in ipsa medium.

AD SECUNDUM dicendum quod non est necesse in infinitum procedere in virtutibus, quia mensura et regula intellectualis virtutis non est aliquod aliud genus virtutis, sed ipsa res.

AD TERTIUM dicendum quod ipsae res contrariae non habent contrarietatem in anima, quia unum est ratio cognoscendi alterum:¹⁵ et tamen in intellectu est contrarietas affirmationis et negationis, quae sunt contraria, ut dicitur in fine *Peri Hermeneias*.¹⁶ Quamvis enim esse et non esse non sint contraria, sed contradictorie opposita, si considerentur ipsa significata prout sunt in rebus, quia alterum est ens, et alterum est pure non ens,¹⁷ tamen si referantur ad actum animae, utrumque ponit aliquid. Unde esse et non esse sunt contradictoria, sed opinio qua opinamur quod *bonum est bonum*, est contraria opinioni qua opinamur quod *bonum non est bonum*.¹⁸ Et inter huiusmodi contraria medium est virtus intellectualis.

---

13. Cf. q.66, a.3, ad3; II-II, q.47, a.7.
14. 본론.

듯이 속한다.[13] 마찬가지로, 지나침과 모자람도 각각의 경우에 다르게 받아들여진다.

[해답] 1. 이미[14] 말한 것처럼, 지성적 덕도 자기 척도를 지니고 있다. 그리고 그 척도와의 일치에 기초해서 그 중용이 규정되어야 한다.

2. 덕의 계열에서 무한히 전개될 위험은 없다. 왜냐하면 지성적 덕의 척도와 규칙은 다른 종류의 덕이 아니라, 사물 자체이기 때문이다.

3. 서로 반대되는 사물들은 영혼 안에서는 반대되지 않는다. 왜냐하면 하나는 다른 것을 인식하기 위한 근거이기 때문이다.[15] 그럼에도 불구하고 지성 안에는, 『명제론』[16] 끄트머리에서 말하는 것처럼, 긍정과 부정 사이의 반대가 있다. 실상 지시되고 있는 사물들을 실재 속에 있는 것으로 이해한다면, 존재와 비존재는 반대되는 것이 아니라 모순되는 것이다. 왜냐하면 하나는 존재자이고, 다른 하나는 순수하게 비존재이기 때문이다.[17] 그렇지만 영혼의 행위와 연관시켜 본다면, 둘 다 무언가를 설정하게 된다. 그러므로 존재와 비존재는 모순이다. 그러나 '선은 선이다.'라고 생각하는 견해는 '선은 선이 아니다.'라고 보는 견해에 반대된다.[18] 그런데 지성적 덕은 이런 종류의 반대되는 것들 사이의 중용이다.

---

15. Cf. q.35, a.5, c et ad2; q.54, a.2, ad1.
16. *Peri Hermeneias*, c.14, 23a27-28. Cf. Cajetanus, *Suppl. ad Comm. S. Th.*, II, lect.13-14.
17. '비존재'(non-ens)는 '무'(nihil, vel nullum ens)와 동의어가 아니다. Cf. I, q.45, a.1.
18. Cf. q.53, a.1.

Articulus 4
Utrum virtutes theologicae consistant in medio

Ad quartum sic proceditur. Videtur quod virtus theologica consistat in medio.

1. Bonum enim aliarum virtutum consistit in medio. Sed virtus theologica excedit in bonitate alias virtutes. Ergo virtus theologica multo magis est in medio.

2. Praeterea, medium virtutis accipitur, moralis quidem secundum quod appetitus regulatur per rationem; intellectualis vero secundum quod intellectus noster mensuratur a re. Sed virtus theologica et perficit intellectum, et appetitum, ut supra[1] dictum est. Ergo etiam virtus theologica consistit in medio.

3. Praeterea, spes quae est virtus theologica, medium est inter desperationem et praesumptionem. Similiter etiam fides incedit media inter contrarias haereses, ut Boetius dicit, in libro *de Duabus Naturis*,[2] quod enim confitemur in Christo unam personam et duas naturas, medium est inter haeresim Nestorii, qui dicit duas personas et duas naturas; et haeresim Eutychis, qui dicit unam personam et unam naturam. Ergo virtus theologica consistit in medio.

제4절 신학적 덕은 중용에서 성립되는가?

[**Parall**.: Cf. II-II, q.17, a.5, ad2; *In Sent*., III, d.33, q.1, a.3, qc.4; *De virtutibus*, a.13; *De caritate*, a.2, ad10 & 13; *De spe*, a.1, ad7; *In Rom*., c.12, lect.1]

[반론] 넷째에 대해서는 다음과 같이 전개된다. 신학적 덕은 중용에서 성립되는 것으로 생각된다.

1. 다른 덕들의 선은 중용에서 성립된다. 그러나 신학적 덕은 그 선성에 있어서 다른 덕들을 능가한다. 그러므로 신학적 덕은 훨씬 더 중용 안에 있다.

2. 도덕적 덕의 중용은 이성 측으로부터의 욕구에 대한 규제에서 성립되고, 지성적 덕의 중용은 우리의 지성이 사물에 의해서 측정되는 데에서 성립된다. 그런데 위에서[1] 살펴본 것처럼, 신학적 덕은 지성도 욕구도 모두 완성한다. 그러므로 신학적 덕도 중용에서 성립된다.

3. 신학적 덕인 희망은 설망과 과신(過信) 사이의 중용이나. 마찬가지로 보에티우스가 『두 본성』에서[2] 말하는 것처럼, 신앙은 반대되는 이단들 사이의 중용이다. 실상 그리스도 안에 단 하나의 위격과 두 개의 본성이 있다는 주장은 그분 안에 두 개의 위격과 두 개의 본성이 있다는 네스토리우스의 이단과, 단 하나의 위격과 단 하나의 본성만 있다는 에우티케스의 이단 사이의 중용이다. 그러므로 신학적 덕은 중용에서 성립된다.

---

1. q.62, a.2
2. Boethius, *De duabus naturis*, c.7: PL 64, 1352.

q.64, a.4

Sed contra, in omnibus in quibus consistit virtus in medio, contingit peccare per excessum, sicut et per defectum. Sed circa Deum, qui est obiectum virtutis theologicae, non contingit peccare per excessum, dicitur enim *Eccli.* 43, [33]: *Benedicentes Deum, exaltate illum quantum potestis, maior enim est omni laude.* Ergo virtus theologica non consistit in medio.

Respondeo dicendum quod, sicut dictum est,[3] medium virtutis accipitur per conformitatem ad suam regulam vel mensuram, secundum quod contingit ipsam transcendere vel ab ea deficere. Virtutis autem theologicae duplex potest accipi mensura. Una quidem secundum ipsam rationem virtutis. Et sic mensura et regula virtutis theologicae est ipse Deus, fides enim nostra regulatur secundum veritatem divinam, caritas autem secundum bonitatem eius, spes autem secundum magnitudinem omnipotentiae et pietatis eius.[4] Et ista est mensura excellens omnem humanam facultatem, unde nunquam potest homo tantum diligere Deum quantum diligi debet, nec tantum credere aut sperare in ipsum, quantum debet. Unde multo minus potest ibi esse excessus. Et sic bonum talis virtutis non consistit in medio, sed tanto est melius, quanto magis acceditur ad summum.[5]

---

3. a.1.

[재반론] 그러나 반대로 그 완전성이 중용에서 성립되는 모든 사물들 안에는 지나침이나 모자람 때문에 죄를 지을 수 있다. 대신에, 신학적 덕의 대상인 하느님에 대해서는 지나침의 잘못을 범할 수 없다. 왜냐하면 집회서 43장 [30절]에서는 이렇게 말하기 때문이다. "주님께 영광을 드리고 그분을 높이 받들어라. 아무리 높이 받들어도 그분께서는 그보다 더 높으시다." 따라서 신학적 덕은 중용에서 성립되지 않는다.

[답변] 위에서도³ 말한 것처럼, 덕의 중용은 그것이 (넘어가거나 못 미칠 수 있는) 그 규칙 또는 기준과 일치되는 데에서 이루어진다. 그런데 신학적 덕은 두 가지 유형의 기준을 가질 수 있다. 첫째는 그 덕의 근거(ratio) 자체에 따른 것이다. 그리고 이처럼 신학적 덕의 척도와 규칙은 하느님 자신이다. 왜냐하면 우리의 신앙은 신적 진리에 따라 규제되고, 참사랑은 그분의 선성에 따라 규제되며, 희망은 그분의 전능과 자비의 크기에 따라 규제되기 때문이다.⁴ 그리고 이것은 인간의 온갖 기관(능력)을 넘어서는 척도이다. 그래서 인간은 결코 하느님을 합당한 정도로 사랑할 수도 없을 것이고, 필요한 만큼 그분께 신앙과 희망을 둘 수도 없을 것이다. 더더군다나 여기서 지나침이란 있을 수 없는 것이다. 그리고 이런 덕의 선성은 중용에서 성립되는 것이 아니라, 정점으로 나아갈수록 더 나은 것이다.⁵

---

4. Cf. q.62, a.3.
5. 우리는 하느님의 사랑을 지나치게 많이 가질 수 없다. 그러나 도덕으로서의 종교는 지나치거나 방향이 잘못될 수가 있다. Cf. II-II, q.90.

q.64, a.4

Alia vero regula vel mensura virtutis theologicae est ex parte nostra, quia etsi non possumus ferri in Deum quantum debemus, debemus tamen ferri in ipsum credendo, sperando et amando, secundum mensuram nostrae conditionis.[6] Unde per accidens potest in virtute theologica considerari medium et extrema, ex parte nostra.[7]

AD PRIMUM ergo dicendum quod bonum virtutum intellectualium et moralium consistit in medio per conformitatem ad regulam vel mensuram quam transcendere contingit. Quod non est in virtutibus theologicis, per se loquendo, ut dictum est.[8]

AD SECUNDUM dicendum quod virtutes morales et intellectuales perficiunt intellectum et appetitum nostrum in ordine ad mensuram et regulam creatam, virtutes autem theologicae in ordine ad mensuram et regulam increatam. Unde non est similis ratio.

AD TERTIUM dicendum quod spes est media inter praesumptionem et desperationem, ex parte nostra, inquantum

---

6. 이 구절에 대해 카포니(S. Capponi)는 이렇게 지적한다: "우리의 이 조건의 기준은 믿어야 할 것에 대해서는 거룩한 교회요(II-II, q.5, a.3), 바라야 할 것에 대해서는 은총과 공로에 의해서(II-II, q.17, a.1, ad2) 그리스도의 신성의 현의(玄義)와 인성의 신비를 보리라는 희망이며(II-II, q.1, a.8), 사랑해야 할 것에 대해서는 하느님께서 모든 것 위에 온 마음으로… 사랑받으셔야 한다는 것과(II-II, q.26, aa.2-3; q.27, a.3 & 5-6; q.44, aa.4-5) 제2부 제2편 제25문에서 논하고 같은 곳 제26문과 제47문 제7-8절에서 설정된 질서에 따라 다뤄지는 것들이다."

신학적 덕의 둘째 규칙 또는 척도는 우리 자신과 관계된다. 왜냐하면 비록 우리가 마땅한 만큼 하느님을 사랑할 수는 없다고 하더라도, 우리 조건의 척도에 따라 믿고 바라고 사랑하며 그분께 가까이 나아가야 하기 때문이다.[6] 따라서 우리 측에서 볼 때에는 중용과 극단이 신학적 덕들 안에서 우유적으로 규정될 수 있다.[7]

[해답] 1. 지성적 덕과 도덕적 덕의 선성 또는 완전성은 그것들이 넘어설 수도 있는 어떤 규칙 또는 척도에 일치됨으로써 중용에 이르는 데에서 성립된다. 그러나 이미[8] 설명한 대로, 이것은 그 자체로 본 신학적 덕에서는 발생할 수 없다.

2. 도덕적 덕과 지성적 덕은 지성과 욕구를, 창조된 척도 및 기준과 연관시켜 완성하지만, 신학적 덕은 창조되지 않은 척도 및 기준과 연관시켜 완성한다. 그러므로 비교는 성립되지 않는다.

3. 희망이 자만과 절망 사이의 중용인 것은 오로지 우리에게 있어서뿐이다. 다시 말하자면, 어떤 사람은 하느님께 자신의 여건을 넘어가는 선을 희망하거나, 혹은 자신의 여건 속에서 희망할 수 있는 것

---

7. 대신덕들은 그 주관적 측면에서 인간 본성에, 곧 그것들이 자리 잡고 있는 특정 주체에 고유한 제약 조건들에 의존하고 있다. 그런데 인간 본성은 은총으로 아무리 고양된다고 하더라도, 우리의 행위들과 우리의 감정들에 중용을 설정하는 법칙들의 규제를 받는다. 자신의 한계를 고려함이 없이 대신덕의 행위들을 수행하는 자는 그와 관련된 하느님의 정확한 설계를 존중하지 않는다. 예컨대 적절한 동기 없이 하느님의 기적적인 개입을 희망하며 심각한 위험에 노출되는 자는 과잉의 잘못을 저지르게 된다. 그 사실이 하느님의 전능하심과 선하심을 능가하기 때문이 아니라, 그 기적이 인간 본성에 대해, 혹은 저 특수한 처지에 있는 저 특정 개인에 대해, 설정된 한계를 통해 처음부터 하느님 자신에 의해 부정되기 때문이다.

8. 본론.

scilicet aliquis praesumere dicitur ex eo quod sperat a Deo bonum quod excedit suam conditionem; vel non sperat quod secundum suam conditionem sperare posset. Non autem potest esse superabundantia spei ex parte Dei, cuius bonitas est infinita.— Similiter etiam fides est media inter contrarias haereses, non per comparationem ad obiectum, quod est Deus, cui non potest aliquis nimis credere, sed inquantum ipsa opinio humana est media inter contrarias opiniones, ut ex supradictis[9] patet.

들을 희망하지 않는 것이다. 그러나 하느님께 있어서 희망의 지나침이란 있을 수 없다. 그분의 선성이 무한하기 때문이다.—마찬가지로 신앙이 반대되는 이단들 사이의 중용인 것은 대상인 하느님과 관련해서가 아니다. 그분께는 어느 누구도 결코 지나치게 믿을 수 없기 때문이다. 그러나 앞에서[9] 말한 것처럼, 인간의 견해는 그 자체에 있어서 반대되는 견해들 사이의 중용일 수 있는 것이다.

---

9. a.3, ad3.

QUAESTIO LXV
DE CONNEXIONE VIRTUTUM
in quinque articulos divisa

Deinde considerandum est de connexione virtutum.[1]
Et circa hoc quaeruntur quinque.
Primo: utrum virtutes morales sint ad invicem connexae.
Secundo: utrum virtutes morales possint esse sine caritate.
Tertio: utrum caritas possit esse sine eis.
Quarto: utrum fides et spes possint esse sine caritate.
Quinto: utrum caritas possit esse sine eis.

---

1. Cf. q.64, Introd. 이 주제는 도덕 생활 전체의 통일성과 일관성을 이해하는 데 대단히 중요하다. 덕들 사이의 연결은 한 사람의 삶을 평가할 수 있는 모든 주체적인 요소들과 대상적인 요소들의 접합점을 구성한다. 이제껏 우리는 어떤 기계에서 떨어져 나온 조각들을 분석했다고 말할지 모른다. 여기서 우리는 그 구성과 그 기능을 마주하고 있다. 이에 관한 성 토마스의 특징적 명제들은 학자들의 관심을 모았다. 좀 오래된 작품이기는 하지만, 다음 작품은 아직도 참조할 만하다. F. Utz, OP, *De connexione virtutum moralium inter se secundum doctrinam S. Thomae*, Vechta, 1937. 좀 더 현대적 연구 문헌들을 보기 위해서는: Cf. Jean Porter, "The

제65문
덕들 사이의 상호 연관성에 대하여
(전5절)

이제는 덕의 상호 연관성 대해서 고찰해야 한다.[1] 이 주제에 대해서는 다음과 같은 다섯 가지 질문이 제기된다.

1. 도덕적 덕들은 상호 연관성을 지니고 있는가?
2. 도덕적 덕들은 참사랑이 없이도 존재할 수 있는가?
3. 참사랑은 도덕적 덕들 없이도 존재할 수 있는가?
4. 신앙과 희망은 참사랑이 없이도 존재할 수 있는가?
5. 참사랑은 신앙과 희망이 없이도 존재할 수 있는가?

Unity of the Virtues and the Ambiguity of Goodness: A Reappraisal of Aquinas's Theory of the Virtues", *Journal of Religious Ethics* 21(1993), 137-163; Craig S. Titus, "Moral Development and Connecting the Virtues: Aquinas, Porter, and the Flawed Saint", in Reinhard Huetter & Matthew Levering(eds.), *Ressourcement Thomism. Sacred Doctrine, the Sacraments, & the Moral Life,* Washington, Catholic University of America Press, 2010, pp.330-352; Daniel A. Westberg, *Renewing Moral Theology*, Downers Grove(IL), IVP Academic, 2017, pp.142-144.

Articulus 1
Utrum virtutes morales sint ad invecem connexae

Ad primum sic proceditur. Videtur quod virtutes morales non sint ex necessitate connexae.[1]

1. Virtutes enim morales quandoque causantur ex exercitio actuum, ut probatur in II *Ethic.*[2] Sed homo potest exercitari in actibus alicuius virtutis sine hoc quod exercitetur in actibus alterius virtutis. Ergo una virtus moralis potest haberi sine altera.

2. Praeterea, magnificentia et magnanimitas sunt quaedam virtutes morales. Sed aliquis potest habere alias virtutes morales, sine hoc quod habeat magnificentiam et magnanimitatem, dicit enim Philosophus, in IV *Ethic.*,[3] quod *inops non potest esse magnificus*, qui tamen potest habere quasdam alias virtutes; et quod *ille qui parvis est dignus, et his se dignificat, temperatus est, magnanimus autem non est*.[4] Ergo virtutes morales non sunt connexae.

3. Praeterea, sicut virtutes morales perficiunt partem appetitivam animae, ita virtutes intellectuales perficiunt partem intellectivam. Sed virtutes intellectuales non sunt connexae, potest enim aliquis habere unam scientiam, sine hoc quod

---
1. 죄와 악습의 연관성에 관해서는: Cf. I-II, q.73. Cf. Gabriele Talor, *Deadly Vices*, Oxford, Clarendon, 2006.
2. *Ethica Nic.*, II, c.1, 1103a31-b2; S. Thomas, lect.1, n.250.

제1절 도덕적 덕들은 상호 연관성을 지니고 있는가?

[**Parall**.: Cf. *In Sent*., III, d.36, q.1; IV, d.33, q.3, a.2, ad6; *In Ethic*., VI, lect.11; *De virtutibus*, a.2; *Quodlib*., XII, q.15, a.1.]

[반론] 첫째에 대해서는 다음과 같이 전개된다. 도덕적 덕들은 필연적으로 연결되어 있는 것으로 생각되지 않는다.[1]

1. 『니코마코스 윤리학』 제2권[2]에서 입증되는 것처럼, 도덕적 덕들은 행위들의 훈련에 의해서 생겨난다. 그런데 어떤 다른 덕행들을 훈련함이 없이 어느 특정 덕행들을 훈련할 수 있다. 따라서 다른 덕들 없이 어떤 도덕적 덕을 소유하는 일이 가능하다.

2. 관대(magnificentia)와 웅지(magnanimitas)는 도덕적 덕들이다. 그런데 이 두 덕을 가지지 않고서도 다른 도덕적 덕들을 가지는 것이 가능하다. 왜냐하면 철학자는 『니코마코스 윤리학』 제4권[3]에서 "가난한 사람은" 다른 덕들은 가질 수 있을지 몰라도 "관대한 사람(magnificus)만큼은 될 수 없다"고 말하기 때문이다. 그리고 이렇게 덧붙이고 있다. "작은 것들에 적합하며 스스로도 그렇게 인정하는 사람은 겸손하기는 하지만, 관대한 것은 아니다."[4] 그러므로 도덕적 덕들은 서로 연관되어 있지 않다.

3. 도덕적 덕이 영혼의 욕구적 부분을 완성하는 것처럼, 지성적 덕은 지성적 욕구를 완성한다. 그런데 지성적 덕들은 연결되어 있지 않다. 실상 한 사람은 다른 학문이 없이도 어떤 학문을 소유할 수 있

---

3. *Ethica Nic.*, IV, c.5, 1122b26-29[이창우 외 역: "통이 큰 사람"]; S. Thomas, lect.7, n.722.
4. Ibid., c.7, 1123b5-8; S. Thomas, lect.8, n.738.

habeat aliam. Ergo etiam neque virtutes morales sunt connexae.

4. Praeterea, si virtutes morales sint connexae, hoc non est nisi quia connectuntur in prudentia. Sed hoc non sufficit ad connexionem virtutum moralium. Videtur enim quod aliquis possit esse prudens circa agibilia quae pertinent ad unam virtutem, sine hoc quod sit prudens in his quae pertinent ad aliam, sicut etiam aliquis potest habere artem circa quaedam factibilia, sine hoc quod habeat artem circa alia. Prudentia autem est recta ratio agibilium. Ergo non est necessarium virtutes morales esse connexas.

SED CONTRA est quod Ambrosius dicit, *super Lucam*,[5] *connexae sibi sunt, concatenataeque virtutes, ut qui unam habet, plures habere videatur.* Augustinus etiam dicit, in VI *de Trin.*,[6] quod *virtutes quae sunt in animo humano, nullo modo separantur ab invicem.* Et Gregorius dicit, XXII *Moral.*,[7] quod *una virtus sine aliis aut omnino nulla est, aut imperfecta.* Et Tullius dicit, in II *de Tuscul. Quaest.*:[8] *Si unam virtutem confessus es te non habere, nullam necesse est te habiturum.*

---

5. Ambrosius, *Super Lucam*, on 6,20: PL 15, 1738.

6. Augustinus, *De Trinitate*, VI, c.4: PL 42, 927.

7. Gregorius, *Moralia*, XXII, c.1: PL 76, 212.

8. Cicero, *Tuscul. Quaest.*, II, c.14. 성 토마스는 이 모든 권위들에 호소함으로써 우리로 하여금 이 문제의 역사적 추이를 생각하도록 만들고 있다. 플라톤은 도덕적

다. 따라서 도덕적 덕들 역시 서로 연관되어 있지 않다.

4. 만일 도덕적 덕이 서로 연관되어 있었더라면 그들의 연관성은 오직 현명 안에서만 실현될 수 있었을 것이다. 그러나 이것은 도덕적 덕들의 상호 연관을 위해 충분하지 못하다. 실상 어떤 사람은 다른 덕에 속하는 일들에서 현명하지 않으면서도, 어떤 특정 덕에 속하는 행위들을 통해서 현명할 수 있다. 이것은 다른 것들을 만드는 기술을 지니지 않은 채 어느 특정 물건을 만드는 기술을 가지고 있는 것과 마찬가지다. 그런데 현명은 행할 수 있는 것들에 대한 올바른 이성이다. 그러므로 도덕적 덕들이 필연적으로 서로 연결되어 있어야 하는 것은 아니다.

[재반론] 그러나 반대로 암브로시우스는 『루카복음서 강해』[5]에서 이렇게 말한다. "덕들은 서로 연결되어 있고 함께 결속되어 있다. 그래서 누구든 어느 한 가지를 가지게 되면, 여러 가지를 함께 지니고 있는 것으로 드러난다." 그리고 아우구스티누스도 『삼위일체론』 제6권[6]에서 이렇게 말하고 있다. "인간의 정신 안에 존재하는 덕들은 결코 서로 분리되는 법이 없다." 그레고리우스는 『욥기의 도덕적 해설』 제22권[7]에서 이렇게 말한다. "덕은, 다른 덕들이 없이는 존재하지 않거나, 아니면 불완전하다." 마지막으로 키케로는 『투스쿨룸 대화』 제2권[8]에서 이렇게 말한다. "만일 그대가 어떤 특정 덕을 지니고 있지

덕들이 가지는 현명과의 연관성을 명료하게 선포한 첫 사람이었다.(Cf. *Phaidon*, 69B) 그렇지만 그에게도 소크라테스, 데모크리토스, 헤라클레이토스, 테오그니데스, 그리고 심지어는 솔론과 같은 선구자들이 없지 않았을 것이다. 아리스토텔레스는 그 명제, 곧 덕들이 가지는 '올바른 이성'(즉 현명)과의 연관성을 과학적으로 입증한 공로가 있다.(Cf. *Ethica Nic.*, VI, c.13) 스토아학파에서는 저 가르침을,

RESPONDEO dicendum quod virtus moralis potest accipi vel perfecta vel imperfecta. Imperfecta quidem moralis virtus, ut temperantia vel fortitudo, nihil aliud est quam aliqua inclinatio in nobis existens ad opus aliquod de genere bonorum faciendum, sive talis inclinatio sit in nobis a natura, sive ex assuetudine. Et hoc modo accipiendo virtutes morales, non sunt connexae, videmus enim aliquem ex naturali complexione, vel ex aliqua consuetudine, esse promptum ad opera liberalitatis, qui tamen non est promptus ad opera castitatis.⁹

Perfecta autem virtus moralis est habitus inclinans in bonum opus bene agendum. Et sic accipiendo virtutes morales, dicendum est eas connexas esse; ut fere ab omnibus ponitur. Cuius ratio duplex assignatur, secundum quod diversimode aliqui virtutes cardinales distinguunt. Ut enim dictum est,¹⁰ quidam distinguunt eas secundum quasdam generales conditiones virtutum, utpote quod discretio pertineat ad prudentiam, rectitudo ad iustitiam, moderantia ad temperantiam, firmitas animi ad fortitudinem, in quacumque materia ista considerentur. Et secundum hoc, manifeste apparet

---

모든 덕들을 단 하나의 덕으로 융합할 정도로 과장하였다. 그리고 그들 가르침의 반향이 키케로, 세네카, 그리고 적지 않은 라틴 교부들(예컨대 암브로시우스, 히에로니무스, 그레고리우스) 안에서 분명하게 느껴진다. 아우구스티누스는 덕들의 연관성을 수용하면서도, 역시 스토아학파에서 주장된 죄의 추정된 연관성을 거슬러 반응한다.(Cf. *Ep.*167 *Ad Hieronymum*) 스콜라학에서 덕들의 연관성은 그 최초의 스승들로부터 계속해서 평온하게 가르쳐졌다. 그러나 다양한 설명 시도들

않다고 고백해야 한다면, 전혀 아무런 덕도 지니고 있지 않다고 고백해야 할 것이다."

[답변] 하나의 도덕적 덕은 완전할 수도 있고, 불완전할 수도 있다. 불완전한 도덕적 덕은, 그것이 절제이든 용기이든지 간에, 어떤 선한 행위를 실행하려는 우리의 경향에 지나지 않는다. 그런데 경향이란 타고난 것일 수도 있고, 훈련에 의한 것일 수도 있다. 이런 방식으로 이해될 때, 도덕적 덕은 서로 연결되어 있지 않다. 실상 우리는 사람들이 자연적 기질이나 어떤 일종의 일상의 습관에 의해서 관대한 행위들을 실천에 옮길 태세를 갖추고 있지만, 정결에 관련된 행위들에 대해서는 그렇지 못함을 본다.[9]

그러나 완전한 도덕적 덕은 선행(bonum opus)을 잘 수행하게 만들어 주는 습성이다. 만일 도덕적 덕을 이런 의미로 받아들인다면, 거의 모든 이들이 간주하는 것처럼 넉들이 서로 연결되어 있다고 말할 필요가 있다. 이를 지지할 두 가지 근거가 제시된다. 그것은 사추덕을 구별하는 서로 다른 방식에 따른 것이다. 실상 어떤 이들은 이미[10] 말한 것처럼, 덕을 덕의 일반적 조건에 따라 구별한다. 그래서 그 성질들이 어디에서 발견되든지 간에, 분별력은 현명함에 상응해야 하고, 올바름은 정의에, 절도는 절제에, 정신의 확고함은 용기에 상응

속에서 배타적으로 사랑의 유대를 강조한다. 따라서 덕들의 연관성은 주입된 도덕적 덕들의 분위기 속에서 소진되어 간다. 그러므로 성 토마스에 이르기까지 획득된 도덕적 더듬은 그 어떠한 상호 협력적 요소 없이 단편적이고 일관성이 없는 채로 남아 있었다. Cf. O. Lottin, *Psychologie et morale aux XIIe et XIIIe siecles*, III, pp.192-252.

9. Cf. q.63, a.1.
10. q.61, a.3, ad4.

ratio connexionis, non enim firmitas habet laudem virtutis, si sit sine moderatione, vel rectitudine, aut discretione; et eadem ratio est de aliis. Et hanc rationem connexionis assignat Gregorius, XXII *Moral.*,[11] dicens quod *virtutes, si sint disiunctae, non possunt esse perfectae,* secundum rationem virtutis, *quia nec prudentia vera est quae iusta, temperans et fortis non est*; et idem subdit de aliis virtutibus. Et similem rationem assignat Augustinus, in VI *de Trin.*[12]

Alii vero distinguunt praedictas virtutes secundum materias. Et secundum hoc assignatur ratio connexionis ab Aristotele, in VI *Ethic.*[13] Quia sicut supra[14] dictum est, nulla virtus moralis potest sine prudentia haberi, eo quod proprium virtutis moralis est facere electionem rectam, cum sit habitus electivus; ad rectam autem electionem non solum sufficit inclinatio in debitum finem, quod est directe per habitum virtutis moralis; sed etiam quod aliquis directe eligat ea quae sunt ad finem, quod fit per prudentiam, quae est consiliativa et iudicativa et praeceptiva eorum quae sunt ad finem.[15] Similiter etiam prudentia non potest haberi nisi habeantur virtutes morales, cum prudentia sit recta ratio agibilium, quae, sicut ex principiis, procedit ex finibus agibilium, ad quos aliquis recte se habet per virtutes morales.

---

11. Gregorius, loc. cit.
12. Augustinus, loc. cit.
13. *Ethica Nic.*, VI, c.13, 1144b36; S. Thomas, lect.11, n.1285.

해야 한다고 주장한다. 그리고 이 관점으로부터 상호 연결의 동기가 명백해진다. 실상 절도나 올바름이나 분별력을 결(缺)한 확고함은 덕이라고 말할 수 없을 것이다. 그리고 이 점은 다른 덕들에 대해서도 마찬가지일 것이다. 이것이 바로 그레고리우스가 『욥기의 도덕적 해설』 제22권[11]에서 제언한 상호 연결의 동기이다. "덕들이 서로 갈라진다면, 덕으로서 완전할 수 없다. 왜냐하면 정의롭고 절제하며 강하지 않은 현명함은 참된 현명함이 아니기 때문이다." 아우구스티누스도 『삼위일체론』 제6권[12]에서 동일한 이유를 지적하고 있다.

반면에 다른 사람들은 사추덕을 그 질료에 따라 구별한다. 그리고 이에 기초해서 아리스토텔레스는 『니코마코스 윤리학』 제6권[13]에서 그것들의 상호 연결의 동기를 확립하고 있다. 그리고 이미 위에서[14] 말한 것처럼, 어떤 도덕적 덕도 현명 없이 소유할 수 없다. 왜냐하면 올바른 선택을 하는 것이 도덕적 덕에 고유한 것이기 때문이다. 도덕적 덕은 선택적 습성이다. 그런데 올바른 선택을 위해서는 도덕적 덕에서 직접적으로 기인하는 올바른 목적을 설정하는 것만으로는 모자라고, 그 목적에 이르는 수단들에 대한 올바른 선택도 요구된다. 이것은 목적에 이르는 수단들에 대해 충고하고 판단하며 명령하는 현명함에 의해 이루어진다.[15] 다른 한편, 도덕적 덕들을 소유하고 있지 않다면 현명함도 가질 수 없다. 왜냐하면 수행할 행위들에 대한 올바른 이성인 현명함은 그 원리로서 동일한 행위들의 목적에서 출발하기 때문이다. 이 목적과 관련하여 도덕적 덕들 덕분에 올바른 성

---

14. q.58, a.4.
15. Cf. q.57, aa.4-6.

Unde sicut scientia speculativa non potest haberi sine intellectu principiorum, ita nec prudentia sine virtutibus moralibus. Ex quo manifeste sequitur virtutes morales esse connexas.[16]

AD PRIMUM ergo dicendum quod virtutum moralium quaedam perficiunt hominem secundum communem statum, scilicet quantum ad ea quae communiter in omni vita hominum occurrunt agenda. Unde oportet quod homo simul exercitetur circa materias omnium virtutum moralium. Et si quidem circa omnes exercitetur bene operando, acquiret habitus omnium virtutum moralium. Si autem exercitetur bene operando circa unam materiam, non autem circa aliam, puta bene se habendo circa iras, non autem circa concupiscentias; acquiret quidem habitum aliquem ad refrenandum iras, qui tamen non habebit rationem virtutis, propter defectum prudentiae, quae circa concupiscentias corrumpitur. Sicut etiam naturales inclinationes non habent perfectam rationem virtutis, si prudentia desit.

Quaedam vero virtutes morales sunt quae perficiunt hominem secundum aliquem eminentem statum, sicut magnificentia, et magnanimitas.[17] Et quia exercitium circa materias harum virtutum

---

16. 텍스트로부터 드러나듯이, 성 토마스에게 도덕적 덕들 사이의 연관성의 토대는 두 가지, 곧 현명에 의해서 보장된 '덕의 중용'(medium virtutis)과 (도덕 생활에서 원리의 기능을 하는) 목적의 잠재성이다. 연결의 두 요소는 상호 의존하는 것으로 개념 되어야 한다. 왜냐하면 '덕의 중용'을 확립하는 현명은, 만일 욕구

품을 획득하게 된다. 따라서 제1원리들에 대한 이해가 없이는 사변적 학문이 있을 수 없는 것처럼, 도덕적 덕들 없이는 현명도 있을 수 없다. 이로부터 도덕적 덕들이 서로 연결되어 있다는 것이 분명하게 드러난다.[16]

[해답] 1. 어떤 도덕적 덕들은 인간을 통상적인 상태에서, 다시 말해 일상에서 수행해야 하는 행위들의 관점에서 완성시켜 준다. 따라서 인간이 모든 도덕적 덕들의 질료에 대해서 동시적으로 훈련할 필요가 있다. 그리고 만일 모든 덕들 안에서 잘 작용하도록 훈련한다면, 모든 도덕적 덕들의 습성을 획득하게 될 것이다. 그러나 만일 예컨대 욕망과 같은 것에 대해서가 아니라, 바로 분노와 같은 어떤 특정 질료에 대해 잘 작용하도록 훈련한다면, 분노를 제어하기 위한 습성을 획득할 것이다. 그러나 그것은 (욕망의 영역에서는 파괴되는) 현명을 결하고 있기 때문에 덕의 근거를 가질 수 없는 습성일 것이다. 마찬가지로 현명이 없다면, 자연적 경향들도 덕의 완전한 본성을 가질 수 없다.

한편, 인간을 어느 특정 탁월함의 상태로 완성시켜 주는 도덕적 덕들이 있다. 바로 관대(munificentia)와 웅지(magnanimitas)[17]이다. 그리고 이 덕의 질료와 연관된 훈련을 모든 이가 공통으로 받는 것이 아니기 때문에, 저 덕의 습성을 현실태로 가지지 않고서도 획득된 다

적 기관 안에 이미 방향점, 곧 올바른 목적을 향한 경향이 결정되어 있지 않았더라면, 정의, 용기, 절제를 통해 정념들에 대한 그 평온한 지배권을 확장할 수 없을 것이기 때문이다.
17. Cf. II-II, q.129.

non occurrit unicuique communiter, potest aliquis habere alias virtutes morales, sine hoc quod habitus harum virtutum habeat actu, loquendo de virtutibus acquisitis. Sed tamen, acquisitis aliis virtutibus, habet istas virtutes in potentia propinqua. Cum enim aliquis per exercitium adeptus est liberalitatem circa mediocres donationes et sumptus, si superveniat ei abundantia pecuniarum, modico exercitio acquiret magnificentiae habitum, sicut geometer modico studio acquirit scientiam alicuius conclusionis quam nunquam consideravit. Illud autem habere dicimur, quod in promptu est ut habeamus; secundum illud Philosophi, in II *Physic.*:[18] *Quod parum deest, quasi nihil deesse videtur.*

Et per hoc patet responsio AD SECUNDUM.

AD TERTIUM dicendum quod virtutes intellectuales sunt circa diversas materias ad invicem non ordinatas, sicut patet in diversis scientiis et artibus. Et ideo non invenitur in eis connexio quae invenitur in virtutibus moralibus existentibus circa passiones et operationes, quae manifeste habent ordinem ad invicem. Nam omnes passiones, a quibusdam primis procedentes, scilicet amore et odio, ad quasdam alias terminantur, scilicet delectationem et tristitiam. Et similiter omnes operationes quae sunt virtutis moralis materia, habent ordinem ad invicem, et etiam ad passiones. Et ideo tota materia moralium virtutum sub una ratione prudentiae cadit.

Habent tamen omnia intelligibilia ordinem ad prima principia.

른 도덕적 덕들을 소유할 수 있다. 그럼에도 불구하고 다른 덕들이 획득되자마자 아주 가까운 가능태로 저 덕[도] 가지고 있는 것으로 드러난다. 실상 누군가가 작은 선물과 소비에 있어서 아량(generalitas)을 획득하였을 때, 그가 많은 돈을 벌게 되었다면, 그는 쉽게 '관대함'(magnificentia)의 습성을 획득할 것이다. 그것은 훈련받은 기하학자가 거의 연구도 하지 않은 채 그가 전에 한 번도 숙고한 적이 없던 어떤 결론에 대한 과학적 지식을 얻는 것과 마찬가지다. 그런데 철학자의 『자연학』 제2권[18]에 따르면 "조금 결핍되는 것은 전혀 결핍되지 않는 것"인 것처럼, 어떤 것을 쉽사리 가질 수 있다면 그것은 이미 가지고 있는 것이나 마찬가지다.

2. 이것은 반론2에 대한 답으로서도 충분하다.

3. 다양한 학문과 기예들에서 나타나듯이, 지성적 덕들은 서로 아무런 관련이 없는 다양한 소재들에 관한 것이다. 따라서 그것들 사이에는 넝백히 종속되어 있는 정념들과 작용들에 관련된 도덕적 덕들 사이에서 만났던 것과 같은 연관성이 없다. 실상 모든 정념들은, 으뜸이 되는 것들, 곧 사랑과 미움으로부터 나와, 쾌락이나 슬픔으로 끝난다. 마찬가지로, 도덕적 덕의 소재인 모든 작용들은 서로 연관되어 있고, 심지어 정념들에도 연결되어 있다. 이리하여 도덕적 덕의 소재 전체는 현명함의 단일한 규칙 아래 떨어진다.

그러나 모든 사고 대상들은 제1원리들과 관련되어 있다. 이런 식으로, 모든 지성적 덕들은 원리들에 대한 이해(intellectus principiorum)에

---

18. Aristoteles, *Physica*, II, c.5, 197a29; S. Thomas, lect.9, n.7.

Et secundum hoc, omnes virtutes intellectuales dependent ab intellectu principiorum; sicut prudentia a virtutibus moralibus, ut dictum est.[19] Principia autem universalia, quorum est intellectus principiorum, non dependent a conclusionibus, de quibus sunt reliquae intellectuales virtutes; sicut morales dependent a prudentia, eo quod appetitus movet quodammodo rationem, et ratio appetitum, ut supra[20] dictum est.

AD QUARTUM dicendum quod ea ad quae inclinant virtutes morales, se habent ad prudentiam sicut principia, non autem factibilia se habent ad artem sicut principia, sed solum sicut materia. Manifestum est autem quod, etsi ratio possit esse recta in una parte materiae, et non in alia; nullo tamen modo potest dici ratio recta, si sit defectus cuiuscumque principii. Sicut si quis erraret circa hoc principium, *Omne totum est maius sua parte*, non posset habere scientiam geometricam, quia oporteret multum recedere a veritate in sequentibus.—Et praeterea, agibilia sunt ordinata ad invicem; non autem factibilia, ut dictum est.[21] Et ideo defectus prudentiae circa unam partem agibilium, induceret defectum etiam circa alia agibilia. Quod in factibilibus non contingit.

---

19. 본론.

의존하고 있다. 이것은 이미[19] 말한 것처럼, 현명함이 도덕적 덕들에 의존하고 있는 것과 마찬가지다. 그러나 '원리들에 대한 이해'의 대상인 보편 원리들은 현명함이 예속되어 있는 도덕적 덕과는 달리, 다른 지성적 덕들의 대상인 결론들에 의존하지 않는다. 이것은 이미[20] 말한 것처럼, 욕구가 어떤 식으로든 이성을 움직이고 이성은 어떤 면에서 욕구를 움직이기 때문에, 도덕적 덕들이 현명에 종속되는 것과는 다르다.

4. 도덕적 덕들이 그리로 기우는 인간적 행위들은 현명함에 대해 그 원리들처럼 서 있는 데 반해, 제작할 수 있는 것들(factibilia)은 기예에 대해 그 원리들이 아니라, 다만 그 질료에 지나지 않는다. 그런데 이성은 어떤 질료에 대해서는 옳고 다른 질료에 대해서는 옳지 않을 수도 있다. 하지만 그 원리들 가운데 어떤 것에 결함을 가지고 있다면, 어떤 방식으로도 옳다고 말할 수 없다는 것은 명백하다. 실상 만일 누가 "전체는 언제나 그 부분보다 크다"는 원리에 대해 오류를 범한다면, 기하학이라는 학문을 보유할 수 없을 것이다. 왜냐하면 필시 그 결론에 있어서 진리로부터 매우 멀어져 있을 것이기 때문이다.―또한 행할 수 있는 것들은 서로서로 질서 지어져 있지만, 제작할 수 있는 것들은, 이미[21] 지적한 것처럼, 그렇지 아니하다. 따라서 행할 수 있는 것들의 일부에 있어서의 현명함의 결핍은 다른 행위들에 대해서도 결함을 가져올 수 있지만, 제작할 수 있는 것들의 경우에는 그렇지 않다.

---

20. q.9, a.1; q.58, a.5, ad1.
21. ad3.

Articulus 2
Utrum virtutes morales possint esse sine caritate

Ad secundum sic proceditur. Videtur quod virtutes morales possint esse sine caritate.

1. Dicitur enim in libro *Sententiarum prosperi*,[1] quod *omnis virtus praeter caritatem, potest esse communis bonis et malis*. Sed *caritas non potest esse nisi in boni*s, ut dicitur ibidem.[2] Ergo aliae virtutes possunt haberi sine caritate.

2. Praeterea, virtutes morales possunt acquiri ex actibus humanis, ut dicitur in II *Ethic*.[3] Sed caritas non habetur nisi ex infusione; secundum illud *Rom.* 5, [5]: *Caritas Dei diffusa est in cordibus nostris per Spiritum Sanctum, qui datus est nobis*. Ergo aliae virtutes possunt haberi sine caritate.

3. Praeterea, virtutes morales connectuntur ad invicem, inquantum dependent a prudentia. Sed caritas non dependet a prudentia; immo prudentiam excedit, secundum illud *Ephes.* 3, [19]: *Supereminentem scientiae caritatem Christi*. Ergo virtutes morales non connectuntur caritati, sed sine ea esse possunt.

---

1. 프로스페루스 아퀴타내우스(Prosperus Aquitanaeus, +463)는 5세기에 활약한 성인으로 아우구스티누스와 노선을 같이하였다. 여기에 성 토마스에 의해서 인용된 『성 아우구스티누스의 작품들에서 취한 명제들』(*Sententiarum ex operibus S. Augustini delibatarum liber*)은 그가 아우구스티누스의 가르침을 옹호하기 위해서 집필하였던 수많은 작품들 가운데 하나이다.
2. Prosperus, *Sent.*, 7: PL 51, 428.
3. *Ethica Nic.*, II, c.1, 1103a31-b2; S. Thomas, lect.1, n.250.

제2절 도덕적 덕들은 참사랑이 없어도 존재할 수 있는가?

[**Parall**.: Cf. II-II, q.23, a.7; *In Sent.*, III, d.27, q.2, a.4, qc.3, ad2; d.36, q.2; *De virt. card.*, a.2; Doct. Eccl.: Conc. Const.(a.1415): 콘스탄츠공의회(1415년)에서는 얀 후스의 다음 명제를 단죄하였다. "인간의 행위는 직접적으로 유덕한 것이거나 악습적인 것으로 나뉜다. 왜냐하면 악습적인 인간이 무엇을 행하면 그는 악습적으로 행하는 것이기 때문이다…." 마찬가지로 교황 비오 5세 성인은 미켈리스 바이우스의 다음과 같은 명제들을 단죄하였다(1567년). "'다른 민족들이 율법을 가지고 있지 않으면서도 본성에 따라 율법에서 요구하는 것을 실천한다.'[로마 2,14]라는 로마서 2장의 사도 바오로의 본문을 신앙의 은총을 지니지 않은 이교도들과 연관하여 이해하는 자들은 펠라기우스의 견해를 주장하는 것이다."—"비신자들의 모든 행동은 죄악이고 철학자들의 덕목들은 악습이다."—"죄인과 죄의 종이 행하는 모든 것은 죄이다."(DS 1022[= DH 1822], 1025[= DH 1925], 1035[= DH 1935]) 또한 교황 알렉산데르 8세는 얀센주의자들의 다음 명제를 단죄하였다(1690년). "비신자는 모든 행위에서 필연적으로 죄를 짓는다."(DS 1298[= DH 2398])]

[반론] 둘째에 대해서는 다음과 같이 전개된다. 참사랑 없이도 도덕적 덕들이 있을 수 있는 것으로 생각된다.

1. 프로스페루스(Prosperus)[1]의 『명제집』에서는 이렇게 말하고 있다. "참사랑을 뺀 다른 모든 덕은 선인과 악인에 공통적일 수 있다." 그러나 "참사랑은 오직 선인들에게만 있을 수 있다."고[2] 말하고 있다. 그러므로 다른 덕들은 참사랑 없이도 소유할 수 있는 것이다.

2. 도덕적 덕들은 인간적 행위들을 통해서 획득될 수 있다고 『니코마코스 윤리학』 제2권[3]에서는 말하고 있다. 그렇지만 참사랑은 로마서 5장 [5절]에 따르면 오로지 [은총의] 주입을 통해서만 가질 수 있다. "우리가 받은 성령을 통하여 하느님의 사랑이 우리 마음에 부어졌습니다." 따라서 참사랑이 없어도 다른 덕을 가지는 것이 가능하다.

3. 도덕적 덕들은 현명에 대한 그것들의 의존성을 통해서 함께 연

Sed contra est quod dicitur I *Ioan.* 3, [14]: *Qui non diligit, manet in morte.* Sed per virtutes perficitur vita spiritualis, ipsae enim sunt quibus recte vivitur, ut Augustinus dicit, in II de *Lib. Arbit.*[4] Ergo non possunt esse sine dilectione caritatis.

Respondeo dicendum quod, sicut supra[5] dictum est, virtutes morales prout sunt operativae boni in ordine ad finem qui non excedit facultatem naturalem hominis, possunt per opera humana acquiri.[6] Et sic acquisitae sine caritate esse possunt, sicut fuerunt in multis gentilibus.—Secundum autem quod sunt operativae boni in ordine ad ultimum finem supernaturalem, sic perfecte et vere habent rationem virtutis; et non possunt humanis actibus acquiri, sed infunduntur a Deo. Et huiusmodi virtutes morales sine caritate esse non possunt. Dictum est enim supra[7] quod aliae virtutes morales non possunt esse sine prudentia; prudentia autem non potest esse sine virtutibus moralibus, inquantum virtutes morales faciunt bene se habere ad quosdam fines, ex quibus procedit ratio prudentiae. Ad rectam autem rationem prudentiae multo magis requiritur quod homo bene se habeat circa ultimum finem, quod fit per caritatem, quam

---

4. Augustinus, *De libero arbitrio,* II, c.19, n.50: PL 32, 1268.
5. q.63, a.2.
6. Cf. q.109, a.2; II-II, q.10, a.4; q.23, a.7, ad1.
7. a.1; q.58, aa.4-5.

결되어 있다. 그러나 참사랑은 현명에 의존하지 않는다. 에페소서 3장 [19절]에 따르면, 참으로 그것은 현명을 능가한다. "인간의 지각을 뛰어넘는 그리스도의 참사랑을 알게 해 주시기를 빕니다." 그러므로 도덕적 덕들은 참사랑과 연결되어 있는 것이 아니고, 참사랑이 없어도 존재할 수 있다.

[재반론] 그러나 반대로 요한 1서 3장 [14절]에서는 이렇게 말한다. "사랑하지 않는 자는 죽음 안에 그대로 머무는 것입니다." 그런데 영성 생활은 덕들에 의해서 완성된다. 왜냐하면 아우구스티누스가 『자유의지론』 제2권[4]에서 말하는 것처럼, "우리가 선한 생활을 영위하는 것은 바로 그것들에 의해서"이기 때문이다.

[답변] 위에서[5] 말한 것처럼, 인간의 자연적 기관(능력)을 넘지 않는 어떤 목적을 향하여 선을 수행하는 깃으로 한정되는 한에서, 도덕적 덕들을 획득하는 것은 인간적 활동들을 통하여 가능하다.[6] 그리고 이렇게 획득된다면, 많은 이교도들 가운데에서 만나 볼 수 있는 것처럼, 참사랑 없이도 있을 수 있다.―그러나 오직 초자연적인 최종 목적을 향한 선을 수행하기 위해 행해지는 한에서만, 덕의 본성에 완전하게 그리고 실재적으로 도달하게 된다. 그러므로 인간적 행위들을 통해서는 취득될 수 없고, 신으로부터 주입될 수 있을 뿐이다. 그리고 이 도덕적 덕은 참사랑 없이는 있을 수 없다. 실상 우리는 위에서[7] 다른 도덕적 덕들이 현명 없이는 존재할 수 없고, 또 현명도 다른 도덕적 덕들 없이는 존재할 수 없다는 것을 입증하였다. 왜냐하면 도덕적 덕들은 현명함의 근거가 전개되어 나오는 출발점인 어떤 특정

q.65, a.2

circa alios fines, quod fit per virtutes morales, sicut ratio recta in speculativis maxime indiget primo principio indemonstrabili, quod est *contradictoria non simul esse vera.* Unde manifestum fit quod nec prudentia infusa potest esse sine caritate; nec aliae virtutes morales consequenter, quae sine prudentia esse non possunt.[8]

Patet igitur ex dictis quod solae virtutes infusae sunt perfectae, et simpliciter dicendae virtutes, quia bene ordinant hominem ad finem ultimum simpliciter. Aliae vero virtutes, scilicet acquisitae, sunt secundum quid virtutes, non autem simpliciter, ordinant enim hominem bene respectu finis ultimi in aliquo genere, non autem respectu finis ultimi simpliciter. Unde *Rom.* 14, super illud [23], *Omne quod non est ex fide, peccatum est,* dicit Glossa[6] Augustini: *Ubi deest agnitio veritatis, falsa est virtus etiam in bonis moribus.*[9]

---

8. 제1절에서는 문제가 추상적으로, 즉 순수하게 철학적인 자리에서 다루어졌다. 그리고 우리는 덕들의 연관성이 현명에도 달려 있고 또 도덕적 덕들의 특수한 목적들에도 달려 있다는 것을 보았다. 그러나 여기에서는 하느님에 의해서 초자연적 차원에서 설정되고 신학적 덕들로 특징지어진 구체적인 역사적 질서를 숙고하는 데에로 넘어간다. 그런데 저 차원 위에서 양극화하는 목적은 최종 목적일 수밖에 없다. 그래서 이것은 은총 안에 사는 사람들의 도덕 생활 전체의 제1원리가 된다. 이 우위는 지성적 질서의 한 요소로부터 원욕적 질서의 한 요소로 넘어간다. 그 이유는 "[인식되는] 사물들이 인식자보다 더 고상할 때, 의지는 지성이 오를 수 있는 곳보다 더 높이 올라가기" 때문이다.(*De caritate*, a.3, ad13)
9. (*추가주) "덕은 사람을 선하게 만드는 것이고, 그것의 업적은 선을 가져오는 것이기 때문에, 인간의 업적을 완전하게 선하게 만들고 또 인간 자신을 선하게 만드는 것은 완전한 덕이다. 그런데 사람과 그의 업적을 단적으로 선하게 만드는 것이 아니라, 어떤 것에 관한 한에서 선하게 만드는 덕은 불완전한 덕이다. 그러나

목적들에 대해 좋은 관계를 맺도록 해 주기 때문이다. 그런데 현명한 올바른 전개 과정을 진행하기 위해서는, 도덕적 덕들에 의해 산출된 다른 목적들에 대해서가 아니라, 참사랑에 의해서 산출된, 최종 목적에 대해서 훨씬 더 좋은 관계를 맺는 것이 요구된다. 사변적 영역에서는 특히 "모순되는 것들은 동시에 참될 수 없다"와 같은 증명될 수 없는 제1원리에 대해서 올바른 이성(recta ratio)이 필요하듯이, 주입된 현명은 물론, 현명 없이는 존재할 수 없는 다른 도덕적 덕들도 참사랑 없이 존재할 수 없다는 것이 명백하다.[8]

이로부터 오직 주입된 덕들만이 완전하며 절대적인 의미에서 덕으로 간주되어야 한다는 결론이 나온다. 왜냐하면 그것들만이 인간을 단적으로 궁극적인 목적을 향하도록 만들기 때문이다. 반면에 다른 획득된 덕들은 단적인 의미에서가 아니라 어떤 특정 측면 아래에서만 덕이다. 실상 그것들은 인간을 절대적인 의미에서 궁극적인 것이 아니라, 어떤 특정 종류의 궁극적인 목적들에 대해서 준비시켜 준다. 그렇기 때문에 아우구스티누스는 로마서 14장 [23절]에 대한 『주석』(Glossa)에서 사도 바오로의 "믿음에서 우러나오지 않는 행위는 모두 죄입니다."라는 구절을 주해하면서 이렇게 말한다. "진리 인식이 부족한 곳에서는, 설령 그의 행위가 선하다 하더라도, 참된 덕은 없다."[9]

인간의 행위들 안에 있는 단적인 선은 사람 행위들의 규칙에까지 이르는 것을 통해서 만나게 된다. 이것은 하나는 사람에게 거의 동일하고 고유한 것, 곧 올바른 이성이고, 다른 하나는 초월하는 제1기준, 곧 신과 같은 것이다. 인간은 현명을 통해서 올바른 이성에 접촉하는데, 이것은 철학자가 『니코마코스 윤리학』제6권 [제5장]에서 말하는 것처럼 행위들에 관한 올바른 이성이다. 요한 1서 4장 16절에 따르면 사람은 참사랑(caritas)을 통해서 하느님께 다가간다: '[참]사랑 안에 머무는 사람은 하느님 안에 머무는 것이고, 하느님이 그 사람 안에 머무신다.' 그러므로 덕에는 세 가지 등급이 있다. [첫째] 어떤 이들이 태어날 때부터 어떤 덕의

AD PRIMUM ergo dicendum quod virtutes ibi accipiuntur secundum imperfectam rationem virtutis. Alioquin, si virtus moralis secundum perfectam rationem virtutis accipiatur, *bonum facit habentem*;[10] et per consequens in malis esse non potest.

AD SECUNDUM dicendum quod ratio illa procedit de virtutibus moralibus acquisitis.

AD TERTIUM dicendum quod, etsi caritas excedat scientiam et prudentiam, tamen prudentia dependet a caritate, ut dictum est.[11] Et per consequens, omnes virtutes morales infusae.

Articulus 3
Utrum caritas possit esse sine aliis virtutibus moralibus

Ad tertium sic proceditur. Videtur quod caritas sine aliis virtutibus moralibus haberi possit.

업적으로 향하는 경향을 가지는 것처럼, 올바른 이성과 연결되지 않아 현명함 없이 존재하는 온통 불완전한 덕이 있다. (⋯) 이러한 경향들은 모든 사람들에게 동시에 내재하는 것이 아니라, 어떤 이들은 한 가지를 향한 경향이 있는가 하면, 다른 이들은 다른 것을 향하는 경향이 있다. 이 경향들은 덕의 근거(ratio)를 가지는 것이 아니다. 왜냐하면 아우구스티누스에 따르면[*Retract.*, c.9] 어떤 악도 덕을 활용하지 않기 때문이다. 어떤 사람은 이러한 경향들을 분별없이 사용함으로써 악하고 해롭게 사용하게 된다. 이것은 마치 말이 시력을 잃을 경우 빨리 달리면 달릴수록 더욱 강하게 처박히는 것과 같다. (⋯)

덕의 둘째 등급은 올바른 이성과 접촉하기는 하지만 참사랑을 통해 하느님 자신과 접촉하지는 못하는 덕들이다. 이 덕들은 인간적 선과 비교하여 어느 정도 완

[해답] 1. 이리하여 인용구에서 덕은 불완전한 덕을 가리킨다. 그렇지 않고, 만일 도덕적 덕이 그 완전한 덕의 근거에 따라 고찰된 것이었더라면, 그것은 "덕을 지니고 있는 주체를 선하게 만들"[10]었을 것이고, 따라서 악인들에게서는 찾아볼 수 없었을 것이다.

2. 이 논거는 획득된 도덕적 덕에 해당된다.

3. 비록 참사랑이 학문과 현명을 능가하지만, 그런데도 이미[11] 말한 것처럼, 현명은 참사랑에 근거하고 있고, 따라서 다른 모든 주입된 덕들도 마찬가지다.

제3절 참사랑은 도덕적 덕들이 없어도 존재할 수 있는가?

[**Parall**.: Cf. *In Sent*., III, d.36, q.2; *De virt. card*., a.2]

[반론] 셋째에 대해서는 다음과 같이 전개된다. 도덕적 덕들 없이도 참사랑을 가지는 것이 가능한 것으로 생각된다.

전한 덕들이지만, 단적으로 완전한 덕들은 아니다. 왜냐하면 아우구스티누스가 율리아누스를 거슬러 말하는 것처럼, 제일 규칙인 궁극적 목적에 이르지 못하기 때문이다. 그러므로 그것들은 또한 진정한 덕의 이유를 결하고 있다. 이것은 현명을 결한 도덕적 경향들이 덕의 진정한 이유를 결하고 있는 것과 같다. 셋째 등급은 동시에 참사랑과 함께 있는 단적으로 완전한 덕들의 등급이다. 실상 이 덕들은 거의 궁극적 목적에까지 이르는 단적으로 선한 인간적 행위들을 행한다."(*De virt. card.*, q. un., a.2, c)

Glossa ordinaria, Lombardus, on *Rom*., 14,23; PL 191, 1520. 이 구절은 프로스페루스의 『명제집』, 106(PL 51, 441)으로부터의 인용이다.

10. q.55, a.3, sc.
11. 본론.

q.65, a.3

1. Ad id enim ad quod sufficit unum, indebitum est quod plura ordinentur. Sed sola caritas sufficit ad omnia opera virtutis implenda, ut patet per id quod dicitur I *ad Cor.* 13, [4 sqq.]: *Caritas patiens est, benigna est*, et cetera. Ergo videtur quod, habita caritate, aliae virtutes superfluerent.

2. Praeterea, qui habet habitum virtutis, de facili operatur ea quae sunt virtutis, et ei secundum se placent, unde et *signum habitus est delectatio quae fit in opere*, ut dicitur in II *Ethic*.[1] Sed multi habent caritatem, absque peccato mortali existentes, qui tamen difficultatem in operibus virtutum patiuntur, neque eis secundum se placent, sed solum secundum quod referuntur ad caritatem. Ergo multi habent caritatem, qui non habent alias virtutes.

3. Praeterea, caritas in omnibus sanctis invenitur. Sed quidam sunt sancti qui tamen aliquibus virtutibus carent, dicit enim Beda[2] quod sancti magis humiliantur de virtutibus quas non habent, quam de virtutibus quas habent, glorientur. Ergo non est necessarium quod qui habet caritatem, omnes virtutes morales habeat.

---

1. *Ethica Nic.*, II, c.2, 1104b35; S. Thomas, lect.3, n.265-267.
2. Beda, *In Lucam*, V, in *Luc.*, 17,10: PL 92, 541. 존자 베다(673-735)는 사제이고 박사로서 스페인에서 성 이시도루스가 수행한 것과 비슷한 사명을 영국에서 수행하였다. 그의 유명한 작품 『영국 교회사』(*Historia ecclesiastica gentis Anglorum*, 5 vols.) 외에도 그는 여러 작품들을 집필하였지만, 특히 그의 설교와 성경 주해들이 후대에 많은 영향을 미쳤다.

1. 어떤 일을 수행하는 데에 어느 한 가지 수단으로 충분하다면, 많은 수단을 제공하는 것은 적절하지 못하다. 그런데 참사랑만으로도 모든 덕의 업적들을 다 수행하기에 넉넉하다. 이것은 코린토 1서 13장 [4절 이하]에 따라 명백하다. "[참]사랑은 참고 기다립니다. [참]사랑은 친절합니다…." 그래서 만일 누가 참사랑을 가지고 있다면, 다른 덕들은 불필요한 군더더기로 보인다.

2. 어떤 덕의 습성을 지니고 있는 사람은 그 덕에 속하는 것들을 어렵지 않게 작용할 수 있고, 그것들은 그 자체로 그에게 기쁨이 된다. 따라서 『니코마코스 윤리학』 제2권[1]에서 말하는 것처럼, 어떤 일에서 얻게 되는 기쁨은 습성의 한 표지가 된다. 한편 많은 사람들은 참사랑을 가지고 있으며 사죄(死罪)의 상태에 있지 않은데도, 덕을 실행하는 데 어려움을 느끼고, 그뿐만 아니라 이 일들이 그 자체로 그들에게 즐거운 것이 아니라, 오직 참사랑과 연결되기 때문에 즐거워하는 것이다. 그러므로 많은 이들이 다른 덕의 습성들을 지니고 있지 않으면서도 참사랑을 지니고 있다.

3. 참사랑은 모든 성인들 안에서 발견된다. 그런데 어떤 특정 덕들을 갖추지 못한 성인들이 있다. 왜냐하면 베다 [성인]은,[2] 성인들은 자신들이 지니고 있는 덕들 때문에 영광을 받기보다는 오히려 자신들이 특정 덕들을 지니고 있지 못한 것 때문에 더욱 자신을 낮춘다고 말하기 때문이다. 따라서 참사랑을 가진 사람은 다른 모든 덕을 갖출 필요가 없다.

q.65, a.3

SED CONTRA est quod per caritatem tota lex impletur, dicitur enim *Rom.* 13, [8]: *Qui diligit proximum, legem implevit.* Sed tota lex impleri non potest nisi per omnes virtutes morales, quia lex praecipit de omnibus actibus virtutum, ut dicitur in V *Ethic.*[3] Ergo qui habet caritatem, habet omnes virtutes morales.— Augustinus etiam dicit, in quadam epistola,[4] quod caritas includit in se omnes virtutes cardinales.

RESPONDEO dicendum quod cum caritate simul infunduntur omnes virtutes morales. Cuius ratio est quia Deus non minus perfecte operatur in operibus gratiae, quam in operibus naturae. Sic autem videmus in operibus naturae, quod non invenitur principium aliquorum operum in aliqua re, quin inveniantur in ea quae sunt necessaria ad huiusmodi opera perficienda, sicut in animalibus inveniuntur organa quibus perfici possunt opera ad quae peragenda anima habet potestatem. Manifestum est autem quod caritas, inquantum ordinat hominem ad finem ultimum, est principium omnium bonorum operum quae in finem ultimum ordinari possunt. Unde oportet quod cum caritate simul infundantur omnes virtutes morales, quibus homo perficit singula genera bonorum operum.[5]

Et sic patet quod virtutes morales infusae non solum habent

---

3. *Ethica Nic.*, V, c.3, 1129b23-25; 1130b18-24; S. Thomas, lect.2, nn.904-905; lect.3, n.924.

[재반론] 그러나 반대로 사도 바오로가 로마서 13장 [8절]에서 "남을 사랑하는 사람은 율법을 완성한 것"이라고 말하는 것처럼, 참사랑을 통해서 법 전체가 충만히 채워진다. 그렇지만 모든 도덕적 덕들을 다 갖추지 않고서는 법 전체를 충만히 채우는 것이 불가능하다. 왜냐하면 『니코마코스 윤리학』 제5권[3]에서 말하는 것처럼, 법은 모든 덕행들에 관한 계명들을 포함하고 있기 때문이다. 그러므로 참사랑을 가진 사람은 누구나 모든 도덕적 덕들도 다 갖추고 있다.—더욱이 아우구스티누스는 그의 한 서간에서[4] 사랑이 사추덕을 모두 포함하고 있다고 말한다.

[답변] 모든 도덕적 덕들은 참사랑과 함께 주입된다. 그 이유는 하느님이 은총의 업적들과 관련해서 자연의 업적들에서보다 덜 완전하게 작업하시는 것이 아니기 때문이다. 그런데 자연 안에 있는 어떤 사물 안에 어떤 작용의 원리가 있다면, 반드시 그 작용을 실행하는 데 필요한 모든 것이 있음을 본다. 예컨대 동물들 안에서 그들 영혼이 권한을 가지고 있는 작용들을 실행하는 데 필요한 기관(器官)들이 발견된다. 그런데 참사랑은 사람을 궁극 목적으로 질서 지어 주는 한에서 궁극 목적으로 질서 지워질 수 있는 모든 작용들의 원리라는 것은 명백하다. 그러므로 온갖 종류의 선한 업적들을 실행하도록 도와주는 모든 도덕적 덕들이 참사랑과 함께 주입될 필요가 있다.[5]

이렇게 해서 주입된 모든 도덕적 덕들이 현명함 덕분에만 서로 연

---

4. Augustinus, *Epist.* 167: PL 33, 738.
5. Cf. q.63, a.3. 이 논거는 또한 주입된 도덕적 덕들의 실존을 입증하는 데에도 유효하다.

connexionem propter prudentiam; sed etiam propter caritatem. Et quod qui amittit caritatem per peccatum mortale, amittit omnes virtutes morales infusas.

AD PRIMUM ergo dicendum quod ad hoc quod actus inferioris potentiae sit perfectus, requiritur quod non solum adsit perfectio in superiori potentia, sed etiam in inferiori, si enim principale agens debito modo se haberet, non sequeretur actio perfecta, si instrumentum non esset bene dispositum. Unde oportet ad hoc quod homo bene operetur in his quae sunt ad finem, quod non solum habeat virtutem qua bene se habeat circa finem, sed etiam virtutes quibus bene se habeat circa ea quae sunt ad finem, nam virtus quae est circa finem, se habet ut principalis et motiva respectu earum quae sunt ad finem. Et ideo cum caritate necesse est etiam habere alias virtutes morales.

AD SECUNDUM dicendum quod quandoque contingit quod aliquis habens habitum, patitur difficultatem in operando, et per consequens non sentit delectationem et complacentiam in actu, propter aliquod impedimentum extrinsecus superveniens, sicut ille qui habet habitum scientiae, patitur difficultatem in intelligendo, propter somnolentiam vel aliquam infirmitatem. Et similiter habitus moralium virtutum infusarum patiuntur interdum difficultatem in operando, propter aliquas dispositiones contrarias ex praecedentibus actibus relictas.[6] Quae quidem

결되어 있는 것이 아니라, 참사랑 덕분에도 서로 연결되어 있다는 것이 입증되었다. 그러므로 사죄를 지음으로써 참사랑을 잃어버리는 자는 주입된 모든 도덕적 덕을 상실하게 된다.

[해답] 1. 하위 능력(기관)의 행위가 완전해지기 위해서는 상급 능력들뿐만 아니라 하위 능력들 안에서도 완전성이 요구된다. 실상 주요 행위자가 합당하게 잘 준비되어 있지만, 도구가 잘 준비되어 있지 있다면, 완전한 행위를 수행할 수 없다. 그런데 사람이 '목적으로 질서 지어진 것들'[수단]과 관련된 선을 수행하기 위해서는 그것을 그 목적 자체를 위해 잘 준비시켜 줄 덕을 갖출 필요가 있을 뿐만 아니라, 그 목적으로 질서 지어진 행위들을 잘 준비시키기에 적합한 덕도 갖출 필요가 있다. 왜냐하면 그 목적을 대상으로 삼는 덕은 그 목적에 질서 지어진 것들에 비해 중요하고 기동적(起動的)인 역할을 하기 때문이다. 따라서 참사랑과 함께 다른 도덕적 덕들도 갖출 필요가 있다.

2. 가끔은 외부에서 초래된 어떤 어려움 때문에, 어떤 습성을 지니고 있는 자가 그것을 수행하는 데 어려움을 겪게 되어 그 행위에서 기쁨과 만족을 느끼지 못하는 수가 있다. 이것은 학문의 습성을 지니고는 있지만 졸음이나 질병 때문에 이해하는 데 어려움을 겪는 사람의 경우와 같다. 마찬가지로 가끔은 주입된 도덕적 덕들의 습성들을 수행하는 데 있어서 이전의 행위들의 여파로 남게 된 반대되는 상태들 때문에 어려움을 경험하는 수도 있다.[6] 이 어려움은 획득된 도덕적 덕들의 경우에는 똑같이 일어나지 않는다. 왜냐하면 그것들

---

6. 알코올중독자의 경우가 그러하다. Cf. *De virt. card.*, a.2, ad2.

q.65, a.4

difficultas non ita accidit in virtutibus moralibus acquisitis, quia per exercitium actuum, quo acquiruntur, tolluntur etiam contrariae dispositiones.[7]

AD TERTIUM dicendum quod aliqui sancti dicuntur aliquas virtutes non habere, inquantum patiuntur difficultatem in actibus earum, ratione iam[8] dicta; quamvis habitus omnium virtutum habeant.

Articulus 4
Utrum fides et spes possint esse sine caritatae

Ad quartum sic proceditur. Videtur quod fides et spes nunquam sint sine caritate.

---

7. (*추가주) "악으로 기우는 경향들은 (우연히 기적적으로가 아니라면) 획득된 덕들과 주입된 덕들에 의해서 완전히 제거되는 것이 아니다. 왜냐하면 도덕적 덕[이 성취된] 이후에도 육과 영 사이의 싸움은 언제까지나 남아 있기 때문이다. (…) 그러나 주입된 덕만큼이나 획득된 덕을 통해서도 이런 정념들은, 그로써 사람이 제멋대로 휘둘리지 않도록, 변하게 된다. 그러나 어떤 것에 관한 한 획득된 덕이 두드러지고, 다른 어떤 것에 관해서는 주입된 덕이 더 두드러진다. 왜냐하면 그러한 다툼이 덜 느껴지는 것에 관한 한 획득된 덕이 더 두드러지기 때문이다. 그리고 이것은 그 나름대로 이유를 갖는다. 왜냐하면 사람은 잦은 행위들을 통해서 덕에 익숙해져, 이미 그런 정념들에 저항하는 것이 익숙해지고 복종하기를 그만두게 되기 때문이다. 이로부터 그것들이 덜 귀찮아지게 된다. 그러나 이런 정념들이 비록 느껴지더라도 결코 지배되지 않도록 만드는 것에 관한 한 주입된 덕이 더 두드러진다. 한편 주입된 덕은 욕망(concupiscentia)의 죄에 조금도 복종하지 않도록 만든다. 그리고 그 덕이 남아 있는 한 이것을 무류적으로 행한다. 그러나 획득된 덕은, 비록 아주 짧은 순간이라고 하더라도 이 점을 결하고 있다. 이것

이 획득되게 되는 행위들의 훈련이 그 반대의 상태들도 제거하기 때문이다.[7]

3. 가끔은 어떤 성인들이 특정 덕들을 가지고 있지 않다고 말해진다. 그것은 모든 덕들의 습성들을 다 갖추고 있다고 하더라도, 이미[8] 말한 것처럼 그들이 그 덕들을 수행하는 데 있어서 어려움을 겪기 때문이다.

제4절 신앙과 희망은 참사랑이 없어도 존재할 수 있는가?

[**Parall**.: Cf. II-II, q.23, a.7, ad1; *In Sent.*, III, d.23, q.3, a.1, qc.2; d.26, q.2, a.3, qc.2; *In I Cor.*, c.13, lect.1; Doct. Eccl.: "은총이 죄로 인해 상실될 때 동시에 신앙도 상실된다거나, 남아 있는 신앙이 살아 있지 않기에[야고 2,26] 참신앙이 아니라거나, 참사랑이 없는 신앙을 가진 이는 그리스도인이 아니라고 말하는 자는 파문될 것이다."(Conc. Trid., sess.VI, can.28, DS 838[= DH 1578])]

[반론] 넷째에 대해서는 다음과 같이 전개된다. 참사랑이 없이는 신앙과 희망은 결코 있을 수 없는 것으로 생각된다.

은 다른 자연적 경향들이 적은 부분들 안에서 결함을 가지고 있는 것과 마찬가지이다."(*De virtutibus*, q. un., a.10, ad14)

"원칙적으로 주입된 덕은 획득된 덕처럼 언제나 이렇게 정념의 감각을 제거하는 것이 아니기 때문에, 처음에는 이처럼 즐겁게 작용하는 것이 아니다. 그렇지만 이것은 덕의 이유에 반대되는 것이 아니다. 왜냐하면 덕을 위해서는 때로는 슬픔 없이 작용하는 것으로도 충분하기 때문이다. 그렇다고 겪게 되는 귀찮음 때문에 기쁘게 작용하는 것이 요구되는 것도 아니기 때문이다. 철학자가 『니코마코스 윤리학』 제3권 [제6장]에서 말하는 것처럼, 용기 있는 사람은 슬픔 없이 작용하는 것만으로도 충분하다."(Ibid., ad15)

8. a.2.

q.65, a.4

1. Cum enim sint virtutes theologicae, digniores esse videntur virtutibus moralibus, etiam infusis. Sed virtutes morales infusae non possunt esse sine caritate. Ergo neque fides et spes.

2. Praeterea, *nullus credit nisi volens*, ut Augustinus dicit, *super Ioan.*[1] Sed caritas est in voluntate sicut perfectio eius, ut supra[2] dictum est. Ergo fides non potest esse sine caritate.

3. Praeterea, Augustinus dicit, in *Enchirid.*,[3] quod *spes sine amore esse non potest*. Amor autem est caritas, de hoc enim amore ibi loquitur. Ergo spes non potest esse sine caritate.[4]

SED CONTRA est quod Matth. 1, [2] dicitur in Glossa[5] quod *fides generat spem, spes vero caritatem.*[6] Sed generans est prius generato, et potest esse sine eo. Ergo fides potest esse sine spe; et spes sine caritate.[7]

RESPONDEO dicendum quod fides et spes, sicut et virtutes morales, dupliciter considerari possunt. Uno modo, secundum

---

1. Augustinus, *Super Joannem* 26, in *Joan.* 6,44: PL 35, 1607.
2. q.62, a.3.
3. Augustinus, *Enchiridion*, 8: PL 40, 235.
4. 이 점에 관해서는 교회는 일그러진 믿음과 희망의 가능성을 부정하는 자들을 단죄하며 선언하고 있다. 가장 강력한 단죄는 개신교도들을 향해 내려졌다.(Cf. DS 808[=DH 1544]과 838[=DH 1578]) 이 단죄는 은총의 주입 이전의 우연한 존재와 관련된 것이 아니다. 왜냐하면 특히 은총과 사랑 없이 신앙의 최초의 주입을 받는 것이 실천적으로 불가능한 것으로 보이기 때문이다. 그것은 오히려 사죄(死

1. 그것들은, 대신덕들이기 때문에, 주입된 덕들조차도 도덕적 덕보다 훨씬 더 큰 가치를 지니고 있는 것으로 나타난다. 그런데 주입된 도덕적 덕들은 참사랑 없이는 존재할 수 없다. 그러므로 신앙과 희망도 마찬가지다.

2. 아우구스티누스가 『요한복음서 강해』[1]에서 말하는 것처럼, "아무도 원하기 때문이 아니라면 믿지 않는다." 그러나 위에서[2] 살펴본 것처럼, 참사랑은 그 완성으로서 의지 속에 자리 잡고 있다. 그러므로 참사랑 없는 신앙은 있을 수 없다.

3. 아우구스티누스는 『길잡이』[3]에서 "사랑 없이는(sine amore) 희망도 있을 수 없다."고 말한다. 그런데 여기서 말하는 사랑은 바로 참사랑(caritas)이다. 실상 그가 말하고 있는 것은 바로 이 참사랑에 대해서이다. 따라서 희망은 참사랑 없이는 있을 수 없다.[4]

[재반론] 그러나 반대로 마태오복음시 1장 [2절]을 주해하면서 『주석』(Glossa)[5]은 "신앙은 희망을 낳고, 희망은 참사랑을 낳는다."고 주장한다.[6] 그런데 낳는 자는 태어나는 자보다 앞서고, 후자 없이도 있을 수 있다. 그러므로 신앙은 희망 없이, 그리고 희망은 참사랑 없이 있을 수 있다.[7]

[답변] 도덕적 덕들처럼 신앙과 희망도 두 가지 관점에서 고찰될 수

罪)를 빔함으로써 믿고 희망하기를 그치지 않은 채 은총과 참사랑을 잃어버린 신앙인들에 관한 단죄이다.

5. *Glossa*, in *Matth.* 1,2.
6. Cf. q.63, a.4.
7. Cf. Conc. Vatican., I, DS[=DH] 3010, DS[=DH] 3055.

inchoationem quandam; alio modo, secundum perfectum esse virtutis.[8] Cum enim virtus ordinetur ad bonum opus agendum, virtus quidem perfecta dicitur ex hoc quod potest in opus perfecte bonum, quod quidem est dum non solum bonum est quod fit, sed etiam bene fit.[9] Alioquin, si bonum sit quod fit, non autem bene fiat, non erit perfecte bonum, unde nec habitus qui est talis operis principium, habebit perfecte rationem virtutis. Sicut si aliquis operetur iusta, bonum quidem facit, sed non erit opus perfectae virtutis, nisi hoc bene faciat, idest secundum electionem rectam, quod est per prudentiam, et ideo iustitia sine prudentia non potest esse virtus perfecta.[10]

Sic igitur fides et spes sine caritate possunt quidem aliqualiter esse, perfectae autem virtutis rationem sine caritate non habent.[11] Cum enim fidei opus sit credere Deo;[12] credere autem sit alicui propria voluntate assentire,[13] si non debito modo velit, non erit fidei opus perfectum. Quod autem debito modo velit, hoc est per caritatem, quae perficit voluntatem, omnis enim rectus motus voluntatis ex recto amore procedit, ut Augustinus dicit, in XIV *de Civ. Dei*.[14] Sic igitur fides est quidem sine caritate, sed non perfecta virtus, sicut temperantia vel fortitudo sine prudentia.—Et similiter dicendum est de spe. Nam actus spei

---

8. Cf. a.1.
9. Ibid.
10. Ibid.
11. Cf. II-II, q.4, a.4.

있다. 첫째는 시작하는 덕으로서이고, 둘째는 완전한 덕으로서이다.[8] 그러나 덕은 선한 행위들을 수행하는 데에로 질서 지어져 있기 때문에, 완벽하게 선한 어떤 행위를 할 수 있다는 사실 때문에 완전하다고 말해지게 될 것이다. 이것은 실행되는 것이 선한 행위일 뿐만 아니라 또한 잘 실행되기도 하였을 때 이루어진다.[9] 그렇지 않으면 완벽하게 선한 행위가 아닐 것이다. 그리고 그런 작용의 원리인 습성은 완전하게 덕의 본성을 소유할 수 없을 것이다. 만일 누가 예컨대 의로운 일을 했다면, 하나의 선한 행위를 한 것이겠지만, 그것들을 현명의 특징인 올바른 선택에 따라 잘 실행하지 못했다면, 완전한 덕의 업적은 아닐 것이다. 따라서 현명 없는 정의란 완전한 덕이 될 수 없다.[10]

같은 모양으로, 신앙과 희망은 어떤 면에서는 참사랑 없이도 존재할 수 있다. 그러나 그것들은 참사랑 없이는 덕의 완전한 본성을 지닐 수 없다.[11] 실상 하느님을 믿는 것은 신앙의 고유 행위이기에,[12] 그리고 믿는다는 것은 자신의 의지를 가지고 누군가에게 동의를 던진다는 것이기에,[13] 누가 마땅히 그래야 하는 것과는 다르게 원하는 것은 완전한 신앙의 업적이 아니다. 마땅히 그러해야 하는 대로 원하는 것은 의지를 완성하는 참사랑에 기인한다. 왜냐하면 아우구스티누스가 『신국론』 제14권[14]에서 말하는 것처럼, 의지의 모든 올바른 움직임은 올바른 참사랑에서부터 전개되기 때문이다. 이리하여 신앙은 참사랑 없이 있을 수 있을지 모르지만, 하나의 완전한 덕으로서 그런 것은 아니다. 이것은 절제나 용기가 현명 없이 존재할 수 있는 것과 같다.— 희망에 대해서도 똑같이 적용될 수 있다. 왜냐하면 희

---

12. Cf. II-II, q.2, a.2.
13. Cf. II-II, q.2, a.1.
14. Augustinus, *De civ. Dei*, XIV, c.9: PL 41, 413.

q.65, a.4

est expectare futuram beatitudinem a Deo.[15] Qui quidem actus perfectus est, si fiat ex meritis quae quis habet, quod non potest esse sine caritate. Si autem hoc expectet ex meritis quae nondum habet, sed proponit in futurum acquirere, erit actus imperfectus, et hoc potest esse sine caritate.[16]—Et ideo fides et spes possunt esse sine caritate, sed sine caritate, proprie loquendo, virtutes non sunt; nam ad rationem virtutis pertinet ut non solum secundum ipsam aliquod bonum operemur, sed etiam bene, ut dicitur in II *Ethic.*[17]

AD PRIMUM ergo dicendum quod virtutes morales dependent a prudentia, prudentia autem infusa nec rationem prudentiae habere potest absque caritate, utpote deficiente debita habitudine ad primum principium, quod est ultimus finis.[18] Fides autem et spes, secundum proprias rationes, nec a prudentia nec a caritate dependent. Et ideo sine caritate esse possunt; licet non sint virtutes sine caritate, ut dictum[19] est.[20]

AD SECUNDUM dicendum quod ratio illa procedit de fide quae habet perfectam rationem virtutis.

---

15. Cf. II-II, q.17, aa.1-2.
16. Cf. q.114, a.4.
17. *Ethica Nic.*, II, c.6, 1106a23-24; S. Thomas, lect.6, nn.307-308.
18. Cf. a.2.
19. 본론.

망의 행위는 미래의 참행복을 위해 하느님께 의존하는 데에서 성립되기 때문이다.[15] 만일 이 행위가 우리가 지니고 있는 공로에 기초하고 있다면, 그것은 완전하다. 그리고 참사랑 없이는 어떤 공로도 가능하지가 않다. 그러나 아직 지니고 있지는 않지만 머지않은 미래에 획득하도록 제언하는 공로를 통해 미래의 참행복을 기대하는 것은 불완전한 행위가 될 것이다. 그리고 이것은 참사랑 없이도 가능할 것이다.[16] – 따라서 신앙과 희망은 참사랑 없이도 존재할 수 있다. 그러나 참사랑 없이는 그것들은 엄밀하게 말해 덕들이 아니다. 반복하자면, 『니코마코스 윤리학』 제2권[17]에서 말하는 것처럼, 덕의 본성은 그것에 의해서 우리가 선한 일을 행해야 할 뿐만 아니라 또한 그것을 잘하기도 해야 할 것을 요구한다.

[해답] 1. 이리하여 도덕적 덕은 현명에 의존하고, 주입된 현명은 사랑 없이는 현명의 성격을 지니지 못할 것이다. 왜냐하면 그것은 궁극적 목적인 그 제1원리와의 고유 관계를 결하고 있기 때문이다.[18] 신앙과 희망은 그것들의 고유한 의미와 관련해서 현명이나 참사랑 그 어디에도 의존하지 않는다. 위에서[19] 말한 것처럼, 비록 그것들이 참사랑 없이는 덕들도 아니지만, 그것들은 참사랑 없이도 존재할 수 있다.[20]

2. 이 논거는 하나의 완전한 덕으로서 고찰된 신앙에 대해서 참되다.

---

20. 우리가 믿음과 희망을 (덕의 근거에 있어서 본질적으로 완전한 습성으로서가 아니라) 단지 상태적 습성으로 고찰한다면, 그것들은 필연적으로 참사랑과 연관되어 있는 것으로 나타나지 않는다. 그러므로 어떤 면에서 우리는 도덕적 덕들이 신학적 덕들보다 그들 상호 간에 더 연결되어 있다고 말할 수 있다. 그러나 만일 그것들을 덕의 근거에 있어서 본질적으로 완전한 것들로 고찰한다면, 다시 말해 참사랑으로 활성화된 측면에서 고찰한다면, 그것들은 도덕적 덕들보다 더 내밀하게 연관되어 있다.

AD TERTIUM dicendum quod Augustinus loquitur ibi de spe, secundum quod aliquis expectat futuram beatitudinem per merita quae iam habet, quod non est sine caritate.

Articulus 5
Utrum caritas possit esse sine fide et spe

Ad quintum sic proceditur. Videtur quod caritas possit esse sine fide et spe.

1. Caritas enim est amor Dei. Sed Deus potest a nobis amari naturaliter, etiam non praesupposita fide, vel spe futurae beatitudinis. Ergo caritas potest esse sine fide et spe.

2. Praeterea, caritas est radix omnium virtutum; secundum illud *Ephes.* 3, [17]: *In caritate radicati et fundati*. Sed radix aliquando est sine ramis. Ergo caritas potest esse aliquando sine fide et spe et aliis virtutibus.

3. Praeterea, in Christo fuit perfecta caritas. Ipse tamen non habuit fidem et spem, quia fuit perfectus comprehensor,[1] ut infra[2] dicetur. Ergo caritas potest esse sine fide et spe.

---

1. '달관자'(達觀者, comprehensor). 이미 하늘나라의 참행복 또는 영광을 누리고 있는 인물을 가리키는 중세의 전문용어로, 이승에서 아직 천국을 향한 도정에 있는 '나그네'(viator)와 대조되고 있다.

3. 아우구스티누스는 여기서 어떤 이가 그 덕분에 이미 소유하고 있는 공로들을 통해 미래의 참행복을 기대하는 저 희망에 대해 말하고 있다. 그리고 이것은 분명 참사랑 없이는 있을 수 없다.

제5절 참사랑은 신앙과 희망이 없어도 존재할 수 있는가?

[반론] 다섯째에 대해서는 다음과 같이 전개된다. 참사랑은 신앙이나 희망이 없이도 존재할 수 있는 것으로 생각된다.

1. 참사랑은 하느님에 대한 사랑이다. 그러나 미래의 참행복 안에서 이미 신앙이나 희망을 가지지 않고서도 우리가 신에 대한 자연적 사랑을 가지는 것이 가능하다. 따라서 참사랑은 신앙과 희망 없이도 존재할 수 있다.

2. 에페소시 3장 [17절]에 따르면, "참사랑은 모든 덕들의 뿌리"이다. 그런데 뿌리가 때로는 가지 없이도 존재한다. 그래서 신앙과 희망, 그리고 다른 덕들 없이도 참사랑이 있을 수 있다.

3. 그리스도 안에는 완전한 참사랑이 있었다. 그러나 그는 신앙이나 희망은 지니고 있지 않았다. 왜냐하면 아래에서[2] 말하겠지만, 그는 완전한 달관자[1]였기 때문이다. 그러므로 참사랑은 신앙과 희망 없이도 존재한다.

---

2. III, q.7, aa.3-4.

q.65, a.5

SED CONTRA est quod apostolus dicit, *Heb.* 11, [6]: *Sine fide impossibile est placere Deo*; quod maxime pertinet ad caritatem, ut patet; secundum illud *Proverb.* 8, [17]: *Ego diligentes me diligo.* Spes etiam est quae introducit ad caritatem, ut supra[3] dictum est. Ergo caritas non potest haberi sine fide et spe.

RESPONDEO dicendum quod caritas non solum significat amorem Dei, sed etiam amicitiam quandam ad ipsum;[4] quae quidem super amorem addit mutuam redamationem cum quadam mutua communicatione,[5] ut dicitur in VIII *Ethic.*[6] Et quod hoc ad caritatem pertineat, patet per id quod dicitur I Ioan. 4, [16]: *Qui manet in caritate, in Deo manet, et Deus in eo.* Et I *ad Cor.* 1, [9] dicitur: *Fidelis Deus, per quem vocati estis in societatem filii eius.* Haec autem societas hominis ad Deum, quae est quaedam familiaris conversatio cum ipso, inchoatur quidem hic in praesenti per gratiam, perficietur autem in futuro per gloriam, quorum utrumque fide et spe tenetur. Unde sicut

---

3. q.62, a.4.
4. Cf. II-II, q.23, a.1.
6. *Ethica Nic.*, VIII, cc.2 & 14, 1155b28-31; 1161b11-12; S. Thomas, lect.2, nn.1557-1558; lect.12, n.1702.
5. Cf. II-II, q.23, a.1. 성 토마스는 참사랑을 단순한 사랑으로서가 아니라 우정으로 이해한 첫 번째 신학자였다. 이 우정으로서의 사랑 개념은 아리스토텔레스에서 유래되는 것이기는 하지만, 보다 명료한 설명을 보기 위해서는 토마스가 사랑에 관한 논술(II-II, q.23, a.1)에서 말하게 될 것들을 참조할 필요가 있다. 사랑

제65문 제5절

[재반론] 그러나 반대로 사도는 히브리서 11장 [6절]에서 이렇게 말한다. "믿음이 없이는 하느님을 기쁘시게 할 수 없습니다." 그리고 잠언 8장 [17절]에 따르면, 이것은 명백히 참사랑에 가장 속한다. "나는 나를 사랑하는 이들을 사랑한다." 또한 위에서³ 말한 것처럼, 우리가 참사랑으로 인도되는 것은 희망에 의해서이다. 그러므로 신앙과 희망 없이 참사랑을 가진다는 것은 가능하지 않다.

[답변] 참사랑은 하느님의 사랑뿐만 아니라 또한 그분과의 어떤 우정까지도 의미한다.⁴ 『니코마코스 윤리학』 제8권⁶에서 말하는 것처럼, 이것은 사랑 외에도 상호 소통을 통한 호환적인 사랑을 덧붙인다.⁵ 그리고 그런 속성이 참사랑에 속한다는 것은 요한 1서 4장 [16절]에서 말하는 것을 통해서도 명백하다. "[참]사랑 안에 머무르는 사람은 하느님 안에 머무르고, 하느님께서도 그 사람 안에 머무르십니다." 그리고 코린토 1서 1장 [9절]에서는 이렇게 말한다. "하느님은 성실하신 분이십니다. 그분께서 당신의 외아드님이신 우리 주 예수 그리스도와 친교를 맺도록 여러분을 불러 주셨습니다." 그런데 인간이 하느님과 함께 이루는 이 사회, 곧 친밀한 사귐은 여기 현세에서 은총을 통해 시작되었고, 미래에 영광을 통해서 완성에 이르게

은 다음과 같은 요소들을 포함하고 있다. 1) 우정의 사랑, 2) 애정의 상응, 3) 이 상대방의 사랑에 대한 상호 인지, 4) 전제되고 있는 토대, 곧 어떤 주어진 선에 대한 어떤 식으로든 공유하고 있는 공감대. Cf. Joseph Keller, "De Virtute Caritatis Ut Amicitia Quadam Divina", *Xenia Thomistica Theologica* 2(1925), p.256; Paul J. Wadell, "ch.4. Charity: The Virtue of Friendship with God", in ID., *The Primacy of Love: An Introduction to the Ethics of Thomas Aquinas*, Eugene(Oregon), Wipf & Stock, 1992, pp.63-78.

aliquis non posset cum aliquo amicitiam habere, si discrederet vel desperaret se posse habere aliquam societatem vel familiarem conversationem cum ipso; ita aliquis non potest habere amicitiam ad Deum, quae est caritas, nisi fidem habeat, per quam credat huiusmodi societatem et conversationem hominis cum Deo, et speret se ad hanc societatem pertinere.[7] Et sic caritas sine fide et spe nullo modo esse potest.

AD PRIMUM ergo dicendum quod caritas non est qualiscumque amor Dei, sed amor Dei quo diligitur ut beatitudinis obiectum,[8] ad quod ordinamur per fidem et spem.

AD SECUNDUM dicendum quod caritas est radix fidei et spei, inquantum dat eis perfectionem virtutis. Sed fides et spes, secundum rationem propriam, praesupponuntur ad caritatem, ut supra[9] dictum est. Et sic caritas sine eis esse non potest.

AD TERTIUM dicendum quod Christo defuit fides et spes, propter id quod est imperfectionis in eis. Sed loco fidei, habuit apertam visionem; et loco spei, plenam comprehensionem. Et sic fuit perfecta caritas in eo.

---

7. 여기에서는 앞의 각주에서 지적된 참사랑의 요소들 가운데 넷째 요소가 보다 광범위하게 조명되고 있다. 조금만 성찰해 보더라도 미래의 참행복과 그것을 예비하는 도덕 생활에서 사회적 측면이 차지하고 있는 엄청난 중요성을 깨달을 수 있다. 더 이상의 발전을 위해서는 이웃에 대한 참사랑이 하느님과의 이 사귐과 다르거나 구별되지 않는다는 점을 놓치지 말아야 한다. 그러므로 그리스도인의 전망은 하느님의 가족 전체를 포용하는 사랑으로 확장된다.

될 것이다. 그리고 이 두 가지를 우리는 지금 신앙과 희망 덕분에 소유하고 있다. 따라서 누군가와 함께 한 사회를 만들 수 있다고 믿고 희망하지 않는다면 그와 우정을 맺거나 친밀한 사귐을 나눌 수 없는 것과 마찬가지로, 인간과 하느님이 함께 이루는 저 사회와 사귐을 믿는 신앙이 없고, 또 저 사회에 속하고 싶은 희망을 품지 않고서는, 하느님과의 우정, 곧 참사랑을 가질 수 없다.[7] 그러므로 참사랑은 어떤 식으로도 신앙과 희망 없이는 존재할 수 없다.

[해답] 1. 참사랑은 하느님에 대한 아무 사랑이 아니라, 우리가 신앙과 희망을 통해 그리로 기우는 참행복의 대상으로서[8] 그가 사랑받게 되는 저 하느님의 사랑 자체이다.

2. 참사랑은 신앙과 희망에게 덕의 완전성을 주는 한에서 그것들의 뿌리이다. 하지만 참사랑은 위에서[9] 말한 것처럼, 엄밀한 의미에서 신앙과 희망을 미리 전제하고 있고, 따라서 그것들 없이는 존재할 수 없다.

3. 그리스도 안에는 신앙도 없고 희망도 없다. 왜냐하면 그것들 안에는 어떤 불완전성이 포함되어 있기 때문이다. 그러나 그에게는 신앙 대신에 개방된 봄[직관]이 있고, 희망 대신에 충만한 포용이 있다. 그리고 이런 식으로 그 안에는 완전한 참사랑이 있을 수 있다.

---

8. Cf. q.3, a.1.
9. q.62, a.4.

QUAESTIO LXVI
DE AEQUALITATE VIRTUTUM
in sex articulos divisa

Deinde considerandum est de aequalitate virtutum.[1]

Et circa hoc quaeruntur sex.

Primo: utrum virtus possit esse maior vel minor.

Secundo: utrum omnes virtutes simul in eodem existentes, sint aequales.

Tertio: de comparatione virtutum moralium ad intellectuales.

Quarto: de comparatione virtutum moralium ad invicem.

Quinto: de comparatione virtutum intellectualium ad invicem.

Sexto: de comparatione virtutum theologicarum ad invicem.

---

1. 엄밀히 말해, '동등함'(aequalitas)은 엇비슷한 것들 사이의 '만남' 또는 '비교'를 의미할 수도 있을 것이다. 실상 라틴어 동사 'aequare'는 다른 무엇보다도 정확히 바로 그런 의미를 가지고 있다. "Aequo, as, are... 4. Item est comparare, conferre; quippe quae comparantur alia adversum alia aequis quasi frontibus ponuntur"(Aeg. Forcellini, *Lexicon totius latinitatis*, cura Corradini et Perin, Patavii, 1940, vol.I, p.125) 대조에 대해 말했더라면 텍스트는 한편으로는 훨씬 더 명료했을지 모른다. 그러

제66문
덕들의 동등성에 대하여
(전6절)

이제는 덕들 사이의 동등성에 대해 고찰해야 한다.[1] 이 주제에 관해서는 다음과 같은 여섯 가지 질문이 제기된다.

1. 어떤 덕이 더 크거나 더 작을 수 있는가?
2. 동시에 동일한 주체 안에 있는 모든 덕은 동등한가?
3. 도덕적 덕과 지성적 덕의 비교에 대하여.
4. 도덕적 덕 상호 간의 비교에 대하여.
5. 지성적 덕 상호 간의 비교에 대하여.
6. 대신덕 상호 간의 비교에 대하여.

---

[1] 성 토마스는 스토아학파의 역사적 입장을 마주하고 있었는데, 그것은 덕의 객관적이고 주관적인 완전한 동등성을 주장하고 있었다. 이것은 라틴 교부들의 적지 않은 표현들 속에 그 반향이 느껴지는 그런 입장이었다. 여기서 제66문의 제목을 이해할 수 있다. 그러므로 여기서는 덕의 이른바 '동등성'을 다룰 것이지만, 적절한 대조를 통해 결과적으로 동등하지 않음, 다양성, 발전 등의 결론에 이르게 될 것이다.

Articulus 1
Utrum virtus possit esse maior vel minor[1]

Ad primum sic proceditur. Videtur quod virtus non possit esse maior vel minor.

1. Dicitur enim in *Apoc.* 21, [16], quod latera civitatis Ierusalem sunt aequalia. Per haec autem significantur virtutes, ut Glossa[2] dicit ibidem. Ergo omnes virtutes sunt aequales. Non ergo potest esse virtus maior virtute.

2. Praeterea, omne illud cuius ratio consistit in maximo, non potest esse maius vel minus. Sed ratio virtutis consistit in maximo, est enim virtus *ultimum potentiae*, ut Philosophus dicit in I *de Caelo*;[3] et Augustinus etiam dicit, in II *de Lib. Arb.*,[4] quod *virtutes sunt maxima bona, quibus nullus potest male uti*. Ergo videtur quod virtus non possit esse maior neque minor.

3. Praeterea, quantitas effectus pensatur secundum virtutem agentis. Sed virtutes perfectae, quae sunt virtutes infusae, sunt a Deo, cuius virtus est uniformis et infinita. Ergo videtur quod virtus non possit esse maior virtute.

---

1. 현재의 제목은 상대적인 의미의 덕들에 대해서가 아니고(cf. q.56, a.3), 또 불완전한 신학적 덕들에 대해서도 아니라(cf. q.65, a.4) 단적인 의미의 덕들에 대해서 묻고 있다.
2. *Glossa ordinaria*, in *Apocalypsis* 21,16. 『주석』(*Glossa*)에 편입되어 있는 것만 봐도 능히 알 수 있는 것처럼, 이 흥미로운 해석은 이미 전통이 되어 있었다. 그러나 혹자는 8세기의 스페인인 베아투스 데 리에바나(Beatus de Liebana)의 유명한 『요한묵시록 주해』에서 그 사실을 확인할 수도 있을 것이다.

제1절 어떤 덕이 다른 덕보다 더 크거나 작을 수 있는가?[1]

[**Parall**.: Cf. *In Sent.*, III, d.36, q.4; *De malo*, q.2, a.9, ad8; *De virt. card.*, a.3]

[반론] 첫째에 대해서는 다음과 같이 전개된다. 어떤 덕은 다른 덕보다 더 크거나 작을 수 없는 것으로 생각된다.

1. 예루살렘 도시의 측면들은 똑같다고 기록되어 있는데, 이에 대해 요한묵시록 21장 [16절]에 대한 『주석』(*Glossa*)은 [여기서 말하는] 측면들이란 덕들을 가리킨다고 덧붙이고 있다.[2] 그러므로 모든 덕은 다 동등하고, 따라서 어느 하나의 덕이 다른 덕보다 더 크거나 작을 수 없다.

2. 그 본성의 근거가 최대치에서 성립되는 어떤 것은 더 크거나 작을 수 없다. 그런데 덕의 근거는 최대치에서 성립된다. 왜냐하면 철학자가 『천체론』 제1권[3]에서 말하는 것처럼, "덕이란 능력의 극단"이기 때문이다. 아우구스티누스도 『자유의지론』 제2권[4]에서 이렇게 말하고 있다. "덕이란 아무도 악용할 수 없는 최대선이다." 그러므로 하나의 덕은 다른 덕보다 작을 수 없는 것으로 보인다.

3. 어떤 결과의 크기는 행위자의 힘(virtus)에 의해서 측정된다. 그런데 완전한 덕들, 곧 주입된 덕들은 하느님에게서 비롯된 것들이고, 그 힘(virtus)은 균일하고 무한하다. 그러므로 어떤 덕(virtus)이 다른 덕보다 더 클 수는 없다.

---

3. Aristoteles, *De caelo*, I, c.2, 281a11.
4. Augustinus, *De libero arbitrio*, II, c.18: PL 32, 1267.

Sed contra, ubicumque potest esse augmentum et superabundantia, potest esse inaequalitas. Sed in virtutibus invenitur superabundantia et augmentum,[5] dicitur enim Matth. 5, [20]: *Nisi abundaverit iustitia vestra plus quam Scribarum et Pharisaeorum, non intrabitis in regnum caelorum*; et *Proverb.* 15, [5] dicitur: *In abundanti iustitia virtus maxima est.* Ergo videtur quod virtus possit esse maior vel minor.

Respondeo dicendum quod cum quaeritur utrum virtus una possit esse maior alia, dupliciter intelligi potest quaestio. Uno modo, in virtutibus specie differentibus. Et sic manifestum est quod una virtus est alia maior. Semper enim est potior causa suo effectu, et in effectibus, tanto aliquid est potius, quanto est causae propinquius. Manifestum est autem ex dictis[6] quod causa et radix humani boni est ratio. Et ideo prudentia, quae perficit rationem, praefertur in bonitate aliis virtutibus moralibus, perficientibus vim appetitivam inquantum participat rationem.[7] Et in his etiam tanto est una altera melior, quanto magis ad rationem accedit. Unde et iustitia, quae est in voluntate, praefertur aliis virtutibus moralibus,[8] et fortitudo, quae est in irascibili, praefertur temperantiae, quae est in concupiscibili,

---

5. Vulgata.
6. q.18, a.5; q.61, a.2.

[재반론] 그러나 반대로 성장과 넘치는 풍요가 가능한 곳이면 어디에서나 불평등이 있을 수 있다. 그런데 덕들 안에서는 넘치는 풍요와 성장을 만나게 된다. 왜냐하면 마태오복음서 5장 [20절]에서 말하는 것처럼 "너의 의로움이 율법 학자들과 바리사이들의 의로움을 능가하지 않으면, 결코 하늘나라에 들어가지 못할 것"이며, 잠언 15장 [5절]에는 "정의가 넘치는 곳에 가장 큰 덕이 있다."[5]라고 기록되어 있기 때문이다. 그러므로 어느 덕이 다른 덕보다 더 크거나 작을 수 있는 것으로 보인다.

[답변] 어떤 덕이 다른 덕보다 더 클 수 있는지 물을 때, 그 질문은 두 가지 의미로 알아들을 수 있다. 첫째, 서로 다른 종류의 덕들에 적용될 때가 그러하다. 이런 의미에서는 어느 하나의 덕이 다른 덕보다 더 크다는 것이 명백하다. 하나의 원인은 언제나 그 결과보다 우월하고, 그 결과들 가운데서는 원인에 가까울수록 더 우월하다. 인간적 선의 원인과 뿌리가 이성이라는 것은 이미[6] 말한 것으로부터 명백하다. 이리하여 이성을 완성하는 현명(prudentia)은 그 선성에 있어서, 이성에 참여하는 한에서 욕구적 힘을 완성하는 다른 도덕적 덕들을 능가한다.[7] 마찬가지로 도덕적 덕들 가운데서도 하나의 덕은 그것이 이성에 얼마나 근접하느냐에 따라 다른 것보다 더 낫다. 따라서 의지 안에 있는 정의는 나머지 다른 도덕적 덕들보다 더 높은 자리를 차지한다.[8] 그리고 분노적 부분에 속하는 용기는, 『니코마코스

---

7. Cf. a.3, ad3.
8. Cf. a.4.

quae minus participat rationem,[10] ut patet in VII *Ethic.*[9]

Alio modo potest intelligi quaestio in virtute eiusdem speciei. Et sic, secundum ea quae dicta sunt supra,[11] cum de intensionibus habituum ageretur, virtus potest dupliciter dici maior et minor, uno modo, secundum seipsam; alio modo, ex parte participantis subiecti. Si igitur secundum seipsam consideretur, magnitudo vel parvitas eius attenditur secundum ea ad quae se extendit. Quicumque autem habet aliquam virtutem, puta temperantiam, habet ipsam quantum ad omnia ad quae se temperantia extendit. Quod de scientia et arte non contingit, non enim quicumque est grammaticus, scit omnia quae ad grammaticam pertinent.[12] Et secundum hoc bene dixerunt Stoici, ut Simplicius dicit in *Commento Praedicamentorum*,[13] quod virtus non recipit magis et minus, sicut scientia vel ars; eo quod ratio virtutis consistit in maximo.

Si vero consideretur virtus ex parte subiecti participantis, sic contingit virtutem esse maiorem vel minorem, sive secundum diversa tempora, in eodem; sive in diversis hominibus.[14] Quia ad attingendum medium virtutis, quod est secundum rationem

---

9. *Ethica Nic.*, VII, c.7, 1149b1-3; S. Thomas, lect.6, nn.1386-1389.
10. Cf. q.46, a.5.
11. q.52, a.1.
12. "그리고 그 이유는 명백히 드러난다: 곧 왜냐하면 완전한 것보다는 불완전한 것을 설정하기 위해서 덜 요구되기 때문이다. 지성적 덕들은 덕의 근거를 불완전하게 지니고 있다. 왜냐하면 어떤 면에서가 아니라면 덕들이 아니기 때문이다.

윤리학』 제7권⁹에서 언급되고 있는 것처럼, 이성에 덜 참여하는 욕정적 부분에 속하는 절제보다 우위를 차지한다.¹⁰

질문은 또한 다른 방식으로 알아들을 수도 있다. 즉 같은 종류의 덕들과 연관시키는 것이다. 이렇게 할 때, 위에서¹¹ 습성들의 강도에 관하여 논할 때 말한 것처럼, 덕은 두 가지 방식으로 크거나 작을 수 있다. 첫째는 그 자체로, 둘째로는 그것에 참여하는 주체와 연관해서이다. 그 자체로 볼 때, 그것의 우월성이나 열등성은 그것이 적용되는 것들에 따라서 판단된다. 예컨대 절제와 같은 어떤 덕을 갖추고 있는 이는 누구나 절제가 적용되는 모든 것과 관련해서 그것을 가지고 있다. 그런데 이것은 학문과 기예에는 적용되지 않는다. 왜냐하면 모든 문법가가 문법에 관련된 모든 것을 알고 있는 것은 아니기 때문이다.¹² 이런 의미에서, 스토아학파에서는 심플리치우스(Simplicius)가 『범주론 주해』¹³에서 말한 것처럼, 덕의 본성이 최대치에서 성립되기 때문에 더은 학문이나 기예와는 달리 크거나 작을 수 없다고 올바르게 주장하였다.

그렇지만 만일 덕이 그것에 참여하는 주체 측에서 고찰된다면, 그때 그것은 동일한 사람의 다른 시점과 관련해서든 아니면 다른 사람들과 관련해서든 더 크거나 작을 수 있다.¹⁴ 어떤 사람은 다른 사람보다 올바른 이성에 의해서 설정된 덕의 수단을 획득하는 데 보다 용

그런데 도덕적 [덕들]은 앞의 제56문에서 말한 것들로부터 명백하듯이 덕의 근거를 완전하게 지니고 있다."(Cajetanus, in h. l.)
13. Simplicius, *Commen. Praedicament.*, ed. C. Kalbfleisch (*Comm. in Aristot. graeca*, edita consilio et auctoritate Acad. R. Litt. Borussicae, vol.VIII), Berolini, 1907, p.284, l.32; p.237, l.28.
14. 이어지는 절에서 우리는 특히 어떤 특정 주체 안에 있는 덕들의 다변화를 살펴보게 될 것이다.

rectam, unus est melius dispositus quam alius, vel propter maiorem assuetudinem, vel propter meliorem dispositionem naturae, vel propter perspicacius iudicium rationis, aut etiam propter maius gratiae donum, quod unicuique donatur *secundum mensuram donationis Christi*, ut dicitur *ad Ephes.* 4, [7].—Et in hoc deficiebant Stoici, aestimantes nullum esse virtuosum dicendum, nisi qui summe fuerit dispositus ad virtutem.[15] Non enim exigitur ad rationem virtutis, quod attingat rectae rationis medium in indivisibili, sicut Stoici putabant, sed sufficit prope medium esse, ut in II *Ethic.*[16] dicitur. Idem etiam indivisibile signum unus propinquius et promptius attingit quam alius, sicut etiam patet in sagittatoribus trahentibus ad certum signum.

AD PRIMUM ergo dicendum quod aequalitas illa non est secundum quantitatem absolutam, sed est secundum proportionem intelligenda, quia omnes virtutes proportionaliter crescunt in homine, ut infra[17] dicetur.

AD SECUNDUM dicendum quod illud ultimum quod pertinet ad virtutem, potest habere rationem magis vel minus boni secundum praedictos modos, cum non sit ultimum indivisibile, ut dictum[18] est.[19]

---

15. 성 토마스는 이 점에 관한 정보를 아우구스티누스에 빚지고 있다.(*Ep. 167 Ad Hieronymum*). 스토아학파에게 있어서 덕이란 진리와 마찬가지로 등급을 가지지 않는다. 따라서 하느님 안에 있는 사람 안에 있든 마찬가지로 완전한 셈이다. 그들은 죄에 대해서도 비슷한 입장을 취했다.(Cf. q.73, a.2)

이한 태세를 갖추고 있다. 그리고 이것은 보다 큰 습성화나, 보다 나은 본성적 상태나, 보다 분별력 있는 이성의 판단이나, 또는 에페소서 4장 [7절]에 따르면, "그리스도께서 나누어 주시는 증여(선물)의 크기에 따라" 각자에게 주어지는 보다 많은 은총의 선물에서 비롯된 것이다.—이 점에서 스토아학파는 잘못에 떨어졌다. 왜냐하면 그들은 그가 최고의 등급으로 덕에 대한 태세를 갖추고 있지 않다면, 어느 누구도 덕스럽다고 판단되어서는 안 된다고 견지하였기 때문이다.[15] 덕의 본성은 스토아학파 사람들이 가르치는 것처럼 마치 그것이 나눌 수 없는 한 점이기라도 하듯이 한 사람이 올바른 이성의 중용에 [반드시] 도달해야 할 것을 요구하지는 않는다. 『니코마코스 윤리학』 제2권[16]에서 말하는 것처럼, 그 중용에 가까운 것으로 충분하다. 마찬가지로 하나의 불가분의 표지에 어떤 사람이 다른 사람보다 더 가까이 그리고 더 기꺼이 다다르게 된다. 이것은 여러 궁수(弓手)들이 어느 히니의 확신한 표적을 겨냥하는 데에서 분명히 드러나는 것과 같다.

[해답] 1. 이 동등성은 절대적 양과 연관 지어 알아들을 것이 아니라, 비율과 연관 지어 알아들어야 한다. 왜냐하면 모든 덕들은, 곧[17] 설명되겠지만, 사람 안에서 비례적으로 자라나기 때문이다.

2. 덕에 속하는 이 '최대'(ultimum)는 위에서[18] 설명한 것처럼 더 좋거나 덜 좋은 등급을 가질 수 있다. 왜냐하면 이미 말한 것처럼 어떤 불가분의 최대가 아니기 때문이다.[19]

---

16. *Ethica Nic.*, II, c.9, 1109b18-20; S. Thomas, lect.11, n.380.
17. infra a.2.
18. 본론.
19. 즉 고정되었거나 엄격한 척도에 의해 궁극적인 것이 아닌 것이다.

AD TERTIUM dicendum quod Deus non operatur secundum necessitatem naturae, sed secundum ordinem suae sapientiae, secundum quam diversam mensuram virtutis hominibus largitur, secundum illud *ad Ephes.* 4, [7]: *Unicuique vestrum data est gratia secundum mensuram donationis Christi.*

Articulus 2
Utrum omnes virtutes simul in eodem existentes, sint aequales

Ad secundum sic proceditur. Videtur quod non omnes virtutes in uno et eodem sint aequaliter intensae.

1. Dicit enim apostolus, I *ad Cor.* 7, [7]: *Unusquisque habet proprium donum a Deo, alius quidem sic, alius autem sic.*[1] Non esset autem unum donum magis proprium alicui quam aliud, si omnes virtutes dono Dei infusas quilibet aequaliter haberet. Ergo videtur quod non omnes virtutes sint aequales in uno et eodem.

2. Praeterea, si omnes virtutes essent aeque intensae in uno et eodem, sequeretur quod quicumque excederet aliquem in una virtute, excederet ipsum in omnibus aliis virtutibus. Sed hoc patet esse falsum, quia diversi sancti de diversis virtutibus

---

1. Vulgata: "Unusquisque proprium donum habet ex Deo: alius quidem sic, alius vero sic."

3. 하느님은 본성의 필연성에 의해서 작용하는 것이 아니라, 당신 지혜의 계획에 따라 작업한다. 그분은 이 지혜에 따라 사람들에게 다양한 척도의 덕을 부여한다. 에페소서 4장 [7절]에 따르면, "그리스도께서 나누어 주시는 증여의 크기에 따라, 우리는 저마다 은총을 받았다."

제2절 한 사람 안에 동시에 존재하는 모든 덕들은 동등한가?

[**Parall**.: *In Sent*., II, d.42, q.2, a.5, ad6; III, d.36, q.4; *De malo*, q.2, a,9, ad8; *De virt. card*., a.3]

[반론] 둘째에 대해서는 다음과 같이 전개된다. 어떤 동일한 사람 안에 있는 덕은 똑같이 강렬한 것이 아닌 것으로 생각된다.

1. 사도는 코린토 1서 7장 [7절]에서 이렇게 말한다. "이 사람은 이런 선물, 저 사람은 저런 선물, 저마다 하느님에게서 고유한 선물을 받습니다."[1] 그런데 하느님이 모든 덕을 똑같이 각자에게 부어 주셨다면, 하나의 선물은 다른 선물보다 더 특징적이지 않았을 것이다. 그러므로 덕들은 동일한 사람 안에서 모두 동등하지 않은 것으로 보인다.

2. 만일 모든 덕들이 한 사람 안에서 똑같은 강도를 가지고 있었더라면, 어떤 덕에서 다른 사람을 능가하는 사람이라면 누구나 다른 모든 덕들 안에서도 그를 능가할 것이나. 그러나 이것은 명백히 사실이 아니다. 왜냐하면 다양한 성인들은 특별히 각기 다른 덕들 때문

praecipue laudantur; sicut Abraham de fide,² Moyses de mansuetudine,³ Iob de patientia.⁴ Unde et de quolibet confessore cantatur in Ecclesia:⁵ *Non est inventus similis illi, qui conservaret legem excelsi*; eo quod quilibet habuit praerogativam alicuius virtutis. Non ergo omnes virtutes sunt aequales in uno et eodem.

3. Praeterea, quanto habitus est intensior, tanto homo secundum ipsum delectabilius et promptius operatur. Sed experimento patet quod unus homo delectabilius et promptius operatur actum unius virtutis quam actum alterius. Non ergo omnes virtutes sunt aequales in uno et eodem.

SED CONTRA est quod Augustinus dicit, in VI *de Trin.*,⁶ quod *quicumque sunt aequales in fortitudine, aequales sunt in prudentia et temperantia*; et sic de aliis. Hoc autem non esset, nisi omnes virtutes unius hominis essent aequales. Ergo omnes virtutes unius hominis sunt aequales.:⁷

---

2. 로마 4,1.
3. 민수 12,3; 집회 45,4.
4. 토빗 2,12; 야고 5,11.
5. 집회 44,20. In Missa 'Statuit'. pro Conf. Pont. (I), epist.
6. Augustinus, *De Trinitate*, VI, c.4: PL 42, 927.

에 칭송을 받기 때문이다. 예컨대 아브라함은 신앙 때문에,[2] 모세는 온유함에서,[3] 그리고 욥은 그의 인내심 때문에[4] 칭송을 받는다. 그러므로 교회는 여하한 고백자에 대해서도 이렇게[5] 노래하는 것이다. "지극히 높으신 분의 법을 지키는 데 있어서 그와 같은 이는 또 없었다." 왜냐하면 각자는 서로 다른 어떤 덕에서 두드러지기 때문이다. 그러므로 덕들은 하나의 동일한 사람 안에서 모두 똑같지 않다.

3. 습성이 강렬하면 할수록 사람은 그만큼 더 유쾌하게 그리고 더 즉각적으로 작용한다. 그런데 경험은 어떤 사람이 다른 사람보다 어떤 덕을 이용하는 데 있어서 더 기뻐하고 더 용의가 있다는 것을 말해준다. 그러므로 덕들은 하나의 동일한 사람 안에서 모두 똑같지 않다.

[재반론] 그러나 반대로 아우구스티누스는 『삼위일체론』 제6권[6]에서 "용기에 있어서 똑같은 사람들은 현명과 절제에 있어서[도] 똑같다."고 말하고 있는데, 이는 다른 덕들의 경우에도 마찬가지이다. 만일 한 사람 안에 있는 모든 덕들이 동등하지 않았더라면 그렇지 않았을 것이다.[7]

---

7. 대가적인 해결책을 읽기에 앞서 이 절의 결론들이 신학적 덕들에도 관련된다는 사실을 기억해야 한다. 따라서 이 논거에 기초해서 은총과 주입된 덕의 발전에 관한 트리엔트공의회(1545-1563)의 교의적 규정들을 염두에 두어야 한다. 1) 공의회는 전해 받은 정의의 선행을 통한 증가를 부정하는 자들을 단죄한다.(DS 803-834[=DH 1535-1565]) 2) 공의회는 교회가 '오 주님, 저희에게 신앙과 희망과 [참] 사랑을 자라나게 하소서.'(DS 803[=DH 1535])라고 기도할 때 정의의 증가를 명시적으로 단언하고 있다. 주입된 도덕적 덕들에 관한 한, 그것들이 사랑 및 은총의 성장과 함께 자라난다는 것은 확실하고 보편적인 신학적 진리이다.

Respondeo dicendum quod quantitas virtutum, sicut ex dictis[8] patet, potest attendi dupliciter. Uno modo, secundum rationem speciei. Et sic non est dubium quod una virtus unius hominis sit maior quam alia, sicut caritas fide et spe.—Alio modo potest attendi secundum participationem subiecti, prout scilicet intenditur vel remittitur in subiecto. Et secundum hoc, omnes virtutes unius hominis sunt aequales quadam aequalitate proportionis, inquantum aequaliter crescunt in homine, sicut digiti manus sunt inaequales secundum quantitatem, sed sunt aequales secundum proportionem, cum proportionaliter augeantur.:[9]

Huiusmodi autem aequalitatis oportet eodem modo rationem accipere, sicut et connexionis, aequalitas enim est quaedam connexio virtutum secundum quantitatem. Dictum est autem supra[10] quod ratio connexionis virtutum dupliciter assignari potest. Uno modo, secundum intellectum eorum qui intelligunt per has quatuor virtutes, quatuor conditiones generales virtutum, quarum una simul invenitur cum aliis in qualibet materia.:[11] Et sic virtus in qualibet materia non potest aequalis dici, nisi habeat omnes istas conditiones aequales. Et hanc rationem aequalitatis virtutum assignat Augustinus, in VI *de Trin.*,[12] dicens: *Si dixeris*

---

8. a.1.
9. 성 토마스는 덕의 발전을 특별하게 고찰하지 않는다. 따라서 그가 제52문 '습성의 성장'에 관해서 말하고 있는 내용들을 참조할 필요가 있다. 이 주제에 관

[답변] 위에서[8] 설명한 것처럼, 덕들의 상대적 크기는 두 가지 방식으로 알아들을 수 있다. 첫째 그들의 종의 근거에 따라서 이해될 수 있다. 이런 식으로는 어떤 사람 안에 있는 하나의 덕이 다른 것보다, 예컨대 참사랑이 신앙과 희망보다 더 크다는 데 의심의 여지가 없다.—둘째, 그것이 주체 안에서 성장하거나 쇠퇴하는 한에서 주체가 거기에 참여하는 정도에 따라 이해될 수 있다. 이런 의미에서는 어떤 사람의 덕들은 모두 그것들이 서로 상응하여 증가하는 한에서 비례에 따라 동등하다. 이리하여 손가락들은 그 크기에 있어서는 똑같지 않지만, 비례에 있어서는 똑같다. 왜냐하면 그것들은 비례적으로 자라나기 때문이다.[9]

어떻게 덕들이 서로 상응하는지는 그것들이 어떻게 서로 연결되는지와 똑같은 척도 위에서 설명되어야 한다. 동등성은 양에 따른 덕들의 상호 연결이다. 위에서[10] 살펴본 것처럼, 덕들의 상호 연관성에 대해서는 두 가지 이유가 주어질 수 있다. 첫째는 사추덕을 (그 각각이 여하한 질료 안에서도 다른 조건들이 아니라, 사추덕 가운데 다른 덕들이 함께 발견되는) 모든 덕의 네 가지 일반적 조건으로 삼는 사람들에 의해서 주어진다.[11] 이런 식으로는 어떤 덕은 그것이 이 모든 조건들을 다 채우지 않는 한 어떤 질료 안에서도 똑같다고는 말할 수 없다. 아우구스티누스도 『삼위일체론』 제6권[12]에서 이 점을 시사하고 있다. "만일 당신이 이 사람들이 용기에 있어서 똑같다고 말

해: Cf. T. Deman, "L'accroissement des vertus dans Saint Thomas et dans l'ecole thomiste", in *Dictionnaire de spiritualité*, 1, coll.138-166
10. q.65, a.1.
11. q.61, a.4.
12. Augustinus, *De Trinitate*, VI, c.4: PL 42, 927.

aequales esse istos fortitudine, sed illum praestare prudentia; sequitur quod huius fortitudo minus prudens sit. Ac per hoc, nec fortitudine aequales sunt, quando est illius fortitudo prudentior. Atque ita de ceteris virtutibus invenies, si omnes eadem consideratione percurras.

Alio modo assignata est ratio connexionis virtutum secundum eos qui intelligunt huiusmodi virtutes habere materias determinatas.[13] Et secundum hoc, ratio connexionis virtutum moralium accipitur ex parte prudentiae, et ex parte caritatis quantum ad virtutes infusas, non autem ex parte inclinationis, quae est ex parte subiecti, ut supra[14] dictum est. Sic igitur et ratio aequalitatis virtutum potest accipi ex parte prudentiae, quantum ad id quod est formale in omnibus virtutibus moralibus, existente enim ratione aequaliter perfecta in uno et eodem, oportet quod proportionaliter secundum rationem rectam medium constituatur in qualibet materia virtutum.

Quantum vero ad id quod est materiale in virtutibus moralibus, scilicet inclinationem ipsam ad actum virtutis; potest esse unus homo magis promptus ad actum unius virtutis quam ad actum alterius, vel ex natura, vel ex consuetudine, vel etiam ex gratiae dono.[15]

---

13. q.65, aa.1-2.
14. q.65, a.1.

하지만, 한 사람이 다른 사람보다 더 현명하다면, 후자의 용기는 덜 현명하다는 결론이 나온다. 따라서 그들은 용기에 있어서 참으로 똑같은 것이 아니다. 왜냐하면 전자의 용기가 더 현명하기 때문이다. 만일 그들 모두를 똑같은 방식으로 두루 살펴본다면, 당신은 이것이 다른 덕들에도 적용된다는 것을 알게 될 것이다."

덕들 가운데 연결의 둘째 원리는 이 덕들이 각각 자기 고유의 질료들을 가지고 있다고 주장하는 사람들에 의해서 주어진다.[13] 이에 따르면, 현명이 도덕적 덕들 사이의 연결점을 제공하는 것으로 보고 있다. 주입된 덕들에 대해 참사랑이 그러하듯이 말이다. 그것은 우리가 앞에서[14] 말한 바 있는, 선을 행하려는 주체의 경향에 의해서 제공되는 것이 아니다. 따라서 모든 도덕적 덕의 형상적 요소에 관한 한, 덕들 사이의 비례적인 균형의 근거는 현명 안에서 찾아질 수 있다. 왜냐하면 하나의 동일한 사람 안에서 그의 이성이 동일한 등급의 완전성을 가지고 있는 한, 덕의 중용은 올바른 이성에 따라 각각의 질료 안에 비례적으로 설정되어야 하기 때문이다.

그러나 도덕적 덕들 안에 있는 질료적 요소, 곧 덕스러운 활동을 향한 그것들의 경향에 관한 한, 한 사람은 어떤 다른 것이 아니라 어느 한 가지 활동에 좀 더 잘 준비되어 있을 것인데, 이것은 본성에서 오는 것이거나, 습관화에서 오는 것이거나, 하느님의 은총에 의한 것이다.[15]

---

15. Cf. q.63, a.1; q.66, a.1.

AD PRIMUM ergo dicendum quod verbum apostoli potest intelligi de donis gratiae gratis datae, quae non sunt communia omnibus, nec omnia aequalia in uno et eodem.[16]—Vel potest dici quod refertur ad mensuram gratiae gratum facientis; secundum quam unus abundat in omnibus virtutibus plus quam alius, propter maiorem abundantiam prudentiae, vel etiam caritatis, in qua connectuntur omnes virtutes infusae.[17]

AD SECUNDUM dicendum quod unus sanctus laudatur praecipue de una virtute, et alius de alia, propter excellentiorem promptitudinem ad actum unius virtutis, quam ad actum alterius.

Et per hoc etiam patet responsio AD TERTIUM.

Articulus 3
Utrum virtutes morales praeemineant intellectualibus

Ad tertium sic proceditur. Videtur quod virtutes morales praeemineant intellectualibus.

1. Quod enim magis est necessarium, et permanentius, est melius. Sed virtutes morales sunt *permanentiores etiam disciplinis*,[1] quae sunt virtutes intellectuales, et sunt etiam

---

16. 여기서는 '성화은총'으로 번역될 수 있는 '[하느님의] 마음에 들게 하는 은총'(gratia gratum faciens)이 아니라, '무상으로 주어지는 은총'(gratia gratis data)을 말한다. Cf. q.3, aa.1 & 4-5.

[해답] 1. 사도의 말은 모두에게 공통적인 것도 아니고 하나의 동일한 주체 안에서 모두 동일한 것도 아닌 '무상(無償) 은총'의 선물들을 가리키는 것으로 받아들여져야 한다.[16]—그것은 또한 (그 때문에 한 사람이 다른 사람보다 [모든 주입된 덕들을 연결시키는] 그의 흘러넘치는 현명과 참사랑 덕분에 대단히 풍요롭게 모든 덕들을 가지게 되는) 하느님의 마음에 들게 만드는 은총의 기준을 가리키는 것으로 받아들여질 수도 있다.[17]

2. 한 성인은 주로 어느 한 가지 덕 때문에, 그리고 다른 성인은 다른 덕 때문에 칭송을 받는다. 이것은 다른 행위가 아니라 그가 보여 주는 어느 한 가지 덕행에 대한 높은 두드러진 즉각성 때문이다.

3. 반론3에 대한 해답으로는 이것으로 충분하다.

제3절 도덕적 덕은 지성적 덕보다 더 우월한가?

[**Parall**.: Cf. II-II, q.23, a.6, ad1; *In Sent*., IV, d.33, q.3, a.3]

[반론] 셋째에 대해서는 다음과 같이 전개된다. 도덕적 덕들이 지성적 덕들보다 더 탁월한 것으로 생각된다.

1. 무엇이든지 좀 더 필수적이고 좀 더 지속되는 것이 더 탁월한 것이다. 그런데 도덕적 덕들은 "심지어 (지성적 덕들인) 학문들보다도 더 지속적이다."[1] 그리고 이것들은 또한 인간적 삶을 위해서도 좀

---

17. 현대 주석학자들은 일반적으로 첫째 설명을 선호한다.

1. Aristoteles, *Ethica Nic*., I, c.2, 1110b14.

q.66, a.3

magis necessariae ad vitam humanam. Ergo sunt praeferendae virtutibus intellectualibus.

2. Praeterea, de ratione virtutis est quod *bonum faciat habentem*.² Sed secundum virtutes morales dicitur homo bonus, non autem secundum virtutes intellectuales, nisi forte secundum solam prudentiam. Ergo virtus moralis est melior quam intellectualis.³

3. Praeterea, finis est nobilior his quae sunt ad finem. Sed sicut dicitur in VI *Ethic.*,⁴ *virtus moralis facit rectam intentionem finis; prudentia autem facit rectam electionem eorum quae sunt ad finem*. Ergo virtus moralis est nobilior prudentia, quae est virtus intellectualis circa moralia.

Sᴇᴅ ᴄᴏɴᴛʀᴀ, virtus moralis est in rationali per participationem; virtus autem intellectualis in rationali per essentiam, sicut dicitur in I *Ethic*.⁵ Sed rationale per essentiam est nobilius quam rationale per participationem. Ergo virtus intellectualis est nobilior virtute morali.

Rᴇsᴘᴏɴᴅᴇᴏ dicendum quod aliquid potest dici maius vel

---

2. Ibid., VI, c.12, 1144a8.
3. 당연히 즉각성 또는 기꺼운 용의도 영적 완전성의 한 요소이다. 바로 그렇기 때문에 위에서 말한 방식으로 여러 성인들의 탁월함에 대해 설교하는 것은 정당하다. 특히 성 토마스 자신이 『성모송 해설』(*In salut. angelicam*)에 대한 주해서에서 다음과 같이 말할 때, 그 예를 제공하고 있다. "그녀[즉 복된 마리아]는 모든 덕행들을 실천하였지만, 다른 성인들은 몇 가지 덕들만 특별히 실천하였다. 왜냐하

더 필수적이다. 그러므로 지성적 덕들보다는 도덕적 덕들이 더 선호할 만하다.

2. 덕이란 "그 소유자를 선하게 만들어 주는 것"으로 정의된다.[2] 사람은 현명만을 따로 언급하는 것이 아니라면, 지성적 덕 때문이 아니라 도덕적 덕 때문에 선하다는 말을 듣는다. 그러므로 도덕적 덕이 지성적 덕보다 더 우월하다.[3]

3. 목적이 목적을 위해 있는 것들[수단]보다 더 탁월하다. 그런데 『니코마코스 윤리학』제6권[4]에 따르면, "도덕적 덕은 목적에 대한 올바른 지향을 주지만, 현명은 수단에 대한 올바른 선택을 제시한다." 그러므로 도덕적 덕이 도덕적 사안에 관계되는 지성적 덕인 현명보다 더 탁월하다.

[재반론] 그러니 반대로 도덕적 덕은 참여를 통해 이성적인 영혼의 부분 안에 있는 데 반해, 지성적 덕은 『니코마코스 윤리학』제1권[5]에서 말하는 것처럼, 본질적으로 이성적인 부분 안에 자리 잡고 있다. 그런데 본질상 이성적인 것이 참여에 의해서 이성적인 것보다 더 탁월하다. 따라서 지성적 덕이 도덕적 덕보다 더 우월하다.

[답변] 하나의 사물에 대해서 두 가지 방식으로 더 크거나 작다고 말하게 된다. 첫째는 '단적으로'(simpliciter) 그렇게 말하고, 둘째는 '어

면 누구는 겸손하고, 누구는 정결하였으며, 또 누구는 자비로웠기 때문이다. 그리고 이 때문에 그들은 특수한 덕들의 예들로 주어지고, 이렇게 성 니콜라오는 자비의 모범으로 제시된다. (…) 반면에 복되신 동정녀는 모든 덕의 모범으로 빛난다."(*In salut. angelicam,* circa med.)

4. *Ethica Nic.,* VI, c.13, 1144a8-11; S. Thomas, lect.10, nn.1268-1269.
5. *Ethica Nic.,* I, c.13, 1103a1-3; S. Thomas, lect.20, n.242. Cf. q.58, a.2.

minus, dupliciter, uno modo, simpliciter; alio modo, secundum quid.[6] Nihil enim prohibet aliquid esse melius simpliciter, ut *philosophari quam ditari*, quod tamen non est melius secundum quid, idest necessitatem patienti.[7] Simpliciter autem consideratur unumquodque, quando consideratur secundum propriam rationem suae speciei. Habet autem virtus speciem ex obiecto, ut ex dictis[8] patet. Unde, simpliciter loquendo, illa virtus nobilior est quae habet nobilius obiectum.[9] Manifestum est autem quod obiectum rationis est nobilius quam obiectum appetitus, ratio enim apprehendit aliquid in universali; sed appetitus tendit in res, quae habent esse particulare.[10] Unde, simpliciter loquendo, virtutes intellectuales, quae perficiunt rationem, sunt nobiliores quam morales, quae perficiunt appetitum.

Sed si consideretur virtus in ordine ad actum, sic virtus moralis, quae perficit appetitum, cuius est movere alias potentias ad actum, ut supra[11] dictum est, nobilior est.[12]—Et quia virtus dicitur ex eo quod est principium alicuius actus, cum sit perfectio potentiae, sequitur etiam quod ratio virtutis magis competat virtutibus moralibus quam virtutibus intellectualibus,[13] quamvis virtutes intellectuales sint nobiliores habitus simpliciter.[14]

---

6. 스콜라학자들이 즐겨 사용하던 '단적으로'(simpliciter)와 '어떤 면에서'(secundum quid)라는 두 표현은 엄밀하게 번역하기가 매우 까다로운 관용어이다.
7. Aristoteles, *Topica*, III, c.2, 118a10.
8. q.82, a.3.
9. Cf. infra aa.5-6.

떤 면에서'(secundum quid) 그렇다고 말한다.[6] 어떤 것, 예컨대 "학식이 부유함보다" 단적으로 더 낫지만, 어떤 면, 예컨대 "궁핍한 이들에게" 있어서는 더 낫지 않다는 것에 반대할 것은 아무것도 없다.[7] 어떤 사물을 단적으로 고찰하는 것은 그것을 그 고유의 종적 본성 안에서 고찰하는 것이다. 그런데 위에서[8] 설명한 것처럼, 덕은 그 종을 대상으로부터 취득한다. 이리하여 절대적으로 말해, 덕은 좀 더 탁월한 것을 대상으로 삼고 있을수록 더 탁월하다.[9] 더욱이 이성의 대상이 욕구의 대상보다 더 높다는 것은 명백하다. 왜냐하면 이성은 사물들을 보편적으로 포착하는 데 반해, 욕구는 특수한 존재를 지니고 있는 사물들 자체를 향하고 있기 때문이다.[10] 그래서 절대적으로 말하자면, 이성을 완성하는 지성적 덕들이 욕구를 완성하는 도덕적 덕들보다 더 탁월하다.

그러나 만일 덕이 그 활동과 관련되어 고찰된다면, 그때 위에서[11]도 말한 것처럼, 그 기능이 다른 능력들을 활동하도록 만드는 것인, 욕구를 완성하는 도덕적 덕이 더 탁월하다.[12] ─ 그리고 덕은 그것이 행위의 원리이고 능력의 완성이어서 그렇게 불리는 것이기 때문에, 또한 덕의 본성이 지성적 덕보다는 도덕적 덕에 더 가깝다는 결론이 나온다.[13] 그러나 절대적으로 말할 때에는 지성적 덕들이 습성으로서는 더 고등하다.[14]

---

10. 성 토마스는 다른 곳에서, 현재의 논거의 목적보다 풍부한 함의를 담고 있는 이 비교에 관해 훨씬 더 많이 말하게 될 것이다. Cf. I, q.82, a.3.
11. q.9, a.1.
12. 지성적 행위의 완전성은 그것이 시간과 공간의 한계를 넘어가는 데 있다. Cf. I, q.85, aa.1 & 7. 한편 도덕적 행위의 완전성은 그것들이 구체적이고 물질적인 상황에 대해 적합함에 있다. Cf. q.7, a.2; I, q.5, a.1, ad1; q.57, a.1.
13. Cf. q.56, a.3.
14. 우리는 여기서 소크라테스와 그의 학파에 의해서 착수된 도덕적 지성주의(intellectualismus moralis)의 문제가 핵심적인 차원에서 해결되었음을 보게 된

q.66, a.3

AD PRIMUM ergo dicendum quod virtutes morales sunt magis permanentes quam intellectuales, propter exercitium earum in his quae pertinent ad vitam communem.[15] Sed manifestum est quod obiecta disciplinarum, quae sunt necessaria et semper eodem modo se habentia, sunt permanentiora quam obiecta virtutum moralium, quae sunt quaedam particularia agibilia.— Quod autem virtutes morales sunt magis necessariae ad vitam humanam, non ostendit eas esse nobiliores simpliciter, sed quoad hoc. Quinimmo virtutes intellectuales speculativae, ex hoc ipso quod non ordinantur ad aliud sicut utile ordinatur ad finem, sunt digniores.[16] Hoc enim contingit quia secundum eas quodammodo inchoatur in nobis beatitudo, quae consistit in cognitione veritatis, sicut supra[17] dictum est.[18]

AD SECUNDUM dicendum quod secundum virtutes morales dicitur homo bonus simpliciter, et non secundum intellectuales, ea ratione, quia appetitus movet alias potentias ad suum actum, ut supra[19] dictum est. Unde per hoc etiam non probatur nisi quod virtus moralis sit melior secundum quid.

AD TERTIUM dicendum quod prudentia non solum dirigit virtutes morales in eligendo ea quae sunt ad finem, sed etiam

---

다. 피상적인 사람들이 낮은 수준의 역설을 만들어 낼 수 있을 법한 '단적으로'(simpliciter)와 '어떤 면에서'(secundum quid)의 구별은 도덕 생활에서의 지성과 의지 사이의 관계를 명료하게 확립하기에 충분하다. 단적으로 말해 의지에 대한 지성의 우위는 의문에 부쳐질 수 없다. 그러나 도덕적 영역에서는 대상과 기관보다도 행위가 절대적으로 더 중요하다. 인간적 행위를 위한 탁월한 관심, 그리고 그때 주체를 행위 실행에 들어가게 하는 기관, 곧 의지와 그 안에 자리

[해답] 1. 도덕적 덕들이 지성적 덕들보다 더 지속적이다. 왜냐하면 그것들이 더 자주 일상생활에 적용되기 때문이다.[15] 그러나 필연적이고 불변적인 진리들인 학문의 대상들이 특수한 행위 소재들인 도덕적 덕들의 대상들보다 더 지속적이라는 사실은 명백하다. 도덕적 덕들이 인간적 삶을 위해 더 필수적이라는 점은 그것들이 더 고상하다는 사실을 입증하지만, 절대적으로 그러한 것이 아니라, 상대적으로만 그러하다.―참으로, 사변적인 지성적 덕들은 그것들이 마치 수단들이 목적을 향하듯이 어떤 다른 것을 향하고 있지 않다는 사실로부터, 더욱 가치가 있는 것들이다.[16] 그 이유는 그것들 안에서 우리는 위에서[17] 말한 것처럼 진리 인식에서 성립되는 저 일종의 행복의 시작을 가지기 때문이다.[18]

2. 사람은 지성적 덕에 따라서가 아니라 도덕적 덕에 따라서 단적으로 선하다고 말해진다. 그 이유는 위에서[19] 말한 것처럼, 다른 능력들을 활동하게 만드는 것은 욕구이기 때문이다. 이 논증은 도덕적 덕이 오직 어떤 측면에서만 지성적인 덕보다 더 낫다는 것을 입증할 뿐이다.

3. 현명은 수단의 선택이라는 점에서뿐만 아니라 목적을 지적하는

잡고 있는 도덕적 덕들의 탁월함이 보장되었다. 지성적 덕들은 종별화의 질서, 곧 그 자체 안에서 절대적인 의미로(simpliciter loquendo) 고찰되는 사물들의 질서에서 탁월하다.

15. Cf. q53, a.1, ad3.
16. 선이 지니고 있는 가치와 기쁨과 유용성에 관해서는: Cf. I, q.5, a.6.
17. q.3, a.6. Cf. q.57, a.1, ad2.
18. 이것이 바로 조화로운 균형 속에서 잘 묘사된 아리스토텔레스주의적-토마스주의적 지성주의이다. 『신학대전』에서 언급한 내용들 외에 보다 광범위한 개진을 보기 위해서는: Cf. In Ethic., X, cc.7-8, lect.1-12.
19. q.56, a.3.

in praestituendo finem.[20] Est autem finis uniuscuiusque virtutis moralis attingere medium in propria materia, quod quidem medium determinatur secundum rectam rationem prudentiae, ut dicitur in II[21] et VI[22] *Ethic.*

Articulus 4
Utrum iustitia sit praecipua inter virtutes morales

Ad quartum sic proceditur. Videtur quod iustitia non sit praecipua inter virtutes morales.

1. Maius enim est dare alicui de proprio, quam reddere alicui quod ei debetur. Sed primum pertinet ad liberalitatem; secundum autem ad iustitiam. Ergo videtur quod liberalitas sit maior virtus quam iustitia.

2. Praeterea, illud videtur esse maximum in unoquoque, quod est perfectissimum in ipso. Sed sicut dicitur Iac. 1, [4], *patientia opus perfectum habet.* Ergo videtur quod patientia sit maior quam iustitia.

3. Praeterea, *magnanimitas operatur magnum, in omnibus virtutibus,* ut dicitur in IV *Ethic.*[1] Ergo magnificat etiam ipsam

---

20. 이것은 제2부 제1편의 제57문 제4절 및 제2부 제2편의 제47문 제6절과 상충되지 않는다. 현명은 도덕적 목적들을 위한 올바른 태도로서의 '욕구'(appetitus)를 전제하고, 이 목적들이 구체적으로 어디에서 발견되어야 하는지를 규정한다.

데 있어서도, 도덕적 덕들을 지도한다.[20] 각각의 도덕적 덕의 목적은 그 덕에 고유한 대상 안에서 수단을 보존하는 것이다. 그리고 이 수단은 『니코마코스 윤리학』 제2권[21]과 제6권[22]에 따르면, 현명의 올바른 결단에 따라 정해진다.

제4절 정의는 도덕적 덕들 가운데 가장 탁월한 덕인가?

[**Parall**.: Cf. II-II, q.58, a.12; q.123, a.12; q.141, a.8; *In Sent*., IV, d.33, q.3, a.3; *De virt. card*., a.3]

[반론] 넷째에 대해서는 다음과 같이 전개된다. 정의는 도덕적 덕들 가운데 으뜸이 아닌 것으로 생각된다.

1. 마땅히 돌려줘야 할 것을 갚는 것보다 자기 자신의 것을 주는 것이 더 위대하다. 그런데 전자는 정의에 속하고, 후자는 아량에 속한다. 그렇다면 아량이 정의보다 더 큰 덕이다.

2. 그 자체로 가장 완전한 것이 각 사물 안에서 가장 중요한 것으로 보인다. 야고보서 1장 [4절]에 따르면, "인내는 완전한 효력을 냅니다." 그러므로 인내가 정의보다 더 큰 덕으로 보인다.

3. 『니코마코스 윤리학』 제4권[1]에 따르면, "웅지(magnanimitas)는 모

---

21. *Ethica Nic*., II, c.6, 1107a1-2; S. Thomas, lect.7, n.323.
22. *Ethica Nic*., VI, c.13, 1144b21-24; S. Thomas, lect.11, n.1283.

1. *Ethica Nic*., IV, c.7, 1123b30; S. Thomas, lect.8, n.746.

iustitiam. Est igitur maior quam iustitia.

Sed contra est quod Philosophus dicit, in V *Ethic.*,[2] quod *iustitia est praeclarissima virtutum.*

Respondeo dicendum quod virtus aliqua secundum suam speciem potest dici maior vel minor, vel simpliciter, vel secundum quid. Simpliciter quidem virtus dicitur maior, secundum quod in ea maius bonum rationis relucet, ut supra[3] dictum est. Et secundum hoc, iustitia inter omnes virtutes morales praecellit, tanquam propinquior rationi. Quod patet et ex subiecto, et ex obiecto.[4] Ex subiecto quidem, quia est in voluntate sicut in subiecto, voluntas autem est appetitus rationalis, ut ex dictis[5] patet. Secundum autem obiectum sive materiam, quia est circa operationes, quibus homo ordinatur non solum in seipso, sed etiam ad alterum. Unde *iustitia est praeclarissima virtutum*, ut dicitur in V *Ethic.*[6]—Inter alias autem virtutes morales, quae sunt circa passiones, tanto in unaquaque magis relucet rationis

---

2. *Ethica Nic.*, V, c.3, 1129b27-29; S. Thomas, lect.2, n.906. 텍스트의 좀 더 넓은 문맥은 다음과 같다. "이 정의는 하나의 완전한 덕이다. 절대적으로 고찰된 것이 아니라, 다른 것과의 대조 속에서 그러하다. 이로부터 가끔은 정의가 가장 찬란한 덕인 것으로 드러나기도 한다. 그래서 저녁의 별도 새벽 별도 경탄을 자아내기에 부족한 것으로 나타나고, 그래서 흔히 격언처럼, 단 하나의 정의가 다른 모든 덕을 포함하고 있다고 말한다." 성 토마스가 자신의 주해 속에서 보여 주듯이, 여기서는 정의가 한 특수한 덕으로 다뤄지고 있는 것이 아니라, 법적인 정의, 곧 모든

든 덕에 대해서 큰 영향을 미친다." 그것은 심지어 정의 자체까지도 더 강화시킨다(magnificat). 따라서 정의보다 더 크다.

[재반론] 그러나 반대로 철학자는 『니코마코스 윤리학』 제5권[2]에서 "정의가 가장 빛나는(praeclarissima) 덕"이라고 말한다.

[답변] 어떤 덕은 그 종에 따라 단적으로나 아니면 어느 면에서 더 크거나 작을 수 있다. 우선 위에서[3] 말한 것처럼, 그 안에서 이성의 선이 더욱 빛나게 될 때, 어떤 덕을 '단적으로'(simpliciter) 더 크다고 말하게 된다. 이런 식으로 정의는 이성에 가장 가까이 자리 잡고 있는 이상, 모든 도덕적 덕들 가운데에서 가장 탁월하다. 이것은 그 주체들과 그 대상들을 숙고함으로써 명백해진다.[4] 주체에 대해서는, 의지 안에 자리 잡고 있는데, 의지는 이미[5] 말한 것으로부터 명백해지듯이, 이성적 욕구이기 때문이다. 대상에 대해서는, 어떤 사람이 그것을 통해 그 자신 안에서뿐만 아니라 다른 것과 관련해서도 잘 적응하게 되는 활동들 속에 있다. 이리하여 『니코마코스 윤리학』 제5권[6]에서 말하듯이, "정의는 덕들 가운데 가장 빛나는 덕이다."— 정념과 연관된 다른 도덕적 덕들 가운데에서는 그 안에서 욕구의 움직임

덕을 포괄하는 일반적인 정의로 다뤄지고 있다.(Cf. *In Ethic.*, V, c.3, lect.2) 바로 그렇기 때문에 그 텍스트는 권위가 입증하듯이 유보 조건 없이는 받아들여질 수 없는 것이다.
3. a.1.
4. Cf. q.61, a.2.
5. q.8, a.1; q.26, a.1.
6. sc.

bonum, quanto circa maiora motus appetitivus subditur rationi. Maximum autem in his quae ad hominem pertinent, est vita, a qua omnia alia dependent. Et ideo fortitudo, quae appetitivum motum subdit rationi in his quae ad mortem et vitam pertinent, primum locum tenet inter virtutes morales quae sunt circa passiones, tamen ordinatur infra iustitiam. Unde Philosophus dicit, in I *Rhetoric*.,[7] quod *necesse est maximas esse virtutes, quae sunt aliis honoratissimae, siquidem est virtus potentia benefactiva. Propter hoc, fortes et iustos maxime honorant, haec quidem enim in bello, scilicet fortitudo; haec autem, scilicet iustitia, et in bello et in pace utilis est.*—Post fortitudinem autem ordinatur temperantia, quae subiicit rationi appetitum circa ea quae immediate ordinantur ad vitam, vel in eodem secundum numerum, vel in eodem secundum speciem, scilicet in cibis et venereis.—Et sic istae tres virtutes, simul cum prudentia, dicuntur esse principales etiam dignitate.[8]

Secundum quid autem dicitur aliqua virtus esse maior, secundum quod adminiculum vel ornamentum praebet principali virtuti.[9] Sicut substantia est simpliciter dignior accidente; aliquod tamen accidens est secundum quid dignius

---

7. *Rhetorica*, I, c.9, 1366b3-7.
8. 나중에 성 토마스는 자신의 사상을 더욱 명료하게 표현하게 될 것이다. "덕이 선하면 선할수록 그만큼 더 큰 덕이다. 그런데 [이성적 질서의] 선은 본질적으로 현명에서 성립된다. (…) 정의는 바로 그 실천적 구현으로서, 인간적인 모든 것 안에 이성의 질서를 놓는 일이 그것에 속한다. 다른 덕들은 인간이 그 선으로부

이 이성에 의해서 통제되기에 이르는 질료가 탁월하면 할수록 그만큼 이성의 선이 빛난다. 인간사 가운데 가장 뛰어난 것은 다른 나머지 모든 것들이 거기에 달려 있는 생명이다. 따라서 죽음과 삶에 관계되는 욕구적 움직임을 이성에 예속시키는 용기는 정념들을 대상으로 삼고 있는 도덕적 덕들 가운데에서 첫째 자리를 차지한다. 그러나 정의 다음으로 그러하다. 왜냐하면 철학자는 『수사학』 제1권[7]에서 이렇게 말하기 때문이다. "가장 커다란 덕들은 필시 다른 이들로부터 가장 명예롭게 여겨지는 덕들이다. 왜냐하면 덕은 넉넉히 베푸는 능력이기 때문이다. 그렇기 때문에 대중은 강한 이들과 의로운 이들을 최고로 칭송하는 것이다. 왜냐하면 하나(곧 용기)는 전쟁에 유용하고 다른 것(곧 정의)는 전쟁 중에도 평화 시에도 그러하기 때문이다."— 용기 다음으로는 절제가 오는데, 그것은 직접적으로 개개인의 생명이든 아니면 종의 생명이든 생명으로 질서 지어진 저 선들, 즉 음식과 성적 쾌락에 관한 욕구를 이성에 예속시킨다.—그리고 바로 그렇기 때문에 이 세 가지 덕은 현명과 더불어 그 품위에 있어서도 주요 덕이라고 지칭된다.[8]

반면에 우리는 어떤 덕이 주요 덕에 정교함이나 장식을 제공하는 한에서 '상대적인 의미로'(secundum quid) 고등하다거나 더 크다고 말한다.[9] 예컨대, 실체는 우유에 대해 '단적으로' 더 고상하다. 그럼에도 불구하고 어떤 우유는 우유적인 존재 방식 안에서 실체를 완성하는

터 멀어지지 않는 방식으로 정념들을 조절하는 한에서 나름대로 그 선을 보존할 과제를 지니고 있다. 그리고 그것들 한가운데에서는 용기가 첫째 자리를 차지한다. 왜냐하면 죽음의 위험에서 공포는 이성적 질서의 선으로부터 인간을 멀어지게 만드는 데 가장 효과적인 수단이기 때문이다…."(II-II, q.123, a.12)
9. 아래의 해답을 보라. Cf. II-II, q.104, a.3; q.152, a.5; q.161, a.5; III, q.85, a.6, etc.

substantia, inquantum perficit substantiam in aliquo esse accidentali.

AD PRIMUM ergo dicendum quod actus liberalitatis oportet quod fundetur super actum iustitiae, *non enim esset liberalis datio, si non de proprio daret*, ut in II *Polit.*[10] dicitur. Unde liberalitas sine iustitia esse non posset, quae secernit suum a non suo. Iustitia autem potest esse sine liberalitate. Unde iustitia simpliciter est maior liberalitate, tanquam communior, et fundamentum ipsius, liberalitas autem est secundum quid maior, cum sit quidam ornatus iustitiae, et complementum eius.[11]

AD SECUNDUM dicendum quod patientia dicitur habere *opus perfectum* in tolerantia malorum, in quibus non solum excludit iniustam vindictam, quam etiam excludit iustitia; neque solum odium quod facit caritas; neque solum iram, quod facit mansuetudo; sed etiam excludit tristitiam inordinatam, quae est radix omnium praedictorum. Et ideo in hoc est perfectior et maior, quod in hac materia extirpat radicem.[12]—Non autem est simpliciter perfectior omnibus aliis virtutibus. Quia fortitudo non solum sustinet molestias absque perturbatione, quod est patientiae, sed etiam ingerit se eis, cum opus fuerit. Unde quicumque est fortis, est patiens, sed non convertitur, est enim patientia quaedam fortitudinis pars.[13]

한에서 '어떤 면에서는' 실체보다 더 고상하다.

[해답] 1. 아량을 베푸는 행위는 정의의 행위 위에 정초되어야 한다. 실상 『정치학』 제2권[10]에서 말하는 것처럼, "자기 자신의 것을 주는 것이 아니라면, 자유로운 선물이 아닐 것이다." 따라서 아량은 각자에게 속하는 것과 그렇지 않은 것을 확정짓는 정의 없이는 존재할 수 없다. 반면에 정의는 아량 없이도 존재할 수 있다. 그러므로 정의는 그 자체로 아량보다 더 상위에 있다. 왜냐하면 더욱 공통적이고 또 아량의 토대이기 때문이다. 그럼에도 불구하고 아량은 정의의 마무리요 그 완성이기 때문에 어떤 면에서는 정의보다 더 상위에 있다.[11]

2. 인내는 악을 견디는 데 있어서 "완전한 업적"을 가지고 있다고 말해진다. 왜냐하면 악에 대해서, 정의가 하듯이 부당한 복수를 배제할 뿐만 아니라, 그리고 참사랑이 하듯이 미움을, 그리고 온유함이 하듯이 분노를 배제할 뿐만 아니라, 앞에서 지적된 결함들의 뿌리인 무질서한 슬픔까지도 배제하기 때문이다. 따라서 더 완전하고 더 크다. 왜냐하면 이 영역에서 악을 뿌리째 뽑아 버리기 때문이다.[12]—그러나 그것은 다른 모든 덕들에 대해 '단적으로' 상위에 있는 것은 아니다. 왜냐하면 용기는 인내처럼 흔들림 없이 시련을 견딜 뿐만 아니라, 필요한 경우에는 그것을 찾아 나서기까지 하기 때문이다. 그래서 강한 자는 잘 참기도 하는데, 그 역도 참인 것은 아니다. 실상 인내는 다만 용기의 일부일 뿐이다.[13]

---

10. *Politica*, II, c.5, 1263b13-14; S. Thomas, lect.4.
11. 이 답변들에서 언급된 도덕적 덕들에 관해서는: Cf. II-II, q.117(관대함), q.136(인내), q.129(웅지).
12. Cf. II-II, q.136, a.2, ad1.
13. Cf. ibid., c et a.4.

AD TERTIUM dicendum quod magnanimitas non potest esse nisi aliis virtutibus praeexistentibus, ut dicitur in IV *Ethic.*[14] Unde comparatur ad alias sicut ornatus earum. Et sic secundum quid est maior omnibus aliis, non tamen simpliciter.[15]

Articulus 5
Utrum sapientia sit maxima inter virtutes intellectuales

Ad quintum sic proceditur. Videtur quod sapientia non sit maxima inter virtutes intellectuales.

1. Imperans enim maius est eo cui imperatur. Sed prudentia videtur imperare sapientiae, dicitur enim I *Ethic.*,[1] quod *quales disciplinarum debitum est esse in civitatibus, et quales unumquemque addiscere, et usquequo, haec praeordinat*, scilicet politica, quae ad prudentiam pertinet, ut dicitur in VI *Ethic.*[2] Cum igitur inter disciplinas etiam sapientia contineatur, videtur quod prudentia sit maior quam sapientia.

2. Praeterea, de ratione virtutis est quod ordinet hominem ad felicitatem, est enim virtus *dispositio perfecti ad optimum*, ut

---

14. *Ethica Nic.*, IV, c.7, 1124a2-4; S. Thomas, lect.8, n.749.
15. Cf. II-II, q.129, a.4, ad3.

1. *Ethica Nic.*, I, c.1, 1094a28-b2; S. Thomas, lect.2, nn.26-28.

3. 『니코마코스 윤리학』 제4권[14]에서 말하는 것처럼, 웅지(magnanimitas)는 다른 덕들이 선재하지 않았더라면 존재할 수 없었을 것이다. 실상 그것은 다른 덕들의 마무리 장식과 같다. 따라서 어떤 의미에서는 다른 모든 덕들보다 상위에 있다. 하지만 절대적인 의미로 그러한 것은 아니다.[15]

제5절 지혜는 지성적 덕들 가운데 가장 탁월한 덕인가?

[**Parall**.: Cf. II-II, q.57, a.2, ad2; *In Ethic*., VI, lect.6]

[반론] 다섯째에 대해서는 다음과 같이 전개된다. 지혜는 지성적 덕들 가운데 가장 탁월한 덕이 아닌 것으로 생각된다.

1. 명령하는 사가 명령을 받는 자보다 더 위대하다. 그런데 현명이 지혜에 명령을 내리는 것으로 보인다. 왜냐하면 『니코마코스 윤리학』 제1권[1]에서는 이렇게 말하기 때문이다. "이것[곧, 정치학]이 도시 안에 확립되어야 하는 규율이 무엇이고, 그 가운데 어떤 것들을 각자가 숙지해야 하며, 어느 정도까지 지켜야 하는지를 미리 결정한다." 그런데 『니코마코스 윤리학』 제6권[2]에서 말하는 것처럼, 그것은 바로 현명에 속하는 정치학이다. 그리고 학문들 가운데에는 지혜도 포함되기에, 현명이 지혜보다 더 상위를 차지하는 것으로 보인다.

2. 덕은 그 정의상 인간을 행복으로 인도하기 위한 것이다. 실상

---

2. *Ethica Nic.*, VI, c.7, 1141a20-22; S. Thomas, lect.6, nn.1185-1186.

q.66, a.5

dicitur in VII *Physic.*³ Sed prudentia est recta ratio agibilium, per quae homo ad felicitatem perducitur, sapientia autem non considerat humanos actus, quibus ad beatitudinem pervenitur. Ergo prudentia est maior virtus quam sapientia.

3. Praeterea, quanto cognitio est perfectior, tanto videtur esse maior. Sed perfectiorem cognitionem habere possumus de rebus humanis, de quibus est scientia, quam de rebus divinis, de quibus est sapientia, ut distinguit Augustinus in XII *de Trin.*:⁴ quia divina incomprehensibilia sunt, secundum illud *Iob* 36, [26]: *Ecce Deus magnus, vincens scientiam nostram.*⁵ Ergo scientia est maior virtus quam sapientia.

4. Praeterea, cognitio principiorum est dignior quam cognitio conclusionum. Sed sapientia concludit ex principiis indemonstrabilibus, quorum est intellectus; sicut et aliae scientiae. Ergo intellectus est maior virtus quam sapientia.

SED CONTRA est quod Philosophus dicit, in VI *Ethic.*,⁶ quod sapientia est *sicut caput* inter virtutes intellectuales.

RESPONDEO dicendum quod, sicut dictum est,⁷ magnitudo virtutis secundum suam speciem, consideratur ex obiecto.

---

3. *Physica*, VII, c.3, 246b23-24; a13-16; S. Thomas, lect.5, n.6.
4. Augustinus, *De Trinitate*, XII, c.14: PL 42, 1009.
5. [성경]: "보십시오. 하느님께서는 우리가 깨달을 수 없이 위대하십니다."

『자연학』 제7권³에 따르면, 덕은 "어떤 완전한 것의 최선을 향한 상태"이다. 그런데 현명은 인간을 행복에 이르게 하기 위해 수행해야 할 것들에 관한 올바른 이성이다. 그런데 지혜는 참행복으로 인도하는 인간적 활동들을 고찰하지 않는다. 그러므로 현명이 지혜보다 더 상위의 덕이다.

3. 인식이 완전하면 할수록 그만큼 더 위대한 것으로 보인다. 그런데 우리는 아우구스티누스가 『삼위일체론』 제12권⁴에서 구별하는 것처럼, 학문의 대상인 인간적인 것들에 관해, 지혜의 대상인 신적인 것들보다 더 완전한 지식을 가질 수 있다. 왜냐하면 욥기에서 말하는 것처럼 신적인 것들은 이해할 수 없기 때문이다. 욥기 36장 [26절]에 따르면, "보십시오. 하느님께서는 우리의 학문을 넘어 위대하십니다."⁵ 그러므로 학문은 지혜보다 더 고등한 덕이다.

4. 원리들에 대한 이해는 결론들에 대한 인식보다 더 고상하다. 그런데 지혜는, 다른 학문들처럼, 그 결론들을 지성(적 인식)에 속하는 증명할 수 없는 원리들로부터 도출한다. 그러므로 지성(적 인식)은 지혜보다 더 고등한 덕이다.

[재반론] 그러나 반대로 철학자가 『니코마코스 윤리학』 제6권⁶에서 말하는 것처럼, "지혜는 지성적 덕들 가운데 으뜸이다."

[답변] 위에서⁷ 말한 것처럼, 그 종의 관점에서 어떤 덕의 크기는 그

---

6. *Ethica Nic.*, VI, c.7, 1141a19-20; S. Thomas, lect.6, n.1184.
7. a.3.

q.66, a.5

Obiectum autem sapientiae praecellit inter obiecta omnium virtutum intellectualium, considerat enim causam altissimam, quae Deus est, ut dicitur in principio *Metaphys.*[8] Et quia per causam iudicatur de effectu, et per causam superiorem de causis inferioribus; inde est quod sapientia habet iudicium de omnibus aliis virtutibus intellectualibus; et eius est ordinare omnes; et ipsa est quasi architectonica respectu omnium.[9]

AD PRIMUM ergo dicendum quod, cum prudentia sit circa res humanas, sapientia vero circa causam altissimam; impossibile est quod prudentia sit maior virtus quam sapientia, nisi, ut dicitur in VI *Ethic.*,[10] *maximum eorum quae sunt in mundo, esset homo.*[11] Unde dicendum est, sicut in eodem libro[12] dicitur, quod prudentia non imperat ipsi sapientiae, sed potius e converso, quia *spiritualis iudicat omnia, et ipse a nemine iudicatur*, ut dicitur I *ad Cor.* 2, [15].[13] Non enim prudentia habet se intromittere de altissimis, quae considerat sapientia, sed imperat de his quae

---

8. *Metaphysica*, I, cc.1-2, 981b28-29; 982b9-10; 983a7-11; S. Thomas, lect.1, n.35; lect.2, n.9; lect.3, nn.64-65.
9. Cf. q.68, a.7.
10. *Ethica Nic.*, VI, c.7, 1141a19-20; S. Thomas, lect.6, n.1184.
11. 이것은 바로 실용주의의 특징적인 태도이다. 19세기에 인간 정신의 완전한 자율을 뻔뻔스럽게 내세우던 관념주의적 철학 체계들이 휩쓸고 난 다음에, 서구 문화 속에서 실용주의적 현상의 출현은 각광을 받지 못했다. 진화의 종점, 역사의 최고의 창조자로 이해된 인간은 논리적으로 인간적 행위들을 실재에 대한 가장 고상하고 가장 진정한 표현으로 간주하게 된다. 그러나 그것은 일시적인 착각, 철학적이라기보다는 문학적인 몽상일 수 있다. 왜냐하면 인간이 자신의 우연성과 불

대상에 따라 판단된다. 그런데 지혜의 대상은 다른 모든 지성적 덕들의 대상을 능가한다. 왜냐하면 『형이상학』 앞머리[8]에서 말하는 것처럼, 그것은 최고의 원인인 하느님을 숙고하기 때문이다. 결과는 원인에 의해서 판단 받고, 낮은 등급의 원인은 높은 등급의 원인에 의해서 판단 받기 때문에, 지혜는 다른 모든 지성적 덕들에 대해 판단 권한을 가지고, 그것들 모두를 지도하며, 따라서 그것들 모두에 비해 웅장하다(architectonica)는 결론이 나온다.[9]

[해답] 1. 현명이 지혜보다 더 위대한 덕이라는 것은 불가능하다. 현명은 인간적인 것들을 그 대상으로 삼는 데 반해, 지혜는 최고의 원인을 그 대상으로 삼기 때문이다. 『니코마코스 윤리학』 제6권[10]에서 말하는 것처럼, "인간이 우주에 존재하는 가장 위대한 존재가 아니라면 말이다."[11] 같은 책[12]은 또한 현명이 지혜에게 명령하는 것이 아니라, 그 반대라고 지적한다. 왜냐하면 코린토 1서 2장 [15절]에서 말하는 것처럼, "영적인 사람은 모든 것을 판단할 수 있지만, 그 자신은 아무에게서도 판단 받지 않기" 때문이다.[13] 참으로 현명의 과제

충분성을 깨닫기 위해서는 잠깐의 진지한 성찰만으로도 충분하기 때문이다.
12. *Ethica Nic.*, VI, c.13, 1243b33-36; 1145a6-11; S. Thomas, lect.10, nn.1264-1265; lect.11, nn.1290-1291.
13. 성령의 선물인 지혜의 선취에 관해서는: Cf. II-II, q.43. 성 토마스가 시사하고 있는 지혜는 참으로 아리스토텔레스의 지혜가 아니라 성 바오로가 말하는 지혜이다. "오직 영적 인간만이 모든 것을 포용하고 모든 것에 대해 이해할 수 있는 특전을 받았다. (…) 그는 진정한 초자연적 관점 속에 있고, 하느님의 빛에 따라 판단한다. (…) 그는 철학이 말하고 있는 자기 자체 안에 법칙을 가지고 있는 저 현자이고, 자신의 덕을 통해 다른 이들의 규칙이 된다(virtuosus est mensura actionum). 그 대신에 같은 이유로 그는 다른 누구에게도 판단 받지 않는다. 즉 영적이지 않은 사람은 그를 판단할 자격을 갖추고 있지 않은 것이다."(P. Delatte, *Le lettere di S. Paolo*, Torino, 1935, I, p.217)

q.66, a.5

ordinantur ad sapientiam, scilicet quomodo homines debeant ad sapientiam pervenire.[14] Unde in hoc est prudentia, seu politica,[15] ministra sapientiae, introducit enim ad eam, praeparans ei viam, sicut ostiarius ad regem.

AD SECUNDUM dicendum quod prudentia considerat ea quibus pervenitur ad felicitatem, sed sapientia considerat ipsum obiectum felicitatis, quod est altissimum intelligibile. Et si quidem esset perfecta consideratio sapientiae respectu sui obiecti, esset perfecta felicitas in actu sapientiae. Sed quia actus sapientiae in hac vita est imperfectus respectu principalis obiecti, quod est Deus; ideo actus sapientiae est quaedam inchoatio seu participatio futurae felicitatis.[16] Et sic propinquius se habet ad felicitatem quam prudentia.

AD TERTIUM dicendum quod, sicut Philosophus dicit, in I *de Anima*,[17] *una notitia praefertur alteri aut ex eo quod est nobiliorum, aut propter certitudinem*. Si igitur subiecta[18] sint aequalia in bonitate et nobilitate, illa quae est certior, erit maior virtus. Sed illa quae est minus certa de altioribus et maioribus, praefertur ei quae est magis certa de inferioribus rebus. Unde Philosophus dicit, in II *de Caelo*,[19] quod magnum est de rebus

---

14. 예컨대 우리는 신성을 도덕화해서는 안 된다.
15. '정치학'(politica). 아리스토텔레스에게 도덕적 덕이란 훌륭한 시민의 자질인데, 성 토마스는 이런 성격 규정에 동의할 준비가 되어 있다. Cf. II-II, q.58, a.6(정의 일반); II-II, q.50, aa.1-2(정치적 현명).
16. Cf. a.3, ad1.

는 지혜의 주제인 최고의 문제들을 다루는 것이 아니라, 지혜를 향해 미리 질서 지어져 있는 것들, 곧 인간이 지혜에 도달해야 하는 길들에 대해 명령하는 것이다.[14] 따라서 이것 안에서 우리는 현명 또는 정치학[15]의 소임이 지혜에 봉사하는 것임을 발견하게 된다. 실상 그것은 문지기가 왕에게 하듯이 지혜에 이르는 길을 준비하고 그리로 인도하는 것이다.

2. 현명은 행복에 이르기 위한 수단들을 숙고하지만, 지혜는 행복의 대상 자체와 최고의 인식 대상을 숙고한다. 그리고 만일 자기 고유 대상에 대한 지혜의 숙고가 완전했더라면, 지혜의 이 행위 안에서 우리는 완전한 행복에 도달했을 것이다. 그러나 현세에서 지혜의 행위가 주요 대상, 곧 하느님과 관련해서 불완전하기 때문에, 지혜의 행위는 미래의 행복에 대한 [다만] 하나의 실마리 또는 참여에 불과하다.[16] 그러므로 지혜가 현명보다 행복에 더 가깝다.

3. 철학자가 『영혼론』 제1권[17]에서 말하는 것처럼, "어떤 인식이 다른 인식보다 더 선호할 만한 이유는 그것이 보다 고상한 것을 대상으로 삼고 있거나 아니면 그것의 확실성 때문이다." 따라서 만일 각각의 대상들[18]이 그 선성과 고상함에서 대등하다면, 두 가지 덕 가운데에서 보다 확실한 덕이 더 우위를 차지한다. 하지만 보다 고상하고 보다 위대한 것들에 대한 덜 확실한 인식도 저급한 것들에 대한 보다 확실한 지식보다 더 선호되어야 한다. 실상 철학자는 『천체론』 제2권[19]에서 허약하고 변증법적인 근거들로라도 천체 현상들에 대해 무

---

17. *De anima*, I, c.1, 402a2-4; S. Thomas, lect.1, n.4
18. 여기서 '대상'으로 번역된 원어는 'subjecta'이다. 성 토마스는 대상을 가리키기 위해 주로 'objecta'를 사용하기 때문에, 아주 드문 용법이다.
19. *De caelo*, II, c.13, 291b27-29; S. Thomas, lect.17, n.8.

q.66, a.5

caelestibus aliquid posse cognoscere etiam debili et topica ratione. Et in I *de Partibus Animal.*,[20] dicit quod *amabile est magis parvum aliquid cognoscere de rebus nobilioribus quam multa cognoscere de rebus ignobilioribus.*[21] —Sapientia igitur ad quam pertinet Dei cognitio, homini, maxime in statu huius vitae, non potest perfecte advenire, ut sit quasi eius possessio; sed hoc solius Dei est, ut dicitur in I *Metaphys.*[22] Sed tamen illa modica cognitio quae per sapientiam de Deo haberi potest, omni alii cognitioni praefertur.

AD QUARTUM dicendum quod veritas et cognitio principiorum indemonstrabilium dependet ex ratione terminorum, cognito enim quid est totum et quid pars, statim cognoscitur quod omne totum est maius sua parte. Cognoscere autem rationem entis et non entis, et totius et partis, et aliorum quae consequuntur ad ens, ex quibus sicut ex terminis constituuntur principia indemonstrabilia, pertinet ad sapientiam, quia ens commune est proprius effectus causae altissimae, scilicet Dei.[23] Et ideo sapientia non solum utitur principiis indemonstrabilibus, quorum est intellectus, concludendo ex eis, sicut aliae scientiae; sed etiam iudicando de eis,[24] et disputando contra negantes.

---

20. *De part. anim.*, I, c.5, 644b31-35.
21. 아리스토텔레스가 이 개념을 강조하였다면, 성 토마스는 그 지혜로움을 부각시키는 데 그에 못지않은 관심을 기울였다. 실상 한 이교도 철학자의 저 관찰이 어떻게 그리스도교 신앙에 대한 참으로 합리적인 정당화가 될 수 있었는지를 이해하기 위해서는 많은 것이 필요하지 않다. 정당하게 '박학한 무지'(docta

엇인가를 인식할 수 있는 것은 대단한 것이라고 가르치고 있다. 그리고 『동물부분론』 제1권[20]에서는 "더 고상한 것에 대해 조금이라도 아는 것이 덜 고상한 것들에 대해 많이 아는 것보다 더 선호할 만하다"고 말한다.[21]—그런데 하느님께 관한 인식이 속하는 지혜는 현세의 상태에서는 [안타깝게도] 인간에게 하나의 진정한 소유로 속할 수 없다. 『형이상학』 제1권[22]에서 말하는 것처럼, "그것은 신에게만 속하는 일이다." 그럼에도 불구하고 지혜를 통해 가질 수 있는 하느님에 관한 저 약간의 지식은 다른 모든 지식보다 더 소중하다.

4. 진리와, 증명될 수 없는 원리들에 대한 이해는 그 용어들의 근거에 의존하고 있다. 실상 일단 전체가 무엇이고 부분이 무엇인지를 알게 되면, 그 전체가 그 부분보다 더 크다는 것을 즉시 알게 된다. 그러나 존재자와 비존재자, 전체와 부분, 그리고 증명될 수 없는 제1원리들을 구성하는 용어들인 존재자의 직접적 귀결들을 인식하는 일은 지혜에 속한다. 왜냐하면 존재자는 그 보편성 안에서 최고의 원인인 하느님[23]의 고유 결과이기 때문이다. 그러므로 지혜는 다른 학문들처럼 지성적 인식의 대상인 증명될 수 없는 원리들을, 그 결론들을 도출하기 위해서뿐만 아니라, 그에 대해 판단하고[24] 또 그것들을

---

ignorantia)라고 규정된 이 그리스도교 신앙은 우리의 호기심에 그리 많은 과학적 확실성을 제공하지 않는다. 아니 오히려, 우리의 정신에 적지 않은 수수께끼를 남겨 놓는다. 그러나 그것이 우리가 신적 진리들에 대하여 알 수 있는 전부이다. 바로 여기에 신앙의 초월적 고상함이 있다. "따라서 인간 이성이 그것을 능가하는 것들을 충분히 깨달을 수는 없다고 하더라도, 그럼에도 불구하고 그것들을 적어도 신앙으로 소유하는 것은 그의 완성에 많은 것을 전해 준다."(ScG, I, c.5)

22. *Metaphysica*, I, c.2, 982b28-30; S. Thomas, lect.2, n.60.
23. Cf. I, q.44, a.1.
24. Cf. q.57, a.2, ad1.

Unde sequitur quod sapientia sit maior virtus quam intellectus.

Articulus 6
Utrum caritas sit maxima inter virtutes theologicas

Ad sextum sic proceditur. Videtur quod caritas non sit maxima inter virtutes theologicas.

1. Cum enim fides sit in intellectu, spes autem et caritas in vi appetitiva, ut supra[1] dictum est; videtur quod fides comparetur ad spem et caritatem, sicut virtus intellectualis ad moralem. Sed virtus intellectualis est maior morali, ut ex dictis[2] patet. Ergo fides est maior spe et caritate.

2. Praeterea, quod se habet ex additione ad aliud, videtur esse maius eo. Sed spes, ut videtur, se habet ex additione ad caritatem, praesupponit enim spes amorem, ut Augustinus dicit in *Enchirid.*;[3] addit autem quendam motum protensionis in rem amatam. Ergo spes est maior caritate.

3. Praeterea, causa est potior effectu. Sed fides et spes sunt

---

1. q.62, a.3.
2. a.3.

부정하는 자들을 거슬러 논증하기 위해서도 활용한다. 따라서 지혜는 지성적 인식보다 더 고등한 덕이다.

제6절 참사랑은 대신덕 가운데 가장 높은 덕인가?

[**Parall.**: Cf. II-II, q.23, a.6]

[반론] 여섯째에 대해서는 다음과 같이 전개된다. 참사랑은 대신덕들 가운데 가장 높은 덕이 아닌 것으로 생각된다.

1. 위에서[1] 말한 것처럼, 신앙의 자리는 지성인 데 반해, 희망과 참사랑의 자리는 욕구이다. 따라서 신앙과 희망 및 참사랑 사이의 관계는 지성적 덕들과 도덕적 덕들 사이의 관계와 같은 것으로 보인다. 그런데 이미[2] 말한 것들로부터 명백하듯이, 지성적 덕들은 도덕적 덕들보다 더 고등하다. 그러므로 신앙은 희망이나 참사랑보다 더 고등하다.

2. 기존의 어떤 것에 다른 것이 추가되는 경우, 그 결과는 기존의 것보다 더 큰 것으로 보인다. 그런데 희망은 참사랑에 대해 어떤 추가와도 같다. 실상 희망은, 아우구스티누스가 『길잡이』[3]에서 말하는 것처럼, 참사랑을 전제로 한다. 그리고 거기에 참사랑의 대상을 향해 기우는 움직임이 추가된다. 따라서 희망이 참사랑보다 더 고등하다.

3. 원인은 그 결과보다 더 고등하다. 그런데 신앙과 희망은 참사랑의 원인이다. 실상 마태오복음서 1장 [2절]에 대한 『주석』(*Glossa*)은

---

3. Augustinus, *Enchiridion*, c.8: PL 40, 235.

causa caritatis, dicitur enim Matth. 1, [2], in Glossa,[4] quod *fides generat spem, et spes caritatem*. Ergo fides et spes sunt maiores caritate.

SED CONTRA est quod apostolus dicit, I *ad Cor.* 13, [13]: *Nunc autem manent fides, spes, caritas, tria haec; maior autem horum est caritas.*

RESPONDEO dicendum quod, sicut supra[5] dictum est, magnitudo virtutis secundum suam speciem, consideratur ex obiecto. Cum autem tres virtutes theologicae respiciant Deum sicut proprium obiectum, non potest una earum dici maior altera ex hoc quod sit circa maius obiectum; sed ex eo quod una se habet propinquius ad obiectum quam alia. Et hoc modo caritas est maior aliis. Nam aliae important in sui ratione quandam distantiam ab obiecto, est enim fides de non visis, spes autem de non habitis. Sed amor caritatis est de eo quod iam habetur, est enim amatum quodammodo in amante,[6] et etiam amans per affectum trahitur ad unionem amati;[7] propter quod dicitur I Ioan. 4, [16]: *Qui manet in caritate, in Deo manet, et Deus in eo.*

---

4. 마태오복음서 1장 2절에 대한 행간 주석.
5. a.3.
6. Cf. q.28, a.2.
7. Cf. q.28, a.1.

"신앙이 희망을 낳고, 희망이 참사랑을 낳는다."고 설명하고 있다.[4] 그러므로 신앙과 희망이 참사랑보다 더 고등하다.

[재반론] 그러나 반대로 사도는 코린토 1서 13장 [13절]에서 이렇게 가르친다. "이제 믿음과 희망과 [참]사랑 이 세 가지는 남습니다. 이 가운데 으뜸은 [참]사랑입니다."

[답변] 위에서[5] 지적한 것처럼, 그 종의 관점에서 어떤 덕의 크기는 그 대상에 따라 좌우된다. 그렇지만 세 가지 대신덕은 바로 하느님을 그 대상으로 삼고 있기 때문에, 그 가운데 어느 것이 더 큰 대상을 가지고 있기 때문에 다른 것들보다 더 크다고 말할 수는 없다. 다만 오직 그것이 다른 것보다 더 대상에 가까이 접근한다는 사실로부터만 그렇게 말할 수 있을 뿐이다. 이 점에서는 참사랑이 다른 덕들보다 더 크다. 다른 덕들은 그 본성상 대상으로부터의 일정한 거리를 함축하고 있다. 왜냐하면 신앙은 보이지 않는 것에 대한 것이요, 희망은 소유하지 못한 것에 대한 것이기 때문이다. 반면에 참사랑은 이미 소유한 것에 대한 것이다. 왜냐하면 참사랑의 대상이 어떤 면에서는 사랑하는 이 안에 있고,[6] 또 그 사랑하는 이는 그 사랑하는 대상과의 결합에 대한 갈망에 이끌리기 때문이다.[7] 이리하여 요한 1서 4장 [16절]에서는 다음과 같이 말하고 있다. "[참]사랑 안에 머무르는 사람은 하느님 안에 머무르고, 하느님께서도 그 사람 안에 머무르십니다."

AD PRIMUM ergo dicendum quod non hoc modo se habent fides et spes ad caritatem, sicut prudentia ad virtutem moralem. Et hoc propter duo. Primo quidem, quia virtutes theologicae habent obiectum quod est supra animam humanam, sed prudentia et virtutes morales sunt circa ea quae sunt infra hominem. In his autem quae sunt supra hominem, nobilior est dilectio quam cognitio. Perficitur enim cognitio, secundum quod cognita sunt in cognoscente, dilectio vero, secundum quod diligens trahitur ad rem dilectam. Id autem quod est supra hominem, nobilius est in seipso quam sit in homine, quia unumquodque est in altero per modum eius in quo est. E converso autem est in his quae sunt infra hominem.—Secundo, quia prudentia moderatur motus appetitivos ad morales virtutes pertinentes, sed fides non moderatur motum appetitivum tendentem in Deum, qui pertinet ad virtutes theologicas; sed solum ostendit obiectum. Motus autem appetitivus in obiectum, excedit cognitionem humanam; secundum illud *ad Ephes.* 3, [19]: *supereminentem scientiae caritatem Christi.*

AD SECUNDUM dicendum quod spes praesupponit amorem eius quod quis adipisci se sperat, qui est amor concupiscentiae,[8] quo quidem amore magis se amat qui concupiscit bonum, quam aliquid aliud. Caritas autem importat amorem amicitiae,[9] ad quam pervenitur spe, ut supra dictum est.[10]

---

8. Cf. q.27, a.1.

[해답] 1. 신앙과 희망은, 현명이 도덕적 덕들과 관계되는 것과 똑같은 모양으로 참사랑에 관계되는 것이 아니다. 여기에는 두 가지 동기가 있다. 첫째, 왜냐하면 신학적 덕들은 인간 영혼을 초월하는 것을 대상으로 삼고 있기 때문이다. 반면에 현명과 도덕적 덕들은 인간보다 하위에 있는 것들을 다룬다. 그런데 인간을 넘는 곳에 있는 것들 안에서 참사랑은 인식보다 더 고등하다. 실상 인식은 인식 대상이 인식자 안에 현존할 때 발생한다. 반면에 참사랑은 사랑하는 이가 그 사랑의 대상에 대해 느끼는 매력을 통해서 대상을 향해 이끌릴 때 발생한다. 그런데 우리를 초월하는 것은 인간 안에 있는 것보다 그 자체로 더 고상하다. 왜냐하면 각 사물은 어떤 다른 것 안에 그 수용자의 존재 방식에 따라 있을 수 있기 때문이다. 반면에 인간보다 하위에 있는 것들의 경우에는 정반대이다.—둘째, 왜냐하면 현명은 도덕적 덕들에 속하는 욕구적 움직임들을 조정하기 때문이다. 반면에 신앙은 바로 대신덕들의 하느님을 향해 기우는 욕구를 전혀 조정하지 않는다. 다만 그것들에게 대상을 가리키는 것으로 제한한다. 아니, 대상을 향한 이 욕구적 움직임은 인간 인식을 초월한다. 에페소서 3장 [19절]에서는 "인간의 지각을 뛰어넘는 그리스도의 [참]사랑"에 대해서 말하고 있다.

2. 희망은 도달하기를 희망하는 것에 대한 사랑, 곧 욕망(concupiscentia)의 사랑을 전제하고 있다.[8] 이 사랑으로써 그 선을 바라는 자는 다른 어느 것보다도 자기 자신을 더욱 사랑하게 된다. 한편 참사랑은 우정의 사랑을 함축하고 있는데,[9] 위에서[10] 말한 것처럼, 우리는 희망에 의

---

9. Cf. q.65, a.5.
10. q.62, a.4.

AD TERTIUM dicendum quod causa perficiens est potior effectu, non autem causa disponens. Sic enim calor ignis esset potior quam anima, ad quam disponit materiam, quod patet esse falsum. Sic autem fides generat spem, et spes caritatem, secundum scilicet quod una disponit ad alteram.

해 이 참사랑에 도달할 수 있다.

3. 완성시키는 원인은 분명 그 결과보다 더 고등하다. 그러나 그 예비적(disponens) 원인까지 그러한 것은 아니다. 실상 만일 그랬더라면, 불의 열이 (그것이 그 소재를 준비하는) 영혼보다 더 고등했을 터인데, 이것은 분명 참이 아니다. 그런데 신앙은 희망을 낳고, 희망은 참사랑을 낳는다. 전자가 후자에 대한 준비 조건이 되는 것이다.

QUAESTIO LXVII
DE DURATIONE VIRTUTUM POST HANC VITAM
in sex articulos divisa

Deinde considerandum est de duratione virtutum post hanc vitam.[1]

Et circa hoc quaeruntur sex.

Primo: utrum virtutes morales maneant post hanc vitam.

Secundo: utrum virtutes intellectuales.

Tertio: utrum fides.

Quarto: utrum remaneat spes.

Quinto: utrum aliquid fidei maneat, vel spei.

Sexto: utrum maneat caritas.[2]

---

1. Cf. q.64, Introd. 지속성 또는 영속성은 흔히 덕에 대해 말하는 근본적인 네 가지 특성들 가운데 마지막 특성이다. '중개성'(mesotes)은 아리스토텔레스가 전망하였고, '연관성'은 스토아학파에 의해서 과장되었으며, 이승이 끝난 뒤의 덕들의 '동등성'과 '영속성'은 성 아우구스티누스가 힘주어 다시 주장하였다. 성 토마스는 이 마지막 문제 안에서도, 신학자들의 관심을 오로지 도덕적 덕들로부터 지성적이고 신학적인 덕들로 확장하며, 주목할 만한 발전들을 따를 것이다.

제67문
후세에서의 덕의 지속에 대하여
(전6절)

이제는 후세에서의 덕들의 지속에 대해 고찰해야 한다.[1] 이 점에 관해서는 다음과 같은 여섯 가지 질문이 제기된다.

1. 도덕적 덕들은 후세에도 남아 있는가?
2. 지성적 덕들은 후세에 남아 있는가?
3. 신앙은 후세에 남아 있는가?
4. 희망은 후세에 남아 있는가?
5. 신앙과 희망의 어떤 부분이 후세에 남아 있는가?
6. 참사랑은 후세에 남아 있는가?[2]

---

2. 직접적이든 간접적이든 오로지 경험적인 것들에만 가치를 두는 우리의 현대적 정신은 이런 문제들을 본능적으로 거부한다. 그러나 성 토마스의 작품 안에 들어 있는 이런 문제들의 개진을 읽으면, 우리가 지금 신플라톤주의 계열의 어떤 신비로운 노작들을 대면하고 있는 것이 아니라는 사실을 즉시 깨닫게 된다. 도달하는 결론들은 건전하고 소박하다. 왜냐하면 저자는 어떤 알 수 없는 것을 알기 위해 노리고 있는 것이 아니라 도달한 결론들의 건실함을 감상하고자 하기 때문이다. 베르나르 신부가 잘 말하고 있는 것처럼, 이것은 이제 "우리의 현재의 삶의 가장 좋은 요소들 가운데 내세의 요소들이 될 것들이 어떤 것들인지를 알려는 것이다. 그리고 이 내세는 두드러지게 영적일 것이기 때문에, 우리의 덕들 속에서 영원으로 넘어가기 위해 충분히 영적이고 충분히 완전한 것을 규명하려는 것이고… 우리의 덧없는 삶 속에서 불멸의 것이 무엇인지를 알려는 것이다."(R. Bernard, *Somm. Franc., La vertu*, II, p.355)

Articulus 1
Utrum virtutes morales maneant post hanc vitam

Ad primum sic proceditur. Videtur quod virtutes morales non maneant post hanc vitam.

1. Homines enim in statu futurae gloriae erunt similes Angelis, ut dicitur Matth. 22, [30]. Sed ridiculum est in Angelis ponere virtutes morales, ut dicitur in X *Ethic.*[1] Ergo neque in hominibus, post hanc vitam, erunt virtutes morales.

2. Praeterea, virtutes morales perficiunt hominem in vita activa. Sed vita activa non manet post hanc vitam, dicit enim Gregorius, in VI *Moral.*:[2] *Activae vitae opera cum corpore transeunt.* Ergo virtutes morales non manent post hanc vitam.

3. Praeterea, temperantia et fortitudo, quae sunt virtutes morales, sunt irrationalium partium, ut Philosophus dicit, in III *Ethic.*[3] Sed irrationales partes animae corrumpuntur, corrupto corpore, eo quod sunt actus organorum corporalium. Ergo videtur quod virtutes morales non maneant post hanc vitam.

SED CONTRA est quod dicitur *Sap.* 1, [15], quod *iustitia perpetua est et immortalis.*

---

1. *Ethica Nic.*, X, c.8, 1178b: "도덕적 활동에 관련되는 것들은 모두 신들에 대해서는 모자라고 쓸모없다."
2. Gregorius, *Moral.*, VI, c.37, al.18, in vet.28: PL 75, 764D.
3. *Ethica Nic.*, III, c.13, 1117b23-24; S. Thomas, lect.19, nn.595-597.

제1절 도덕적 덕은 후세까지도 남아 있는가?

[**Parall**.: II-II, q.136, a.1, ad1; *In Sent.*, III, d.33, q.1, a.4; *De virt. card.*, a.4]

[반론] 첫째에 대해서는 다음과 같이 전개된다. 도덕적 덕들은 후세에 남아 있지 않은 것으로 생각된다.

1. 주님께서 마태오복음서 22장 30절에서 말씀하시는 것처럼, 미래에 누리게 될 영광의 상태에서 사람들은 천사들처럼 될 것이다. 그런데 『니코마코스 윤리학』 제10권[1]에서 말하는 것처럼, 천사들에게 도덕적 덕들이 있다고 상정하는 것은 우스꽝스럽다. 그러므로 후세에는 사람 안에도 도덕적 덕들이 없을 것이다.

2. 도덕적 덕들은 인간을 그 활동생활에서 완전하게 만들어 준다. 그런데 이 활동생활은 후세에는 남아 있지 않다. 그래서 그레고리우스는 『욥기의 도덕적 해설』 제6권[2]에서 "활동생활의 업적들은 육체와 더불어 사라진다."고 말하는 것이다. 그러므로 도덕적 덕들은 후세에 남아 있지 않다.

3. 철학자가 『니코마코스 윤리학』 제3권[3]에서 말하는 것처럼, 도덕적 덕들인 절제와 용기는 비합리적인 부분에 속한다. 그런데 영혼의 비합리적인 부분들은 육체적 기관(器官)들의 활동들이기 때문에, 육체가 소멸될 때 함께 소멸된다. 그러므로 도덕적 덕들은 후세에 남아 있지 않다.

[재반론] 그러나 반대로 지혜서 1장 [15절]에서는 "정의는 영원하며 불사적(不死的)"이라고 적혀 있다.

q.67, a.1

RESPONDEO dicendum quod, sicut Augustinus dicit, in XIV *de Trin.*,[4] Tullius[5] posuit post hanc vitam quatuor virtutes cardinales non esse; sed in alia vita homines *esse beatos sola cognitione naturae, in qua nihil est melius aut amabilius*, ut Augustinus dicit ibidem, *ea natura quae creavit omnes naturas*. Ipse autem postea determinat huiusmodi quatuor virtutes in futura vita existere, tamen alio modo.

Ad cuius evidentiam, sciendum est quod in huiusmodi virtutibus aliquid est formale; et aliquid quasi materiale. Materiale quidem est in his virtutibus inclinatio quaedam partis appetitivae ad passiones vel operationes secundum modum aliquem. Sed quia iste modus determinatur a ratione, ideo formale in omnibus virtutibus est ipse ordo rationis.

Sic igitur dicendum est quod huiusmodi virtutes morales in futura vita non manent, quantum ad id quod est materiale in eis. Non enim habebunt in futura vita locum concupiscentiae et delectationes ciborum et venereorum; neque etiam timores et audaciae circa pericula mortis; neque etiam distributiones et communicationes rerum quae veniunt in usum praesentis vitae. Sed quantum ad id quod est formale, remanebunt in beatis perfectissimae post hanc vitam, inquantum ratio uniuscuiusque

---

4. Augustinus, *De Trinitate*, XIV, c.9: PL 42, 1046.
5. 키케로는 지금은 소실되어 버린 한 철학적 담화, 곧 『호르텐시우스』(*Hortensius*)에서 자신의 사상을 개진한 바 있는데, 이 작품이 젊은 아우구스티누스를 크게 감동시켰다.(Cf. *Confess.*, III, c.4; VIII, c.7) 그러나 현재의 삶이 끝난 다음의 도덕적

[답변] 아우구스티누스는 『삼위일체론』 제14권[4]에서 사추덕이 이승에서의 삶 이후에는 남아 있지 않다고 주장하고 있는 키케로[5]를 인용한 다음에, 다음과 같은 자신의 말을 덧붙이고 있다. "내세에서 사람들은 그보다 더 낫거나 더 사랑스러운 것은 아무것도 없는 저 본성, 곧 다른 모든 본성(자연)들을 창조한 저 본성에 대한 인식만으로 행복할 것이다." 하지만 이것은 이어서 위에서 말한 사추덕이 내세에 존재한다는 것을 자기 나름대로 입증한다.

이를 해명하기 위해서는 저 덕들 속에서 어떤 것은 형상적이고, 다른 것은 거의 질료적이라는 사실을 알아야 한다. 질료적 요소는 규정된 척도에 따라 정념들과 작용들을 향하는 욕구적 부분의 특정 경향이다. 하지만 이 척도는 이성에 의해서 설정되기 때문에, 모든 덕 속에 있는 형상적 요소가 바로 이성의 질서(명령) 자체이다.

따라서 도덕적 덕들은 그 질료적 요소에 관한 한, 내세에 남아 있지 않다고 결론지어야 한다. 실상 내세에는 탐욕도, 식욕이나 성욕도, 그리고 죽음의 위험에 대한 공포도 용기도 있을 수 없으며, 현세에서는 도움이 되는 재화들의 분배나 교환도 있을 수 없다. 반면에 저 덕들은 현세가 끝난 다음에도 그 형상적 요소 안에서 복된 이들 안에서 온전하게 지속될 것이다. 왜냐하면 그들 각자 안에 있는 이성이 현세에서의 상태에 비해 지극히 올바를 것이기 때문이다. 그리고 욕구적 능력도 그 상태에 속하는 것들에 관해서는 온전히 이성

덕들의 파괴는 장차 위대한 교부가 될 이 청년을 전혀 설득하지 못했고, 그래서 나중에 아우구스티누스는 여러 차례에 걸쳐 이 위대한 로마의 웅변가의 오류를 반박하였다.(Cf. *De Trinitate*, XIV, c.9; *De musica*, VI, c.16) 하지만 성 도마스는 아우구스티누스의 결론에는 동의하면서도 그의 논거들에는 그다지 동조하지 않는다는 것이 드러난다.

rectissima erit circa ea quae ad ipsum pertinent secundum statum illum; et vis appetitiva omnino movebitur secundum ordinem rationis, in his quae ad statum illum pertinent. Unde Augustinus ibidem[6] dicit quod *prudentia ibi erit sine ullo periculo erroris; fortitudo, sine molestia tolerandorum malorum; temperantia, sine repugnatione libidinum. Ut prudentiae sit nullum bonum Deo praeponere vel aequare; fortitudinis, ei firmissime cohaerere; temperantiae, nullo defectu noxio delectari.* De iustitia vero manifestius est quem actum ibi habebit, scilicet *esse subditum Deo*: quia etiam in hac vita ad iustitiam pertinet esse subditum superiori.[7]

AD PRIMUM ergo dicendum quod Philosophus loquitur ibi de huiusmodi virtutibus moralibus, quantum ad id quod materiale est in eis, sicut de iustitia, quantum ad commutationes et depositiones; de fortitudine, quantum ad *terribilia et pericula*; de temperantia, quantum ad *concupiscentias pravas*.

Et similiter dicendum est AD SECUNDUM. Ea enim quae sunt activae vitae, materialiter se habent ad virtutes.[8]

---

6. Ibid.
7. 모형덕에 관해서는: Cf. q.61, a.5; II-II, q.136, a.1, ad1.
8. "활동생활에서 완성시키는 덕들은 획득된 덕들까지 포함해서, 관상생활로 넘어갈 때, 제거되어서는 안 되지만, 가까운 목적에 관한 한 다른 활동들을 가지고 있다. 왜냐하면 관상생활은 활동생활의 목적이기 때문이다. 이 때문에 마크로비우스(Macrobius)는 이 덕들을 인간 안에 있는 한에서 세 단계로 구별한다.[loc.

의 질서(명령)에 따라 움직이게 될 것이다. 그래서 아우구스티누스는 같은 곳에서[6] 이렇게 말하고 있다. "현명은 아무런 오류의 위험이 없이 거기에 있을 것이고, 용기는 악을 견뎌 내야 할 성가심 없이 있을 것이며, 절제는 정욕(libido)의 반란 없이 있을 것이다. 이리하여 현명은 어떤 선을 하느님보다 더 선호하거나 그것을 하느님과 동등시하지 않을 것이고, 용기는 하느님께 대단히 강하게 결속할 것이며, 절제는 그 어떤 해로운 결함도 없이 기뻐할 것이다." 정의에 대해서는 저승에서의 그 활동이 어떠할지가, 다시 말해 '하느님께 복종하게 되리라'는 것이 좀 더 명백하다. 왜냐하면 현세에서조차도 상급자에게 복종하는 것은 정의의 일부이기 때문이다.[7]

[해답] 1. 첫째에 대해서는 이렇게 말해야 한다. 철학자는 이 도덕적 덕들 안에서 질료적 요소를 언급하고 있는 것이다. 이리하여 그는 정의를, '교환 및 분배'와 연관시켜 말하고, 용기에 대해서는 '공포 및 위험'의 문제로 보고 있으며, 절제에 대해서는 '비뚤어진 욕망'과 연관시켜 말하고 있다.

2. 둘째에 대해서도 마찬가지로 말해야 한다. 실상 활동생활을 구성하는 것들은 덕의 질료적 요소이기 때문이다.[8]

---

cit., q.61, a.5] 실상 1) 그것들로 인간이 사회 활동에서 올바르게 되는 정치적 덕들이 있다. 그리고 2) 사회적 활동들을 수행하면서도 관상의 평온을 갈망하는 한에서 정화적 덕들이 있다. 그런데 이것들은 사회생활의 모든 활동을 옆으로 치워 두고 온전히 관상의 평온에 투신하는 한에서, 정화된 정신의 덕이라는 이름을 받는다. 그리고 이 단계에서는 절제의 행위기 더 이상 탐욕을 제어하는 것이 아니라, 그것을 온전히 잊는 것이라고, 용기의 정념들을 극복하는 것이 아니라, 잊어버리는 것이라고 말한다. 그리고 다른 것들에 대해서도 마찬가지다."(*In Sent.*, III, d.33, q.1, a.4, ad2)

q.67, a.1

Ad tertium dicendum quod status post hanc vitam est duplex, unus quidem ante resurrectionem, quando animae erunt a corporibus separatae; alius autem post resurrectionem, quando animae iterato corporibus suis unientur. In illo ergo resurrectionis statu, erunt vires irrationales in organis corporis, sicut et nunc sunt. Unde et poterit in irascibili esse fortitudo, et in concupiscibili temperantia, inquantum utraque vis perfecte erit disposita ad obediendum rationi.—Sed in statu ante resurrectionem, partes irrationales non erunt actu in anima, sed solum radicaliter in essentia ipsius, ut in Primo[9] dictum est. Unde nec huiusmodi virtutes erunt in actu nisi in radice, scilicet in ratione et voluntate, in quibus sunt seminalia quaedam harum virtutum, ut dictum est.[10] Sed iustitia, quae est in voluntate, etiam actu remanebit. Unde specialiter de ea dictum est[11] quod est *perpetua et immortalis*: tum ratione subiecti, quia voluntas incorruptibilis est; tum etiam propter similitudinem actus, ut prius[12] dictum est.

3. 셋째에 대해서는 이렇게 말해야 한다. 후세에서 사람의 처지는 두 가지 변화를 겪을 것이다. [첫째] 사람은 부활하기 전까지는 영혼이 육체로부터 분리되어 있을 것이다. [둘째] 부활 이후에는 영혼은 다시 자기 육체와 재결합될 것이다. 이 부활의 상태에서 비합리적인 능력들은 현재 그러하듯이 육체적 기관들 안에 자리 잡고 있을 것이다. 이리하여 용기가 분노적 부분 안에 자리 잡고 있고 절제가 욕정적 부분 안에 자리 잡고 있는 것이 가능하다. 다만 그 두 기관은 이성에 복종할 채비를 완전히 갖추고 있을 것이다.—반면에 부활 이전의 상태에서는 비합리적인 부분들은, 우리가 이미 제1부[9]에서 말한 것처럼, 실제로 영혼 속에 있지 않고 다만 근본적으로 그 본질 안에만 있을 것이다. 그러므로 이 덕들은 현실적으로 존재하는 것도 아니고, 오로지 그 뿌리 안에서만, 즉 위에서[10] 말한 것처럼, 이 덕들의 씨앗들이 자리 잡고 있는 이성과 의지 안에서만 존재할 것이다. 그렇지만 의지 안에 있는 정의는 현실태로도 남아 있을 것이다. 특히 이미[11] 말한 것[곧, 정의]에 대해서 '영원하고 불사적'이라고 말하고 있다. 그 주체인 의지가 불멸적이기 때문이기도 하고, 또 이미[12] 지적한 것처럼 그 행위의 [불변하는] 유사성 때문이기도 하다.

---

9. q.77, a.8.
10. q.63, a.1.
11. 재반론 참조.
12. 본론.

Articulus 2
Utrum virtutes intellectuales maneant post hanc vitam[1]

Ad secundum sic proceditur. Videtur quod virtutes intellectuales non maneant post hanc vitam.

1. Dicit enim apostolus, I *ad Cor.* 13, [8-9], quod *scientia destruetur*: et ratio est quia *ex parte cognoscimus*. Sed sicut cognitio scientiae est ex parte, idest imperfecta; ita etiam cognitio aliarum virtutum intellectualium, quandiu haec vita durat.[2] Ergo omnes virtutes intellectuales post hanc vitam cessabunt.

2. Praeterea, Philosophus dicit, in *Praedicamentis*,[3] quod scientia, cum sit habitus, est qualitas difficile mobilis, non enim de facili amittitur, nisi ex aliqua forti transmutatione vel aegritudine. Sed nulla est tanta transmutatio corporis humani sicut per mortem. Ergo scientia et aliae virtutes intellectuales non manent post hanc vitam.

3. Praeterea, virtutes intellectuales perficiunt intellectum ad bene operandum proprium actum. Sed actus intellectus non videtur esse post hanc vitam, eo quod *nihil intelligit anima sine phantasmate*, ut dicitur in III *de Anima*;[4] phantasmata autem post

---

1. 성 토마스는 이미 앞에서 이 주제에 관해 광범위하게 논의하였다.(Cf. I, q.89, aa.5-6) 그는 덕에 관한 논술의 완성을 보장하고, 또 당시 만연되고 있던 아베로에스주의를 거슬러 비판의 칼날을 세우기 위해서 그 주제로 되돌아온 것일지 모른다.

제2절 지성적 덕은 후세까지도 남아 있는가?[1]

[**Parall**.: Cf. I, q.89, aa.5-6; *In Sent.*, III, d.31, q.2, a.4; IV, q.50, a.1, ad2; *In 1 Cor.*, c.13, lect.3]

[반론] 둘째에 대해서는 다음과 같이 전개된다. 지성적 덕들은 후세에 남아 있지 않을 것으로 생각된다.

1. 사도는 코린토 1서 13장 [8-9절]에서 우리가 지금은 단편적으로밖에 알지 못하기 때문에 "지식은 사라질 것"이라고 말한다. 우리의 지식이 단편적, 곧 불완전한 것처럼, 현세에서 다른 지성적 덕들을 통한 우리의 지식도 마찬가지다.[2] 그러므로 모든 지성적 덕들은 후세에는 정지될 것이다.

2. 철학자가 『범주론』[3]에서 말하는 것처럼 학문은 습성이어서 변하기 어려운 성질이다. 그것은 어떤 강한 변화나 질병을 통해서가 아니라면, 쉽사리 상실되지 않는다. 그런데 인간 육체의 변화 가운데 죽음을 통한 변화만큼 큰 것은 없다. 그러므로 학문과 다른 지성적 덕들은 후세에는 남아 있지 않다.

3. 지성적 덕들은 그 고유한 행위를 잘 수행할 수 있도록 지성을 완성한다. 그런데 후세에는 지성의 행위가 없는 것으로 보인다. 왜냐하면 『영혼론』 제3권[4]에서 말하는 것처럼, "영혼은 감각상이 없이는 아무것도 인식하지 못하기" 때문이다. 그런데 후세에는 감각상이 남

---

2. 이 반론은 아리스토텔레스의 '지식'(episteme)을 사도 바오로의 '지식'으로 해석하고 있다.
3. *Praedicamentis*, c.6, 8b29-30.
4. *De anima*, III, c.7, 431a16-17; S. Thomas, lect.12, n.772.

hanc vitam non manent, cum non sint nisi in organis corporeis. Ergo virtutes intellectuales non manent post hanc vitam.

SED CONTRA est quod firmior est cognitio universalium et necessariorum, quam particularium et contingentium. Sed in homine remanet post hanc vitam cognitio particularium contingentium, puta eorum quae quis fecit vel passus est; secundum illud Luc. 16, [25]: *Recordare quia recepisti bona in vita tua, et Lazarus similiter mala.* Ergo multo magis remanet cognitio universalium et necessariorum, quae pertinent ad scientiam et ad alias virtutes intellectuales.

RESPONDEO dicendum quod, sicut in Primo[5] dictum est, quidam[6] posuerunt quod species intelligibiles non permanent in intellectu possibili nisi quandiu actu intelligit, nec est aliqua conservatio specierum, cessante consideratione actuali, nisi in viribus sensitivis, quae sunt actus corporalium organorum, scilicet in imaginativa et memorativa. Huiusmodi autem vires corrumpuntur, corrupto corpore. Et ideo secundum hoc, scientia nullo modo post hanc vitam remanebit, corpore corrupto; neque aliqua alia intellectualis virtus.

---

5. q.79, a.6.

아 있지 않다. 왜냐하면 그것들은 오직 육체적 기관들 안에만 있을 수 있는데, [육체가 소멸되어 없기] 때문이다. 그러므로 지성적 덕들은 후세에는 남아 있지 않다.

[재반론] 그러나 반대로 보편자와 필연자에 대한 인식은 특수자와 우연자에 대한 인식보다 더 안정적이다. 그런데 후세에는 인간 안에 그가 행하거나 겪은 것들과 같은 개별적 우연자들에 대한 지식이 남아 있다. 이것에 대해서는 복음서 본문이 입증해 주고 있다. 루카복음서 16장 [23절]에 따르면, "너는 살아 있는 동안에 좋은 것들을 받았지만, 라자로는 나쁜 것들을 받았음을 기억하라." 따라서 학문과 다른 지성적 덕들에 속하는 보편적이고 필연적인 지식은 더더욱 남는다.

[답변] 제1부[5]에서도 언급한 것처럼, 어떤 이들은[6] 가능 지성이 현실적으로 인식할 때가 아니고서는 가지상이 가능 지성 안에 남아 있지 않다고, 그리고 그것들이 주목을 받고 있지 않을 때 그것들은 육체적 기관(器官)들의 현실인 감각 능력들 안에서가 아니라면, 곧 상상력과 기억력 안에서가 아니라면 보존되지 않을 것이라고 주장하였다. 이 능력들은 육체가 소멸될 때 함께 소멸된다. 그래서 이 견해에 따르면 학문이나 그 어떠한 다른 지성적 덕도 내세에 육체가 더 이상 있지 않을 때 남아 있지 않을 것이다.

---

6. 여기서는 우선적으로 지성적 기억을 부정하는 자들, 즉 아비첸나와 아베로에스 그리고 그들을 추종하는 모든 사람들을 겨냥하고 있다.

Sed haec opinio est contra sententiam Aristotelis, qui in III *de Anima*[7] dicit quod *intellectus possibilis est in actu, cum fit singula, sicut sciens; cum tamen sit in potentia ad considerandum in actu.*— Est etiam contra rationem, quia species intelligibiles recipiuntur in intellectu possibili immobiliter, secundum modum recipientis. Unde et intellectus possibilis dicitur *locus specierum*, quasi species intelligibiles conservans.[8]

Sed phantasmata, ad quae respiciendo homo intelligit in hac vita, applicando ad ipsa species intelligibiles, ut in Primo[9] dictum est, corrupto corpore corrumpuntur. Unde quantum ad ipsa phantasmata, quae sunt quasi materialia in virtutibus intellectualibus, virtutes intellectuales destruuntur, destructo corpore, sed quantum ad species intelligibiles, quae sunt in intellectu possibili, virtutes intellectuales manent. Species autem se habent in virtutibus intellectualibus sicut formales. Unde intellectuales virtutes manent post hanc vitam, quantum ad id quod est formale in eis, non autem quantum ad id quod est materiale, sicut et de moralibus dictum[10] est.[11]

AD PRIMUM ergo dicendum quod verbum apostoli est intelligendum quantum ad id quod est materiale in scientia, et quantum ad modum intelligendi, quia scilicet neque

---

7. Aristoteles, *De anima*, III, c.4, 429b6. 여기서 말하는 '가능 지성'(intellectus possibilis)은 능동 지성(intellectus agens, nous poietikos)의 영향 아래 사물들이 될

그렇지만 이 견해는 "가능 지성이 인식함으로써 각각의 사물이 될 때에 현실태에 있지만, [아직도 다른 것들을] 현실태로 고찰할 가능태에 있다"고 주장하는 아리스토텔레스의 『영혼론』 제3권[7]의 가르침에 반대된다.―그것은 또한 이성에도 반대된다. 왜냐하면 가지상은 수용자의 양태에 따라 변함없이 가능 지성 속에 수용되기 때문이다. 이리하여 가능 지성은 가지상들을 보존하기 때문에 "상들의 자리"(locus specierum)라고 불린다.[8]

그러나 제1부[9]에서 설명한 것처럼, 이승에서 인간은 감각적 영상들에 기초해서 가지상들을 적용함으로써 인식한다. 그런데 그 감각적 영상들은 육체가 파괴될 때, 함께 파괴된다. 이리하여 그것들의 거의 질료적 요소에 해당되는 감각 영상들이 관련되는 한, 지성적 덕들은 그 육체가 죽을 때, 그 기능이 중단된다. 그러나 가능 지성 안에 있는 가지상들에 관한 한, 그것들은 아직 남아 있다. 그러므로 내세에는 지성적 덕들이 지니고 있던 질료적인 요소들은 남아 있지 않지만, 그 형상적 요소들만큼은 남아 있다. 그것들의 경우는 우리가 이미[10] 논의한 도덕적 덕의 경우와 병행된다.[11]

[해답] 1. 사도의 말씀은 학문의 질료적 요소와 지성적 인식의 양식에 적용되어야 한다. 왜냐하면 육체가 파괴된 다음에는 감각상들[의

수 있는 정신(mens)을 가리킨다. Cf. I, q.79, aa.1-5. 토마스 아퀴나스의 지성에 관한 가르침을 보기 위해서는: 토마스 아퀴나스, 『지성단일성』, 이재경 역주, 분도출판사, 2007 참조.
8. Ibid., 429a27-29; S. Thomas, lect.7, n 686.
9. q.54, a.7; q.85, a.1, ad5.
10. a.1.
11. Ibid.

phantasmata remanebunt, destructo corpore; neque erit usus scientiae per conversionem ad phantasmata.

AD SECUNDUM dicendum quod per aegritudinem corrumpitur habitus scientiae quantum ad id quod est materiale in eo, scilicet quantum ad phantasmata, non autem quantum ad species intelligibiles, quae sunt in intellectu possibili.

AD TERTIUM dicendum quod anima separata post mortem habet alium modum intelligendi quam per conversionem ad phantasmata, ut in Primo[12] dictum est. Et sic scientia manet, non tamen secundum eundem modum operandi, sicut et de virtutibus moralibus dictum est.[13]

Articulus 3
Utrum fides maneat post hanc vitam

Ad tertium sic proceditur. Videtur quod fides maneat post hanc vitam.

1. Nobilior enim est fides quam scientia. Sed scientia manet post hanc vitam, ut dictum est.[1] Ergo et fides.

2. Praeterea, I *ad Cor.* 3, [11], dicitur: *Fundamentum aliud nemo potest ponere, praeter id quod positum est, quod est Christus*

---

12. q.89, a.1.
13. a.1.

기능]과 감각상 환원을 통한 학문의 사용이 정지될 것이기 때문이다.

2. 질병은 학문적 습성의 질료적 요소, 곧 감각상을 파괴할 수 있지만, 가능 지성 속에 자리 잡고 있는 가지상까지 파괴하는 것은 아니다.

3. 이미 제1부[12]에서 말한 것처럼, 분리된 영혼은 감각상 환원을 통해 인식하는 현재의 양식과는 다른 인식 양식을 가지고 있다. 따라서 학문은 남아 있겠지만, 동일한 작용 방식을 따르지는 않을 것이다. 이는 이미[13] 우리가 도덕적 덕들에 대해 말한 것과 같다.

제3절 신앙은 후세에도 남아 있는가?

[**Parall**.: Cf. II-II, q.4, a.4, ad1; *In Sent.*, III, d.31, q.2, a.1, qc.1; *De virtutibus*, a.4, ad10; Doct. Eccl.: "하느님의 본질을 직관하고 향유하는 것은, 신앙과 희망이 원래 대신덕인 한, 그들 안에 신앙과 희망의 행위를 사라지게 만들 것이다."(Const. 'Benedictus Deus' Benedicti XII, a.1336) DS 530(=DH 1001)]

[반론] 셋째에 대해서는 다음과 같이 전개된다. 신앙은 후세에도 남아 있는 것으로 생각된다.

1. 신앙은 학문보다 더 고등하다. 그런데 이미 말한 것처럼,[1] 학문은 후세에도 남아 있다. 그러므로 신앙도 후세에 남아 있다.

2. 사도 바오로는 코린토 1서 3장 [11절]에서 이렇게 말하고 있다. "아무도 이미 놓인 기초 외에 다른 기초를 놓을 수 없습니다. 그 기

---

1. a.2.

Iesus, idest fides Christi Iesu. Sed sublato fundamento, non remanet id quod superaedificatur. Ergo, si fides non remanet post hanc vitam, nulla alia virtus remaneret.

3. Praeterea, cognitio fidei et cognitio gloriae differunt secundum perfectum et imperfectum. Sed cognitio imperfecta potest esse simul cum cognitione perfecta, sicut in Angelo simul potest esse cognitio vespertina cum cognitione matutina;[2] et aliquis homo potest simul habere de eadem conclusione scientiam per syllogismum demonstrativum, et opinionem per syllogismum dialecticum. Ergo etiam fides simul esse potest, post hanc vitam, cum cognitione gloriae.

S<small>ED CONTRA</small> est quod apostolus dicit, II *ad Cor.* 5, [6-7]: *Quandiu sumus in corpore, peregrinamur a Domino, per fidem enim ambulamus, et non per speciem.* Sed illi qui sunt in gloria, non peregrinantur a domino, sed sunt ei praesentes. Ergo fides non manet post hanc vitam in gloria.

R<small>ESPONDEO</small> dicendum quod oppositio est per se et propria causa quod unum excludatur ab alio, inquantum scilicet in omnibus oppositis includitur oppositio affirmationis et

---

2. 천사들의 '아침녘 인식'에 관해서는: Cf. I, q.58, aa.6-7.(G. 달 사쏘 외(편), 『성 토마스 아퀴나스의 신학대전 요약』, 이재룡·이동익·조규만 옮김, 가톨릭대학교출판부, 1996, 81쪽, 각주 3번 참조) Cf. Barbara Faes de Mottoni, "Tommaso d'Aquino e

초는 예수 그리스도이십니다." 예수 그리스도에 대한 신앙이 [기초인 것이다.] 그런데 그 기초가 무너지면 그 위에 지어졌던 것은 남아 있을 수 없다. 따라서 후세에 신앙이 남아 있지 않다면, 다른 어떤 덕도 남아 있지 않을 것이다.

3. 신앙의 인식과 영광의 인식은 불완전한 것과 완전한 것이 다르듯이 그렇게 다르다. 그런데 불완전한 인식은 완전한 인식과 공존할 수 있다. 예를 들면, 천사 안에는 '저녁녘 인식'과 '아침녘 인식'이 함께 있을 수 있다.[2] 어떤 사람은 어느 특정 결론에 대해서 증명적 삼단논법에 기초를 둔 학문적 인식과 변증법적 삼단논법에 기초를 둔 견해를 가질 수 있는 것이다. 따라서 신앙도 후세에 영광스러운 인식과 함께 공존할 수 있다.

[재반론] 그러나 반대로 사도는 코린토 2서 5장 [6-7절]에서 이렇게 말하고 있다. "그러므로 우리가 이 몸 안에 사는 동안에는 주님에게서 멀리 떠나 살고 있습니다. 보이는 것이 아니라 믿음으로 살아가기 때문입니다." 그러나 영광 속에 살고 있는 이들은 주님에게서 멀리 떠나 순례하고 있지 않고, 오히려 그분을 마주보고 있다. 그러므로 신앙은 후세의 영광 속에서는 남아 있지 않다.

[답변] 대립은 그 자체로, 그리고 엄밀하게, 하나가 다른 것을 배제하는 원인이다. 왜냐하면 서로 대립되는 것들 사이에는 언제나 긍정

---

la conoscenza mattutina e vespertina degli angeli", *Medioevo* 18(1992), 169-202. 천사들의 인식 일반에 관해서는: 이나가키 료스케, 『천사론』, 김산춘 옮김, 성바오로, 1999, 제3장, 65-87쪽 참조.

negationis.³ Invenitur autem in quibusdam oppositio secundum contrarias formas, sicut in coloribus album et nigrum. In quibusdam autem, secundum perfectum et imperfectum, unde in alterationibus magis et minus accipiuntur ut contraria, ut cum de minus calido fit magis calidum, ut dicitur in V *Physic.*⁴ Et quia perfectum et imperfectum opponuntur, impossibile est quod simul, secundum idem, sit perfectio et imperfectio.⁵

Est autem considerandum quod imperfectio quidem quandoque est de ratione rei, et pertinet ad speciem ipsius, sicut defectus rationis pertinet ad rationem speciei equi vel bovis. Et quia unum et idem numero manens non potest transferri de una specie in aliam, inde est quod, tali imperfectione sublata, tollitur species rei, sicut iam non esset bos vel equus, si esset rationalis.⁶—

---

3. (*추가주) "그 이유는 최초이자 단순한 것과 마찬가지로 다른 모든 것 안에도 모순이 포함되어 있기 때문이다. 실상 반대되는 것들은 그 어떠한 반대의 유에 따르든지 간에 동시에 존재하는 것이 불가능하다. 이로부터 생겨나는 것은, 반대되는 것의 한 극은 그 근거에 대하여 다른 극에 대한 부정을 가지고 있다는 것이다. 맹인의 관념은 보지 못한다는 사실을 포함하고 있다. 그리고 검은 것의 관념은 희지 않음을 포함하고 있다. 이와 마찬가지로, 아들의 관념은 (그가 그의 아들인) 그의 아버지가 아님을 포함하고 있다."(*In Met.*, X, lect.6, n.2041)

4. *Physica*, V, c.2, 226b2-3; S. Thomas, lect.4, n.5.

5. (*추가주) "동일한 것에 대하여 동시에 모순을 증명하는 것은 불가능하기 때문에, 모순들이 동일한 주체에 속할 수 없다는 것 또한 명백하다. 왜냐하면 두 개의 모순은 각각 적극적인 실재인데도 불구하고 두 개의 모순 가운데 하나의 결핍적 성격이 (다른 반대되는 경우들보다) 모순들의 경우에 못지않게 명백하기 때문이다. 실상 그것은 긍정과 부정 또는 결핍과 소유에서 성립되는 것이 아니다. 왜냐하면 예컨대 검은 것이 흰 것에 비해, 그리고 쓴 것이 단 것에 비해 그렇듯이, 모순 가운데 하나는 다른 것에 비해 불완전하기 때문이다. 이리하여 그것은 그것에 부가된 일종의 결핍을 가지고 있다. 그런데 결핍은 어떤 규정된 주체 안에 있는 실체의 부정이다. 그리고 그것은 또한 어떤 규정된 유의 결핍이기도 하다. 왜냐하면

과 부정 사이에 개재하는 대립이 포함되기 때문이다.³ 그런데 어떤 것들 안에 있는 대립은 반대되는 형상들에 그 기초를 두고 있다. 그래서 하양과 검정 사이에는 색깔에 있어서의 반대가 성립된다. 반면에 다른 것들 안에서는 [반대가] 완전성과 불완전성에 그 기초를 두고 있다. 예컨대 『자연학』 제5권⁴에서 말하는 것처럼, 어떤 덜 뜨거운 물건이 더 뜨거운 물건으로 넘어갈 때와 같이, 변화에 있어서 '더'와 '덜'은 반대되는 것으로 간주된다. 그리고 완전한 것과 불완전한 것은 대립되기 때문에, 완전성과 불완전성이 동시에 같은 측면에서 공존할 수는 없다.⁵

하지만 불완전성은 어떤 사물의 본성 속에 있으면서 그 종의 일부를 이루는 수가 있다. 그래서 이성의 결핍이 말이나 소의 종적 본성 속에 들어간다. 그리고 동일한 것이 하나의 종에서 다른 종으로 넘어갈 수는 없기 때문에, 만일 저 불완전성이 제거된다면 그것의 종이 사라지게 된다. 예컨대 소나 말은, 만일 이성적인 [존재]들이 된다면, 더 이상 존재하지 않을 것이다.⁶ — 다른 경우에는, 불완전성이 종

그것은 어떤 유 안에서의 부정이기 때문이다. 보지 못하는 모든 것을 두고 다 눈이 멀었다고 말하지 않고, 오로지 보는 것들의 유 안에 들어 있는 것들만이 맹목이라고 불린다. 그렇다면 어떤 반대되는 것은 결핍을 포함하고 있는데, 결핍은 일종의 부정이라는 것이 분명하다. 이리하여 만일 어떤 것을 동시에 긍정도 하고 또 부정도 하는 것이 불가능하다면, 모순들이 동시에 동일한 주체에 속하는 것 또한 불가능하다. 그러나 둘 다 잠재적으로 또는 단편적으로 현존하고 있을 때와 같이 '둘 다 그것에 속하'거나 혹은 하나는 어떤 특정 측면에서 현존하고 다른 것은 절대적으로 현존하거나, 또 혹은 예컨대 에티오피아인이 절대적으로는 검지만 그의 치아만큼은 흰 경우처럼, 하나는 많고 좀 더 중요한 부분들이 현존하고 있는데 다른 것은 겨우 어떤 부분만이 현존하고 있다."(*In Met.*, IV, lect.15, n.719)
6. "당나귀가 말이 되기를 욕구하지 않듯이, 자연의 등급에 있어서 낮은 그 어떤 것도 높은 본성의 등급을 욕구할 수 없다. 왜냐하면 만일 고등 등급으로 넘어갔다면, 그 자체는 이미 없을 것이기 때문이다."(I, q.63, a.3)

Quandoque vero imperfectio non pertinet ad rationem speciei, sed accidit individuo secundum aliquid aliud, sicut alicui homini quandoque accidit defectus rationis, inquantum impeditur in eo rationis usus, propter somnum vel ebrietatem vel aliquid huiusmodi. Patet autem quod, tali imperfectione remota, nihilominus substantia rei manet.[7]

Manifestum est autem quod imperfectio cognitionis est de ratione fidei. Ponitur enim in eius definitione, fides enim est *substantia sperandarum rerum, argumentum non apparentium*, ut dicitur *ad Heb.* 11, [1].[8] Et Augustinus dicit:[9] *Quid est fides? Credere quod non vides.* Quod autem cognitio sit sine apparitione vel visione, hoc ad imperfectionem cognitionis pertinet. Et sic imperfectio cognitionis est de ratione fidei. Unde manifestum est quod fides non potest esse perfecta cognitio, eadem numero[10] manens.[11]

Sed ulterius considerandum est utrum simul possit esse cum cognitione perfecta, nihil enim prohibet aliquam cognitionem imperfectam simul esse aliquando cum cognitione perfecta.[12]

---

7. '우유'(偶有, eccidens)는 아리스토텔레스-토마스 전통 논리학과 형이상학의 기초를 구성하는 전문용어로, 자기 고유의 존재를 소유하고 따라서 스스로 자립하는 '실체'(substantia)와는 대조적으로 자기 고유의 존재를 지니고 있지 않고 그것이 내속(內屬)하는 실체로부터 존재를 받는다. 이 노선에 따르면, 모든 물질적 실체들은 아홉 가지 주요 우유들, 곧 양(量), 질(質), 관계(關係), 능동(能動), 수동(受動), 장소(場所), 시간(時間), 위치(位置), 습성(習性)을 수반하고 있다. 포르피리우스는 우유를 다섯째 술어로 간주하고 있다.(Porphyrius, *Isagoge*, c.5: Opp. Arist., IV, c.4, a, 24): "주체의 소멸 없이 [실체에] 부가되거나 제거될 수 있는 것들이다."

적 본성에는 속하지 않지만, 다른 이유들 때문에 어떤 특정 주체에 속하는 수가 있다. 이처럼 잠이나 숙취나 혹은 그와 비슷한 다른 이유 때문에 어떤 사람의 이성 사용이 지장을 받는 경우, 그에게 이성의 결함이 발생하게 된다. 그리고 저 불완전성이 제거되더라도 그 실체가 그대로 남아 있다는 것은 명백하다.[7]

그런데 인식의 불완전성이 신앙의 근거에 속한다는 것은 명백하다. 실상 그 정의 속에 들어간다. 왜냐하면 히브리서 11장 [1절]에 따르면 신앙은 "우리가 바라는 것들의 실체이며 보이지 않는 것들의 확증"이기 때문이다.[8] 그리고 아우구스티누스는 이렇게 말한다.[9] "신앙이란 무엇인가? 그것은 보이지 않는 것을 믿는 것이다." 그런데 보지 않으면서 아는 것은 그 [완전한] 인식에 대한 불완전성을 구성한다. 그러므로 불완전성은 신앙의 근거로부터 오는 것이다. 따라서 신앙이 수적으로 동일한 채로 남아 있으면서[10] 완전한 지식이 될 수 없다는 것은 명백하다.[11]

하지만 신앙이 완전한 인식과 동시에 있을 수 있는지를 고찰해야 한다. 실상 어떤 불완전한 인식이 가끔 완전한 인식과 동시에 있는 것을 막는 것은 아무것도 없다.[12] 따라서 인식은 세 가지 방식으로 불

바티스타 몬딘, 『토마스 아퀴나스의 철학 체계』, 강윤희·이재룡 옮김, 가톨릭출판사, 2012, 422-423쪽; 레오 엘더스, 『토마스 아퀴나스의 형이상학』, 박승찬 옮김, 가톨릭출판사, 2003, 제17장, 437-458쪽 참조.
8. 『성경』: "믿음은 우리가 바라는 것들의 보증이며 보이지 않는 실체들의 확증입니다." Cf. II-II, q.4, a.1.
9. Augustinus, *Super Joann.*, tract.40, n.9: PL 35, 1690.
10. 여기서 말하는 수적 동일성은 절대적 동일성이다.
11. 이 주제에 관한 토마스 아퀴나스 자신의 소책자가 단행본으로 번역되었다: 토마스 아퀴나스, 『신앙의 근거들』(*De rationibus fidei*), 김율 옮김, 철학과현실사, 2005.
12. 그리스도 안에 있는 지식의 차원 문제에 관해서는: Cf. III, qq.9-12.

q.67, a.3

Est igitur considerandum quod cognitio potest esse imperfecta tripliciter, uno modo, ex parte obiecti cognoscibilis; alio modo, ex parte medii; tertio modo, ex parte subiecti. Ex parte quidem obiecti cognoscibilis, differunt secundum perfectum et imperfectum cognitio matutina et vespertina in Angelis, nam cognitio matutina est de rebus secundum quod habent esse in verbo; cognitio autem vespertina est de eis secundum quod habent esse in propria natura, quod est imperfectum respectu primi esse.[9]—Ex parte vero medii, differunt secundum perfectum et imperfectum cognitio quae est de aliqua conclusione per medium demonstrativum, et per medium probabile.[13]—Ex parte vero subiecti differunt secundum perfectum et imperfectum opinio, fides et scientia. Nam de ratione opinionis est quod accipiatur unum cum formidine alterius oppositi, unde non habet firmam inhaesionem.[14] De ratione vero scientiae est quod habeat firmam inhaesionem cum visione intellectiva, habet enim certitudinem procedentem ex intellectu principiorum. Fides autem medio modo se habet, excedit enim opinionem, in hoc

---

13. Cf. I, q.58, aa.6-7.
14. 하지만 이 두려움은, 단테 알리기에리가 『신곡(神曲)』(*La Divina Commedia*)에서 성 토마스 자신으로부터 기억한다고 느끼는 것으로 상상하는 것처럼, 의지의 개입으로 사라질 수도 있다.
　　　　이것은 항상 그대의 발에 납덩이여야 하리니
　　　　그런지 안 그런지 모르는 것 앞에는 그대
　　　　지친 사람처럼 더디 나아가기 위함이로다./
　　　　이런 일에나 다른 일에나 분별없이

완전할 수 있다는 점을 염두에 두어야 한다. 첫째는 그 대상 때문에, 둘째는 인식 수단 때문에, 그리고 셋째는 인식 주체 때문에 불완전하다. 천사들의 인식은 그 대상 때문에 아침녘 인식과 저녁녘 인식이 완전한 것과 불완전한 것처럼 서로 다르다. 실상 '아침녘 인식'은 사물들을 그것들이 말씀 속에 그 존재를 두고 있는 한에서 바라보지만, '저녁녘 인식'은 사물들을 자기 고유의 본성 속에 자립하는 한에서 바라본다. 이 후자의 실존은 전자에 비해 불완전하다.[13]—증명을 통해 도달하게 된 어떤 결론의 인식과 개연성에 기반한 논증을 통해 도달하게 된 인식은 그 인식 수단 때문에 완전한 것과 불완전한 것처럼 서로 다르다.—견해와 믿음과 학문은 그 인식 주체 때문에 완전한 것과 불완전한 것처럼 서로 다르다. 실상 견해의 개념 안에는 그 대립함이 혹시 참은 아닐까 하는 두려움과 더불어 어떤 선택지에 대한 선택을 함축하고 있다.[14] 따라서 확고한 유착(동의)이 결핍되어 있다. 반면에 학문 개념 안에는 지성적 직관에 수반되는 확고한 유착이 함축되어 있다. 실상 그것은 원리들에 대한 이해에서 나오는 확실성을 지니고 있다. 한편 믿음은 그 중도이다. 믿음은 하나의 확고한 유착이기 때문에, 견해보다 우월하다. 하지만 직관을 결하고

>그렇다 하고 또 안 그렇다 하는 그이야말로
>바보 중에도 가장 밑에 있는 사람인 것이니,
>이러기에 그는 거듭거듭 성급한 의견이
>그른 쪽으로 휘어지는 수가 있어 필경
>감정이 이성을 묶어 버리게 되느니라./
>신리를 낚으려 해도 그 재주를 지니지 못한 자는
>떠날 때의 그 사람 그대로 돌아오지 못하나니
>헛되이 바닷가를 떠나느니보다 더욱 어리석음이니라.
>(최민순 옮김, 천국편 XIII, 112-123)

q.67, a.3

quod habet firmam inhaesionem; deficit vero a scientia, in hoc quod non habet visionem.[15]

Manifestum est autem quod perfectum et imperfectum non possunt simul esse secundum idem, sed ea quae differunt secundum perfectum et imperfectum, secundum aliquid idem possunt simul esse in aliquo alio eodem. Sic igitur cognitio perfecta et imperfecta ex parte obiecti, nullo modo possunt esse de eodem obiecto. Possunt tamen convenire in eodem medio, et in eodem subiecto, nihil enim prohibet quod unus homo simul et semel per unum et idem medium habeat cognitionem de duobus, quorum unum est perfectum et aliud imperfectum, sicut de sanitate et aegritudine, et bono et malo.[16] — Similiter etiam impossibile est quod cognitio perfecta et imperfecta ex parte medii, conveniant in uno medio. Sed nihil prohibet quin conveniant in uno obiecto, et in uno subiecto, potest enim unus homo cognoscere eandem conclusionem per medium probabile, et demonstrativum. — Et est similiter impossibile quod cognitio perfecta et imperfecta ex parte subiecti, sint simul in eodem subiecto. Fides autem in sui ratione habet imperfectionem quae est ex parte subiecti, ut scilicet credens non videat id quod credit,

---

15. Cf. a.6; II-II, q.2, a.1. 포르피리우스는 다섯째 범주로 간주되는 우유를 다음과 같이 정의한다(*Isagoge*, c.5: Opp., Arist. IV, c.4, a, 24): "[우유란] 주체의 소멸 없이 [실체에] 부가되거나 제거될 수 있는 것들이다(Quod adest et abest sine subiecti corruptione)."

있기 때문에, 학문에는 미치지 못한다.[15]

그런데 어떤 불완전한 것과 그 완전성이 동일한 측면 아래에서 동시에 존재할 수 없다는 것은 명백하다. 하지만 방금 말한 두 가지는 완전성의 측면에서는 다름에도 불구하고 공통의 측면 아래에서는 어느 한 특정 주체 안에 공존이 가능하다. 따라서 완전함과 불완전함은 같은 대상에 대해서는 어떤 방식으로도 공존할 수 없다. 하지만 이 대상에 대한 인식 완전성과 불완전성은 인식 수단이나 인식 주체와 관련해서는 공존할 수 있다. 어떤 사람이 동일한 수단을 통해서 하나는 완전하고 다른 하나는 불완전한 두 가지 사물, 예컨대 건강과 질병, 또는 선과 악을 인식하는 것을 막는 것은 아무것도 없다.[16]—마찬가지로 수단 측에서 완전한 인식은 하나의 동일한 수단을 통한 불완전한 인식과 양립 불가능하다. 하지만 그 동일한 주체가 다른 수단들을 통해서 동일한 대상에 도달하는 것을 막는 것은 아무것도 없다. 개연적인 논거를 통해서도 증명적 논거를 통해서도 동일한 결론에 이를 수 있는 것이다.[17]—마찬가지로 주체 측에서 완전한 인식은 바로 그 동일한 주체 안에 있는 불완전한 인식과 양립 불가능하다. 그런데 신앙은, 바로 그 본성상, 주체 측의 어떤 불완전성을 포함하고 있다. 즉 신앙인은 자신이 믿는 것을 보지 못하는 것이다. 한편, 행복은 그 본성상 주체 측의 완전성을 함축하고 있다.

---

16. 당혹스러운 문장. 어쩌면 비문일지도 모른다. 번역에서는 나름대로 그럴 듯하게 보완했다. 세1부 제14문 8절에서는 동일한 학문이 반대되는 것들과 함께 다뤄지고 있다: "대립되는 것들의 학문은 동일하기 때문이다(cum sit eadem scientia oppositorum)."

17. Cf. I, q.62, a.7, ad1.

beatitudo autem de sui ratione habet perfectionem ex parte subiecti, ut scilicet beatus videat id quo beatificatur, ut supra[18] dictum est. Unde manifestum est quod impossibile est quod fides maneat simul cum beatitudine in eodem subiecto.[19]

AD PRIMUM ergo dicendum quod fides est nobilior quam scientia, ex parte obiecti, quia eius obiectum est veritas prima.[20] Sed scientia habet perfectiorem modum cognoscendi, qui non repugnat perfectioni beatitudinis, scilicet visioni, sicut repugnat ei modus fidei.

AD SECUNDUM dicendum quod fides est fundamentum quantum ad id quod habet de cognitione. Et ideo quando perficietur cognitio, erit perfectius fundamentum.

AD TERTIUM patet solutio ex his quae dicta sunt.[21]

Articulus 4
Utrum spes maneat post mortem in statu gloriae

Ad quartum sic proceditur. Videtur quod spes maneat post mortem in statu gloriae.

---

18. q.3, a.8.
19. Cf. a.5, ad2. 이 결론 외에도, 이 절에서는 모순성의 반대에 대한 이 심층적 분석에 관심을 기울인다. 성 토마스는 변증법의 함정에 놀란 채로 남아 있지 않고,

즉 참행복을 누리고 있는 이들은, 위에서[18] 말한 것처럼, 자신을 행복하게 만드는 그것을 보고 있다. 따라서 분명히 신앙은 동일한 주체 안에서 참행복과 함께 남아 있을 수 없다.[19]

[해답] 1. 신앙은, 그 대상 측면에서 볼 때 지식보다 더 고상하다. 왜냐하면 그 대상이 제1진리이기 때문이다.[20] 하지만 지식은, 참행복의 완성인 봄[직관]을 배격하는 것이 아니라 믿음을 배격하는 보다 완전한 인식 방식을 가지고 있다.

2. 신앙은 그것이 인식과 연관되는 한 하나의 토대이다. 그래서 그 인식이 완성되었을 때, 그 토대는 훨씬 더 완전할 것이다.

3. 반론3에 대한 해답은 이미[21] 말한 것들로부터 명백하다.

제4절 희망은 후세의 영광의 상태에서도 남아 있는가?

[**Parall**.: Cf. II-II, q.18, a.2; *In Sent.*, III, d.26, q.2, a.5, qc.2; d.31, q.2, a.1, qc.1-2; *De spe*, a.4; Doct. Eccl.: vide text. cit. ad a. praec.]

[반론] 넷째에 대해서는 다음과 같이 전개된다. 희망은 후세의 영광의 상태에서도 남아 있어야 하는 것으로 생각된다.

독자로 하여금 진술들의 형식적 기초 작업에 들어가기에 앞서, 사물들의 본성을 숙고할 것을 촉구하고 있다. 아래의 제5절에서 보게 되겠지만, 특히 이 주제에 관하여 적지 않은 유명한 학자들에 의해 생겨난 다의적(多義的) 혼란으로부터 벗어나기 위해서는 명료화가 필요하였다.

20. Cf. II-II, q.1, a.1.
21. 본론.

q.67, a.4

1. Spes enim nobiliori modo perficit appetitum humanum quam virtutes morales. Sed virtutes morales manent post hanc vitam, ut patet per Augustinum, in XIV *de Trin.*[1] Ergo multo magis spes.

2. Praeterea, spei opponitur timor. Sed timor manet post hanc vitam, et in beatis quidem timor filialis, qui manet in saeculum; et in damnatis timor poenarum. Ergo spes, pari ratione, potest permanere.

3. Praeterea, sicut spes est futuri boni, ita et desiderium. Sed in beatis est desiderium futuri boni, et quantum ad gloriam corporis, quam animae beatorum desiderant, ut dicit Augustinus, XII *super Gen. ad litt.*;[2] et etiam quantum ad gloriam animae, secundum illud *Eccli.* 24, [29]: *Qui edunt me, adhuc esurient, et qui bibunt me, adhuc sitient*; et I Petr. 1, [12], dicitur: *In quem desiderant Angeli prospicere.* Ergo videtur quod possit esse spes post hanc vitam in beatis.

SED CONTRA est quod apostolus dicit, *Rom.* 8, [24]: *Quod videt quis, quid sperat?* Sed beati vident id quod est obiectum spei, scilicet Deum. Ergo non sperant.

RESPONDEO dicendum quod, sicut dictum est,[3] id quod de

---

1. Augustinus, *De Trinitate*, XIV, c.9: PL 42, 1045-1046.
2. Augustinus, *De Gen. ad litt.*, XII, c.35: PL 34, 483.

1. 희망은 도덕적 덕들보다 더 인간적 욕구를 고상한 방식으로 완성한다. 그런데 도덕적 덕들은, 아우구스티누스가 『삼위일체론』 제14권[1]에서 입증하고 있는 것처럼, 후세에도 남아 있다. 따라서 희망은 더더욱 남아 있다.

2. 희망은 두려움과 대립된다. 그런데 두려움은 후세에 남아 있다. 복된 이들의 경우에는 영원히 지속되는 자녀적 두려움이, 그리고 단죄 받은 자들에게는 처벌의 두려움이 남아 있듯이 말이다. 그러므로 같은 동기에서 희망도 남아 있을 수 있다.

3. 희망은 어떤 미래의 선을 그 대상으로 삼는데, 갈망도 마찬가지다. 그런데 복된 이들 안에는 미래의 선에 대한 갈망이 있다. 그 미래의 선이란 아우구스티누스가 『창세기 문자적 해설』 제12권[2]에서 선언하는 것과 같이 복된 이들의 영혼이 갈망하는 육체의 영광과, "나를 먹는 이들은 더욱 배고프고, 나를 마시는 이들은 더욱 목마르리라."는 집회서 24장 [21절]의 말씀과 "그 일들은 천사들도 보기를 갈망하고 있다."는 베드로 1서 1장 [12절]의 말씀에 따른 영혼의 영광이다. 그러므로 후세의 복된 이들 안에 희망이 있을 수 있는 것으로 보인다.

[재반론] 그러나 반대로 사도는 로마서 8장 [24절]에서 이렇게 묻는다. "누가 이미 보는 것을 희망한단 말입니까?" 그런데 복된 이들은 희망의 대상, 곧 하느님을 이미 보고 있다. 그러므로 더 이상 희망하지 않는다.

[답변] 위에서 말한 것처럼,[3] 그 관념 속에 주체의 불안전성을 함축

---

3. a.3.

ratione sui importat imperfectionem subiecti, non potest simul stare cum subiecto opposita perfectione perfecto.⁴ Sicut patet quod motus in ratione sui importat imperfectionem subiecti, est enim *actus existentis in potentia, inquantum huiusmodi*,⁵ unde quando illa potentia reducitur ad actum, iam cessat motus; non enim adhuc albatur, postquam iam aliquid factum est album. Spes autem importat motum quendam in id quod non habetur; ut patet ex his quae supra de passione spei diximus. Et ideo quando habebitur id quod speratur, scilicet divina fruitio, iam spes esse non poterit.⁶

AD PRIMUM ergo dicendum quod spes est nobilior virtutibus moralibus quantum ad obiectum, quod est Deus. Sed actus virtutum moralium non repugnant perfectioni beatitudinis, sicut actus spei; nisi forte ratione materiae, secundum quam non manent.⁷ Non enim virtus moralis perficit appetitum solum in id quod nondum habetur; sed etiam circa id quod praesentialiter habetur.

AD SECUNDUM dicendum quod timor est duplex, servilis et filialis, ut infra⁸ dicetur. Servilis quidem est timor poenae,

---

4. 저자가 여기서 논의를 더 연장할 필요는 없고, 앞 절을 참조하라고 지시하는 것으로 충분하다.
5. Aristoteles, *Physica*, III, c.1, 201a10; S. Thomas, lect.2, nn.2sq.
6. Cf. II-II, q.18, a.2.

하고 있는 것은 그 반대되는 완전성을 갖추고 있는 주체와 동시에 있을 수 없다.[4] 예컨대 운동은 그 관념 안에 자기 주체의 불완전성을 함축하고 있다. 실상 그것은 "가능태로 있는 한에서의 가능태로 있는 어떤 존재자의 현실"이기 때문이다.[5] 그래서 저 가능성이 현실태로 넘어갈 때, 그 운동은 정지한다. 실상 어떤 것이 이미 하얗게 되었다면, 그것은 더 이상 하얘지지 않는다. 그런데 희망의 정념을 다룰 때 우리가 말한 설명들에 따르면, 희망은 아직 소유하고 있지 않은 것을 향한 운동을 함축하고 있다. 따라서 우리가 희망하는 것, 즉 하느님에 대한 향유를 가지게 될 때, 희망은 더 이상 있을 수 없다.[6]

[해답] 1. 희망은 하느님을 대상으로 삼기 때문에 도덕적 덕들보다 더 고상하다. 그런데 도덕적 덕들의 현실들은, 언제나 남아 있는 것은 아닌 그 질료를 제외하고는, 희망의 현실들이 그러하듯이, 참행복의 완전성을 배격하지 않는다.[7] 실상 도덕적 덕은 오로지 욕구를 아직 소유하지 못한 것들을 향해 질서 지음으로써만 완성하는 것이 아니라, 현실적으로 이미 소유하고 있는 것을 향해 질서 지음으로써도 완성한다.

2. 아래에서[8] 보겠지만, 두려움에는 두 종류가 있다. 하나는 노예적 두려움이고, 다른 하나는 자녀적 두려움이다. 노예적 두려움은 처벌에 대한 두려움으로, 전혀 처벌의 가능성이 없는 영광의 상태에서는

---

7. Cf. a.4.
8. II-II, q.19, a.2.

qui non poterit esse in gloria, nulla possibilitate ad poenam remanente.—Timor vero filialis habet duos actus, scilicet revereri Deum, et quantum ad hunc actum[9] manet; et timere separationem ab ipso, et quantum ad hunc actum non manet. Separari enim a Deo habet rationem mali, nullum autem malum ibi timebitur, secundum illud *Proverb.* 1, 33]: *Abundantia perfruetur, malorum timore sublato.* Timor autem opponitur spei oppositione boni et mali, ut supra[10] dictum est, et ideo timor qui remanet in gloria, non opponitur spei.

In damnatis autem magis potest esse timor poenae, quam in beatis spes gloriae. Quia in damnatis erit successio poenarum, et sic remanet ibi ratio futuri,[11] quod est obiectum timoris, sed gloria sanctorum est absque successione, secundum quandam aeternitatis participationem, in qua non est praeteritum et futurum, sed solum praesens.[12]—Et tamen nec etiam in damnatis est proprie timor. Nam sicut supra[13] dictum est, timor nunquam est sine aliqua spe evasionis, quae omnino in damnatis non erit. Unde nec timor; nisi communiter loquendo, secundum quod quaelibet expectatio mali futuri dicitur timor.

AD TERTIUM dicendum quod quantum ad gloriam animae, non potest esse in beatis desiderium, secundum quod respicit futurum, ratione iam[14] dicta. Dicitur autem ibi esse esuries

---

9. Cf. I, q.3, a.5; q.50, a.2; q.85, a.3, ad4; a.5, ad3.
10. q.23, a.2; q.40, a.1.
11. Cf. I, q.10, a3, ad2.

있을 수 없다.—반면에 자녀적 두려움은 두 가지 [가능한 미래의] 현실을 가지고 있다. 하나는 하느님을 향한 경외심인데, 이 현실을 향해서는 [두려움이] 남아 있다.[9] 다른 하나는 하느님으로부터 떨어져 나가지 않을까 하는 두려움인데, 이 현실을 향해서는 [두려움이] 남아 있지 않다. 실상 하느님으로부터 떨어져 나가는 것은 악의 본성(ratio)을 지니고 있다. 그런데 성경이 가르치는 것처럼, 그때에는 그 어떠한 악도 두려워할 필요가 없다. 잠언 1장 [33절]에 따르면, "악[불행해질] 걱정 없이 풍요 속에 지내리라." 그런데 주어진[10] 설명에 따르면, 두려움은, 선과 악의 대립에 기초해 볼 때, 희망에 반대된다. 따라서 영광 속에 남아 있는 두려움은 희망에 대립되지 않는다.

　복된 이들 안에 있는 영광의 희망보다는 오히려 단죄 받은 자들의 두려움의 존재가 더 이해하기 쉽다. 왜냐하면 단죄 받은 자들 안에는 형벌이 계속 이어질 것이고, 따라서 두려움의 대상인 장차의 일에 대한 관념이 고스란히 남아 있기 때문이다.[11] 한편 성인들의 영광은 과거와 미래가 없고 오직 현재만 있는 영원성에 참여하기 때문에, 연속성이 없다.[12]—그러나 엄밀히 말하자면, 단죄 받은 자들 안에도 두려움은 없다. 실상 이미 위에서[13] 살펴본 것처럼, 벗어날 수 있다는 희망이 전혀 없다면 두려움이 없기 때문이다. 그런데 이 희망이 단죄 받은 자들 안에는 있을 수 없다. 그러므로 장차 겪게 될 어떤 악에 대한 예감도 흔히 두려움이라 부르는 대중적인 의미로밖에는 두려움에 대해서 말할 수 없다.

　3. 복된 이들의 영혼의 영광과 관련해서는, 이미[14] 시사한 이유 때

---

12. Cf. I, q.10, a.3; II-II, q.18, a.2, ad2.
13. q.42, a.2.
14. ad2.

et sitis, per remotionem fastidii, et eadem ratione dicitur esse desiderium in Angelis.[15] — Respectu autem gloriae corporis, in animabus sanctorum potest quidem esse desiderium, non tamen spes, proprie loquendo, neque secundum quod spes est virtus theologica, sic enim eius obiectum est Deus, non autem aliquod bonum creatum; neque secundum quod communiter sumitur. Quia obiectum spei est arduum, ut supra[16] dictum est, bonum autem cuius iam inevitabilem causam habemus, non comparatur ad nos in ratione ardui. Unde non proprie dicitur aliquis qui habet argentum, sperare se habiturum aliquid quod statim in potestate eius est ut emat. Et similiter illi qui habent gloriam animae, non proprie dicuntur sperare gloriam corporis; sed solum desiderare.[17]

Articulus 5
Utrum aliquid fidei vel spei remaneat in gloria

Ad quintum sic proceditur. Videtur quod aliquid fidei vel spei remaneat in gloria.

---

15. q.33, a.2.
16. q.40, a.1.
17. 그래서 복된 이들은 비록 아무리 긴밀히 사랑했던 관계라 하더라도 아직 나그넷길에 있는 어떤 사람의 구원을 갈망은 하지만, 엄밀히 말하면 희망하는 것은 아니다. Cf. II-II, q.18, a.2, ad2. 또한 엄밀히 말하면 그리스도가 당신의 교회를 희망하는 것도 아니다. Cf. III, q.7, a.4, ad3.

문에, 갈망이 미래를 향하는 것인 한, 갈망이 있을 수 없다. 그런데 그때에는 싫증을 배격하기 위해 배고픔과 목마름이 있을 것이라고 말한다. 같은 이유로 천사들 안에 있는 갈망에 대해서도 말하고 있다.[15]— 한편 육체의 영광에 관해서는 성인들의 영혼 안에, 엄밀하게 말해 희망이 아니라 갈망이 있을 수 있다. 어떤 피조된 선이 아니라 하느님을 대상으로 삼고 있는 대신덕으로서의 희망도 아니고, 통상적인 의미에서의 희망도 아니다. 왜냐하면 위에서[16] 말한 것처럼, 희망의 대상은 획득하기 어려운 선이기 때문이다. 그런데 우리가 이미 그 완전무결한 원인을 소유하고 있는 선은 더 이상 힘겨운 것으로 제시되지 않는다. 그래서 누가 필요한 돈을 소유하고 있을 때에는, 즉시 구입할 수 있는 것을 소유하기를 희망한다고 말하지 않는다. 마찬가지로 엄밀하게는, 영혼의 영광을 이미 지니고 있는 이들은 육체의 영광을 희망한다고 말할 수 없고, 다만 갈망한다고 말할 수 있다.[17]

제5절 영광 중에는 신앙이나 희망에 속하는 그 무엇인가가 남아 있는가?

[**Parall**.: *In Sent*., III, d.31, q.2, a.1, qc.3]

[반론] 다섯째에 대해서는 다음과 같이 전개된다. 영광의 상태 속에는 신앙이나 희망의 일부가 남아 있는 것으로 생각된다.

q.67, a.5

1. Remoto enim eo quod est proprium, remanet id quod est commune, sicut dicitur in libro *de Causis*,[1] quod, *remoto rationali, remanet vivum; et remoto vivo, remanet ens*. Sed in fide est aliquid quod habet commune cum beatitudine, scilicet ipsa cognitio, aliquid autem quod est sibi proprium, scilicet aenigma; est enim fides cognitio aenigmatica. Ergo, remoto aenigmate fidei, adhuc remanet ipsa cognitio fidei.

2. Praeterea, fides est quoddam spirituale lumen animae, secundum illud *Ephes.* 1, [17-18]: *Illuminatos oculos cordis vestri in agnitionem Dei*;[2] sed hoc lumen est imperfectum respectu luminis gloriae, de quo dicitur in Psalmo 35, [10]: *In lumine tuo videbimus lumen*. Lumen autem imperfectum remanet, superveniente lumine perfecto, non enim candela extinguitur, claritate solis superveniente. Ergo videtur quod ipsum lumen fidei maneat cum lumine gloriae.

3. Praeterea, substantia habitus non tollitur per hoc quod subtrahitur materia, potest enim homo habitum liberalitatis retinere, etiam amissa pecunia; sed actum habere non potest. Obiectum autem fidei est veritas prima non visa. Ergo, hoc remoto per hoc quod videtur veritas prima, adhuc potest remanere ipse habitus fidei.

---

1. Proclus, *De causis*, 1; S. Thomas, lect.1. 이 사상의 원천은 플로티누스이다. Plotinus, *Enneades*, VI, 8, 14.
2. Vulgata: "ut Deus... de vobis spiritum sapientiae et revelationis in agnitione eius; illuminatos oculos cordis vestri, ut sciatis, etc."

1. 어떤 것에 고유한 것이 제거될 때에는 공통적인 것이 남는다. 이리하여 『원인론』[1]에서는 "이성적인 부분을 빼어 버리게 되면, 삶이 남게 될 것이고, 삶을 빼어 버리게 되면, 존재가 남게 된다."고 말하고 있다. 그런데 신앙 안에는 참행복과 공통으로 지니고 있는 어떤 것, 곧 지식이 있다. 그리고 그것에 고유한 어떤 것, 곧 모호함이 있다. 왜냐하면 신앙은 모호함을 품고 있는 지식이기 때문이다. 그러므로 신앙의 모호함이 제거되더라도, 신앙의 지식은 아직도 남아 있다.

2. 에페소서 1장 [17-18절]에서 "[하느님께서] 여러분에게 [지혜와 계시의 영을 비추시어] 마음의 눈을 밝혀 주시어, 하느님을 알아보게 해 주셨습니다."[2]라고 말하는 것처럼, 신앙은 영혼의 영적인 빛이다. 그런데 이것은 시편 36[35]편 [10절]에서 "당신 빛으로 저희는 빛을 보옵니다."라고 말한 것과 같은 영광의 빛에 비해 불완전한 빛이다. 그런데 불완전한 빛은 완전한 빛이 덮쳐 오더라도, 그대로 남아 있다. 왜냐하면 대상의 찬란함이 비쳐 온다고 해서 촛불이 꺼져 버리는 것은 아니기 때문이다. 따라서 신앙의 빛 자체는 영광의 빛과 함께 남아 있는 것으로 보인다.

3. 어떤 습성의 실체는 그 질료가 제거된다고 해서 함께 제거되는 것이 아니다. 왜냐하면 어떤 사람은 비록 자신의 돈을 잃어버렸다고 하더라도, 너그러운 아량의 습성을 간직하고 있기 때문이다. 비록 그 행위를 당장 실행에 옮길 수는 없다고 하더라도 말이다. 그런데 신앙의 대상은 눈으로 볼 수 없는 제1진리이다. 그러므로 그 제1진리를 보게 되어 이 조건이 제거된다고 하더라도, 신앙의 습성은 아직도 고스란히 남아 있다.

q.67, a.5

SED CONTRA est quod fides est quidam habitus simplex. Simplex autem vel totum tollitur, vel totum manet. Cum igitur fides non totaliter maneat, sed evacuetur, ut dictum est;[3] videtur quod totaliter tollatur.[4]

RESPONDEO dicendum quod quidam[5] dixerunt quod spes totaliter tollitur, fides autem partim tollitur, scilicet quantum ad aenigma, et partim manet, scilicet quantum ad substantiam cognitionis. Quod quidem si sic intelligatur quod maneat non idem numero, sed idem genere, verissime dictum est, fides enim cum visione patriae convenit in genere, quod est cognitio.[6] Spes autem non convenit cum beatitudine in genere, comparatur enim spes ad beatitudinis fruitionem, sicut motus ad quietem in termino.[7]

Si autem intelligatur quod eadem numero cognitio quae est fidei, maneat in patria; hoc est omnino impossibile. Non enim, remota differentia alicuius speciei, remanet substantia generis eadem numero,[8] sicut, remota differentia constitutiva albedinis, non remanet eadem substantia coloris numero, ut sic idem

---

3. a.3.
4. Cf. II-II, q.4, a.6; *De veritate*, q.14, a.12.
5. 대표적으로 기욤 도세르(Cf. *Summa aurea*, p.I, tr.5, q.5)와 알베르투스 마뉴스(*In Sent.*, II, d.31, aa.7-8)의 입장이다. 그들의 애매한 주장들은 적지 않은 혼란을 낳았다. 여기서 종과 유의 근본적 개념들을 간명화하는 데 있어서의 성 토마스의 조치는 부적절하고 모호한 유비에서 비롯될 수 있는 부정확함들을 부각시키고 있다.

[재반론] 그러나 반대로 신앙은 하나의 단순한 습성이다. 그런데 어떤 단순한 것은, 온전히 제거되거나 아니면 고스란히 남아 있다. 하지만 신앙이 전체적으로 남아 있지 않기 때문에, 아니 오히려 위에서[3] 말한 것처럼 제거되기 때문에, 전적으로 제거되어야 할 것으로 보인다.[4]

[답변] 어떤 사람들은,[5] 희망은 완전히 사라져 버리지만, 신앙은 부분적으로는, 곧 그 모호성과 관련해서는 상실되고, 부분적으로는, 곧 그 지식의 실체에 관해서라면 남아 있다고 주장하였다. 만일 참으로 그것들이 (수적으로 동일한 채로가 아니라) 일반적으로 동일한 채로 남아 있다는 것을 의미하는 것으로 간주한다면, 그것은 전적으로 참되다. 왜냐하면 신앙은 사실상 본향(本鄕)에 대한 직관과 같은 유의 지식에 속하기 때문이다.[6] 그렇지만 희망은 참행복 일반과 같은 부류의 지식이 아니다. 왜냐하면 희망과 참행복의 향유 사이의 관계는 운동과 정지 사이의 관계와 같기 때문이다.[7]

그렇지만 만일 그것들이 천국에서 신앙의 지식이 수적으로 동일한 채로 남아 있다는 것을 의미하는 것으로 간주된다면, 그때 이것은 전혀 불가능하다. 어떤 종차를 제거하게 되면 유의 실체는 동일한 채로 남아 있지 않기 때문이다.[8] 이리하여 하양을 구성하는 종차

---

6. 즉 인식의 대상과 똑같은 부류이다. Cf. a.3; q.66, a.2, ad2; q.88, a.2, ad4.
7. Cf. a,4.
8. "종차가 제거되더라도 유는 그대로 남아 있지만, 수적으로 동일한 것은 아니다. 예컨대 이성적인 것이 제거된 다음에는 수적으로 동일한 동물인 이성적 동물은 남아 있지 않다."(*De potentia*, q.8, a.4, ad5) "구성적 종차가 제거되더라도 유는 공통적으로 남아 있지만, 종이나 수에 따라 동일한 채로 남아 있는 것은 아니다."(Ibid., ad8)

numero color sit quandoque albedo, quandoque vero nigredo. Non enim comparatur genus ad differentiam sicut materia ad formam, ut remaneat substantia generis eadem numero, differentia remota; sicut remanet eadem numero substantia materiae, remota forma. Genus enim et differentia non sunt partes speciei, alioquin non praedicarentur de specie. Sed sicut species significat totum, idest compositum ex materia et forma in rebus materialibus, ita differentia significat totum, et similiter genus, sed genus denominat totum ab eo quod est sicut materia; differentia vero ab eo quod est sicut forma; species vero ab utroque.[9] Sicut in homine sensitiva natura materialiter se habet ad intellectivam, animal autem dicitur quod habet naturam sensitivam; rationale quod habet intellectivam; homo vero quod habet utrumque. Et sic idem totum significatur per haec tria, sed non ab eodem.[10]

Unde patet quod, cum differentia non sit nisi designativa generis, remota differentia, non potest substantia generis eadem remanere, non enim remanet eadem animalitas, si sit alia anima constituens animal.[11] Unde non potest esse quod eadem numero cognitio, quae prius fuit aenigmatica, postea fiat visio aperta.

---

9. 『존재자와 본질』(제3장)에서 이 가르침은 좀 더 광범위하게 개진된다: "유란 질료적 요소를 규정하는 하나의 지칭으로서 전체를 의미하고… 따라서 유는 질료가 아님에도 불구하고 질료로부터 도출된다. (…) 반대로 차이는 형상으로부터 도출된 것이다." Cf. I, q.85, a.3, ad4.
10. Cf. I, q.3, a.5; q.50, a.2, ad1; q.85, a.3, ad4; a.5, ad3.

를 제거하게 되면, 색깔의 실체는, 동일한 색깔이 때로는 하얗다가 다른 때에는 검정일 정도로 수적으로 동일한 채로 남아 있지 않다. 왜냐하면 하나의 유와 종차 사이의 관계는 질료와 형상의 관계와 같지 않기 때문이다. 그래서 유의 실체는 그 종차가 제거될 때 수적으로 동일한 채로 남아 있게 된다. 이것은 형상이 바뀔 때 그 질료의 실체가 수적으로 동일한 채로 남아 있는 것과 똑같다. 유와 종차는 어떤 종의 부분들이 아니다. 만일 그랬더라면 종에 대해서 서술되지 않았을 것이다. 그러나 종이 어떤 사물 전체, 다시 말해 물질적 사물들 가운데에서 질료와 형상의 합성체를 의미하듯이, 종차도 유도 모두 [종에 대해서] 서술될 수 있다. 동시에 유는 그것의 질료적인 것이 무엇과 같은지로부터 그 사물 전체를 지칭하는 데 비해, 종차는 그것의 형상이 무엇과 같은지로부터 [그 사물 전체를 지칭하고], 종은 그 양자로부터 [그 사물 전체를 지칭한다.]⁹ 이리하여 예컨대, 인간 안에 [있는] 감각적 본성은 지성적 본성에 비해 질료와 같으며, '동물'은 감성적 본성을 지녔다는 점에 대해 서술되고, '이성적'은 지성적 본성을 지니고 있다는 점에 대해 [서술되며,] '인간'은 양자를 다 지니고 있다는 점[에 대해서 서술된다.] 이리하여 하나의 동일한 전체는 이 세 가지에 의해서, 그러나 똑같은 측면 아래에서가 아닌 방식으로, 지칭된다.¹⁰

그러므로 만일 종차가 제거된다면 같은 유에 속하는 실체 자체가 남아 있을 수 없다는 것이 명백하다. 왜냐하면 종차란 유(類)의 표시화 외에 다른 것이 아니기 때문이다. 실상 어떤 동물성이 어떤 다른 영혼에 의해서 구성된다면 그 동물성은 동일한 채로 남아 있지 않다.¹¹

---

11. "동물적인 것이 제거되더라도 생명체는 남아 있지만, 『원인론』(제1명제)에서 말

q.67, a.5

Et sic patet quod nihil idem numero vel specie quod est in fide, remanet in patria; sed solum idem genere.[12]

AD PRIMUM ergo dicendum quod, remoto rationali, non remanet vivum idem numero, sed idem genere, ut ex dictis[13] patet.

AD SECUNDUM dicendum quod imperfectio luminis candelae non opponitur perfectioni solaris luminis, quia non respiciunt idem subiectum. Sed imperfectio fidei et perfectio gloriae opponuntur ad invicem, et respiciunt idem subiectum.[14] Unde non possunt esse simul, sicut nec claritas aeris cum obscuritate eius.

AD TERTIUM dicendum quod ille qui amittit pecuniam, non amittit possibilitatem habendi pecuniam, et ideo convenienter remanet habitus liberalitatis. Sed in statu gloriae non solum actu tollitur obiectum fidei, quod est non visum; sed etiam secundum possibilitatem, propter beatitudinis stabilitatem.[15] Et ideo frustra talis habitus remaneret.

하는 것처럼, 주체의 파괴 때문에 수적으로 동일한 것이 아니라, 개념적으로 동일한 [생명체로 남아 있다]."(*De malo*, q.2, a.9, ad18)

12. 우리는 알베르투스 마뉴스가 이 명료화의 역량을 이해하고 있었는지 알지 못한다. 다시 말해, 그의 제자는 그에게 신앙이, 그것을 대체하게 될 신 직관이 (신앙이 하나의 인식인 것과 마찬가지로) 하나의 인식이라는 단순한 사실 때문에

그러므로 수적으로 동일한 어떤 인식이 처음에는 수수께끼와 같은 지식이었다가 나중에는 명백한 직관에 이르는 일은 불가능하다. 그러므로 본향에서는 신앙이 수와 종에 있어서 전혀 동일한 채로 남아 있지 않고, 오직 유에 있어서만 동일하다는 것이 입증되었다.[12]

[해답] 1. 만일 이성적이라는 면이 제거된다면, 그다음에 남는 생명체는 수에 있어서 동일한 것이 아니며, 이미[13] 말한 것들로부터 명백한 것처럼, 오직 유적으로만 동일하다.

2. 촛불의 빛의 불완전성은 태양 빛의 완전성에 대립되지 않는다. 왜냐하면 그것들은 동일한 주체 안에 거주하는 것이 아니기 때문이다. 반면에 신앙의 불완전성과 영광의 완전성은 서로 대립되지만, 동일한 것을 주체로 삼고 있다.[14] 그러므로 공기의 밝음과 그 어둠이 양립될 수 없는 것처럼, 양립될 수 없다.

3. 부를 잃어버린 사람이 다시 부를 차지할 가능성마저 상실하는 것은 아니다. 따라서 당연히 아량의 습성이 남아 있다. 그러나 영광의 상태에서는 보이지 않는 것들로 구성된 신앙의 대상이 사실상 제거되었을 뿐만 아니라, 참행복의 안정성 때문에 가능성마저도 제거되었다.[15] 그러므로 그러한 습성은 쓸모가 없게 될 것이다.

영광 속에서 일종의 영속성을 누릴 수 있다고 말하게 되었다. 그러나 이런 직관은 그런 종류의 동일성은 구할 수 있을지 모르지만, 그 본질에 있어서는 전혀 다른 것이다.
13. 본론.
14. Cf. a.3.
15. 따라서 받아들일 수 없는 의견이다. Cf. q.55, a.2.

Articulus 6
Utrum remaneat caritas post hanc vitam in gloria

Ad sextum sic proceditur. Videtur quod caritas non maneat post hanc vitam in gloria.

1. Quia, ut dicitur I *ad Cor.* 13, [10]: *cum venerit quod perfectum est, evacuabitur quod ex parte est,* idest quod est imperfectum. Sed caritas viae est imperfecta. Ergo evacuabitur, adveniente perfectione gloriae.

2. Praeterea, habitus et actus distinguuntur secundum obiecta. Sed obiectum amoris est bonum apprehensum. Cum ergo alia sit apprehensio praesentis vitae, et alia apprehensio futurae vitae; videtur quod non maneat eadem caritas utrobique.

3. Praeterea, eorum quae sunt unius rationis, imperfectum potest venire ad aequalitatem perfectionis, per continuum augmentum. Sed caritas viae nunquam potest pervenire ad aequalitatem caritatis patriae, quantumcumque augeatur. Ergo videtur quod caritas viae non remaneat in patria.

SED CONTRA est quod Apostolus dicit, I *ad Cor.* 13, [8]: *Caritas nunquam excidit.*[1]

---

1. 바오로 사도의 텍스트의 의미는 명백하다. 하지만 이단자들이 없었던 것이 아닌데, 그들은 그를 "일단 사랑을 취득하게 되면 절대로 그것을 상실할 수 없다는 자기들의 매우 타락한 교리로" 굽힐 수 있다고 믿었다.(Seraphini Capponi, *Comment.* in h. a.)

제6절 참사랑은 후세의 영광 중에 남아 있는가?

[**Parall**.: *In Sent.*, III, d.31, q.2, a.2; *De veritate*, q.27, a.5, ad6; *De spe*, a.4, ad7, 13 & 14; *In 1 Cor.*, c.13, lect.3]

[반론] 여섯째에 대해서는 다음과 같이 전개된다. 후세의 영광의 상태에서는 참사랑이 남아 있지 않은 것으로 생각된다.

1. 코린토 1서 13장 [10절]에 따르면, "완전한 것이 오면 단편적인 것, 곧 불완전한 것은 사라진다." 그런데 '나그네'(viator) 처지에 있는 사람의 참사랑은 불완전하다. 그러므로 '본향'(本鄕)의 완전성이 오게 되면, 사라지게 될 것이다.

2. 습성들과 행위들은 대상에 따라 구별된다. 그런데 사랑의 대상은 파악된 선이다. 따라서 현세의 삶에 대한 파악(인식)이 내세의 삶에 대한 파악(인식)과 다르기 때문에, 참사랑은 두 경우에 동일한 채로 남아 있지 않은 것으로 보인다.

3. 단일한 본성을 지니고 있는 두 사물을 다룰 때, 불완전한 것은 지속적인 성장을 통해서 저 완전한 것의 완전성 자체에 도달할 수 있다. 반면에 나그네의 참사랑은 아무리 성장한다고 하더라도, 결코 본향에서의 참사랑과 동등해질 수 없을 것이다. 따라서 나그네의 참사랑이 본향에서는 남아 있지 않으리라는 것이 명백하다.

[재반론] 그러나 반대로 사도는 코린토 1서 13장 [8절]에서 이렇게 말하고 있다. "[참]사랑은 결코 사라지지 않습니다."[1]

Respondeo dicendum quod, sicut supra[2] dictum est, quando imperfectio alicuius rei non est de ratione speciei ipsius, nihil prohibet idem numero quod prius fuit imperfectum, postea perfectum esse, sicut homo per augmentum perficitur, et albedo per intensionem. Caritas autem est amor; de cuius ratione non est aliqua imperfectio, potest enim esse et habiti et non habiti, et visi et non visi. Unde caritas non evacuatur per gloriae perfectionem, sed eadem numero manet.

Ad primum ergo dicendum quod imperfectio caritatis per accidens se habet ad ipsam, quia non est de ratione amoris imperfectio. Remoto autem eo quod est per accidens, nihilominus remanet substantia rei. Unde, evacuata imperfectione caritatis, non evacuatur ipsa caritas.

Ad secundum dicendum quod caritas non habet pro obiecto ipsam cognitionem, sic enim non esset eadem in via et in patria. Sed habet pro obiecto ipsam rem cognitam, quae est eadem, scilicet ipsum Deum.

Ad tertium dicendum quod caritas viae per augmentum non potest pervenire ad aequalitatem caritatis patriae,[3] propter

---

2. a.3.

[답변] 위에서[2] 말한 것처럼, 어떤 것의 불완전성이 그 종적 본성 자체의 근거로부터 오는 것이 아닐 때, 수적으로 동일한 어떤 것이 처음에는 불완전했다가 나중에 완전해지는 것을 막는 것은 아무것도 없다. 예컨대 인간은 성장함에 따라 완전하게 되고, 하양은 그 강도를 통해 [차츰 완성에 이른다.] 그런데 참사랑은 사랑으로서, 그 관념으로부터는 어떠한 불완전성도 나오지 않는다. 실상 사랑(amor)은 이미 소유했거나 아직 소유하지 못한 선, 또는 이미 보았거나 아직 보지 못한 선을 그 대상으로 삼을 수 있다. 그러므로 참사랑은 영광의 완성을 통해 사라지지 않고, 언제까지나 수적으로 동일한 채로 남아 있다.

[해답] 1. 참사랑 자체에 대해서 불완전성은 다만 우유적일 뿐이다. 왜냐하면 사랑의 근거로부터는 어떠한 불완전성도 나오지 않기 때문이다. 그런데 사물에서 우유적인 것은 제거되더라도, 그 실체만은 언제까지나 남아 있다. 따라서 참사랑의 불완전성이 제거되더라도, 참사랑 자체는 제거되지 않을 것이다.

2. 참사랑은 인식 자체를 그 대상으로 삼지 않는다. 만일 그러하다면 참사랑은 현세에서와 본향(本鄕)에서 동일하지 않을 것이다. 하지만 참사랑은 인식된 사물 자체, 곧 동일한 채로 남아 있는 하느님을 대상으로 삼고 있다.

3. 나그네의 참사랑은 아무리 성장하더라도, 거기에 개재하는 원인의 차이 때문에, 복된 본향의 참사랑[3]과 동등해지는 데 이를 수 없

---

3. Cf. II-II, q.24, a.7.

differentiam quae est ex parte causae, visio enim est quaedam causa amoris, ut dicitur in IX *Ethic*.[4] Deus autem quanto perfectius cognoscitur, tanto perfectius amatur.[5]

다. 실상 아리스토텔레스가 『니코마코스 윤리학』 제9권[4]에서 말하는 것처럼, 봄[직관]은 사랑의 여러 원인들 가운데 하나이다. 그런데 하느님은 보다 완전하게 인식되면 될수록 더욱 사랑받으시게 된다.[5]

---

4. *Ethica Nic.*, IX, c.5, 1167a4-12; S. Thomas, lect.5, nn.1824-1825. Cf. q.27, a.2, c et ad2; II-II, q.26, a.2, ad2.

5. 이 문의 끄트머리에서 우리는 성 토마스가 어째서 하느님의 영광 속에 받아들여지지 않은 영혼 안에 있는 덕들의 영속성에 관해 전혀 취급하지 않았는지를 물어볼 수 있다. 단죄된 자들에 대한 대답은 쉽다. 그들 안에는 도덕적 덕들이 없다. 일그러진 신앙과 일그러진 희망에 대해서는 여기서 말할 계제가 아니다. 왜냐하면 그들 안에는 덕의 등급에 이르지 못한 상태들밖에 없고, 따라서 하느님으로부터 주입되는 선물들을 받을 만한 자격이 없기 때문이다.(Cf. *In Sent.*, III, d.23, q.3, a.3; *De veritate*, q.14, a.9, ad4; Suppl., q.68, a.1, ad3)

《주제 색인》

가능 지성(intellectus possibilis) 483, 485, 487
가능성, 가능태(potentia) 14, 21, 49, 93, 196, 215, 330, 387, 406, 485, 503, 515
가벼운 죄(輕罪, peccatum leve) 181
가정(domum) 137, 283
가족(domesitici) 341, 416
가지 (ramus) 413
가지상(可知像, species intelligibilis) 278, 305, 483, 485, 487
갈망(desiderium) 183, 311, 465, 477, 501, 506, 507
감각(sensus) 54, 63, 68, 229, 231, 309
감각상 환원(conversio ad phantasmata) 487
감각적 사고력(vis cogitativa) 65
감각적 욕구(appetitus sensitivus) 55, 67, 145, 155, 167, 175, 183, 191, 193, 225
감각적 인식 능력(vis apprehensiva sensitiva) 35
감각적 파악 능력(vis sensitiva apprehensiva) 63, 65, 67, 69
감각혼(anima sensibilis) 93
감사(gratia) 215
강도(latro) 21, 425, 429, 519
같은 값(aequivalentia) 215
개방된 직관(aperta visio) 417
개연성과 관련된(opinativa) 495
개인(individuum) 73, 205, 213, 231, 283, 319, 371
거룩한 여유(ostium sanctum) 283
거절(abominatio) 221, 281
거짓(falsum) 25, 29, 93, 109, 213, 219, 323
거짓말을 하다(mentire) 99
거처(domum) 129
건강(sanitas) 13, 17, 31, 171, 240, 281, 339, 341, 361, 497
걷기(ambulatio) 41
검정(nigrum) 221, 491, 513

검토(inquisitio) 3, 121, 148, 205
견해(opinium) 29, 87, 93, 137, 173, 317, 363, 373, 391, 484, 495
결론(conclusio) 59, 87, 93, 106, 145, 185, 202, 297, 329, 387, 435, 455, 489, 498
결실(fructus) 3, 87
결함(defectus) 21, 91, 363, 389, 405, 451, 477, 493
결함의 악습(vitium per defectu) 353
겸손(humilitas) 253, 278, 315, 377, 439
경건(신심)(pietas) 217
경제적 현명(prudentia oeconomica) 123
경향(inclinatio) 60, 129, 131, 149, 167, 199, 299, 381, 435, 475
계약(pactum) 215, 277
고상함(품위, nobilitas) 459, 461
공기의 밝음(claritas aeris) 515
공기의 어둠(obscuritas aeris) 515
공동선(bonum commune) 211, 215, 217, 273, 283
공동체(commune) 274, 283
공로가 있다(mereri) 11, 83, 379
공로의 원리(principium merendi) 11
공포(metus) 175, 183, 219, 223, 267, 279, 449, 475, 477
과거(praeteritum) 119, 181, 505
과도한 분노(immoderentia irae) 211
관계(relatio) 7, 69, 75, 83, 97, 105, 113, 163, 187, 197, 203, 205, 227, 283, 333, 411, 511
관대(magnificentia) 233, 235, 347, 351, 377, 385, 387
관리자(dirigens) 41
관상(contemplatio) 83, 85, 170, 275, 277, 477
관상생활(vita contemplativa) 245, 247, 476
'관상생활이 활동생활보다 더 큰 공로를 지닌다'([vita] contemplativa est majoris meriti quam activa) 83
관습(mos) 7, 13, 19, 45, 57, 127, 131, 149, 191, 263, 273, 295
관심을 기울이는 질료(materia circa quam) 27
관직(magistratus) 271

교만(superbia) 25
교의(dogma) 334, 431
교환(commutatio) 213, 217, 255, 475, 477
교회(Ecclesia) 287, 314, 334, 370, 406, 431, 506
구별(distinctio) 3, 29, 77, 85, 91, 125, 163, 197, 225, 261, 293, 381, 455, 517
구분(divisio) 3, 23, 84, 122, 125, 135, 141, 196, 239, 269
구원(salus) 129, 183, 278, 285, 287, 323, 506
구원되다(salvi fieri) 322
국가(respublica) 271, 274
군사 기술(ars militaris) 103
궁극 목적(ultimus finis) 107, 246, 287, 288, 297, 401
궁수(弓手, sagittator) 427
궁핍을 겪는 이(necessitatem patiens) 441
권위(auctoritas) 27, 119, 185, 262, 378, 447
권한(imperium) 61, 175, 272, 457
규칙(regula) 33, 105, 123, 251, 327, 339, 349, 351, 353, 359, 387
그 안에 머무는 질료(materia in qua) 27
그리스어(graeca) 83, 129, 135, 180, 274
극단(extremum) 165, 331, 347, 351, 471, 421
근류(genus propinquium) 27
긍정(affirmatio) 29, 363, 365, 489, 490
기계 기술(artes mechanicae) 95
기관(機關, facultas) 49, 81, 243
기관(器官, organum) 55, 231
기동자(起動者, movens) 41, 203
기쁨(chara) 181, 189, 221, 399, 403, 443
기술자(artifex) 55, 97, 99, 105, 113
기억력(vis memorativa) 65, 69, 483
기예(技藝, ars) 47, 49, 51, 77, 95, 97, 113, 139, 231, 349, 361, 387, 425
기준(modus) 199, 261, 263, 265, 369, 371, 437
기초(fundamentum) 43, 91, 123, 175, 195, 213, 227, 275, 307, 359, 383, 411, 485, 487

기하학(geometria) 355, 389
기하학자(geometra) 97, 387
끈기(perseverantia) 143, 145, 147
나그네(viator) 412, 517, 519
나약함(infirmitas) 23, 61, 197
'남을 사랑하는 사람은 율법을 완성하는 것이다'(qui diligit proximum legem
 implevit) (Rom., 13,8) 401
내면적 감각 능력(appetitus sensitivus) 63
내세(來世, futura vita) 475, 483, 485, 517
넘치는 풍요(superabundantia) 423
노고(labor) 251, 267
노예적 두려움(timor servilis) 503
놀이(ludus) 227, 233, 235
눈(occulus) 153, 278, 303, 337, 341, 491, 509
능동 지성(intellectus agens) 53, 317, 484
능력(potentia) 7, 11, 19, 37, 41, 55, 61, 81, 131, 305, 321
능력의 완성(perfectio) 7, 15, 21, 37
능력의 최대지(ultimum potentiae) 5, 9, 21, 37
다름(diversitas) 67, 123, 211, 213, 229, 231, 237, 265, 279, 319, 497
단식(abstinentia) 227
단일성(unitas) 31, 203, 205, 223
'단적으로'[절대적으로](simpliciter) 49, 51, 53, 101, 243, 357, 395, 397, 440, 439, 442,
 449, 451
단죄 받은 자들(damnati) 501, 505
대립(oppositio) 165, 175, 221, 241, 489, 501, 505, 515
대립되는 것(oppositum) 497
대상(obiectum) 3, 13, 33, 47, 83, 91, 131, 181, 199, 203, 223, 225, 311, 339, 441, 519
덕(virtus) 3, 9
'덕은 그 소유자를 선하게 만들고 그의 행업을 선하게 만드는 성질이다'
 (virtus est quae bonum facit habentem, et opus eius bonum reddit) 49
'덕은 그것을 소유한 자를 선하게 만든다'(virtus est quae bonum facit habentem) 47

'덕은 누구도 악용할 수 없는 최고선이다'(virtutes sunt maxima bona, quibus nullu potest male uti) 421
'덕은 능력의 극단이다'(virtus est ultimum potentiae) 347, 421
덕은 능력의 완성이며 행위의 원리다(virtus est perfectio potentiae, principium actus) 441
'덕은 능력의 최종 [목적]이다'(virtus est ultimum potentiae) 341, 393, 394, 395
'덕은 바르게 사는 기술이다'(virtus est ars recte vivendi) 133
'덕은 사랑의 질서이다'(virtus est ordo amoris) 7, 11, 297
덕은 어떤 완전한 것의 최선을 향한 상태이다(virtus est dispositio perfecti ad optimum) 13, 287
'덕이란 누군가가 잘 작용하는 데 도움이 되는 습성이다'(virtus est habitus quo aliquis bene operatur) 39, 47
덕의 실마리(inchoatio virtutis) 153
덕의 지속(duratio virtutum) 471
도덕적 덕(virtus moralis) 29, 45, 57, 65, 77, 105, 125, 131, 143, 155, 163, 171, 187, 191, 197, 225, 285, 331, 345, 375, 419, 445, 455, 463
'도덕적 덕은 이성으로 규정되어 있는 우리에게 있어서는, 중용에서 성립된 다'(virtus moralis in medioi consistit quoad nos determinata ratione) 139
'도덕적 덕은 중용에 자리잡고 있는 선택적 습성이다'(virtus moralis est habitus electivus in medietate existens) 349
'도덕적 덕의 1차적 행위는 선택이다'(principalis actus virtutis moralis est electio) 57
'도덕적 선행의 구조 전체가 사추덕 위에 세워진다'(quatuor virtutibus tota boni operis structura consurgit) 249
도덕적 중용(medium moralis) 355
도둑(fur) 21
도시(urbis) 271, 421, 453
돈(pecunia) 231, 233, 387, 507, 509
돌쩌귀(cardo) 240, 244, 246
동등성(aequalitas) 93, 255, 345, 349, 419, 427, 433, 470
동물(animal) 15, 85, 129, 201, 240, 275, 401, 511, 513
동인(movens) 143

동일한 작용 양식에 따라(secundum eundem modus operandi) 487

동정 서약(votum virginitatis) 353

동정성(virginitas) 349, 353

동정성은 가장 완전한 순결성이다(virginitas est pefectissima castitas) 349

동정심(miseratio) 315

동화(assimilatio) 17

두려움(timor) 111, 181, 219, 221, 251, 285, 494, 501, 503, 505

때(quando) 9

라틴인들(Latini) 129

마땅한 것(debitum) 213, 215, 217, 265, 357

마땅한 목적(finis debitus) 33, 111, 151, 153, 233, 261

마부(auriga) 57

마음의 눈(oculus cordis) 509

만족(complacentia) 280, 403

말(equus) 153, 491

맑은 정신(sobrietas) 110, 111, 179

매매(ememre vel vendere) 225

명령(praecipere) 51, 65, 121, 137, 151, 161, 177, 193, 205, 251, 255, 339, 353, 459, 475

명령자(imperans) 203

명백한 직관(visio aperta) 515

명예(honor) 231, 233, 347, 449

명예(philotimia) 233, 235

'모든 덕은 사랑의 질서이다'(omnis virtus est ordo amoris) 7

'모든 덕은 일종의 현명이다'(omnes virtutes esse prudentias) 137

모범(exemplar) 439

모순되는 것(contradictorium) 221, 365, 395

'모순되는 것들은 동시에 참될 수 없다'(quod est contradictoria non simul esse vera) 395

모자람(defectus) 107, 349, 351, 353, 365, 369

모형덕(模型德, virtus exemplaris) 239, 269, 275, 293, 476

모호함(수수께끼, aenigma) 509

목마름(갈증, sitis) 507

목적(finis) 233, 241, 261, 289, 299, 303, 333, 439
목적으로 질서지워져 있는 것들[수단](ea quae sunt ad finem) 39, 113, 279, 401
목적을 향한 마땅한 지향(debita intentio finis) 63, 151
무감동(impossibilitas) 177
무게(pondus) 9, 283, 317, 327
'무상(無償) 은총의 선물들'(donum gratiae gratis data) 437
무질서한 슬픔(inordinata tristitia) 451
무질서한 정감(inordinata affectio) 175, 177, 193
문법(grammatica) 47, 49, 425
문법학자(grammaticus) 49
문지기(ostiarius) 459
문지름(limatio) 317
물체(corpus) 39, 201, 240, 241, 317, 346
미래(futurum) 119, 183, 411, 415, 459, 473, 501, 505
미신(superstitio) 353
미움(odire) 33, 221, 387, 451
믿음(fides) 9, 51, 287, 323, 395, 406, 415, 465, 489, 493, 499
바람(ventus) 253
바탕이 되는 질료(materia ex qua) 27
반대되는 것(contrarium) 99, 155, 183, 185, 221, 223, 251, 329, 361, 405, 490, 491, 497
발(pes) 137
발생의 순서(ordo generationis) 309
배고픔(esuries) 507
뱀(serpens) 153
배 속(자궁, uterus) 315
법(lex) 117, 123, 213, 217, 273, 283, 289, 293, 379, 431
법의 계명(praecepta legis) 289
법적 정의(iustitia legalis) 212, 213, 214, 273, 283
벗어날 희망(spes evasionis) 505
변증법(dialectica) 42, 71, 87, 123, 304, 459, 489, 498
보편자(universale) 483

보편적 원리(principium universale) 59, 157, 201
복된 이들(beati) 185, 277, 475, 501, 505, 506
복지(bene esse) 229
'본성은 운동의 원리이다'(natura est principium motus) 131
본성의 양식으로 있는, 이성에 부합하는 습성(habitus in modum naturae rationi consentaneus) 67
본질(essentia) 3, 9, 27, 37, 87, 145, 169, 203, 251, 291, 363, 439, 448, 479, 487, 512
부당한 복수(iniusta vindicta) 451
부모(parentes) 215, 278
부정(negatio) 170, 363, 431, 463, 483, 490, 491
부정직(inhonestum) 181
부하(inferior) 117
부활(resurrectio) 479, 278
분노(ira) 63, 165, 211, 219, 237, 385, 451, 479
분노적 능력(potentia irascibilis) 35, 55, 57, 59, 61, 73, 75
분배(distributio) 213, 214, 217, 255, 475, 477
분별력(discretio) 263, 265, 381, 383
분별력(gnome) 77, 117, 119, 121
불(ignis) 201, 469
불가분의 표지(indivisibile signum) 427
불변성(immobilitas) 273
불쏘시개(fomes) 60, 61
불완전성(imperfectio) 305, 417, 491, 493, 497, 501, 503, 515, 519
불완전한 행위(actus imperfectus) 411
불의 열(calor ignis) 469
불평등(inaequalitas) 423
불필요한 잉여(superfluum) 331
불합치(difformitas) 351
비교(comparatio) 163, 207, 209, 351, 357, 371, 396, 418, 419, 441
비둘기(columba) 153
비뚤어진 욕망(concupiscentia prava) 477

비례에 따라 동등하다(aequalis secundum proportionem) 433
비존재(non esse) 365
빛(lumen) 91
뿌리(radix) 112, 141, 173, 246, 287, 299, 307, 413, 423
뿌리 뽑다(extirpare radicem) 451
사랑(amor) 11, 45, 53, 153, 219, 229, 516, 517, 519
사랑은 사랑하는 이가 그 사랑의 대상에 대해 느끼는 매력을 통해서 발생
 한다(dilectio vero secundum quod diligens trahitur ad rem dilectam) 467
사랑의 질서(ordo amoris) 7, 11, 295, 297
사물(res) 3, 13, 21, 53, 83, 113, 223, 245, 261, 291, 309, 335, 357, 361
사변적 지성(intellectus speculativus) 50, 51, 83, 89, 115, 121, 245, 363
사변적 진리들의 올바른 이성(recta ratio speculabilium) 53
사용(usus) 5, 33, 49, 55, 67, 81, 99, 131, 149, 396, 440, 459, 487, 493
사자(leo) 129
사죄(死罪, peccatum mortale) 327, 329, 399, 403, 406
사추덕(virtutes cardinales) 141, 242, 249, 257, 381, 401, 433, 475
산다는 것(vivere) 39, 111
산술(arithmetica) 355
삼단논법(syllogismus) 87, 99, 105, 489
상(像)들의 자리(locus specierum) 485
상거래(emptio) 279
상급 이성(superioris ratio) 149
상급자(superior) 117
상급자에게 복종하는 것은 정의의 일부이다(ad iustitiam pertinet esse subditum
 superiori) 477
상상력(imaginatio) 229
상상력(vis imaginativa) 65, 484
상태(dispositio) 4, 13, 53, 67, 159, 263, 287, 385, 499
상황(circumstantia) 145, 240, 306, 321, 346, 351
색깔(color) 39, 41, 69, 91, 491, 513
생명(vita) 17, 38, 75, 181, 195, 231, 287, 353, 449

생명체(vivens) 39, 85, 513, 514, 515
생장혼(anima vegetabilis) 93
선(bonum) 3, 15, 19, 31, 73, 81, 115, 189, 209, 231, 507
선(linea) 5
선물(donum) 3, 297, 325, 329, 387, 427, 429, 437, 451
선성(bonitas) 23, 31, 367, 369, 371, 373, 423, 459
선용(bonus usus) 5, 11, 81, 99
선의지(善意志, bona voluntas) 99
선인(bonus) 71, 75, 81, 115, 391
선장(gubernator) 107
선택(electio) 111, 112, 127, 131, 151, 261, 349, 383, 409
선행(bonum opus) 25, 67, 115, 155, 249, 311, 381, 431
성덕(聖德, sanctitas) 133
성령(Spiritus Sanctus) 85, 195, 297, 391
성장(augmentum) 311, 423, 431, 432, 433, 517, 519
성질(qualitas) 13, 23, 25, 27, 37, 346, 481
세례성사(baptismi sacramentum) 287
세속적인 교활함(mundana astutia) 153
소(bos) 491
속성(proprietas) 3, 241, 251, 261, 265, 345, 415
손(manus) 137
쇠(ferrum) 155, 317
수(numerum) 493
숙고(consiliari) 50, 83, 89, 93, 103, 107, 109, 113, 119, 499
숙취(ebrietas) 21, 493
순박하다(simplex) 153
술(vinum) 19
숨어 있는 형상(latitatio formarum) 317
슬픔(tristitia) 147, 163, 165, 175, 178, 207, 387, 405, 451
'슬픔은 영혼의 질병이다'(tristitia est quaedam animi aegritudo) 185
습관(consuetudo) 66, 67, 129, 139, 381

습관화(habitudo) 127, 313, 337, 435

습성(habitus) 3, 13, 27, 39, 49, 77, 97, 185, 441, 481, 487, 492, 509, 515

습성들의 강도(intensio habituum) 425

시각(visus) 69, 91

시민(cives) 269, 341, 458

시작(inchoatio) 85, 145, 274, 285, 287, 290, 311, 314, 335, 409, 415, 443

신법(神法, lex divina) 33, 327, 339

신성에의 참여(Divinitatis partecipatio) 289

신앙(fides) 143, 285, 289, 299, 307, 367, 405, 413, 463, 511

신앙은 모호함을 품고 있는 지식이다(est fides cognitio aenigmatica) 509

신앙은 보이지 않는 것들을 대상으로 삼고 있다(est fides de non visis) 305

신앙은 영혼의 영적인 빛이다(fides est quoddam spirituale lumen animae) 509

신앙의 대상은 눈으로 볼 수 없는 제1진리다(obiectum fidei est veritas prima non visa) 509

신앙의 불완전성(imperfectio fidei) 515

신앙의 빛(lumen fidei) 297, 509

신앙의 인식(cognitio fidei) 489

신에 의해 주입된 덕(virtus divinitus infusa) 327

신적 권능(divina virtus) 289

신적 도우심(adiutorium divinum) 291

신중함(cautio) 119

신중함(eubuleia) 181

신학적 덕(virtus theologica) 77, 241, 247, 279, 284, 287, 293, 321, 367, 411

실수(peccare) 105

실재의 중용(medium rei) 345, 355, 357

실천적 지성(intellectus practicus) 51, 53, 115, 116, 121, 363

실체(substantia) 17, 37, 43, 195, 245, 308, 449, 492, 509, 511

실행자(exequens) 41

싫증의 배격(remotio fastidii) 507

심사숙고(eubulia) 77, 116, 117, 119, 121, 175

씨앗(semina) 273, 319, 321, 329, 333, 479

'아무도 원하지 않고서는 믿을 수 없다'(nullus credi nisi volens) 53

아량(liberalitas) 215, 233, 235, 349, 387, 445, 451, 509, 515

아름다움(pulchritudo) 13, 17

'아침녘 인식'(cognitio matutina) 488, 489, 495

악(malum) 155, 157, 165

악령(daemon) 317

악습(vitium) 3, 165, 169, 271, 281, 325, 347, 376, 391

악을 견뎌 내야 하는 성가심(molestia tolerandorum malorum) 477

악을 견디다(tolerantia mali) 451

악인(malus) 391, 397

안정성(stabilitas) 253, 515

알고 있다면 죄를 짓지 않을 것이다(scientia praesente non peccatur) 139

애정(affectio) 75, 299, 307, 415

약속(promissum) 215, 277, 285

약함(infirmitas, infirmum) 8, 19, 21, 23, 305

양지(良知, synderesis) 150, 151

'어떤 것의 덕이란 자신의 행업을 선하게 만드는 것이다'(virtus uniuscuiusque re est quae opus eius bonum reddit) 15

'어떤 면에서는'[상대적으로](secundum quid) 9, 97, 123, 175, 308, 319, 409, 451

어떤 완전한 것이 지니는 최상을 향한 상태(dispositio perfecti ad optimum) 13

어려움(difficultas) 69, 231, 237, 359, 399, 403, 405

여건(conditio) 371

연역(演繹, deductio) 157

영광의 빛(lumen gloriae) 509

영광의 상태(status gloriae) 473, 499, 503, 507, 515, 517

영광의 완전성(perfectio gloriae) 515

영광의 인식(cognitio gloriae) 489

영성 생활(vita spiritualis) 393

영속적 동맹(perpetuum foedus) 277

영원법(lex aeterna) 275

영원성(aeternitas) 277, 505

영원한 생명(vita aeterna) 287, 292, 353
영적 결합(unio spiritualis) 303
영혼(anima) 229, 231, 246, 273, 277, 293, 300, 317, 333, 365, 401
영혼은 감각상 없이는 아무것도 인식하지 못한다(nihil intelligit anima sine phantasmate) 481
영혼은 다시 자기 육체와 재결합될 것이다(animae iterato corporibus suis unientur) 479
영혼의 능력(potentia animae) 17, 35, 37, 41, 43, 106
영혼의 영광(gloria animae) 501, 505, 507
영혼의 영적인 빛(spirituale lumen animae) 509
영혼의 정념들(passiones animae) 171, 173, 177, 209
예견(providentia) 119, 123
오류의 위험(periculum erroris) 477
온순함(mansuetudo) 211, 223, 235, 237
올바른 선택(recta electio) 111, 131, 153, 383, 409, 439
올바른 이성(recta ratio) 41, 97, 100, 113, 141, 159, 261, 357, 383, 425, 455
올바른 지향(recta intentio) 63, 151, 439
올바름(rectitudo) 25, 53, 111, 211, 243, 263, 303, 329, 381, 383
완성(consummatio) 321
완성(perfectio) 7, 15, 93, 145, 191
완전덕(完全德, virtus purgati animi) 239, 269, 277
완전성(perfectio) 13, 39, 73, 97, 145, 227, 241, 273, 305, 371, 403, 417, 491
완전성의 순서(ordo perfectionis) 309
왕(rex) 459
욕구(appetitus) 8, 9, 47, 54, 491, 501, 503
욕구적 능력(vis appetitiva) 47, 67, 81, 131, 139, 151, 203, 475
욕망(concupiscentia) 157, 219, 233, 259, 279, 309, 341, 385, 404, 467, 477
욕망의 사랑(amor concupiscentiae) 219
욕정적 능력(potentia concupiscibilis) 35, 55, 57, 59, 61, 63, 71, 75
용기(fortitudo) 24, 57, 75, 188, 207, 221, 235, 321, 381, 405, 433, 449, 473
용맹함(audacia) 219, 223
우선성(prioritas) 307

우스꽝스러운 일(ridiculum) 281
우연, 우연자, 우연적인 것(contingens) 101, 107, 111, 115, 196, 483
우유(偶有, accidens) 27, 39, 42, 241, 308, 371, 449, 492
우정(amicitia) 233, 235, 308, 328, 414, 417, 467
우정의 사랑(友愛, amor amicitiae) 308, 415, 467
우주(세상, mundus) 202, 457
운동, 움직임(motus) 61, 83, 164, 237, 279, 305, 409, 463, 467
웅장하다(architectonicum) 457
웅지(雄志, magnanimitas) 223, 235, 283, 347, 351, 377, 445, 453
원리(principium) 383, 384, 389, 401, 435, 441, 455
원리들에 대한 습성(habitus principiorum) 89, 151
원리들에 대한 이해(intellectus principiorum) 87, 151, 299, 329, 385, 455, 461, 495
원인(causa) 3, 27, 85, 201, 243, 295, 313, 333, 461, 489, 507
원천(fons) 26, 71, 82, 242, 285, 508
위격(persona) 367
위험(periculum) 153, 223, 251, 257, 267, 365, 371, 449, 475, 477
유(genus) 5, 241, 245, 253, 261
유순함(docilitas) 119, 123
유혹(illecebra) 261, 267
육감적 쾌락(venerea) 353
육욕(voluptas) 267
육욕의 저항(repugnatio libidinum) 137
육적인 쾌락(delectatio venereorum) 231
육체(corpus) 13, 181, 193, 195, 473, 479
육체로부터의 이탈(excessus a corpore) 275
육체의 무게(corporis gravitas) 317
육체의 생명을 보존하기 위하여(ad vitam corporis conservandam) 287
육체의 영광(gloria corporis) 501, 507
은인(benefactor) 215
은총(gratia) 258, 278, 293, 307, 329, 394, 436
은총의 업적들(opera gratiae) 297, 401

음료(potus) 339
음식(cibus) 227, 339, 449
음식의 쾌락(delectatio ciborum) 221, 227
음주(potatio) 21
의료 기술(ars medicinalis) 103
의인(iustus) 193
의지(voluntas) 10, 33, 41, 51, 63, 442, 447, 479, 494
의화(義化, iustificatio) 25, 287, 288
이교도(gentiles) 391, 393, 460
이단(haeresis) 367, 373
이성(ratio) 67, 73, 97, 127, 149, 177, 217
이성의 중용(medium rationius) 127, 345, 355, 427
이성의 질서(ordo rationis) 11, 21, 213, 251, 347, 448, 475
이성의 질서의 결함(defectus ordinis rationis) 21
이성이라는 기준(modus rationis) 199
이성혼(anima rationalis) 93, 319
이용하다(uti) 431
이해(intellectus) 221, 231, 255, 292, 329, 374, 403
인간(homo) 417, 449, 455, 485, 519
인간적 덕(virtus humanus) 7, 15, 39, 55, 127, 139, 143, 243, 273, 327
인간적 행위(actus humanus) 44, 59, 71, 79, 103, 119, 139, 327
인내(patientia) 92, 143, 171, 255, 445, 451
인식(cognitio) 355, 361, 394, 443, 455, 481
인식은 인식 대상이 인식자 안에 현존할 때 완성된다(perficitur cognitio secundum quod cognita sunt in cognoscente) 467
일치성(conformitas) 59, 349
자녀적 두려움(timor filialis) 501, 503, 505
자립성(subsistentia) 31
자만(praesumptio) 33, 367, 371
자비(misericordia) 165, 169, 269, 285, 369
자연[본성](natura) 475

자연의 업적들(opera naturae) 331, 401

자연적 빛(naturale lumen) 53

자연적 습성(habitus naturalis) 157, 305

자유 선택(liberum arbitrium) 5, 11, 112

자유 학예(artes liberales) 95, 99, 101

자유인(liberus) 63

자제(continentia) 143, 145, 147

작업(opus) 67, 95, 101, 207, 327, 401, 429, 499

작용(operatio) 8, 17, 45, 63, 113, 145, 151, 179

작용인(causa efficiens) 29, 83

작용적 습성(habitus operativus) 11, 13, 21, 39, 79, 83, 97

잠(somnus) 493

잠을 자다(dormire) 5

잠재적 부분(pars potentialis) 92, 123

잠재적 전체(totum potentiale) 92, 93

장상(長上, superior) 215

장소(ubi) 8, 41, 353, 492

장소 이동 능력(potentia motiva) 41

장수(dux) 107

장식(ornatus) 449, 453

장애(impedimentum) 161, 185, 317

장인(匠人, artifex) 49, 95, 113, 155

장차 겪게 될 어떤 악에 대한 예감(expectatio mali futuri) 505

재화(財貨, divitiae) 475

'저녁녘 인식'(cognitio vespertina) 489, 495

적(hostes) 129

적성(aptitudo) 321, 323

적절성(convenientia) 213

전쟁(bellum) 107, 449

절도(modus) 267, 381, 383

절망(desperatio) 223, 367, 371

절제(temperantia) 24, 57, 92, 111, 185, 219, 267, 321, 381, 425
점(punctum) 5
접근(accessus) 82, 197, 223, 277, 465
접촉의 쾌락의 욕망(concupiscentia delectationum tactus) 267
정감(affectus) 139, 175, 193, 209, 263
정결(castitas) 227, 315, 349, 381, 439
정념(passio) 54, 111, 139, 163, 187, 447, 475, 503
정신(mens) 257, 267, 309, 381, 456
정욕(boulesis/ voluptas) 181
정욕(voluptas) 187
정의(definitio) 473
정의(正義, iustitia) 25
'정의가 넘치는 자 안에 가장 큰 덕이 있다'(in abundanti iustitia virtus maxima est) 423
정지(quies) 481, 503, 511
정치덕(virtus politica) 239, 269, 275, 283
정치적 동물(animal politicum) 274
정치적 현명(prudentia regnativa) 123, 458
정치학(politica) 61, 137, 341, 451, 458, 459
정화덕(淨化德, virtus purgatoria) 239, 269, 271
'재치'(eutrapelia) 226, 227, 235
제1원리(primum principium) 91, 106, 151, 287, 385, 395, 411, 461
제1원인(prima causa) 89
제2의 본성(quasi quaedam natura) 67
제작(facere) 97, 103, 113, 389
제작된 것(artificiatum) 113
제작에서의 올바른 이성(recta ratio factibilium) 97
제작품(artificiale) 105
조건(conditio) 7, 43, 69, 81, 105, 195, 263, 327, 381, 433, 469, 509
조국(patria) 215
조절된 슬픔(tristitia moderata) 181
존재(esse) 103, 115, 147, 155, 189, 223

존재 원리(essendi principium) 39, 11

존재자(ens) 9, 31, 241, 279, 321, 461, 503, 512

졸음(somnolentia) 403

종(servus) 73, 137, 319

종(種, species) 69, 87

종교(religio) 213, 269, 369

종속적 부분(pars subiectiva) 123

종적 형상(forma specialis) 201

종점(terminus) 167, 342, 456

종차(specialis differentia) 27, 201, 511, 513

죄(peccatum) 3, 61, 137, 195, 287, 323, 369

죄의 덕[힘](virtus peccati) 19, 21

죄인(peccator) 285, 391

주먹질(타격, percussio) 211

주요 덕(virtus principalis) 125, 235, 249, 255, 449

주요한(principalis) 243, 253

주인(dominus) 30, 61, 137

주입(注入, infusio) 291, 301, 313, 401, 411, 521

주입된 덕(virtus infusa) 29, 290, 313, 404, 431

주체(subiectum) 3, 27, 69, 187, 251, 330, 358, 397, 419, 447

죽음(mors) 267, 393, 449, 481

죽음의 위험(periculum mortis) 257, 475

중간점(dedium) 349

중용(medium) 127, 221, 281, 331, 355, 435

중죄(peccatum grave) 181

중추적(cardinalis) 240, 246, 295

즐거움(gaudium) 181, 193, 195

증명될 수 없는 원리들에 대한 인식(cognitio principiorum indemonstrabilium) 461

증여(선물)(donatio) 427

지극히 완전한 이들(perfectissimi) 277

지나침(excessus) 349, 363, 373

지배력(dominium) 113
지상적 탐욕(terrena cupiditas) 277
지성(intellectus) 297, 309, 361, 455
'지성에 가장 먼저 파악되는 관념은 존재자이다'(id quod primo cadit in intellectu est ens) 29
지성적 덕(virtus intellectualis) 51, 85, 125, 199, 245, 293, 457, 481
지성적 덕들과 도덕적 덕들의 씨앗(seminalia intellectualium virtutum et moralium) 319
지성적 영혼(anima intellectiva) 69
지성적 인식의 양식(modus intelligendi) 485
지식(scientia) 49, 87, 387, 455, 481, 509
지식은 사라질 것이다(scientia destruetur) 481
지체(肢體, membra) 61, 137, 193, 287
지푸라기(palea) 255
지향(intentio) 63, 81, 151, 215, 240, 273, 300, 323, 351, 439
지혜(sapientia) 278, 295, 325, 429, 453
지혜는 지성덕 가운데 으뜸이다(sapientia est sicut caput inter virtutes intellectuales) 455
진리(veritas) 53, 89, 97, 115, 283, 461
진리 인식(cognoscere verum) 53, 67, 323, 395
진리에 대한 참사랑(caritas veritatis) 283
진리의 본질(ratio veri) 363
진실성(veracitas) 215
질료(materia) 309, 339, 357, 389, 433, 485, 513
질료와 형상의 합성체(compositum ex materia et forma) 513
질료인(causa materialis) 27, 29
질병(morbus) 171, 179, 185, 403, 481, 497
질서(ordo) 189, 193, 199, 213, 233, 285, 299
질서 지어진 애정(ordinata affectio) 299
질서화(ordinatio) 7, 17, 234
'질서화란 누릴 것은 누리고 이용할 것은 이용하는 것이다'(ordinatio est fruendis frui, et utendis uti) 7

질투(invidia) 165

집(domus) 225, 246

차이(differentia) 3, 23, 43, 103, 135, 217, 229, 337, 339, 512

참사랑(caritas) 74, 287, 303, 306, 369, 375, 411, 463

참사랑 안에 머무는 이는 하느님 안에 머무는 것이다(qui manet in caritate, in Deo manet) (1Jn 4,16) 395

'참사랑은 사라지지 않는다'(caritas nunquam excidit) 517

참사랑은 신앙과 희망의 뿌리이다(caritas est radix fidei et spei) 246

참사랑은 신앙과 희망이 없이는 어떤 식으로도 존재할 수 없다(caristas sine fide et spe nullo modo esse potest) 417

참사랑이 없이는 덕들도 없다(sine caritate virtus non sunt) 405

참행복(beatitudo) 3, 17, 79, 281, 289, 497, 503, 511, 515

참행복의 향유(beatitudinis fruitio) 511

처벌의 두려움(timor poenae) 501

척도(commensuratio) 93, 209, 221, 234, 349, 355, 363

천사(angelus) 195, 245, 268, 473, 488, 495, 501

청빈(paupertas) 353

청빈 서약(votum paupertatis) 353

초자연적 목적(finis supernaturalis) 279, 301, 303, 333, 335

초자연적 선(bonum supernaturale) 303, 331

초자연적 참행복(beatitudo supernaturalis) 291, 293, 303

촉각(tactus) 231, 257, 259, 267, 337, 339, 341

촛불(candela) 509

촛불의 빛(lumen candelae) 515

최고선(bonum maximum) 181, 323

최고의 원인(causa altissima) 89, 295, 457, 461

최대의 낭비(maximus sumptus) 347

최대치(ultimum) 5, 9, 21, 37, 353, 421, 425

최상(optimum) 13, 26, 287, 351

추요덕(virtus cardinalis) 125, 234, 239, 240, 244, 249, 259, 269, 299

추정(suspicium) 93, 129, 380

출생(nativitas) 315
충고(consilium) 115, 177, 255, 383
충동(impetus) 111, 183, 204, 221, 257, 263, 267
충만한 포용(plena comprehensio) 417
친교(consortium) 287, 415
칼(cultellus) 113
쾌락(delectatio) 147, 173, 183, 189, 207, 219, 221, 227, 229, 267, 353, 387, 449
크기(mensura) 327, 351, 369, 421, 427, 433, 455, 465
탐욕(cupiditas) 181, 267, 271, 273, 277, 475, 477
태생 소경(caecus natus) 337
태양(sol) 201, 202, 509
태양의 빛(solaris lumen) 515
태양의 찬란함(claritas solis) 509
톱(serra) 113
통치 기술(ars gubernativa) 103
특수자(particulare) 483
판단(iudicium) 9, 21, 68, 89, 121, 149, 159, 209, 383, 425, 457, 461
판단력(synesis) 77, 117, 119, 123
평가(existimatio) 9, 63, 109, 173, 209, 265, 374
평온(quies) 170, 177, 380, 385, 477
폭음(ebrietas) 19
표면(superficie) 39, 41
필연자(necessarium) 483
하나(unum) 3, 11, 37, 41, 123, 143, 165, 195, 211, 221, 245, 301, 365, 423
하느님(Deus) 33, 83, 133, 149, 195, 273, 426, 429, 439, 459, 467, 505
하느님은 우리의 학문을 넘어 위대하시다(Ecce Deus magnus vincens scientiam nostram) 455
'하느님은 우리 안에서 우리 없이 작용하신다'(Deus in nobis sine nobis operatur) 25, 33
'하느님의 마음에 들게 만드는 은총[성화은총]'(gratia gratum faciens) 436, 437
하느님을 알아봄(agnitio Dei) 509

하얀 것(album) 23, 361
하양(albedo) 23, 31, 221, 491, 511, 519
학문(scientia) 7, 49, 77, 85, 133, 297, 317, 321, 329, 377, 387, 397, 425, 455, 481, 487
학자(sciens) 193, 316
한계(maximum) 21, 73, 205, 267, 278, 291, 371, 441
할례(circumcisio) 129
할례 받다(circumcidari) 287
합치(conformitas) 26, 151, 167, 221, 263, 319, 351, 361
행복(felicitas) 17, 79, 83, 199, 443, 453, 455, 459, 475, 497, 499
행업(opus) 15, 19, 37, 49, 83, 101, 135, 323
행위(actus) 5, 41, 53, 105, 127, 143, 289, 302, 309, 313, 325, 337, 359, 391, 451
행위자(agens) 10, 17, 105, 113, 147, 201, 297, 317, 403, 421
행할 수 있는 우연적인 일들(contingentia agibilium) 203
행함(agere) 103, 105, 307
향유하다(frui) 183, 487
허영(inanis gloria) 353
현명(prudentia) 45, 52, 53, 69, 100, 109, 141, 245, 389, 391, 395, 397, 409, 423, 439, 453
현세(haec vita) 183, 277, 297, 415, 459, 475, 517
현실, 현실태(actus) 15, 49, 113, 330, 385, 479, 483, 503
현자(sapiens) 181, 361, 457
현재(praesens) 109, 119, 185, 255, 420, 441, 471, 474, 479, 487, 505
현존하는 악(malum praesens) 183
형상(forma) 8, 27, 87, 201, 276, 293, 309, 317, 475, 512
형상적 근거(ratio formale) 87, 199, 253, 257, 339
호환적인 사랑(mutua redamantio) 415
혼란(perturbatio) 84, 113, 175, 181, 347, 499, 510
확고부동함(immobilitas) 261, 263
확고한 유착(firma inhaesio) 495
확고함(firmitas) 265, 267, 381, 383
확실성(certitudo) 459, 461, 495
확실한 표지(certum signum) 427

환상(phantasia) 175
활동생활(vita activa) 83, 245, 247, 473, 476, 477
회개(poenitentia) 169, 183
회피(fuga) 221
획득된 덕(virtus acquisita) 29, 290, 313, 327, 339, 343, 404, 476
효성(pietas) 213, 215
후세(後世, post hanc vitam) 268, 471, 473, 481, 487, 517
훈련(exercitium) 45, 377, 381, 385, 405
훌륭한 숙고는 현명의 본령이다(ad prudentiam pertinet bene consiliari) 103
흘러넘침(rebundantia) 195, 267, 269
희망(spes) 143, 223, 289, 301, 307, 407, 413, 507
희망은 소유하지 못한 것들을 대상으로 삼고 있다(spes autem de non habitis) 519
힘겨운 선(bonum aeduum) 223, 229, 233

《인명 색인》

그레트(I. Gredt, OSB) 165, 295
기욤 도세르(Guillaume D'Osser) 510
다마세누스(Damascenus) 315
단테(Dante Alighieri) 494
달 사쏘(G. Dal Sasso, OP) 488
데이비드슨(Herbert A. Davidson) 317
드망(T. Deman) 432
들라트(P. Delatte) 457
디오게네스 라에르티우스(Diogenes Laertius) 133
디오니시우스(Dionysius) 21, 31, 127, 237, 317, 325, 331
라미레스(Ramirez) 130
레닉(Timothy Renick) 231
로탱(O. Lottin, OSB) 22, 240, 247, 251, 263, 290, 381
마리탱(Jacques Maritain) 94
마크로비우스(Macrobius) 119, 268, 269, 271, 273, 276, 281, 476

몬딘(Battista Mondin) 493
반 리사우(H. van Rieshout) 268, 276
베르나르(R. Bernard) 471
베아투스 데 리에바나(Beatus de Liebana) 420
보에티우스(Boethius) 367
부르크(Vernon Bourke) 15
비요(L. Billot, SJ) 342
비토리니(Vittorini) 26
살리스티우스(Salistius) 173
세네카(Seneca) 380
셰뉘(M.-D. Chenu, OP) 119
소크라테스(Socrates) 113, 137, 139, 153, 379, 441
심플리치우스(Simplicius) 425
아리스토텔레스(Aristoteles) 18, 92, 135, 170, 226, 275, 316, 346, 383, 414, 457, 521
아벨라르두스(Abelardus) 26, 335
아우구스티누스(Augustinus) 5, 25, 57, 139, 273, 323, 463, 474
엘더스(Leo Elders, SVD) 493
와델(J, Wadell) 415
와이스헤이플(James Weisheipl, OP) 122
요한 들라 로셰(Johannes de la Rochelles) 300
우르다노스(T. Hurdanoz) 335, 337
우츠(F. Utz, OP) 374
웨스트버그(Daniel A. Westberg) 375
이나가키 료스케(Inagaki Ryoske) 489
이시도루스(Isidorus) 108, 398
카를리니(A. Carlini) 135, 141
카예타누스(Cajetanus, OP) 158
카이레(F. Cayre) 314
카포니(Seraphini Capponi) 370, 516
칼로(P. Calo) 281
켈러(Joseph Keller) 415

코플스톤(F. Copleston, SJ) 316
클레멘스 알렉산드리누스(Clemens Alexandrinus) 133
키케로(Cicero) 13, 65, 108, 165, 217, 267, 379, 474
테일러(Gabriele Taylor) 376
티터스(Craig S. Titus) 375
페트루스 롬바르두스(Petrus Lombardus) 26
페트루스 푸아티에(Petrus de Poitier) 26
포르피리우스(Porphyrius) 276, 277, 279, 492, 496
포터(Jean Porter) 215, 374
플로티누스(Plotinus) 270, 276, 280, 508
호르바트(A. Horvath, OP) 11
휴즈(W. D. Hughes, OP) 119, 331, 350

《성경 색인》

코린토 1서 19, 246, 301, 399, 415, 457, 465, 481, 517
이사야서 19
코린토 2서 19, 183, 489
로마서 55, 191, 258, 323, 391, 401, 501
지혜서 111, 179, 242, 325, 333, 473
사도행전 129
마카베오기 2권 129
마태오복음서 179, 275, 315, 407, 423, 464, 473
요한 1서 181, 393, 415, 465
집회서 289, 369, 501
에페소서 246, 307, 323, 393, 413, 429, 467, 509
욥기 82, 249, 259, 315, 379, 455, 473
히브리서 246, 333, 415, 493
잠언 244, 415, 423, 505
묵시록 420
야고보서 255, 445

《성 토마스 작품 색인》

『명제집 주해』(*In Sent.*) 5, 35, 79, 133, 239, 285, 313, 405, 421, 445, 473, 499, 507
『대이교도대전』(*ScG*) 15
『권능론』(*De potentia*) 316
『덕론』(*De virtutibus*) 5, 35, 79, 133, 239, 285, 313, 347, 487
『진리론』(*De veritate*) 7, 41, 55, 69, 269, 293, 313, 510, 517, 521
『황금 사슬』(*Catena aurea*) 197
『마태오복음서 주해』(*In Matth.*) 407
『로마서 주해』(*In Ep. ad Rom.*) 323
『참사랑』(*De caritate*) 74, 143, 283, 295, 307, 433, 451, 465, 517
『성모송 해설』(*In salut. angelicam*) 438
『존재자와 본질』(*De ente et essentia*) 512

《고전 작품 색인》

『주석』(*Glossa*) 71, 315, 323, 333, 395, 407, 420, 421, 463
『덴칭거』(*DH*) 33, 285, 292, 331, 391, 405, 431, 487

그레고리우스
『욥기의 도덕적 해설』(*Moralia*) 82, 249, 259, 379, 383, 473

다마셰누스
『정통신앙론』(*De fide orth.*) 315

단테
『신곡』(*La Divina Comedia*) 494

디오니시우스
『신명론』(*De nom. Div.*) 21, 31, 237, 317, 325

롬바르두스
『명제집』(*Sententiarum*) 26, 391, 397

마크로비우스
『스키피오의 꿈』(*De somn. Scip.*) 119, 269, 271, 276

베다(존자)
『루카복음서 해설』(*In Lucae evang.*) 398
『영국 교회사』(*Historia ecclesiastica gentis Anglorum*) 398

베아투스 데 리에바나
『묵시록 주해』(*In Apocalyp.*) 420

보에티우스
『두 본성』(*De duabus naturis*) 367

살루스티우스
『카틸리나의 전쟁』(*Catilinarium*) 173

세네카
『루칠리우스 서한』(*Ad Lucilium*) 257

심플리치우스
『범주론 주해』(*Comm. Praedicament.*) 425

아리스토텔레스
『범주론』(*Categ.*) 7, 241, 487
『형이상학』(*Metaphysica*) 7, 85, 103, 241, 355, 363, 457, 492
『천체론』(*De caelo*) 5, 13, 37, 347, 421, 459
『자연학』(*Physica*) 13, 89, 171, 241, 287, 316, 387, 455, 491
『니코마코스 윤리학』(*Ethica Nic.*) 25, 63, 253, 319, 353, 383, 401, 415

『정치학』(*Politica*) 61, 137, 341, 451, 458
『영혼론』(*De anima*) 69, 143, 459, 481
『기억과 회상』(*De mem. et rem.*) 67
『수사학』(*Rhetorica*) 65, 71, 119, 127, 255, 449
『토피카』(*Topica*) 79, 171
『분석론 후서』(*Anal. Post.*) 240
『명제론』(*Peri hermen.*) 365
『동물부분론』(*De part. anim.*) 461

아베로에스
　『형이상학 주해』(*In Metaphysicorum*) 316

아비첸나
　『영혼론』(*De anima*) 69, 143, 459, 481, 485

아우구스티누스
　『자유의지론』(*De lib. arb.*) 5, 26, 37, 95, 393, 421
　『가톨릭교회의 관습』(*De mor. Eccl.*) 7, 45, 149, 191, 263, 295
　『신국론』(*De civ. Dei*) 133, 165, 173, 181, 281, 409
　『재론고』(*Retractationes*) 5
　『여든세 가지 다양한 문제』(*Octo. tri. Quaest.*) 7
　『삼위일체론』(*De Trinitate*) 25, 122, 379, 383, 431, 455, 475, 501
　『규칙서』(*Regula*) 25
　『요한복음서 강해』(*In eveng. Ioan.*) 407
　『독백록』(*Soliloquia*) 133
　『시편 주해』(*Enarr. in Psalm.*) 137
　『그리스도교 교양』(*De doct. christ.*) 307
　『선의 본성』(*De nat. boni*) 325
　『길잡이』(*Enchiridion*) 407, 463
　『고백록』(*Confess.*) 474
　『음악론』(*De musica*) 475
　『창세기 문자적 해설』(*De Gen. ad litt.*) 501

안드로니쿠스 로디우스

『감정론』(*De affectibus*) 132, 133

암브로시우스

『루카복음서 해설』(*In evang. Luc.*) 379

『성사론』(*De Sacramentis*) 243

『성직자의 의무』(*De offic. min.*) 261

얌블리쿠스

『신비론』(*De mysteriis*) 278

키케로

『투스쿨룸 대화』(*De Tusc. Quaest.*) 13, 171, 177, 179, 379

『수사학』(*Rhetorica*) 65, 71, 119, 127, 255, 449

『호르텐시우스』(*Hortensius*) 474

포르피리우스

『이사고게』(*Isagoge*) 492, 496

프로스페루스 아퀴타내우스

『명제집』(*Sent.*) 26, 391, 397

프로클루스

『원인론』(*De causis*) 509, 513

플로티누스

『엔네아데스』(*Enneades*) 268, 272, 276, 280, 508

플라톤

『프로타고라스』(*Protagoras*) 137

■ 지은이: 토마스 아퀴나스(S. Thomas Aquinas)

성 토마스 아퀴나스는 1224/5년 이탈리아 중남부의 귀족 가문에서 태어나 도미니코수도회에 입회하였고, 때 묻지 않은 '천사적' 순수함과 진리에 대한 지칠 줄 모르는 열정으로 13세기라는 역사상 드문 정치적·사상적 격변기를 헤쳐나갔다. 그는 아리스토텔레스의 대부분의 작품들과 복음서 및 바오로의 주요 서간들에 대해 주해서를 집필하였고, 『대이교도대전』과 『토론문제집』 등 중요한 저작들을 남겼다. 특히 그리스 철학의 제 학파와 아랍 세계의 선진 이슬람 문명 등 당대까지 유럽에 전해져 서로 충돌하던 다양한 사상들을 그리스도교 진리의 빛 속에서 웅장하게 체계적으로 종합한 『신학대전』(Summa Theologiae)은 인류 문화사적 걸작으로 꼽힌다. 그는 1274년 리옹공의회에 참석하러 가던 길에 중병을 얻어 포사노바에서 선종하였다.

1879년 교황 레오 13세는 회칙 『영원하신 아버지』를 통해 토마스의 사상을 가톨릭교회의 공식 학설로 공표하였다.

■ 옮긴이: 이재룡(李在龍)

이재룡 신부는 로마 우르바노 대학교 철학박사(1993)로서 가톨릭대학교에서 오래도록 중세철학과 인식론을 가르쳤고, 한국가톨릭철학회, 신학과사상학회, 한국중세철학회에서 활동하였으며, 2016년부터 한국성토마스연구소 책임사로서, 성 토마스 아퀴나스의 방대한 걸작인 『신학대전』 완간을 위해 분투 노력하고 있다.

주요 주요 역서로는 『신학대전 요약』(공역), 『철학여정』, 『토미스트 실재론과 인식비판』, 『토마스 아퀴나스의 인식론』, 『토마스 아퀴나스 수사』, 『신앙과 이성』, 『아퀴나스의 심리철학』, 『쉽게 쓴 토마스 아퀴나스의 철학』, 『토마스 아퀴나스와 급진적 아리스토텔레스주의』, 『성 보나벤투라』, 『신학자 토마스 아퀴나스』, 『전환기의 새로운 문화 모색』, 『스콜라철학에서의 개체화』(공역), 『존재해석』, 『인식론의 역사』, 『13세기 영혼 논쟁』, 『토마스 아퀴나스의 철학체계』(공역), 『자유인』, 『영혼에 관한 토론문제』(공역), 『성 토마스의 철학적 인간학』, 『신학사2: 스콜라학 시대』, 『인간과 자연』, 『신학대전 제18권: 도덕성의 원리』, 『안락의자 토마스 아퀴나스』, 『신학대전 제20권. 쾌락』, 『신학대전 제22권: 습성』, 『신학사4: 현대』(공역) 등이 있다.

■ 진리의 협력자들

가르멜수도회(윤주현 신부) 가톨릭교리신학원(최승정 신부) 가톨릭출판사(홍성학 신부) †곽성명마티아 교리48기(김순진 요안나) 구요비주교 기쁜소식(전갑수 사장) 김경애유스타 김명순소피아 김미라크레센시아 김미리파비올라 김미숙도미나 김수남글라라 김영남신부 김영희글라라 김운장(대화제약 회장) 김웅태신부 김월자안젤라 김은주율리아나 김장이베로니카 김정렬사도요한 김정이아네스 김정임세실리아 김종국신부 김철련스테파노 김청자아가다 김항희마르타 김해영아나다시아 김혜경세레나 김혜경아네스 김효숙노엘라 김훈겸신부 김희중대주교 로사리오 성모의 도미니코수녀회(오하정 수녀) 목동성당(민병덕 신부) 문정동성당(이철호 신부) 박상수신부 박영규사도요한 박정자소화데레사 박종호시몬 박찬윤신부 박현숙글라라 방배4동성당(최동진 신부) 배기현주교 배옥순시모니아 분당성마리아성당(윤종대 신부) 사랑의시튼수녀회(김영선 수녀) 상도동성당(곽성민 신부) 서명숙루치아 서인숙아네스 서초성당(이찬일 신부) 서호숙데레사 성도미니코선교수녀회(안소근 수녀) 손삼석주교 손희송주교 송기인신부 송인섭안드레아 신수정비안나 신옥현루시아 심상태몬시뇰 양정희루시아 여규태요셉 염수정추기경 오금동성당(박희원 신부) 오승원신부 원종철신부 위재숙아나다시아 유경촌주교 유덕희(경동제약 회장) 유영숙스콜라스티카 †윤정자님파 이경상신부 이계숙루시아 이동익신부 이범현신부 이병호주교 이선용알베르토 이완숙미카엘라 이용훈주교 이윤하신부 †이정국미카엘 이정석요한 이종상요셉 이 진안드레아 이준영아우구스티노 이효재로마노 임경희미카엘라 잠원동성당(박항오 신부) 장석호모세 장우일레오 장춘복세바스티아나 장혜순카타리나 (재)신학과사상(백운철 신부) 전상순요안나 전상직(더맨 회장) 절두산순교성지성당(정연정 신부) 정달용신부 정미애율리안나 정순택주교 정복신안나 정영숙(다빈치 회장) 정의채몬시뇰 정진석추기경 조 광이냐시오 조규만주교 조신호델피노 조용주마리안나 조욱현신부 차상금이사벨 최명주율리아 최미묘분다 학교법인가톨릭학원(김영국 신부) 한무숙문학관(김호기 박사) 혜화동성당(홍기범 신부) 홍순자요셉피나 황예성세실리아

지금까지 출간된 분책(2020년 현재)

- 제1권(I, qq.1-12), [하느님의 존재], 정의채 옮김, 1985, 3판 2014, 751쪽.
  제1문 거룩한 가르침에 관하여. 제2문 신론 - 하느님이 존재하는가. 제3문 하느님의 단순성에 대하여. 제4문 하느님의 완전성에 대하여. 제5문 선 일반에 대하여. 제6문 하느님의 선성에 대하여. 제7문 하느님의 무한성에 대하여. 제8문 사물에 있어서의 하느님의 실재에 대하여. 제9문 하느님의 불변성에 대하여. 제10문 하느님의 영원성에 대하여. 제11문 하느님의 일체성(단일성)에 대하여. 제12문 하느님은 우리에게 어떻게 인식되는가에 대하여.

- 제2권(I, qq.13-19), [하느님의 생명], 정의채 옮김, 1993, 2판 2014, 572쪽.
  제13문 하느님의 명칭에 대하여. 제14문 하느님의 지식에 대하여. 제15문 이데아에 대하여. 제16문 진리에 대하여. 제17문 허위에 대하여. 제18문 하느님의 생명에 대하여. 제19문 하느님의 의지에 대하여.

- 제3권(I, qq.20-30), [하느님의 작용과 위격], 정의채 옮김, 1994, 2판 2000, 495쪽.
  제20문 하느님의 사랑에 대하여. 제21문 하느님의 정의와 자비에 대하여. 제22문 하느님의 섭리에 대하여. 제23문 예정에 대하여. 제24문 생명의 책에 대하여. 제25문 하느님의 능력에 대하여. 제26문 하느님의 지복에 대하여. 제27문 하느님의 위격들의 발출에 대하여. 제28문 하느님 안에서의 관계들에 대하여. 제29문 하느님의 위격들에 대하여. 제30문 하느님 안에서의 위격들의 복수성에 대하여.

- 제4권(I, qq.31-38), [위격들의 구별], 정의채 옮김, 1997, 293쪽.
  제31문 하느님 안에서 단일성 혹은 복잡성에 속하는 것들에 대하여. 제32문 하느님의 위격들의 인식에 대하여. 제33문 성부의 위격에 대하여. 제34문 성자의 위격에 대하여. 제35문 모습(혹은 모상)에 대하여. 제36문 성령의 위격에 대하여. 제37문 사랑이라는 성령의 명칭에 대하여. 제38문 은사라는 성령의 명칭에 대하여.

- 제5권(I, qq.39-43), [위격들의 관계], 정의채 옮김, 1998, 345쪽.
  제39문 본질과 비교된 위격들에 대하여. 제40문 관계들 내지는 고유성들과의 비교에 있어서의 위격들에 대하여. 제41문 인식 표징적(혹은 식별 표징적) 작용들과의 비교에 있어서의 위격들에 대하여. 제42문 하느님의 위격들 상호간의 동등성과 유사성에 대하여. 제43문 하느님의 위격들의 파견에 대하여.

- 제6권(I, qq.44-49), [창조], 정의채 옮김, 1999, 339쪽.
  제44문 피조물들의 하느님으로부터의 발출과 모든 유의 제1원인에 대하여. 제45문 사물들의 제1근원으로부터의 유출의 양태에 대하여. 제46문 창조된 사물들의 지속의 시작에 대하여. 제47문 사물들의 구별 일반에 대하여. 제48문 사물들의 구별에 대한 각론. 제49문 악의 원인에 대하여.

- 제7권(I, qq.50-57), [천사], 윤종국 옮김, 정의채 감수, 2010, 379쪽.
  제50문 천사의 실체 자체에 대하여. 제51문 천사와 물체의 비교에 대하여. 제52문 장소에 대한 천사의 비교에 대하여. 제53문 천사의 장소적 운동에 대하여. 제54문 천사의 인식 작용에 대하여. 제55문 천사의 인식 수단에 대하여. 제56문 비물질적 사물의 일부에서 얻는 천사의 인식에 대하여. 제57문 질료적 사물들의 성찰에 따른 천사의 인식에 대하여.

- 제8권(I, 58-64), 천사의 활동, 강윤희 옮김, 2020, [근간]
  제58문 천사의 인식 양태에 대하여. 제59문 천사의 의지에 대하여. 제60문 천사의 사랑 혹은 애정에 대하여. 제61문 천사가 본성적 존재로 창조되었음에 대하여. 제62문 천사가 은총과 영광의 상태로 완성됨에 대하여. 제63문 천사의 악의와 탓에 대하여 제64문 악령들의 형벌에 대하여.

- 제9권(I, qq.65-74), [우주 창조], 김춘오 옮김, 정의채 감수, 2010, 424쪽.
  제65문 물체적 피조물들의 창조 작업에 대하여. 제66문 구별에 대한 피조물의 질서에 대하여. 제67문 자체 안에서의 구별 작업에 대하여. 제68문 둘째 날의 작업에 대하여. 제69문 셋째 날의 작업에 대하여. 제70문 넷째 날에 대한 장식 작업에 대하여. 제71문 다섯째 날에 대하여. 제72문 여섯째 날에 대하여. 제73문 일곱째 날에 속한 어떤 것에 대하여. 제74문 공통적인 것들 안에서 모든 일곱 날에 대하여.

- 제10권(I, qq.75-78), [인간], 정의채 옮김, 2003, 383쪽.
  제75문 인간론: 영적 실체와 물체적 실체로 복합된 인간에 대하여. 제76문 혼의 신체와의 하나됨(합일)에 대하여. 제77문 혼의 능력 일반에 속하는 것들에 대하여. 제78문 혼의 개별적 능력들에 대하여.

- 제11권(I, qq.79-83), [인간 영혼의 능력], 정의채 옮김, 2003, 320쪽.
  제79문 지성적 능력들에 대하여. 제80문 욕구적 능력 일반에 대하여. 제81문 감성적 능력에 대하여. 제82문 의지에 대하여. 제83문 자유의사에 대하여.

- 제12권(I, qq.84-89), [인간의 지성], 정의채 옮김, 2013, 511쪽.
  제84문 신체와 결합된 영혼은 어떻게 자신보다 하위에 있는 물체적인 것들을 인식하는가. 제85문 지성 인식의 양태와 서열에 대하여. 제86문 우리 지성은 질료적 사물들에 있어 무엇을 인식하는가. 제87문 지성적 혼은 어떻게 자기 자신과 자기 안에 있는 것들을 인식하는가. 제88문 인간 혼은 어떻게 자기의 상위에 있는 것들을 인식하는가. 제89문 분리된 영혼의 인식에 대하여.

- 제13권(I, qq.90-102), [하느님의 모상으로 창조된 인간], 김율 옮김, 2008, 505쪽.
  제90문 인간 혼의 첫 산출에 대하여. 제91문 첫 인간의 신체의 산출에 대하여. 제92문 여자의 산출에 대하여. 제93문 인간의 산출 목적 또는 결말에 대하여. 제94문 첫 인간의 지성 상태와 조건에 대하여. 제95문 첫 인간의 의지에 관련된 사항들, 곧 은총과 정의에 대하여. 제96문 무죄의 상태에서 인간이 가지고 있던 지배권에 대하여. 제97문 첫 인간의 상태에서 개인의 보존. 제98문 종의 보존에 대하여. 제99문 태어났을 자손의 신체적 조건에 대하여. 제100문 태어났을 자손의 정의의 조건에 대하여. 제101문 태어났을 자손의 지식의 조건에 대하여. 제102문 인간의 거처, 곧 낙원에 대하여.

- 제14권(I, qq.103-114), [하느님의 통치], 이상섭 옮김, 2009, 607쪽.
  제103문 사물들의 통치 일반에 대하여. 제104문 하느님 통치의 특수한 결과들에 대하여. 제105문 하느님에 의한 피조물들의 변화에 대하여. 제106문 한 피조물은 다른 피조물들을 어떻게 움직이는가. 제107문 천사들의 말에 대하여. 제108문 위계와 질서에 따르는 천사들의 질서지움에 대하여. 제109문 악한 천사들의 질서지움에 대하여. 제110문 물체적 피조물들에 대한 천사들의 통할에 대하여. 제111문 인간들에 대한 천사들의 작용에 대하여. 제112문 천사들의 파견에 대하여. 제113문 선한 천사들의 보호에 대하여. 제114문 마귀들의 공격에 대하여.

- 제15권(I, qq.115-119), [우주의 질서], 김정국 옮김, 2010, 307쪽.
  제115문 물체적 피조물의 작용에 대하여. 제116문 숙명에 대하여. 제117문 인간의 작용과 관련된 것에 대하여. 제118문 혼과 관련한 인류의 번식에 대하여. 제119문 육체에 관련된 인류의 번식에 대하여.

- 제16권(I-II, qq.1-5), [행복], 정의채 옮김, 2000, 417쪽.
  제1문 인간의 궁극 목적에 대하여. 제2문 인간의 행복이 있는 것들에 대하여. 제3문 행복이란 무엇인가. 제4문 행복을 위해 요구되는 것들에 대하여. 제5문 행복에의 도달에 대하여.

- 제17권(I-II, qq.6-17), 인간적 행위, 이상섭 옮김, 2019, xlviii-444쪽.
  제6문 의지적인 것과 비의지적인 것에 대하여. 제7문 인간적 행위의 상황들에 대하여. 제8문 의지에 대하여, 의지는 무엇을 대상으로 갖는가? 제9문 의지의 동인에 대하여. 제10문 의지가 움직여지는 방식에 대하여. 제11문 향유라는 의지 작용에 대하여. 제12문 지향에 대하여. 제13문 수단과 관련된 의지의 작용인 선택에 대하여. 제14문 선택에 앞서는 숙고에 대하여. 제15문 수단과 관련된 의지 작용인 동의에 대하여. 제16문 수단과 관련된 의지의 작용인 사용에 대하여. 제17문 의지에 의해 명령된 작용에 대하여.

- 제18권(I-II, 18021), 도덕성의 원리, 이재룡 옮김, 2019, lx-264쪽.
  제18문 인간적 행위에서의 선성과 악성에 대하여. 제19문 의지의 내적 행위의 선성과 악성에 대하여. 제20문 인간의 외적 행위의 선성과 악성에 대하여. 제21문 인간적 행위의 귀결들과 그 선성 또는 악성에 대하여.

- 제19권(I-II, 22-30), 정념, 김정국 옮김, 2020, I-270쪽.
  제22문 영혼의 정념의 주체에 대하여. 제23문 정념 상호간의 차이에 대하여. 제24문 영혼의 정념들에 있어서 선과 악에 대하여. 제25문 정념들 상호간의 질서에 대하여. 제26문 사랑에 대하여. 제27문 사랑의 원인에 대하여. 제28문 사랑의 결과에 대하여. 제29문 미움에 대하여. 제30문 욕망에 대하여.

■ 제20권(I-II, 31-39), 쾌락, 이재룡 옮김, 2020, lviii-236쪽.
제31문 쾌락 그 자체에 대하여. 제32문 쾌락의 원인에 대하여. 제33문 쾌락의 결과에 대하여. 제34문 쾌락의 선성과 악성에 대하여. 제35문 고통 또는 슬픔 그 자체에 대하여. 제36문 슬픔 또는 고통의 원인에 대하여. 제37문 고통 또는 슬픔의 결과에 대하여. 제38문 슬픔 또는 고통의 결과에 대하여. 제39문 슬픔 또는 고통의 선성과 악성에 대하여.

■ 제21권(I-II, 40-48), 두려움과 분노, 채이병 옮김, 2020, lxii-278쪽.
제40문 분노적 정념들에 대하여. 먼저 희망과 절망에 대하여. 제41문 두려움 그 자체에 대하여. 제42문 두려움의 대상에 대하여. 제43문 두려움의 원인에 대하여. 제44문 두려움의 결과에 대하여. 제45문 담대함에 대하여. 제46문 분노 그 자체에 대하여. 제47문 분노를 일으키는 원인과 그 대처 수단에 대하여. 제48문 분노의 결과에 대하여.

■ 제22권(I-II, 49-54), 습성, 이재룡 옮김, 2020, lviii-234쪽.
제49문 습성의 실체 자체에 대하여. 제50문 습성의 주체에 대하여. 제51문 습성의 생성 원인에 대하여. 제52문 습성의 성장에 대하여. 제53문 습성의 소멸과 약화에 대하여. 제54문 습성의 구별에 대하여.

■ 제23권(I-II, 55-67), 덕, 이재룡 옮김, 2020, lxxvi-558쪽
제55문 덕의 본질에 대하여. 제56문 덕의 주체에 대하여. 제57문 지성적 덕의 구별에 대하여. 제58문 도덕적 덕과 지성적 덕의 구별에 대하여. 제59문 도덕적 덕과 정념 사이의 구별에 대하여. 제60문 도덕적 덕들 상호간의 구별에 대하여. 제61문 추요덕에 대하여. 제62문 대신덕에 대하여. 제63문 덕의 원인에 대하여. 제64문 덕의 중용에 대하여. 제65문 덕들 사이의 상호 연관성에 다하여. 제66문 덕들의 동등성에 대하여. 제67문 후세에서의 덕의 지속에 대하여.

■ 제24권(I-II, 68-70), 성령의 선물, 채이병 옮김, 2020, liv-152쪽.
제68문 선물들에 대하여. 제69문 참행복에 대하여. 제70문 성령의 열매에 대하여.

■ 제25권(I-II, 71-80), 죄, 안소근 옮김, 2020, [근간]
　제71문 악습과 죄 자체에 대하여. 제72문 죄의 구별에 대하여. 제73문 죄들의 상호 비교에 대하여. 제74문 죄의 주체에 대하여. 제75문 죄의 일반적 원인에 대하여. 제76문 죄의 특수 원인에 대하여. 제77문 감각적 욕구 편에서 본 죄의 원인에 대하여. 제78문 죄의 원인인 악의에 대하여. 제79문 죄의 외부적 원인에 대하여(1): 하느님. 제80문 죄의 외부적 원인에 대하여(2): 악마

■ 제28권(I-II, 90-97), 법, 이진남 옮김, 2020, 1-289쪽.
　제90문 법의 본질에 대하여. 제91문 법의 종류에 대하여. 제92문 법의 효력에 대하여. 제93문 영원법에 대하여. 제94문 자연법에 대하여. 제95문 인정법에 대하여. 제96문 인정법의 효력에 대하여. 제97문 법의 개정에 관하여.